Kreuzwege

Das Leben ist wie eine Blume – es blüht auf und vergeht, um in einem neuen Frühling wiederum hell zu erstrahlen.

Gottfried Kunkel

Kreuzwege

Es begann in Polen

Eine Romanbiografie

amicus

Alle Rechte, insbesondere das Recht der Vervielfältigung und Verbreitung sowie das Recht der Übersetzung, vorbehalten. Kein Teil des Textes darf in irgendeiner Form – durch Fotokopie, Mikrofilm oder anderes Verfahren – ohne schriftliche Genehmigung des Verlages reproduziert oder unter Verwendung elektronischer Systeme verarbeitet, gespeichert oder verbreitet werden.

Nicht alle Personennamen und Namen der Orte sind authentisch. Alle in dem Buch geschilderten Begebenheiten und Ereignisse haben sich wirklich zugetragen, sind aber nicht jeweils auf den Ort der Handlung bezogen.

Die Deutsche Bibliothek – CIP-Einheitsaufnahme – verzeichnet diese Publikation in der Deutschen Nationalbibliografie.
http://dnb.ddb.de

Autor: Gottfried Kunkel
Cover: Gerd-Peter Kunkel
    Das Foto zeigt den Marktplatz von Tomaszów Mazowiecki um 1925.

© 2007 amicus-Verlag
www.amicus-mdlv.de
Alle Rechte vorbehalten

1. Auflage 2007 by amicus-Verlag
Satz: www.*DTPMEDIA*.de
Druck: TZ GmbH
Printed in Germany

ISBN 978-3-939465-23-2

Kreuzwege – *statt eines Vorworts*

Jedem Menschen scheint das Vergangene im Nachhinein das Unabwendbare und immer das Bessere gewesen zu sein, da er sich stets mit dem Gegenwärtigen herumschlagen muss und das Künftige ihm verborgen und ungewiss bleibt. Dies ist die Geschichte keines großen Menschen, keines Prominenten, dennoch bleibt er ganz er selber und im Besonderen einzigartig, unverwechselbar und deshalb wichtig. Denn jeder Mensch, der irgendwo und irgendwie lebt, ist in jedem Fall wunderbar einmalig und jeder Aufmerksamkeit würdig.

Der Mensch ist ein Suchender. Er erlebt und empfindet Freude und Leid, Verwirrungen und Träume, verfolgt seine Ziele, doch wohl dem, der ein Mensch bleibt. Das Leben des Menschen in dieser Geschichte ist unvergleichbar, voller Widersprüche, Anpassung und Auflehnung, träumerischer Romantik; es ist das Wandern auf einem schmalen Grat, aber ohne abzustürzen. Die Zeit hat tiefe Spuren hinterlassen und unheilbare Wunden geschlagen. Nicht abzuwägen, die Schuld der Einen oder der Anderen sei größer gewesen, war das Bestreben. Was gewesen, darf nicht vergessen werden, damit wir aus dem Vergangenen die richtigen Lehren ziehen und die kommende Zeit eine gute Zeit wird.

Die Empfindungen sind vielfältig und vielschichtig. Wer die Zeit miterlebte, wird sich erinnern, wer nicht, kann sich vielleicht ein Bild machen. Es wäre nur ratsam, nicht den untauglichen Versuch zu unternehmen, das Vergangene verklären zu wollen – das war ganz sicher nicht beabsichtigt. Vielmehr gilt es aus dem Vergangenen Rückschlüsse zu ziehen, um die neue Zeit besser bewältigen zu können. Und nicht zu vergessen: Das Leben hält noch immer Überraschungen und angenehme Seiten bereit. Und es ist viel zu kurz, um in Nostalgie, Bitterkeit und trüben Aussichten zu versinken.

Der Autor

Inhaltsübersicht

1 Das Leben in Polen 9

2 Kriegsausbruch und Judenverfolgung 53

3 Flucht und Vertreibung 132

4 Deutsche in polnischen Lagern 148

5 Im Grünen Herzen Thüringen 162

6 Amerikaner und Russen 193

7 Vom schweren Anfang 221

8 Lehre und Beruf 272

9 Von der Insel Rügen in die Schorfheide 312

10 Erzieher im Spezialheim 351

11 Wieder in Thüringen 385

12 Lehrer und Funktionär im sozialistischen Alltag 422

13 DDR – Aufstieg und Fall 449

1 DAS LEBEN IN POLEN *vor Ausbruch des Krieges*

Es ist kein Frühling wie jeder andere zuvor. Die Menschen können sich nicht so recht freuen auf die erwachende Natur, und die Unbeschwertheit, die sonst über sie kommt, wenn die schöne Jahreszeit heranreift, ist kaum zu spüren. Jeder Frühling ist Erwachen des neuen Lebens, aber dieser Frühling lastet schwer auf diesem Land und seinen Menschen, die in ihrer langen und wechselvollen Geschichte so viel Leid erfahren mussten wie kaum ein anderes Volk zuvor.

Jeder hält sein Land, in dem er lebt und eine Heimat hat, für schön. Voll anmutiger und herber Schönheit ist dieses Land – zu einem Drittel mit ausgedehnten Wäldern bedeckt. Darin leben noch Wisente, Elche und Luchse, Wildkatzen und Braunbären, die in vielen Ländern Europas bereits ausgestorben sind. Seine Berggipfel erreichen in der Hohen Tatra die stattliche Höhe von 2490 Metern. 9300 Seen breiten sich auf einer Fläche von mehr als dreihundert Quadratkilometern aus, von denen nicht nur die Masuren den Menschen eine paradiesische Natur bieten.

Flüsse, Berge, Täler und Seen sind in seiner Weite verstreut und den Menschen vertraut, weil sie Heimat sind. Und nichts in der Welt ist einem so lieb und teuer wie die Heimat. Dort, wo man geboren und aufgewachsen, wo die Eltern, die Geschwister, die vielen Bekannten und besonders Freunde wohnen, wo einem jeder Weg und Steg vertraut ist, da ist Heimat. Und kaum einer, den nicht gerade das Fernweh packt, möchte von dort wieder weg.

Bedeutende und berühmte Persönlichkeiten entstammen dem polnischen Volk. Der geniale Gelehrte Kopernikus begründete als Erster die Umdrehungen der Himmelskörper. Marie Curie ist die Mitentdeckerin der radioaktiven Elemente Polonium und Radium, und Frederic Chopins Musik ist in der ganzen Welt bekannt und beliebt. Seit dem sechsten Jahrhundert wanderten in dieses Gebiet slawische Stämme ein und besiedelten das Land. Nach dem Jahr 1138 zerfiel Polen in viele kleine Herzogtümer. Das war die Voraussetzung für erste deutsche Ostsiedlungen.

Aus dem schwäbischen Raum, Westfalen, dem Rheinland, Pommern, Schlesien, Hessen und Sachsen kamen die ersten Siedler und ließen sich dort nieder. Zu dieser Zeit war das mehr oder weniger noch eine wilde Ansiedlung, von der Obrigkeit nicht gerufen und gesteuert. Meist gingen diese Siedler in der Polonisierung auf. Die in der Folge Eingewanderten nahmen Land unter den Pflug, gründeten Handwerksbetriebe und Manufakturen. Im Laufe des 16. Jahrhunderts entstanden Städte mit prächtigen Kirchen, Palästen und Rathäusern. Die hohe Blüte der Kultur und Wissenschaft dieser Zeit übte sogar einen starken Einfluss aus auf Westeuropa.

Dieses urwüchsige, heute tausendjährige Polen, bewohnen Menschen mit farbigen Volkstrachten, voll stolzem Nationalbewusstsein, weil sie im Lauf der Geschichte so viel Knechtschaft ertragen mussten. Ihre Sitten und Gebräuche sind deshalb so tief mit ihrem Vaterland und der Heimat verwurzelt, und vielleicht halten sie gerade darum so hartnäckig daran fest, weil sie sich ihrer schicksalsschweren Geschichte besonders bewusst sind.

Jedes Land hat seine eigene Geschichte, seine Dichter und Denker, Gelehrte und Wissenschaftler, Erfinder, Musiker und die tausend und abertausend einfachen Menschen, wie du und ich es sind. Wenn auch jedes Land seine eigene Geschichte hat, die fast immer in die große Weltgeschichte eingebunden ist und oft von ihr bestimmt wird, so gab es wohl niemals ein Land in Europa, das Jahrhunderte lang geknechtet, bevormundet und jeglicher Freiheit beraubt war wie dieses Land im östlichen Teil des Kontinents. In weniger als 200 Jahren ist es viermal von fremden Mächten aufgeteilt worden. Nur zeitweise war es im Besitz derer, die darin lebten, in ihrem Schweiße darauf arbeiteten und dafür ihr Blut vergossen.

In vielen Ländern der Erde leben Menschen, die zu den Minderheiten gehören. Fast immer wurden sie ausgegrenzt, unterdrückt und als Andersgeartete missachtet. Schon immer mussten sie ihre Rechte schwer erkämpfen, sich in ihrer Lebensweise durchsetzen, Jahrhunderte lang ihre Nationalität bewahren. Sie bauten ihre eigenen Kirchen und Schulen, pflegten ihre Traditionen, ihre Kultur und trugen in erheblichem Maße zum Aufschwung in den fremden Ländern bei.

Mehr als eine Million Deutsche wohnte in Polen, eine größere Gruppe in der Gegend um Łódź, im ersten Drittel des 20. Jahrhunderts annähernd 700.000 und in dem mittelgroßen Städtchen Tomaszów Mazowiecki, südlich von Łódź, einschließlich seiner dörflichen Umgebung etwa 13.000 an der Zahl. Wenn man sie mit knappen Worten charakterisieren wollte, müsste man verzeichnen, dass sie zäh und tätig gewesen. Ihre Geisteshaltung wird mit dem *grübelnden* und *tüftelnden* Kolonisten umschrieben, der auch das Persönlichkeitsbild vieler Polendeutscher bis in die späten Jahre kennzeichnete. Maßgebend waren fünf deutsche Stämme:

Von Norden kamen die Pommern, oft auch als *Hauländer* (Holländer) bezeichnet. Diesem Stamm steckte das Urbarmachen von Bruch und Wald seit Jahrhunderten im Blut. Die von ihnen gegründeten dörflichen Siedlungen wurden auch als Holländereien bezeichnet. Die Männer dieser Volksgruppe verstanden vortrefflich ihre Äxte zu schärfen und zu schwingen. Wo sie in den unerschöpflichen Wäldern *zuhauten*, entstanden Lichtungen mit Holzhütten, aus denen sich bald ein Dorf bildete. Sie waren wehrhaft und ausgesprochen tüchtig, ihr Zusammenhalt ungebrochen und sprichwörtlich: *Begegne einem Hauländer nie in feindlicher Absicht*, war ein geflügeltes Wort. Dort, wo man ihnen aber freundlich und aufgeschlossen gegenübertrat, waren sie ungezwungen gastfreundlich und hilfsbereit.

Eine der ältesten Holländereien wurde auf dem Boden Mittelpolens als *Ruda Bugaj* gegründet. Ein gewisser Legitationsrat des Kreises Inowłódź namens Chobrzyń, als Erb- und Grundherr von Groß-Bruźyza, beurkundete diese Siedlung mit allen Vorteilen und Rechten. Er versprach sich davon einen Aufschwung wirtschaftlicher und handwerklicher Art in seiner Umgebung, was auch eintrat. Dort, wo die Hauländer einzogen, begann das Land zu blühen.

Aus näheren westlichen Gefilden kamen die Schlesier, landläufig *Hockerlinge* genannt. Wo sie sich einmal niederließen, blieben sie hocken, auch wenn das Land nicht so viel hergab. Sie waren sesshaft und manchmal etwas besserwisserisch, pflegten ihre Traditionen, die von anderen Volksgruppen oft übernommen wurden.

Manchmal waren sie ungeduldig und vorschnell, wollten das neue Siedlungsland nach schlesischer Art bebauen und bepflanzen. Schnell verbreiteten sie ihre schlesische Sprache, die mit wenigen Abweichungen und Zumischung polnischer Laute von vielen Volksgruppen übernommen wurde.

Ich erinnere mich an eine aus Schlesien stammende Familie im Dorf meines Großvaters in Zaborów, nördlich von Tomaszów. Oftmals wurde sie vom Großvater mit den Worten: *Nebenan, die Hockerlinge* bezeichnet.

Ebenfalls in preußischer Zeit kamen Schwaben und Pfälzer und nach 1830 die Hessen. Pommern und Schlesier verbreiteten sich schnell durch Gründungen von Tochtersiedlungen. Eine größere Anzahl Pommern verließ ihre angestammte Heimat in Kujawien (Kaschubien), die Schlesier das Kalische Land. Auch die kaschubische Sprache mit ihren eigentümlichen und lang gezogenen Lauten floss in die landläufige Umgangssprache der Siedler ein. Oft wurde das Kaschubische auch als latentes Spott- und Schimpfwort gebraucht. *Ihr seid doch alles Kaschuben,* hörte ich manchmal die Schlesier diese Landsleute beschimpfen. Aber es war nur selten ernst gemeint.

In der königlichen Stadt Zgierz, nördlich von Łódź, ließen sich 1819 die ersten deutschen Tuchmacher nieder. Von 1821 bis 1826 siedelten sich mehr als 200 Tuchmachermeister an. In einem amtlichen Bericht des Jahres 1825 ist zu lesen:

Zgierz, das 1815 aus einigen Dutzend armseligen Holzhäusern bestand, in denen eine Gesamtbevölkerung von 558 Köpfen wohnte, besitzt gegenwärtig einige hundert gemauerte Häuser und zehn Holzhäuser, in denen an ortsansässiger Bevölkerung 633 Seelen, an ortsfremden 2740 wohnen. Im selben Jahr werden nach Russland schon 709.187 Ellen Tuche versandt, die auch vom Zaren am Hofe verwendet wurden.

Auf dem Besitz des Grundherren Mikołai Kryzywiec Okowicz, dem Besitzer von mehr als zehn Dörfern, entsteht auf den Ländereien seines Gutes die Tuchmachersiedlung Konstantynów. Drei Bürger aus Ozorków: Wegner, Henning und Freymark schließen 1821 mit dem Gutsbesitzer einen Aussetzungsvertrag. Schon nach kurzer Zeit werden in Konstantynów 60 Tuchmacherfamilien ansässig.

Die Entstehung von Zdunska Wola geht auf das Verdienst des Grundbesitzers Zonicki zurück. Um 1818 ließ er sächsische und böhmische Weber in seine Besitzungen ein, verteilte zur Errichtung von Wohnhäusern Baugrundstücke unentgeltlich, Holz aus seinen Wäldern und Ziegel aus seiner Ziegelei. 1825 gelang es ihm beim Besuch des Zaren Alexanders I. für die in der neu erbauten Siedlung die Bestätigung der Stadtrechte zu bekommen.

In Pabianice, südwestlich in unmittelbarer Nähe von Łódź, siedelten sich die ersten Tuchmacher um 1820 an. Danach kamen nur wenige Siedler dorthin. Sie zogen es vor, sich in Łódź anzusiedeln. 1826 kamen aber auch Wollweber aus Sachsen. Sie wirkten mit vorbildlichem Fleiß unter der Führung des aus Reichenau stammenden Baumwollfabrikanten Gottlieb Krusche. Dieser Mann, ein untersetzter, rühriger und umsichtiger Unternehmer, trug entscheidend zum Aufschwung in dieser Region bei. Er wurde bald zu einem beachteten und bedeutenden Konkurrenten unter den Wollweberfabrikanten.

In Brzeziny, nördlich von Łódź, befanden sich bereits zur preußischen Zeit einzelne deutsche Tuchweber, deren Zahl schnell anwuchs, als die Besitzerin der Stadt, Fürstin Ogińska, ab dem Jahr 1816 eine Reihe von Ansiedlungen ermöglichte. 1818 befanden sich bereits 80 Tuchmachermeister in diesem Ort, die sogar eine Walkmühle in Rochna betrieben.

Alle bisher genannten Ansiedlungen befanden sich in der unmittelbaren Umgebung von Łódź und legten sich um dieses Zentrum wie ein fest gefügter Ring. Die Berichte über die Ansiedlung der Deutschen wären unvollständig, wenn man einen der bedeutendsten Orte außer Acht ließe. In dieser Reihe ist Łódź als eine der bedeutendsten und größten Fabrikstädte zu nennen, die sich unter bezeichnendem Fleiß und Engagement der Deutschen zum *Manchester des Ostens* herausbildete. Von den Anfang des 20. Jahrhunderts etwa 350.000 Deutschen in Mittelpolen lebten und arbeiteten allein 180.000 im Łódźer Industriegebiet. Sie bildeten das Fundament des deutschen Volkstums in dieser Region. Anfangs, um 1820, ein unbedeutendes Städtchen von 799 Einwohnern, zählte es bei Ausbruch des II. Weltkrieges schon 672.000 Personen.

Zu Vertretern der bedeutendsten Industriepioniere der Stadt wurden der aus Monschau stammende Carl Scheibler – über dessen Verdienste noch heute ein Museum in der Stadt Auskunft gibt – und der aus Kolmar (bei Posen) zugereiste Schönfärber Gottlieb Sänger. Weitere Avantgardisten mit großen Verdiensten waren Friedrich Wendisch und Carl Gottfried May aus Chemnitz, Ludwig Geyer aus Neugersdorf in Sachsen und Titus Kopisch aus Schmiedeberg in Schlesien. Sie alle begründeten die Bezeichnung Łódź als Manchester des Ostens, verstanden einen guten Arbeiterstand zu bilden, gaben vielen Menschen, auch Polen, Arbeit und

Brot, eine berufsmäßige Ausbildung, eine gute Versorgung mit Lebensmitteln, wurden hoch geachtet und auch von den Polen als treu sorgende Väter bezeichnet. Bei ihnen wurden auch mein Großvater Emil Kunkel und sein Bruder Karl als Webmeister ausgebildet, die in der Folge nach Tomaszów Mazowiecki kamen, dort eine Familie gründeten und die Textilindustrie aufbauen halfen.

Łódź war zum kulturellen und wirtschaftlichen Mittelpunkt in Mittelpolen geworden, mit großer Familienverbundenheit, einem regen sozialen und kirchlichen Leben, einem ersten staatlichen Lehrerseminar mit deutscher Unterrichtssprache, mit Bibliotheken, Lesestuben, Theater- und Sportvereinen, Krankenhäusern und Greisenheimen, Feuer- und Bürgerwehren, was sich auch auf die Umgebung vorbildlich und nacheifernd auswirkte und von verdienstvollem deutschen Pioniergeist zeugte.

In der weiteren Entwicklung verhielten sich die Łódźer aber auch etwas abgehoben und überlegen gegenüber den Deutschen in den anderen kleineren Städten und Dörfern. Was Wunder, bezeichneten sie sich zu Recht doch als viel weiter fortgeschritten. Mein Vater, Buchhalter und Abteilungsleiter im Tomaszówer Wilanów-Werk, fuhr in dieser Eigenschaft oft dienstlich nach Łódź und brachte immer etwas Neues mit, was in seinem Betrieb angewandt werden konnte.

Die deutschen Einwanderer sorgten für einen bedeutenden wirtschaftlichen Aufschwung in Polen. Sie waren nicht als so genannte Deutschherren nach Polen gekommen, sondern in friedvoller und gutnachbarlicher Absicht, und besonders weil sie gerufen worden waren und weil es ihnen in ihrer alten Heimat zu eng geworden war. Sie kamen auch nicht aus religiösen und kirchlichen Gründen, sondern aus Gründen des Daseinskampfes, den sie in dem fremden Land mit Bravour bestanden.

Vielen Menschen, besonders in westlichen Gefilden, sind die Siedlungsbestrebungen Deutscher in Polen mit ihren vielfältigen Begleitumständen wenig geläufig. Nach den gewaltsamen Vertreibungen der Nachkriegszeit wurden diese oftmals verächtlich als Polen betrachtet. Es wäre nur zu hoffen, dass die deutschen Siedler aus Polen und anderen Ländern des Ostens diesbezüglich in einem anderen Licht betrachtet würden.

Nach diesem Abstecher der Deutschbesiedlungen in der Łódźer Region, möchte ich nun wieder zu meiner Heimatstadt Tomaszów Mazowiecki und Umgebung zurückkehren. Der Beiname *Mazowiecki* ist aus dem masowischen Land zu erklären, in dem es gegründet wurde, auch um es von anderen Orten, z. B. Tomaszów Lubelski, zu unterscheiden.

Die eigentliche Deutschbesiedelung des Städtchens Tomaszów begann erst Anfang des 19. Jahrhunderts, als Handwerksbetriebe und textilindustrielle Ansiedlungen gegründet werden. Aber schon 1797 wurde im Waldgebiet des Gutes Janków eine deutsche Kolonie angelegt – eine der ältesten in dieser Gegend. Fast gleichzeitig entsteht in südlicher

Richtung Maksymów, einer der Orte, in dem anfangs mehr Deutsche als Polen wohnten.

Um 1818 ist die Gründung der Orte Wykno, Ciosny und Lipański bekannt. Von 1839 bis 1849 entwickelt sich die Budźsizewicer Sprachinsel. Eine Sprache, die vom Russischen ins Polnisch/Slawische überging. Doch die deutsche Sprache wurde schon zu dieser Zeit in den deutschen Einwandererfamilien mit großem Fleiß gepflegt. Um 1800, schon vor der preußischen Kolonisierung, bestanden in der näheren Umgebung von Łódź 23 deutsche Dörfer, südlich und östlich davon, bei Petrikau, Tomaszów, Bełchatów und Brzeziny 21, insgesamt 49 Holländereien.

Auf dem Besitz des Grafen Anton Ostrowski, der deutschfreundlich eingestellt war und die sprichwörtliche Tüchtigkeit der Deutschen schätzte, entsteht die erste deutsche Handwerkersiedlung. Der Graf hatte das große Ziel, daraus eine Tuchmacherstadt entstehen zu lassen. Als Sohn des Begründers der Eisenindustrie, Tomasz Ostrowski, – im Jahre 1815 befand sich im späteren Stadtbezirk nur ein Hochofen mit mehreren Arbeiterhäuschen an einem Teich, durch den das Flüsschen Wolbórka floss – reist der Senator und Kastellan des ehemaligen Königreiches Polen, Graf Anton Ostrowski *(in manchen Quellen Antoni bzw. Antonin genannt) 1821* persönlich nach Grünberg, Sagan, Görlitz und in andere Städte Schlesiens, um Tuchmacher, Weber und Handwerker für sein Projekt zu gewinnen. Sie siedeln sich zunächst an seinem ersten Hauptsitz in Ujazd, etwa 15 Kilometer von Tomaszów entfernt, an.

Johann Mannigel, aus Grünberg stammend, und drei weitere Tuchmacher waren die Ersten, die er geworben hatte. Die Schwester des J. Mannigel, Susanne Henriette, wurde die Ehefrau des bedeutenden Stofffärbers Johann Lorenz in Łódź. Ihr ältester Sohn, Gustav Lorenz (1839–1905), absolvierte seine Schulbildung in Tomaszów, die Handelsschule in Warschau, verbunden mit einer Lehre bei einem der bekanntesten Damenkonfektionäre, einem gewissen Schlenker, und entwickelte sich zu einem erfolgreichen Kaufmann und Wollweberfabrikanten.

Dessen Sohn und späterer Geschäftsnachfolger Gustav Adolf (1862–1923 in Łódź) hatte die Fabrik erweitert, seinen zwei jüngeren Brüdern *(Grabmale auf dem alten evangelischen Friedhof)* Zweigstellen geschaffen und der Schwester Mathilde sogar eine Fabrik in Seraing bei Lüttich aufgebaut. Dort berief der Leiter dieser Wollwarenfabrik, Gustav Pastor, aus Aachen stammend, seinen 19-jährigen Neffen, Karl Wilhelm Scheibler, als Lehrling, der später in Łódź zu einem der bedeutendsten Tuchmacher wurde.

Viele folgten nur zu gern dem Lockruf J. Mannigels, da sie in Schlesien zumeist ein elendes Leben führten und den Versprechungen des Grafen glaubten, die er aber nur teilweise erfüllen konnte. Heinrich Heine hat ihr Leben in dem Gedicht *Die schlesischen Weber* treffend beschrieben: *Sie weben, sie weben ihr Leichentuch, sie weben hinein den dreifachen Fluch!* Hunderte verarmte Tuchmacher und Weber, aber auch besser gestellte aus Böhmen und Sachsen folgen dem Ruf des Förderers der Textilmanufaktur. Unter den eingewanderten Tuchmachern überwiegen die Schlesier. Sie erhalten gleiche Rechte und Bedingungen und bauen sich neue Existenzen auf. Auch wenn Tomaszów sich zu einer bedeutenden Tuchmacherstadt entwickelte, muss man doch Ozorków im Łódźer Industriegebiet als die Mutter der Tuchmacherstädte bezeichnen. Von 635 Textilbetrieben in der Umgebung zum Ende des 19. Jahrhunderts befanden sich 520 in deutschem Besitz, 100 gehörten Juden, und der Rest war im Besitz von Polen. Um die Mitte des 19. Jahrhunderts entstehen in Tomaszów die Weberei der Gebrüder Knothe, die Wollwarenfabriken von Moritz Piesch, Fürstenwald, Augspach und Bartke.

Die Wollwarenfabriken von Karl Fürstenwald

In die Zeit des umfassenden textilindustriellen Aufschwungs, in das letzte Drittel des 19. Jahrhunderts, fällt die Gründung eines des bedeutendsten Appretur- und Färbereibetriebes – Moritz Piesch (1848–1908). Aus der schlesischen Stadt Bielitz gekommen, entwickelte er sich zu einem der fortschrittlichsten Bürger der Stadt.

Er förderte den Bau der Erlöser Kirche, wirkte im Baukommitee als Vorsitzender, war Mitbegründer der Freiwilligen Feuerwehr und Vorsitzender des Verbandes der Appretur- und Färbereibetriebe. Sein Betrieb, weithin bekannt, pflegte umfangreiche Verbindungen nach Łódź und war mithin der größte Arbeitgeber für Deutsche und Polen in der Stadt.

Moritz Piesch starb in Breslau, wurde aber auf den evangelischen Friedhof nach Tomaszów überführt und unter großer Anteilnahme der Bevölkerung beigesetzt, wo ihm ein würdiger Grabstein gewidmet wurde.

Grabmal des Moritz Piesch mit orginalgetreu errichtetem Goldrelief, das nach dem II. Weltkrieg herausgebrochen worden war

Die Herstellung von Teppichen begann um die Mitte des 19. Jahrhunderts mit der Eröffnung der Firma Eduard Roland. Ende des Jahrhunderts wurde dessen Schwiegersohn Aleksander Müller Eigentümer und beschäftigte Anfang des 20. Jahrhunderts ca. 400 Arbeiter. Aleksander Müller hatte als langjähriges Mitglied des Kirchenvorstandes großen Einfluss auf die evangelische Gemeinde, die er in allen Belangen tatkräftig unterstützte. Weiterer Gründer einer Teppichfabrik war der Jude B. Szeps, der um 1910 etwa 120 Arbeiter beschäftigte. Älteste und bedeutendste jüdische Spinnerei- und Appreturunternehmen waren die Firma Jakub Halpern und die von Hilary Landsberg, die schon seit 1853 und 1857 in Betrieb waren. Zahlreiche Arbeiter waren in diesen Betrieben beschäftigt, deren technisches Können sprichwörtlich war und von dem nicht nur die Stadt profitierte. Waren aus diesen Betrieben wurden im Zarenreich, Kaukasien und sogar in Sibirien bekannt. Auf bedeutenden Ausstellungen, u. a. in Paris, wurden Waren von jüdischen Fabrikanten mit Medaillen ausgezeichnet. Insgesamt ermöglichten günstige Wasserverhältnisse der Pilica, Wolbórka und Czarna die Anlagen von Appretur- und Färbereibetrieben. Dementsprechend wurden auch die Abwässer in die Flüsse geleitet, die in schillernden Farben dahinflossen und erst viel weiter von uns zum Baden genutzt werden konnten. Dem Beruf und der Tätigkeit eines Färbers haftete oft Geringschätzung und Bedauern an, hatten diese Leute doch unter den ätzenden und stinkenden Chemikalien sehr zu leiden. Manchmal hörte ich Vater sagen: *So ein armseliger Färber hat's nicht leicht, verdient wenig und stirbt früh.*

Im Jahre 1830 erhält Tomaszów die Stadtrechte, aber erst 1866 den Anschluss an das Eisenbahnnetz der Iwangroder-Dambrower Eisenbahn. Bei der Verleihung der Stadtrechte soll es zu Unruhen und Ausschreitungen angetrunkener Tuchmacher gekommen sein, wobei ein jüdischer Schankwirt verprügelt und seine Einrichtung zerschlagen worden sei. Schon damals entwickelten sich Ressentiments gegen zugewanderte Juden, gegen deren Geschäftstüchtigkeit und Geschäftsgebaren vorgegangen wurde. Solcher Art entladener Volkszorn, oft von böswilligen Elementen geschürt und angezettelt, flammte immer wieder mal auf.

Aus der Wald- und Buschoase, der grünen Wurzel zwischen Radom und Łódź, war eine ansehnliche Provinzstadt entstanden mit geräumig angelegtem Marktplatz, breiten Straßen und Stadtgärten als Nachahmung westeuropäischer Vorbilder. Johann Mannigel, der Deutsche aus Grünberg, setzt das Werk des Grafen fort, wirbt immer mehr Familien aus Deutschland an, was ihm den Spitznamen *Seeleneinkäufer* einbringt. Diesen Namen erhält er aber zu Unrecht, denn er hat niemanden gekauft.

Aus Görlitz, der schlesischen Stadt an der Neiße und Umgebung, kommen die Familien mit Sack und Pack. Sie siedeln sich oft geschlossen an einer Straße an, die sie nach ihren Heimatorten benennen: z. B. Grünbergstraße oder Görlitzer Straße. Anfangs arbeiten sie an primitiven Webstühlen in Handwebereien, später in Tuchfabriken. Aber nicht nur die polnischen Adligen und privaten Gutsbesitzer holen deutsche Bauern und Handwerker ins Land, sondern auch die Staatsverwaltung des Königreiches Polen und die Regierung waren an den Deutschen interessiert. Zar Alexander I. (Herrscher über das Königreich Polen von 1801–1825) verfügte in seinem Publicandum von 1817:

Kolonisten, welche sich im Königreich Polen ansiedeln wollen, müssen sich bei den im Auslande bestellten kaiserlich-königlichen russischen Gesandten, Residenten, oder Agenten melden und vor denselben beweisen, zu welcher Klasse von Kolonisten sie gehören; nämlich, ob sie Handwerker, Ackerwirte oder Tagelöhner sind, wie viel Vermögen sie besitzen und wie groß ihre Familie ist. Auch ein Attest über die rechtliche Aufführung in ihrem Lande müssen sie übergeben und ein Vermögen von mindestens 100 rheinischen Gulden nachweisen.

Wie schon zuvor angeordnet, sollen sie auf wüste Bauern- und Kolonistenstellen in hiesigen Landen gesetzt werden, um diese durch ihre Tüchtigkeit und Fachkunde zu besiedeln und zu bebauen. Die den Kolonisten zugewiesenen Gründe und Ländereien sind nach ihrem Einrichten ihr vollkommenes Zins-, Erb- und Eigenthum mit dazugehörigem landesgebräuchlichen Grund- und Eigenthumbrief. Gegeben in Warschau am 3. Mai 1817. Unterschrieben von Staatssekretär und Brigadegeneral Kosecki und dem Minister des Inneren Mostowski.

Aus der Verordnung wird deutlich – die deutschen Siedler kamen nicht als Eindringlinge, sondern wurden wegen ihrer Tüchtigkeit und ihrem Fachwissen ins Land geholt. 1825 besuchte der Zar die von Deutschen besiedelten Gebiete in seiner so genannten Westbereisung und überzeugte sich vom Erfolg seiner Bemühungen. Er war zufrieden mit dem, was er gesehen und des Lobes voll über das im Aufbruch befindliche Land. In gleichem Sinn war er schon zuvor 1804 mit den Juden verfahren, die er als nützliche Siedler aus Weißrussland und der Ukraine ins Land geholt hatte.

Im ersten Drittel des 19. Jahrhunderts entwickelt sich auch die evangelisch-lutherische Augsburger Gemeinde und zählt 1845 schon 650 Seelen. Die Augsburger waren die ersten reformatorischen Missionare, die in Polen den Protestantismus Luthers unter unsagbaren Schwierigkeiten und Widerständen verbreiteten. Sie waren eine kleine Gruppe einer verschworenen Gemeinschaft, die von ihrem Ziel nicht abließen.

Verleumdungen, Verfolgungen, sogar empfindliche Strafen bis zu Gefängnis hielten sie nicht auf. Die in Petrikau (Piotrków) stationierten Missionare Hoff und Wendt zählten zu den eifrigsten und hartnäckigsten. Sie gründeten schon 1820 in Tomaszów ein vorläufiges Kirchenkollegium. Mit ganzer Kraft unterstützten und förderten sie die kleine Kirchengemeinde. Zweimal im Monat kamen sie in das Städtchen und hielten Gottesdienste ab. In ihren Predigten rügten sie die deutschen Stadtbürger, dass sie an die Errichtung einer eigenen Kirche gar nicht dächten, bis diese sich der Sache annahmen.

Bald darauf nahmen sie den Bau eines steinernen Gotteshauses in Angriff, aber die Arbeiten zogen sich endlos dahin. Das viel zu schmale und kaum ausbaufähige Grundstück auf dem damaligen Sankt-Josefs-Platz stellt Graf Ostrowski unentgeltlich zur Verfügung, ebenso das Pfarrhaus, das er errichten lässt. Großzügig weist er auch Land für den Pfarrer, Kantor und Küster zu, Brennholz und eine Weide zur Hütung von sechs Stück Vieh. Hinzu noch Land für einen Friedhof der deutschen Einwanderer. Daraufhin macht er noch einmal 4500 Złoty für den Kirchenbau locker mit der Bedingung, in Zukunft zu keinerlei Beiträgen mehr für die Evangelische Gemeinde herangezogen zu werden. Die Evangelischen verpflichten sich hypothekarisch zu einer *ewigen jährlichen Zahlung* von 1353 Złoty zugunsten der zu bildenden Gemeinde. Alle Vermächtnisse werden durch den Minister Stanisław Grabowski bestätigt. Die Deutsche Gemeinde hat Graf Ostrowski viel zu verdanken. Er wird von ihr hoch geehrt und geachtet. Auf dem Rynek (Marktplatz) der Heiligen Josefa entsteht also die erste kleine Kirche.

Im Gemeinderat von 1853 sind schon fünf Deutsche integriert und bestimmen die Geschicke der Stadt mit: Friedrich Knothe, Friedrich Stumpf, Karl Fürstenwald, Gottfried Schultz und Frydrich Gietzel. 1880 wird die so genannte Alexander-Schule – nach Zar Alexander – mit vier Klassen eingerichtet, in der vorwiegend in russischer und polnischer Sprache unterrichtet wird. In der evangelischen Schule von 1884 mit 209 Schülern unterrichten bereits fünf Lehrer. Die sprunghaft ansteigende Einwohnerzahl beträgt 1892 schon 19024 Personen, davon 5505 evangelische, vor allem deutsche, 5480 katholische Polen, 7768 Juden, 179 russisch Orthodoxe und dem Rest Andersgläubiger. 1901 wird die Handelsschule gegründet, aus der das spätere Lyzeum/Gymnasium hervorgeht. Die Einwohnerzahl ist stetigen Schwankungen unterworfen, da ständig Deutsche und Juden wieder wegziehen und sich anderswo niederlassen.

Ein Krankenhaus mit 24 Betten und dem Ausbau auf 40 Betten entsteht unter aktivem Einsatz von Pastor Eugen Biedermann von 1887 bis 1889 auf der Stanisława, das von dem bekannten und beliebten Arzt Dr. Johann Rhode (auch Jan Rode) geleitet wird. Er ist ein hoch geachteter Medicus, der arme Deutsche, Polen und Juden in selbstloser Weise gleichermaßen behandelt, oftmals mit eigenen Mitteln, da er infolge der Verbindung mit einer polnischen Adligen zu den begüterten Bürgern der Stadt zählt.

Niemals hat er einen Kranken abgewiesen, bei Tag und bei Nacht war er für die Kranken und Hilfesuchenden da. Und bei einem seiner Krankenbesuche auf den umliegenden Dörfern hat er sogar eine meiner Großtanten in einer Ackerfurche im Dorfe Zaborów entbunden. Deutsche wie Polen haben ihn sehr verehrt und ihm viel zu verdanken. Nach ihm wurde der Park in der Ulica Antoniego benannt, der nach seinem Tode 1918 angelegt wurde. Auf dem Friedhof ist sein Grabmal von den Polen im Jahre 2000 liebevoll restauriert worden.

Das Rhode-Denkmal im Park der Ulica Antoniego

Am 5. November 1892 beschließt die evangelische Kirchenverwaltung, eine neue Kirche zu bauen. Die alte ist viel zu klein geworden. Die Pläne entwirft Architekt und Baumeister Paul Hoser aus Warschau. Frau Emma Kramm hat schon Jahre zuvor 3000 Rubel für den Bau der neuen

Kirche zur Verfügung gestellt. Am 27. November 1896 genehmigt die Zarenregierung in Petersburg den Bau der neuen Kirche. Den Bauplatz von vier Morgen kauft die Parochie (*Amtskirchenleitung*) für 2400 Rubel von der Stadtverwaltung. Dem Baukomitee, unter Vorsitz des Tuchfabrikanten Moritz Piesch, obliegt die gesamte unübersehbare und schwierige Arbeit bis zur Vollendung. 1902 wird die Erlöserkirche der großen Deutschen Gemeinde in der *Święta Antoniego* (Straße des heiligen Antonius) eingeweiht. Ungeheuere Kraft und Energie waren dafür notwendig, denn das Umfeld war katholisch. Das benötigte Geld kam vornehmlich aus Spenden und Steuern der deutschen Bewohner des Umfeldes zusammen. Die Gemeindemitglieder verpflichteten sich zur dreifachen Erhöhung der Kirchensteuer über fünf Jahre hinweg. Sogar aus der Pastoren- und Witwenkasse wurde eine Anleihe aufgenommen.

Der Altar ist Pastor Biedermann und Frau zu verdanken. Das Altarbild, das die Begegnung des Auferstandenen mit Maria Magdalena darstellt, ist von Frau Biedermann an den Maler Wojciech Gerson speziell in Auftrag gegeben worden. Auch die Kanzel entstammt privater Initiative – den Gönnerinnen Kessler, Melchior, Müller, Roland und Simon. Das wunderschöne Marmor-Taufbecken mit dem Bibelspruch an seinem Rand *Lasset die Kindlein zu mir kommen* ist ein Geschenk des Baumeisters Wende. Über der Eingangsempore thront die imposante 31-stimmige Orgel, von den bekannten deutschen Orgelbauern, den Gebrüdern Walter, hergestellt. Und zwei klangvolle Glocken sind von der Familie Knothe gestiftet worden. In der Mitte des Hauptturmes befindet sich die große Turmuhr, das Werk der Gebrüder Meister aus Berlin und ein Geschenk von M. Fremsdorf. In meiner Erinnerung sprach der Großvater von einem Juden Salomon, der sich zum evangelischen Glauben bekannt hatte und diese Uhr mitfinanziert haben soll. Im Jahre 1901 war das Gotteshaus mit drei Türmen an der Frontseite, von denen der mittlere 40 Ellen hoch war, im neogotischen Stil vollendet. Die wunderschöne, eindrucksvolle und imposante Kirche ist heute noch Mittelpunkt der evangelischen Gemeinde in dem Städtchen. Im Jahre 2005 wird sie mit Hilfe der ehemaligen deutschen Tomaszówer und weiterer Sponsoren im Inneren neu ausgemalt. Viele der Gläubigen sind ehemalige deutsche Bürger, die inzwischen die polnische Staatsbürgerschaft angenommen haben. Das Gotteshaus ist eines der geräumigsten weit und breit. Es hat 1600 Sitzplätze, wie kaum eine Kirche in der Umgebung. Cirka 200.000 Rubel war die aufzuwendende Geldsumme. Am 15. August 1902 fand durch Pastor Eugen Biedermann die feierliche Einweihung statt. Eine vieltausendköpfige Menschenmenge – etwa acht- bis zehntausend Personen – bewegte sich die ganze Breite der Straße einnehmend im Festzug vom Marktplatz und der alten Kirche durch die Stadt. Die Kirche konnte die Menschen nicht fassen. Sie hatten Tränen in den Augen. Mit großem Stolz und Genugtuung nahmen sie ihre Kirche in Beschlag. Bis im Jahre 1944, am ersten Weihnachtstag, zum letzten Mal die Glocken für die noch fast vollständige deutsche Gemeinde erklangen. Danach wurde sie in alle Winde zerstreut. Mögen die Glocken auch nach dem 100. Jubiläum im August 2002 ebenfalls mit hellem, reinem Ton erklingen und von Frieden und Versöhnung zwischen Polen und Deutschen künden.

Die Erlöserkirche. Unter unsäglich schwierigen Bedingungen von den Deutschen erbaut. Treffpunkt religiöser Zusammengehörigkeit bis auf den heutigen Tag.

Mit dem ausführlichen Eingehen auf diesen Kirchenbau möchte ich dieses bedeutsame, unter großen Entbehrungen und finanziellen Aufwendungen geschaffene Werk, zu Ehren der Deutschen Einwanderer, ausgiebig würdigen. Wo immer Deutsche sich zusammenfanden, brauchten sie eine Oase, eine Zuflucht. Der alte Glaube, von den Vätern überliefert, ist ihnen seit je her Zusammenhalt und Verpflichtung gewesen. Aus ihm erwuchs ihnen die Kraft und die Zähigkeit, das Leben zu meistern. Zu meistern in einer fremden Umgebung, einem Umfeld, das ihnen nicht immer gut gesonnen war.

Die Neueinwanderer, die zu Anfang sich oft selbst überlassen waren, entwickelten gar bald ein kolonisatorisches Selbstbewusstsein. In der kirchlichen Gemeinde fanden sie eine sichere und vertraute Gemeinschaft, die ihnen ermöglicht, allen Anfeindungen zu widerstehen. Die Einwanderer kamen mit ihrer guten kirchlichen Tradition ins polnische Land. Die Bibel und der Katechismus waren im Haus der Familie nicht wegzudenken. Sie waren nicht nur Hausbücher, in denen regelmäßig gelesen und das Gelesene interpretiert wurde, sondern auch Schulbücher, die man nicht entbehren konnte. So intensiv die konfessionellen Bestrebungen der evangelischen Augsburger Kirche (EAK) für die Reihen ihrer deutschen Schäfchen auch waren, blieben sie doch nicht nur auf dieselben beschränkt. Vielmehr gingen sie noch darüber hinaus und fanden in der so genannten evangelischen Judenmission ein weites Betätigungsfeld. Mit jedem getauften Juden war die Bestrebung verbunden, der Vormachtstellung des polnischen Katholizismus ein wenig entgegenzutreten. Diese Bestrebungen waren jedoch nur von geringem Erfolg gekrönt. Bald entstehen auch viele Geschäfte, besonders am Markt, in der Warschauer Straße und in der Antoniego. Die betriebsamen Juden entwickeln maßgeblich den Handel und die Geldwirtschaft. Ostrowski erkannte die Vorteile der Ansiedlung von Juden mit Kapitalbesitz, die eine gesunde Konkurrenz zu deutschen Textilbetrieben bilden konnten, aber auch die ärmerer Schichten als billige Arbeitskräfte. So erhielten Juden mit einer Berufsausbildung Siedlungsparzellen für den Bau von Häusern auf eigene Kosten und somit den Status eines ständigen Einwohners der Stadt. Er beschaffte ihnen sogar Kredite, um ihre Wirtschaftskraft zu erhöhen. Und später erteilte er sogar Baugenehmigungen im Stadtzentrum. Entgegen der Anweisung der Regierung des Rayons, die jegliche Integration der Juden verbot, lehnte der Graf es ab, eigene jüdische Stadtbezirke und -viertel zu schaffen, aus denen sich später eine Ghettoisierung bilden ließe. Weitergehend verfügte er auch die Bereitstellung von Grundstücken für Synagoge, Schule und Spital. Aus Berichten ist ersichtlich, dass es schon bei Beginn der Ansiedlung von Juden zu Spannungen zwischen ihnen und den christlichen Siedlern aus dem Ausland gekommen ist. Die so christlichen, frommen und *toleranten* Siedler verlautbarten in maßloser Voreingenommenheit: *Ohne sie, die Juden, würde alles schöner, besser und ordentlicher zugehen. Diese Moisches würden nur alles verderben; durch Aufkauf, Wucher, Bestechung und Betrug.* Wie sich die Bilder schon zu Anfang mit denen von später gleichen, als ein ganzes Volk abgestempelt und danach ausgerottet wurde. Ihrer Forderung, jüdische Ansiedlungen zu verbieten und schon angesiedelte Juden zu vertreiben, trat Ostrowski energisch entgegen. Er betonte: *Die polnische Welt bleibe offen für alle. Wem seine liberale Handlungsweise nicht passe, sein Prinzip der freien Konkurrenz, der möge weiterziehen.* Nur wenige unzufriedene und mit Vorurteilen behaftete Siedler haben daraufhin den Ort verlassen, aber viele sind hinzugekommen. Anton Ostrowski, dieser äußerst humane, aufrechte und fortschrittliche Graf, hatte den Grundsatz der Rechtsgleichheit für alle gegen Widerstände und Anfeindungen aufrecht erhalten, weil er ein unbeugsamer, loyaler und einflussreicher Mann war. Er beklagte an einem Punkt, den er mit allen Mitteln zu beseitigen suchte, dass viele der ausländischen Gesellen mit der Vorstellung ins polnische Land gekommen seien: in Polen wäre alles erlaubt – *alteingesessene Einwohner zu verachten, höchste Löhne zu fordern und sogar straflos Juden zu schlagen.*

Die Handelssprache ist meist deutsch, die Amtssprache russisch. Viele Polen jedoch, besonders in der Umgebung der Stadt, können weder lesen noch schreiben. Nach der Installation der Gasbeleuchtung im Jahre 1921 zieht erstmals 1923 elektrisches Licht ein wie fast überall in den größeren Städten. Tomaszów Mazowiecki wird neben Łódź und anderen Orten zum Zentrum der Textilindustrie in Polen, vornehmlich von Deutschen gegründet. Generationen haben dort gelebt, mit großem Fleiß gearbeitet und die Stadt zum Aufblühen gebracht. Das Leben zwischen den verschiedenen Nationalitäten verlief in relativ gutem Einvernehmen in dieser kleinen Stadt, umgeben von fruchtbaren Feldern und weiten Wäldern. Und auch die Menschen gingen freundlicher und humaner miteinander um als anderswo, von denen der jüdische Dichter Zusman Segałowicz schrieb:

Sie seien verträglicher, sanftmütiger und ohne Feindseligkeiten in einer originellen Stadt, wo die Fabrikschlote von grünen Bäumen umgeben sind, als in anderen polnischen Städten.

Im Nachhinein betrachtet sind diese Worte, die der menschenfreundliche Poet zwei Jahre nach der Machtergreifung des großen Diktators in Deutschland schrieb, wohl mehr oder weniger eine fromme Wunschvorstellung, denn das Zusammenleben von Polen, Deutschen und Juden hatte durch die antijüdische Hetze – von Deutschen und Polen gleichermaßen inszeniert – einen derben Einschnitt erfahren. Polen, Juden und Deutsche waren zunächst nur annähernd gleichberechtigt. Bald breitete sich Missgunst aus, da viele Juden gut gehende Geschäfte oder Handwerksbetriebe besaßen. Aber die jüdischen Bürger trugen wesentlich zum Aufblühen der Stadt bei. Sie gehörten zum Stadtbild, hielten an ihren Riten und Gebräuchen fest und engagierten sich für die Stadt, in der sie sich niedergelassen und die sie wie alle anderen Volksgruppen als Heimat betrachteten.

Bis zum Ausbruch des II. Weltkrieges ging nichts ohne die Juden im Shtetl. Während jüdische Fabrikanten, u. a. Landsberg und Bornsztain, vielen christlichen Deutschen und Polen Arbeit und Brot gaben, beschäftigten deutsche Fabrikbesitzer nur wenige Juden. Jüdische Fabrikanten, Kaufleute und auch kleine Handwerksbetriebe förderten Kino und Theater, traten in kulturellen Zentren und Vereinen auf, gaben nicht selten finanzielle Unterstützung für dieselben, waren wertvolle Arbeitgeber und bildeten einen Großteil der höheren Intelligenz. Und dennoch wurden sie oft geschnitten, diskriminiert, gedemütigt und ausgegrenzt. Immer wieder fanden sich antisemitische Kräfte, die mit Schikanen aufwarteten, die voreingenommen und abweisend auftraten, die den *materialistischen* Bestrebungen neidvoll und feindlich gegenüberstanden. Ganz gewöhnliche Polen wie auch evangelische Christen werden in der weiteren Entwicklung in diesen Sog hineingezogen. Manche lassen sich beeinflussen, die Mehrzahl nicht. Den Juden haftet das Fremdartige und Ungewöhnliche an. Viele können ihre Riten und Gebräuche nicht verstehen, wollen es oft auch nicht. Die strenggläubigen Katholiken sehen in ihnen pauschal die Christusmörder, auch evangelische Christen. Toleranz und Verständnis sind nur schwer herzustellen und selten anzutreffen. In jedem reformierten und konvertierten Juden sehen sie ein Werk ihres Gottes, einen, der auf den rechten Weg gebracht worden sei. Für all diese Bestrebungen lassen sich zahlreiche Beispiele in der Vergangenheit finden, auf die ich hier nicht eingehen möchte. In der großen Synagoge, die die jüdische Gemeinde 1904 erbaute, finden die in der weiteren Entwicklung drangsalierten und verfolgten Juden Zuflucht und Geborgenheit.

Die jüdische große Synagoge, 1904 eingeweiht

Heute, nach Stagnation in der Wendezeit, beginnt die Stadt sich auf die Tradition ihrer Textilindustrie zu besinnen und diese wieder schrittweise zu entwickeln. Unter anderen versucht die polnische Firma Weltom gegen die übermächtige westeuropäische Konkurrenz anzukämpfen. Deutsche Bürger leben aber nicht mehr darin.

Gerade die kleinen Leute, ihre Erlebnisse und Schicksale sind es, die aus dem Labyrinth des Lebens herausragen und zu Buche schlagen. Und wer, wenn nicht die kleinen Leute, sollten darin lesen, sich wiedererkennen und erinnern. Das Leben schreibt Geschichten, sie dürfen nicht verloren gehen in einer Zeit, in der die Lektüre auf externem menschlichen Hirn verzeichnet wird, das da Computer heißt. Doch die Hoffnung schwingt leise mit, dass das Lese-Buch nicht ausschließlich zum Hörbuch werde und lange bestehen bleiben möge.

Das vierte Jahrzehnt des 20. Jahrhunderts ist angebrochen, da ich im tiefsten Polen geboren werde. Geboren im Zeichen des Skorpions, dessen menschlichen Wesen nachgesagt wird – sie seien besonders zäh und hartnäckig. Ich halte zwar nicht viel von der Charakterisierung der Menschen gemäß ihrer Sternbilder, aber etwas Wahres wird schon dran sein. In Deutschland war der Schnurrbärtige an die Macht gekommen, und die Krakenarme seiner Machtarroganz wuchsen auch auf Polen über.

Wie aus dem Namen meines Vaters zu ersehen, aus dem Namen meiner Mutter und des Großvaters mütterlicherseits, sind wir eine rein deutsche Familie. Ihre Wurzeln lassen sich bis Anfang des 18. Jahrhunderts verfolgen, stets mit deutschen Namen: Seehagen, Hundtke, Friedrich, Scherfer, Kurzweg oder Radtke. Selbst die Vornamen meiner Vorfahren sind urdeutsch: Eduard, Emil, Oswald, Alfred, Arthur, beziehungsweise Bertha, Natalie, Martha oder Amalie. Meine Urgroßmutter war eine geborene Günther und stammte aus Niederschlesien.

Mein Urgroßvater, Michael Kunkel, war einer der geachtetsten Bürger von Łódź. Um 1840 war er Stadtkommandant der Bürgerwehr und Kommandant der Schützengilde. In dieser Zeit führte er die schmucke Uniform ein, die noch bis weit nach dem I. Weltkrieg getragen wurde. Um diese Zeit betrug der Anteil der deutschen Bevölkerung in Łódź etwa 80 %. Zwei seiner Söhne, einer davon mein Großvater, wurden Webmeister und nahmen in der Textilstadt Tomaszów Mazowiecki eine geachtete Stellung ein.

Der Leser wird fragen, warum ich es so betone, als Deutscher in Polen geboren zu sein. Ich antworte, dass es mir nichts ausgemacht hätte, wenn ich auch als Pole in Polen zur Welt gekommen wäre oder anderswo. Niemand kann sich sein Land und seine Nationalität aussuchen. Im Zusammenwachsen Europas ist das auch ohnehin immer weniger von Belang.

Großvater Seehagen, mütterlicherseits, stammt aus einer alten Schwabenfamilie, die schon im 18. Jahrhundert nach Polen auswanderte. Von den polnischen Adligen gerufen, kamen die deutschen Bauern und gründeten Schwabensiedlungen. Großvaters Urvater wich vom allgemeinen Treck in der Nähe von Warschau ab und zog weiter nach Süden. In der Gegend um Pruszków hatte er nicht genügend Land zugeteilt bekommen. Er siedelte sich im Dorf Zaborów, nördlich von Tomaszów, an der Łódzer Straße an, machte das Land urbar, baute Haus und Stallungen, legte Wiesen an, grub einen Brunnen und versuchte mit den polnischen Nachbarn gut auszukommen, was im Laufe der Zeit nicht immer leicht war.

Der Erste arbeit' sich zu Tod, der Zweite leidet auch noch Not, der Dritte, der gewinnt das Brot... sagt ein alter Bauernspruch der Einwanderer. Großvater gehörte wohl zu der Kategorie der Dritten. Schon die Väter meines Großvaters schlugen eine breite Schneise in den Wald hinter dem Haus, die heute noch so weit reicht, dass man fast einen halben Tag bräuchte, um einmal mit dem Pflug um das Areal herum eine Furche zu ziehen. Die Verse des Pastors Philipp Kreutz aus Alexandrow verdeutlichen die Größe dieser unvergleichlichen Tat in dem folgenden bezeichnenden Gedicht:

Der Schatz

Es zogen einst Männer bergan und bergab, sie zogen nach Osten, nach Osten.
Sie wanderten rüstig und schwangen den Stab, und wollten nicht rasten noch rosten.
Und als sie gekommen ins einsame Tal, von Dornen und Wäldern umgeben.
Da sprachen sie: Hier ist das Land unsrer Wahl, den Schatz, den wollen wir heben.

Bald krachten die Bäume im finsteren Hag, rings sanken des Urwaldes Riesen.
Und hinter der Lichtung, da zog ein der Tag mit fruchtbaren Äckern und Wiesen.

Die Männer, sie suchten noch tiefer den Schatz, als ob er verborgen sich hätte.
Und siehe, bald lagen auf sonnigem Platz, gar freundliche Dörfer und Städte.

Du fragst, wer waren die Männer, die so geeifert in heißem Bestreben?
Wie heißt denn der Schatz nur und wo liegt er, wo?
Vielleicht könnt' ich heut ihn noch heben?

Der Schatz, der verborg'ne, so hört, ist der Fleiß, der Deutschen erlesenste Zierde!
Du findest kein Land auch, in dem nicht der Preis darüber erklingen dir würde.

Fruchtbare Erde – teilweise Löss- und schwarzer Humusboden – bedecken das Land ausgangs der Stadt in Richtung Łódź und lassen Weizen, Kartoffeln, Hanf und Rüben gut gedeihen. Weite Wälder mit Kiefern, Birken und Eichen besäumen die Felder. Jeder Quadratzentimeter Boden auf der Scholle meiner Großväter ist mit ihrem Schweiß getränkt. Das Dorf ist ohne die Deutschen Siedler nicht denkbar, denn neben der Wirtschaft des Großvaters sind noch weitere sechzehn deutsche Bauernfamilien in der näheren Umgebung ansässig.

Mein Vater hatte im fortgeschrittenen Alter Eduard Seehagen die zweitälteste Tochter weggeholt und geheiratet. Der Schwiegersohn aus der nahen Stadt wurde gern gesehen, als Sohn einer Webmeisterfamilie, selbst Buchhalter und Abteilungsleiter in einer der größten Kunstseidenfabriken der Umgebungen, die schon seit 1873 dort ansässig war.

Ich bin das zweite Kind, nach meiner zwei Jahre älteren Schwester – zwei weitere sollten noch kommen –, war ein schwächliches Wurm, von dem die Großmutter Natalie sagte: Es habe die Englische Krankheit, was sich aber Gott sei Dank nicht bewahrheitete. Als *Englische Krankheit* bezeichnete man in jener Zeit fast alles:

Kam ein Kind mit Wasserkopf auf die Welt, lernte es schlecht oder gar nicht laufen, war es schwach auf der Brust, so sprach man von der englischen Krankheit. Meine Mutter und besonders Tante Edith umsorgten mich mit ihrer Affenliebe, Hunderte Liter Lebertran musste ich trinken, und nach der Muttermilch versorgte mich die Tante mit Milch und Butter des Großvaters, wenn sie vom Markt heimwärts fuhr. Ostern komme ich mit fünf Jahren in die Minderheitenschule, in der schon Deutsch unterrichtet wird. Das Erste, woran ich mich erinnern kann, ist, dass ich schon etwas lesen konnte, bevor ich in der Schule eine Fibel in die Hand bekam. Und ich werde *Bobusch* genannt, nach einem Kosenamen, der aus dem Polnischen stammt und von *Bogósław* (Gottfried) abgeleitet ist. Wir wachsen zweisprachig auf – ich spreche Polnisch mit den Polen und Deutsch mit den Deutschen. Nach Ende des I. Weltkrieges wurde der deutschsprachige Unterricht in Mittelpolen erschwert und teilweise verboten, obgleich den Einwanderern, als man sie rief, die Muttersprache und der evangelische Glaube für *ewige Zeiten* schriftlich und feierlich garantiert worden war. Vor Ausbruch des II. Weltkrieges waren im Gebiet um Łódź fast 20.000 Kinder ohne deutschsprachigen Unterricht. Viele deutsche Schulen wurden geschlossen, die Kinder waren gezwungen, polnische Schulen zu besuchen, in die auch die deutschen Lehrer versetzt worden waren.

Der Vater hat während der Inflation seine Arbeit verloren, macht Aushilfe im Geschäft des Juden Isaac Goldborn, spielt Schach mit ihm, wenn er ihm die Buchhaltung erledigt hat und jener ihn dazu auffordert und dafür bezahlt. Sie hatten Goldborn aus dem Schachklub ausgegrenzt. Er war den Polen und auch Deutschen nicht mehr willkommen. So ähnlich erging es Juden auch in anderen Vereinen. Vater vermied nun, dass seine Klubmitglieder davon erfuhren, dass er weiterhin Schach mit ihm spielte. Den Gewinn muss der Buchhalter deutlich mit schwarzem Kopierstift fett eintragen, damit Goldborn sofort eine klare Übersicht hat.

Der Vater tut es mit seiner kleinen und gestochenen Schrift, so wie es einem peniblen Buchhalter zusteht. Ab und an lässt der Vater den Geschäftsinhaber gewinnen, dass der die Lust nicht verliert und er seinen Zuverdienst. Mutter Else sieht es nicht gern, denn Goldborn kommt auch in unsere Wohnung, um Schach zu spielen. Stundenlang sitzen sie dann ohne ein Wort zu sprechen herum und manchmal auch der Mutter im Wege. Sie möchte den Vater lieber anders beschäftigt sehen, eher bei handwerklicher Tätigkeit. Mutter sitzt hinter der Nähmaschine mit Tretpedal und verdient etwas hinzu. Oft geht sie auch aus dem Haus zu der jüdischen Familie Bornsztain, deren Frau eine Schneiderei besitzt und bei der sie das Nähen erlernt hat. Ihr Mann ist gleichzeitig ein angesehener Tuchfabrikant. Sie holt sich die Näharbeit ins Haus. Und manchmal kommt Frau Bornsztain, die tüchtige Geschäftsfrau, auch in unsere Wohnung. Wenn ihr die Arbeit zu viel wird, bringt sie die Näharbeit selbst vorbei. Die Frauen trinken Kaffee, den Frau Bornsztain mitbringt, unterhalten sich ausgiebig, worüber sich Frauen zumeist unterhalten: über die Familie, die Männer und Kinder. Ich schaue aber lieber beim Schachspiel zu, hole mir einen Stuhl heran oder stelle mich hinter die Schachgiganten und sehe den Diagonalzügen der Damen und Läufer zu, den Sprüngen der Rösser, lausche mir die Züge ab, höre die Ansagen der Gardees, staune über die Rochaden und die Drohungen der Schachrufe und zuletzt die des endgültigen Matt. Und dieses *Matt* ist jedes Mal so etwas wie ein kleiner Tod, den meist Isaac Goldborn erleidet, denn mein Vater ist ein ausgezeichneter Schachspieler. Dass Isaac in den Tod eines Tages wirklich getrieben wird, steht noch nicht auf der Tagesordnung, liegt noch ein wenig im Dunkel und in der Ferne. Hat der Vater mal Muße und Großvater in Spitzenzeiten viel Arbeit, nimmt Vater mich aufs Rad, fährt hinaus die sechs Kilometer auf den Hof des Großvaters, die Mutter und Schwester im Schlepp. Das ist das Schönste und Größte in meinem Leben. Großvater steht schon vor dem Haus. Sein aufgezwirbelter Schnurrbart bebt an den Enden.

Vor dem Hof des Großvaters in Zaborów: Von links: Onkel Theo, Großmutter Natalie, Großvater und Tante Edith. Im Hintergrund meine Mutter

Er nimmt mich von der Längsstange, wirbelt mich herum, setzt mich aufs Pferd, das vertraulich und zutraulich in die Flanke schnaubt und mich freundlich begrüßt. Ich sitze wie ein König da oben auf dem Falben, einer Mischung aus Haflinger und Trakehner, sehe die noch friedliche Idylle mit freudvollen Augen aus einer ganz anderen Welt.

Großvater und sein Bauernhof sind diese meine kleine Welt. Ich will so werden wie er, einmal Bauer sein auf eigener Scholle mit Pferden, Kühen, Schafen, Schweinen und allem, was dazugehört.

Großvater kann alles, ausgehend von seinem bäuerlichen Instinkt, der ihn immer das Richtige in Feld und Stall tun lässt. Er stellmachert seine Wagen selber, baut Möbel mit Säge, Raubank und Stemmeisen, und natürlich hat er auch die Scheunen und Stallungen selbst gemauert und gezimmert. Selbst Schweinen und Ochsen macht er eigenhändig den Garaus und pökelt das Fleisch in großen Fässern. Aus rohen Brettern, die er fachgerecht behobelt, macht er Särge – zwei davon für seine eigenen Kinder, die anderen für Sterbefälle in der Nachbarschaft und im Dorf nebenan. Das bringt etwas Geld ins Haus, denn im Tod ist man nicht knauserig.

Großmutter Natalie kommt aus der mit frischem Sand ausgestreuten Küche, bewillkommnet den hoch stehenden Schwiegersohn, die Tochter, die Enkelin und dann mich, hebt mich vom Pferd herunter und führt mich zur Kellertreppe unter die Scheune.

Dort stehen auf den Mauervorsprüngen allerlei Steintöpfe mit Schmalz, frischer Butter und Sahne. Sie nimmt den Sahnetopf, geht zum buckligen Backofen und zieht ein rundes Brot hervor – beinahe so groß wie ein Wagenrad –, hebt es unter ihren Busen, ritzt auf seiner Unterseite mit einem langen Messer leicht ein Kreuz an, als Zeichen göttlicher Dankbarkeit, und säbelt ein paar dicke Scheiben herunter, streicht dick Sahne drauf und bewirtet die hungrigen Städter.

Die Schwester will Zucker draufstreuen, doch es ist wieder einmal keiner da. Ich ziehe Salz vor, Salz als Kraftquell der Erde, in der Schönheit der dörflichen Idylle und der fast unberührten Natur. Wenig später verspüre ich Durst. Ich gehe, nein ich stürze auf den Hebebrunnen zu, lasse die lange Stange mit dem Blecheimer zu Wasser und hole ihn hoch mit dem belebenden Nass, das so kostbar ist wie das Wasser des Lebens. Die Großmutter will mir Milch zu trinken geben, doch ich lehne dankend ab, schlürfe das Wasser aus der unergründlichen Tiefe, warte voller Spannung auf den grün schillernden Frosch, der mir den goldenen Ball zuwerfen soll. Doch der verzauberte Frosch bleibt in dem Brunnenloch verborgen oder hat den goldenen Ball noch nicht gefunden.

Ich vertröste mich, dass er eines Tages den goldenen Ball doch noch herauswerfen, vielleicht eher meiner Schwester zuwerfen wird, die doch ein schwarzhaariges Mädchen ist und einer Prinzessin ähnlicher sieht, als ich es jemals sein kann trotz meines bubikopflangen Weißhaares, das mir aber bald abgeschnitten wird.

Wunderbar gesättigt und mit klarem Wasser gestärkt, eile ich zum Nachbarhaus, treffe auf meinen polnischen Freund Janek, quatsche polnisch mit ihm, erzähle ihm von der Schule und dass ich jetzt deutsch schreiben und noch besser lesen lerne. Janek ist drei Jahre älter als ich und traurig, weil er ohne Schuhe nicht zur Schule gehen kann. In Holzpantinen will er nicht gehen, da er sich zu sehr schämt. Ich verspreche, wenn ich das nächste Mal wiederkomme, ihm ein paar Schuhe mitzubringen. Isaac Goldborn kann mir ganz bestimmt ein paar Schnürschuhe besorgen für wenig Geld, so glaube ich.

Janek umarmt mich ob dieser guten Aussicht. Er hat zwei alte Fahrradfelgen aus Holz aufgetrieben, zwei Drähte zu Haken gebogen. Wir spielen Radtreiben auf der glatten Asphaltstraße, die nach Łódź führt. Ich ziehe es vor, mit älteren Freunden zu spielen und umzugehen. Aus ihnen schöpfe ich mehr Lebensweisheit, erfahre mehr darüber, was das Leben noch für mich bereit hält. Dass wir auf ein Auto treffen, haben wir nicht zu befürchten, es kommt nur alle Jubeljahre mal eines vorbei.

Das Spiel ermüdet uns schnell. Onkel Arthur und Onkel Theo warten mit dem Heuwagen. Ich schwinge mich auf den Falben, reite auf dem Sattelpferd zur Wiese hinaus zum Heu einholen. An der Seite des Falben trabt der Rappe, der gerade aus dem faulen Fohlenleben heraus, unruhig hin- und hertänzelt. Der Wagen ruckelt und schaukelt auf dem Wiesenweg dahin. Es duftet nach würzigem und trockenem Heu. Grashüpfer spritzen an den Gabeln und Rechen vorbei, dicke Pferdebremsen quälen die schweißglänzenden Leiber der Pferde. Sie stampfen mit den Hufen, schlagen mit ihren Schweifen in die Flanken. Manchmal sticht auch mich so ein Biest. Dicke Quaddeln bedecken dann meine bloßen Beine. »Wenn ich mal groß bin«, verkünde ich großspurig, »werde ich den Rappen reiten.« Großvater lacht belustigt auf.

»Der wirft dich im hohen Bogen herunter«, sagt er. »Mit dem wird nicht einmal Onkel Arthur fertig.« Ich denke, dass sich das noch ergeben wird und male mir aus, einmal ein Pferd zu besitzen. Einen feurigen Rappen oder wenigstens so eine fromme falbe Stute, die ich bei Großvater reiten darf. Dieser Wunsch sollte mich fast ein ganzes Leben lang begleiten mit der Befürchtung, dass er nie in Erfüllung gehen würde.

Beim Heu aufladen ist Eile geboten. Von Ferne dräut ein Gewitter. Über dem Kiefernwald steht eine schwarze Wolkenwand, die Pferde werden unruhig und laufen schneller. Herta, meine Schwester, verkriecht sich im Heu, hält sich die Augen zu, wenn ein Blitz hernieder fährt. Auch ich fürchte mich, weniger vor den zuckenden Blitzen, mehr vor dem krachenden Donner. Wir erreichen das Gehöft, die Scheune trockenen Fuders und die gute Stube, deren Fenster zur Straße hinaussehen. Da fährt ein Blitz in die hinter der Straße liegende Wiese, und kleine Teufel tanzen Ringelreih' in aufwirbelnden Erdschollen. Großmutter sitzt in der dunklen Stube, faltet die Hände und betet: Gütiger Gott, beschütze Haus, Vieh und Stall!

Noch lange sehe ich die tanzenden Teufel und erinnere mich daran, obgleich es nur ein Kugelblitz war, der die schwarze Erde aufwarf und in einer winzigen Windhose durch die Luft schleuderte.

Das Gewitter ist abgeklungen, die Störchin kommt geflogen, klappert mit rotem Schnabel, setzt sich auf die Hühnerleiter vor dem erhöhten Hühnerstall, kalkt die Leiter an und schwingt sich auf das von Großvater hergerichtete Wagenrad auf dem Dachreiter der Scheune. Wenig später ist auch der Storchenvater heran mit einem zappelnden Fröschlein im Schnabel. Ich hege die bange Hoffnung, dass es nicht es der verzauberte Frosch sei, sonst werde ich den goldenen Ball nie bekommen. Dieses wunderbare Bild verfolge ich noch einige Sommer. Es bleibt mir tief in die Seele eingebrannt, sehnsuchtsvoll und nostalgisch viele Jahre eingebrannt, bis es nach und nach verblassen und wieder aufleben wird.

Inzwischen nimmt mich Tante Edith in Beschlag. Sie kommt mit dem Damenfahrrad aus dem Nachbardorf, wo sie in der Ziegelei nebenher ein paar Stunden bei Verwandten arbeitet. Sie will mir das Radfahren beibringen, schiebt mich ein kleines Stück, lässt mich dann los – ich stelle fest, dass ich Rad fahren kann. Allein. Seit dieser Zeit ist das Rad mein ständiger Begleiter. Ich zwänge mich am Herrenrad durch die Querstange und trampele mich halb zu Tode. Isaac Goldborn schenkt mir großzügig das Damenrad seiner Frau, als er erfährt, dass ich des Radelns mächtig bin. Sie benutze es ohnehin nicht, sagt er. Ich fahre durch die Straßen mit seinem Sohn Jason, der nur ein Jahr älter ist als ich. Wir machen die Straßen unsicher.

Die Mütter fürchten, dass wir uns zu Tode stürzen könnten, aber wir weichen den Gefahren rechtzeitig aus. Jason, mein jüdischer Freund, weiß viel mehr vom Leben als ich. Und er hat stets Süßigkeiten dabei vom Geschäft seines Vaters: Karamellbonbons, Lakritze und sogar Schokolade. Ich bin oft bei Jason, schon wegen seiner schönen Schwester, die es mir schon früh angetan hat. Ihre wunderbaren rehbraunen Augen, das schwarze Haar zu einem Bubikopf frisiert, das gebräunte, ebenmäßige Gesicht mit der ausgeprägten Nase, ihr leicht arabischer Einschlag, nehmen mich immer wieder gefangen. Manja ist klug und hat die Figur eines Models, wie man heute sagen würde. Das überaus liebreizende Wesen zeigt sich immer freundlich und zuvorkommend. In Manjas Gegenwart bin ich stets befangen und beinahe sprachlos, was sonst selten vorkommt. Manchmal krault sie mir meinen Flachskopf und nimmt mich in den Arm.

Schade, dass sie schon achtzehn ist. Richard Tonn, mein dritter und bester Freund, geht mit mir in die gleiche Klasse der Volksschule. Wir sind unzertrennlich. Kein Baum ist uns zu hoch, kein Weg zu weit und später kein Fluss zu tief. Und zwei Häuser weiter wohnt Anton Kroll mit seinen Eltern und Luisa, seiner Schwester. Anton ist ein paar Jahre älter als ich und will einmal Förster werden. Er kennt alle Bäume und alles Getier des Waldes. Von Anton kann ich viel über die Natur lernen. Jeden Vogel kann er schon am Flug und am Gefieder erkennen. Luisa, seine Schwester, geht aufs Lyzeum. Nach dem Abschluss will sie studieren. Jura hat sie sich in den Kopf gesetzt. Jura, als ob das ein Beruf für Mädchen wäre, sagt ihre Mutter. »Kann sie denn nicht was anderes studieren, etwas, das sie auch richtig ausüben kann. Will sie etwa einmal auf einem polnischen Gericht arbeiten?«

»Warum nicht auch auf einem polnischen Gericht«, sagt Luisa.

In der großen Obstplantage sind wir über den Maschendrahtzaun geklettert, sitzen oben im Augustapfelbaum und lassen uns die köstlichen Früchte schmecken. Arglos hängen wir im Geäst, als die Tür quietscht und der Obstwächter erscheint.

»Ihr Lausebengels!«, schreit er, »wollt ihr wohl vom Baum herunterkommen.« Wir trauen uns nicht herunter. »Wartet nur, ich hole die Hunde!«, jagt er uns Angst ein. Bevor er mit den Hunden zurück ist, sind wir schon am Zaun. Doch dann ist die wilde Hatz gleich hinter uns. In letzter Not erklimmen wir den Zaun und stürzen uns in die Wolbórka, die zu dieser Zeit noch viel Wasser führt und stellenweise über einen Meter tief ist. Mit Hundepaddeln retten wir uns ans andere Ufer. Die Hunde bleiben davor, kläffen uns wild hinterher. Unseren überraschten Gesichtern ist anzusehen: Eben erst haben wir Schwimmen gelernt, geboren aus der Not. Es sollte noch viele Male im Leben dazu kommen, dass etwas aus der Not heraus geboren wurde.

Wir sind umgezogen. Von der Warschauer Straße auf den Michałówek – in ein Villenviertel, das zur Seidenweberei gehört. Vater arbeitet dort wieder als Buchhalter, hat einen Teil für das Haus anbezahlt. Goldborn und ein Geldwechsler haben ihm das Geld vorgeschossen. Aber wir müssen noch lange für das Haus abbezahlen. Karel Poblowsky, der Teilhaber und Geschäftsführer der Weberei, hat uns das Haus zu einem günstigen Preis angeboten. In eine der Villen zieht die Familie Goldborn. Sie kann bar bezahlen.

Es geht hoch her. Wir feiern Einzugsfest. Schachfreund Isaac Goldborn ließ es sich nicht nehmen, Schinken, Wurst und einige Flaschen Wodka mitzubringen. Die Mutter ist dankbar. Lea, Isaacs Frau, wehrt die Dankesworte ab: »Noch haben wir es, aber keiner weiß wie lange.« Nein, keiner weiß, wie lange wir überhaupt noch etwas haben. Besitz ist des Menschen Lebensstatus. Ohne Besitz bist du ein Niemand, ein Nichts. Jeder weiß, wie schwer es ist, von einem Besitzstück zu lassen, mag es noch so unbedeutend sein.

Einzugsfeier: Im Wohnzimmer unserer neuen Wohnung. Von links: Onkel Arthur, Onkel Hanfried, Onkel Karl, Tante Jenny, Tante Lucie, Tante Zofia, Tante Edith und meine Eltern. Goldborns kamen erst später hinzu

Werner stopft Kuchen in sich hinein, setzt sich ans Radio und verfolgt die Nachrichtensendung, kann es nicht erwarten, dass die Deutschen kommen. Das Gerücht darüber geht um wie ein Gespenst. Er sucht unter Quietsch- und Zischtönen den deutschen Sender und erwartet, dass sie etwas über die neue Lage mitteilen, doch der Sender verlautbart kein einziges Wort. Onkel Hanfried holt seine Mundharmonika hervor, spielt eine Mazurka, packt meine Patin Lucie an der Hand und tanzt mit ihr durch die große Stube. Seine Frau, Tante Jenny, ist nicht begeistert davon. Etwas später kommt Manja hinzu. Mein Vater tanzt mit Manja. Ich schaue zu, bewundere Manjas geschmeidige Bewegungen, ihre ausdrucksvollen großen Augen, ihren wundervollen Körper, sehe die begehrlichen Blicke der Männer, den Stolz und die Sorge in Isaacs Augen. Die Tänzer setzen sich. Manja hat ihre Geige mitgebracht. Ihre Freundin Jola, mit der sie gemeinsam das Lyzeum besucht, begleitet sie auf der Flöte. Sie spielen diese wundervolle und einfühlsame Melodie: *Leise zieht die Abendröte, teure Heimat geh zur Ruh, Vöglein singen ihre Lieder, Sonne sinkt dem Westen zu …* Manja stimmt noch einmal ein Liebeslied an, ein jüdisches. Es singt von verschmähter romantischer Liebe und Sehnsucht. Die zarten Töne schluchzen und klingen zum Fenster hinaus. Die Festgäste fallen leise ein. Onkel Hanfried singt die zweite Stimme mit unsagbar viel Gefühl. Ich liege schon oben in meiner Kammer im Bett – die Tür ist geöffnet –, höre dieses Lied: *Leise zieht die Abendröte …* Diese Melodie, das Lied unserer Heimat, so wunderschön und voller Romantik, dass ich vor Rührung nicht schlafen kann. Und später, fern der Heimat, musste ich immer an diese Melodie und diesen Text denken. Sie wird noch ewig und unvergesslich in mir nachklingen und mich an diese Menschen erinnern. An die Goldborns, die einem furchtbaren Schicksal nicht entrinnen konnten, an meinen Onkel, der so wunderschön singen konnte, aber in die Fänge einer unmenschlichen Macht geriet und sich von ihr missbrauchen ließ, und die vielen anderen Menschen, die so viel Leid erfahren mussten.

Das große Haus ist ganz allein für uns. Ich habe mein eigenes Zimmer mit Dachschräge im Obergeschoss. Wir sind heraus aus der Enge in der Warschauer Straße. Mit vier Personen wohnten wir dort in zwei kleinen Zimmern, der Pumpe und dem Klo auf dem Hof. Wenn ich in der neuen Wohnung aus dem Fenster sehe, blicke ich auf den großen Garten mit Beerensträuchern, Obstbäumen und langen Beeten, die getrennt von den Bäumen und Sträuchern auf der rechten Seite liegen.

Ein großes Betätigungsfeld für meine fleißige Mutter. Ihre Hände halten nie still. Und hinter dem Zaun des Gartens plätschert die Wolbórka dahin, der Fluss, der uns zwangsweise das Schwimmen abgefordert. Vor meinem Fenster stehen duftende Jasminhecken. Am Tage hüpft ein zutrauliches Rotkehlchen darin herum, singt unverdrossen sein Lied, pfeift und trällert wie eine Nachtigall. Und bei Regen sucht es ein schützendes Plätzchen unter dem Schuppen.

So manche Nacht wiegt mich das monotone Plätschern des Baches, wenn er wenig Wasser führt, und das Rauschen bei höherem Wasser in den Schlaf. Ich werde das Geräusch auch dann noch vernehmen, wenn ich weit fort von hier bin. Es wird mich jahrelang begleiten und mir das Heimweh in die Seele treiben, weil ich den Fluss nicht mehr spüren, sein Wasser mit den Armen nicht mehr zerteilen kann.

Unsere neue Wohnung ist ein großer Luxus, verglichen mit den kleinen Löchern in der Warszawska. Die Decken sind fast drei Meter hoch. Auf dem Hof ist ein kleiner Schuppen, in den ich mein Rad stellen kann. Die Tür ist aus Eichenbohlen und mit einem Hufeisen versehen, das ich von Großvater bekommen und darangenagelt habe. Ein großes Vorhängeschloss darüber verhindert, dass es mir jemand stiehlt. Der Michałówek liegt etwas abseits der Stadt, ein Stück weiter vom Dorf des Großvaters entfernt. Ringsum ist die Siedlung von Wald umgeben. Hoher Kiefernwald mit Lärchen- und Birkenbäumen durchmischt steht auf der einen und eine mannshohe Tannenschonung auf der anderen Seite, durch die der Weg in die Stadt führt und von einem Maschendrahtzaun getrennt ist.

Über den Wipfeln ist noch heilige Ruhe, die Wälder schweigen in unheilvoller Vorahnung. Sie haben schon viel gesehen, aber das Kommende wird alles bisher Gewesene in ihren kühlen Schatten stellen. Die Bäume sind grün und voller Leben. Finken schlagen lautstark in der Fichtenschonung und springen behänd von Zweig zu Zweig. Auf hohen Kiefern sammeln sich Dohlen mit lautem und zänkischem Gekreisch. Zwischen den zum Baumhimmel aufstrebenden Fichten tummeln sich Wildkaninchen, machen Männchen, scharren an ihren Höhlen. Lolek, unser polnischer Freund, hat wieder einmal die Fallen der Wilderer beseitigt, und Anton Kroll hat ihm fleißig dabei geholfen.

Mehr als zehn villenartige Häuser stehen in der Siedlung am Rande der Stadt mit walmartigen, roten Ziegeldächern an kleinen, mit schwarzem Kies bestreuten Wegen. Meist wohnen Deutsche darin, auch einige jüdische Familien, vielleicht nur zwei polnische. Den jüdischen Familien gehören die Villen, den deutschen sollen sie später gehören. In meiner neuen Umgebung bin ich schnell heimisch geworden, denn Richard, mein bester Freund, wohnt kaum fünf Minuten von uns entfernt, nur der Schulweg verlängert sich ein wenig. Zum Glück hab ich ja das Rad. Und Vater verspricht, mir bald ein richtiges Jugendfahrrad zu kaufen. Manchmal zieht es mich auch zurück in die Warschauer Straße. Dort besuche ich meinen älteren Cousin, Frieder Rosenberg. Er geht schon in die Oberschule, ist ein lustiger und pfiffiger Bursche mit allerlei Flausen im Kopf. Ich bekomme deutsche Bücher von ihm zu lesen und gehe mit ihm zum Schwimmen an die Pilica. So oft er kann, schließt er sich auch unserer Clique an. Die neue Umgebung ist mein kleines Paradies, eine grüne Insel am Rande der Stadt mit seinen vierzig mal tausend Einwohnern: Polen, Deutschen, Juden und Ukrainern, die letzteren drei in der Minderheit. Noch leben sie friedlich nebeneinander, doch es liegt etwas in der Luft. Es schwebt lautlos über dem Frühlingshauch, ein leises Ahnen von Unheil, von Gift in der Atmosphäre. Und der die Luft vergiftet, sitzt am Obersalzberg in Bayern, wo er düster vor sich hinbrütet, seinen Plan ausklügelt, wie er seinem *Volk ohne Raum* die Tür aufstoßen kann zu neuem Lebensraum im Osten.

Vater liest im *Deutschen Weg* – herausgegeben vom DVV *(Deutscher Volksverband)*, dem Kampfblatt für volksdeutsche Arbeit. Es strotzt nur so vor nationalem Deutschtum und antijüdischer Hetze. Manchmal sehe ich Vater den Kopf schütteln... »Sie wollen den Versailler Vertrag ungültig machen«, sagt er. Das hält er noch für richtig, doch die Hetze gegen die Juden geht ihm gegen den Strich. In Goebbelsmanier zieht das Blatt über die Juden her: Alles Übel gehe vom Judentum aus: Der Verfall der Sitten, Betrug, Diebstahl, der ewige Schacherjude, die Infiltration des Christentums, das Streben nach unumschränktem Profit, die Verunglimpfung und Unterwanderung von allem, was den Deutschen heilig sei. Das alles ist Vater zuwider. Er hat seit langem viel mit Juden zu tun, besonders in seiner Tätigkeit in der Textilbranche.

Ganz im Gegenteil zu Onkel Hanfried. Der ist schon mit Georg Boettig zusammen in der JDP. *(Jungdeutsche Partei für Polen)* Sie rühren eifrig die Werbetrommel, bereiten die Wahlen zum Stadtrat vor. Boettig mahnt die Deutschen, sich nicht abzukapseln von der großen Gemeinschaft aller

Deutschen, sondern dem Neuen zum Durchbruch zu verhelfen. Das Heimatrecht in Polen – durch viele Entbehrungen, durch Schweiß und Blut erworben – dürfe nicht verloren gehen. Was immer er mit dem Neuen meint, es hat sich schon in der Denkweise verbreitet und festgesetzt. Er poltert auch gegen die Juden, die in schönen Häusern wohnten, Deutsche und Polen ausplünderten. Irgendwie, aber nicht zufällig, steht Boettig, der Fleischersohn und gelernte Metzger, an der Spitze der Bewegung in der Stadt und macht sich zu ihrem Sprecher. Die Polen sehen diese Bewegung mit Skepsis und Besorgnis. Angeblich würden auch Polen im Reich verfolgt. Es kommt zu antideutschen Demonstrationen und sogar zu Ausschreitungen.

Wir schreiben das Frühjahr 1939. Die noch unberührte Natur kommt immer wieder, auch wenn man sie mit Heugabeln austreiben wollte. In diesem Frühjahr hängt der Himmel über Polen voller Geigen, wie es in einem Operettenlied heißt: *Und der Flieder blüht in den Zweigen und was noch geschieht, wenn der Flieder blüht...?* Das Operettenlied lässt das Geschehen noch offen. Die Geigen flüstern und raunen, schmachten die alten Melodien, und manche Disharmonien sind schon darunter. Disharmonien und echte Misstöne zwischen Deutschen und Polen. Zunächst beginnt alles noch leise und lieblich mit zartem Frühlingsgeläute, doch Unheil ahnend ist auch schon das Totenglöcklein zu vernehmen. *Es wird in hundert Jahren wieder so ein Frühling sein...* klingt ein weiteres Lied durch den Äther. In der Tat, dieser Frühling schwebt wahrhaftig wie nur einmal in hundert Jahren unheilschwer über den Bewohnern des Landes, und der folgende Herbst wird wie ein zweischneidiges Schwert in das Land hineinfahren. Ein heilloses Säuseln und Raunen geht über die Köpfe der Menschen, dringt in ihre Hirne, macht sie hellhörig und misstrauisch:
»Habt ihr schon gehört, der Hitler hat Truppen an der Grenze zusammengezogen. Sie stehen schon Gewehr bei Fuß. Sie werden uns angreifen. Ich sage euch, es gibt bald Krieg!« Das Wort *Krieg* verändert die Lage mit einem Schlag, macht sie unsicher und versetzt die Menschen in bange Ungewissheit. Krieg sollte es geben, wo wir uns so schön eingerichtet hatten mit neuer Wohnung und einer guten Stellung des Vaters. Wir waren eine Nationalitätenminderheit in Polen. Wie sollten wir auf die Dinge, die sich entwickelten, Einfluss nehmen können. Bei der Einwanderung wurde den Deutschen durch offizielle Erklärungen der Regierung in festen gegenseitigen Abkommen Religionsfreiheit und Freiheit der Sprache zugesichert. Hier hatten sie Wohnrecht, viele Jahrzehnte standen ihnen die Polen loyal gegenüber. Anfangs gab es wenig politische Ambitionen. Stattdessen war die kirchliche Bindung umso größer. Was die Kultur und Freizeit betraf, pflegte man das Zusammengehörigkeitsgefühl in Turn- und Rudervereinen. Die Pilica mit ihrer breiten und ruhigen Strömung war ein ideales Gebiet dafür. Manchmal nahm mich der Vater mit zu

einem Ruderwettbewerb. Er hatte sich schon als Turner in der Sport- und Gymnastikgesellschaft betätigt.

Nun betrachten wir mit Sorge und banger Ungewissheit das, was in Deutschland und auch in Polen geschieht. Ungeachtet dessen bearbeitet die Mutter den Garten, sät Radieschen und grünen Salat. Die Bäume blühen weiß und rosa, und die Wiesen hinter der Wolbórka erstrahlen in aufdringlichem Dottergelb. Gelb – das strahlendste Hell unter den Buntfarben –, aber auch das Gelb des Neids und der Missgunst. Das Gelb als gleißendes Streiflicht des Regenbogens, von dem die Großmutter sagt: »Wenn der Regenbogen am Himmel erstrahlt, dann hat Gott uns nicht vergessen.«

Das Gelb wird bald zu Gilb werden und nicht mehr herausgewaschen werden können. Besonders das Gilb des Judensterns, den die Kinder Abrahams im Reich schon tragen müssen. Und viele werden den Gott Abrahams und Davids anrufen, dass er ihnen beistehen möge in der Not. Und viele Nachbarn und Freunde werden untätig zusehen, wenn das Schwert des Rassismus auch in Polen über sie kommt. Im Deutschen Reich ist das Gesetz schon in Kraft, da heißen die Männer mit Beinamen *Israel* und die Frauen *Sarah*. In Polen ist es noch nicht so weit. Hier kommt alles ein wenig später, da können die seit Jahrhunderten gequälten Menschen noch einmal aufatmen. Sie haben sich hier niedergelassen und eine neue Heimat gefunden gleich den deutschen Siedlern. Viele Jahre haben sie friedlich zusammengelebt, Freud und Leid miteinander geteilt – jetzt beginnt eine Kluft sich aufzutun, eine kaum erklärbare Distanz. Nun zeigt sich, wer ein wahrer Nachbar und Freund ist und wer nur ein Heuchler.

Isaac Goldborn spürt die Veränderung, die taktierenden Blicke der deutschen Kunden, merkt die plötzliche Kühle. In Deutschland verfolgen sie die Juden, davon hat er schon gehört, aber bis hierher würde der Reichsantisemitismus nicht überschwappen. Und was haben die Juden in den vergangenen Jahrhunderten nicht alles auszustehen gehabt. Schon im 15. Jahrhundert, nach grausamen Verfolgungen des Jahres 1348/49 – von den deutschen Fürsten und Städten zurückgerufen – waren sie schutzlos und geächtet. Als die unter dem Namen *Der schwarze Tod* bekannte, furchtbare Pest von Asien über alle Länder Europas dahergezogen kam, wurde überall die Beschuldigung laut: Die Juden hätten die Brunnen, ja sogar die Donau und den Rhein vergiftet. Umso mehr wurde dieser Wahn geglaubt, weil die Juden infolge ihrer Mäßigkeit und Enthaltsamkeit weniger von der Seuche heimgesucht worden waren als die einheimischen Bayern, Franken, Thüringer oder Hessen. Zu Tausenden wurden die Juden erschlagen, verbrannt, ertränkt, zu Tausenden starben sie vor Hunger und auf der Flucht.

Wer kann die Gemeinden aufzählen, die dem Aberglauben und der Volkswut zum Opfer fielen. Das Unglück der Juden spottete jeder Beschreibung. Nicht nur das einfache Volk, auch die Gebildeten glaubten die Schauermär. Deutsche Ratsherren ließen die Brunnen vermauern. Alle deutschen Ströme sollten verpestet sein. Bis 1350 waren die Juden in Deutschland fast völlig ausgerottet. Die Städte und Landesherren teilten sich in die Beute, die sie den Juden abgenommen hatten, und der Kaiser verzieh all die Untaten. Bald aber kam die Einsicht, dass man die Juden nicht entbehren konnte. Eine ergiebige Einnahmequelle war versiegt. Auch der Handel stockte seitdem die betriebsamen Juden fehlten. Nun öffnete man ihnen wieder gern die Tore, durch die man sie einst gejagt hatte.

Der Kaufmann Isaac Goldborn, versucht mit freundlichen Reden das Misstrauen zu überbrücken: »Derfs a bissl mehr soin? Ich hoab neie Woar bekummn. Gnädige Frau können sich auch nebenan Stoff für'n schönes Kleid aussuchen.« Goldborn spricht zuerst Jiddisch, dann Hochdeutsch, weil ihm auffällt, dass die Frau ihn vorwurfsvoll ansieht. Das Jiddische ist die gängige Umgangssprache der Juden, entstanden unter Beimischung hebräischer Bestandteile in das Jiddisch-Deutsch infolge der langen Isolierung in den separaten Straßen und Vierteln, der diese Menschen ausgesetzt waren. Doch in unserer Stadt gibt es solche separaten Viertel nicht. Noch nicht! Noch wohnen die Juden auf fast alle Stadtviertel verteilt.

Die gnädige Frau verzichtet. Aus altem Bestand will sie schon gar nichts.

»Nein danke, Herr Goldborn. Jetzt ist mir alles zu unsicher. Vielleicht später, wenn die Lage sich normalisiert hat, vorausgesetzt, dass Sie dann noch da sind?« Der Kaufmann erschrickt. Die anzüglichen Worte schneiden Isaac Goldborn mitten ins Herz. *Wenn Sie dann noch da sind.* Er möchte hier alles stehen und liegen lassen und das Land verlassen, aber wohin soll er gehen? Er kann doch nicht nach Deutschland fliehen, so wie die arischen Deutschen. Da würde er doch in den offenen Rachen des Löwen laufen. Ist er nicht aber ebenso ein Bürger dieser Stadt wie alle anderen? Nein, so schlimm wird es nicht kommen, da sei Gott Jahwe vor. Schließlich ist er ja wer. Mit ihm kann man nicht umspringen wie mit jüngst Zugewanderten aus dem Osten. Zudem ist er ein Geldgeber. Nicht Wenigen hat er mit Krediten ausgeholfen. Darunter so manchen Deutschen. Natürlich nahm er Zinsen, aber er hat sie auch gestundet, wenn der eine oder andere nicht gleich zurückzahlen konnte. Man hat ja Familie, die Geschäfte, das kostet alles Geld. Die Waren muss er im Voraus bezahlen, den Ausbau der Geschäfte finanzieren. Und die Zeit der weltweiten Inflation trug ihr Übriges dazu bei. Da brauchte man schon einen langen Atem und viel kaufmännisches Geschick, um zu bestehen. Aber jetzt ist die Konjunktur auch in Polen besser geworden.

Goldborn hofft, dass die Geschäfte weiter aufwärts gehen und der Krieg vielleicht doch nicht ausbricht. Poblowsky berichtet ihm, dass die Juden in Deutschland den gelben Stern zu tragen hätten. Goldborn reißt es fast das Herz heraus, als er davon erfährt.

Mussten seine Glaubensbrüder nicht schon einmal solche Schmach erleiden, als sie aus rotem oder gelbem Tuch eine Binde tragen oder einen gehörnten Hut aufzusetzen hatten? Wurde ihnen früher nicht auch geboten, lange Bärte zu tragen, den Frauen blaue Streifen am Schleier? Sollte dieses Spiel jetzt von vorn beginnen, wo alles sich so schön gebessert hatte?

»Der Hitler wird es nicht wagen, Polen anzugreifen«, meint Isaac Goldborn beim Schachspiel. »Wir sind doch mit England und Frankreich verbündet.« Doch der Vater zweifelt daran: »Ob der Hitler sich davon abschrecken lässt?« Pan Poblowsky meint: »Dieser deutsche Führer würde einen neuen Weltkrieg in Kauf nehmen. Der geht doch über Leichen und lässt sich von niemandem aufhalten. Was wird noch kommen nach der Forderung eines freien Korridors vom deutschen Pommern entlang des polnischen Pommern als Zugang nach Ostpreußen und zur Stadt Danzig, dem Verlangen einer auf polnischem Boden liegenden Eisenbahnlinie und Autobahn durch den Korridor und der Heimkehr Danzigs ins Reich? Die polnische Regierung wird unter Druck gesetzt, aber unser Marschall Rydz Śmigły wird das nicht zulassen. Einen Expressweg für Deutschland durch das westliche Polen wird es nicht geben!« Solche und ähnliche Reden schwängern die Luft und lassen sie in der Frühlingssonne erzittern. Es wird schon nicht so schlimm kommen, meinen viele der Volksdeutschen, obgleich sie der Einrichtung eines diesbezüglichen Korridors zustimmen. Ihr werdet euch noch wundern, warnen die Siedler aus dem Osten, die unter dem Zaren und nach dem polnisch-russischen Krieg 1919/20 eingewandert waren, vor allem Weißrussen und Ukrainer.

Was wollt ihr denn, ihr Russen, entrüsten sich die Polen. Ihr seid ja mit denen in gutem Einvernehmen. Es werden ja schon Gespräche geführt zwischen Stalin und Hitler. Wir haben mit denen nichts zu tun, mit diesen Bolschewiken, versichern die Beschuldigten. Vor denen sind wir doch geflüchtet.

Rydz Śmigły, polnischer Regierungschef, Nachfolger Piłsudskis, trat der Forderung nach einem deutschen Korridor energisch entgegen, missachtete aber u.a. die Forderung des Verbots der jüdischen rituellen Schlachtung durch polnische Tierschützer. Daraufhin wurden Losungen verbreitet, die polnische Bürger, noch bevor dieser Ruf in Deutschland populär wurde, aufriefen: *Nie kupić do Żydi!* (Kauft nicht bei Juden) Und als die faschistische Diktatur mit der Unterdrückung und Versklavung der Juden in Polen ernst machte, ging die Rede unter den Polen:

Śmigły Rydz nie nauczył Żydi nic, a Hitler złoty, nauczył niech roboty. (Śmigły Rydz hat den Juden nichts gelernt, aber Hitler, der Goldene, hat ihnen das Arbeiten beigebracht) *Der Goldene* war auf Hitlers Uniform bezogen.

Die Welt ist ein einziges Jammertal von Flüchtlingen und Vertriebenen, solange die Erde besteht. Die Menschheitsgeschichte begann laut

Bibel mit der Vertreibung von Adam und Eva aus dem Paradies. Der Biss in den verbotenen Apfel war ihnen zum Verhängnis geworden. Was auch immer die Menschen getan haben mögen, es reichte von je her auf die eine oder andere Weise dazu, vertrieben zu werden. Schon in der Steinzeit vertrieb eine Sippe die andere. Und diejenigen, die flüchten mussten, waren noch froh, nicht mit der Keule erschlagen zu werden. Sie mussten sich andere Jagdgründe suchen, neue Existenzgrundlagen schaffen. Es folgten Völkerwanderungen mit und ohne Vertreibung und schließlich die Kriege. Kriege als Hauptursache von Flucht und Vertreibung. Vertreibung und Heimatlosigkeit sind die Grundübel unserer Zeit. Mit der Heimatlosigkeit verliert der Mensch seine Bindung an die Gemeinschaft. Er wird haltlos umhergewirbelt, ausgeschlossen aus der Bleibhaftigkeit, diskriminiert und ausgegrenzt. Nun stand wieder so ein Krieg an. Der letzte, als erster Weltkrieg deklariert, war kaum zwanzig Jahre vorbei. Er kostete die Deutschen in Polen Millionen Golddollar. Die Deutschen aus dem Kaiserreich beschlagnahmten bei ihnen Rohstoffe, Halb- und Fertigwaren, Maschinen und Maschinenteile, Buntmetalle und Roheisen. Deutsche wurden praktisch enteignet, besonders durch die Geldentwertung und die Beschlagnahme ihrer Bankguthaben. Entsetzlich zu leiden hatten sie durch Diskriminierungen und Verschleppungen. Im Lubliner Land wurden allein 100.000 Deutsche nach Russland verschleppt. Es wird schon nicht so schlimm kommen, war die Hoffnung, an die sich jetzt die Menschen klammerten. Doch das Zusammenleben der Menschen hat sich grundlegend verändert. Den *Echten Volksdeutschen* geht man schon mal aus dem Weg, wechselt zur anderen Straßenseite. Sie verkünden lauthals und siegessicher: *Jetzt werde das Deutsche Reich zu ihnen kommen.*

Der Hitler wird das schon arrangieren. Er hat Österreich vereinnahmt, vielmehr war es mit fliegenden Fahnen übergewechselt, die Sudetendeutschen heim ins Reich geholt und die Tschechoslowakei besetzt. Jetzt sei Polen an der Reihe, dann seien die Deutschen in Polen keine Minderheit mehr, sondern gehörten zum Deutschen Reich. Aus Volksdeutschen würden Reichsdeutsche werden. Das sei die Sehnsucht aller Deutschen.

Sie waren so vermessen, als ob sie im Namen einer breiten Mehrheit gesprochen hätten. Das war aber nicht der Fall. Unsere Sehnsucht war das nicht. Wir lebten zufrieden und geborgen, kurzum, hier war unsere Heimat, unser Zuhause. Hier lebten unsere Verwandten und Freunde, alles schien in bester Ordnung zu sein. Wir versuchten mit allen gut auszukommen und die meisten mit uns. Vater verfasste Briefe und Bittgesuche für die Polen, half ihnen bei Anträgen und amtlichen Beschwerden. *Pan Kunkjel* wurde von allen geachtet, und er achtete die Nachbarn, Deutsche wie Polen und Juden.

Wir streifen wieder einmal in den Wäldern umher. Tonni, Jason und Lolek sind dabei. Lolek, einer unserer polnischen Nachbarn, ein ganz absonderlicher Kauz von kaum fünfzehn Jahren, liebt die Waldvögel, die

Kaninchen und alle Kreatur. Lolek fängt zwar Zeisige, Hänflinge und Buchfinken mit Leimruten, aber er pflegt auch kranke und verletzte Vögel gesund. In seiner kleinen Voliere ist ein Zwitschern und Tirilieren wie in einer Zoohandlung. Anton Kroll, der verhinderte Förster, sieht das nicht gern. Er beklagt das Einfangen der Waldvögel und schwört, ihm das Handwerk legen zu wollen. Lolek handelt mit den Singvögeln und trägt zum Lebensunterhalt seiner Familie bei. Er erklimmt auch hohe Kiefern und nimmt Krähennester aus.

Sie vermehren sich zu sehr, sagt er, schaden den Singvögeln und Wildkaninchen. Mit bloßen Füßen erklettert er die höchsten Kronen, während die Altvögel ihn umschwärmen, laut kreischen und sogar angreifen.

Es muss sein, sagt er entschuldigend und wirft sie seinem Hund vor. Wenig später sollte er die jungen Krähen mit nach Hause nehmen. Die Mutter schmurgelte sie im großen Tiegel, weil es kaum noch Fleisch gab. Lolek kommt auf den bevorstehenden Krieg zu sprechen.

»Die Deutschen werden uns überfallen«, sagt er bedeutungsvoll. »Sie sind bis an die Zähne gerüstet, da haben wir kaum etwas zu bestellen. Unsere kleine Armee hat doch kaum Waffen. Was können meist berittene Soldaten schon ausrichten gegen richtige Flugzeuge und Panzer.« Jason ist anderer Meinung. Er schätzt die polnische Armee als stark und den Deutschen überlegen ein. Ich weiß es nicht genau und sage:

»Warum sollen die Deutschen euch angreifen?«

»Sie werden«, bestätigt Lolek. »Polen ist doch ein gefundenes Fressen für solche wie den Hitler. Einige deutsche Familien gehen schon nach Deutschland. Sie flüchten, weil sie Angst haben, Angst vor den Polen, aber wegen mir können sie hier bleiben.«

»In Deutschland verfolgen sie auch die Juden«, sagt mein Vater, meldet sich Jason noch einmal.

»Warum denn das?«, frage ich ungläubig.

»Die Juden sind Deutschlands Unglück, so hat es der Führer verkündet…« Jason macht eine lange und viel sagende Pause. »Jetzt sollen wir plötzlich am Unglück der Deutschen schuld sein. Das verstehe, wer will.« Ich versuche Jason zu trösten:

»Du bist mein Freund, und das ist ein Glück für mich und kein Unglück.« Tonni gibt mir Recht. Er legt Jason die Hand auf die Schulter. Ich schließe mich an. Wir gehen einträchtig nebeneinander her, nur Lolek schaut etwas skeptisch drein.

»Kommt, lasst uns ins Kino gehen«, fordert Jason uns auf. »Da kommen wir auf andere Gedanken. Ich habe genug Geld für uns alle.« Wir machen uns auf in die Jerusolimska, dort, wo das moderne Filmtheater Odeon ausgebaut worden ist. Auf dem Weg zur großen Synagoge ist eine Anzahl jüdischer Jungen von etwa 12 oder 13 Jahren. Polnische Halbstarke stehen an den Straßenecken und verhöhnen die jüdischen Burschen. Sie schreien: *Żydi, Piorónies – dawać u nas Schokkolada, pieniądze!* (Verfluchte Juden, gebt uns Schokkolade, Geld) Sie werfen mit kleinen Steinen und Dreckklumpen, schwingen Stöcke, zerren an ihren Röcken und Haaren. Wir sind sehr erschrocken und machen einen Umweg, um den Störenfrieden aus dem Weg zu gehen. Jason ist sehr aufgebracht. Er gehört nicht zu denen, die den Cheder besuchen, ist kein orthodoxer Anhänger. Zum Weihnachtsfest habe ich sogar einen Tannenbaum bei ihnen gesehen, zwar ungeschmückt, aber doch ein Baum, wie er in unseren Wohnzimmern stand. »Goldborn tut das aus Kundenfreundlichkeit gegenüber den Deutschen und Polen«, hörte ich die Mutter sagen. Und ich höre von noch mehr Spott und Belästigungen der jüdischen Mitbewohner durch Polen, wenn sie auf dem Wege zum Markt in Ujazd waren. Manchmal wurden sie sogar von polnischen Wegelagerern ausgeplündert.

Im Vorspann des Films werden säbelrasselnde deutsche Soldaten gezeigt. Mit klingendem Spiel marschieren sie durch die Straßen, mit fliegenden blonden Kopfhaaren und lachenden Gesichtern kauern sie helmlos auf Lastwagen, die Gewehre und MP hoch in die Luft reckend, die Hände zum Führergruß erhoben. Und dann wird der Führer vorgeführt. Einem Dämon gleich steht er erhöht vor dem niedrigen Rednerpult – man kann seine ganze Gestalt und seine drohenden Gebärden in weit tragender Bedeutung und Größe erkennen. Die Hände, die hoch erhoben inbrünstig etwas herbeibeschwören, mal geballt nach vorn gestreckt, mal vor der Brust verschränkt, und diese Stimme: rücksichtslos, herrisch, Schimpftiraden auf das internationale Finanzjudentum ausstoßend, die Drohung, es der Vernichtung preiszugeben. Jason erschrickt, wir erschrecken alle gleichermaßen.

Heil Hitler! Was ist das für ein Gruß? Wir kennen nur *dzień dobry* – guten Tag oder *dobry wieczór* – guten Abend. Wie kann man sich begrüßen, indem man die Hand von sich streckt und den Namen des Führers herausschmettert. Was ist dieser Führer denn? Ist er heilig wie die *matka boska* – die Mutter Gottes? Lolek kennt neben der Mutter Gottes nur Jesus Christus, die als heilig verehrt werden.

Je mehr der Führer redet, umso mehr läuft es uns kalt den Rücken herunter. Ein unheiliger Schauer erfasst auch die Polen, wenn sie von Hitler reden. Die nationalistisch gesinnten Polen sympathisieren sogar mit ihm und tolerieren naziähnliche Organisationen, in denen Volksdeutsche in letzter Zeit ihrem Nationalismus frönen. Aber noch mehr fühlen sich viele Deutsche von ihm angezogen. Sie sehen in ihm den Führer, der sie schützen wird, schützen vor allem Undeutschen, sehen in ihm den Mann mit starker Hand, den Bewahrer ihrer Güter, der wird ihnen vielleicht noch mehr Besitz bescheren wird. Nach dem Kino treffen wir Werner, meinen älteren Cousin.

»Na, wie hat der Film euch gefallen? Schneidig, was! Unsere Soldaten werden bald hier sein. Heil Hitler!« Auch Werner reckt den Arm hoch, als er geht. Lolek schaut uns verständnislos an, Jason fasst sich an den Kopf.

»Der ist schon infiziert«, sagt er. »Er hat das Gift bereits aufgenommen, beginnt es schon zu versprühen.« Nachdenklich gehen wir den Weg zurück. Unterwegs begegnet uns die verrückte Brunka. Brunka ist verrückt geworden, weil sie als ehemalige Primaballerina nach einer Krankheit nicht mehr tanzen konnte. Sie war einmal sehr schön und grazil. Mit der Zeit ist sie füllig geworden. Doch trotz ihrer Körperfülle wirft sie die Beine, dass ihr die Röcke bis über den Kopf schlagen.

Unter ihren Röcken hat sie nichts weiter an. Ihr schwarzer Schal schlingt sich um ihren Hals, droht sie zu ersticken. Graziös erhebt sie sich auf die Zehenspitzen, tanzt ein paar Schritte nach Tschaikowskis Schwanenballett und bewegt die Hände vor dem Körper wie eine königliche Thaitänzerin. Sie schwebt auf uns zu, nimmt die Ellenbogen nach unten, führt einen gestreckten Fuß vor den anderen und krächzt unheilvoll die Warnung heraus: *Krieg, Leute, es wird Krieg geben. Ich sehe Blut und Feuer, rot und glühend. Es wird uns alle vernichten. Polen und Deutsche löscht das Feuer, bevor es euch verbrennt. Es brennt, brennt, brennt!*

Bisweilen, wenn Brunka uns begegnete, amüsierten wir uns und neckten sie, hoben auch manchmal mit Stöcken ihre Röcke hoch. Doch heute ist uns zum Schabernacken nicht zu Mute. Die verrückte Brunka gilt auch als Seherin. Sie kann in die Zukunft schauen, so sagt man, und manche ihrer Prophezeiungen sind schon eingetroffen.

»Geht der verrückten Brunka aus dem Weg«, mahnt die Mutter. »Sie wirft Kinder in Brunnen.« Nun, in Brunnen geworfen zu werden, haben wir nicht zu befürchten. Wir wollen an ihr vorbei, doch sie packt uns bei den Händen und versucht uns im Tanze herumzuschwenken. Das ist uns peinlich. Dann bettelt sie uns um Geld an. Jason drückt ihr ein paar Złoty in die Hand. Auf Zehenspitzen flattert sie befriedigt ab.

Am nächsten Tag bestätigen sich die Vermutungen über den bevorstehenden Krieg. Lehrer Roeder, mit einem Augenfehler und starker Brille behaftet, betont mit großsprecherischer Gebärde, dass die Deutschen jetzt heim ins Reich geholt würden, so wie die Sudetendeutschen und auch die aus den anderen Ostgebieten. Es könne jeden Tag hereinbrechen und werde nicht lange dauern, bis Polen eingenommen sei. Dann werde ganz Polen zum Nebengebiet des Großdeutschen Reiches gehören. Jetzt komme es darauf an, nichts Unbedachtes zu tun, um sich nicht in Gefahr zu bringen. Alle deutschen Familien sollten sich am besten nach Deutschland absetzen, bis der Krieg vorbei sei. Und der werde schnell vorbei sein. Lehrer Roeder hat seinen zweiten polnischen Vornamen Jerzy abgelegt, nennt sich jetzt Georg. Viele Jahre hat er sich den Polen gegenüber loyal verhalten, jetzt kehrt er sein Deutschtum heraus, fällt ein in das allgemeine Gerede vom bevorstehenden Krieg. In Erwartung der Deutschen gerät der autoritäre Lehrer in Euphorie. In Euphorie geraten auch die national gesinnten Deutschen. Sie können es kaum erwarten, dass ihre Landsleute hier einziehen.

Am Abend sind Onkel Hanfried mit Familie bei uns zu Gast, die Goldborns und Tante Edith. Onkel Hanfried hat eine Polin geheiratet. Tante Jenny ist eine vornehme Frau, geht immer gut gekleidet, riecht nach teurem Parfüm und spricht kaum ein Wort Deutsch. Mit Vorliebe klappert sie jüdische Geschäfte ab, sucht und kauft die neumodischsten Kleider, Jacken und sogar Pelze. In hohen Stöckelschuhen stolziert sie durch die Stadt, verbreitet eine Duftwolke, unterhält sich hier mit einer Bekannten und dort mit einem Geschäftsinhaber, der sie freundlich in seinen Laden einlädt.

Immer wieder bewundere ich das braune Kraushaar des Onkels, sein frohes Lachen, seinen Humor und die Lieder, die er zum Besten gibt: *Es scheint der Mond so hell auf dieser Welt...* und *Im Keller da ist es so duster, im Keller da brannte kein Licht.* Auch polnische Lieder sind darunter: *Schau auf meinen zerbeulten Kopf, mein linkes Auge, was für eine tiefe Wunde.* Später sind die Lieder nicht mehr so unbefangen. Sie gleichen denen der schwarzen und braunen Horden. Auch die Köpfe und Augen der Menschen sind nicht heil geblieben. Weder die der einen noch die der anderen. Bald folgt eine angeregte Unterhaltung.

»Wir bleiben hier«, sagt Onkel Hanfried, der als Beamter einen guten Posten in der deutschen Zweigstelle einer Handelsverwaltung bekleidet. »Meine Frau ist Polin. Sie werden uns nichts tun.« Doch Werner, als Halbpole, ist deutscher als deutsch. »Und wenn«, betont er und weist drohend seinen Trommelrevolver vor. »Das wird, hoffe ich, abschrecken.« Mit diesem Revolver läuft er durch die Gegend, kreuzt auch bei uns in der Siedlung auf und brüstet sich mit seiner Waffe.

Mutter

Vater

»Du lässt den Jungen mit dem Revolver rumlaufen!«, tadelt meine Mutter die Bewaffnung des Cousins. Und mein Vater ist der gleichen Meinung. »Der Junge weiß damit umzugehen«, verteidigt Onkel Hanfried seinen einzigen Sprössling. »Ein deutscher Junge muss wehrhaft sein und seine Waffe gebrauchen können.« Wenig später kommt Fleischer Billing hinzu. Er hat schlechtes Sitzfleisch. »Wir machen uns aber erst mal davon«, sagt er. »Haben das Geschäft schon vorübergehend geschlossen, alles verriegelt. Die Tante in Pommern weiß schon Bescheid, dass wir kommen. Wird nicht lange dauern, denke ich. Ein paar Wochen, da sind wir wieder hier.« Und Tonns haben ihre Fenster mit Brettern vernagelt aus Angst, dass die Polen ihnen die Scheiben einschmeißen könnten, wie es schon bei einigen Deutschen vorgekommen ist. Sie wollen nicht heraus aus Polen. Was können sie ihnen schon antun. Mit den Nachbarn haben sie in gutem Einvernehmen gelebt, so wie viele andere. Und besonders viel gibt es bei ihnen nicht zu holen. »Wir bleiben auch hier«, betont der Vater. »Was haben wir schon zu befürchten.« »Das weiß man nie«, bezweifelt die Mutter. »Im Krieg ist alles anders. Da wird der Freund zum Feind, und der dir vorher freundlich ins Gesicht geschaut hat, wird dir jetzt ins Gesicht schlagen.« Ich höre die Worte meiner Eltern und kann mich damit nicht abfinden. Janek wird mir niemals ins Gesicht schlagen und Lolek schon gar nicht. Sie werden immer meine Freunde bleiben. Doch ich sehe den Krieg auf uns zukommen wie eine schwarze Wand, die alle zu erdrücken droht. Die Vorstellung fällt mir schwer, dass aus Freundschaft Hass werden kann, aus guter Nachbarschaft Neid und Missgunst, aus friedlichem Nebeneinanderleben Gewalt und Zerstörung. Die Eltern aber denken ernsthaft daran, sich nach Deutschland abzusetzen. Die Fabrik hat Beziehungen nach Celle in Niedersachsen. Vater will auskundschaften, ob man dort unterschlüpfen könnte.

Das Frühjahr ist vergangen. Vergangen unter bösen Vorahnungen. Die Saat des Hasses ist voll aufgegangen. Die gelben Blumen sind verblüht. Glühende Hitze flimmert über wogenden Getreidefeldern. Über der friedlichen Idylle zittert förmliche die Luft. Die Menschen erfasst eine Unrast und Unruhe, die in der Angst und Ungewissheit vor dem Kommenden liegt. Was wird auf uns zukommen? Da sind die Nationalpolen, denen ein Krieg geradezu recht ist. Sie träumen von einem Großpolen bis zur Oder-Neiße-Linie. Dafür würden sie auch einen Krieg in Kauf nehmen. Einen Krieg, in dem sie auf die Westmächte, besonders auf Frankreich und England setzen. Schon 1830 beteten die polnischen Extremisten, ebenso fromm und christlich eingestellt wie die restliche Bevölkerung, in den Kirchen: *Um diesen allgemeinen Krieg bitten wir dich Gott und du heilige Jungfrau Maria!* Schon auf dem panslawistischen Kongress 1848 in Prag sangen die streitbaren Polen ein merkwürdiges Lied: *Brüder, Sensen in die Hände, Polens Knechtschaft hat ein Ende! Länger wollen wir nicht weilen. Sammelt Scharen um euch alle, unser Feind der Deutsche falle! Plündert, raubet, senget, brennet, lasst die Feinde qualvoll sterben. Wer die deutschen Hunde hängt, wird sich Gottes Lohn erwerben ...* Mein Vater berichtete mir von diesem Lied der Polen. Es war überliefert von den Eltern und Großeltern, die schon immer gegen nationale Ideen und Auswüchse zu kämpfen hatten. Auch bei dem Ostfeldzug der Polen gegen Russland und die Ukraine, zu dem mein Vater von den Polen 1919 eingezogen wurde, sangen die streitbaren Polen dieses Lied in abgewandelter Form. Hier richtete es sich gegen die Russen.

Auf den kommenden Krieg hoffen auch Deutsche, anfangs eine geringe Zahl, die schnell anwächst, auf den Krieg, der ihnen die Vorherrschaft in diesem Land bringen möge. Und sie setzen auf Hitler, der sie heimholen soll, heim ins Reich, das wieder auf gutem Wege ist, zu einer Großmacht zu erstarken. Nur kein Krieg, bangen die normalen Menschen, die friedfertigen Polen und Deutschen. Besonders diese Deutschen fürchten um ihre Ruhe und Beschaulichkeit, um die guten Beziehungen zu ihren Nachbarn. Was würde aus ihnen werden, wenn das Land mit Krieg überzogen würde? Krieg, der von den Deutschen im Reich über sie käme und alles zerstören könnte, was sie unter unsäglichen Mühen aufgebaut haben. Nur keinen Krieg, fürchten und beschwören auch die Juden! Sie sorgen sich um ihre Läden und Geschäfte. Sie fürchten um das Land, in dem sie geduldet werden und in dem sie heimisch geworden sind. In dem sie ihrem Glauben, wenn auch mit Schwierigkeiten verbunden, nachgehen können, wo sie nach den Verfolgungen der vergangenen Jahre in ganz Europa wieder aufatmen konnten. Ihnen missfällt vor allem die Denkweise der Nationalpolen und die der Volksdeutschen, die mit Hitler sympathisieren. Bald werden auch jüdische und deutsche Vereine verboten. Deutsche Vereine, die offen mit Hitler sympathisieren und geduldet wurden, seit Hitler mit Polen 1934 einen Nichtangriffspakt abgeschlossen hatte, werden jetzt nicht nur verboten, sondern auch verfolgt. Bei den antideutschen Demonstrationen im Mai hat es zahlreiche Ausschreitungen gegeben. Die deutschen Familien sind in Angst und Schrecken versetzt worden. Zahlreiche Fensterscheiben von deutschen Geschäften am Markt wurden eingeschlagen. Sogar das Haus von Pastors Gastpary ist angegriffen worden. Wahrscheinlich irrtümlich, denn Gastpary war ein polenfreundlich eingestellter Mann. Er hielt sogar Predigten in polnischer Sprache. Wenig später wurde sich dafür entschuldigt, denn ein an sein Haus geschriebener Spruch zeugte davon: *Przepraszamy, on jeszt dobry do Polaki* (Entschuldigung, er ist gut zu den Polen) Darauf hin sind in Piotrków einige der vornehmlich jungen Randalierer angeklagt worden, erhielten aber nur Bagatellstrafen und fühlten sich in ihren Machenschaften bestätigt.

Im Ergebnis der antideutschen Ausfälle sind in den Fabriken eine Reihe Deutscher kurzerhand entlassen worden. Auch mein Vater im Wilanów-Werk hat seine Arbeit verloren. Die Kunstseidenfabrik, vom jüdischen Fabrikanten Landsberg gegründet, nun eine Aktiengesellschaft in überwiegend französischer Hand, ist der größte Betrieb weit und breit bis hin nach Łódź. Etwa 8000 Arbeiter – Deutsche, Polen, vereinzelt auch Juden kommen teilweise sogar zu Fuß oder mit dem Rad aus der Umgebung bis zu 15 Kilometern in das am Rande der Stadt gelegene Werk. Die Franzosen sympathisieren mit den Polen, Deutsche sind ihnen sehr suspekt. Vater war bei der Entlassungswelle dabei. Er ist sehr entrüstet, weil er sich keiner Schuld bewusst ist. Ich spüre, wie sich seine Meinung den

Polen gegenüber verändert. Mitte des Sommers komme ich um die Mittagszeit von meinem Freund Richard und werde schon sehnlichst erwartet. Vorm Haus steht ein kleines, verdeckloses Auto. Die Mutter schleppt einen Koffer und zwei Taschen hinein. Ich kriege einen Rucksack aufgebürdet. Herta wischt sich ein paar Tränen fort. Der Vater spricht mit dem Chauffeur, zeigt ihm eine Karte, den Weg, den er zu fahren hat. Ich sträube mich, will nicht mit. Ein paar Wochen nur, tröstet mich der Vater, dann kommt ihr wieder zurück. Er hat sich entschlossen, uns doch lieber fortzuschicken.

Und was ist mit dir, Vater? Um mich macht euch nur keine Sorgen. Mir passiert schon nichts. Ich bleibe hier. Kann doch nicht alles im Stich lassen. Ich muss mich auch um meine Arbeit kümmern. Sie können mich doch nicht so einfach auf die Straße setzen. Der Vater umarmt uns. Die Mutter drängt zur Eile. Wir steigen ein und fahren zur Grenze. Mit uns machen sich etwa 1000 bis 1500 Deutsche aus der Stadt auf die Flucht ins Reich. Viele davon schon im Mai und Juni.

Der polnische Fahrer ist wortkarg. Obgleich er gut bezahlt wird, ist er auf Deutsche nicht gut zu sprechen. Mehr als fünf Stunden geht die Fahrt dahin. Vorbei an abgeernteten Getreidefeldern, durch idyllische Dörfer, durch Städte mit schmucken Häusern und heilen Straßen. »Wo fahren wir eigentlich hin?«, fragt die Schwester... »Nach Celle in Niedersachsen«, sagt die Mutter. Wir wissen nicht, wo Celle liegt, und Niedersachsen kommt mir vor, als läge es am Ende der Welt. An einem Fluss machen wir Halt. Ich kann nicht mehr sagen, welcher es war. Vermutlich war es die Prosna bei Praszka in der Nähe von Czeństochowa. »Sie müssen dort hinüber«, sagt der polnische Fahrer. »Auf der anderen Seite ist schon Deutschland.« Er hat es eilig, wirft uns die Gepäckstücke vor die Füße. Wir sind froh, dass er uns unterwegs nicht abgesetzt hat, stehen vor dem Fluss, doch weit und breit keine Brücke, kein Steg. Die Mutter schürzt ihren Rock, watet hindurch bis zur Hälfte. Das Wasser geht ihr nur bis über die Knie. Sie kommt zurück, ergreift die beiden Koffer und sagt: »Folgt mir nach!« Ich fasse die Hand meiner Schwester. Über der Mitte des Flusses wird das Wasser immer tiefer. Die Schwester schreit: »Hilfe, wir ertrinken!« »Keine Angst, wir ertrinken nicht, ich kann schwimmen«, sage ich stolz und ziehe die Schwester mit. »Aber ich nicht!«, schreit sie. Die Mutter ist schon drüben. Sie wendet, kommt zurück, nimmt uns an die Hand und strebt dem deutschen Ufer entgegen. Gott sei Dank, gerettet, nun sind wir schon in Deutschland. Auf der anderen Seite schwenkt ein Bauer aufgeregt seine Mütze.

»Hallo!«, schreit er, »hallo, junge Frau. Kommen Sie, schnell! Hier an dem Weg ist erst Deutschland.« Wir hasten vom Ufer weg. Da haben Sie aber Glück gehabt. Es wurde auch schon geschossen. Staunend schaue ich mich um. Ah, das ist Deutschland. Ich beschaue mir das Land mit Ehrfurcht, das Land meiner Vorväter. Doch es ist nicht anders als das

Land, in dem ich geboren bin und lebe. Ich erschauere nicht vor dem Land Deutschland. Es bleibt mir schleierhaft und fremd trotz der vertrauten Laute, der Sprache, der auch ich mächtig bin. Ich sehe mir die Soldaten an, die uns entgegenkommen, Kolonnen von Lastwagen, Motorradgespanne. Die Technik macht mich staunen, sie nötigt mir Achtung ab. Sieh an – die Deutschen haben tolle Autos und Kanonen, aber gleich denke ich, dass sie damit schießen werden, schießen auf meine Landsleute, auf Janek und Lolek und vielleicht auch auf Jason. Die Soldaten sind unbekümmert. In ihren Augen ist ein freudvolles, funkelndes Leuchten von Ehre und Vaterland, von Führer und Volksgemeinschaft. Aber auf ihren Stirnen steht das Zeichen von Verwundung und Tod, denn der Krieg wird nicht nach kurzem Kampf und Sieg beendet sein, so höre ich den Großvater später reden. Sie singen wie im Rausch, laut und übermütig: *...denn heute gehört uns Deutschland und morgen die ganze Welt.* Und dann, als sie sich der polnischen Grenze nähern: *In einem Polenstädtchen, da wohnte einst ein Mädchen, das war so schön. Es war das allerschönste Kind, das man in Polen find..., aber nein, aber nein sprach sie, ich küsse nie!* Die polnischen Mädchen sind den deutschen Soldaten schon recht. Auch einem Liebesabenteuer mit den sprichwörtlich schönen Polinnen sind sie nicht abgeneigt, aber das Land, in dem diese wohnen, möge doch besser ihnen gehören und dem Deutschen Reich angegliedert werden. Ein Offizier packt uns in seinen Kübelwagen und will uns in ein Sammellager für deutsche Flüchtlinge aus Polen bringen. Doch die Mutter bittet ihn, uns zum nächsten Bahnhof zu bringen. Sie hat eine Adresse in Celle, zu der wir fahren wollen. Die Mutter bangt um unsere Rückkehr, schaut den Offizier fragend an, doch der Offizier ist guten Mutes, lacht unbekümmert auf und sagt: »Keine Angst, junge Frau. Wir machen jetzt reinen Tisch. Sie können bald zurück. Darauf können Sie sich verlassen!« Die Mutter will ihn mit ein paar Reichsmark entlohnen, doch der Offizier lehnt dankend ab: »Wo denken Sie hin, liebe Frau. Sie sind doch eine Deutsche. Das ist doch Ehrensache.« Er grüßt kurz und braust davon. Wie rein der Tisch werden soll, wissen wir noch nicht. Sicher so rein und sauber wie in Deutschland. Wir fahren das erste Mal durch Deutschland, über den schönen Harz nach Niedersachsen. Karel Poblowsky, der polnische Werkleiter – er konnte die Entlassungen nicht verhindern – verschaffte uns die Adresse eines deutschen Fabrikanten, der mit der Tuchweberei in Verbindung steht. Wenig später, als wir in Celle angekommen sind, verkündet der Führer im Radio: *Heute Morgen haben die Polen auch schon mit regulären Truppen angegriffen. Ab fünf Uhr fünfundvierzig wird nun zurückgeschossen, und es wird Bombe um Bombe vergolten.* Aha, denke ich, die Polen haben zuerst geschossen. Da geschieht es ihnen Recht, dass nun zurückgeschossen wird. Ich will mich vergewissern, frage die Mutter:

»Sei still, Junge!« Nun weiß ich doch nicht, wer zuerst geschossen hat und muss den Worten des Führers glauben. Später erfahre ich auch von

Übergriffen und Angriffen der Polen auf Deutsche, vom Niederbrennen deutscher Bauernhöfe, von Erschießungen, höre davon, dass unschuldige und friedfertige Deutsche in der Umgegend der Stadt erschlagen wurden, unter anderen der Vater meiner Patentante. Ich erfahre vom *Bromberger Blutsonntag*, bei dessen Pogrom 500 Deutsche ermordet wurden, erfahre vom Hass auf alles Deutsche. Spüre nach der Unterwerfung Polens die Überheblichkeit der Deutschen in einem fremden Land, die Gewalt und Unterdrückung alles Polnischen. Und ich werde mich zurücksehnen nach der Unbekümmertheit meiner Kinderjahre, nach der Geborgenheit in einem friedlichen Land ohne Fremdenhass und ohne nationales Deutsch- und Polentum. Und ich werde noch mehr erfahren, nämlich, dass es zu der Zeit auch polnische Bestrebungen gegeben hat, ihr Gebiet nach Westen auszudehnen, die Zusammenhänge über den Kriegsausbruch, die manche in einem anderen Licht sehen. Da gibt es sogar Zweifel an den Geschichtsdarstellungen – die Nationalsozialisten aus dem Reich hatten ihrerseits einen Überfall auf den Gleiwitzer Sender und andere wichtige deutsche Institutionen fingiert, um dem Volk und der Weltöffentlichkeit einen Anlass zum Kriegsbeginn zu präsentieren. Aber trotz aller Zweifel an ihrer Friedfertigkeit, mag ich die Polen, so wie ich die meisten kennen gelernt habe, bin beinahe einer von ihnen. Ihre Sprache ist mir vertraut, ihre Gebräuche sind mir nicht fremd. Sie sind gastfreundlich und mitteilungsbedürftig, sie geben von dem, was sie haben, und sie geben es gern. Sie rufen mich *Bobusch*, mit dem Kosenamen, den mir Lolek gegeben. Ich mag Lolek, den polnischen älteren Freund und Janek, meinen Gefährten, der mir sehr nahe steht, mit dem ich mich über alles unterhalten kann. Er ist mir wie ein Bruder, der mir versagt geblieben. Ich mag Goldborn, den tüchtigen jüdischen Geschäftsmann, seine witzige und leutselige Art, ich mag die hübsche Manja, die so wunderschön Geige zu spielen versteht und ich mag Jason, meinen jüdischen Freund. Polen und Juden sind für mich ganz normale Menschen. Sie sind mir vertraut und gehören zu meinem Leben wie Sonne und Wind, wie die Wälder, Felder und Wiesen. Ich liebe die Dörfer ringsum, das idyllische Dorf des Großvaters, besonders seine Kühe und Pferde. Ich sorge mich um das Korn auf dem Feld, sehe den bekümmerten Blick des Großvaters, wenn es zu viel regnet. Ich liebe die Großmutter, ihr rundes Brot, ihr frohes Lachen, ihre Erzählungen von früher, ihre Späße und drolligen Einfälle. Und ich schwärme regelrecht für meinen Patenonkel Arthur, der mir noch mehr als ein Onkel, vielmehr ein Freund ist. Ich mag die weite Landschaft, die tiefen Wälder, die wunderbaren Flüsse, die Pilica, die sich breit und majestätisch durchs Land schlängelt. Ich denke zurück an die Ruderwettbewerbe, an die lustigen Ausflüge und so manches Picknick an dem Fluss und bei den Grotten. Das alles ist einfach Heimat für mich, denn ich habe nichts anderes kennen gelernt. Und jetzt kommen die Deutschen, meine Landsleute, und verwandeln die Vorgeplänkel in einen handfesten Krieg, überziehen das Land mit unumschränktem Deutsch- und Herrentum. Ich beginne Abstand zu gewinnen, Abstand und Misstrauen gegenüber meinen deutschen Landsleuten. Ich begreife das alles nicht, warum es so gekommen ist. Wie die Menschen sich veränderten, wie sich manche zu raubgierigen Monstern wandelten, wie sie umschwenkten auf die nationale Linie, alles vergaßen, was sie bisher auszeichnete: Freundschaft, gute Nachbarschaft und Toleranz.

Ich erinnere mich an eindrucksvolle Begebenheiten auf dem Dorf des Großvaters. Großvater besprach sich oft mit seinen polnischen Nachbarn. Er hatte für jeden ein gutes Wort. Sie kamen auf seinen Hof und bestaunten seine Künste beim Bau von Ackerwagen, die Verbesserung der Pflug- und Ackergeräte und die Ordnung auf dem Hof und im Stall. Sie konnten nicht begreifen, dass sein Getreide besser stand als das ihre und besonders der Ernteertrag höher war. Viele Polen staunten über die Leistungen der deutschern Siedler, bewunderten ihren Fleiß, ihre Ordnungsliebe, ihre Sparsamkeit und Tugend. Sie sprachen auch dem Schnaps, bis auf wenige Ausnahmen, weniger zu und waren mäßig im Essen. Ihr gutes Wirtschaften rief auch manchmal Neid hervor. Unter den Polen ging ein geflügeltes Wort: *Setze einen Deutschen auf einen Stein und er wird wachsen und Brot haben.* Manchmal borgten sie auch einen Pflug oder ein anderes Gerät aus, versäumten aber das Ausgeborgte zurückzugeben. Als Großvater einen Nachbarn deswegen mahnte, erwiderte der:

»Du Schwob, das behältst du doch sowieso nicht. Wir jagen dich noch davon, bevor der Krieg ausbricht!« Großvater hatte Mühe, seinen Ärger zu unterdrücken und dem freundlichen Nachbarn nicht mit dem Knüppel eins aufzubrennen.

Die Pilica und die kleine Badeinsel, an der ich so oft mit Freunden und dem Vater zum Schwimmen war

Die Worte des polnischen Nachbarn brennen im Herzen Großvaters. Obgleich er auf seinem Dorf von den meisten Polen anerkannt und geachtet wird, beginnt sich durch den aufkommenden Krieg Distanz und Misstrauen aufzubauen, was nur dadurch zu erklären ist. Man stelle sich die Lage einmal andersherum vor: Da sitzt man mitten in einem fremden Land, und ein Krieg droht auszubrechen. Und diejenigen, die diesen Krieg beginnen, sind deine eigenen Landsleute, gehören zu deinem Volk und du gehörst dazu, obgleich du diesen Krieg nicht willst und ihn hasst wie die Pest. Jahrzehnte hast du am Deutschtum in Treu und Glauben festgehalten, die Muttersprache gepflegt, die deutsche Kultur, ihre Bräuche und das Liedgut, überliefert von den Vätern, hast deine Pflichten dem polnischen Staat gegenüber erfüllt. Nun beginnst du am deutschen Volkstum zu zweifeln, bedauerst im Stillen vielleicht kein Pole zu sein. Das höre ich aus den letzten Worten Großvaters heraus. Ja, es gab Nationalismus in Polen, wie es ihn in anderen Ländern auch gab – in Italien, Frankreich, Spanien und anderswo, aber diese Auswüchse waren nur unter einer kleinen Minderheit zu finden. Und nie und nimmer wäre das kleine Polen fähig und bereit gewesen, Deutschland anzugreifen und einen Weltkrieg vom Zaun zu brechen. Ja, es gab Übergriffe von Polen gegenüber Deutschen auch schon vor dem Krieg. Die Zerschlagung und Plünderung von deutschen Geschäften, das Einwerfen Dutzender Fensterscheiben. Und auch die evangelische deutsche Gemeinde hatte darunter zu leiden. Es war der Ausbruch eines Volkszorns gegen bisher geduldete Deutsche, die sich im Polenland zu Übermenschen mauserten. Aber der schlimmste Volkszorn, deutscher wie polnischer, richtete sich gegen die Juden. Ein überlebender Jude schrieb:

Die Volksdeutschen waren polnische Deutsche, die zusammen mit uns geweint und gelacht haben, und wir glaubten, sie seien unsere Freunde. Aber vor denen mussten wir uns jetzt fürchten. Schließlich mussten wir uns auch vor den Polen in Acht nehmen. Die antideutschen Ausfälle hatten die Volksdeutschen selbst heraufbeschworen mit ihrer nationalsozialistischen Hetze, mit ihrer Hitlereuphorie! Denn bei den Wahlen zum Stadtrat im Frühjahr 1939 erhielten die nationalen Deutschtumsparteien schon zwei Drittel der Stimmen.

Ja, es gab Helfershelfer auch unter Polen, Ukrainern Litauern und anderen bei der Verfolgung und Vernichtung der Juden, und solche Machenschaften wurden auch schon von polnischen Historikern und Schriftstellern zugegeben, aber die eigentlichen Initiatoren, Auftraggeber und Drahtzieher waren die Deutschen. Auch wenn nur ein einziger Jude vergast worden wäre, könnte man es nicht verzeihen. Und an der Schwelle des 3. Jahrtausends, nach mehr als sechzig Jahren nach dem Krieg, sollten wir aufhören gegenseitig aufzurechnen, wer was getan hat, wer mehr Schuld auf sich geladen hat. Niemand möge nach dem trachten, was er einmal verloren und es wieder zurückfordern. Das bringt nur neues Unheil und neue Zwietracht hervor. Niemand soll vergessen, was dem vorausgegangen war: Die Entrechtung der Polen, die Weigerung, ihnen Bildung und Kultur zu gewähren, denn ihre Kultur stand in den Augen der Besatzer weit unter der der Deutschen. Ihre Behandlung als Menschen dritter Klasse, die Verschleppung zur Zwangsarbeit, die standrechtlichen Erschießungen, die Deportationen und die millionenfachen Morde an Juden und Polen. Das alles ist von Deutschen ausgegangen. Nicht auszudenken, wenn die Feindschaft zwischen den beiden Völkern, die während des II. Weltkrieges zu einer Katastrophe geführt hat, heute ihre Fortsetzung fände. Möge nicht die gegenseitige Aufrechnung der Schuld das letzte Wort behalten, sondern der Wille zur Versöhnung.

2 KRIEGSAUSBRUCH UND JUDENVERFOLGUNG

Nun haben wir den Krieg«, sagt unsere Wirtin Jutta Sagorsky, die Frau mit dem polnischen Namen. Und ihr Mann Walter fügt hinzu: »Aber es wird nicht lange dauern. Und wenn unsere Truppen Polen eingenommen haben, können Sie wieder zurück.« Es wird nicht lange dauern, nicht lange dauern. Immer wieder höre ich diese Worte. Ich frage mich, was nach dem kommt, was nicht lange dauern soll.

Die deutschen Truppen walzen die Schlagbäume nieder, preschen mit Panzern vor, bombardieren polnische Städte. Sie treffen auf nur geringen Widerstand. Unaufhaltsam dringen sie vorwärts. Vorwärts in Feindesland, in das Land, in dem wir leben. Muss ich mich nicht freuen, dass die Deutschen kommen, meine Landsleute? Doch ich empfinde keinerlei Freude, zeige kein bisschen Dankbarkeit, denke nur an den Vater, Großvater und an meine Freunde und sorge mich darum, wie es ihnen am Kriegsschauplatz ergehen mag?

Im Werk, in dem mein Vater arbeitet – er wurde nach Protest wieder eingestellt, weil man auf seine Kenntnisse und Dienste als Buchhalter nicht verzichten konnte – marschieren polnische Soldaten auf mit aufgepflanzten Bajonetten. Sie treiben die deutschen Arbeiter zusammen, etwa zehn an der Zahl, verbinden ihnen die Augen mit dunklen Tüchern, stellen sie an die Wand.

»Ihr Schwobbis (Schwaben), ihr werdet jetzt erschossen.« Doch der Offizier, der die Aktion leitet, ist noch unentschlossen. Poblowsky geht auf die Soldaten zu.

»Das könnt ihr nicht tun! Diese Menschen haben doch nichts getan.«

»Das sind Deutsche, unsere Feinde!« Die Soldaten bedrohen selbst ihn, den Werkleiter. Der Offizier zögert, hält inne, telefoniert schließlich mit Warschau. Von dort kommt die Order, jegliche Ausschreitungen einzustellen. Die Deutschen seien schon zu weit vorgedrungen. Poblowsky stürzt mit ein paar polnischen Arbeitern auf die Soldaten zu. Sie drücken die Gewehre herunter, nehmen den deutschen Arbeitern die Binden von den Augen. Noch einmal Glück gehabt. Werden deutsche Arbeiter später vielleicht ein Gleiches tun?

Großvater berichtet mir, was sich auf den Dörfern zugetragen, als die Deutschen im Anmarsch waren: Plötzlich wandelten sich einige Polen aus unmittelbarer Nachbarschaft zu Räubern und Totschlägern. Sie bewaffneten sich mit Knüppeln und Äxten. Wehe, wenn jemand sich ihnen entgegenstellte. Sie nahmen sich, was sie wollten. Im Nachbardorf wurde ein Bauer mit seinem Sohn erschlagen, als sie sich gegen die Plünderungen wehrten. Den Hof brannten sie nieder. In unmittelbarer Nachbarschaft wurde der Bauer Dahlmann, der schon seit langem mit seinem polnischen Nachbarn im Streit lag, mit seinem Sohn einfach erschossen. Der Nachbar hatte sich von durchziehenden polnischen Soldaten eine

Waffe besorgt. Kann es sein, dass Menschen sich über Nacht so ändern können? Sie können es; das erfahre ich später am eigenen Leib, Deutsche genauso wie Polen.

Über unserem Städtl brausen ein paar Flugzeuge dahin, deutsche Flugzeuge. Die Menschen recken arglos ihre Hälse, schauen ihnen neugierig und überrascht nach, wie sie eine Schleife drehen. Trotz Krieg vermutet niemand etwas Böses. Manche sind immer noch arglos und glauben an ein Spiel. Doch plötzlich gehen die Flieger tiefer, werfen ein paar Bomben –; schreiend stürzen die Menschen auseinander.

In der Antoniego wird ein Fabrikgebäude getroffen, Dächer werden abgerissen, Feuer bricht aus und verbreitet sich in der Straße. Ich kann nicht sagen, wie viele Menschen verletzt oder getötet wurden. Erst jetzt begreifen die Menschen den Ernst des Krieges. Wenig später rollt die erste Panzerkolonne durch die Straßen, besetzt am Marktplatz die strategischen Punkte. Es scheint, als ob der Angriff auf die Stadt gut geplant sei. Ein paar Soldaten steigen aus, drohen mit Maschinenpistolen. Die polnischen Soldaten haben sich in Richtung Warschau zurückgezogen, es gibt kaum Gegenwehr. Erste Volksdeutsche kommen auf die Soldaten zu, begrüßen sie in deutscher Sprache, überreichen ihnen bunte Blumensträuße, schütteln ihnen voller Begeisterung die Hände. Einer lässt sich sogar so weit herab und küsst einem der Offiziere die Hand. Boettig und mehrere seiner Volksgenossen haben sich eingefunden, reißen in überschwänglicher Freude ihre Arme hoch:»Sieg Heil!« Ein Hoch auf den Führer. Ein paar vorwitzige polnische Bürger kommen hinzu, vorwiegend junge Burschen. Sie stehen mit staunenden Augen herum, wissen nicht wie sie reagieren sollen. Der deutsche Offizier ruft sie an:

»He, ihr Polacken, Heil Hitler! Hebt eure rechte Hand empor. Erweist unserem Führer die Ehre!« Die Polen sind überrascht. Sie betrachten die Deutschen mit staunender Neugier, denken, dass sie hier nur kurz verweilen und bald zurückgeschlagen werden. Zaghaft hebt der erste seine Hand. Ein verlegenes Lächeln umspielt die überraschten Gesichter.

»Ein bisschen höher, wenn ich bitten darf. Das ist jetzt auch euer Gruß!« Eine schlesische Lerge, der polnischen Sprache mächtig, erklärt den Polen wie sie sich zu verhalten haben:»Hände auf die Schulter, wenn sie sich deutsche Soldaten nähern.« Das Lächeln erstirbt ob der Demütigung.

Auch Brunka ist von den fremden Soldaten angelockt worden. Sie geht im Mazurkaschritt tanzend auf sie zu, schwenkt ihre Röcke. Die deutschen Soldaten lachen, merken gleich wie es um sie bestellt ist. Einer holt seine Mundharmonika hervor, stimmt das Lied an von der Donna Klara: *Oh, Donna Klara, ich hab dich tanzen gesehn ...*

Brunka tanzt nach der Tangomelodie und wirft den Deutschen Kusshände zu. Aber dann lässt die kranke Frau wieder ihre Prophezeiungen los:

Feuer, Feuer! Seht ihr das Feuer? Juden und Polen lauft weg vor dem lodern-

den Feuer. Ihr werdet brennen, brennen! Der Himmel ist behangen, behangen mit Feuer. Es brennt, brennt, brennt!

Die Soldaten amüsieren sich, der polnisch sprechende Schlesier übersetzt Brunkas Worte. Plötzlich lachen sie nicht mehr, versuchen die Tänzerin zu verscheuchen. Sie kommen mit den Ketten ganz nahe an sie heran. Brunka gerät ernstlich in Gefahr. »Mach, dass du fort kommst!«, droht einer mit der Pistole. Erschreckt läuft sie davon. Mittlerweile tauchen immer mehr Panzer auf. Sie rollen durch das Stadtzentrum, am Marktplatz entlang. Etwa acht oder zehn polnische Jungs vermuten in den Tanks ihre eigenen Streitkräfte, da ihre Zeichen nicht klar erkennbar sind. An einigen sind die weißen Balken der Kreuzumrandungen mit schwarzer Farbe überpinselt worden. Sie sind so vermessen und glauben an einen Gegenangriff der polnischen Armee, laufen mit Taschentüchern winkend auf die Tanks zu. Plötzlich springen deutsche Soldaten herunter und feuern mehrere Salven über ihre Köpfe hinweg. Zu Tode erschreckt werfen sich die Jugendlichen zu Boden. Die Panzer rollen dicht an ihnen vorüber, ihre Kanonen drohend auf die Häuser gerichtet, aus denen kein einziger Schuss fällt.

»Haut ab, ihr Polacken!«, schreit einer der Schützen. Die erschreckten Gestalten erheben sich blitzschnell und stürzen hinter die nächste Toreinfahrt eines größeren Gebäudes. Dort, wo an irgendeiner Häuserecke eine unvorsichtige und verdächtige Gestalt sichtbar wird, schießen die Deutschen auf die Menschen wie auf Schießscheiben. Der jüngere Sohn des Bäckers Chelm, bei dem wir unser Brot und unsere Brötchen kaufen, etwa 15 Jahre alt, wird von einer Kugel getroffen und schwer verletzt. Die Kugel hat ihm die Hüfte durchschlagen. Monate später, nach unserer Rückkehr, sehe ich ihn noch hinkend in der Backstube herumlaufen. Bald darauf tritt Ruhe ein. Keiner der Polen wagt es mehr, den Okkupanten entgegenzutreten.

Eine Abordnung setzt sich in dem Städtchen fest, gibt erste Erlasse und Verordnungen heraus, beginnt mit dem Aufbau einer deutschen Verwaltung. Zuverlässige Volksdeutsche werden gesucht zwecks Bildung von Kommissionen. An solchen ist kein Mangel. Sie sollen die Reichsdeutschen unterstützen, die schnell zur Stelle sind, um die wichtigsten Positionen in der Stadt einzunehmen.

Es kommen mehrere Interessenten in Betracht, sowohl Volks- als auch Reichsdeutsche. Ein Herr Dr. Ballusek aus dem Reich wird zum 1. Kreishauptmann berufen. Er verspricht, in dem Städtchen aufzuräumen zu wollen, was auch immer er damit meint. Hinzu kommen Rösler, Boettig und Größer, die noch eine unrühmliche Rolle in der Polizei und Gestapo spielen sollen. Karl Größer steigt zum Dienststellenleiter der Schupo-Abteilung auf, und der Kaufmännische Direktor der Teppichfabrik Müller und Kommandant der Feuerwehr, Alfred Paul Müller, wird zum ersten kommissarischen Bürgermeister ernannt. Diesen Posten hat er aber nur einen Monat inne, da er sich besonders den Polen gegenüber nicht durchzusetzen vermag, was immer das auch heißen mag. Die Nazis brauchen geeignete Führerpersönlichkeiten und setzen ihn kurzerhand ab. Ihm folgt Dr. Fritz Lukas als Stadtkommissar, was einem Bürgermeister gleichkommt. Albert August, mein Onkel Hanfried und weitere Volks- und Reichsdeutsche stoßen dazu. Diese Gruppe von Männern, Deutsche aus dem Reich und Volksdeutsche, bestimmen bald die Geschicke der Stadt in der einen oder anderen Weise. Boettig, Rösler, Größer und Onkel Hanfried werden beauftragt, die Polizeistation und alle dazugehörigen Unterabteilungen aufzubauen – was sie mit großer Akribie und hoher Einsatzbereitschaft in kurzer Zeit bewältigen.

Für beide Dienststellen, Polizei und Gestapo, bietet sich Boettig als Dolmetscher an. Beiden Institutionen leistet er gute Dienste bei den Vernehmungen von polnischen Angehörigen der Widerstandsgruppen und solchen, die sich des Schwarzhandels oder sonstiger *Wirtschaftsvergehen* schuldig gemacht haben.

Als Dolmetscher im Dienste der neuen Polizeistellen erhält er eine feldgraue Uniform mit schwarzen Schulterstücken und einem SS-ähnlichen Hoheitsabzeichen, aber ohne Kragenspiegel. Außerdem wird ihm ein Ausweis ausgestellt, der ihn als Kriminalangestellten und Dolmetscher ausweist. Dieser Mann wird bald allerseits gefürchtet, weiß er doch aus den *Delinquenten* das Äußerste herauszupressen. Bei den Polen geht die Rede: *Der geht über Leichen.*

In der Stadt herrscht zunächst allgemein Zurückhaltung, dann entsteht ein allgemeiner Aufbruch der Volksdeutschen, eine Deutschstimmung, die bald zu einer Deutscheuphorie wird. Der neu gegründete Stadtrat der Deutschen erhält großen Zulauf. Von allen Seiten bieten sich alle möglichen Leute an: Schreib- und Polizeikräfte, Sekretärinnen, willige Helfer, die der deutschen Verwaltung dienen wollen.

Unter ihnen sind auch Polen, die mit den Deutschen sympathisieren. Nach und nach kommen immer mehr Deutsche aus dem Reich, die in die Verwaltungen beordert werden. Mein Vater beobachtet die Entwicklung und hält sich noch zurück. Er ahnt schon, was sich abzeichnet und hat ein ungutes Gefühl. In der neuen Stadtverwaltung brauchen sie auch einen Dolmetscher, der ihre Erlasse und Verordnungen ins Polnische übersetzt, der auch mit den Ukrainern und Russen reden kann.

Onkel Hanfried empfiehlt meinen Vater. »Das kannst du doch machen«, sagt er. »Vielleicht solange machen, bis sich hier alles normalisiert hat.« Was er damit meint, weiß er nur selber. Vater ist nicht begeistert davon, doch bevor er sich entscheiden kann, haben sie ihn schon vereinnahmt. Er wird einfach dienstverpflichtet. Nun geht er den Kommissionen und dem Kreishauptmann zur Hand, bis er wieder im Wilanów-Werk arbeiten kann.

Ein Junger Offizier ist mit der Bildung der Stadtverwaltung beauftragt worden. Er ist nur vorübergehend hier anwesend. Das Städtchen scheint ihm zu gefallen. Neugierig schaut er sich um. Onkel Hanfried geht ihm geflissentlich zur Seite. Der junge freundliche Offizier stammt aus Pommern. Seine Frau hat Geburtstag.

Er will ihr ein Geschenk zu ihrem dreißigsten Geburtstag nach Hause schicken. »Wo kann man hier etwas Schönes kaufen?«, fragt er den Onkel. Der schickt ihn zum Pelzgeschäft der Bierzynskis und erklärt ihm: Bei Juden könne man am besten kaufen. Auch er sei schon mehrmals dort gewesen, habe zuletzt seiner Frau eine Pelzjacke gekauft. Der Offizier schaut den Onkel erstaunt an.

»Juden in Pelzgeschäften? Jüdische Geschäfte, die gibt es bei uns nicht mehr«, sagt er, aber er geht trotzdem hin. Die Inhaberin, Teodora Bierzynska, erklärt ihm, dass er kaum etwas Geeignetes finden wird. Es gebe keine Vorräte. Sie habe kaum etwas einkaufen können. Er könne sich aber trotzdem umsehen. Der Offizier sieht sich um. Seine klaren, freundlich dreinblickenden Augen streifen die Geschäftsinhaberin. Plötzlich verdunkelt sich sein Blick.

»Junge Frau«, sagt er unheilvoll. »Ich möchte sie warnen. Eine schlimme Zeit kommt auch hier auf die Juden zu. Es wird Unschönes geschehen.« Er schaut die Frau ganz seltsam an, tippt sich an die Mütze und geht hinaus, ohne etwas gekauft zu haben. Teodora ist furchtbar erschrocken. Sie spricht mit ihrem Mann darüber, doch der ist Optimist und wiegelt ab: »Es wird schon nicht so schlimm kommen. Beruhige dich nur wieder.«

Diese Geschichte aus dem Laden habe ich vom Sohn der Bierzynskis, Ignacy, dem späteren Autor des Buches: *Mit achtzehn Jahren vogelfrei*. Ignacy hat die Hölle des Ghettos und das Arbeitslager erlebt, ist mit seinem Freund Stanislaw Grosman von dort geflüchtet und hat seine Erlebnisse in dem Buch geschildert. In Australien fand er eine neue Heimat als Dr. I. B. Burnett. Mehrere Jahre nach der Wende stand ich mit ihm in brieflicher Verbindung, bis er durch eine Muskelerkrankung gelähmt und verbittert starb. Mein Buch, auf das er sich so freute, das er mit vielen Hinweisen und eigenen Erlebnissen unterstützte, konnte er nicht mehr lesen.

Polen ist eingenommen. Hitler hat sein erstes Kriegsziel erreicht. Doch die Engländer und Franzosen können nicht tatenlos zusehen. Sie sind mit der kleinen Nation Polen verbündet und wollen Hitlers Drang gen Osten aufhalten. Doch was Deutschland zu erobern sucht, haben sie schon. Die Großmächte England und Frankreich beherrschen schon an die hundert fremde Völker, Kolonien in Afrika und Südamerika, auch solche, die Deutschland schon nach dem I. Weltkrieg verloren hatte. Mit beispielloser Heuchelei und dem Ziel, Hitlerdeutschland als politischen und wirtschaftlichen Konkurrenten auszuschalten, weisen sie jegliche *Friedensbemühungen* von deutscher Seite zurück. Zwei Tage nach dem

Überfall erklären sie Deutschland den Krieg. Aus dem Polenfeldzug ist der II. Weltkrieg geworden.

Vor mehr als 750 Jahren waren schon einmal Heere vom Deutschen Ritterorden zum Kreuzzug gegen die Polen ausgezogen. Wegen der schwarzen Kreuze, die sie auf ihren weißen Mänteln trugen, wurden sie Kreuzritter genannt. Die jetzigen deutschen Eindringlinge unterscheiden sich von den Kreuzrittern der damaligen Zeit nur durch das Hakenkreuz und durch noch größere Raubgier.

In der Geschichte hat es schon immer Herren und Knechte gegeben, Unterdrücker und Unterdrückte, aber noch niemals hat sich ein Staat erkühnt, ausgenommen die Sklavenhalter Roms und Athens, sich zu einem Volk von Herrenmenschen aufzuschwingen. Und woher nehmen sie eigentlich das Recht dazu? Selbst das schärfste Recht ist immer noch das größte Unrecht. Doch nach Recht und Gesetz fragen die Sieger nicht. Recht und Gesetz sind immer auf der Seite der Stärkeren, das ist eine alte, erwiesene Weisheit.

Gleich nach der Besetzung Polens und gemäß dem Stalin-Hitler-Pakt, besetzen die Russen polnische Ostgebiete. Sie holen sich die Gebiete zurück, die die Polen 1920 dem geschwächten und durch innere revolutionäre Unruhen zerrissenen Russland geraubt hatten. Gebiete östlich der Curzonlinie. *(Benannt nach dem englischen Außenminister)* Diese Linie entsprach etwa der Siedlungsgrenze zwischen Polen einerseits und Weißrussen und Ukrainern andererseits. So entstand das so genannte Ostpolen. Es hatte nur eine schwache polnische Minderheit. Die englische Zeitung Manchester Guardian schrieb am 14.12.1931: *Die Ukraine ist unter der polnischen Herrschaft zur Hölle geworden, von Weißrußland kann man dasselbe noch mit größerem Recht sagen.* Ich kann diese Worte nicht bestätigen. Von meinem Vater weiß ich von guten Beziehungen zwischen Polen und Ukrainern. Er hat in dem Krieg in der Ukraine nur gastfreundliche Menschen kennen gelernt. Aber der Teufelspakt zwischen Hitler und Stalin führt zu einer großen Umsiedlungsaktion. Das Stalinreich siedelt etwa 1,5 Millionen Polen aus, übernimmt aber ca. 500.000 Weißrussen und Ukrainer aus den polnischen Gebieten westlich der Curzonlinie, die ihre polnische Heimat gar nicht verlassen wollen. Ob sie wollen oder nicht, sie müssen von ihrer angestammten Heimat fort, hüben wie drüben. Viele hatten sich untereinander vermischt. Familien werden auseinandergerissen, die freundschaftliche Bande zwischen Polen, Ukrainern und Weißrussen wird zerstört. Von beiden Seiten kommen die Ärmsten der Armen mit ihrer geringen Habe, die sie in Pappkartons und Säcken auf Hand- und kleinen Panjewagen mitführen. Alles Land, allen Besitz hat man ihnen geraubt, sie davongetrieben wie Vieh.

Die Deutschen aus dem Reich machen sich breit, übernehmen die Rathäuser und Polizeistationen, besetzen Fabriken, treiben die begüterten Polen aus ihren Villen und Häusern. Heinrich Himmler, oberster Vollstrecker der Deportationen und Umsiedlungsaktionen, ist auch der Hauptverantwortliche für die Eindeutschung und Germanisierung Westpolens. Neben den Deutschen aus dem Altreich werden auch Volksdeutsche aus dem Baltikum, Wolynien, Bessarabien und der Bukowina in den Warthegau und ins Generalgouvernement verpflanzt. Oft auch mit Androhungen und Berufung auf die Notwendigkeit der Ausbreitung des Deutschtums. Dafür müssen mehr als eine Million polnische Bauern ihre Höfe verlassen, die als führerlose Arbeitskräfte missbraucht werden.

Fleischer Billing hat sich rechtzeitig aus dem Staub gemacht, die Rollläden und Gitter heruntergelassen, doch sein Geschäft wird trotzdem geplündert, die Einrichtung zerschlagen. Und das, obwohl Billing ein gütiger Mann ist und so manchem armen Polen ein Stück Fleisch zugesteckt hatte. Er lebt nach dem Evangelium, ist im Kirchenvorstand, erzieht seine Kinder zu christlicher Nächstenliebe und Toleranz. Nun steht er vor den Scherben seines Geschäfts. Dennoch lässt er sich nicht entmutigen, fängt von vorn wieder an. Und er will keine Rache, aber die neue Staatsmacht geht unerbittlich vor. Deutsche Soldaten patrouillieren mit Panzerspähwagen und Motorradgespannen durch die Straßen, bereit, sofort zu feuern, wenn sich irgendwo Widerstand regt. Sie fahnden nach den Plünderern, holen sie aus ihren Verstecken, rächen sich mit standrechtlichen Erschießungen.

In Goldborns Villa zieht zunächst kommissarisch der neue Kreisleiter, Obersturmführer Crottendorf ein. Binnen drei Stunden muss die jüdische Familie das Haus verlassen. Nur Handgepäck darf sie mitnehmen. Die Möbel, aller Hausrat, müssen darin verbleiben. Die Goldborns ziehen wieder in die obere Etage über ihrem Laden. Doch wie lange wohl werden sie dort verbleiben können?

Obernazi Crottendorf residiert in Goldborns Villa wie ein Pascha. Von dort erteilt er seine Befehle, setzt die Gesetze des Reiches in Kraft. Der Obersturmführer ist ein Hüne von Gestalt, mittelgescheitelt mit dellenförmigen Locken an der Seite seines Haarschopfes und dem Rudiment eines blonden Schurrbarts nach Führerart versehen. Er ist einer von der scharfen Sorte, der die Verordnungen und Befehle seiner Vorgesetzten bedingungslos durchsetzt, ohne nachzudenken. Der Führer ist sein Idol und Himmler der zweite Gott. Crottendorf ist eitel und karrieresüchtig. Hier in Polen sieht er seine neue Wirkungsstätte als Mission, die ihm Ruhm und Aufstieg verspricht. Dementsprechend ist auch sein Vorgehen. Als Erstes gibt er gemeinsam mit dem Polizeikommissariat für Juden die Verordnung heraus, sich registrieren zu lassen. Unabhängig vom Alter haben sie auf der Meldestelle zu erscheinen, um die neue Identität zu erhalten. Auf der neuen Kennkarte hinter der Rubrik *Besondere Kennzeichen:* wird ein neues Zeichen eingetragen. Ein großes ›J‹ ziert ab sofort jeden Ausweis. Später ist das große ›J‹ auf der Vorderseite. Und abweichend von den Juden in Deutschland und im Warthegau, die den gelben Stern tragen müssen, gibt das Kommissariat die Order weiter, dass die Juden sich nicht nur durch das ›J‹ auf der Kennkarte zu unterscheiden haben, sondern auch durch eine weiße, etwa zehn Zentimeter breite Armbinde mit deutlich sichtbarem blauen Zionsstern. Die Armbinde mit dem blauen Stern, dessen Balken mindestens einen Zentimeter breit sein muss, ist auf dem rechten Arm zu tragen. Alle ab dem 12. Lebensjahr sind dazu verpflichtet. Der Kreishauptmann wird angewiesen, diese Anordnungen peinlichst zu unterstützen. Die Order kommt vom Gauleiter Frank aus Krakau selbst. Viele befolgen die Anweisung dieser Brandmarkung nicht sofort, manche nehmen sie nicht so ernst. Es fehlt an blauer Farbe. Die weiße Armbinde, oft aus Bettlaken herausgeschnitten, rollt sich zu einem hässlichen und schmutzigen Streifen zusammen. Meist ist auch der blaue Stern nicht sichtbar. Doch die Order wird streng kontrolliert. Wer sie nicht befolgt, hat mit schwersten Strafen zu rechnen. Später im Ghetto werden die Ältestenräte dafür verantwortlich gemacht. Um selber nicht bestraft zu werden, sorgen sie dafür, dass die Armbinden regelmäßig angefertigt und getragen werden. »Diese Verordnung war abzusehen«, sagt Isaac Goldborn. »Warum sollte es für uns hier eine Ausnahme geben.«

Wir kommen in unserem Städtchen an, in unserer Wohnung. Hier ist alles unversehrt geblieben. Die Mutter ist erleichtert. Aber trotzdem ist nichts mehr, wie es war. Ich stelle fest, dass man nie so an denselben Ort zurückkehrt, wie man ihn verlassen hat. Hier ist es wie in einem Bienennest, in das man hineingestochen hat. Ich stoße auf Misstrauen, auf eine große Distanz zwischen Deutschen und Polen. Sie gehen sich aus dem Weg. Aus guten Nachbarn sind Feinde geworden. Sogar Lolek und Jason betrachten mich mit Zurückhaltung.

»Warum bist du zurückgekommen?« Ich weiß nichts, darauf zu antworten. Ich bin doch zurück in meine vertraute Umgebung, meine Heimat, gekommen. Was habe ich denn erwartet? Dass sie mich aufnehmen, als wäre nichts geschehen?

Das neue Leben unter deutscher Besatzungsmacht entwickelt sich. Es entwickelt sich zu Hass und Gewalt. Tomaszów Mazowiecki wird größte Kreisstadt im Distrikt Radom des Generalgouvernements. In seinen Verwaltungsbereich gehen sechs Gemeinden aus dem südlichen Teil des Kreises Brzeziny und alle Gemeinden der liquidierten Kreise Opoczno und Rawa ein. Zum Kreishauptmann des neuen großen Kreises wird in den ersten Tagen des November 1939, wie schon angeführt, der Kreishauptmann des aufgelösten Kreises Rawa, Doktor der Rechte, Fritz von Ballusek, ernannt. Im Oktober 1939 wurde das nicht in Gaue umgewandelte Gebiet Polens zum Generalgouvernement erklärt. Generalgouverneur mit Sitz in Krakau ist Reichsminister Dr. Hans Frank. Ins Generalgouvernement werden auch die aus dem Gau Danzig-Ostpreußen und Posen-Warthegau vertriebenen Polen deportiert. Hinzu kommen noch die Juden. Beim Einmarsch der deutschen Truppen am 6. September

1939 beträgt die jüdische Gemeinde etwa 13.000 Mitglieder, und immer noch kommen welche hinzu. Sie fliehen aus dem 55 Kilometer entfernten Łódź, etwa 3000 an der Zahl, in das im Generalgouvernement liegende Tomaszów. Łódź, die große Textilstadt, hat einen der größten Anteile jüdischer Bevölkerung. Sie gehört zum Warthegau. Dort herrschen andere Gesetze. Gesetze, die dem Reich angeglichen sind. Die Juden werden wie in Deutschland auch dort nicht geduldet. In Tomaszów suchen sie Zuflucht. In der Stadt, in der das Zusammenleben zwischen Polen, Deutschen und Juden eine gute Tradition hat, hoffen sie unterzukommen, hegen sie die große Hoffnung, nicht verfolgt zu werden. Aber das soll sich schon bald als Trugschluss erweisen. Schon im September 1940 erlässt der Kreishauptmann ein Verbot für Juden, auf die Straße zu gehen. Große Unterstützung erhält er von Dr. Siegfried Lukas, dem überzeugtem Funktionär der NSDAP aus Waldenburg/Schlesien, der kurzerhand zum Stadtkommissar und Bürgermeister ernannt wird. Der vorige Bürgermeister, Alfred Paul Müller, war, wie bereits berichtet, bald darauf entlassen worden, da er nicht mit genügend harter Hand gegen Polen und Juden vorzugehen vermochte. Als grober Verstoß wurde ihm angelastet, dass er eigenmächtig gestattete, polnische gefallene Soldaten auf dem Friedhof beizusetzen.

Lukas macht seiner feindlichen Einstellung gegen Polen und Juden alle Ehre. Seine erste und vordringlichste Aufgabe sieht er darin, alle Polen aus der Stadtverwaltung zu entfernen und durch Deutsche zu ersetzen. In Zusammenarbeit mit dem Bürgermeister Lukas erlässt Kreishauptmann Ballusek im Mai 1940 den Befehl über die Eröffnung eines Ghettos in der neuen Kreisstadt und weitere einschneidende Einschränkungen für Juden:

Z. B. das Verbot der Benutzung öffentlicher Einrichtungen, wie Begehen der Parks, öffentlicher Einkauf in den Läden, einschließlich des Verbots jüdische Läden in der Stadtmitte weiterzuführen.

Das erste Ghetto wird hinter dem Fluss der Wolbórka, linksseitig in Richtung des Stadtteils Obrońców eingerichtet, in den Straßen der Szeroka, Niebrowska, Pierackiego, Duga, Wladislawska, Gustowa und der Warszawska.

Später gliedert sich das große Ghetto südlich des Kosciuszki-Platzes an, das zum geschlossenen Ghetto wird. In diesem Zusammenhang macht sich der Stadtkommissar Lukas verschiedener Delikte schuldig, wie Unterschlagungen von jüdischen Gütern, Stadtgeldern usw., was ihm als Diebstahl ausgelegt wird. Er hat sich einen bemerkenswerten Besitz zusammengerafft, was ihm zum Verhängnis wurde, weil er es gegenüber anderen Polizei- und Nazigrößen zu offensichtlich trieb. Ohne weitere Bestrafung wird er von seinem Posten abgelöst und an die Ostfront geschickt. Zum kommissarischen Bürgermeister wird der Volksdeutsche Jakisch bestellt, ein biederer Mann, der sich ebenfalls nicht durchzusetzen versteht. Ihm folgen in kurzem Zeitabstand ein gewisser Berger und Huhn. Die Kreishauptmannschaft machte kein langes Federlesen, wenn es um die ihrer Meinung nach richtige Besetzung von Stadtposten geht.

Öffentliche Demütigung von Juden in der Stadt, die das Verbot, Waren zu verkaufen, nicht einhalten

Über den Kiefernwipfeln steht unheilvolle Morgenröte, flammendes Rot am Horizont. »Es verspricht Blut und Tränen«, sagt die Mutter. Nicht das Naturschauspiel, die kurzwelligen Sonnenstrahlen verursachen das unheilvolle Rot, sondern die Menschen, die das Land mit Krieg überziehen. Die Mutter spricht diese Worte ahnungsvoll aus. Sie hat das Orakeln von der Großmutter. Großmutter weiß zu jedem Vorgang in der Natur ihren Reim: *Abendrot, gut Wetter Bot', Morgenrot bringt frühen Tod, Wenn das Käuzchen schreit, mach dich für den Tod bereit* und so weiter. Schon früh am Morgen spukt Brunka in den Straßen der Stadt umher, grässlich schmutzig, die Haare zerzaust, die Augen weit aufgerissen: *Juden und Polen, rettet euch! Ich seh' schon das Feuer. Ihr werdet brennen, brennen. Rettet euch, löscht das Feuer! Polen und Deutsche, löscht das Feuer. Es brennt, brennt, brennt!* Brunka wirft die Hände hoch, tanzt im Kreis herum und schreit immer wieder dieselben Worte. Die Bewohner schrecken auf in ihrem Schlaf. Auch die SS-Leute im großen roten Backsteingebäude. Wenig später zerren sie Brunka in einen Hauseingang. Sie schreit noch immer, bis ihre Schreie leiser werden, dann noch einmal laut aufflackern und unter Schlägen und Gewehrkolbenstößen ganz ersticken. Nie wieder bekommen wir Brunka zu Gesicht.

Die Getreidefelder sind abgeerntet. Ein reicher Erntesegen kommt nicht nur den Bauern zugute. Alle müssen an die Besatzungsmacht abliefern. Deutsche und Polen. Letztere etwas mehr. Da bleibt kaum etwas zum Leben, schimpfen die Kleinbauern und besonders die Gutsbesitzer. Doch diese bekommen noch eins drauf. Sie erhalten einfach deutsche Inspektoren und Verwalter vor die Nase gesetzt. Auf manchen Gütern machen sich neue Herren breit, wie Pan Rogalsky erfahren muss. In Polichno, auf seinem Gut, wird er nicht mehr geduldet. Nur was er in der Kutsche mitnehmen konnte, hat man ihm gelassen. Alles für die Ernährung der Soldaten, der neuen Besatzer, für die Eroberer des neuen Volksraumes im Osten. Und wer in Deutschland kein Herr auf eigener Scholle sein konnte, hier wird es möglich. Da hieß es zugreifen, denn noch konnte man sich ein gutes Stück aussuchen.

Wir sind auf dem Weg zu Großvater. Endlich wieder einmal hinaus aufs Land. Mein Vater ist nicht dabei. Er hat jetzt zu tun. Und übrigens, was soll er jetzt dort in der *Taiga*, wie er sich ausdrückt. Da haben sie nicht mal ein richtiges Klo. Der Abtritt ist gleich neben dem Mist, auf dem der Großvater sitzt und seine Zeitung liest. Da kann man lieber ein sibirisches Kackhaus benutzen, da hat man immer frische Luft. Aber auch in der Taiga blühen Rosen. Ich kann mir unter einem *Sibirischen Kackhaus* nichts vorstellen. Vater erzählt vom Krieg der Polen gegen Russland, wo er als fast Zwanzigjähriger ein ganzes Jahr in einem Taigadorf unter Kriegszustand zugebracht hatte. Die russische Gastlichkeit hatte einige Soldaten, die abkommandiert worden waren, bewogen, dort ihr Domizil aufzuschlagen. »Wir haben mit den Russen Feste gefeiert, sind mit der Troika gemeinsam zur Jagd gefahren, und sie wollten uns sogar mit ihren schönen Dorfmädchen verheiraten. Und einmal mussten wir eine Kuh über das Stalldach hinausheben, so hoch stand sie im Mist.« »Und was war mit dem sibirischen Kackhaus?« »Ach so. Nun, das besteht aus einem verästelten, angespitzten langen Stock und einem derben Handknüppel. An die Äste hängst du deinen Mantel, die Jacke, den Helm und so weiter.« Und wozu braucht man den Knüppel?« »Den? Oh, der ist ganz wichtig. Den braucht man, um die Wölfe zu verjagen.« Der Vater lacht. Nun weiß ich, was ein sibirisches Kackhaus ist. Da ist mir Großvaters Häuschen mit dem Herzen in der Tür doch lieber. Meine Mutter, Herta, meine Schwester, und zu meiner großen Freude ist auch Manja Goldborn an der Landpartie beteiligt. Geduldig und brav wie Schafe haben sich die Goldborns mit der neuen Situation abgefunden. Isaac Goldborn meint: »Wenn's nicht schlimmer kommt, kann man's noch aushalten.« Ich bin erstaunt, als ich unter Manjas luftiger Windjacke die Binde mit dem blauen Davidstern erblicke. Ich frage die Mutter, doch sie gibt mir keine Antwort. Ich deute auf das Zeichen und frage Manja. Sie erklärt verlegen: »Weißt du, das ist so eine Marotte der deutschen Besatzung. Dein Onkel Hanfried meint, das sei nur zu unserem Schutz.« Ich weiß zwar nicht, vor wem Manja durch die weiße Armbinde beschützt werden soll, frage aber nicht weiter. Der Großvater und die Großmutter freuen sich über unser Kommen und unsere Hilfe bei der Kartoffelernte. Onkel Arthur hat nur Augen für Manja. Wir setzen uns auf den Wagen, ich übernehme die Zügel. Manja sitzt neben Arthur. Sie hat sich ein buntes Band ins Haar gebunden. Schelmisch und mit gerötetem Gesicht schaut sie zu Arthur empor, der auf den Seitenbrettern des Ackerwagens sitzt. Großvater ist froh, dass er noch eine Hilfe mehr hat. Er hat wieder einmal getüftelt. An seinem Einscharpflug hat er ein paar Flacheisen angebracht, die die ausgepflügten Kartoffeln aus der Erde herauswirbeln. So können sie besser aufgelesen werden. Die polnischen Nachbarn stechen die Kartoffeln teilweise noch mit der Gabel aus. Gegen Abend verbrennen wir das trockene Kraut und rösten frische Knollen. Weithin steigt der Rauch nach oben wie aus kleinen Höllenfeuern. Die Großmutter hat Quark, Sahne und selbst gemachte Butter mitgenommen. Wir lassen es uns schmecken. Manja und Arthur verschwinden im nahen Wald. Mit einer Schürze voller Pilze kommen sie zurück. Ihre Gesichter strahlen. Der Großvater macht einen Schiefhals. Das tut er immer, wenn ihm etwas nicht passt. »Die beiden werden doch nicht? Sie ist doch eine Jüdin!« Doch Liebe fragt nicht nach dem, was man ist. Liebe geht ihre eigenen Wege. Und wer ein Feuer löschen will, löscht lieber anfangs die Funken. Es schien mir, dass es schon zu spät dafür sei. Sie waren schon zu einem lodernden Brand entfacht. Auf dem Wagen mit den Kartoffelknollen, den ersten nach der Friedenszeit, spricht der Großvater sorgenvoll davon, dass der Krieg sich noch auf Russland ausweiten könne. »Der Hitler macht doch nicht in Polen Halt! Ihr werdet sehen, die marschieren weiter und wenn alles in Scherben fällt.« Ich vervollständige den Text: *Denn heute gehört uns Deutschland und morgen die ganze Welt...* Onkel Arthur lacht darüber. Er macht sich noch keine Sorgen. Mit seinen neunzehn Jahren hat er erst mal nur die Liebe im Kopf. Großvater befürchtet, dass sie ihm wieder ein Pferd wegnehmen könnten wie im I. Weltkrieg 1914/18. »Da musste ich auch mein bestes Pferd hergeben. Und was soll ich euch sagen. Mitte des Jahres 1916 steht das Pferd mit einer Kanone vor der Tür. Der Kanonier konnte es nicht mehr halten. Es trabte immer schneller, erkannte die Straße, roch seinen alten, vertrauten Stall. Und plötzlich bog es nach rechts in unser Gehöft ein.« Großvater schnalzt mit der Zunge. Onkel Arthur meint: »Jetzt brauchen sie dein Pferd nicht mehr. Sie haben Panzer und Stukas.« »Sei dir mal nicht so sicher«, erwidert der Großvater. »Wenn nur kein Krieg wäre, wollte ich gerne ein Pferd hergeben. Aber für den Krieg gegen Russland ist mir ein Pferd zu schade.«

Nach den ersten Wochen der Besetzung Polens, hat sich die Lage etwas normalisiert, wenn man das so nennen könnte. In den Geschäften gibt es wieder mehr zu kaufen, in den Fabriken und Betrieben wird trotz der Ausgangssperre, von abends acht bis morgens sechs Uhr, wieder gearbeitet. Das hängt aber mit der Rüstung der Deutschen und mit dem Krieg zusammen, der sich über ganz West-, Nord-, und Südosteuropa ausgebreitet hat. In der Seidenfabrik von Wilanów – sie ist nun fest in deutscher Hand – wird die Produktion sofort umgestellt. Statt Seidenstoff wird deutsches Feldgrau hergestellt und später Fallschirmseide. Walter Sagorsky aus dem Reich ist Werkleiter geworden. Stolz trägt er das große PG-Abzeichen. Er setzt sich in die Villa neben das Werk und bestellt meinen Vater zum Abteilungsleiter. Der hat die verdammte Pflicht und Schuldigkeit, die Produktion gewaltig anzukurbeln. Das bewahrt den Vater vor der Einberufung. Er ist einfach unabkömmlich für den weiteren Krieg. Der Markt in Ujazd wird wieder geöffnet. Der Markt, wo es seit eh und je alles zu kaufen gab, was das Herz begehrte. Polen, Deutsche und Juden boten dort ihre Waren feil. Großvater fährt wieder regelmäßig am Wochenende dorthin. Dieses Mal hat er uns zum Schlachtfest eingeladen. Ein Schwein für sich, eines für den Markt. Onkel Arthur hat es an den Pfosten der Scheune gebunden. Großvater steht mit der Axt davor, die Großmutter mit der Blutschüssel. Ich laufe davon, komme erst zurück, als die Schweine tot sind. Das erste Schwein wird zerteilt und auf den Wagen geladen, dazu ein großer Korb mit Eiern, in einer Kiste ein paar Enten und Hühner. Ich fahre mit Großvater auf den Markt, die anderen verarbeiten das zweite Schwein zu Wurst, vor allem zu *Kaszanka* – Grütz- und Semmelwurst –, die zuerst gegessen wird. Dafür musste ich Semmeln aus der Stadtbäckerei holen. Der Speck wird geräuchert, das Fleisch in einem großen Fass eingesalzen. Gesalzener und geräucherter Speck wird fast den ganzen Tag zu großem runden Brot gegessen. Auf dem Markt geht es zu wie sonst, nur die Polizei hat gewechselt. Statt polnischer Polizisten laufen jetzt deutsche zwischen den Ständen umher. Sie haben die Hände hinter den Rücken verschränkt, Gummiknüppel und Pistolen baumeln an ihrer Seite. Misstrauisch beobachten sie das Treiben, doch alles bleibt ruhig. In Lattenkisten werden Hühner, Enten, Puten und Gänse feil geboten. Das ist ein Gegacker, Geschnatter, Gekoller der Puter und lautes Gänsegeschrei, dass die Stimme manches Marktschreiers kaum durchdringt. In Gatterverschlägen warten Schafe, Kühe und Pferde geduldig oder ungeduldig auf Käufer. An einer besonderen Verkaufsecke hat *Uwaga* seinen Stand aufgebaut. Seine wulstigen Lippen lassen die Rufe noch eindringlicher erscheinen: *Uwaga, Uwaga,* preist er seine Waren an. Von allen wird er nur Uwaga (Achtung) genannt. Ob ihm die Mutter den Namen gegeben, vermag ich nicht mehr zu sagen. Sie hatte immer eine gehörige Portion feine Ironie und Spott für andere. Jedenfalls wurde bei uns jeder, der besonders dicke Lippen hatte, Uwaga genannt. Wir lachten dabei immer in uns hinein, weil keiner wusste, was wir meinten. Uwaga verkauft Heiligenbilder und -figuren, Ikonen, Kruzifixe und manch Anderes aus Porzellan oder Glas. Seine (*Chaupe*) Bude ist nicht gerade stabil, deshalb muss er besonders darauf achten, dass

65

niemand dranstößt und sein zerbrechliches Gut zu Bruch geht.»Uwaga, Uwaga!«, schreit er lauthals und verschafft sich Gehör. Ein Marktflegel, besser gesagt ein gewöhnlicher Marktdieb, wandelt verstohlen von einer Bude zur anderen. Immer darauf aus, im richtigen Moment zuzugreifen. An der Bude von Uwaga bleibt er stehen, lehnt sich an den wackligen Pfosten, da fährt Uwaga ihn an:»*Pjerone*, was schubberst du dir an meine Bude! Vorhin ist mir schon einmal ein Herrgottchen zum Teufel gegangen. Mach dass de fort kommst, wenn de nischt koofen willst!« Uwaga spricht Deutsch, weil gerade ein paar deutsche Kunden auf seinen Stand zukommen. Der Pjerone trollt sich davon. Ich komme mit Großvater vom Markt zurück. Wir haben alles verkauft – das Fleisch, die Eier, die Enten und Hühner. Nach dem Schlachteessen kommt eine Diskussion in Gang.»Wäre auch schön, wenn alles so bliebe«, sagt Großvater.»Aber so bleibt es nicht. Der Hitler schielt schon nach Russland. Er kriegt den Rachen nicht voll. In einer seiner Reden hat er gesagt: *Wenn wir von Grund und Boden sprechen, denken wir an Russland.*«»So darfst du nicht reden«, sagt der Vater.»Du vergisst, dass hier jetzt das Generalgouvernement besteht. Du bist im Nebenland von Deutschland, sozusagen in Deutschland selbst.«»Einen Dreck bin ich! Du wirst noch sehen, was auf uns zukommt. Wenn Adolf Russland angreift, wird er sein blaues Wunder erleben.«»Das glaubst du doch selbst nicht«, ereifert sich der Vater.»Die Russen, dass ich nicht lache. Wir haben es doch im Krieg mit denen erlebt. Die Russen können doch gar nicht kämpfen, laufen schon beim ersten Schuss davon.«»Jetzt haben wir nicht 1914 und nicht 1920. Es hat sich viel verändert. Inzwischen haben sie Revolution gemacht, und der Stalin wird auch stärker rüsten. Denk einmal daran, wie die Russen einst Napoleon aus dem Land hinausgetrieben haben. So wird es auch den Deutschen ergehen.« Großvater will sich nicht weiter streiten. Sein Schwiegersohn, auf den er große Stücke hält, weil er halt ein Stadtmensch und Buchhalter ist, hat wieder mal eine andere Meinung.

Ich höre die Worte des Großvaters noch heute, als hätte er sie gestern gesagt. In seinen Worten schwang die Sorge mit, die Sorge um die Zukunft. Und Großvater hat auch mit seinen Worten bis in das Jahr 1970 Recht behalten. Er hatte für alles immer ein gutes Gespür und Rechtsempfinden. Wenn ich darüber nachdenke, finde ich, dass ich dieses Gespür und das sture Rechtsempfinden von meinem Großvater geerbt habe. Großvaters Worte sollten sich bald bestätigen. Im Juni 1941 beginnt der große Angriff auf Russland oder besser gesagt auf die Sowjetunion. Die Kriegslawine rollt unaufhaltsam vorwärts, vorwärts zu neuem Lebensraum für Deutschland. Viele Volksdeutsche frohlocken und fühlten sich in ihrem Deutschtum bestätigt. Die Willkür nimmt zu. Die Anfangserfolge versetzen sie in eine unbeschreibliche Euphorie, machen sie fast größenwahnsinnig. Sie fühlen sich bald als unumschränkte Herren in einem eroberten und geknechteten Land. Nach Ende des Schlachtfestes hat Großvater eine Überraschung für uns bereit. Wir sollen uns zu einem Foto aufstellen.

Von links oben: Tante Martha, Tante Edith, meine Mutter, darunter Tante Wanda, die das jüdische Mädchen Jola versteckt hatte. Zwischen Großvater und Großmutter mein Cousin Eugen. Links Onkel Arthur, rechts Onkel Theo, darüber mein Vater. Unten die Kinder und Enkel

Als Großvater seine Vermutung äußert, dass wir wohl nie wieder wie heute zusammenkommen werden, sagt mein Vater:
»Mal nur den Teufel nicht an die Wand.«
»Die Teufel sind schon mitten in ihrem Element«, entgegnet Großvater. »Alles, was sie tun, ist teuflisches Werk. Das wird uns noch alle ins Unglück stürzen!«
Vater ist ziemlich verschnupft wegen Großvaters Äußerungen und geht ihm an diesem Tag aus dem Weg. Die anderen Schlachtfestgäste sind sehr nachdenklich geworden. Großvater hat einen Fotografen bestellt. Wir müssen uns umkleiden und zu einem Familienbild aufstellen. Als ob Großvater gewusst hätte, dass es eine der letzten Gelegenheiten dazu war. Wir stellen uns auf und schauen verlegen in die Kamera. Nach dem gemeinsamen Essen fährt Großvater uns bis vor die Tür nach Hause. Schließlich will er auch mal unsere neue Wohnung anschauen. Vater und Großvater sind ziemlich schweigsam. Unsere neue Wohnung gefällt ihm ausnehmend gut. Besonders der große, grüne Kachelofen in der Wohnstube. Er setzt sich in einen Sessel, schiebt ihn an den Ofen heran und wärmt sich auf.
»Schön habt ihr's hier«, sagt er versonnen.

»Diese jüdischen Läden sind ein unhaltbarer Zustand«, empört sich Crottendorf. »Da muss was geschehen. In Deutschland gibt es schon lange keine jüdischen Geschäfte mehr.« Deshalb veranlasst Crottendorf eine verspätete Pogromnacht. SA, SS und einige Hitlerjungen nehmen sich der Sache an. Sie zertrümmern Glasscheiben, verwüsten Einrichtungen. Dazu diese furchtbaren Schreie und Drohungen:
Jüdische Schacherer, Halsabschneider, Kommunistenschweine! Die volksdeutschen Einwohner sehen zu, manche mit wahrem Erschrecken, andere mit Genugtuung. Isaac Goldborn steht vor den Scherben seines Geschäfts, macht sich auf den Weg zum Glaser. Der macht ihm wenig Hoffnung:
»An der neien Scheib wirst nich lang a Freid hoabn. In Daitschland gibt's ka jiddische Geschäft mehr...« »In Daitschland, in Daitschland, ich weeß, ich weeß, bin doch nich meschugge, aber hier ist doch nicht Deutschland!«, braust Goldborn auf. Der Glaser zupft sich am Ohr, fährt mit seinen zerschnittenen Fingern durch seinen Vollbart und erwidert lakonisch:
»No ja, in Daitschland. Hier werd itze ooch allens Daitsch.« Und wie Deutsch hier alles werden sollte, das sollten Unzählige noch am eigenen Leibe erfahren, denn am deutschen Wesen sollte alles genesen. Alles Nichtdeutsche war krank. Es musste germanisiert oder ausgerottet werden.

Vor der Stadt haben Zigeuner eine Wagenburg aufgebaut. Ihre zottigen Pferdchen stehen hinter den Wagen und fressen das Heu, das die Romas sich von den Wiesen geholt haben. Kinder plärren auf den Armen schwarzhaariger Frauen. Wäscheleinen, von Wagen zu Wagen gespannt, hängen schlapp durch. In der Mitte brennt ein Feuer. Irgendetwas wird darauf gebrutzelt. Ein dicker Mann, mit langem gekräuselten Haar, steht vor dem Feuer, streicht seine Geige und spielt das Lied von dem Zigeuner: *Wenn ein Zigeuner weint, da sieht man keine Tränen, weil er die Tränen mit der Geige weint.* Feurige, braune Mädchen singen dazu und tanzen. Sie bewegen voller Anmut ihre schönen Körper, schmiegsam und biegsam im Rhythmus der Musik. Kaum ist das Feuer richtig aufgeflackert, naht ein Polizeikommando. Es gehört zum Polizeireserve-Bataillon Radom und ist in diese Stadt abkommandiert worden. Die Polizisten reißen das Feuer auseinander, zerschlagen die Geige, treiben die Zigeuner zusammen, verfrachten sie auf einen Lastwagen und transportieren sie ab. Wenig später geht die Wagenburg in Flammen auf. Doch damit noch nicht genug. Die große Synagoge ist ein weiteres sichtbares Ärgernis. Sie ist Treffpunkt der religiösen Juden, äußeres Zeichen jüdischer Brauchtumspflege und *Zusammenrottung*. Die Polizisten haben vom Gestapochef einen Wink bekommen und brennen sie einfach nieder.
»So schlagen wir gleich zwei Fliegen mit einer Klappe«, bemerkt der

Gestapochef lakonisch. »Das ist ein Abmachen. Dann hat der Zigeunerspuk ein Ende, und das Bethaus der Moisches ist auch passee.«

Niedergebrannte Synagoge

Auschwitz und Treblinka sind nicht weit. Dort brennen schon die Menschenfeuer, stoßen Rauch aus von deportierten und gefolterten Menschenleibern. Und dann bekommen auch die Juden in der Stadt des bisher guten Zusammenlebens zu spüren, was es bedeutet unter der Herrschaft der Deutschen zu leben. Ganz gewöhnliche Volksdeutsche entpuppen sich plötzlich als Judenverächter, als Übermenschen, Slawen- und Polenhasser. Das Schlimme und Verwerfliche daran aber ist, dass manche ihre Vorherrschaft rigoros gebrauchen. Niemand hindert sie daran, die Juden öffentlich zu beschimpfen und mit Hohn und Spott zu überschütten. Heute bezeichnen sie diese als Kommunisten und morgen als Kapitalisten, Wucherer, Ausbeuter, Banditen und Verräter. Doch wen oder was sollten sie verraten haben? Diejenigen, bei denen sie noch gestern einkauften und sich Geld liehen, verlachen sie nun als bärtige Moisches, bezeichnen sie als habgierige Tempelwechsler, Betrüger und Volksverhetzer. Und einigen kommt die Verteufelung der Juden und ihr Ausschluss aus der Stadt sehr gelegen, brauchen sie doch ihr geborgtes Geld nicht zurückzuzahlen. Ja, sie bereichern sich noch an ihnen, schleppen ihre Antiquitäten, Möbel und Wertsachen weg, als man sie ihrer Wohnungen verweist und ins Ghetto verfrachtet.

Aber wie und was waren die Juden wirklich? Gewiss, sie waren zumeist strebsam, fleißig und erfolgsorientiert. Sie waren kontaktfreudig, aufgeschlossen und mitteilsam. Ich erinnere mich an Herrn Goldborn, der in unser Haus zum Schachspiel kam. Er konnte unendlich witzige, skurrile und interessante Geschichten erzählen. Meist mit einer bestimmten Absicht, nämlich meinen Vater von seiner Linie abzubringen, um hin und wieder ein Spiel zu gewinnen.

»Mechst ebbes härn«, fragte er mich verschmitzt und mit einem heimlichen Lächeln. Wenn ich nickte, holte er umständlich aus, begann zu erzählen, bis es dem Vater zu viel wurde und er ihn zur Ruhe mahnte.

Zugegeben, es gab die reicheren Geschäftsleute, Anwälte, Ärzte, Apotheker, Handwerksmeister und einige reiche Fabrikanten, aber es gab auch Juden, die in bitterer Armut lebten. Es gab die weniger gläubigen Juden und die strenggläubigen orthodoxen Juden in den langen, schlotternden Kaftanen, die mit den langen Bärten, den Schläfenlocken, die eifrig im Talmud lasen, ihre Sitten, Riten und Gebräuche pflegten, die den volksdeutschen Protestanten und den polnischen Katholiken fremd und unverständlich waren. Und es gab die ärmere Schicht, die einfachen Arbeiter, Schreibkräfte und Angestellten. Im eigentlichen Sinne waren sie Menschen wie du und ich, mit Stärken und Schwächen, mit Vorzügen, aber auch mit Nachteilen, wie es sie unter allen Völkern gibt. Allen gemeinsam aber war, dass sie einen engen Zusammenhalt pflegten. Aber nirgendwo wurden sie als auserwähltes Volk Gottes angesehen.

Der pauschale Begriff *Jude* hatte unter vielen Völkern zu Unrecht einen faden Beigeschmack. Die Christen bezichtigen sie des Jesusmords. Aber das geschah vor über 2000 Jahren. Und letztlich haben sie den Messias doch nur ausgeliefert. Ans Kreuz geschlagen haben ihn die Römer.

Jetzt werden die Juden verpflichtet, die Deutschen auf der Straße zu grüßen, unterwürfig den Hut oder die Mütze zu ziehen. Manche gehen diesem Zwang aus dem Weg, indem sie vor der Zusammendrängung im Ghetto auf die andere Seite des Gehwegs wechseln. Aber die meisten tun es genauso wie vorher aus Freundlichkeit und Geschäftsinteresse. Sie wollen ihre Kunden nicht verlieren. Kunden, die ihnen das Geld bringen und von denen sie leben können. Kunden, die seit eh und je bei ihnen kaufen und zuvorkommend und freundlich bedient werden. Im nahen Warthegau müssen die Juden und Polen ihre Radios, Plattenspieler, Fotoapparate und Fahrräder abgeben. Und weil befürchtet wird, dass sie sich zusammenrotten könnten, werden in den größeren Städten ihre Kirchen geschlossen. Dann setzt man noch eins drauf und befiehlt den Polen in antireligiöser Demütigung, ihre Marienbildstöcke abzureißen. In den Straßen hängen auch schon Plakate, die schwere Strafen ankündigen für diejenigen, die Juden unterstützen oder gar verstecken. Bei uns bleibt die Kirche der Polen geöffnet, aber davor patrouillieren schon Gestapoleute in Ledermänteln und Polizeikräfte. Sie beobachten misstrauisch, ob sich was regt, das ein Einschreiten notwendig macht.

Alle Jahre wieder geht es auf Weihnachten zu. Das Fest der Liebe und des Friedens ist herangekommen. Allen Menschen Frieden und Wohlgefallen. All denen, die guten Willens sind. Doch vom guten Willen ist man weit entfernt. Liebe und Frieden, was für ein Hohn angesichts von Leid und Elend, von Hass und Gewalt, Krieg und Verderben. Der Wind geht über die Auen und Wälder, der schärfere Wind aus dem Osten. Dichte Nebel schwappen in die Kiefernkronen hinein und wallen wieder heraus. Die Ostluft scheint mit dem Stillstand der deutschen Truppen inne zu halten. Schnee liegt in der Luft und der Klang von Glocken. Die deutsche Kirchengemeinde hat sich in der Erlöser Kirche zur Christmette versammelt. Die Erlöser Kirche erstrahlt in hellem Festglanz. Hinter den Spitzbogenfenstern schimmert gedämpftes Licht nach draußen.

Die beiden Seitentürme und der höhere Mittelturm stehen über dem Kirchenschiff fest und unerschütterlich und schauen wie Mahnmale auf die Gläubigen herab, darunter die beiden Nebenportale und das Hauptportal in seiner Mitte mit spitzwinkligen Dreiecksbögen. In die beiden Nebenspitzbögen sind zwei Engelsköpfe eingemeißelt. Über dem Hauptportal, etwas nach außen herausgebaut, prangt die große Kirchenuhr, darunter das große und wundervoll verzierte Hauptfenster. Der Altar ist mit weißem Tuch ausgelegt. Pastor Seeberg steht mit ernstem Gesicht davor. Die Bibel zittert in seiner Hand. Zwei seiner Vorgänger sind schon im KZ gelandet. Auch die Gesichter der Gottesdienstbesucher scheinen ernster als sonst und beladen. Die Kirche ist übervoll. Es finden nicht alle Besucher Platz. Einige müssen im Gang stehen. Nach der üblichen Liturgie, den Gebeten und Gesängen geht der Pastor die kleine Stiege zur Kanzel empor. Er beginnt mit der Predigt, legt die Weihnachtsgeschichte aus:

»Eine schlimme Zeit ist über uns hereingebrochen. Eine Zeit, die einhergeht mit Krieg und Tod, eine Zeit, in der jeder seinen Weg gehen muss. Den Weg nach Bethlehem oder Golgatha. So wie das Kind in der Krippe später seinen Weg gegangen ist, den Weg der Liebe und Güte, so bitte ich auch euch diesen Weg zu gehen. Und enthaltet euch jeglicher Verfolgung und des Hasses. Versöhnt euch mit euren Glaubensbrüdern. Nicht Auge um Auge sei euer Handeln, nicht Zahn um Zahn euer Bestreben. Der Wind trägt die Samenkörner über die Felder, gute und schlechte. Die unter die Dornen fallen, haben keine Zukunft. Darum sorgt euch, dass eure Samenkörner gute Frucht tragen und ihr nicht selbst unter die Dornen geratet. Denn, wer den Wind sät, wird Sturm ernten. Was hülfe es dem Menschen, wenn er die ganze Welt gewönne und doch Schaden an seiner Seele nähme.«

Seeberg spricht von den Toten der Schlachten in Ost und West, zählt ein paar Namen der Gefallenen auf. Er bittet den gnädigen Gott, den Soldaten beizustehen in der Stunde der Gefahr. In einigen Bänken rutschen ein paar Zuhörer unruhig hin und her. Diese Worte passen ihnen nicht.

Ihre Ohren sind gespitzt, ihre Sinne nehmen die Worte auf, lassen sie von sich abprallen. Andere schlucken schwer.
Einige wischen über ihre Gesichter voller Tränen. Sie weinen um ihre Angehörigen, die gefallen sind. Ich sitze zwischen den Eltern und Großeltern. Noch haben wir keine Toten in der Verwandtschaft zu beklagen. Wir singen feierlich und inbrünstig: *Stille Nacht, heilige Nacht.* Am Ausgang gibt uns der Pastor die Hand. Sie ist warm und tröstend. Am nächsten Tag erhält er ein Schreiben des Kreisleiters der NSDAP. Es ist eine eindringliche Warnung. In dem Schreiben heißt es unter anderem: *... Sie haben die Pflicht, ihre Gemeinde im Sinne des Nationalsozialismus zu führen. Das haben Sie besonders in Ihren Predigten zu beachten. Wer unserer Sache, der Sache des Volkes, in den Rücken fällt, hat alle Konsequenzen zu tragen. Heil Hitler!* Auch Onkel Hanfried ist ungehalten über die ungebührlichen Worte des Pastors:
»Sind die Juden etwa unsere Glaubensbrüder? Er soll seine Worte gefälligst sorgfältiger auswählen. Und überhaupt sind das keine Zustände mit den Juden in dieser Stadt; da wird etwas geschehen und das bald.« Der Onkel macht eine erklärende Handbewegung, die ich nicht zu deuten weiß. Doch es kann nichts Gutes bedeuten, denn die Mutter macht ein erschrockenes Gesicht. Isaac Goldborn kommt nicht mehr zum Schachspiel und Vater geht auch nicht mehr hin. Sie haben ihn wegen des Verkehrs mit Goldborn ernsthaft gerügt.
Er kann es sich nicht mehr erlauben, mit Juden Schach zu spielen, wenn er nicht noch mehr in Misskredit kommen will. Crottendorf hat ein waches Auge auf ihn geworfen. Er ist nicht in seiner Partei und auch nicht in der SA. Crottendorf will dem ein Ende bereiten. Für alles hat er eine Lösung nach seiner Art.

Viele Volksdeutsche, nachdem sie gezwungen wurden sich in die Deutsche Volksliste einzutragen, versuchen mit den neuen Machthabern gut auszukommen. Waren sie doch seit Jahrzehnten gewöhnt, sich der Obrigkeit zu fügen und anzupassen. Schon wegen ihrer gehobenen wirtschaftlichen Stellung waren sie gezwungen, mit den Wölfen zu heulen. Obgleich sie vor 1939 an eine Vereinigung mit Deutschland nie und nimmer gedacht hatten, kam nun ganz überraschend das Reich als deutsche Heimat über sie wie ein Dieb in der Nacht. Ganz plötzlich waren sie den neuen Bedingungen ausgeliefert mit Haut und Haaren. Jetzt waren sie den neuen Gesetzen und Verordnungen unterworfen, die sie in ihrer politischen Unreife und Sorglosigkeit hinnahmen, oft ohne nachzudenken und aufzumucken. In der Vergangenheit hatten sie so viele Regierungsformen über sich ergehen lassen müssen, dass ihnen nun die deutsche als das kleinere Übel erschien. Ein Übriges trugen Erlasse und Paragraphen bei wie die Verordnung über Gliederung und Verwaltung der Ostgebiete vom 08.10.1939, in der es u. a. hieß:

§ 6.1: Die Bewohner deutschen oder artverwandten Blutes der eingegliederten Gebiete werden deutsche Staatsangehörige nach Maßgabe näherer Vorschriften. (Hierzu gehörten auch Kinder aus Mischehen von Deutschen und Polen sowie von Russen und Deutschen, die vor dieser Gesetzgebung geboren wurden). Dazu zählten auch vier meiner Cousins und Cousinen.
§ 6.2: Die Volksdeutschen dieser Gebiete werden Reichsbürger nach Maßgabe des Reichsbürgergesetzes.

Zuvor wurde zwischen dem Warthegau und dem Generalgouvernement, zu dem auch unsere Stadt gehörte, eine Grenze gezogen, die teilweise auch streng bewacht, mit der Festigung der deutschen Macht aber lockerer wurde. Sie verlief östlich der Bahnlinie Piotrków-Koluszki, etwa fünfzehn Kilometer von der Stadt entfernt. Nun wurde noch einmal verstärkt betrieben, ins Generalgouvernement Polen aus dem Gebiet Posen-Warthegau und dem Gau Danzig-Ostpreußen zu deportieren. Hinzu sollte noch eine größere Anzahl von Juden kommen. Dafür plante man, die Volksdeutschen in das Posener Gebiet, nach Westpreußen und in das Wartheland zu verbringen. Das Generalgouvernement sollte ausnahmslos für Deutschland ein riesiges Arbeitskräftereservoir von Polen hergeben. Gegen die Abtrennung vom Wartegau und den Textilstädten, wie Łódź, Konstantynów, Pabianice, Alexandrów und Ozorków, protestierten vor allem die Fabrikanten der Stadt, da sie um die Konkurrenzfähigkeit ihrer Produkte und die Zusammenarbeit mit den dortigen Betrieben fürchteten. Besonders mit Łódź war unsere Textilstadt geschäftlich eng verbunden. Als bekannt wurde, dass man die Deutschen aus Tomaszów umzusiedeln gedachte, wurden die Betroffenen aufgeschreckt. Der Teppichfabrikant Aleksander Müller schreibt in seinem Tagebuch:

Wer beschreibt unseren Schrecken, als am 19. Juli, am Freitag Abend in der Stadt Gerüchte auftauchen, dass die Deutschen unserer Stadt umgesiedelt werden sollen! Am Sonnabend, dem 20.07.1940, wurden Plakate in den Straßen angeklebt folgenden Inhalts: Die Volksdeutschen im Kreise Tomaszów werden aufgefordert, die Anträge auf Ausstellung der Kennkarten für die deutsche Volkszugehörigkeit bis spätestens 1. August 1940 bei der Geschäftsstelle der Volksdeutschen Gemeinschaft einzureichen, da die Registrierung zum Zwecke der Aussiedlung in Angriff genommen werden soll. Der Kreishauptmann Dr. v. Ballusek.

Solange diese Gerüchte bloß erzählt wurden, konnte man darüber nur die Achsel zucken, jetzt aber hat die Behörde gesprochen und auch die mündliche Erklärung gegeben. Jawohl, es kommt eine Umsiedlungskommission! Und was wird mit der Industrie und den Industrieanlagen? Darüber ist noch keine Anordnung gekommen. In der Stadt herrscht große Kopflosigkeit. Einer fragt den Anderen, weshalb und warum das sein soll, sind wir doch hier in Tomaszów die größte Ansammlung von Deutschen – 10.000 bis 17.000 Menschen. Diejenigen, welche vor einem Jahr nach Deutschland über die grüne Grenze gingen, sind fast vollzählig zurückgekommen und sollen jetzt wieder wandern? Was soll mit den Fabriken werden? Sollen vielleicht die Juden in unseren Werken hausen? Wir wollen doch gern zum Reich, aber mit unserer Scholle, mit ganz Tomaszów, das unsere Vorfahren vor 120 Jahren mitten im Wald, gründeten. Es heißt, dass die Tomaszówer keine guten Deutschen wären, das sie das Problem des Deutschen Nationalsozialismus nicht begriffen hätten und dass sie deshalb ins Reich kämen und dort durchgeschult würden. Ob das deshalb geschieht, kann mit Bestimmtheit niemand sagen. Es sind Mutmaßungen und persönliche Ansichten. Am Freitag soll die erste Aufnahme im westlichen Teil der Stadt beginnen. Es sind bereits drei Personen des Umsiedlungskommandos hier eingetroffen (es soll auf 15 Personen erhöht werden) und wohnen am Markte. Gerade unsere Straße soll hier die erste sein, wo die Volksdeutschen erfasst werden. Es ist wirklich so; alle Volksdeutschen werden vom Blockwart zur Umsiedlungsaktion bestellt. Daselbst wird das ganze bewegliche und unbewegliche Eigentum aufgeschrieben, und ein paar Stunden später kommt eine Kommission zur Kontrolle, ob das, was man als Eigentum angab, auch da ist. Nach dem 15. August soll eine 2. Kommission kommen, die das Eigentum schätzen soll, also den Wert bestimmen. Ganze komplette Wohnungseinrichtungen können mitgenommen werden gegen eigene Frachtkosten. Später soll eine Gesundheitskommission kommen. Es dürfen auch Wünsche geäußert werden, wohin man kommen will. Auch sollen keine Familien zerrissen werden. Die Umsiedlung soll per Bahn oder in großen Autos stattfinden. Inzwischen machte sich die Erregung dadurch bemerkbar, dass die Volksdeutschen anfingen überflüssige Möbel zu verschleudern. Daraufhin wurde allgemein beruhigt, dass all dies noch Zeit hätte und jeder so arbeiten und seine Pflicht erfüllen sollte wie bisher.

Müllers und die Befürchtungen der Volksdeutschen allgemein trafen nicht ein. Sie schwanden vollends, als die deutschen Fabriken unter der deutschen Besetzung vor allem für die Wehrmacht und das Deutsche Reich produzieren durften. Und trotzdem richteten deutsche Fabrikanten eine Bittschrift an die Regierung des Warthegaus, in der sie sich für die Angliederung ans Reich einsetzten. Als keine Nachricht und Entscheidung eintraf, nahm sich der Deutsche Volksverband dieser Sache an, aber ohne sichtbaren Erfolg. Danach ging das Gerücht durch die Stadt: Der General von Brauchitsch sei durch den Ort gefahren und habe deutschen Soldaten versichert, die Stadt würde dem Deutschen Reich zugeschlagen, was große Euphorie auslöste. Sogar Bormann, Lammers, Greiser und Hans Frank erörterten die Frage, der sich Frank als Generalgouverneur hartnäckig entgegenstellte, da er auf die deutschen Fabriken angewiesen war und diese für seine Absichten auszunutzen wollte.

Eine Zwangsumsiedlung in den Warthegau wurde zunächst verworfen. Diese hatten aber vor allem Volksdeutsche nicht zu fürchten, die in der Stadt eine gute Stellung innehatten.

Die Vermögenslisten sollten lediglich Aufschluss geben, was den Umsiedlern an Vermögen von Polen und Juden übergeben werden konnte.

Gegen die geplante Umsiedlung protestierten besonders viele Volksdeutsche und auch ihre Arbeitgeber, bis auf diejenigen, die sich von der Sache eine Verbesserung ihrer Lebensumstände erhofften. Hier muss aber unbedingt betont werden, dass es zu Zwangsumsiedlungen in der Stadt nicht gekommen ist. Aus dem Warschauer Gebiet erhielten volksdeutsche Bauern Höfe und Grundstücke von polnischen Bauern, die hingegen zwangsumgesiedelt wurden oder anderweitig wegen angeblicher Delikte gegen die Besatzung eingesperrt wurden. Die Fabrikanten, mehr als ein Dutzend, machten sich stark für die Angliederung ans Reich, seit sie besonders durch die Regierung in Krakau unter Hans Frank als gleichberechtigte Deutschstämmige erklärt wurden. Für diese ergab sich ein bedeutender wirtschaftlicher Aufschwung, als ihre Waren und Produkte für kriegswichtig und unverzichtbar erklärt wurden. In dieser Phase und mit dem Angriff auf die Sowjetunion wurden die Umsiedlungsbestrebungen ganz eingestellt. Einige Stimmen von Volksdeutschen, die nach Ende des Krieges flüchten mussten, vertrieben oder in Lagern eingesperrt wurden, meinten, dass ihnen durch die Umsiedlungen vieles erspart geblieben wäre. Doch dort, wo sie hingekommen wären, hätten sie die Flucht oder Vertreibung noch einmal auf sich nehmen müssen.

In der so genannten Volksliste, die zur Prüfung der Deutschstämmigen und Eindeutschung herausgegeben wurde, war nun verzeichnet, dass man deutscher Staatsbürger war mit allen sich daraus ergebenden Rechten und Pflichten. Und trotzdem wurde die deutsche Staatszugehörigkeit nicht davon abhängig gemacht, sondern von der Erfüllung aller Voraussetzungen für das Deutschtum. Die Volksliste hatte also nur deklaratorischen Charakter. Hauptgrund der Eintragung in die deutsche Volksliste war, Soldaten für das Heer und anderer Gliederungen wie SS, SD, Polizei und Gestapo zu gewinnen, Erfüllungsgehilfen also, um all die verbrecherischen Ziele der Hitlerregierung zu verwirklichen. Darüber hinaus war diese Aktion darauf gerichtet, so genanntes *verschüttetes* deutsches Volkstum aufzuspüren, insbesondere Kinder aus Mischehen zwischen Deutschen und Polen, die als wiedereindeutschungsfähig galten, sowie blonde und blauäugige polnische Kinder dem deutschen Volkstum zuzuführen. Trotz der Gefahr, die nordisch-germanische Rasse zu gefährden und eine Entarisierung herbeizuführen, wurden über eine Million polnischer Jugendlicher in die deutsche Volksliste übernommen. Was für ein Widerspruch, denn die Polen galten in den Augen der Nationalsozialisten als ein Volk kriecherischer Gesinnung und als uneindeutschbar. Hier wurde in erster Linie das Ziel verfolgt, die Polen als Kanonenfutter zu verwenden. Die so genannten Gliederungen, die ab Herbst 1939 mit deutscher Gründlichkeit aufgebaut wurden, ermöglichen es den Nazimachthabern willkürlich geeignete Leute dafür zu gewinnen oder zu verpflichten. Nicht selten wurden diese Männer als so genannte *Freiwillige* der SS, der Gestapo und des SD bezeichnet. Heinrich Himmler, Reichsführer der SS, der sich als *gnadenloses Richtschwert* bezeichnete, gab die Order heraus, junge Volksdeutsche für die SS zu gewinnen. Er stellte ihnen in Aussicht, bei den Wachmannschaften dienen zu können und so um den Fronteinsatz herumzukommen. Wachdienst bedeutete verbrecherischen Dienst zu tun in den Konzentrationslagern, in Gefängnissen und Zuchthäusern. Die Werbeaktion war erfolgreich, weil die jungen Burschen gar nicht wussten, was sie dort erwartete. Der eigentliche Aufbau der NSDAP begann aber erst 1941. Die nationalsozialistischen Führer hatten sich eine raffinierte und perfide Methode ausgedacht. Sie setzten einfach voraus, dass Volksdeutsche: Facharbeiter und Angestellte, die bei den Polen oft zurückgesetzt und ausgegrenzt worden waren und keine Arbeit bekamen, nun mit fliegenden Fahnen in ihre Reihen aufgenommen werden könnten. Das war aber in der Regel nicht der Fall.

So kamen sie mit dem Trick der Berufung. Mein Vater, als Buchhalter und Abteilungsleiter, war also geradezu prädestiniert Parteimitglied zu werden. Sie schoben ihm auch gleich die Aufnahmeanträge zu mit der hintergründigen Drohung, nicht lange zu zögern und die Formalitäten schnellstens zu erledigen. Hintenherum hörte der Vater sagen:

Wenn der seine gute Stellung behalten und vor allem nicht einberufen werden will, dann muss er zeigen, dass er voll und ganz auf unserer Seite steht.

Das ist ein deutlicher Wink, der dem Vater schwer zu schaffen macht. Er schleicht sich heimlich in Goldborns Laden, wo es kaum noch etwas zu kaufen gibt. Die Lieferungen werden so erschwert, beklagt der Inhaber, dass er den Laden zu schließen erwägt.

Die Polen haben wenig Geld, und die meisten Juden sind im gesonderten Viertel abgetrennt. Deutsche kaufen kaum noch bei ihm und wenn, dann achten sie darauf, dass sie nicht gesehen werden. Goldborn überlässt dem Vater die Bücher und geht ins Geschäft seines deutschen Bekannten am Marktplatz – Glas- und Porzellanwaren. Hier bei Martin Retzig, seiner Frau Hilda und der Tochter Marthe, hat er so oft eingekauft und sie bei ihm. Seine wunderschönen Vasen, das kostbare Porzellan in den Vitrinen, stammen alle von Retzig. Es ist das renommierteste Geschäft dieser Art in der Stadt. Goldborn muss einmal mit Retzig reden. Er betritt den Laden. Die Glasglocken klingen hell durch den Raum. Martin Retzig kommt hinter dem Verkaufstresen hervor.

»Mit was kann ich dienen?« Eine unerklärliche Kluft tut sich auf. Die guten Bekannten begrüßen sich nur flüchtig.

»Nein, ich will nichts kaufen«, entschuldigt sich Goldborn, »will nur wissen, was du zu all dem, was so geschieht, zu sagen hast.«

»Was soll ich schon sagen«, druckst Retzig herum. »Es ist nicht recht, was euch und den Polen geschieht und das mit den Zigeunern. Aber was kann ich tun. Schau dir nur an, was bei mir im Laden los ist. So gut wie nichts. Die meisten mit dem Stern sind eingesperrt, die Polen haben kein Geld und wer von den Deutschen kauft jetzt mitten im Krieg noch Porzellan, wo alles so unsicher ist. Nein, auch für uns ist eine schlechte Zeit angebrochen. Und wer weiß, was geschieht, wenn der Krieg verloren geht.« Hier gehen ihre Meinungen auseinander. Goldborn kann sich nicht wünschen, dass die Deutschen den Krieg gewinnen. Ja anfangs, da stand er als Jude deutscher Herkunft auf ihrer Seite, aber nachdem sich die Dinge so entwickelt haben, empfindet er nur Abscheu. Keiner kann etwas machen, sagen sie und lassen alles geschehen. Mein Gott, wenn dieses *Nichtsmachenkönnen* nur nicht auf sie zurückfällt.

Goldborn verlässt den Porzellanladen mit innerer Verlassenheit und Leere. Wo kann er noch einen Rückhalt finden. Wenn nur die Kinder nicht wären. Manja und Jason; sie sind doch noch so jung. Er muss mit Onkel Hanfried reden. Onkel Hanfried muss helfen. Goldborn rechnet jeden Tag damit, ins Ghetto getrieben zu werden. Wenigstens die Kinder müssten in Sicherheit gebracht werden.

Onkel Arthur besucht Manja in der Stadt. Sie dürfen sich nicht zusammen auf der Straße sehen lassen. Manja muss die Armbinde tragen, das Kainsmal der Juden in dieser Stadt. Mit dem ›J‹ in der Kennkarte und der Armbinde ist sie geächtet, ausgestoßen. Selbst einige Polen sehen sie schief von der Seite an. Arthur ist schon gemustert worden, wartet auf die Einberufung. Die Liebenden halten sich bei den Händen. Manja weint um ihren Liebsten. Sie weiß noch nicht, was auf sie zukommt, ahnt nur, dass es schlimm kommen wird. In der Stadt haben sich erneut Randalierer angesammelt. Es sind die Nachahmer der Pogrome im Reich. In der SA und Hitlerjugend haben sie gute Vorbilder. Die Film- Radio- und Zeitungspropaganda des Reiches ist nicht spurlos an ihnen vorbeigegangen. Sie ziehen durch die Straßen, rempeln Polen an und jagen Armbindenträger, wenn sie einen erblicken. Sie gehören zur neu gegründeten Hitlerjugend, noch nicht lange, haben aber schon Braunhemden an, Schultergurte und Koppelschlösser angelegt, an deren Seite das Fahrtenmesser baumelt. Einige HJ-ler sind äußerst gefährlich für die Juden, vor allem für die gleichaltrigen, ehemaligen Gefährten, weil sie jeden von ihnen kennen. Sie haben sich von normalen Klassenkameraden im Gymnasium zu erbarmungslosen Judenhassern und Denunzianten entwickelt.

Auf den Straßen brausen im Übermut deutsche Soldaten vorbei. Noch sind sie nicht in die Kämpfe an der Ostfront einbezogen. Aber bald ist ihre Zeit hier beendet, lange werden sie sich hier nicht mehr amüsieren können. Sie winken den Jugendlichen, aufzusteigen und mitzufahren.

Sobald sie einige mit der Armbinde gezeichnete Personen überholen, machen sie sich lustig, bezeichnen sie als slawisches Ungeziefer und reiche Arbeiter, die nun für die Deutschen arbeiten müssen. Da gibt es aber keine Reichtümer zu verdienen, bemerkt einer hämisch. Vor Goldborns Laden angelangt, skandieren sie:

Deutsche und Polen, kauft nicht bei Juden! Juda verrecke! Es sind die gleichen Sprüche, die im Reich schon verklungen, weil dort keine jüdischen Geschäfte mehr sind. Und wieder wird eine Scheibe eingeschlagen. Arthur kann es nicht fassen, stürmt wutentbrannt hinaus.

»Was macht ihr denn da? Wisst ihr überhaupt, was ihr tut!«

»Der hurt mit der Judensau!«, erschallt eine durchdringende Stimme. »Blutschande, Rassenschande!« Sie schlagen dem Onkel ins Gesicht, treten ihn in den Bauch. Manja zieht ihn in den Hausflur zurück. Isaac Goldborn holt den Verbandskasten, wischt ihm das Blut ab, versorgt den Onkel. Seine Frau weint still vor sich hin. Manja schluchzt und ruft ihren Gott an: »Barmherziger Gott, steh uns bei in unserer Not! Mein Gott, mein Gott, was sollen wir nur tun?« »Wir können nichts machen«, sagt Isaac Goldborn, »müssen alles auf uns zukommen lassen.« Und doch versucht er, mit meinem Vater zu reden. Er bittet ihn, mit seinem Bruder zu sprechen. Onkel Hanfried, inzwischen ein strammer Gestapomann geworden, hat doch großen Einfluss. Der Onkel hört das Anliegen und ist so verblüfft, dass er kaum zu antworten vermag.

»Wie stellt ihr euch das vor? Was kann ich denn schon machen. Ich bin doch nur ein kleines Rad im Getriebe der Großen.«

»Tu was! Du musst den Goldborns helfen, heraushelfen aus der Stadt«, sagt der Vater. »Wir können sie nicht einfach im Stich lassen.«

»Nein, das geht nicht, ausgeschlossen! Die kennt hier doch jeder, und wenn das herauskommt, hängen sie mich auf. Höchstens das Mädchen. Ja, vielleicht kann ich Manja und ihrer Freundin Jola einen Pass besorgen. Aber der ganzen Familie? Unmöglich.«

Goldborn beschafft die Passbilder von Manja und Jola. Onkel Hanfried hat sich zu einem Entschluss durchgerungen. Er hat dienstlich im Kommissariat und auf der Meldestelle zu tun und bringt zwei Blanko-Kennkarten an sich. Blanko-Kennkarten ohne das bezeichnende ›J‹. Schnell die Fotos hinein, abgestempelt und in die Tasche. Er übergibt sie meinem Vater. Beinahe scheint es, als ob wenigstens die Mädchen gerettet seien.

Fast zur gleichen Zeit klopft es an die Tür unserer polnischen Nachbarn, den Poblowskys. Die Frau des Goldschmieds Ruch steht vor der Tür, an der Hand ihre einzige Tochter, ein schwarzhaariges Lockenköpfchen mit einem wahren Engelsgesicht. Die Jüdin fällt vor der polnischen Frau auf die Knie, bittet sie ihr Kind zu retten. All ihr Gold, allen Schmuck, wolle sie ihr geben, von dem ihre ganze Familie und später sogar noch die Enkel leben könnten. Doch Frau Poblowsky kann ihr nicht helfen, denn Polen, die Juden verstecken, droht die Todesstrafe. Sie hat selbst zwei Kinder, beide blond, die jeder kennt. Enttäuscht und zu Tode betrübt zieht die jüdische Mutter ab, ihr zum Tode verurteiltes Kind an der Hand. Bittere Tränen laufen über ihr Gesicht. Das Kind schaut zur Mutter empor. Es kann nicht verstehen, warum die Mutter weint.

Ich komme mit Tonni zur Höheren Schule. Aus dem Philologischen

Gymnasium in der Pilicastraße, das 1903 gegründet wurde und welches Deutsche, Juden und Polen gemeinsam besuchten, haben sie eine Oberschule ausschließlich für Deutsche gemacht.

Nach dem Einmarsch der deutschen Truppen, diente das Gymnasium vorübergehend als Kaserne. Die Juden werden von der Schule gewiesen, und keiner sagt ein Wort dazu. Sie treffen sich anfangs in einem separaten Raum und dann in Privatwohnungen. Polnische und jüdische Lehrer haben ab sofort hier nichts mehr zu suchen. Anfangs wird auch die polnische Volksschule geschlossen. In der Oberschule sollen wir mehr lernen. Und nicht nur das. Hier geht es um mehr, hier ist ausschließlich Deutschtum gefragt.

Wer nicht für uns ist, ist gegen uns! Ich überrede Jason, sich ebenfalls in der neuen Oberschule vorzustellen. Vielleicht werde er ja aufgenommen. Ich denke mir nichts dabei. Er ist doch mein Freund. Wie dumm das war, erfahre ich gleich am ersten Tag. Jason trägt die Armbinde unter seiner Jacke auf dem Hemdärmel, setzt sich in die zweite Bank von vorn neben mich und hängt die Jacke über seinen Stuhl.

»Der traut sich was«, sagt einer der Mitschüler. Die ganze Klasse starrt ihn an, sieht ihn plötzlich mit ganz anderen Augen. Einige zeigen unverhohlen ihr Erstaunen: Was will denn der hier? Ich sitze neben Jason wie auf spitzen Nägeln. Was habe ich nur angerichtet. Hinter uns bleibt die Bank frei. Auch in die Bank vor uns will sich keiner setzen, als ob wir Aussätzige wären. Die Lehrer sind fast alle schon auf der Seite der Bewegung.

Roeder ist auch mit übergewechselt. Er stellt sich uns erneut als Klassenlehrer vor. Die Bewegung der HJ und des Jungvolks ist schon stark von Deutschland herübergeschwappt. »Als Deutsche, ist es unsere Pflicht mitzumachen«, sagt Roeder. Er mustert Jason mit stechendem Blick, geht um ihn herum, betrachtet seine Jacke, sagt aber kein einziges Wort. Die Schüler stehen noch immer verunsichert herum. »Belegt endlich die Plätze«, sagt er ungehalten. Er weiß nicht, wie er anders reagieren soll. Auf solch eine Provokation ist er nicht vorbereitet. Die *Frechheit* des *Judenlümmels,* hier in der deutschen Schule aufzukreuzen, hat ihm die Sprache verschlagen. Der Lehrer dreht und windet sich, wagt es aber nicht Jason in der Öffentlichkeit anzugreifen. Im Vorbeigehen zischt er dem Jungen zu: »Musst du die Binde nicht außen auf der Jacke tragen?«

»So ist sie doch besser zu sehen«, erwidert Jason. »Wenn Sie es wünschen, wird mir die Mutter auch noch eine auf die Jacke nähen.«

»Das wird nicht nötig sein«, sagt Roeder. Er geht zum Katheder und spricht über die Bewegung, versucht uns mit Geländespielen und Schießübungen zu ködern. Der Lehrer, auf dessen Koppelschloss *Blut und Ehre* steht und das er nicht nur auf der SA-Uniform trägt, lässt sich über die Hitlerjugend und das Jungvolk aus und stützt sich dabei auf ein Führerzitat:

Die Pädagogik des Führers ist hart. Das Schwache muss weggehämmert werden. Uns ist eine deutsche Jugend herangewachsen, vor der die Welt erzittert. Eine gewalttätige, herrische und unerschrockene Jugend. Jugend muss alles sein. Schmerzen muss sie genauso ertragen können wie Not und Entsagung. Es darf nichts Schwaches und Zärtliches an ihr sein. Das freie streunende Raubtier muss mehr denn je aus ihren Augen blitzen. Stark und schön will der Führer und das deutsche Volk seine Jugend. So wird sie die Aufgabe erfüllen und Volk und Führer in der schwersten Stunde zur Seite stehen. Und des jugendlichen Mannes größte Ehre liegt ohnehin im Kampf und im Tode vor den Feinden des Volkes!

Er wiederholt die Worte des Führers, die dieser nach seiner Machtergreifung ausgerufen, dank seines untrüglichen Erinnerungsvermögens und des Nachlesens seiner Schriften in den Schulungen der SA, mit pathetischer Gebärde und kleinen Abänderungen des Führerzitats. Nun wissen wir es: Wir sollen streunende Raubtiere werden. Einige sind es bereits, hören dem Lehrer mit leuchtenden Augen zu, doch mir liegt das nicht. Ich kenne die Feinde des Volkes nicht.

Mich hat auch keiner angegriffen. Im Gegenteil, mein Volk hat andere Völker angegriffen. Ich will nicht an den Spielen des Jungvolks und der HJ teilnehmen, wo alle hineingezogen werden und die eigene Meinung nichts gilt. In den Strom geworfen und mitgetrieben zu werden, liegt mir nicht. Die ganze Sache ist mir unheimlich und macht mir Angst. Diese gefühllose und gewaltsame Bewegung ruft in meinem Inneren nur Abwehr hervor. Vater hat mir ein Luftgewehr versprochen, wenn ich zu den Pimpfen gehe, aber darauf verzichte ich lieber.

Fast alle reißen die Hände hoch und wollen sich beteiligen. Wenig später tragen die Hitlerjungen stolz die Uniformen und schmettern das Heil Hitler schon fast wie die Großen, bewaffnen sich mit Pistolen und drohen öffentlich damit. Bei all dem Trubel und der Euphorie betrachte ich mich als Abtrünniger und bekomme bald zu spüren, was das bedeutet. Ich darf nicht an Fahrten teilnehmen, an so genannten Heimabenden, an Aufmärschen. Das Letztere wäre mir sowieso zuwider. Doch der Vater sagt: »So hast du doch nur Nachteile.«

Wir sind froh, dass der Schulunterricht heute beendet ist, da kommt der Lehrer noch einmal in den Klassenraum und gebietet uns, in die Aula zu gehen. Wir sollen uns einen Film ansehen, einen wichtigen Film, den er auch unseren Eltern empfiehlt: *Heimkehr.* Heimkehr – ist ein Film, der zur Rechtfertigung des deutschen Einmarsches in Polen dient. Eine Szene davon ist mir unauslöschlich und eindrücklich in Erinnerung geblieben: Eine junge Frau beschwört die Sehnsucht der Volksdeutschen nach einem Leben als Deutsche unter Deutschen. Mit verklärtem Gesicht und leuchtenden Augen erklärt sie:

Stellt euch vor, wir erwachen und ringsum spricht alles deutsch. Kein Polnisch und kein Jiddisch, nur Deutsch! Könnt ihr euch das vorstellen? Viele in der Klasse sind von dem Film sehr angetan. Ihre Gesichter sind hoch gerötet, sie schwärmen regelrecht davon. Einer lässt seinen Spott aus an Jason:

»Na, du Moische, jetzt geht's euch an den Kragen!« Er stellt sich zwischen mich und Jason und schubst mich zur Seite. Ich kann mich nicht wehren. Was soll ich tun? Keiner der anderen Schüler ergreift Partei für uns. Ich ziehe Jason aus ihrem Blickfeld. Wir gehen den Heimweg ein Stück gemeinsam, schweigsam und tief betroffen. »Wir können uns nicht mehr gemeinsam zeigen«, sagt Jason und schaut mich traurig an. Ich antworte nicht, denn ich bin sehr verängstigt. Vor dem Laden trennen wir uns ohne Worte. Für mich ist die Szene in der Schule angstmachender Horror, doch was muss erst Jason empfinden. Auch die Worte der deutschen Frau sind mir fremd und unverständlich, da ich täglich polnische und jiddische Worte höre, die Klänge vertrauter Sprachen, die auch meine Mutter und mein Vater sprechen und verstehen wie viele Freunde in der Stadt. Schon am nächsten Tag werden auch die Goldborns aus der Wohnung über ihrem Laden getrieben. Aus dem Judenviertel in der Stadt südlich des Marktplatzes haben sie ein geschlossenes Ghetto gemacht. Sie unterteilen es in das Große und Kleine Ghetto. Im großen Ghetto werden die *nichtarbeitsfähigen* Juden zusammengetrieben. Neben den Alten, Kranken, Frauen und Kindern werden alle, außer Facharbeitern, vor allem Angehörige akademischer Berufe, also *nichtproduktive Kräfte*, für nicht arbeitsfähig erklärt. Sie sollten die ersten Opfer werden. Bald sind dort 16000 Juden aus Tomaszów und Umgebung in 250 Häusern zusammengepfercht. Das Ghetto wird abgeriegelt, Zuwege und Zufahrten werden versperrt. Die Menschen leben dort auf engstem Raum, in alten und baufälligen Häusern, abgeschottet und ausgeschlossen von der Innenstadt. Das Verlassen des Ghettos ist streng untersagt. Auf unerlaubtes Betreten der Straßen außerhalb des Ghettos steht die Todesstrafe. In Petrikau (*Piotrków*) haben die Sondergerichte zu tun. Mehr als einhundert Todesurteile werden umgehend gefällt und rigoros vollstreckt.

Bevor sie aber alle ins Ghetto treiben, holen sie aus den vornehmen Wohnungen die jüdische Intelligenz heraus: Rechtsanwälte, Ärzte, Geschäftsinhaber, Fabrikunternehmer. Die Namen sind fein säuberlich auf einer Liste verzeichnet. Eines Morgens, um fünf Uhr in der Frühe, trommeln drei Männer der Geheimpolizei an die Tür einer Wohnung im ersten Stock an der Ecke Sankt Antoniusstraße und des Kosciuszko-Platzes. Dort wohnt in einem exklusiven Gebäude der stadtbekannte Advokat und Notar Dr. Hirszsprung, bei dem wir Grundbucheinträge vornehmen ließen. Er ist ein feiner, gut aussehender und hoch geachteter Mann von einer gewissen Noblesse, einer Vornehmheit aber, die nicht überheblich wirkt und ihm viele Sympathien einbringt. Im ersten Weltkrieg hat er als österreichischer Offizier an der Seite der Deutschen gekämpft, war mit verschiedenen hohen militärischen Orden dekoriert worden.

Auf der Straße zeigte sich der Mann mit der großen und kräftigen Statur stets in vornehmer und modischer Kleidung. Er war stets freundlich und nett zu den Leuten. Oft sah ich ihn seinen Hut ziehen, wenn jemand ihn grüßte. In guter Erinnerung sind mir seine weißen Galoschen, die er bei Regenwetter über seinen glänzenden Lackschuhen trug, wenn ich mit meiner Pelerine über der Schulter aus der Schule kam. Den Nazis ist er ein Dorn im Auge, weil er mit seiner hohen und stattlichen Figur so ganz und gar nicht in ihr Klischee von einem Juden passt. *Juden sind eher klein und hässlich, haben eine gebogene Nase und einen verschlagenen Blick.* Die Gestapomänner, darunter der Extrem-Judenhasser Boettig, schlagen an seine Tür und fordern ihn auf, sofort herunterzukommen. Solcher Art Aktionen werden immer in den frühen Morgenstunden eingeleitet, um weniger Aufsehen zu erregen. Die Familie wird aus dem Schlaf gerissen. Dr. Hirszsprung versucht, seine Söhne und seine Frau zu beruhigen, kleidet sich schnell an und geht hinunter. Er hat schon von den schlimmen Razzien gehört und erfahren, wie es zugegangen, aber er rechnet nicht mit dem Schlimmsten. Ihm, dem hoch angesehenen Advokat, würden sie nichts antun, so meint er und geht seinen Schergen gefasst entgegen. Doch unten vor dem großen Einfahrttor ist Boettig fest entschlossen, kurzen Prozess zu machen.

»Dreh dich um, du Jud', Gesicht zur Wand!« Jetzt ahnte der Rechtsanwalt, was diese Gestapoleute vorhaben. Verächtlich und todesmutig blickt er dem Nazibüttel ins Gesicht und sagt: »Ich bin jüdischer Armeeoffizier und will Ihnen zeigen, wie ein solcher zu sterben vermag. Erschießen Sie mich von vorn, wenn Sie den Mut haben!« Natürlich glaubt der Doktor nicht ernsthaft daran, dass sie ihn erschießen werden. Man muss diesen Nazis nur tapfer und nicht demütig entgegentreten. Boettig ist auch unsicher, aber aufs Höchste erbost. Der Jude wagt es noch, ihn zu beleidigen. Das geht ihm entschieden zu weit. Er fuchtelt mit seiner Pistole herum und schießt ihm in den Kopf. Inzwischen waren die Söhne ans Fenster getreten und verfolgten entsetzt das Schauspiel. Sie schlugen die Hände vors Gesicht und schrieen: »Mörder, Mörder!«

Da blickten die Gestapomänner hinauf und drohten: »Wartet nur, euch holen wir später!«

Am Abend liegt der Rechtsanwalt aufgebahrt in seinem Bett. Er hat einen dunklen Anzug an. Dicht über seiner Nase klafft ein kleines schwarzes Loch. Nachbarn und Freunde haben sich eingefunden. Gemeinsam mit den Hinterbliebenen beweinen sie den toten Anwalt mit lauten Schmerzensschreien und Vornüberbeugen der Körper. Einige Tage danach kommt Boettig mit seinen Schergen zurück. Sie machen ihre Drohung wahr, erschießen die beiden Jungen auf offener Straße. Einige Polen sahen bei dieser Szene zu und hörten, wie Fredek, der jüngere der Brüder, auf die Knie fiel und flehte:

»Lasst uns doch leben, wir sind ja noch so jung!« Doch diese Henker kannten keine Gnade. Wenig später lagen Jerzy und Fredek tot in der Gosse.

Danach war das Haus totenstill. Onkel Hanfried sprach von Beleidigung der Polizei durch ein paar Juden, denen man die Stirn bieten musste. Um einen Vorwand für weitere Pogrome zu erhalten, erfindet die Gestapo die sogenannte *Kommunisten-Aktion* und später die *Aktion Palästina*. Die höher gestellten jüdischen Persönlichkeiten werden antideutscher, kommunistischer Umtriebe und Infiltration bezichtigt. Ohne Beweisführung werden sie abgeführt, einige auf dem jüdischen Friedhof unverzüglich erschossen.

Fredek, ganz außen rechts. 1938 bei der Erfassung zum polnischen Heer

Unter den Beschuldigten war auch die Familie Seeliger. Sie war aus Litzmannstadt, dem früheren Łódź, mit vielen anderen Familien geflohen mit der bangen Hoffnung, in unserer Stadt nicht verfolgt zu werden. Sofort wurde sie ins Ghetto verwiesen, nachdem sie sich registrieren lassen musste. Jakob Seeliger war ein hochintelligenter Mann, der in Łódź in der Textilbranche eine leitende Stellung im Export innehatte. Seine Verbindungen reichten bis ins englische Manchester. Nur hatte er es versäumt, diese zu seiner Ausreise zu nutzen. Nun saß die Familie in der Falle. Jakob Seeliger war unter den Hingemordeten, seine Frau und der Sohn hatten sich in einem Haus außerhalb des Ghettos auf einem Dachboden versteckt. Das war einigen polnischen Nachbarn nicht verborgen geblieben. Sie hatten nichts Eiligeres zu tun, als sie der Geheimpolizei auszuliefern. Und wieder spielte die Gestapo ihre unrühmliche Rolle. Zwei Männer hießen den Sohn im Hinterhof ihr eigenes Grab schaufeln. Eigenhändig streckten sie die Flüchtigen nieder.

Die Gestapo arbeitet eng mit dem SD (Sicherheitsdienst) und der Polizei zusammen. Sie lauert überall, vor Apotheken und Läden, vor Arztpraxen und Ämtern. Mit penibler Akribie und Ausdauer erfüllt sie ihren perfiden und mörderischen Job. Sie schnüffelt in den Betrieben an den Arbeitsplätzen, kontrolliert die Kennkarten, instruiert ihre Spitzel und Unterspitzel und beobachtet die Passanten auf den Straßen mit geschärften Blicken für Juden. Jeder ist verdächtig, jedem Wink eines Kollaborateurs gehen sie nach, und sie zahlen mit klingender Münze oder anderen Vergünstigungen. Eine nicht geringe Anzahl Polen leistet der Gestapo gute Dienste. Da werden nicht nur Juden verpfiffen und aufgestöbert, da melden sich auch welche zur Miliz als Bewacher, und manche verrichten auch gemeinsam mit der Gestapo und der SS das blutige Handwerk. Erst viel später erfahre ich sogar von Morden an Juden, die Polen verübten, die vertuscht und Deutschen angelastet wurden. In Jedwabne, nördlich von Łomza, Mittelpolen, gab es 1941 ein Pogrom, bei dem 1600 Juden des Ortes auf grausamste Weise in einer Scheune verbrannt wurden. Polen des Ortes haben hier mit den Deutschen gemeinsame Sache gemacht. Mein Onkel berichtete mir von dem Vorfall nach seiner Heimkehr, um wenigstens eine kleine Rechtfertigung zu haben. Heute ist diese Tatsache bestätigt. Die Polen haben ihre Schuld eingestanden und den Hingemordeten ein Denkmal gesetzt. Ich berichte das nicht, um deutsche Gräueltaten zu rechtfertigen oder abzuschwächen. Nein, ich berichte es um der Wahrheit willen.

Auf eine äußerst grausame Art machen einige Gestapomänner auch auf jüdische Kinder Jagd, die das Ghetto verlassen, um Lebensmittel zu erbetteln. Die Gruppe der Geheimdienstler stellt sich in den Hinterhalt von Bäumen oder sitzt scheinbar unbeteiligt auf Parkbänken herum. Die Kinder laufen ihnen dann von ganz allein in die Fänge. Ich erinnere mich an ein makabres Schauspiel, als meine Schwester ganz aufgelöst und erschreckt nach Hause kam. Unser Cousin Edmund hatte sie auf dem Nachhauseweg von der Tante durch den Park begleitet. Im Park wurden beide aufgegriffen. Edmund hatte in den Augen der Gestapo mit seinen tiefschwarzen Haaren und seinem scheinbar jüdischen Aussehen ihre Aufmerksamkeit erregt. »Das sind doch zwei Moische-Kinder. Die krallen wir uns.«

Meine Schwester schrie und wehrte sich: »Wir sind keine Juden! Das ist mein Cousin. Der sieht nur aus wie ein Jude.« »*Der sieht nur so aus wie ein Jude!*«, ist schon hergebrachtes und eingeimpftes Denken. Erst als sie glaubhaft nachweisen können, wer sie sind und wo sie wohnen, ließen die Gestapoleute von ihnen ab. Zu den schlimmsten Verbrechern, die mit ungeahnter Grausamkeit gegen Juden vorgingen, gehörten: Ein gewisser Mancher, Chef der Gestapo, Wiese sein Stellvertreter, natürlich Boettig, und als Wachtmeister der Schupo die Mitarbeiter Püchler, Reichert und Fuchs. Hinzu kamen als besonders eifrige Judenhasser und Judenverfolger Oberleutnant Größer, der Oberinspektor Freys und Kommissar Selig. Polizeimeister Richter zahlte sogar Prämien für willkürliche Erschießungen von Juden und quälte aus dem Ghetto ausgebrochene Juden, bevor er sie erschoss.

Im Winter 41/42 herrscht bitter Kälte, Brennmaterial ist nicht zu bekommen. Die Ghettoinsassen reißen die Schuppen ab, verbrennen ihre Möbel. Krankheiten brechen aus: Typhus, Fleckfieber und rote Ruhr. Unter den Juden gibt es noch ein paar Ärzte und Apotheker, doch die Gestapo verweigert die Einrichtung einer Apotheke und die Ausgabe von Medikamenten. Täglich sterben 15 bis 20 Menschen. Sie liegen auf den Straßen, in Hauseingängen, werden von Totengräbern eingesammelt und oft gleich in den Hinterhöfen und Gärten verscharrt.

Die Palästinaaktion war ein besonders teuflischer Plan. Juden, die Verwandte in Palästina aufweisen konnten, sollten sich gesondert registrieren lassen, um angeblich gegen deutsche Geiseln in den Händen der Alliierten ausgetauscht zu werden. So wurde diese Aktion 1943 zur tödlichen Falle, bei der weitere Juden deportiert und umgebracht wurden. Noch gesunde und jüngere Männer kommen zur Zwangsarbeit in die Werkstätten und Textilfabriken der Stadt. Im arischen Teil arbeiten sie auch für die deutsche Wehrmacht, produzieren Rüstungsgüter.

Onkel Arthur als Frontsoldat

Onkel Arthur hat die Deportation der Familie Goldborn ins Ghetto nicht mehr mitbekommen. Er wurde einberufen, ebenso Bruder Theo. Jetzt, da die Herrenmenschen vor Moskau und Stalingrad stehen geblieben sind, wird jede Hand gebraucht, jede, die auch nur einen Finger zu krümmen vermag. Arthur kommt nach der Kurzausbildung zu den Scharfschützen. Nach Tagen harten Kampfes schreibt er von der Front: »Hier ist die Hölle. Du erschießt einen Russen und zehn kommen auf dich zu. Du mähst zehn nieder und hundert laufen über dich hinweg. Die Ersten noch mit Gewehren, die Letzten nur noch mit Bajonetten. Wer hier überlebt, muss das Glück gepachtet haben.« Er hatte es nicht. Eine Granate hat ihn zerrissen. Der Großvater bekommt die Nachricht vom Tod seines Sohnes als Feldpostbrief.

Immer der gleiche Inhalt mit den bekannten lakonischen Worten: *Gefallen für Führer und Vaterland. Wir werden seinen Namen in Ehren halten. Bis zum Endsieg,* Kompanieführer sowieso. Wir erhalten die Nachricht vom Tod des Onkels am Telefon. Ich kann nicht weinen, kann nicht begreifen, dass mein Patenonkel Arthur tot ist. Die Mutter sagt: »Er kommt nie wieder.« Langsam begreife ich, was das heißt. Wir werden nie mehr zusammen ausreiten. Er wird nie mehr mit dem Rappen über die Gräben springen. Ich werde seine liebevolle und freundliche Art nicht mehr erleben, ihn nie mehr sehen. »Du musst es Manja mitteilen«, sagt der Vater und streicht mir übers Haar.

»Dich lassen sie vielleicht ins Ghetto hinein. Du sagst, du hättest eine

Todesnachricht zu überbringen.« Ich mache mich auf den schweren Weg. Das Ghetto hat zwei Eingänge, zwei Tore aus einem Holzrahmen, mit Stacheldraht versehen, versperren die Straßen. Eines ist an der Krzyzowa und das andere an der Jerozolimska-Straße.

Altes Ghettohaus

Ich überquere den Kosciuszko-Platz an der vorderen Einmündung und nähere mich dem Ghettotor in der Jerozolimska. Schon das Holztor mit dem waagrecht, senkrecht und diagonal verlaufendem Stacheldraht macht auf mich einen schauderhaften Eindruck. Polnische Polizeikräfte, Bewacher des Ghettos, starren mich an. Aus dem Wachhäuschen kommt ein polnischer Polizist auf mich zu: *Kto jesteś, jesteś Żyd – co chces tutaj?* (Wer bist du, bist du Jude – was willst du hier?) Ich kläre ihn auf, dass ich Deutscher bin und eine Todesnachricht überbringen muss. Er zögert einen Moment, öffnet dann das Stacheldrahttor mit einem sarkastischen Grinsen. Mit seltsamen Gefühlen gehe ich hinein, suche nach der Familie Goldborn, frage mich bis zu ihr durch. Sie ist in einem alten, halb verfallenen Holzhaus mit zwei weiteren Familien zusammengedrängt worden. Ich sehe meinen Freund Jason mit traurigem Gesicht auf einem Stuhl hocken. Der Hunger schaut ihm aus den Augen, doch ich wusste nicht wie es ihm geht. Daran, dass er etwas zu essen bräuchte, habe ich nicht gedacht. »Was werden sie uns nur noch antun«, barmt Lea Goldborn und schaut mich an, als ob sie von mir Hilfe erwarte. Manja hat die Geige abgesetzt, auf der sie ihre Verlorenheit auf die Straße hinausgespielt hat. Was ist passiert, fragen ihre Augen. Ich werde den bangen Ausdruck in ihren Augen niemals vergessen.

»Onkel Arthur ist tot, gefallen«, sage ich schnell. Ihr Aufschrei gellt in meinen Ohren wider. Ich starre in Manjas entsetztes Gesicht, blicke noch einmal meinen Freund an, streife mit den Händen seine Schulter und mache mich klammheimlich davon. Nur heraus aus dem dumpfen Loch, weg von den geplagten Menschen, den Eingesperrten. Sie machen mir Angst. Ich fürchte, sie könnten auch mich hier einsperren. Hier fühle ich mich genauso gefangen wie diese Unglückseligen. Hinter dem alten Holzhaus auf der Straße betteln mich zerlumpte Kinder um Essen an.

Sie haben kleine Wertsachen von den Eltern bekommen, möchten sie gegen Essen eintauschen. Ein Junge, etwa in meinem Alter, zupft mich an der Jacke und zerrt mich hinter die Bretterwand der Hütte: »*Hast a Broid? Gib merr a bissl Broid, sonst wir toit!*« Er will mir einen Goldring dafür geben. Einen Goldring für etwas Brot. Ich fühle mich bedrängt, es beschleicht mich eine unerklärliche Scheu vor dem zerlumpten Jungen, der nur etwas Brot will. Brot, das ich ihm nicht geben kann, nicht geben darf.

»Ich hab kein Brot dabei«, sage ich. »Kimmst cher, bringst Broid aus'n Shtetl«, sagt er hartnäckig und lässt nicht von mir ab. Ich bin verunsichert und weiß nicht, was ich tun soll, kann mich nicht entschließen. Mich erfasst eine unerklärliche Angst, diesen ausgehungerten Kindern Brot zu bringen. Brot, das wir noch zur Genüge haben. Neben der Angst regt sich auch Mitleid und ein solches Unbehagen, das ich bisher noch nie verspürt habe. Ich versuche es abzuschütteln. Was kann ich dafür, dass diese Juden hungern. Später erfahre ich von der Maßnahme der Deutschen, die Juden im Ghetto aushungern zu lassen, während die Polen nur so viel bekommen sollen, wie zum Erhalt ihrer Arbeitskraft notwendig sei. Dieses Bild lässt mich nicht los. Diese Kinder sind für mich Ausgestoßene, warum auch immer, etwas, das ich nicht zu erklären weiß. Ich begreife nur, dass es Unrecht ist, was mit ihnen geschieht. Einen Moment denke ich mit Grauen daran, was hätte sein können, wenn ich ebenfalls Jude wäre. Dieser Gedanke lässt mich nicht los und beschäftigt mich noch tagelang. Um nicht verhungern zu müssen, versuchen die jüdischen Kinder über alte Schuppen und Mauern in den arischen Teil der Stadt zu gelangen. Werden sie bettelnd erwischt, machen die Bewacher kurzen Prozess. Sie erschießen oder erschlagen die Kinder einfach. Draußen auf der Straße liegt ein Junge mit klaffender Wunde. Mehrere Kinder stehen um ihn herum, versuchen ihn zu verbinden. Er hat Kartoffeln aus der Küche eines Fabrikgebäudes gestohlen. Ein siebzehnjähriger Hitlerjunge, erfahre ich, der sich zu den Totenkopfverbänden gemeldet hatte, hat ihn mit seinem Fahrtenmesser schwer verletzt. Die Totenkopfverbände waren aus der Wachtruppe Oberbayern, der Allgemeinen SS und dem Dachauer Wachverband hervorgegangen. Sie wurden von Theodor Eicke, dem Kommandanten des Konzentrationslegers Dachau und späteren Inspekteurs der Konzentrationslager und Führer des Wachverbandes, geprägt. Der Ellsässer Theodor Eicke war ein leidenschaftlicher Verfechter der Naziideologie und Hitlers rechte Mörderhand. Schon nach der Machtergreifung Hitlers war er an der Beseitigung seiner politischen Gegner beteiligt, unter anderem des SA-Führers Ernst Röhm. Gemäß Eicke und entsprechender Absegnung durch Himmler, hatten die SS-Leute am rechten Uniformkragen das Totenkopfsymbol zu tragen. Ich zittere am ganzen Körper, versuche schneller dem Grauen zu entkommen, aber meine Kräfte sind wie gelähmt.

Eine Gruppe Arbeiter aus dem Ghetto mit Hacken und Spaten zieht an mir vorüber. Sie kommen aus der Stadt von der Arbeit zurück. Nicht genug, dass sie wenig zu essen bekommen, müssen sie auch noch Schwerstarbeit verrichten. Schwerstarbeit unter barbarischen Demütigungen: Abreißen von jüdischen Grabsteinen, vornehmlich von Kindergräbern, mit denen sie verschlammte Wege befestigen und Flussregulierungen, die sie an der Wolbórka vornehmen. Die Männer sind noch gut gekleidet, Arbeitsanzüge besitzen sie nicht. Trotz des Ernstes der Lage machen sie einen unbekümmerten Eindruck. Polnische Milizionäre stellen die Bewachung. Sie sind von den deutschen Polizeistellen übernommen worden, müssen so nicht auf der Straße liegen. Manche handeln mit den Juden, machen Geschäfte, andere führen die Befehle der Deutschen exakt aus. Die arbeitenden Juden erhalten wenigstens etwas zu essen.

Arbeitsgruppe Juden aus dem Ghetto

Durch die Arbeit, so glauben sie, würde ihnen nichts geschehen. *Arbeit macht frei* ist der Wahlspruch der Deutschen. Durch die Arbeit hier würden sie auch bald zur Freiheit gelangen. Außerhalb des Ghettotores atme ich tief durch, gerate aber auf der Ulica-Piecarska in eine Kontrolle. Sie treiben etwa zwanzig junge Männer unter Gummiknüppelschlägen vor sich her, halten inne und wenden sich mir zu, vermuten in mir einen Ausbrecher.

Einer der SS-Leute hält mich am Arm fest. Ich bin so erschreckt, dass ich zu stottern beginne, nenne meinen Namen, den Namen der Eltern, die Arbeitsstelle meines Vaters. Der Griff wird lockerer, sie lassen mich laufen.

Später erfahre ich, dass sie 21 jüdische Männer erschossen haben, weil sie aus dem Ghetto ausgebrochen waren. Oh Gott, einfach so umgebracht, wie man es nicht einmal mit einem Stück Vieh tut.

Ich komme nach Hause, gehe an den Brotkasten in der Küche und raffe alles Brot zusammen, was drin ist, verstaue es in einen Torbel (Beutel) und radle noch einmal hinaus an den Bretterzaun des Ghettos. Ich muss es einfach tun. Obgleich mein Herz vor Angst fast zerspringt, stelle ich mich auf mein Rad und schwinge mich hinüber. Gleich werden sie dich fassen, denke ich, dann kommst du nie mehr zurück.

Der jüdische Junge hat an dem Bretterzaun gewartet, reißt mir das Brot aus den Händen, reicht mir den Ring, doch ich hebe abwehrend meine Hände, wende mich schnell ab und verlasse den trostlosen Ort wie hinausgejagt. Ich möchte den hungernden Kindern mehr Brot bringen, aber ich weiß nicht, ob ich es noch einmal tun kann.

Manja bekommt den falschen Pass. Jetzt müsste sie sich aufmachen, um aus dem Ghetto herauszukommen. Der Vater drängt. Lea, die Mutter, hat ihr eine kleine Tasche gepackt, eine Brillantbrosche zugesteckt, die sie versteckt gehalten und retten konnte, doch Manja will nicht. Arthur ist tot, wozu soll sie leben. Sie ist vor Trauer wie gelähmt. Manja flieht nicht. Das Leben ist ihr gleichgültig.

In der Stadt patrouilliert das Polizeieinsatzkommando vom Polizeireservebataillon aus Kielce und Radom. Sie treiben die letzten Juden zusammen, holen sie aus ihren Verstecken, zahlen Kopfprämien. Sie kommen auch in die Warschauer Straße. Tante Wanda hat in ihrer Wohnung das jüdische Mädchen Jola versteckt. Jola hat den falschen Pass von Onkel Hanfried bekommen und wartet auf Manja, ihre engste Freundin. Sie hatten sich hier verabredet, wollten zusammen fliehen. Beide sind auch die Freundinnen von Luisa, der Schwester von Anton Kroll. Ich habe sie oft zusammen gesehen, fröhlich und ausgelassen, wie junge Mädchen in dem Alter nun einmal sind. Nun ist ihre Freundschaft zerrissen worden. Jola kauert in der Speisekammer und bebt am ganzen Körper. Obwohl sie den Pass hat, vergeht sie fast vor Angst, als die Häscher in die Wohnung poltern.

»Sind Juden hier?«

»Wie sollen hier Juden sein«, antwortet die Tante. »Wir sind eine deutsche Familie und verstecken keine Juden!«

Die Schnüffler kontrollieren die Kennkarten und ziehen wieder ab. Jola wirft sich mit zitternden Knien der Tante an den Hals. Aber auf Manja wartet sie vergebens.

Die Männer der dritten Kompanie sind Männer aus echtem Schrot und Korn. Sie sind vornehmlich für das Aufstöbern und die Erschießung von Juden vorgesehen und teilweise der Gestapo unterstellt. Es sind einfache Männer, die in dem Bataillon dienen und ihre Aufgabe im Sinne der obersten Dienstbehörde mit aller Konsequenz erfüllen.

Meist sind es Reichsdeutsche, aus dem Rheinland stammende Familienväter in fortgeschrittenem Alter, die hier, statt im Kampf in vorderster Linie, ihren Frontdienst verrichten, der für ihre Führer genauso wichtig ist wie der Kampf vor Stalingrad oder anderswo. Sie stöbern auch die letzten Juden auf, treiben Männer, Frauen und Kinder zusammen und töten sie draußen vor der Stadt, bevor sie in Massengräbern verscharrt werden. Ihre Uniformen sind oft blutbefleckt, da es ihnen an Zeit mangelt sie zu reinigen.

In einem Lagerschuppen haben sich jüdische Männer versteckt, darunter Jugendliche, manche noch halbe Kinder. Die Polizisten erhalten einen Wink von einem Polen: »Dort sind Juden!« Der Verräter geht auf den Anführer zu, hält die Hand auf und lässt sich bezahlen. Der Schuppen wird umstellt. Einer stürmt mit der MP hinein und schreit:

»Kommt heraus, ihr Judenschweine, nehmt die Hände hoch!« Die verängstigten Gestalten kommen heraus, zaghaft, mit vor Furcht verzerrtem Gesicht, einer nach dem anderen. Sie schauen ungläubig auf den Polen, der den Judaslohn entgegennimmt. Ein verachtender Augenblitz trifft ihn, doch das bekümmert diesen Judas nicht. Er lacht und streicht das Geld ein. Zwanzig Reichsmark für zwölf jüdische Männer, nicht einmal zwei Mark für ein Menschenleben. Was ist schon ein Menschenleben? Wird es nicht hier mit Füßen getreten, von dem Nikolai Ostrowski sagt:

Das Höchste, was der Mensch besitzt, ist das Leben. Es wird ihm nur einmal gegeben. Und benutzen soll er es so, dass er am Ende seiner Tage sagen kann; ich habe es für die Menschheit eingesetzt... Diese Menschen benutzen ihr Leben, um anderes Leben auszulöschen. Für sie ist jüdisches Leben ohne Wert.

»Sind noch welche drin?!«, brüllt die Hassstimme. Keine Antwort. Da schießt der Polizeibüttel einfach eine Garbe aus seiner MP in die aufgeworfene Holzwolle hinein. Einer der Männer wirft sich auf die Knie, bittet um Gnade, die Antwort – ein Schlag mit dem Gewehrkolben. »Wir werden euch lehren, euch vor uns zu verstecken!« Sie schlagen gnadenlos auf die Männer ein, bringen ihnen platzende Wunden bei, zertrümmern ihnen die Nasenbeine, brechen ihnen Arme und Rippen und zerren sie blutüberströmt aus dem Schuppen heraus. Sie prügeln sie auf einen LKW. Draußen vor der Stadt strecken sie die verängstigten Gestalten nieder und verscharren sie im Wald.

Und wenn sich die Frage stellt, zu welchen Taten Menschen fähig sind, dann muss die Antwort gegeben werden: eigentlich zu allen Taten und speziell zu allen Untaten. Doch müsste einen Menschen nicht als

Erstes Menschlichkeit auszeichnen? Und kann man solche Täter noch als Menschen bezeichnen oder sind das nicht eher Unmenschen!

Ich habe mich noch immer nicht bei den Pimpfen eingetragen. Manchmal beneide ich die Jungs mit ihren braunen Hemden und Hosen, dem schwarzen Dreieckstuch mit braunen Halteknoten, dem braunen Schiffchen – keck aufgesetzt und halb auf dem Ohr getragen. Das Koppelschloss mit der Sigrune darauf. Den Schulterriemen der Zehnerleiter einer Kameradschaft. Sie schwärmen von ihren Veranstaltungen, den Geländespielen, den Lagerfeuern. An all dem habe ich keinen Anteil. Aber am Gebietssportfest möchte ich wenigstens teilnehmen. An meiner Schule hat mich noch keiner im Kurzstreckenlauf bezwungen. »Du kannst nur teilnehmen, wenn du dich unserer Bewegung anschließt«, sagt Roeder kategorisch. Ich fühle mich in die Enge getrieben, ausgeliefert, erpresst. Roeder weiß, wie gern ich laufe, wie ich mich über jeden Sieg in der Sportstunde freue.

Vater redet mir zu, das gibt den letzten Anstoß. Ich melde mich an, muss die ganze Prozedur der Pimpfenprobe über mich ergehen lassen, bis ich den Treueschwur ablegen kann, obgleich ich das Aufnahmealter noch nicht einmal erreicht habe: *Pimpfe sind hart, schweigsam und treu, Pimpfen ist nichts höher denn die Ehre.* Ich erhalte das kleine Fahrtenmesser und kann zu dem Wettkampf mitfahren. Das Fahrtenmesser brennt in meiner Hand. Ich sehe den blutenden jüdischen Jungen vor mir. Ein sonderbares Gefühl beschleicht mich. Gewissensbisse? Eher ein Gefühl von Verrat an meinen polnischen und jüdischen Freunden. »Du läufst dort die Kurzstrecke von sechzig Metern«, sagt Roeder. Der Lehrer bezeichnet mich als Vorbild eines flinken Windhundes. Immer wieder treibt er mich über die Aschenbahn, beschafft mir ein paar Spikes und machte mir die Sache schmackhaft, vielleicht Sieger zu werden: »Das ist eine hohe Ehre für dich und Deutschland, als Sieger auf dem Treppchen zu stehen.« Als Sieger für Deutschland? Der Begriff ist mir zu hoch. Meine Begeisterung hält sich in Grenzen.

Wieder einmal ist der Onkel zu Besuch gekommen. Ich lausche an der offenen Tür zum großen Wohnzimmer. Der Onkel spricht leise: »Jetzt wird mit den Moisches Schluss gemacht. Morgen kommen ukrainische und polnische Hilfskräfte. Sie werden deportiert in Richtung Osten. Offiziell zur Arbeit. Dann fügt er verstohlen hinzu: nach Treblinka.« Ich platze in die Stube hinein, der Onkel hört zu reden auf, umfasst meine Schulter.

»Ich wünsche dir viel Erfolg beim Wettkampf. Ein echter Hitlerjunge gibt sein Bestes!« Ich erschrecke. »Hitlerjunge, das bin ich noch nicht!«, sage ich wütend. »Ich bin nur beim Jungvolk.«

»Na, jetzt noch nicht, wirst es aber bald sein.« »Niemals!«, schreie ich los und laufe aus der Stube heraus. Ich schließe mich in meinem Zimmer ein. Die Mutter klopft an die Tür, aber ich lasse nicht einmal die Mutter herein, rolle mich wie ein Igel auf dem Bett zusammen. Ich bin so verstört, dass ich wie versteinert zur Wand starre. Mir gehen die Menschen im Ghetto nicht aus dem Sinn. Ich muss fortwährend an Jason denken.

Am Tag darauf bahnt sich etwas an in der Stadt. Es ist Sonntag. Der Vater nimmt mich mit ins Werk zum Eintopfessen. Die Deutsche Volksgemeinschaft hat sich das ausgedacht. Es gibt Erbsensuppe aus der Gulaschkanone. Gemeinsamkeit im Zeichen der Bewegung. Überall fröhliches Scherzen und Schlürfen. Einige Polen stehen am Gittertor. Ich winke sie heran. Lasse einige Schüsseln mit Suppe füllen und reiche sie hinaus.

»So war das nicht gedacht«, sagt der SA-Mann, der über seine braune Uniform eine weiße Schürze gebunden hat und das Essen austeilt. »Na, wenigstens sind es keine Juden.« Den jüdischen Arbeitern, die in den Werkstätten und Fabriken verbleiben müssen, gönnt er das Essen nicht. Sie durften am Vorabend nicht ins Ghetto zurück, mussten auf dem Fußboden schlafen und sind beunruhigt. Ein Gerücht geht um: Das Ghetto würde bald geräumt, alle würden in Arbeitslager verfrachtet. Aber einige Stimmen meinen: Die Deutschen würden alle in die Gaskammern von Auschwitz oder Treblinka treiben. Trotz allgemeinen Erschreckens ruft diese furchtbare Ankündigung nur allgemein ungläubiges Staunen hervor.

So etwas könne doch unmöglich geschehen. Wie könne man so eine Menge Menschen ins Gas treiben. Das liege doch nie und nimmer in der Mentalität der Deutschen. Die erste Aufregung ist bald verflogen, die geplagten Menschen beruhigen sich wieder, kämpfen weiter mit aller Kraft ums Überleben. Das Leben ist schwer genug, wozu sich noch zusätzliche Sorgen machen.

Der verhängnisvolle Morgen beginnt mit unheilvollem Motorengeräusch. Um fünf Uhr in der Frühe halten an den beiden Eingangstoren des Ghettos zwei Lastwagen mit heruntergelassenen Planen. Die Scheinwerfer sind ausgeblendet. Soldaten mit MP bewaffnet, braune SA-Leute und grün uniformierte Polizisten, einige mit Hunden an ihrer Seite, schwarz uniformierte Ukrainer, die man zuvor noch nie in der Stadt gesehen hatte, springen herab. SD- und Gestapoleute in Zivil stehen schon erwartungsvoll an den Stacheldrahttoren. Einer sagt spöttisch:

»Jetzt misten wir den Judenstall aus, machen dem Judengestank ein Ende.« Die Horde schwärmt aus, Taschenlampen blitzen auf, Hundegebell und lautes Gebrüll schallt durch die Straßen:

»Alle raus, raustreten! Anziehen und raustreten, kommt raus, ihr Judenpack!« Einige stürmen die Häuser und Wohnungen, schlagen an die Türen, stoßen die ersten verängstigten Gestalten die Treppen herunter. In den Straßen zu den Hauptausgängen werden Marschkolonnen zusammengestellt – Sechserreihen.

Es ist kühl, die Menschen frösteln, so schroff aus dem Schlaf gerissen. Sie treiben die Kolonne der ersten Deportation auf Nebenstraßen zum

Hof des Gymnasiums. Langsam dämmert der Morgen. Trotz der Kühle scheint es ein schöner Tag zu werden. Auf dem Schulhof, der hinter dem Gebäude und hinter der Straße liegt, sind ein paar Tische aufgestellt worden. Die Kolonne wird zu einer Reihe aufgelöst. Einzeln müssen die verschreckten Gestalten an die Tische herantreten. Name, Alter, Beruf! Jüngere Frauen und Männer werden selektiert, aussortiert zu Arbeitszwecken. Gemeinsam mit den Fabrikarbeitern müssen sie im kleinen Ghetto verbleiben, aufräumen, Möbel säubern und abtransportieren, die letzten Kleidungsstücke und Habseligkeiten der Deportierten zusammensammeln. Ein par Lastwagen fahren vor und transportieren die Wertsachen ab. Diverse Möbelstücke finden den Weg zu den Wohnungen der Gestapomänner und des SD. Die Registrierung ist bald abgeschlossen – eine makabre Farce für die verunsicherten und verängstigten Menschen. Die Marschkolonne wird neu formiert. Am Ende sind die Kranken und Gehunfähigen. Als die Kolonne den Schulhof in Richtung Bahnhof verlässt, fallen ein paar Schüsse, von den schwarz Uniformierten abgegeben. Zum Lohn dürfen sie die Taschen der Getöteten plündern. Die Marschkolonne aber wälzt sich durch die Straßen der Stadt.

Deportation aus dem Ghetto

Die Mutter bringt mich zum Bahnhof. Unterwegs, die Sonne scheint schon freundlich vom Himmel, bemerke ich auffallend viele polnische Polizisten in den Straßen. Hinter ihnen sichern SS und deutsche Gendarmerie mit Schäferhunden die Straßen ab. Und da kommen die ausgemergelten Gestalten die Straße entlang. Sie treiben sie von zwei Seiten auf Umwegen dem Bahnhof entgegen.

Über der alten Wolbórka-Holzbrücke poltern ihre Schritte besonders laut. Noch sind die Straßen kaum belebt, aber bald hat sich herumgesprochen, was geschieht. Deutsche und polnische Bewohner öffnen die Fenster, beugen sich neugierig über die Brüstungen hinaus. Passanten, einzeln und in Gruppen, versammeln sich an den Straßen. Einige sind starr vor Entsetzen, winken zaudernd mit Taschentüchern den bekannten Juden zu und wischen sich Tränen aus den Augen. Andere hingegen stehen im Hintergrund und sind ängstlich verstummt. Wieder einige blicken hämisch auf die durch die Straßen laufenden Juden, so als ob sie sagen wollten: Das geschieht ihnen recht. In manchen Gesichtern der Zuschauenden spiegelt sich ungläubiges Staunen. Ihre Gedanken sind zwiespältig.

»*Matka Boska*« (Mutter Gottes), sagt verhalten eine ältere polnische Frau und blickt sich furchtsam um. »Was haben die mit den Juden vor?« Sie erhält keine Antwort, nur verständnislose Blicke. Da tritt einer der polnischen Hilfspolizisten an die Gruppe heran und sagt in überlegener und wichtigtuerischer Manier: »Diese Juden kommen ins KZ.« Die Gesichter ringsum erstarren in schaurigem Schreck. Auf einigen gefriert das zaghafte und ungläubige Lächeln. Es wird ganz still am Straßenrand, nur das Trappen und Schlurfen der unsicheren Füße ist zu vernehmen. Mitten unter die Polen haben sich einige Deutsche gemischt. Sie stehen teilnahmslos herum und senken ihre Blicke, als sie einige bekannte Juden entdecken. Verstohlen holt eine beschürzte Frau ihr Taschentuch hervor und winkt Jemandem zu. Schnell lässt sie es wieder sinken, als vorwurfsvolle Blicke ihrer deutschen Mitbewohner sie treffen. Sie tritt in den Hintergrund und wischt sich ein paar Tränen ab. Es ist meine Tante Lotte, die Schwester meines Vaters.

»Los, lauft schneller!«, vernehme ich eine schneidende Stimme. Die Mutter zieht mich auf die andere Seite der Straße. Langsam verliere ich die Unglücklichen aus den Augen. Und hinter den SS-Leuten mit den Hunden, glaube ich in einem Mann mit Hut im dunklen Lodenmantel meinen Onkel Hanfried zu erkennen. Ich brauche nicht zu fragen, was mit den Juden geschieht. Der Onkel hat mir zur Genüge Aufschluss gegeben.

An dieser Stelle muss ich unterbrechen, einmal innehalten, um aus der nüchternen Betrachtungsweise herauszukommen. Es scheint mir sehr chronologisch und zu sachlich berichtet, zu sehr aufgelistet, was geschehen. Müsste an dieser Stelle nicht ein lauter Aufschrei kommen, ein Aufschrei über die Gräueltaten in meiner Stadt? Eine ganze Volksgruppe, mehr als 15.000 Menschen, werden in den Tod getrieben. Täglich rollen Züge mit mehr als 5000 Juden über Warschau nach Treblinka, und das Leben geht weiter. Treblinka ist ein Vernichtungslager, hört man hinter vorgehaltener Hand. Ein Vernichtungslager für Menschen. Kann man sich das vorstellen? Man kann es oder kann es nicht, aber man schweigt. Landsleute meiner Stadt haben das Vertrauen der Bevölkerung missbraucht, gute Nachbarschaft verwirkt. Sie haben die *Grüne Oase* zwischen Petrikau und Łódź in ein Tal von Blut und Tränen verwandelt. Es waren meine Landsleute, eine nicht geringe Anzahl von Volksdeutschen – darunter einer meiner Verwandten –, die maßgeblich an den Verbrechen beteiligt waren. Dieser Makel kann nicht abgewaschen werden, ganz gleich, was danach noch geschieht. Immer, wenn ich hierher zurückkomme, werde ich daran denken müssen.

Die nachträglich angebrachten Grabmäler auf dem jüdischen Friedhof recken sich mit ihren kalten Inschriften wie mahnende Geistermonumente empor. Sie erinnern an die Schmach und Schande einer Stadt, in der den Menschen anderen Glaubens himmelschreiendes Unrecht zugefügt worden ist. Niemals darf auch die kleinste Untat verdrängt und vergessen werden. Und wenn ich nach so vielen Jahren auf dem Bahnhof vor dem toten Gleis stehe, von dem aus diese Menschen ihre letzte Reise antraten, müsste ich noch heute ihre Schreie vernehmen, ihr schreckliches Leid spüren.

Niemals kann diese Untat ausgelöscht werden, nie wird das verjähren. Die Asche dieser Hingemordeten mag ewig in den Gewissen[1] der Schuldigen brennen und sie nicht zur Ruhe kommen lassen. Nur Gott kann vergeben und verzeihen, aber ob er so viel Großmut aufzubringen vermag, wage ich nicht zu glauben. Möge jeder der Nachkommen, deren Vorfahren aus deutschen Landen in diese Stadt kamen, daran denken und die Erinnerung wachhalten: Wo immer ein deutscher Fuß hingelangte, wo deutsche Hände aufbauten und die Stadt zur Blüte brachten, haben deutsche Hände auch alles Menschliche zerstört und vernichtet. Graf Ostrowski hatte die Deutschen einst gerufen, aber er hatte sie nicht gerufen, um sich als Herren- und Übermenschen aufzuspielen.

Wir fahren mit dem Zug nach Łódź. Aus dem Generalgouvernement und dem Warthegau strömt die deutsche Jugend zusammen. Braunhemden ziehen mit klingendem Spiel ins Stadion ein, BDM-Mädel mit blauen Röcken und weißen Blusen. Auf der Tribüne steht der Gauleiter Hans Frank, neben ihm der Gauleiter aus dem Warthegau. Hinter und neben ihnen postieren sich hohe Militärs – SS und SA. Ein Jungbannführer tritt ans Mikrofon, hält die Rede. Sie gipfelt in dem zur Genüge bekannten Spruch:

So zäh wie Hosenleder, so hart wie Kruppstahl, und so flink wie Windhunde müssen deutsche Jungen sein... Ich gebe mir große Mühe, dem Spruch Genüge zu tun, erreiche den Endlauf, werde aber nur Dritter.

Sie überreichen mir die Bronzemedaille mit dem Hitlerbild auf der Rückseite. Ich möchte aber keine Medaille mit dem Bild des Führers. Der Führer ist mir unheimlich. Ich erstarre nicht in Ehrfurcht vor ihm und seinen Reden. Nur Angst überfällt mich, wenn er im Radio spricht und Vater das Radio lauter dreht.

»Wenn der Führer das wüsste, was hier in der Stadt mit den Juden geschieht«, sagt die Mutter, doch der Vater schaut sie nur spöttisch an. Sie spricht davon, dass der Führer sich ja versündigen würde, wenn er das zuließe, was mit dem auserwählten Volk der Juden passiert. Und Großvater mag den Führer schon gar nicht. Er sagt hämisch: »Der Führer will seine Arier so, wie er und seine wichtigsten Parteigenossen sind: *so blond wie Hitler, so schlank wie Göring und so gerade gewachsen wie Goebbels.*«

Ich denke darüber nach und falle in große Zweifel. Die Medaille brennt auf meiner Brust. Ich nehme sie ab und stecke sie in meine Hosentasche. Heimlich schleiche ich mich aus dem Stadion, frage mich zum Bahnhof durch und nehme den nächsten Zug zurück. Auf dem Bahnhof rufe ich die Mutter an, sie möchte mich schnell abholen. Die Mutter macht sich gleich auf den Weg. Sie ist sehr besorgt.

»Junge, was machst du denn für Sachen! Sie werden dich suchen.«

Sollen sie doch. Ich bin froh, aus dem Rummel heraus zu sein. Wir gehen am Bahnhof entlang zu einem Taxistand. Immer noch treiben sie Juden auf den Bahnsteig durch das Hintertor, vor dem ein endloser Güterzug bereitsteht. Nun kommen sie auf Umwegen, von der anderen Seite der Stadt. Die Mutter hat mir zwei Schnitten Brot mitgebracht. Sie glaubt, dass ich ausgehungert sei. Mir ist der Appetit vergangen. Ich kann jetzt nicht essen, obwohl ich Hunger habe.

Angestrengt halte ich Ausschau nach meinem Freund Jason. Der abgelegene Bahnsteig ist abgesperrt und voller Menschen. Das ist kein Anblick für Polen und Deutsche. Sie müssen das nicht unbedingt mitbekommen. Und da erblicke ich Jason, wie er von einem Posten durch das Tor gestoßen wird. Hinter ihm Manja, die Geige in der Hand, die Mutter Lea und Isaac Goldborn mit zwei Koffern. Ich möchte hinstürzen, ihn aus den Fängen seiner Häscher reißen, aber die Mutter hält mich zurück.

»Jason!«, rufe ich, »Jason, was hat man mit euch vor, wo fahrt ihr denn hin?« Jason hebt den Arm, schaut mich an mit einem Blick, der mich noch eine Ewigkeit verfolgen wird. Er zögert einen Moment, bleibt stehen. Der Posten stößt ihn weiter. »Du hältst den Zug auf!« Hinter den jüdischen Familien treiben sie zerlumpte Kinder zu einem der bereitgestellten Güterwagen. Jüdische und polnische Kinder aus einem Waisenhaus der Umgebung. Ihnen schaut der Hunger aus den Augen. Sie trippeln in Zweierreihen hinter den Erwachsenen her. Zwei SS-Frauen begleiten sie. Die Kinder sind ganz ruhig, keine Ungeduld, kein Weinen, kein einziges Wort kommt über ihre Lippen. Sie laufen auf den Zug zu wie Schafe zur Schlachtbank.

Die Mutter hält noch immer das Brot in den Händen. Dann plötzlich, drückt sie es einem kleinen Jungen in die Hand. Er schaut zu meiner Mutter hoch – ein Blick voller Dankbarkeit. Ihr schießen Tränen in die

Augen. Da reißt sie einer der Wachposten an der Hand von den Kindern weg und stößt den Kleinen in die Reihe zurück.
»Was tun Sie denn da! Wissen Sie denn nicht, dass das verboten ist?« Er zerrt die Mutter in das Bahnhofsgebäude. Sie schleppen die Mutter weg, sperren sie ein. Ich laufe ihnen ein par Schritte hinterher, bleibe allein vor dem großen Bahnhof stehen und weiß nicht, was ich tun soll. Das Ganze erscheint mir so unwirklich und kaum begreiflich. Zwanzig Minuten später, als der Bahnsteig sich geleert hat, frage ich den Bahnvorsteher, ob ich telefonieren darf. Er schaut mich verärgert an, reicht mir aber das Telefon. Ich wähle die bekannte Nummer und habe den Vater in der Leitung. Atemlos berichte ich ihm von dem Vorfall. Der Vater kommt zum Bahnhof und schließt mich in die Arme.
»Komm nach Hause, Junge!« Ich weine um die Mutter und um meinen Freund Jason, denke an Manja und die vielen unglücklichen Menschen. Ich glaube zu wissen, was sie mit ihnen vorhaben.
»Warum tun sie das, warum?«, frage ich den Vater.
»Sei still jetzt, Junge! Später werden wir darüber sprechen. Jetzt müssen wir etwas für die Mutter tun.« Der Vater telefoniert mit Onkel Hanfried. Am nächsten Morgen bringt Onkel Hanfried die Mutter zurück. Onkel Hanfried hat ein gutes Wort eingelegt, kraft seines Amtes hat er die Mutter freibekommen. Ich lasse nicht locker, frage provokatorisch:
»Vater, Onkel Hanfried, was geschieht mit den Juden?«
»Sie kommen in Arbeitslager.« Der Onkel nickt mir zu.
»Warum in Arbeitslager?« »Dafür bist du noch zu klein. Das verstehst du nicht.« Ich verstehe mehr, als sie glauben. Von Lolek habe ich gehört, dass sie nach Auschwitz oder Treblinka kommen und was dort mit ihnen passiert.
»Sie bringen sie ins KZ nach Auschwitz oder Treblinka«, sage ich. »Dort werden sie umgebracht!« Der Onkel schaut mich entgeistert an.
»Junge, das darfst du nicht einmal denken!«
»Aber, es ist wahr!«, schreie ich. »Sie werden sie töten, Jason, Manja und die vielen anderen!« Der Vater nimmt mich in den Arm, will mich mit dem Luftgewehr trösten. »Du bekommst das Luftgewehr.« Ich will das Luftgewehr nicht mehr. Schon gar nicht als Trost für das furchtbare Unrecht, das sie den armen Menschen zufügen. Die Mutter sitzt weinend abseits auf einem Küchenstuhl. »So etwas darfst du nie wieder tun«, spricht der Onkel auf sie ein. »Denk an deine Kinder. Ich weiß nicht, ob ich dich noch einmal aus ihren Klauen reißen kann.« Nein, das weiß er nicht, weil er selbst das Werkzeug dieser teuflischen Klauen ist. Ich gehe auf die Mutter zu, schmiege mich in ihren Arm. »Konntet ihr denn nichts für die Goldborns tun, warum konntet ihr sie nicht verstecken!«
»Nein, das konnten wir nicht«, sagt die Mutter. Und Onkel Hanfried fügt hinzu: »Ich bin froh, dass ich eure Mutter retten konnte.«
Abseits des Bahnsteigs drei ist ein langer Güterzug eingefahren. Die

Güterwagen-Böden sind mit Stroh und nassen, halb faulen Sägespänen ausgestreut worden. In einer Ecke steht ein Eimer für die Notdurft. In einigen Waggons ist ein etwa hundert Quadratzentimeter großes Loch für die Notdurft hineingesägt worden, um das sich die Menschen drängeln müssen, wenn sie hingelangen wollen.

Die Züge kommen aus Radom und Krakau, täglich, und gehen über Warschau zu einem der schlimmsten Vernichtungslager neben Auschwitz. Nur ein paar Minuten stehen zur Verfügung, um die Menschen zu verladen. Von den 15.000 sind es nur noch 13.250. An diesem Tag ist es der vorläufig letzte Schub. Der letzte Rest von etwa 700 bleibt im Ghetto zurück und wird weiter zur Zwangsarbeit verwendet. Und zuletzt bleiben davon 40 übrig, die das Ghetto endgültig aufräumen müssen.

Es muss alles sehr schnell gehen. Manja, in der einen Hand ihre geliebte Geige, hat Jason bei der Hand genommen, Lea schleppt sich die hohe Stufe hinauf. Isaac Goldborn hat die Koffer abgestellt, hilft seiner Frau empor. Die wenigen Kinder, die meisten sind bereits abtransportiert worden, schreien nach ihren Eltern, die sie im Gedränge verloren haben. Alte und Kranke müssen die hohen Stufen zu den Güterwagen hinaufgestoßen oder -gezogen werden, wenn sie nicht von ihren Lieben getrennt werden wollen. An einigen Güterwagen sind schwankende Bohlenstege schräg zu den Schiebetüren aufgesetzt worden. Dort zerren sie die übrig gebliebenen Alten und Gebrechlichen hinauf. Gepäck geht verloren und wird von den ukrainischen Hilfskräften, die von der SS unterstützt werden, mit Fußtritten zwischen die Gleise befördert. Auseinandergerissene Familien schreien und winken sich verzweifelt zu. Kleine Kinder werden aus den Kinderwagen herausgenommen und wie leblose Bündel in das Innere der Wagen gereicht. Für die Kinderwagen ist kein Platz. Ein alter Mann stolpert, fällt in Ohnmacht, aber kein Arzt ist zur Stelle. Sie zerren den Halbtoten hinein. Die Ehefrau bricht tot zusammen und wird wie eine Puppe hinaufgereicht.

»Sie ist doch tot!«, schreit eine verzweifelte Stimme.

»Schmeißt sie an der nächsten Station raus, dort steigen noch welche zu. Da wird noch mehr Platz gebraucht.« Der Zug faucht, ruckt an, Dampfwolken vernebeln die Sicht. Es geht in Richtung Norden. Die Luft ist zum Schneiden. Durch die vergitterten Fenster gelangt nur ein Lufthauch, den nur diejenigen abbekommen, die direkt davor stehen. Beißender Gestank und Schweißgeruch hängen in der Luft und nehmen den teilweise gut gekleideten Menschen den Atem. Jason ist froh, dass sie alle zusammen in einen Güterwagen gelangt sind. Die Mutter hält ihn im Arm und versucht ihn zu trösten, doch ein noch sehr junger Mann spricht zu der Mutter in barschem Ton:

»Machen Sie den Kindern doch nichts vor. Hier gibt es doch keine Hoffnung mehr.« Ehe er weitersprechen kann, wird er auch schon weggezogen. »Es gibt noch Hoffnung«, sagt ein alter, grauhaariger Mann.

»Solange wir leben, gibt es Hoffnung. Gott wird uns beistehen.« Er hat uns schon so oft aus großer Not errettet, vor undenklichen Jahren aus Ägypten herausgeführt und durch die Wüste geleitet. Er wird es wieder tun. Wir werden arbeiten und leben, besonders die Kinder.« Der alte Mann spricht diese Worte inbrünstig aus, wenngleich in seinen trüben Augen kaum noch Hoffnung ist. Die Menschen aber beginnen zu beten.

Ein lautes Gemurmel hebt an, einer beginnt zu singen, andere fallen ein, dazwischen schreien Kinder vor Durst. Doch die Räder des Zuges poltern monoton über die Schienenstöße, rollen unerbittlich dahin. Einige Gestalten kneifen die Augen zum Schlaf zusammen, andere versuchen krampfhaft, einen Anhaltspunkt der Fahrt durch die Ritzen der Wagenplanken zu erhaschen. Der junge Mann zwängt sich an das mit Stacheldraht vergitterte Fenster heran, späht angestrengt hinaus. Auf einer Haltestation stehen ukrainische Hilfskräfte, dahinter SS-Leute in glänzenden Stiefeln, schwarzen Uniformen und Hunden an ihrer Seite.

Vor dem Eingang an der Bahnhofstür lehnt ein polnischer Bahnangestellter, schiebt seine Zigarette von einem Mundwinkel zum anderen, lüftet seine Mütze und kratzt sich am Kopf. Heimlich aus dem Hintergrund führt er eine unzweideutige Bewegung aus. Mit seinen Händen ahmt er das Drehen eines Strickes über dem Kopf und das Aufknüpfen nach.

Der junge Mann vor dem Fenstergitter kann die Geste deutlich erkennen, wird leichenblass, seine Knie wanken. Mit zitternden Händen greift er in den Stacheldraht, der entlang des Fensters gespannt ist, reißt sich die Pulsadern auf. Plötzlich schreit er wie von Sinnen: *Mogenem, wir werden sterben!* Blutüberströmt sinkt er ins Stroh.

Doch gleich springt er wieder auf, reckt seine blutenden Hände empor und tritt mit letzter Kraft gegen die Schiebetür. Der alte Mann versucht ihn zu beruhigen, will ihm die Hände verbinden, doch er sträubt sich bis zum Äußersten und rollt sich im Stroh zusammen. Über seine Lippen kommt jetzt kein einziger Ton mehr. Wenig später ist er verblutet. Nachdem auf zwei weiteren Haltestationen alle Wagen vollgepfercht werden, geht die Fahrt nach Stunden ihrem Ende entgegen. Als der Zug endlich hält, atmen alle auf, doch die Wagentüren gehen nicht auf.

»Ich sehe kein Bahnhofsschild, keine Stadt«, sagt ein Mann, der sich die Nase an den Planken platt drückt. »Wo sind wir hier?!«, schreit eine hagere Gestalt und rüttelt an der Schiebetür. Doch die Eisenriegel bleiben zu. Ein alter Mann, mit langem Bart, der so gebückt einhergeht, dass er sich nicht aufzurichten vermag, sieht sich um und sagt: »Wir sind in Treblinka. Hier ist ein KZ.« Dann fügt er abschwächend hinzu: »Ein Arbeitslager.« Einige fragende Gestalten beruhigen sich etwas. Einer ruft: »Wasser, dort gibt es Wasser!« Die Menschen werden unter Stockschlägen zurückgehalten, als einige versuchen, die Wasserstelle zu stürmen, die es gar nicht gibt. Am Ende des Zuges, dort wo die am Bahnhof stehende Bewachung nicht aufmerksam genug ist, reichen zwei Polen mit Wasser gefüllte Eimer hinein. 30 Meter weiter vorn droht ein Posten mit dem Gewehr. Keiner wagt es mehr, Wasser zu reichen. Einige Juden haben noch etwas Schmuck gerettet, sie bitten zwei SS-Männer ihnen dafür Wasser zu geben. Die Männer nehmen den Schmuck, doch Wasser bringen sie nicht.

Wenig später ruckt der Zug wieder an, es geht noch ein Stück weiter, im Verhältnis zu der vorigen Fahrt langsam weiter. Dann ist das Endziel erreicht, das Lagerinnere von Treblinka. Die vordere Lok fährt bis zu einer Weiche, dort koppelt sie ab. An den Seiten der Rampe stehen grün Uniformierte mit roten Armbinden, deutsche Schutzpolizisten, und schwarz uniformierte Ukrainer mit blauen Armbinden. Dahinter SS-Leute, bewaffnet mit Gewehren und Maschinenpistolen, an ihrer Seite heiser kläffende und an den Leinen zerrende Schäferhunde.

Lautes Gebrüll übertönt das Gemurmel und die Unruhe der Insassen in den Güterwagen. Die Riegel klacken zur Seite: »Alles Raustreten, schnell, schnell, alle raus!« Der Menschenstrom quillt heraus. Die Familien versuchen verzweifelt, sich zusammenzuhalten.

Eine junge Mutter, den Wahnsinn in den Augen, mit ihrem Kleinkind vor der Brust, läuft über die Gleise, versucht an der Bewachung vorbei den Ausgang des Lagers zu erreichen.

Die Bewacher sind völlig überrascht. Einer der Hilfskräfte, mit einer blauen Armbinde, will ihr nachsetzen, sie zurückholen, doch der nebenstehende SS-Mann winkt ab, hebt das Gewehr, zielt kurz und schießt der jungen Frau in den Rücken. Sie fällt nach vorn zwischen die Gleise, begräbt ihr Kind, ohne es loszulassen.

Die Kugel hat die Frau getötet, doch das Kind lebt. Es schreit fürchterlich. Der SS-Mann stößt die Tote mit der Stiefelspitze auf den Rücken, zieht die Pistole und schießt dem Kind in den Kopf. Jetzt wissen alle, was ihnen geschehen kann, wenn sie aus der Reihe tanzen. Alsdann wird der Menschenstrom zu der Rampe dirigiert. Lautes Gebrüll begleitet ihn:

»Los, lauft schneller!« Dort wird zuerst gezählt und dann selektiert. Ein SS-Arzt sondert die Menschen aus, jeden nach seinem Wert. Die jungen und gesunden Männer nach rechts. Nicht zu jung, aber auch nicht zu alt dürfen sie sein. Sie kommen zur SB – zur Sonderbehandlung. Das heißt, dass sie noch eine Weile schuften müssen, bevor man auch sie umbringt. Frauen und Alte kommen nach links. Der alte, gebrechliche Mann, der ganz krumm geht, stolpert, fällt, kommt allein nicht wieder hoch, wird von dem nahe stehenden SS-Schergen getreten.

»Wirst du wohl gerade gehen!«, höhnt er. »Lass ihn doch«, sagt der andere, »im Feuer wird er sich schon wieder strecken.« Höhnisches Gelächter folgt. Die Mädchen und Jungen, unter ihnen Jason, stolpern mit den Erwachsenen gemeinsam vorwärts. Ein kleiner Junge, im Alter von kaum fünf Jahren, weint und schreit nach seiner Mutter. Jason packt ihn an der Hand und spricht ihm Mut zu. Der Kleine gewinnt Vertrauen, beruhigt sich etwas, legt sein kleines Patschhändchen in Jasons Rechte. »Los ausziehen, zieht euch aus, alle Sachen ablegen! Los, weiter, dort hinein!« So tapsen sie voran, verzweifelnd mit den Händen ihre Blöße bedeckend, in den Raum, wo sie wie Vieh zum Schlachthof hineingetrieben werden. »Ihr werdet jetzt geduscht und desinfiziert«, sagt eine Frau in weißem Kittel, darunter die SS-Uniform, eine weiße Haube auf dem Kopf mit rotem Kreuz darauf. Sie macht ein freundliches Gesicht. Die Kinder schöpfen etwas Hoffnung. Eine Frau, die lächelt, kann ihnen doch nichts Böses wollen. Manja sieht, wie ihr Bruder in dem Raum verschwindet. Sie kommt in einen Sanitätstrakt zur Arbeit. Später muss sie der SS auf der Geige vorspielen. Jason zieht den Kleinen mit sich fort. »Hab keine Angst«, sagt er und denkt: Wir sind doch nicht weggelaufen, uns werden sie nichts tun. Vertrauensvoll schaut er auf die Frau. Mit ihrer Freundlichkeit ist es nun vorbei.

Im Vorraum der Pseudodusche hat einer mit Kreide an die Wand geschrieben: *Rein ist fein – Eine Laus dein Tod – Wasche dich!* Von dort gibt es kein Entrinnen mehr. So geht Jason fast apathisch in den Raum, aus dem noch niemand lebend zurückgekehrt ist.

Die Güterwagen mit der Lok kommen leer wieder aus dem Lager heraus. Wenig später sind die Habseligkeiten verschwunden. Es ist aufgeräumt. Der nächste Schub wartet auf den Tod. So wurden Abertausende in den Gaskammern getötet, in den Wäldern erschossen, auf den Straßen gehenkt. Männer und Frauen, Kinder und Jugendliche, die das ganze Leben noch vor sich hatten. Alte, Kranke, Gebrechliche, deren einzige Schuld darin bestand, dass sie als Juden geboren wurden. Allein 15.000 aus dieser Stadt und Umgebung. Lediglich zweihundert blieben am Leben und wurden in alle Winde zerstreut.

Als einige nach dem Krieg zerlumpt, ausgeplündert und zermürbt, nur das blanke Leben gerettet, in die Stadt zurückkehrten, waren ihre Häuser und Wohnungen schon wieder besetzt. Dieses Mal von den Polen. Sie wagten gar nicht, um Einlass zu bitten. Noch bevor sie etwas sagen konnten, wurden ihnen die Türen vor der Nase zugeschlagen. So gesehen ist dieser Massenmord beispiellos in der Weltgeschichte. Die Pharaonen im alten Ägypten taten es nicht und auch nicht die Sklavenhalter Roms und Athens. Und wer trägt die Schuld?

Sind es nur die oberen Zehntausend, die Hitlers und Himmlers Befehle ausgeführt? Sicher nicht. Schuld sind unzählige *Volksgenossen* dieser Zeit. Schuld sind die Nachbarn, die nach dem 9. November, der Pogromnacht, in der jüdische Geschäfte geplündert, Fensterscheiben zerschlagen und Juden auf der Straße erschlagen wurden, verächtlich auf die Juden herabgeblickt haben. Schuld sind diejenigen, die tatenlos weggeblickt und zugeschaut haben, die den Juden keine Zuflucht gewährten, obgleich sie es gekonnt hätten. Schuld sind auch die freiwilligen Helfer verschiedener Nationen, die sich ein paar lausige Vorteile dadurch verschafften. Wer kann diese Schuld jemals begleichen, diese Verbrechen an einem bedauernswerten Volk.

Wird sie in hundert oder fünfhundert Jahren einmal gesühnt sein, zumal kaum ein halbes Jahrhundert danach springerbestiefelte und glatzköpfige Neonazis dummdreist und gewissenlos ihr Haupt erheben, durch die Straßen marschieren, den Hitlergruß demonstrieren und jüdische Friedhöfe schänden. Und selbst eine mir nahe stehende Person, die ich mit dem Leid und dem Unrecht, das den Juden auch in unserer Stadt zugefügt worden ist, konfrontiere, mir antwortet: *Diese Scheißjuden – sie haben doch nur gehandelt und betrogen.*

Gleichwohl ist auch schwer zu verstehen, wenn Jugendliche bei einer Dokumentation, auf der halbverhungerte, knochige Gestalten gezeigt werden, die das KZ überlebt haben, in Gelächter ausbrechen.

Und eine ältere Frau regt sich auf über die *Unverfrorenheit* der ehemaligen polnischen Zwangsarbeiter, die Entschädigungen einfordern von den Konzernen und Banken, die sie ausplünderten und Unsummen an ihnen verdienten. Ja, sie ruft sogar bei der Dresdner Bank an und beschwört das Institut, ihnen das Geld nicht auszuzahlen. Und was soll man davon halten, wenn ein achtzigjähriger ehemaliger Łódźer schreibt – ich zitiere wörtlich: *Die deutschen Soldaten sind nicht in Polen eingefallen, um das Land zu erobern, sondern um uns Volksdeutsche zu befreien* – und dafür von Gleichgesinnten Beistand erhält.

Symbolisches Grabmal für die 13.000 ermordeten Tomaszówer Juden auf dem jüdischen Friedhof in Tomaszów Masowiecki. Im Jahr 2000 von unbekannten Vandalen umgestürzt und zerschlagen

Erschütterung bis in die letzte Faser meines Herzens, ob dieser Einstellung von Deutschen mehr als 50 Jahre danach, ergreift mich, dass ich keiner Antwort fähig bin. Sie haben aus der Vergangenheit nichts gelernt. Sei still, mein Herz, und höre auf zu bluten, wenn du von dem Massenmord hörst und von denen, die ihn verleugnen oder so tun, als wäre nichts geschehen. Hinter jedem Namen steht ein verlorenes Schicksal, ein zerstörtes Leben. Der eiserne Pflug der Zeit geht darüber hinweg, der seine Felder beackerte mit Blut, besäte mit Not und Leid, dass daraus eines Tages die Flamme der Rache aufgehen wird. Dann werden Abertausende aus der Asche ihre Glieder hervorstrecken und mit knochigen Fingern auf diejenigen zeigen, die ihnen das angetan. Möge ihnen dann Gott gnädig sein, aber ob er so viel Großmut aufzubringen vermag, möchte ich bezweifeln. Der Juden-Genozid ist und bleibt eine wahrhaft historische und verbrecherische Tatsache. Die Erinnerung an den millionenfachen Mord darf nicht untergehen. Die Verbrechen sind so groß, dass weiter darüber gesprochen und geschrieben werden muss, denn die Juden sind auch heute noch das unverstandenste Volk der Welt. Über den Islam weiß man mehr als über das Judentum. Wir sind auf eine furchtbare Weise mit dem Judentum verbunden, auf die Weise, dass der Holocaust, von Deutschland ausgegangen und von Deutschen vollzogen worden ist. Für uns, denke ich, ist es an der Zeit das Wertvolle am Judentum zu erkennen, denjenigen, die hier bei uns leben wollen, Zuflucht und Wohnrecht zu gewähren, sie zu unterstützen und gleichberechtigt in unserem Volk zu integrieren. Das sind wir ihnen schuldig. Mit monumentalen Denkmalen ist es nicht abgetan.

Die seit dem Jahre 1878 entstandene Bewegung, die, abgesehen von der Judenverfolgung seit dem 11. Jahrhundert in ganz Europa, sich gegen die Juden richtete, ihnen ihre Rechte nahm oder verkürzte, weil sie einer fremden Rasse angehörten, einen Fremdkörper im deutschen Volk darstellten und der Gleichberechtigung nicht würdig seien, wurde allgemein zum Antisemitismus. Friedrich Wilhelm III., Deutscher Kaiser und König von Preußen, zwar nur 99 Tage im Amt, bezeichnete den Antisemitismus dieser Zeit sehr treffend als eine Schmach Deutschlands, die das deutsche Volk noch mehr zerklüftet hat.

Und dennoch gab es trotz der allgemeinen Judenhysterie Menschen, die den Verfolgten Brot zusteckten, ihnen Unterschlupf gewährten und das bei Gefahr des eigenen Lebens. Es sogar Gestapoleute und Verantwortliche des Sicherheitsdienstes gab, die ihre Identität fälschten, ihnen Pässe beschafften und so vor dem sicheren Tod retteten. Niemand aus den anderen Ländern schwelge in Selbstgerechtigkeit, denn auch Schweizer, Franzosen, Polen, Litauer, Letten und Ukrainer waren Mitverfolger und Mittäter. Sie haben Razzien unterstützt, Juden vertrieben, ihnen oftmals keinen Schutz und Unterschlupf gewährt.

Und heute, nach über sechzig Jahren, ist es an der Zeit bei den Vertriebenen zu einem vernünftigen Abschluss zu gelangen. Die Nachkommen der heute über Sechzigjährigen sind keine Vertriebenen mehr. Die meisten wollen mit dieser unseligen Vergangenheit auch nichts mehr zu tun haben, viel weniger in die Heimat ihrer Vorväter zurückkehren. Deshalb ist es unsinnig, vor der entgültigen Versöhnung von den Polen und Tschechen Schuldeingeständnis und einen regelrechten Kniefall zu fordern. Man darf die Ursache und Wirkung nicht verkehren. Und was soll der Passus in der Charta des Bundes der Vertriebenen: *Wir haben auf Rache und Vergeltung verzichtet!* Wie und mit welchen Mitteln hätte man jemals Rache oder Vergeltung üben sollen oder können? Möge das ganze Menschengeschlecht nach den unseligen Kriegen doch endlich Heilung finden und nicht in neuen Konflikten sein Heil suchen. Man musste kein Prophet sein, um vorauszusehen, dass der von Deutschen angezettelte Krieg wie ein zweischneidiges Schwert aus dem gewitterdunklen Gewölk auf das Deutsche Volk herunterfallen würde. Deshalb darf von deutschem Boden nie wieder ein Krieg entfacht und nie wieder an Kriegshandlungen teilgenommen werden.

Der Wind hat sich gedreht. Jetzt weht er scharf von Osten. Vor Moskau und Stalingrad hat der deutsche Vormarsch ein Ende. Das Unternehmen Barbarossa, der Überfall auf die Sowjetunion, ist nach anfänglichen euphorischen Siegen fehlgeschlagen. Aus den Himmelsstürmern werden jämmerliche Gestalten. Schnee, Kälte, Hunger und der Gegenschlag der Russen sind für den Rückzug verantwortlich.

Der Totale Krieg, den die Deutschen gewollt, nimmt an Härte und Grausamkeit zu. Auf beiden Seiten. In der Stadt wütet die SS, schikaniert die Polen, seit Partisanen in den Krieg eingreifen. Die Partisanen führen den versteckten und lautlosen Kampf im Hinterland und im Rücken des Feindes. Angriffe auf Nachschubtransporte, auf Versorgungseinrichtungen und Polizeistationen, sogar Attentate sind ihnen recht. Sie arbeiten eng mit Teilen der Bevölkerung zusammen. An besonders zuverlässige Einwohner in der Stadt und auf den Dörfern werden sogar Waffen ausgegeben. Niemand ist mehr vor Anschlägen sicher. Die höheren Funktionäre des SD, der Polizei, SA, Gestapo und der NSDAP gehen nicht mehr ohne Geleitschutz aus dem Haus. Es ist ihnen verboten, sich allein auf die Straße zu begeben. Misstrauen geht um. Jeder ist verdächtig, in jedem der Polen wird ein Kollaborateur vermutet.

Crottendorfs SS glaubt trotzdem, die Macht in der Stadt vollkommen in der Hand zu haben, aber die Partisanen machen ihnen zu schaffen. Gemeinsam mit der 3. Kompanie des bekannten Polizeibataillons haben sie reinen Tisch gemacht. Das Ghetto ist aufgelöst, alle Juden sind abtransportiert worden. Seit die deutsche Wehrmacht auf dem Rückzug ist, die Partisanenbewegung sich ausgeweitet hat, wird die polnische Zivilbevölkerung ihren Schikanen verstärkt ausgesetzt.

Auf der Suche nach den *Banditen* und besonders ihrem unerschrockenen Führer *Hubal* schlagen sie Fenster und Türen ein, treiben die Menschen aus ihren Wohnungen auf die Straße, lassen sie in Nachtkleidern exerzieren, auf und nieder machen, zum Gespött herumhüpfen, nehmen ihnen so ihre Würde und lassen sie spüren, was die Herrenmenschen so alles draufhaben. Lolek, von dem sie erfahren haben, dass er Krähen aus den Nestern holt, damit die Familie etwas zu essen hat, zerren sie am Morgen aus dem Bett und heißen ihn eine hohe Kiefer erklettern. Doch er kann keines der Tiere erbeuten. Da schießen sie ihm eine Krähe herunter und zwingen ihn, den schwarzen Vogel roh zu verzehren. Als er sich weigert, reißen sie dem Vogel die Därme heraus und stopfen sie ihm in den Mund.

»Da, friss, du Polenschwein!«

Eines Abends, ich bin mit Tonni heimwärts auf dem Weg vom Kino – Vater hatte uns verboten, abends durch den Park zu fahren, aber wir halten uns nicht daran – werden wir mitten auf dem Kiesweg angehalten. Taschenlampen blitzen auf und blenden uns. Wir müssen von unseren Rädern steigen. Zwei Männer, Maschinenpistolen über der Schulter und mit blitzenden Patronengurten behängt, fragen uns aus:

»Ihr deutsch? Wo wohnen Nazis? Chier haben Zettel, machen an Tür von Nazi! Aber nichts sagen.« Sie drohen uns mit der Pistole. Wir sind vor Angst wie gelähmt. Als wir uns von dem Schreck erholt haben, sind sie weg. Ich halte den Zettel in den Händen, mein Herz klopft laut. »Partisanen«, flüstere ich. »Das waren bestimmt Partisanen.« Ich habe schon von ihnen gehört. Was steht auf dem Zettel: *Eure Tage sind gezählt, Faschisten. Jede Untat zahlen wir euch heim! Partisanen Freies Polen!*

Wir beschließen, den Zettel an Crottendorfs Tür zu heften. Tonni meint, wir sollten klingeln und warten, wie er darauf reagiert. An der Tür drücken wir auf die Klingel. Sie schrillt durchdringend laut. Der Obersturmführer kommt heraus, schaut sich um, erblickt den Zettel und wird blass. Vorsichtig schaut er sich um, zieht seine Pistole. Wir kauern in der Tannenschonung und zittern vor Spannung und Angst. Doch Crottendorf geht wieder ins Haus. Offenbar ruft er durchs Telefon die Polizeikompanie zusammen. Denn wenig später naht eine Gruppe auf einem Einsatzwagen. Sie erhalten den Befehl, den Wald abzusuchen. Wir machen uns aus dem Staub, werden aber angehalten.

»Habt ihr was gesehen?«

»Was gesehen?«

»Na Partisanen.«

»Nein, wir haben keine gesehen.« Der Befehl, nach Partisanen zu suchen, passt den Leuten nicht. Juden zusammenzutreiben und zu erschießen, ist einfacher und weniger aufwändig. Und vor allem weniger gefährlich. Hier kann man leicht in einen Hinterhalt geraten. Und sie dürfen dabei auch keinen Schnaps trinken, den sie bei den Judenaktionen als Prämie erhalten. Deshalb tun sie die Arbeit nur widerwillig und unter lebhaftem Protest, während sie bei ihrem meuchlerischen Judenmord, von einigen Ausnahmen abgesehen, kein einziges Mal auch nur den zaghaftesten Protest vorbringen. Das soll doch die SS machen mit Crottendorf an der Spitze. Was geht das uns an? Es beginnt zu schneien, die Männer fluchen erbärmlich. Schon bald brechen sie die Suche ab.

Der Winter senkt sich über das Land. Schnee, Kälte und der Krieg erdrücken die Menschen. Die Kiefern ächzen unter der Schneelast, Wildkaninchen knabbern an der Baumrinde von Obstbäumen. Mein Cousin Werner ist zu Besuch bei uns. Er hat seinen Trommelrevolver mitgebracht, den er bisher gegen die Polen nicht einzusetzen brauchte. So ein kleiner Nager verharrt vor seinem Bau und macht Männchen. Werner zielt und schießt das Tier über den Haufen.»Ein kleiner Braten«, sagt er. Ich wende mich ab, verabscheue den brutalen Schützen. Der lacht mir ins Gesicht.»Was hast du nur, das ist doch nur ein Kaninchen.«

Der Winter macht vor allem den Frontsoldaten zu schaffen. Sie sind gegen die Kälte nicht genügend ausgerüstet. Das Winterhilfswerk und andere Hilfsorganisationen haben Hochkonjunktur. Ich musste ein furchtbares Donnerwetter über mich ergehen lassen, weil ich eigenmächtig noch vor Ende des Sportfestes abgehauen bin.

Roeder ist sehr verärgert, wollte er doch mit meiner Medaille Staat machen und diesen Erfolg u. a. sich selbst zuschreiben.»Was hast du dir nur dabei gedacht? Eigentlich müssten wir dich ausschließen!« Das wäre mir auch recht, doch sie tun es nicht. Ich denke an den Treueschwur der Pimpfe, schweige und muss die Demütigungen hinnehmen:»Er wollte zu seiner Mama«, sagt verächtlich der Gefolgsmann der Zehnerkameradschaft. Gelächter. Ich schäme mich etwas, aber mein Trotz siegt.

»Das kannst du nur wieder gut machen, wenn du dich bei den Sammelaktionen hervortust«, sagt Roeder und legt mir diese Verpflichtung auf. Wir sammeln, von der Oberschule und vom Jungvolk animiert, für das Winterhilfswerk, vor allem Pelzmäntel und -jacken, Schals, dicke Strümpfe, Pullover und anderes wärmendes Zeug. Ich gehe zu Tante Jenny und will ihren dicken Pelzmantel haben. Doch sie will ihn nicht hergeben.»Er nützt den Soldaten nichts und passt ihnen auch gar nicht«, sträubt sie sich.»Es gibt auch kleinere Soldaten«, entgegne ich. Der Onkel kommt hinzu und wirft mir den Mantel in die Arme.

Befriedigt ziehe ich ab, höre noch im Hintergrund das Zetern der Tante und die beruhigenden Worte des Onkels. Ich hole mir Verstärkung bei Tonni und sammele fleißig weiter bei den höheren Angestellten der Fabrik, bei einer Reihe von Nazigrößen, vor allem Geld mit einem sinnigen Spruch: *Volksgenossen zückt das Portmonee, spendet für das WHW.*

Mit der vollen Sammelbüchse und einem ganzen Berg von Sachen, die ich mit einem Handwagen in der Schule abliefere, werde ich rehabilitiert.»Ich denke das reicht für die Wiedergutmachung«, sage ich. Am nächsten Tag werde ich vor der Klasse belobigt.

Wir kriegen etwas Kohle zugeteilt. Ich muss mit dem Vater Holz aus dem Wald holen, um den Kachelofen ein wenig zu erwärmen. Der Mutter ist schlecht. Sie sitzt mit blassem Gesicht am lauen Ofen und näht an einem Strampelanzug. Wir kriegen das dritte Kind. Mitten im Krieg ein weiteres Kind. Es kommt zur unrechten Zeit, aber wir können es nicht ändern. Das Haar der Mutter ist immer noch schön, ihr liebes Gesicht verhärmt. Sie macht sich Sorgen um uns und um das werdende Leben. Ich setze mich zu ihr. Sie

Meine Cousine Anita und ich

beginnt zu weinen. Ich versuche sie zu trösten. »Du könntest mal zum Großvater fahren, etwas zu essen holen. Wir haben nur Marmelade und etwas Fett im Haus. Die Zuteilungen werden immer weniger.« Ich fahre mit meiner älteren Cousine und dem Rucksack auf dem Buckel zu Großvater aufs Land, erzähle von dem Kind, das wir bekommen.

»Unverantwortlich«, sagt der Großvater, »in solchen Zeiten sich noch ein Kind anzuschaffen. Kriegskinder sind Sorgenkinder.«

Ich kann nichts darauf erwidern. Einen kleinen Bruder hätte ich mir schon gewünscht. Doch ich will erst mal hinüber zu meinem Freund. Janek hat mich schon erwartet. Leider kann ich ihm die versprochenen Schuhe nicht geben. Ich entschuldige mich und schaue fragend auf seine ziemlich großen Schuhe.

»Die sind von Onkel Arthur. Dein Großvater hat sie mir geschenkt. Er braucht sie ohnehin nicht mehr.« Mir wird bewusst wie schmerzlich ich den Onkel vermisse. Wir fahren mit dem Schlittengespann in den Wald, laden den Schlitten voller Holz. Hell klingen die Glöckchen auf der Heimfahrt. Für einen Moment ist das Leid vergessen. Auf dem Gehöft helfe ich Großvater beim Häckselschneiden. Hinter der Tenne läuft der Falbe vor dem Göpel stetig im Kreis. Etwa zwanzig Runden laufe ich neben dem Pferd her, bis mir schwindlig wird. »Lass nur, der findet den Weg auch alleine«, wehrt Großvater ab. Die Messer fressen sich ins Haferstroh, zerschneiden die langen Halme. Hafer ist rar. Die Pferde kriegen fast nur Häcksel und etwas Heu. »Im Krieg ist alles knapp geworden«, sagt Großvater. Er packt mir den Rucksack voll: Eine Seite Speck, einen Klumpen Butter, eine Tüte Eier und ein großes rundes Brot. Die Großmutter hat gerade gebacken. Es ist noch warm. Ihr Herz schmerzt. Es macht ihr seit dem Tod des Sohnes immer mehr zu schaffen. Sie hält sich die linke Brustseite.

»Ich hab nicht mehr lange«, sagt sie. Der Großvater setzt wieder seinen Schiefhals auf. »Sie kann auch nicht mehr zu ihrem Arzt. Sie haben ihn weggebracht. Er war Jude.« Schon wieder dieser Stachel in meinem Herzen. Was haben die Juden nur verbrochen. Ich will mit dem Großvater darüber sprechen. Frage ihn, warum sie das tun. »Das sind Verbrecher«, sagt er. »Keiner der Juden hat ihnen jemals etwas getan. Jetzt müssen sie vielleicht dafür büßen, dass sie Jesus ans Kreuz geschlagen haben.«

»Aber das waren doch die Römer.« »Ja, die Römer. Aber die Juden haben ihn verraten und ausgeliefert.« Ich mache mir Gedanken, dass man für etwas büßen muss, was vor 2000 Jahren geschehen. Wie lange wird man wohl dafür büßen müssen, was jetzt geschieht? Ich komme mit den erwarteten Lebensmitteln nach Hause. Die Mutter kriegt vor Dankbarkeit feuchte Augen. Der Vater sitzt nachdenklich hinter seinem Schreibtisch. Er ist immer noch u. k. geschrieben, hat den rosa Schein, eine Art Freibrief. Ihm ist nicht wohl in seiner Haut. In der Nachbarschaft tuscheln sie schon und bezeichnen ihn als Drückeberger.

»Sie wollen, dass ich in die Partei eintrete. Sagorsky sagt, dass ich mich nicht länger raushalten kann. Sie holen zuerst die Volksgenossen in den Krieg, die nicht in der Partei sind. Er kann mich nicht länger zurückstellen.«

»Dann geh rein«, sagt die Mutter. »Lieber in der NSDAP als im Schützengraben.« Der Vater ist sich noch nicht schlüssig. Doch einige Wochen später sehe ich das PG-Abzeichen auf seinem Jackett.

Der Lehrer hat Recht gehabt. Das wird nicht nötig sein, hatte er gesagt, als Jason die Armbinde auch auf seine Jacke nähen lassen wollte. Man sieht keine Menschen mehr in der Stadt, die das Kainsmal tragen. Hier wusste man um jeden Juden und kannte alle. Nun ist die Stadt judenfrei. Ein weißes Tuch mit dem bezeichnenden Spruch hängt über der Straße vor dem Bahnhof. Die Gestapo, das Polizeikommissariat, in Verbindung mit der neu besetzten Kreishauptmannschaft, ließ es anbringen. Die Anbringung dieser Art Plakate war eine Order des Generalgouverneurs Hans Frank. Damit sollte nach außen dokumentiert werden, dass seine verordneten Aktionen erfolgreich verlaufen seien. Die Polen und Deutschen schauen mit gemischten Gefühlen auf den aufschlussreichen Spruch. Polen, die die deutsche Schrift nicht lesen können, finden beflissene Übersetzer in den deutschen Verfechtern dieser Maßnahme. Manche von ihnen zeigen unverhohlene Freude, andere wenden sich ab mit finsterer Miene.

In der Kreishauptmannschaft ist der entsprechende Wechsel erfolgt. Der anfangs eingesetzte Kreishauptmann Dr. Ballusek wurde nach Jedrzejów versetzt. Wahrscheinlich war man nicht zufrieden mit dem Versprechen, die Stadt aufräumen zu wollen. Von dort kam der neue Kreishauptmann Dr. Karl Glehn. Es ging das Gerücht um, dass der Wechsel aufgrund von Forderungen der Volksdeutschen herbeigeführt worden sei, weil diese einen Kreishauptmann mit größerer Verwaltungserfahrung und härterer Hand benötigten. Dr. Glehn ist aus Gifhorn abkommandiert worden, wo er als Landrat tätig gewesen. Gegen eine solche Abkommandierung oder Versetzung gab es oft keine Möglichkeit, sich zu verweigern. Offensichtlich war es dem Landrat nicht recht, nach Mittelpolen, fast ans Ende der Welt, versetzt zu werden. In Gifhorn hatte er eine gute Stellung, die Familie hatte sich dort gut eingerichtet und eingelebt. Polen war für die Familie ein ungewisses Abenteuer. Der polnischen Sprache nicht mächtig, in einer fremden Umgebung neu Fuß zu fassen, war nicht leicht. Aber nur die *Besten* aus dem Reich waren geeignet und notwendig für die Verwaltungsstellen in Polen und im Warthegau. Sie bezeichneten sich als sogenannte gute Nationalsozialisten.

Dr. Karl Glehn gehörte offensichtlich dazu, was auch immer darunter zu verstehen war. Schon im fortgeschrittenen Alter, von mittelgroßer Gestalt, ein hochintelligenter Mann, mit blaugrauen Augen, die fröhlich und optimistisch in die Zukunft blickten, war er immer zu Späßen aufgelegt. Doch bald ist ihm der Spaß an der Sache vergangen. Aus Spaß wird blutiger Ernst. Dr. Glehn gerät in argen Zwiespalt. Dem Nationalsozialismus verpflichtet, ist er gefordert die Gesetze des Reiches umzusetzen. In manchen sieht er das Unrecht, doch er setzt sich darüber hinweg. Es bleibt ihm auch meist gar nichts anderes übrig. Nach außen hin zeigt er sich leutselig, verständnisvoll und umgänglich, wo immer es möglich ist. Wie es in seinem Inneren aussieht, konnte natürlich nicht ermittelt werden. Die Polen und Juden verteufelten ihn nach dem Krieg mit extremen Anschuldigungen. Teilweise zu Recht aber auch zu Unrecht, was bei seinem Prozess später herauskam. In Wirklichkeit hat er sich eigenhändig die Hände nicht schmutzig gemacht, ob er aber die begangenen Verbrechen billigte, steht auf einem anderen Blatt. Glehn zieht in ein rotes komfortables Backsteingebäude, das dem bekannten und beliebten Arzt Dr. Alfred Wilhelm Edward Augspach gehörte, der kurzerhand ausquartiert worden war, weil er mit den Polen nicht nur sympathisierte, sondern als Deutschstämmiger in die große polnische Gemeinde integriert war.

Dr. Glehn ist ein begeisterter Reiter. Anfangs sah man ihn hoch zu Ross durch den Park am Michałówek reiten, später ließ ihm sein wichtiges und verantwortungsvolles Amt wenig Zeit dazu, diesen Sport auszuüben. Aber auch die Gefahr, den Partisanen zum Opfer zu fallen, trug dazu bei. Er kam in diese Stadt mit guten Vorsätzen, musste aber bald erfahren, dass er in eine furchtbare Tretmühle der Nazis, zu denen auch er gehörte, geraten war. Er sah das furchtbare Elend der Polen und Juden, wusste von den Deportationen, aber konnte oder wollte sich nicht dagegen auflehnen. Als man ihn mit den aus Zwangsarbeitslagern geflohenen Juden konfrontierte, soll er geäußert haben, dass sie so zu behandeln seien wie diejenigen, die aus dem Ghetto ausgebrochen waren. Was das bedeutete, war ziemlich eindeutig.

Dr. Augspach, dessen Anwesen Dr. Glehn übernommen hatte, soll beim neuen Kreishauptmann mehrmals vorstellig geworden sein, um ihn zu bewegen etwas für die Juden und Polen zu tun. Offensichtlich ohne sichtbaren Erfolg. Augspach war ein begabter Chirurg und Facharzt für Frauenheilkunde. Er hatte in Moskau in verschiedenen Spitälern gearbeitet, wo er großes Fachwissen erwarb. Nach der russischen Revolution kehrte er 1919 nach Tomaszów zurück, wo er mit kurzen Unterbrechungen bis 1953 das Stadtspital leitete. Im polnisch-russischen Krieg 1920/21 war er Reserveoffizier im Rang eines Kapitäns. Als die Deutschen ihn für sich vereinnahmen wollten, weigerte er sich, sich in die Deutsche Volksliste einzutragen.

Die Augspach-Familie. Dr. Augspach, Ehefrau Dr. Martha Augusta geb. Kromm, die Kinder Aleksander Alfred und Felicia Martha

Augspach war so vermessen, die Juden im Ghetto zu unterstützen und zu behandeln. Die Gestapo beobachtete ihn misstrauisch und bespitzelte ihn. Als schweren Verstoß warf sie ihm vor, sogar mit den Partisanen zu sympathisieren. Das war mehr als genug, ihn und seine Familie aus seinem Haus zu werfen. Mehr wagte man nicht, um es mit der polnischen Bevölkerung und auch mit den Volksdeutschen nicht ganz zu verderben.

Glehns Familie kam bald nach, nachdem ihr im Haus von Augspach angemessenes Quartier bereitet worden war. Einige Juden entgingen vorerst den Deportationen, weil sie im Garten des nun Glehn gehörenden Anwesens arbeiten durften. Wenn er an ihnen vorbeiging, in letzter Zeit oft in der braunen Uniform, zeigte er sich ihnen gegenüber achtungsvoll und leutselig, erwiderte sogar ihre Grüße. Der Frau des Kreishauptmanns taten die Juden leid. Manchmal, wenn es keiner sah, steckte sie ihnen etwas Brot zu. Der älteste Sohn bemerkte verwundert, dass die Mutter es heimlich tat.

Sie konnte es ihm nicht erklären, aber bald hatte auch er begriffen, dass so etwas verboten war. Die Mutter fand seine Unterstützung. Der Vater mahnte sie, vorsichtig zu sein, um nicht in Misskredit zu kommen. So gerieten auch die Kinder des Reiches in den Konflikt mit dem, was sich im Generalgouvernement abspielte.

Einmal soll Dr. Glehn mit der Gestapo und dem Polizeikommissariat in Konflikt geraten sein, weil er sich für die Arbeitsjuden besonders in den Werkstätten einsetzte und somit ihre Deportation hinauszögerte. Sehr schnell begriff der Kreishauptmann aus dem Reich, dass er sich der Nazimaschinerie nicht entgegenstellen konnte. Er musste, ob er wollte oder nicht, kooperieren. Wer das nicht tat, landete umgehend dort, wohin auch die Juden gebracht wurden. In einer größeren Schneiderei arbeiteten die Juden vorwiegend für die Wehrmacht, aber auch einige Deutsche ließen dort maßschneidern. Das bewahrte die Juden vor der vorzeitigen Deportation, war besonders billig und wurde oft nur mit etwas Brot abgegolten. Auch der Kreishauptmann machte sich die Situation zunutze.

Er kam zufällig in Kontakt mit Göring, dem zweiten Mann des Reiches, wie der sich gern bezeichnete, noch bevor Hitler ihn offiziell dazu bestimmt hatte und dessen Reichsministerium, auf eine Weise, die nicht mehr genau zu ermitteln war. Korrumpiert von der Macht, den Verlockungen des Wohllebens erlegen, pflegte Göring sich manchmal über die Arbeit seiner Statthalter zu informieren, umso mehr im Osten, wo vielleicht noch etwas für seinen Luxus herauszuschlagen war. Manches exklusive Sammlerstück gelangte so in seine Hände und in sein Jagdschloss nach Karinhall. Auf diese Weise muss auch der Kreishauptmann mit dem Dicken, dem alternden und phlegmatischen Machtmenschen in Kontakt gekommen sein. Edda, die Tochter des Reichsmarschalls aus zweiter Ehe, hatte einen besonderen Geburtstag. Sie wurde volljährig. Darum ließ Glehn in einer der Judenwerkstätten einen Pelz aus Zobel fertigen, den er mit Gunstbezeugungen und Glückwünschen der Familie ins Jagdschloss nach Karinhall in die Schorfheide übersandte.

Ein aufschlussreicher Brief, mit Dankbezeugungen vom Reichsmarschall und seiner zweiten Frau Emmy, kam retour, den er im Geheimen las und bald verschwinden ließ. Eine zwiespältige Person, dieser Kreishauptmann aus dem Reich. Sein weiteres Augenmerk galt der Industrie in der Stadt, die er mit seinem Geschick und seiner Sachkenntnis auszubauen half. Sein Verdienst, wenn überhaupt, bestand darin, dass er vielen Deutschen und Polen dadurch Arbeit und Brot verschaffte.

Einziges Foto, auf dem der Kreishauptmann zu sehen ist. Die Belegschaft vor dem Abrücken zu einer Kundgebung. Dr. Glehn steht links neben der Treppe mit Kurzhaarschnitt, Brille, Stiefeln und Dienstuniform

In der Kreishauptmannschaft waren bald an die vierzig Angestellte beschäftigt – ca. 24 Deutsche, davon sieben höhere Vorgesetzte, und etwa 10 Polen mit niederen Aufgaben. Sie waren eingespannt in die deutsche Verwaltung und engagierten sich für die Belange des Distrikts. Die deutsche Verwaltung entschied, wer welche Mengen an Lebensmitteln auf den Kartenabschnitten zu erhalten hatte, war zuständig für Arbeit, Wohnraum, Transport und Verkehr und für alle Angelegenheiten, die mit dem Zusammenleben von Polen und Deutschen zu tun hatten. Nicht immer war den Deutschen aus dem Reich ihr neuer Wirkungskreis recht.

Aber manche sahen darin Aufstieg und Fortkommen. Sie waren willige Helfer, auf die sich das Regime voll und ganz verlassen konnte. Der Kreishauptmann aus dem Reich war auch ein Vorgesetzter, der auf den Zusammenhalt seiner Mitarbeiter bedacht war. Oftmals verpflichtete er sie auch, an Kundgebungen und verschiedenen Feierlichkeiten teilzunehmen. Meistens kamen sie alle. Zu solchen Anlässen wurde sich herausgeputzt. Die Frauen zogen ihre besten Kleider oder Kostüme an, die Männer erschienen in Schlips und Kragen. Manche waren nicht sehr erbaut davon, befürchteten aber Nachteile bei der Arbeit. Noch wurde gelacht und gescherzt und geglaubt, dass es so weiter ginge wie bisher. Keiner

dachte daran, dass die Zeit hier nur noch kurz bemessen sein würde.
  Zwei Tage hängt das schändliche Tuch der *Befreiung* von den Juden in der Straße, bis es die Nachbarn an der Straße herunterholen. Roeder brüstet sich mit den Aktionen, die exakt und zügig verlaufen seien. Er geht über zum heldenhaften Kampf der deutschen Soldaten und spricht vom Endsieg. Ich aber frage nach den Juden, warum man sie in die Konzentrationslager gebracht hat:
  »Sie müssen arbeiten und lernen dort deutsche Zucht und Ordnung«, klärt mich ein Mitschüler auf. »Hier haben sie nur gewuchert und die Leute betrogen.« Ich kenne diese Sprüche bereits, der Lehrer aber bekräftigt sie und nickt zustimmend.
  Meine Klassenkameraden schauen mich verwundert an, verziehen geringschätzig ihr Gesicht. Ich schaue in ihre Gesichter und traue mich nicht zu sagen, was ich weiß. Roeder ist zwar etwas besänftigt durch meine Sammlerleidenschaft, hat aber trotzdem nicht vergessen, dass ich ihn beim Sportfest so schmählich im Stich gelassen habe. Jetzt schimpft er auf den Bolschewismus und Kommunismus: »Der Bolschewismus ist so wie das Judentum der Untergang des Abendlandes. Er muss ausgerottet werden mit Stumpf und Stiel. Deutschland werde das Abendland retten. Heute zur Schießausbildung müssen alle kommen.« Er schaut mich drohend an.
  Vater hatte mir das Luftgewehr gekauft. Ich sage zu, weil ich Eindruck schinden will. Am Nachmittag sind alle da. Sie bestaunen meinen neuen Knicker. Ich schieße aber oft daneben. Die anderen sind mir ein gutes Stück voraus.
  Am Abend ist Tante Jenny zu Besuch. Onkel Hanfried kommt nach, er hatte noch zu tun. Vor einigen Tagen ist er befördert worden. Er unterhält sich leise mit meinem Vater. Ich kann nichts verstehen. Sobald ich mich nähere, hören sie auf zu reden. Von der Mutter erfahre ich, dass der Onkel besorgt ist wegen der Partisanenanschläge. Ich verrate kein Wort über das Zusammentreffen mit ihnen.
  Die Mutter kann jetzt keine Aufregung vertragen. Tante Jenny holt ihre Karten hervor. Sie ist eine bekannte Wahrsagerin. Alle sitzen um den großen Tisch im Wohnzimmer herum. Die ersten Karten werden aufgedeckt. Kreuz-Dame – das ist die Mutter. »Es wird ein Mädchen«, sagt die Tante. Dann verspricht sie nichts Gutes: »Kriegswende vor Stalingrad, unzählige Eingeschlossene und Tote im Kessel der Russen. Rückzug, die Russen werden bald hier sein. Der Krieg geht verloren.« Sie weissagt etwas, dass teilweise schon eingetreten ist. Der Onkel reagiert ungehalten: »Hör auf mit dem Quatsch!« Verärgert packt die Tante die Karten wieder ein.

  Ein neuer Frühling steht ins Land. Ein Frühling voller Hoffnungen und banger Sehnsüchte. Die Hoffnung auf baldigen Frieden bleibt unerfüllt. Der Krieg hat die Menschen fest im Griff, Todesnachrichten von den Fronten häufen sich. Der Mann von Tante Edith ist gefallen und mein Onkel Karl. Er hinterlässt vier Kinder. Seine Frau, Tante Zofia, war Polin und hatte nach der Heirat die deutsche Staatsangehörigkeit bekommen. Nun grämt sie sich fast zu Tode und sorgt sich um die Kinder. Jetzt, wo der deutsche Vater tot ist, weiß sie nicht, was aus ihnen werden wird. Nun sind sie weder richtig deutsch noch polnisch. Und was soll sie machen, wenn der Krieg zu Ende ist und hier wieder die Polen regieren? Am nächsten Abend ertönt zum ersten Mal Fliegeralarm. Zum Glück wird unsere Stadt verschont. Sie greifen Warschau an und Łódź. Und vor der Tür von Crottendorf geht ein Sprengsatz hoch. Er war auf Crottendorf gemünzt, aber der Obersturmführer ist ein Glückspilz. Es hat nur seinen Adjutanten getroffen. Er war statt des Obersturmführers an die Tür gegangen. Der ganze Vorbau wurde weggerissen. In der deutschen Nachbarschaft gerät man in Angst und Schrecken. Die Mutter sorgt sich jetzt sehr um den Vater, ist er doch nun in der Partei und gehört zu den Nazis.

Crottendorf will dieses Attentat nicht ungesühnt lassen. Dieses Mal ist seine SS mit von der Partie. In aller Frühe hat er an die hundert polnische Männer der Tuchweberei und aus der Stadt zusammengetrieben. Über dem verhängnisvollen Morgen liegt eine trügerische Stille. Der Obersturmführer überschaut die Reihe der Männer, tritt ein paar Schritte nach vorn und winkt einen Dolmetscher heran. Neben ihm postieren sich zwei SS-Leute mit Maschinenpistolen. »Ein Anschlag ist verübt worden, ein deutscher Soldat wurde getötet. Habt ihr das verstanden? Wer etwas über den Anschlag weiß, trete vor.« In der Reihe der Männer regt sich nichts. Nicht die kleinste Bewegung ist zu verzeichnen.

»Natürlich wisst ihr Polacken nichts. Allesamt unschuldig, was? Ihr Banditen steckt doch mit denen da unter einer Decke!« Sein Blick und seine Geste deuten auf den nahen Wald. Dann streift er seinen Ärmel ein Stück nach oben und blickt auf seine Armbanduhr. »Noch fünf Minuten gebe ich euch Zeit. Nennt ein paar Namen oder gebt die Schlupflöcher der Banditen preis.« Crottendorf geht ein paar Schritte zurück. Jetzt kommt Bewegung in die Reihe.

»Sie werden uns wie Hunde erschießen«, zischt Borek, der Schwarzgelockte aus der Färberei. »Ich will nicht sterben!« Er versucht, nach vorn zu stürzen. Aber die Reihe hält ihn wie mit Eisenklammern zurück. Eine Maschinenpistolensalve donnert über ihre Köpfe hinweg.

Einige werfen sich zu Boden, andere zucken nur zusammen, reißen die zu Boden Gegangenen wieder hoch. »Was können oder wollen wir verraten«, flüstert der Vorarbeiter den Männern zu. »Selbst, wenn ich was wüsste, kein einziges Wort käme über meine Lippen. Also, seid standhaft. Diese SS-Schergen werden uns hinmorden, ob wir etwas verraten oder nicht ...« Noch ist die Frist nicht abgelaufen. Crottendorf schaut auf die Uhr und weiß, dass hier nichts mehr zu holen ist. »Das ist also eure Antwort, ihr Gesindel! Passt nur auf, wir werden euch schon noch das Fürchten lehren.« Mit diesen Worten geht er auf die Reihe zu, schreitet sie schnellen Schrittes einmal ab und geht den Weg langsam zurück. Zwei SS-Männer begleiten ihn. Der Obersturmführer grinst höhnisch. Mit bleichem Finger tippt er auf die erste Geisel. Er hat eigens seinen Handschuh dafür ausgezogen. Der Schwarzlockige muss aus der Reihe heraus. Er ist totenblass und kann sich kaum auf den Beinen halten.

»*Dlaczego ja!*«, warum ich, schreit er ein ums andere Mal. Dann trifft es noch neun weitere Männer, darunter Lolek. Er denkt an seine kranken Finken und Dompfaffen. Nun werden sie den Weg in die Freiheit niemals finden, sind gefangen wie er. Was hatte sein junges Leben ihm gebracht außer Not und Unfreiheit. Mit den anderen wird er auf den Lastwagen gestoßen.

Und ich frage mich: Wo sind die deutschen Männer, die bei Kriegsausbruch von den Polen gerettet wurden, die den Polen jetzt in ihrer großen Not zur Seite stehen? Wo bleiben Recht und Gesetz. Müssen nicht jetzt die deutschen Fabrikarbeiter hervorkommen und den Mördern in den Arm fallen? Nein, es ist keiner zu sehen. Sie rühren sich nicht, kleben mit dumpfem Gefühl an ihren Arbeitsplätzen. Einer sagt beinahe entschuldigend:

»Das kann man doch nicht machen.« Ein anderer entgegnet:
»Sie haben einen Sprengstoffanschlag verübt.«
»Aber doch nicht die Männer aus der Fabrik oder aus der Siedlung.«
»Weiß man's. Wem kann man noch trauen?«

Der Schulunterricht ist an diesem Tag früher beendet. Die Lehrer müssen zu einer Schulung der SA. Es geht um die Bekämpfung der Partisanen. Ich schlendere mit Tonni an der Wolbórka entlang. Plötzlich Motorengeräusch. Zwei Lastwagen nähern sich schnell. Wir verstecken uns am Uferhang. Der erste LKW hält. Eine Gruppe Männer wird heruntergestoßen. Ukrainische Hilfskräfte – sie sind oft an der Seite der Schergen –, rammen einige Pfähle in den Boden. Den Männern werden die Augen verbunden, mit Stricken die Hände hinter dem Pfahl geknebelt. Das Exekutionskommando lädt die Gewehre. Crottendorf steht neben den schießbereiten Männern. Ich erkenne Lolek unter den Gefesselten, möchte aufschreien, auf die Schützen zulaufen, ihnen in den Arm fallen, doch ich bin keiner einzigen Bewegung fähig. Tonni drückt mich auf die Erde herunter. Wir halten uns die Augen zu.

»Legt an, Feuer!« Eine Geisel schreit mit letzter Kraft: »Es lebe das freie Polen!«

Die Geiseln brechen unter dem Kugelhagel zusammen, die mutige Stimme erstickt, kaum dass sie die Worte ausgesprochen. Ich blicke auf und scheine meinen Augen nicht zu trauen. Hinter Crottendorf tritt Onkel Hanfried hervor. Crottendorf gibt den Ukrainern einen Wink, heißt sie die Leichen auf den Wagen werfen. Sie werden ganz in der Nähe in einer Grube verscharrt. Später erfahre ich, dass Loleks Eltern ihnen den Leichnam ihres Sohnes entrissen und auf dem Friedhof beigesetzt haben.

Mein Onkel ist an der Seite der Mörder. Ich verspüre einen heftigen Stich in meinem Herzen, Abscheu und eine unendliche Leere. Die Pfähle werden herausgezogen. Niedergetretenes und von Blut beflecktes Gras bezeichnen die Stelle, an der zehn unschuldige Polen den Tod gefunden. Und hinter dem Fluss steht der Wald in sattem Grün.

Er lebt und ist erfüllt vom Schlagen der Finken und vom schrillem Gesang der Amseln und Drosseln. Hoch oben im Geäst der Baumkronen gurren die Ringeltauben und füttern ihre Jungen. Der Kuckuck lockt, und ein Pirol lässt seinen Ruf erschallen. Ein roter Milan segelt über der Waldwiese und über der grausigen Stätte. Einige Störche sind schon zurückgekehrt, waten in der Niederung umher und stoßen mit spitzen Schnäbeln nach Fröschen. Das Bild ist so friedlich, so idyllisch und kaum mit Mord und Tod zu vereinbaren.

Denkmal der zehn Stelen für die erschossenen Polen

Ich komme nach Hause, verstört und in der Seele tief verwundet. Oben schließe ich mich in meinem Zimmer ein. Das blutige Bild lässt mich nicht los. Es verfolgt mich auch nachts in meinen Träumen. In der Stadt geht ein Gespenst um, das Gespenst von Angst und Gewalt. Die Polen ducken sich unter der Besatzungsmacht. Ihre Gesichter sind mit stummem Leid und Hass behangen. Der feige Mord an den unschuldigen Männern hat ihre Herzen verbittert. Loleks Eltern zerbrechen unter dem furchtbaren Leid. Sie stehen vor dem Grab und können es nicht fassen. Woytek Raski schreit über dem Grab nach seinem Sohn, die Mutter stürzt fast ins Grab hinein. In der Voliere zwitschern die kranken Vögel. Die Tür ist geöffnet, aber sie bleiben in sicherer Geborgenheit. Erst nach und nach entfleuchen sie ihrer gewohnten Umgebung.

Vor dem notdürftig wieder hergerichteten Vorbau von Crottendorfs Villa zieht eine Wache auf. Die Partisanen haben angekündigt: *Auge um Auge, Zahn um Zahn!* Crottendorf fürchtet ihre Rache und Vergeltung. Er geht nicht mehr allein aus dem Haus. Immer sind ein paar Beschützer um ihn herum. Und er sorgt sich um die Lage an der Ostfront. Die Russen haben ihren Gegenschlag ausgeweitet und treiben die Deutsche Wehrmacht erbarmungslos vor sich her. Doch Crottendorf glaubt noch unbeirrt und fest an den Endsieg. Dafür müssen jetzt alle Kräfte mobilisiert werden. Wer für den deutschen Endsieg nicht arbeiten wolle, müsse dazu gezwungen werden. Er hält eine Order des Gauleiters Hans Frank in den Händen und legt sich einen Plan zurecht, wie er den Befehl des Gauleiters am besten umsetzten könne. In dieser neuen Situation hält Frank auch mit seiner Meinung über die Polen nicht hinterm Berg:

Zwar sind sie faul und verschlagen, aufmüpfig und hinterhältig, dazu ungebildet und grob. Aber immer noch besser als Juden. Natürlich sind sie fremdvölkisch, aber der Fremdvölkische wohnt mit den deutschen Volksgenossen oft unter einem Dach. Wir Volksgenossen betrachten die Polen nicht als Angehörige eines feindlichen Staates, ausgenommen diejenigen, die den hinterhältigen Kampf führen und ihn unterstützen, sondern als wertvolle Mitarbeiter in einer Zeit der knappen Arbeitskräfte. Was kann den Polen besseres passieren, als dem Deutschen Volk zu dienen. Wenn wir den Krieg erst einmal gewonnen haben, brauchen wir sie nicht mehr, doch jetzt müssen sie verstärkt zur Arbeit herangezogen werden. Denkt daran, das sind auch Menschen und gute Katholiken, auch wenn man sie mit uns nicht auf eine Stufe stellen kann.

Letztere Meinung, dass die Polen gute Katholiken seien, verlautbart auch Crottendorf, weil er selber katholisch erzogen wurde. Doch nun hatte er sich von dieser Religion abgewandt. Sie vereinbarte sich nicht mit der nationalsozialistischen Gesinnung, wenn auch ein Rest des Glaubens in ihm verblieben ist. Seine Meinung zeigt nur in Ansätzen die beispiellose Überheblichkeit der Deutschen gegenüber den Polen, in Wirklichkeit waren sie eines der Sklavenvölker für das Reich. Schlechte Meinungen über die Polen haben sich bis weit bis über das Ende des Jahrhunderts erhalten, doch ich habe die Polen anders kennen gelernt: galant, höflich, hilfsbereit, intelligent und als gute Nachbarn. Wer gibt schon Frauen bei der Begrüßung einen Handkuss. Wer verbeugt sich vor den Gästen beim Hinausgehen aus einem Café. *Der Polin Reiz ist unerreicht* heißt es in einer Operette.

Und wer geht so liebevoll mit seinen Kindern um? Wer hilft seinen Nachbarn in der Not und ist besorgt um die Tiere? Natürlich gibt es

Grob- und Ungehobeltheiten, aber gibt es die nicht überall? Und überhaupt ist die Kunst der Galanterie und des höflichen Benehmens in der rasant fortschreitenden westlichen Welt weit mehr verloren gegangen. Wo nehmen die Menschen nur ihre Voreingenommenheiten her, ihre Vorurteile? Jedem Volk wird irgendetwas angedichtet: Die Rumänen sind lauter Spitzbuben, die Russen saufen Wodka, die Schweden liegen nur auf ihrem Bärenfell, die Franzosen sind eitel und geckenhaft. Und letztendlich sollte man mit den verunglimpfenden Polenwitzen über den Autoklau aufhören. Der Dreck vor der eigenen Haustür ist groß genug.

Es ist Mittsommer. Die Ernte glüht auf den Feldern. Ein feiner, unbeschreiblicher Duft von reifen Ähren säumt die Feldraine. Roter Klatschmohn und himmelblaue Kornblumen stehen am Wegesrand. Die Natur hat ihren Erntesegen ausgebreitet, genug für alle zum Leben. Die Jungstörche stärken ihre Schwingen beim Segelflug auf die Wiesen. Bald werden sie das Land verlassen und hinwegziehen in das Land der Pyramiden. Ach, könnte man doch alles hinter sich lassen, was mit Krieg und Not zusammenhängt. Einfach wegfliegen, wo Frieden ist, wo die Menschen in Eintracht leben, wo sie sich verstehen und einander beistehen. Doch wo ist dieser Ort? Gibt es ihn überhaupt auf Erden?

Die Mutter liegt in den Wehen. Der neue Erdenbürger drängt auf diese Erde, ungeachtet dessen, was auf ihr geschieht. Er kann sich die Zeit nicht aussuchen und fährt mitten hinein in den Krieg. Der Vater telefoniert nach der Hebamme. Das Kind kommt schnell, kaum dass die Hebamme eingetroffen. Und es ist ein Mädchen. Tante Jenny hat richtig gewahrsagt. Ein Zufall? Die Haut meiner zweiten Schwester ist rosig, wie die eines Schweinchens. Sie schreit in die unsichere Welt hinaus, hat blonden Haarflaum und ein Puppengesicht. Und sie ist so niedlich wie eine Puppe. Ein richtig schönes Kind. Die Mutter ist glücklich. Auch der Vater steht mit freudigen Augen herum. Das zarte Kind muss behütet werden. Behütet werden mitten in einem unwirtlichen Leben, wo es nun einmal da ist.

Es ist ihm auf Gedeih und Verderb ausgeliefert. Die Taufe in der Kirche ist feierlich, aber mit Trauer überzogen. Tante Edith ist Hauptpate und hält das Kind über das Taufbecken. Ein Kind war ihr nach der Heirat versagt. Ihre erste große Liebe, der große blonde Mann mit den wundervollen Locken und dem Gesicht eines Filmstars ist gefallen. Wie würde sie den Verlust jemals verwinden können. Der Pastor wählt seine Worte dieses Mal sorgfältig aus. Die Warnung im Brief war der Wink mit dem Zaunpfahl. Sie lässt ihn kritiklos verstummen: Lasset die Kindlein zu mir kommen und wehret ihnen nicht, spricht der Herr. Der gute Hirte sammelt die Schafe um sich. Und wenn sie seine Stimme hören, kommen sie vertrauensvoll zu ihm. Der gute Hirte gibt sein Leben für die Schafe und für das geringste Schaf in seiner Herde. Amen! Seeberg war im Begriff, das Gleichnis von den Schafen und Böcken anzuführen. Den Tag, an dem der Herr kommen wird, das Böse vom Guten zu scheiden, die Böcke von den guten Schafen zu trennen und diese zur Schlachtbank zu führen, die guten aber eingehen würden in das ewige Leben. Doch der Pastor besinnt sich noch rechtzeitig und unterlässt die bezeichnenden Worte. Stattdessen lässt er das Lied singen: *Empfiehl du deine Wege und was dein Herz bedrängt*... Die folgende Feier ist trotzdem sehr lustig. Onkel Hanfried scherzt mit der Mutter: »Wenn du so weitermachst, bekommst du noch das Mutterkreuz.« Die Mutter zieht ein wehleidiges Gesicht und Vater lacht verlegen. In vorgerückter Stunde und nach Zuspruch von Wein und Schnaps, singt Onkel Hanfried wieder seine Lieder: *Trink; Brüderlein trink*..., *Siehst du die Schwalben ziehn, ja ziehn, sie ziehn dahin, daher, der Mensch lebt nur einmal und dann nicht mehr*. Doch die zweite Strophe singt er in abgewandelter Form: *Die Juden ziehn dahin, daher, sie ziehn ins Rote Meer, die Wellen schlagen zu, die Welt hat Ruh'*. Was braucht es da mehr Worte.

Die Sommerferien sind angebrochen. Wir wollten dank der Organisation *Kraft durch Freude* in die Sommerfrische nach Zoppot ans Meer. Doch es hat sich aus erklärlichen Gründen zerschlagen. Mit dem Kind können wir nicht fahren. Es ist noch zu klein, dazu die Arbeit des Vaters in der Fabrik. Sie arbeiten mit Hochdruck für das Reich und die Wehrmacht, da bekommt er keinen Urlaub. Was sollen erst die Frontsoldaten sagen? Gibt es Urlaub für sie? Urlaub vom Krieg und vom Töten? Undenkbar. Also muss der Vater sich fügen, zumal er noch immer vom Krieg befreit ist. Vielleicht haben sie ihn auch vergessen. Wer vermag es zu sagen. Krolls Familie dagegen muss ohne Vater auskommen wie so viele.

Der Vater ist an der Front. Sie warten täglich mit Ungeduld und banger Sorge auf Nachricht aus dem Felde. Endlich der ersehnte Bescheid. Der Vater lebt, aber er ist verwundet. Vielleicht ein Glück, sagt Johanna, Antons Mutter. Ein Granatsplitter in der Schulter kann Heimatschuss bedeuten. Und Heimatschuss bedeutet Heimkehr. Als Krüppel, der sich kaum rühren kann, kommt Walter Kroll zurück. Er kann nicht mehr arbeiten, sitzt nur teilnahmslos herum und verflucht den Krieg. Luisa pflegt ihn aufopfernd. Sie ist nicht zum Studieren gekommen, weil ein Studium an einer polnischen Hochschule nicht mehr möglich war und bei den Deutschen wurde sie nicht zugelassen, weil sie erfahren hatten, dass sie einen polnischen Freund hat. Jetzt saß sie zu Hause herum und bewarb sich um eine Stelle in der deutschen Verwaltung, die sie endlich nach langem Hin und Her bekam.

Wir turnen in den Wasserbassins der Siedlung herum, spielen Panzer. Das Wasser ist abgelassen. Ich springe übermütig und leichtsinnig wie immer, von oben herab. Unten ist es glitschig. Ich rutsche aus, schlage mit dem Kopf auf den Beton, bleibe bewusstlos liegen. Tonni kniet über mir, versucht mich wachzurütteln, doch ich will nicht ins Leben zurück. Schließlich holt er Hilfe. Zwei Polen aus der Siedlung schleppen mich zum nächsten Haus. Sie bringen mich wieder zu Bewusstsein und rufen den Vater. Der ist furchtbar erschrocken.

»Junge, was machst du nur für Sachen.« Er bringt mich ins Spital. Eine schwere Gehirnerschütterung, sagt der Arzt. Aber es wird schon wieder, der Junge ist zäh. Nach acht Tagen bin ich wiederhergestellt. Der Vater holt mich ab mit dem Firmenwagen. Er ist froh, seinen einzigen Sohn wiederzuhaben. Ich bleibe noch ein paar Tage der Schule fern. Vater muss am Wochenende nach Łódź. Er hat die Order bekommen, an einer Versammlung der für die Wehrmacht produzierenden Betriebe teilzunehmen. Ich bettele so lange, bis er mich mitnimmt. Eine Autofahrt ist allemal etwas Besonderes.

In Łódź sind schon Bomben gefallen. An einigen Straßenseiten liegen Schutt und Geröll. Und wieder Fliegeralarm. Wir fahren das Auto an die Seite und flüchten in den nächsten Luftschutzkeller. Bomben krachen herab, Kalk rieselt von der Decke. Das erste Mal spüre ich den Krieg hautnah. Die Sirene ertönt zur Entwarnung, doch wir können nicht heraus. Der Eingang ist verschüttet. Gott sei Dank, nur der Eingang. Zwei Stunden vergehen. Kinder schreien, Mütter blicken mit irren Augen auf den Treppenschacht. Endlich sind wir frei. Unser Auto steht wie ein Wunder unversehrt auf der anderen Straßenseite. Noch einmal glücklich davongekommen.

Generalgouverneur Hans Frank, Herrscher über 17 Millionen Menschen im Generalgouvernement, sitzt seit Oktober 1939 auf der alten Krakauer Burg, die sich auf der steil zur Weichsel abfallenden Felsplatte erhebt und residiert dort mit dem prahlerischen Anspruch eines orientalischen Despoten. Er betrachtet sich großspurig und dreist als ein von Hitler über Polen gesetzter Lehnskönig, als eiskalter Herr über Leben und Tod, rühmt sich des besonderen Vertrauensverhältnisses zum Führer, wähnt sich als sein engster Mitarbeiter und übertrifft seine Konkurrenten in all seinen Handlungen mit hündischer Unterwürfigkeit. Unberechenbar in Großmut und Grausamkeit führt er im Weltmachtstil und Sendungsbewusstsein ein Willkürregiment nach Herrenmenschenart. Dahinter steht als letztes Ziel: Die absolute Säuberung von nicht mehr benötigtem Fremdvolkstum, der Abtransport der polnischen Kunstschätze, die Beseitigung der geistigen Führerschicht Polens und die Verbringung von Zwangsarbeitern aus der polnischen Bevölkerung, die für das Großdeutsche Reich arbeiten und bluten sollen.

Ganz im Sinne des Führers sieht er seine weltgeschichtliche Aufgabe auch darin, das *Franke-Reich von Juden und Läusen zu säubern.* Wo Deutschland herrscht, ist kein Platz für Juden. Die Volksgemeinschaft darf nicht durch Unsauberkeit behaftet werden. Mit den Juden müsse so und so Schluss gemacht werden, erklärt er.

»Sie müssen endgültig verschwinden. Was ist denn das – es soll einmal in dieser Stadt Tausende und Tausende dieser Plattfußindianer gegeben haben – und nun ist keiner mehr zu sehen.« Hans Frank lacht höhnisch und rühmt sich seiner gewissenhaften Arbeit, die Krakau in wenigen Wochen judenfrei gemacht hatte. In einer seiner zahlreichen Reden erklärt er zynisch: *... dass in Prag zum Beispiel große Plakate angeschlagen worden seien, auf denen zu lesen war, dass gestern sieben Tschechen erschossen worden sind. Wenn er aber für je sieben erschossene Polen ein Plakat an Bäumen aushängen lassen wollte, dann würden die Wälder Polens nicht ausreichen, um alle Plakate herzustellen.*

Gemeinsam mit seinem Leiter der SS und der Polizei, dem SS-Obergruppenführer Wilhelm Koppe, gibt er die Order heraus, nun mit aller Macht aus der polnischen Bevölkerung vor allem junge Zwangsarbeiter für Schanzarbeiten in Lagern zusammenzuführen, sie dann vom Nebenland des Reiches in das Reich selbst zu verbringen und für den Endsieg arbeiten zu lassen. Und um der Anordnung Nachdruck zu verleihen und Präsenz zu zeigen, kündet er seinen Besuch in dem Städtele an. Es ist der 9. November – Heldengedenktag. Das Städtele ist in helle Aufregung versetzt worden. Der ganze hohe braune und schwarze Haufe ist aufgescheucht und in Verzückung geraten. Nur die Polen sprechen von dem verfluchten *Polenschlächter,* der in diese Stadt kommt.

Roeder ist völlig aus dem Häuschen und verpflichtet uns mit eindringlichen Worten, an der Kundgebung teilzunehmen. Er strafft seine in die braune Uniform gepresste Gestalt, kneift die Augen zusammen, zieht das Koppelschloss fester und macht sich auf den Weg zu seiner SA-Gruppe.

Auf dem Kundgebungsplatz am Markt ist eine Tribüne aufgebaut worden. Alle sind sie da – der Kreishauptmann mit dem ganzen Verwaltungsapparat, der Polizei- und Gestapochef und natürlich Crottendorf. Die Straßen sind abgesperrt, an allen Zuwegen stehen SS, Polizei und Gestapo. Hitlerjungen und BDM-Mädels säumen den Platz. Neben der Tribüne stehen SA-Leute und Parteigenossen, unter den letzteren mein Vater. Ein Gruppe der NS-Frauenschaft hat sich ebenfalls eingefunden.

Onkel Hanfried überwacht das Ganze von einer strategisch wichtigen Straßenecke aus. Als der Generalgouverneur, etwas unsicher und vorsichtig, die Tribüne betritt, reißen die SA- und SS-Männer als Erste die Arme hoch. »Heil!«, brüllen sie und stehen hingegossen wie Erz. Hans Frank, Gewaltmensch und Nazijurist, stellt sich breit in Positur, um seine feminine Erscheinung zu etwas mehr Größe auszuprägen, spricht von den gefallenen Helden an den Fronten, vom Endsieg und beschwört Durchhalteparolen:

Ich bin in dieses Städtchen gekommen, weil hier die deutsche Volksgemeinschaft standhaft, unbeugsam und eiskalt an vorderster Front steht. Begierig nach Beifall schaut er herausfordernd in die Runde der Volksgenossen, bis derselbe laut und vernehmlich aufbrandet. Frank hebt beschwichtigend die Hand und fährt fort:

Der Führer kann Stolz empfinden auf solche Menschen im Nebenland des Reiches, die fest und treu zu ihm und zum deutschen Vaterland stehen. Eines Tages werdet auch ihr in Ruhe und Frieden leben können, unbehelligt im völkischen Deutschtum und frei in einem europäischen, vom Deutschen Reich geführten Staat. Keine Macht der Welt wird uns aufhalten in unserem Sendungsbewusstsein, und auch die Polen werden erkennen, dass es sich gut arbeiten und leben lässt unter deutscher Vorherrschaft. Lasst uns darum noch einmal alle Kräfte bündeln und mobilisieren, um die entscheidende Schlacht siegreich zu schlagen.

Brausender Beifall, Hochreißen der Arme, Heilrufe. Mich befällt wieder dieser unerklärliche Schauder, Angst und Abstand vor den Größen da oben. Ich blicke hinüber zu dem nahen, fast leeren Ghetto, in dem sich nur noch ein paar Gruppen von Arbeitskräften befinden. Was mögen diese Menschen wohl denken, da ihr teuflischster Henker ganz in ihrer Nähe seine Rede hält. Die Kundgebung dauert nicht lange, sie ist schnell beendet und gibt den Volksdeutschen neue Hoffnung, aus dem Krieg doch noch als Sieger hervorzugehen.

Mit finsterer Miene sitzt Crottendorf über seinen Akten und legt sich seinen Plan zurecht. Noch ahnt niemand in der Stadt, welch neues Unheil sich über den geschundenen Bewohnern zusammenbraut. Crottendorf will seinen Auftrag zur vollsten Zufriedenheit seiner vorgesetzten Dienststelle erfüllen. Darin sieht er seinen ganzen Ehrgeiz. Nun müsse seine SS und die Polizei zeigen, was in ihnen steckt. Die Aktion müsse schnell und ohne großes Aufsehen durchgeführt werden und zwar wirkungsvoll. Nach kurzer Überlegung ruft er seinen Stab zur Beratung zusammen.

Der nächste Morgen bringt der polnischen Bevölkerung neues Leid. Früh um vier Uhr starten die Polizisten des Ersatzbataillons aus Radom und der SD eine groß angelegte Aktion, einen Großeinsatz ungeahnten Ausmaßes. Männer, Frauen und Jugendliche werden aus den Häusern wie Vieh herausgetrieben. Selbst aus den Dörfern haben sie einige zusammengeholt. Mit brutaler Gewalt werden sie auf Lastwagen gestoßen. Familienangehörige, die getrennt werden, versuchen sich ein letztes Mal zu umarmen. Eine Mutter stürzt immer wieder auf ihre Kinder zu, doch sie wird mit Gewehrkolben zurückgestoßen. »Wo bringt ihr sie hin?«, klagt ihre verzweifelte Stimme. Einer der Polizisten lässt sich gnädig herab zu antworten: *Nach Deutschland, roboty!*

Schon 1940 hatte Ballusek mit allen Mitteln versucht, polnische Arbeitskräfte für das Reich zu gewinnen. Wo es nicht freiwillig ging, wurde mit verschärften Mitteln nachgeholfen: Androhung von Strafen und Gefängnis. Im Mai wurden Zwangsuntersuchungen der Jahrgänge 1915 bis 1924 angeordnet. Die Gesunden erhielten den Befehl, sich zur Fahrt ins Reich bereitzuhalten. Dr. Glehn führt die Aufgaben weiter. Er verweigert den Familien, in denen sich Arbeitskräfte für im Reich vorgesehene Arbeit verstecken, die Lebensmittelkarten. Lebensmittelkarten, die ein Überleben ermöglichen. Er tut es nicht von sich aus, sondern auf Anweisung von oben. Überhaupt konnte man sich später auf diese Art von Anweisungen berufen. Und die Gestapo und Polizei geht noch einen Schritt weiter. In sogenannten Zupack- und Nachtaktionen werden die entsprechenden Leute einfach nach dem Kino oder dem Gottesdienst abgefangen und zur Arbeit verfrachtet. Nachts streifen Kommandos mit Listen durch die Straßen, die durch die Kreishauptmannschaft ausgefertigt wurden und reißen junge Leute aus dem Schlaf. Von Dezember 1942 bis April 1943 sind 28 Transporte über Częstochowa ins Reich und andere Gebiete abgegangen. Manche zynische Stimme war zu vernehmen: »Den Polen geht es doch bei der Arbeit im Reich besser als hier. Sie bekommen zu essen und Unterkunft, was wollen sie mehr.« Am nächsten Tag trämpele ich wieder auf meinem Rad hinaus aufs Land zu den Großeltern. Großvater ist verstört und wortkarg. Ich frage ihn, was los sei, doch er will nicht mit der Sprache heraus. Die Großmutter will mich beruhigen, versucht mich abzulenken:

»Heute Mittag gibt es Piroggen, die isst du doch so gern.« Doch ich will erst einmal zu Janek. »Bleib hier!«, ruft mir der Großvater hinterher, doch ich bin schon weg. Auf dem Gehöft meines Freundes kommt mir Janeks Vater entgegen, beschimpft mich mit den unflätigsten Ausdrücken auf Polnisch und sagt dann:

»Geh nach Hause, du Deutscher.« Ich weiß nicht, wie mir geschieht. Janeks Mutter kommt mir mit verweintem Gesicht entgegen, schaut ihren Mann vorwurfsvoll an und sagt: »Der Junge kann doch nichts dafür.« Dann erzählt sie mir unter Tränen, dass sie meinen Freund und seine Schwester Anka weggeholt haben. »Wieso weggeholt?«, frage ich, »einfach so weggeholt und wo sind sie hin?« »Die Leute erzählen: Sie verschleppen sie nach Deutschland zur Arbeit. Wenn ihnen nur nichts geschieht!« Ich stehe da wie vor den Kopf geschlagen. Was werden meine Landsleute noch alles tun. Am liebsten möchte ich laut schreien. Ich laufe in den Wald, lehne mich an die dicke Birke, an der ich so oft mit Janek gestanden habe. Manchmal sind wir hinaufgeklettert, konnten von oben bis weit auf die Wiesen schauen, über die Häuser blicken. Janek hatte von oben Birkenreiser heruntergeschnitten für Stall- und Hofbesen. Damit hat er sich etwas Taschengeld verdient. Manchmal habe ich ihm dabei geholfen. Jetzt ist er nicht mehr da. Großvater meint:

»Das wird alles noch bös' enden. Sie machen sich alle zum Feind. Die polnischen Nachbarn schauen schon an uns vorbei. Kaum einer spricht noch mit uns.« Ist das ein Wunder«, sage ich. »Erst das mit den Juden und nun mit den Polen. Was kann denn noch Schlimmeres kommen?« »Das ist noch nicht alles«, orakelt die Großmutter. »Wer weiß, was der Krieg uns noch alles bringt.« Die Großmutter hat die Piroggen fertig, doch sie wollen mir heute nicht schmecken. Ich fahre bald wieder nach Hause zurück, mag hier nicht mehr bleiben. Jeder Baum und jeder Strauch erinnert mich an Janek. Zu Hause berichte ich von dem neuen Unrecht, das den Polen widerfahren, mache meinem Vater Vorwürfe, als ob er dafür verantwortlich wäre. Für meine Eltern ist es nichts Neues. Sie haben schon davon erfahren. Ich will wissen, ob sie so etwas tun dürfen.

»Wir haben eben Krieg«, sagt der Vater. »Du weißt noch nicht, was Krieg alles bedeutet.« Und ob ich das weiß. Dieser Krieg, vom Reich heraufbeschworen, bedeutet Judenverfolgung und Judenmord, bedeutet Erschießung von Geiseln, bedeutet Unterdrückung, Ausplünderung der Völker, tote Angehörige, Verwundete, Bombardierung der Städte, Verschüttung und die Verschleppung von Freunden. Was kann Krieg noch mehr bedeuten?

Die Deutsche Wehrmacht ist weiter auf dem Rückzug. Im Sommer 1944 stehen die Russen vor Warschau. Stalin lässt den Angriff auf Warschau stoppen. Die ermüdeten Soldaten baden in der Weichsel. Im Warschauer Ghetto haben sich die zum Tode Verurteilten erhoben. Die polnische Heimatarmee, aus Freiwilligen und Versprengten zusammengestellt, wagt einen Aufstand. In zwei Monaten wird die polnische Armee zerschlagen, Warschau und das Ghetto sind nur noch ein Trümmerhaufen.

Zerstörtes Warschau

Und noch immer zögert Stalin mit dem Angriff. Sollen sich doch die Polen und Deutschen ihre Köpfe gegenseitig zerschlagen, dann hätte er leichteres Spiel. 200.000 polnische Männer, Frauen und Kinder, unzählige Juden im Ghetto, finden einen grausamen Tod. Sie haben unsäglichen

Opfermut bewiesen, einen aussichtslosen Kampf geführt. Die Polen, denen Generalgouverneur Hans Frank, der auf dem Wawel in Krakau saß und um den Endsieg bangte, nur eine vierklassige Volksschule zubilligte, denen er klar zu machen versuchte, dass es ein göttliches Gebot sei, den Deutschen zu dienen und gehorsam zu sein, hatten sich erhoben und waren nicht in unterwürfiger Demut versunken. Das ist nicht hoch genug einzuschätzen. Tausenden jüdischen Männern, Frauen und Kindern hätte besonders in den Ghettos von Warschau und Łódź das Leben gerettet werden können. So kam es zu Menschenjagden ungeahnten Ausmaßes, weitgehender Ausrottung besonders der polnischen Intelligenz, zu Massenexekutionen, Massendeportationen nach Treblinka und Auschwitz. Und erst im Januar 1945 setzt Stalin seinen entschlossenen Angriff auf die Deutsche Wehrmacht fort.

Die Führung der Stadt mit dem ganzen extremen Anhang von SS, SD, Gestapo, Polizei und NSDAP-Leitung hofft unbeirrt auf den Endsieg. Eines Tages kommt ein abtrünniger Pole zur Verwaltungsstelle des Kreishauptmanns. Er will unbedingt zum Kreishauptmann persönlich. Dr. Glehn, sonst immer mit einem offenen Ohr für Anliegen der Einwohner, ist ungehalten. Die nahende Front macht ihm und seinen Mitarbeitern schwer zu schaffen. Er empfängt den Polen missmutig und ungeduldig und hat auch keine Zeit, sich mit ihm abzugeben. Als er sich erkundigt, was der Pole will, lässt er ihm ausrichten, dass er sich an die zuständige Stelle wenden soll. Dann ist er doch neugierig auf den mit *Heil Hitler* grüßenden Polen. Das kam äußerst selten vor, dass Polen offiziell diesen Gruß ausübten. »Was willst du, Pole!«, fährt ihn der Kreishauptmann an, obgleich er es schon erfahren hat.

Der Pole will zur Deutschen Wehrmacht. Seine Schwiegereltern in der Ukraine wurden von Stalin deportiert. Er hasst die Russen, will an der Seite der Deutschen Wehrmacht gegen die Bolschewisten kämpfen, doch Dr. Glehn weist ihn ab:

»Wieso wollen Sie für uns Deutsche kämpfen? Ich denke, wir brauchen keine Polen in den Reihen unserer tapferen Soldaten.« *(Hier steht der Kreishauptmann entgegen der Order der Reichsregierung, denn annähernd 200.000 Polen wurden in die Deutsche Wehrmacht rekrutiert. Sie wurden meist gezwungen, aber es gab auch Freiwillige. Sie kämpften an der Seite der Deutschen, vor allem an der Ostfront. Aber viele Polen, auch Partisanen, dienten in der Anders-Armee und kämpften gegen Hitler. Diejenigen, auf der einen Seite wie auf der anderen, die den Krieg überlebten, hatten unendlich zu leiden. Zum einen unter ihren Landsleuten und zum anderen unter den Russen. Sie galten als Abtrünnige und Verräter)*

»Den Endsieg werden wir auch so erkämpfen«, sagt Dr. Glehn in maßloser Arroganz und Selbstherrlichkeit. »Und außerdem bin ich dafür nicht zuständig.« Der Pole beharrt darauf, doch der Kreishauptmann weist ihm die Tür. Ob er noch selber an den Endsieg glaubt, ist zweifelhaft. Die Kreishauptmannschaft denkt schon an das Sicherstellen der wichtigsten Akten, an Aufbruch, an Flucht vor den anrückenden Russen. Und wir warten noch immer auf das Zeichen zur Flucht.

Zunächst Bombenangriffe, Flächenbombardements auf deutsche und polnische Städte mit Rüstungsproduktion. Am Tage amerikanische fliegende Festungen, nachts englische Bomber. Christbäume und Blendfeuerwerk über Berlin und Hamburg, kaum Abwehrmöglichkeiten für die Flak. Feuerstürme in den Straßen, Menschen verglühen wie Strohpuppen. Tante Edith kommt von Berlin und berichtet von dem Inferno. Aber in der Wochenschau zeigen sie den ungebrochenen Widerstandswillen der Bevölkerung: *Unsere Mauern brechen, aber unsere Herzen nicht.* Doch die Herzen der unterjochten Völker sind schon längst zerbrochen.

Nun muss Göring *Meier* gerufen werden, denn er hatte großspurig erklärt, dass er so heißen wolle, wen je ein feindliches Flugzeug bis Berlin durchkomme. Ende 1944 noch immer Angriffe angloamerikanischer Bomber auf deutsche Städte. Bombenterror! Kaum noch von Bedeutung die letzten Angriffe, das Deutsche Reich lag schon am Boden.

Doch der letzte Widerstandswille der deutschen Bevölkerung muss noch gebrochen werden. 160 deutsche Städte werden in Schutt und Asche gelegt, eine halbe Million Menschen wird zerrissen, verbrennt im Feuersturm. Auch die deutsche Bevölkerung in Polen ist nicht mehr sicher. Vor allem die Kinder in den Schulen. Sie sollen vorerst in Sicherheit gebracht werden.

Die große Order kommt vom ehemaligen Reichsjugendführer und jetzigen Gauleiter von Wien, Baldur von Schirach. Beauftragt mit der Durchführung ist die HJ in Zusammenarbeit mit der NS-Lehrerschaft und der Volkswohlfahrt. Roeder gehört zu den Organisatoren und meint:

Man könne die Kinder dem Luftterror nicht aussetzen. Deutsche Kinder seien das höchste Gut des Nationalsozialismus. Kein Tropfen deutschen Blutes dürfe unnötig verlorengehen. Sie würden das begonnene Werk fortsetzen. Und sie haben auch schon eine Lösung, um das große Werk nicht zu gefährden: Erweiterte KLV – *Kinderlandverschickung.* Man müsse die Kinder ins Hinterland bringen, in Gebiete auf dem Land, in bombensichere Gebiete. Und das sei natürlich nur vorübergehend bis zum Endsieg. Alles nur vorübergehend. Wie oft habe ich das schon gehört. Und ist nicht alles auf dieser Erde vorübergehend? *Es geht alles vorüber, es geht alles vorbei, nach einem Dezember kommt wieder ein Mai ... Das kann doch einen Seemann nicht erschüttern, Rosmarie ... usw.!*

Wenn man auch den Seemann nicht erschüttern konnte, einige von uns waren es jedenfalls. Uns trifft die Nachricht wie ein Blitzschlag. Unsere Kinderzeit, die durch die Kriegsumstände schon sehr beeinträchtigt worden ist, erfährt nun einen scharfen Einschnitt. Wir sollen aus unserer gewohnten Umgebung herausgerissen, ins Hinterland verbracht werden. Es gehe in ein Dorf des Protektorats Böhmen und Mähren. Roeder hat die Umquartierung unserer Schule übernommen und die Leitung bei der Evakuierung. Wir sollen nichts Unnützes mitnehmen. Möglichst keinen Koffer, die Jungen einen Rucksack, die Mädchen eine Reisetasche, ebenfalls mit Tragriemen, damit man sie auf den Rücken nehmen kann. Wir müssten mobil sein. Die Eltern sollten sich keine Sorgen machen, wir bekämen dort alles, was wir brauchten. Das ist gut gesagt – die Eltern sollen sich keine Sorgen machen. Ich war noch nie richtig von Zuhause weg, außer dem missglückten Abstecher nach Łódź zu den Jugendspielen. Die Mutter packt unsere Rucksäcke. Am nächsten Tag, um sechs Uhr in der Frühe, müssen wir am Bahnhof sein. Ich gebe mir große Mühe, die Tränen zu unterdrücken. »Ein deutscher Junge weint nicht«, sagt der Vater, aber meine Schwester heult Herz zerbrechend. Sie will die Mutter nicht loslassen. Die Mutter nimmt uns nochmals in die Arme. »Gott beschütze euch!« Wir steigen ein, wuseln uns in die Abteile, drängen an die Fenster. Die älteren Kinder, schon eher Jugendliche, sind lustig und guter Dinge. Ein scheinbares Abenteuer mitten im Krieg. Taschentücher flattern zu den Schiebefenstern heraus, unablässiges Winken. Die Hitlerjungen und BDM-Mädel drängen uns von den Fenstern, bis der Zug hinter der nächsten Biegung entschwindet. Ade du Heimatstadt, ade ihr Auen und Wälder, ade du vertrautes Dorf in der *Taiga*. Tonni ist an meiner Seite, das gibt mir etwas Trost und Rückhalt. Wir fahren aus dem Generalgouvernement heraus, durch den Warthegau, über Łódź und Breslau, dann herunter nach Krakau, über Ostrau, Brünn bis Prag. Bis dorthin werden die Russen nicht vordringen. Und in der Endphase des Kampfes werden sie sowieso besiegt, äußert sich unser Lehrer voller Überzeugung. Unterwegs steigen aus den größeren Städten überall noch Kinder zu, vor allem in Breslau. Schlesische Lergen – sie sprechen unseren Dialekt in leicht abgewandelter Form. Einige bezeichnen uns überheblich als Wasserpolacken. Sie sind viel mehr eingefärbt als wir. Doch nach und nach raufen wir uns zusammen. Es bleibt uns auch nichts anderes übrig. In Prag steigen wir um. Kaum sind wir aus dem Zug heraus, heulen die Sirenen. Fliegeralarm. Wir hasten zu den Ausgängen, in die Unterführungen der Bahnsteige. Ich zittere am ganzen Körper. Bloß nicht noch einmal verschüttet werden. Nur Tonni weiß, was mir passiert ist. Er lacht nicht wie die anderen über den kleinen Hosenscheißer, der vor dem Fliegeralarm so furchtbare Angst hat. Jeder versucht sich *cool* zu geben, wie man heute sagen würde, aber nicht jedem gelingt es die zur Schau gestellte Ruhe zu bewahren. Wir haben Glück. Prag wird an diesem Tag nicht angegriffen. Die Bomberstaffeln haben ein anders Ziel. Auf dem Bahnhof werden wir aus der Feldküche versorgt. Wir essen aus einem Kochgeschirr Erbsensuppe ohne Fleischeinlage. Wenig später werden wir in Busse verladen. Etwa achtzig Kilometer geht es durch fremde Dörfer. Dieses Mal mitten im Krieg. In Sudomiersice machen wir Station. Eine ehemalige

Kaserne der kaiserlichen Monarchie, danach Hitlerkaserne und nun unser Domizil, schluckt uns auf. Die Soldaten darin haben sie abgezogen. Sie haben Größeres mit ihnen vor. Für eine längere Ausbildung ist jetzt keine Zeit mehr. Ins Feuer mit ihnen, hinaus an die Ostfront! In einem großen Schlafsaal stehen Doppelstockbetten in je zwei Reihen. Ich ergattere eins mit Tonni am Fenster. Schnell schwinge ich mich oben hinauf. Tonni kommt unter mir zu liegen. Wir sind erst einmal beisammen. Alles Weitere wird sich ergeben.

Unsere Schule ist nun verlagert. Über Tausend Kilometer von der Heimat entfernt verlegt. Das Lager der KLV ist jetzt unser Zuhause. Hier gibt es keinen Vater und keine Mutter. Wir müssen uns daran gewöhnen, dass wir Tag und Nacht die Lehrer und Erzieher um uns haben. Und hier geht es jungvolkmäßig und hitlerjugendmäßig zu.

Bei den Mädels BDM-mäßig. Ganz gleich, ob du eingeschrieben bist oder nicht, hier wird jeder über einen Kamm geschoren. Zackige Kommandorufe von morgens bis abends. Früh am Morgen Wecken mit Klingelgeschrill, Leibesübungen unten im Hof, gemeinsames Waschen mit freiem Oberkörper und eiskaltem Wasser, danach exaktes Bettenbauen, Fegedienst, Tischdienst, gemeinsames Frühstück und der zackige Morgenappell. Es geht alles so zu, als ob von der KLV der große Endsieg abhinge. Höchstens drei bis vier Stunden Unterricht, oft weniger, Mittagessen, kurze Bettruhe, dann folgen Geländespiele, Schießübungen, Schulungsnachmittage und stramme Wanderungen in die nähere Umgebung. Wir singen die einschlägigen Lieder einschließlich des Hitlerjugendliedes:

Vorwärts, vorwärts, schmettern die hellen Fanfaren, vorwärts, vorwärts, Jugend kennt keine Gefahren. Ist das Ziel auch noch so weit, Jugend zwingt es doch. Die Älteren holen sie zu Schanzarbeiten heraus. Ist abends der anstrengende Tag zu Ende, sind auch wir geschafft. Der Abend und die Nacht kommen heran, und ich in der Fremde, in einem hohen Militärbett. Ich wühle mich in die dreckige Decke hinein, würge das harte Keilkissen zusammen, versuche das Unangenehme von mir abzuschütteln, doch es gelingt mir nicht. Keine Mutter kommt ans Bett, ich höre ihre Stimme nicht, vermisse ihre Liebkosungen, den abendlichen Gute-Nacht-Kuss. Ich sehne mich nach dem Vater, nach meiner kleinen Schwester. Da fällt mir ein zu beten, so wie meine Mutter es mich gelehrt hat: »Abba, lieber Vater, Englein komm, mach mich fromm, dass ich in den Himmel komm.« Den letzten Vers forme ich um – ... *dass ich bald nach Hause komm.* Das Heimweh packt mich schon am ersten Tag mit stummer Gewalt. Meine Sehnsucht bekommt Flügel. Ich träume mich über Hunderte Meilen hinweg nach Hause, denke an mein Rotkehlchen, an meinen polnischen Freund Janek, an die Großeltern und die vertraute Umgebung. So geht das Tag für Tag. Ein kalter Winter setzt uns zu. Wir frieren uns in den Schlaf, bekommen immer weniger zu essen, sind verdreckt und heruntergekommen. Ständig laufen wir mit hungrigem Magen herum, denken immer nur ans Essen. Das macht den Menschen charakterlos, reizbar und unverträglich. Eines Abends spüre ich ein fürchterliches Jucken auf dem Kopf. Läuse. Das erste Mal in meinem Leben Läuse. Ein furchtbares Gefühl, das ständige Kratzen auf dem Kopf. Ich schreibe nach Hause, beklage mich, dass ich Hunger habe, dass Läuse mich fast auffressen, werfe den Brief in den Briefkasten vor dem Gebäude. Abends werde ich zum Schulleiter gerufen.»Du hast dich also beklagt, machst das Lager schlecht. Was denkst du dir eigentlich dabei. Du bist doch im Jungvolk und hier nicht im Sanatorium!« Danach bekomme ich zu spüren, was man mit denen macht, die sich über das KLV-Lager beklagen. Abkommando zum Toiletten säubern, Kartoffeln schälen, Schnee schieben. In unserer Mitte sind auch schon Hitlerjungen dabei. Sie schikanieren uns, lassen sich ihre Schuhe von uns putzen, ihre schmutzigen Sachen reinigen. In der Nacht dringen Schreie aus dem Schlafraum, in dem meine Schwester mit weiteren sieben Mädchen einquartiert ist. Zwei der Größeren sind eingedrungen und haben die Mädchen belästigt. Ich reiße die Jungen aus meiner Gruppe mit. Wir schlagen sie in die Flucht, erhalten aber schmerzhafte Fußtritte und Beulen von Schlägen.»Wenn ihr ein Wort verlautbart, holt euch der *Heilige Geist*«, drohen sie. Wir sagen kein Wort, weil wir Angst haben. Das Essen wird immer knapper. Eines Tages kommt ein Wagen vorgefahren. Gestapo. Sie schleppen den Leiter weg. Wir hören hinten herum: Er hat unser Essen unterschlagen und verschoben. Ich schreibe einen neuen Brief, bin aber gewarnt. Noch einmal sollen die meinen Brief nicht in die Klauen kriegen. Ich gebe ihn einem tschechischen Arbeiter auf dem Hof. Der Brief kommt zu Hause an. Zwei Wochen später ist die Mutter da. Mit ihr Tante Edith und die Mutter von Tonni. Sie holen uns hier raus. Mich, meine Schwester und Tonni, meinen Freund, dazu meine Cousins. In der Bahnhofsmission, bei einer Krankenschwester, werden wir behandelt. Sie scheren uns die Haare kurz. Armselige Gestalten hocken auf den Stühlen und schauen bestürzt in die Welt. Wir werden geduscht, desinfiziert und mit einer stinkenden Flüssigkeit eingerieben. Große Turbane auf dem Kopf, kommen wir in eine Notunterkunft, sehen aus wie kleine Sultane. Am nächsten Morgen geht es heimwärts. Die Züge haben Verspätung. Wir brauchen mehrere Tage bis Łódź. Endlich können wir aufatmen. Zu Hause. Der Vater empfängt mich mit einem neuen Luftgewehr, einem herrlicher Knicker mit gedrehtem Lauf, kleinen Pinselchen dabei und mehreren Schießscheiben. Ich freue mich riesig, eile zu Tonni und zeige ihm mein Geschenk. An seinem Tor veranstalten wir ein Wettschießen, bis seine Mutter uns vertreibt. Mir ist es recht, denn ich muss zu Großvater. Schon mehrere Monate habe ich ihn nicht mehr gesehen. Das Luftgewehr im Futteral über die Schulter gehängt, trämpele ich hinaus aufs Land. Der Großvater freut sich nicht wie sonst über mein Kommen, er ist bedrückt. Die Großmutter kommt nicht ans Tor, sie liegt

129

im Bett, ist krank. Es riecht nach Nitrattropfen und Baldrian. Ihr Gesicht ist fahl, die Wangen sind eingefallen.

Sie ist so schwach, dass sie kaum die Hand heben kann. Ich drücke ihre liebe Hand, diese hilfreiche Hand, die nur Gutes getan, die alle mit Liebe umsorgt und versorgt und sich dabei vergessen hat. Hinter dem Bett spüre ich den Tod ganz nah, unheimlich nah. Aber ich will ihn nicht wahrhaben. »Es wird schon wieder, Großmutter«, tröste ich sie. »Ja, es wird besser«, sagt sie schwach. »Ich bin ja bald bei Gott. Dort wird alles besser sein als auf Erden.« Der Großvater schiebt ihr das Kissen zurecht und geht wieder hinaus. Ich folge ihm, zeige das neue Gewehr vor, doch es kommt keine Freude auf. Wir gehen in den Stall. Ich streichele die falbe Stute, tätschele dem Rappen den Hals. Er wirft seinen Kopf herum. »Großvater, ich möchte ihn einmal reiten, ein einziges Mal nur.« Der Großvater legt ihm das Zaumzeug an, wirft ihm den Sattel über. Er bringt die falbe Stute hinaus, schwingt sich hinauf. Ich führe den Rappen aus dem Stall, stelle ihn vor die Rampe an der Scheune. Er tänzelt nervös vor und zurück, als ich ihn besteige, aber ich zwinge ihm meinen Willen auf und fürchte mich nicht, dass er mich abwerfen könnte. Das Pferd spürt die feste Hand und bleibt ruhig.

Ich spüre die urwüchsige Kraft des Pferdes, seine Eleganz, die tierische Überlegenheit, das Menschlein auf seinem Rücken tragen zu können. Ich erhebe mich stolz, blicke auf meinen Großvater, sehe Wehmut und Trauer in seinem Gesicht. Gedankenschwer überschaut der Großvater sein Feld, das seine Väter bereiteten. Ich kann seine Gedanken lesen. Gedanken, die an seiner Erde haften, die zurückgehen in die Schwere der Zeit, zu den Mühen und Plagen. Sein Arbeitstag hatte nie ein Ende.

Bis spät in die Nacht beschäftigte er sich mit seinem Hof, den Tieren und in der Werkstatt. Das Durchbringen der Kinder, der Tod von zweien, sein Behaupten in der Umgebung, die nicht immer freundlich zu ihm war. Aber hier war doch seine Heimat. Heimat, die seine Väter besiedelten. Schon seit mehr als hundert Jahren. Hier war er geboren und zur Schule gegangen, wenn auch nur sechs Jahre.

Hier hatte er geheiratet, hier waren seine Kinder geboren und gestorben. Hier hatte er Höhen und Tiefen erlebt und manches Missgeschick überwunden. Wie könnte er je über den Verlust seiner Heimat hinwegkommen. Großvater verflucht diesen Hitler und die Reichsdeutschen, in deren Regionen der braune Mief gewachsen ist und sich ausgebreitet hat. Wir reiten die Wiesen entlang, umreiten die Felder des Großvaters. Sein Blick gräbt sich in die Erde, seine Erde, seinen Besitz. Die Erde, die schon seine Vorfahren unter Mühsal und Plage urbar machten, die sie beackerten, bepflanzten und besäten. Die Erde, auf der sie zunächst hungerten, der sie erst nach und nach ihre Früchte abrangen.

Es ist, als ob der Großvater sich an dieser Erde festsaugen wollte. Hoch aufgerichtet reitet er mit einem schimmernden und feuchten Glanz in den Augen. Der Schnee stiebt unter den Hufen der Pferde, der Himmel ist grau verschleiert, hinter dem Horizont ist leises Grollen zu vernehmen. Kanonendonner! Großvater schaut in die Wolken, prüft den Wind, wie er es seit jeher getan hat. Langsam zieht sich der Himmel ganz mit Wolken zu, es wird bald noch mehr schneien.

Wir sind am Hof angelangt, bringen die Pferde in den Stall, nehmen ihnen die Sättel ab. Ich bürste die schweißglänzenden Fellstreifen mit einer Handvoll Stroh ab. Großvater zieht mich an der Hand in den Kuhstall. Eine wohlige Wärme breitet sich aus, verströmt Ruhe und Frieden. Die Schwarz- und Rotbunten prusten ins Heu, blicken uns zutraulich an. Großvater packt die große Rotbunte, die schon zweimal Doppelkälbchen zur Welt gebracht hat, bei den Hörnern. Sie windet sich sanft heraus, stößt ein brummiges Muh...uuh aus. Ich sehe Tränen in den Augen meines Großvaters und ahne warum. Wenig später weiß ich, warum Großvater es mir jetzt erlaubte, das Pferd zu reiten. Es war die Trauer und Wehmut um seinen gefallenen Sohn, dem dieses Pferd gehörte, die Ahnung um das Verlassenmüssen der Heimat. Ein alter Baum, der herausgerissen wird, verkümmert, wenn er irgendwo wieder eingepflanzt wird. Großvater, der immer viel Wert auf sein Deutschtum, seine Deutschstämmigkeit gelegt hat, denkt mit Bedauern an seinen bescheidenen Besitz und daran, dass er bald den Polen in die Hände fallen würde. Aus Wehmut und Bedauern wird Zorn und gleichzeitig Machtlosigkeit, die sich tief in seine Stirn gräbt.

3 FLUCHT UND VERTREIBUNG

Torschlusspanik im Januar 1945. Der Kreishauptmann weiß, dass ihm und den anderen Führungskräften im Generalgouvernement das Wasser bis zum Hals steht. Er gibt Appelle an die Polen heraus, jetzt verstärkt Bunker zu bauen – so genannte *Schanzen gegen den Bolschewismus*. Er appelliert an das religiöse Empfinden der Polen und malt den russischen Bolschewismus aus als gemeinsamen Feind, den es aufzuhalten gelte. Er berichtet von den Gräueltaten der einmarschierenden Roten Armee, die Häuser in Schutt und Asche legten, auch polnische Kirchen in die Luft sprengten, Frauen vergewaltigten, Kinder umbrächten und Männer deportierten, während in der Stadt noch viele Polen den Weg in Arbeitslager antreten müssen und kein Jude mehr zu sehen ist. Ganz sicher weiß er von den Erniedrigungen der Polen, von der Weigerung, ihnen Bildung und Kultur zu gewähren, von Morden auf den Straßen und im Ghetto, doch die Deportationen sind für ihn Wege in Arbeitslager. In der Kreishauptmannschaft gibt es kaum einen Mitarbeiter, der nicht weiß, was mit den Juden geschieht.

Mitarbeiter der Kreishauptmannschaft. In der Mitte der Standesamtsleiter Kindervater in seiner Beamtenuniform

Jetzt aber ist dort ein heilloses Durcheinander. Die Angestellten mit dem Kreishauptmann an der Spitze sitzen unruhig und aufgeregt auf ihren Stühlen. Einige hält es nicht auf ihren Plätzen, sie laufen von einem Büro zum anderen, um Neues über die aktuelle Lage zu erfahren. Doch keiner weiß etwas Genaues. Einer der Abteilungsleiter meint: »Verlasst euch nur auf den Kreishauptmann, der wird's schon richten.«

»Was will denn der schon richten«, entgegnet ganz respektlos eine der Schreibkräfte. »Er hat doch schon seinen PKW bereitgestellt.« Kaum dass die Frau diese Worte ausgesprochen, kommt ein polnischer Bote und bittet die deutschen Angestellten in das Büro des Kreishauptmanns. Die Angestellten zögern keinen Augenblick, hoffen sie doch voller Vertrauen auf ihren obersten Vorgesetzten, worin auch immer diese Hoffnung liegen mag.

Kreishauptmann Doktor Glehn sitzt aufrecht in seinem Stuhlsessel, sorgenvoll mit ernstem Gesicht. Er blickt seine Angestellten reihum an. Dann erhebt er sich und hält eine kurze Ansprache. Er bedankt sich für die gute Zusammenarbeit, dabei werden ihm die Augen feucht. Seine Stimme stockt.

»Geht sofort nach Hause«, sagt er. Packt eure wichtigsten Sachen in Koffer und Kartons, schreibt eure Namen drauf und bringt sie hier her. Ich werde dafür sorgen, dass alles ins Reich nach Deutschland kommt.« Gerade als er die Worte ausgesprochen, ertönt Kanonendonner, sehr laut und nicht mehr weit entfernt. Glehn zögert einen Moment und setzt seine Rede fort:

»Macht euch dann gleich zum Bahnhof, ich habe mich für einen Zug eingesetzt. Es kann der letzte sein. Wir sehen uns wieder.« Dann hebt er mit einer hilflosen Geste leicht die Hand, vermeidet aber den Hitlergruß. Die Angestellten sind entlassen. Keiner fragt, wohin der Kreishauptmann die Sachen verbringen lassen will. Die besagte Schreibkraft sagt sarkastisch im Hinausgehen:

»Der glaubt tatsächlich noch an den Endsieg.« Eine Reaktion darauf erhält sie nicht. Jeder ist mit sich selbst beschäftigt. Der Kreishauptmann setzt sich in seinen Personenwagen und macht sich auf gen Westen. Es ist kaum anzunehmen, dass er noch an den Endsieg glaubt, vielmehr denkt ein Mensch in solch einer Lage daran, seine Haut zu retten.

Der Doktor hat Frau und Kinder, die er schon in weiser Voraussicht heim ins Reich geschickt hat, er ist der Ernährer der Familie, die im Reich auf ihn wartet. Die Kinder sind noch klein, sie brauchen ihren Vater, der sich stets rührend um sie gekümmert hat.

Unterwegs wird der Kreishauptmann angehalten. Zwei polnische Offiziere der Heimatarmee – Doktor Glehn muss ihnen bekannt sein – stoppen ihn mit gezogenen Revolvern. Sie durchsuchen ihn und nehmen ihm den Revolver ab. Alles andere lassen sie ihm, es sind eh nur ein paar Sachen des persönlichen Bedarfs.

Sie legen zwei Finger an ihre Mützen und lassen ihn unbehelligt weiterfahren, was sehr ungewöhnlich war. Der eine sagt: *Der Doktor ist ein guter Mensch. Gute Weiterfahrt!* Was sie bewogen haben mag, diese Worte auszusprechen, ist nicht bekannt. So wird es erzählt. Also muss der Kreishauptmann bei einigen Polen doch nicht so ganz unbeliebt gewesen sein. Viele Andere hatten nicht so viel Glück. Erleichtert setzt er seinen

Weg fort, den Weg in seine alte Heimat. Tomaszów Mazowiecki war eine kurze Episode. Sie hätte besser nicht stattgefunden. Diese Zeit wird Doktor Glehn noch lange nachhängen. Sie wird ihm noch schwer zu schaffen machen.

Wenig später gleicht die Kreishauptmannschaft einem Lagerhaus. Koffer, Kisten, Kartons und Taschen stapeln sich in dem unteren Flur. Fast alle Angestellten retten sich panikartig in den bereit gestellten Zug. Mit leichtem Gepäck versehen, hoffen sie mit dem Leben davonzukommen. Einige Unbekümmerte und Vertrauensselige aber bleiben hier. Sie rechnen nicht damit, wegen ihrer Tätigkeit in der Kreishauptmannschaft von den Polen verfolgt zu werden. Ein Trugschluss, der sich als Verhängnis erweisen soll.

Die Gepäckstücke sollen angeblich ins Sudetenland verbracht worden sein, was aber nicht genau zu ermitteln war. Die Angestellten, die sich im Reich wiederfanden, forschten vergeblich nach ihrem Gepäck. Ihre Verärgerung war groß, hatten sie doch im Vertrauen auf den Kreishauptmann so gut wie nichts mitgenommen.

Noch bevor der Kreishauptmann sich auf die Flucht macht, gibt er Pastor Seeberg den Auftrag, die Kirchenbücher der evangelisch-augsburgischen Kirchengemeinde bei ihm abzuliefern. Er will sie nach Sorau oder Görlitz in Schlesien schaffen lassen. Keiner weiß, ob sie je dort angekommen. Seither sind sie verschollen. Eine Gefangene der Kreishauptmannschaft, die im Lager Wilanów in Tomaszów gesessen hatte, berichtete mir nach vielen Jahren: Eines Tages hätten sie unter Bewachung im Stadtpark ein Loch schaufeln müssen. Mehrere Bewacher schleppten in einer Decke eine Menge Papiere und Bücher heran, warfen sie in das Loch und befahlen ihnen, es zuzuschaufeln. Auf die Frage, was das für Bücher seien, erwiderte einer mit scheinbar schadenfrohem Lächeln:
Na, eure Kirchenbücher.

Ich komme aus der Schule nach Hause. Alle sind in heller Aufregung. Schon einige Wochen vor Abfahrt des letzten Zuges hat der Volkssturm die Order herausgegeben: *Frauen und Kinder raus!* Jeder möge sich ins Hinterland begeben, am besten zu Verwandten und Freunden im Reich. Dieses Mal fehlt der Zusatz: für ein paar Wochen oder vorübergehend. Wir ahnen: Es ist für eine lange Zeit, wenn nicht für immer. Doch nicht alle wollen weg. Krolls Luisa will bleiben. Sie hat einen polnischen Freund, gute polnische Freundinnen. Noch niemals hatte sie mit ihnen Streit. Wozu und vor wem also überstürzt die Flucht ergreifen? Und der Vater, Walter Kroll, will auch nicht weg.
»Was soll ich als Krüppel in Deutschland?« »Und wo sollen wir hin?«, fragt ratlos die Mutter. »Wir haben niemandem was getan, sie werden uns auch nichts tun.« Meine Mutter bittet unsere Nachbarn:
»Seid doch nicht so verbohrt, kommt mit! Ihr werdet schon irgendwo

unterkommen.« Doch es ist vergebens. Sie bleiben. Ich bitte auch meinen Freund Tonni, hier alles stehen und liegen zu lassen und mitzukommen. Die Eltern entschließen sich erst spät dazu. Ich reiche ihm die Hand, weil sich unsere Wege trennen. Wir wollen nach Schlesien zu der Tante meiner Mutter. Tonns wissen noch nicht wohin. Erst einmal mit dem Zug weg. »Wir sehen uns wieder«, sage ich, um uns zu trösten. Ja, wir sahen uns wieder, das will ich hier vorwegnehmen, aber nach mehr als 50 Jahren.

Auch Retzigs wollen nicht weg. Martin Retzig ist nicht in der Partei. Er hat zehn Jahre in Russland gelebt, spricht gut Russisch. 1922 war er in diese Stadt gekommen, hatte dort das Geschäft aufgebaut. Mit den Polen waren sie gut ausgekommen, hatten viele Freunde unter ihnen.

Nun das Geschäft aufgeben? Da stecken so viel Entbehrungen und Mühen darin, zwanzig Jahre harte Arbeit. Verwandte in Deutschland haben sie keine. Wo sollen sie nur hin. Die Mutter hatten sie schon vor Monaten nach Schneidemühl zu Bekannten geschickt. Nun musste auch die Tochter in Sicherheit gebracht werden.

So macht sich Marthe mit ein paar Bekannten auf, Schneidemühl in Pommern zu erreichen. Aber das wird den Flüchtenden zum Verhängnis. Am folgenden Tag haben die Russen die Stadt bereits eingenommen. Sie kehren wieder um und schließen sich polnischen Zwangsarbeitern an, die in die Umgebung von Łódź zurückkehren wollen. Sie sprechen gut Polnisch und gehen bei den Russen als Polen durch. Deshalb müssen sie sich nicht vor ihnen fürchten.

Die polnische Sprache gibt ihnen Sicherheit, nicht aufgegriffen und belästigt zu werden. Vier Wochen sind sie unterwegs, bis Marthe wieder vor ihrem Elternhaus steht. Die Eltern sind entsetzt. Sie wähnten die Tochter in sicherer Obhut. Nun sitzen sie wie Kaninchen vor der Schlange. Zur Flucht ist es schon zu spät, bleibt die einzige Hoffnung auf das Einsehen der Polen und Russen. Und wieder das vage Vertrauen auf die Menschenwürde und Menschlichkeit: Wir sind doch gut miteinander ausgekommen. Sie werden uns schon nichts tun.

Die Mutter packt hastig ein paar Sachen zusammen. Es ist nicht viel. Einen großen Koffer, zwei Taschen und meinen Rucksack. Ich schnappe mir mein Luftgewehr. Die Mutter schimpft: »Na, das ist doch wohl nicht nötig. Wir können uns nicht noch mit dem Gewehr rumschleppen. Das Gewehr bleibt hier!« Doch ich setze meinen Willen durch, schleppe das Luftgewehr mit, als ob es nichts Wichtigeres gäbe. Ich stecke es unter die Matratze des Kinderwagens zu meiner kleinen Schwester. Ganz beflissen schiebe ich den Wagen mit der kostbaren Fracht. Meine ältere Schwester trippelt nebenher. So gehen wir auf die Reise ins Ungewisse. Der Vater bringt uns zum Bahnhof. Er darf nicht mit, ist immer noch unabkömmlich.

»Passt auf euch auf, bleibt gesund!« Wir umarmen uns. Ein herzzerreißender Abschied, so als ob wir uns nie mehr wiedersehen würden. Wir fahren zu der Tante nach Niederschlesien, in die Nähe von Glogau. Die Tante der Mutter, die Schwester unserer Großmutter, ist dort verheiratet. Sie besitzen einen Bauernhof. Dort sollen wir erst einmal unterschlüpfen. Und wieder heißt es: Die Russen werden nicht bis hierher kommen. Wir fliehen abermals vor dem Krieg, der näher rückenden Front und den Russen.

Der Zug der Flüchtlinge ist lang. Ein großer Teil der Deutschen aus der Stadt ist darin. Sie fliehen vor dem Schreckgespenst *Rote Armee*, hoffen, dass sie nicht eingeholt werden. Eine kaum erfüllbare Hoffnung, denn die Russen sind richtig ins Rollen gekommen. Drei Tage dauert die Reise. Wir kommen bis Breslau. Die Stadt ist fast unversehrt, bisher kaum angegriffen worden. Am Bahnhof dann doch Fliegeralarm. Ich kenne diesen Ton, dieses auf- und abschwellende Geheule, das in den Ohren gellt und noch des Nachts darin dröhnt. Wir stehen außerhalb des Bahnhofs, können nicht herein. Alles überfüllt von Zügen aller Art. Züge voll gestopft mit Flüchtlingen, mit Soldaten, die von und nach der Front unterwegs sind.

»Los, unter die Gleise!«, überschlägt sich die Stimme des Zugbegleiters. Die Mutter reißt die kleine Schwester aus dem Kinderwagen, drückt sie an ihre Brust. Sie zerrt uns unter den Zug zwischen die Gleise. Dort liegen wir und pressen unsere Körper an die Schwellen. Die kleine Traudl schreit, als ob es um ihr Leben ginge. Und es geht ums Leben, um unser aller Leben. Einige alte Leute sind nicht schnell genug.

Zwei russische Jagdflieger rasen im Tiefflug über den Bahnsteig hinweg. Sie feuern mitten in die Menschen hinein. Blut spritzt bis an die Fensterscheiben hoch und färbt sie mit einem dunklen Rot. Als der Motorenlärm abebbt, kommen Sanitäter heran. Sie schleppen die Verwundeten weg. Auf einer Bahre verdecken sie das Gesicht eines Toten. Wir kriechen unter den Gleisen hervor. Mein Gesicht ist mit schwarzer Schmiere verziert. Die Mutter versucht es mit Spucke zu reinigen, doch sie verteilt die Schmiere nur gleichmäßig.

Stunden später geht es weiter. Endlich kommen wir in Schwenten an. Der Onkel macht ein verdrießliches Gesicht: »Gloobt bloß nich, dass ihr hier lange bleiben kunnt!«, sagt er. Wir wissen nicht, ob er uns hier nicht lange beherbergen will oder ob wir bald weiterflüchten müssen.

Tante Marie nimmt uns liebevoll in Empfang. Sie ist eine herzensgute Frau und hat einen großen Eintopf gekocht. Und sie hat Milch für das Kleinkind. Das ist das Wichtigste.

Wir richten uns notdürftig in einer Kammer ein. Ich schaue mich auf dem Bauernhof um, vergleiche die Pferde mit denen meines Großvaters. Doch für mich sind sie fremd. Ich kann mich nicht mit ihnen anfreunden. Kaum dass wir uns eingerichtet haben, kommt ein Telegramm von Zuhause: Die Großmutter ist gestorben. Ihr Herz hat die Aufregung nicht verkraftet. Nun macht sich die Mutter wieder auf den Weg zurück. Sie

will und muss an der Beisetzung teilnehmen. Die Tante versucht sie zurückzuhalten:
»Du bist doch gerade erst geflohen«, sagt sie. »Was ist, wenn du den Russen in die Arme läufst?« Doch die Mutter lässt sich nicht umstimmen.
»Das ist doch viel zu unsicher«, meint der Onkel. »Da hat se sich ock die richtige Zeit ausgesucht zum Sterben.« »Ich kann nicht mit«, entschuldigt sich die Tante, kann nich loofen, meine Beene.« Die Mutter fährt los. Der Tod kennt keine Zeit. Er kommt im Krieg wie im Frieden. Niemand kennt den Tag noch die Stunde. Schau auf die Uhr und sag mir, um welche Stunde man nicht zu sterben vermag. Die Großmuter stirbt noch in der alten Heimat mit einem leicht glücklichen Lächeln im Gesicht.

Großvater hat aus rohen Brettern einen Sarg zusammengenagelt. Die Raubank konnte er nicht benutzen. Keine Zeit. Von Ferne grollt Kanonendonner. Sie müssen sich sputen. Warten auf den Pastor, doch der kommt nicht. Er packt schon seine Papiere zusammen. Die Kirchenbücher glaubt er in sicherer Obhut. Das Grab ist schon geschaufelt. Der Vater steht noch immer neben dem aufgeworfenen Grabhügel am Rande der Kirchenmauer des evangelisch-deutschen Friedhofs und schaut nach dem Pastor aus. Vergebens. Schließlich übernimmt er die Amtshandlung selbst, spricht ein paar Worte:
»Gnädiger Gott! Nimm du diese herzensgute Frau auf in dein himmlisches Reich. Führe sie aus der irdischen Heimat zu dir in die himmlische Heimat. Erde zu Erde, Asche zu Asche, Staub zum Staube. Amen.« Zu mehr Worten bleibt keine Zeit. Die Kinder greifen zu Hacke und Spaten. Sie werfen die Erde auf den Sarg der eigenen Mutter. Mit Tintenstift kratzt der Vater die Initialen der Großmutter in das glatt gehobelte Holzkreuz: *Natalie Seehagen, geb. am 06.03.1881, gest. am 16. Januar 1945*. Großvater steht vor dem Grabhügel und weint. Er kann sich nicht losreißen, will die Großmutter nicht im Stich lassen.
»Du musst weg!«, versucht der Vater ihn zu überreden.
»Warum soll ich weg. Ich habe doch niemandem was getan.« Schon wieder der naive Glaube: Ich habe niemandem was getan, also wird auch mir niemand was tun. Und wieder muss der Vater den Krieg anführen und das, was danach kommen wird:
»Sie werden dich vom Hof jagen, glaub's mir. Nicht einmal das, was du auf dem Leib hast, wirst du behalten. Spann die Pferde an, zieh die Plane über den Leiterwagen und dann los. So behältst du wenigstens die Pferde.«
»Aber die Oma«, wagt der Großvater einzuwenden. »Sie ist tot. Die Oma ist tot!« »Ja, die Oma ist tot, Arthur ist tot, nur ich lebe. Wozu soll ich noch leben?«
»Du musst leben, leben für die Enkel, leben für dich! Und da ist noch

dein anderer Sohn und die Töchter.« Nach langem Zureden lässt Großvater sich überreden.

Er packt den Wagen voller Heu, ein paar Säcke Hafer darauf, zwei Seiten Speck, das letzte Brot und dann geht's los. Hinter ihm im Heu hat Tante Edith Platz genommen. Unterwegs springt noch ein Nachbar auf, dem sie die Pferde ausgespannt haben. Die Schweine grunzen laut in den Ställen, die Kühe klirren mit den Ketten. Es ist Futter- und Melkzeit. Der Großvater hat sie von den Raufen und Trögen losgebunden, die Stall- und Scheunentür geöffnet. Die ganze Tenne liegt voll Heu. Großvater setzt sich auf den Ackerwagen und schaut sich nicht mehr um. Sein Schnurrbart zittert, Tränen laufen über sein Gesicht. Die Pferde sind nervös. Es ist, als ob sie wüssten, was vorsichgeht. Sie ziehen an, von allein. Links und rechts der Straße nach Petrikau bildet sich ein Treck von Fuhrwerken. Nach und nach werden es immer mehr. Die deutschen Bauern verlassen ihre Heimat.

Großvater auf der Flucht

Der Großvater ist noch nicht richtig fort, da fallen sie in seinen Hof ein, holen die Schweine aus den Ställen, die Kühe vom Hof, die Ackergeräte aus der Scheune, die Möbel aus der Stube. Einige Monate später sitzt eine andere Familie in dem Haus. Eine Familie ohne eigenen Hof. Sie erhält den deutschen Bauernhof und setzt sich in ein gemachtes Nest. Ein paar Złoty an den Staat, eine neue Besitzurkunde, und der Wechsel ist vollzogen. Das, was Großvater geschaffen, wofür er sich unsäglich geplagt hat, wird mit einem Federstrich jemand Anderem übertragen.

Der neue Bauer holt sich die Ackergeräte zurück. Auch die Kühe müssen die *friedfertigen* Nachbarn wieder hergeben. Nur die Schweine sind schon am nächsten Tag geschlachtet worden. Der Grund und Boden geht für ein Trinkgeld vom polnischen Staat an den neuen Besitzer. Der hat es gut getroffen – übernimmt einen Bauernhof mit kultiviertem Land, entwässerten Wiesen und Ackergeräten, die Großvater sich nach und nach angeschafft hatte. Aber er wird nicht glücklich dabei, denn er ist unsicher, ob er für immer darauf wirtschaften kann.

Wir sitzen in Schwenten vor dem Volksempfänger: Straßenkämpfe in unserer Heimatstadt, Straßenkämpfe in Łódź und Petrikau. Unsere Heimatstadt ist gefallen. Meine Schwester schluchzt: »Die Mutti ist tot! Oh, mein Gott, die Mutti ist tot.« Die Tante versucht uns zu trösten. Mit Tränen in den Augen gelingt es ihr nur schwer.

»Sie wird ock noch kummn«, sagt sie und wischt sich die feuchten Augen mit der Schürze aus. Am selben Abend kommt meine Patentante Lucie hier an und ihre alte Mutter. Sie sind schon einige Wochen unterwegs, wissen aber noch nicht einmal vom Tod der Großmutter.

Die Mutter verabschiedet sich vom Vater, vom Großvater und von der Schwester. Mit dem Treck kann sie nicht fahren. Das dauert ihr viel zu lange. Sie muss schnell zurück, möglichst mit einem Zug, zurück zu ihren Kindern. Aber wo fahren jetzt noch Züge, vielleicht auch noch nach Plan? Am Bahnhof steht ein langer Lazarettzug. Einsteigen verboten!, prangt ein Schild vom Roten Kreuz. Die Mutter drängt sich in den Zug.

»Sie können hier nicht einsteigen, der Zug ist für die Verwundeten.«

»Aber ich muss zu meinen Kindern nach Schlesien! Bitte nehmen Sie mich mit!« Die Mutter erweicht mit ihrer Bitte und mit ihrem Weinen das Herz der Rot-Kreuz-Schwester. Sie bekommt einen weißen Kittel übergestreift und darf die Verwundeten betreuen. So gelangt sie zurück bis nach Grünberg. Von dort sind es noch etwa achtzig Kilometer bis Schwenten. Die Mutter trampt halb zu Fuß, halb per Anhalter, bis sie vor der Tür steht. Meine Schwester fällt der Totgeglaubten um den Hals. Wir weinen alle vor lauter Glück, auch wenn der Vater zurückbleiben musste, sind unsagbar froh, die Mutter wieder bei uns zu haben und glauben, dass wir endlich vor dem Krieg und vor den Russen sicher sind. Hier ist Schlesien, das gehört zum Deutschen Reich, bis hier her werden sie nicht kommen.

Ich streife auf dem Hof des Onkels umher, schaue mir alles an. Er gibt mir ein paar alte Hosen und eine Blaujacke. Wir fahren mit dem Schlitten Mist aufs Feld. Umschichtig. Der polnische Knecht steht auf dem Misthaufen und lädt auf. Der Onkel drückt mir den Misthaken in die Hand und scherzt:

»Ooch im Krieg muss Mist gefoahrn werd'n. Los ock, ran, werschd dir's Essen vadien missn!« Ich zerre den Mist herab, betrachte die dampfenden Leiber der Pferde und will den Onkel Linke ärgern:

»Der Großvater hat aber schönere Pferde.« »Dei Großvatter hoat jetze goar nischte mehr«, sagt der Onkel. »Wo dei Großvatter woar, sin jetze die Russen und Polacken. Die hoaben sich oalles untern Noagel geriss'n.« Ich spüre schmerzlich, dass der Onkel die bittere Wahrheit ausgesprochen.

»Und du meinst, dass wir hier vor den Russen sicher sind?«
»Ja, oaber keener weeß wie lange ock. Se sin doch schon bald oan der Oder.« Ich erschrecke. Mein Gott!, da sind sie ja bald hier. Kann sie denn niemand aufhalten?
Der vierte Advent ist spurlos an uns vorübergegangen. Kein Kranz, keine Kerzen, ständig auf der Flucht. Selbst jetzt sitzen wir auf gepackten Sachen. Und vom Vater und Großvater keine Nachricht. Im Osten die Russen, im Westen die Amis und Engländer. Eine schöne Bescherung. Weihnachten? Ach ja, Weihnachten! Wir haben es kaum gespürt. Am Heiligen Abend versucht der Onkel, mir einen Bären aufzubinden.

Er spricht von den Tieren im Stall, die um die Geisterstunde in der heiligen Nacht sprechen können. Heimlich schleiche ich mich in den Stall, tätschele der braunen Stute den Hals. Sie dreht mir ihren Kopf zu, schaut mich Futter verlangend an, aber nicht einmal ein leises Wiehern kommt aus ihren Nüstern. Ich wende mich der schwarzbunten, besten Milchkuh zu, doch außer einem zaghaften Muh, bleibt auch diese stumm. Verschämt schleiche ich mich wieder in die gute Stube zurück. Kaum ist das Fest vorbei, da trabt der Gemeindediener durchs Dorf und läutet Sturm mit der Glocke.

»Der Volkssturm gibt bekannt: Frauen und Kinder müssen den Ort verlassen. Von Grünberg geht ein Transport nach Thüringen. Wer bleibt, hat die Verantwortung zu tragen. Heil Hitler!« Der Gemeindediener wird umringt, bestürmt. »Wann geht der Transport, und wie sollen wir da hinkommen, nach Grünberg?« Doch der Klingelmann zuckt nur mit der Schulter. Ein großes Gerenne, Panik, schon wieder flüchten. Wie sollen wir nach Grünberg kommen? Die Tante redet mit ihrem Mann.

»Du musst foahren«, sagt sie. »Ich foahre nich«, wehrt sich der Onkel. »Die Pferde tun merr zu Schanden gehn. Und woas sull ich ohne Pferde oanfangen?« »Sullen vielleicht die Menschen zu Schanden werden?« Die Tante macht den großen Fahrschlitten zurecht. Die Tochter mit ihren drei Kindern entschließt sich mitzufahren.

»Wenn der Krieg vorbei ist, kommen wir zurück!«
»Dann werd dar Knecht foahren!«, sagt der Onkel, »oaber nich mit'n Schlitten. Wenn's taut, sitzt's eich uffn Trocknen.« Die Tante holt alle Decken herbei, die sie auftreiben kann. Eine Plane haben sie nicht. Notdürftig spannen wir die Decken über den Leiterwagen, verzurren sie mit Stricken. Der Knecht zieht seine Filzstiefel an, legt Heu und Stroh auf den Wagen und zwei Säcke voll Futter. Dann spannt er die Pferde davor. Wir verstauen unsere wenige Habe. Ich will wieder mein Luftgewehr mitnehmen, doch die Mutter setzt mir ein energisches Nein entgegen.

»Dieses mal nicht. Das Gewehr bleibt hier!« Ich wage nicht, mich noch einmal zu widersetzen. Wenn ich es nicht haben kann, dann soll es auch kein anderer haben! Ich schlage das Gewehr am Torpfosten kaputt, krieche auf den Wagen, wühle mich ins Heu. Tränen habe ich keine mehr.

Dafür schreit meine kleine Schwester. Die große jammert vor sich hin: »Jetzt müssen wir schon wieder fort! Oh, mein Gott, wann hat das denn ein Ende?« Ein letztes Umarmen, Winken, dann setzt unser Wagen sich in Bewegung. Unterwegs durch die Dörfer werden es immer mehr. Bald hat der Zug eine stattliche Länge erreicht. Es beginnt zu schneien. Achtzehn Grad unter Null zeigt das Thermometer. Die Mutter wärmt das Fläschchen an ihrem Körper, erst dann kann Traudl die Milch zu sich nehmen. Hinter uns kommt Motorenlärm auf. Einer schreit: *Russen!* Meine Patentante springt vom Wagen, läuft in den Wald hinein. Unter einer großen Birke verbuddelt sie ihre Schmuckschatulle. Der Knecht springt ihr hinterher, holt sie auf den Wagen zurück. In ihren Augen ist die blanke Angst.

»Aber Tante, hier sind doch keine Russen«, versuche ich sie zu beruhigen. Sie schaut mich mit irren Blicken an. In ihrer Angst fängt sie an zu zittern. Stundenlang sind wir unterwegs. Auf einem Gut machen wir Halt. In einer Scheune findet ein Teil des Trecks Platz. Hinter einem Verschlag wühlen Schafe im Heu, ein Esel schreit sein heiseres Iaah. Ganz so wie in der Heiligen Nacht in Bethlehem. Irgendwie ist ein Pastor zu dem Treck gestoßen. Er benutzt die Schafraufe als Altar, versammelt die Flüchtlinge und hält einen Gottesdienst. Wir singen laut und inbrünstig: *Wer nur den lieben Gott lässt walten und hoffet auf ihn alle Zeit, den wird er wunderbar erhalten, trotz aller Not und Dürftigkeit*... Aber eine echte Frömmigkeit will nicht aufkommen. Zu einer Predigt hat der Pfarrer keine Kraft. Er weiß auch nicht, wie die Menschen seine Worte aufnehmen würden angesichts des Flüchtlingselends.

Am frühen Morgen geht es weiter. Noch fünfzig Kilometer liegen vor uns. An einem Wagen hinter uns bricht die Achse, ein Pferd vor uns bricht zusammen, kommt nicht wieder hoch. Der ganze Treck kommt ins Stocken. Noch ein ganzer Tag geht hin. Endlich in Grünberg angekommen, sind am Bahnhof erst Rangierarbeiten im Gange. Von einem Zug ist noch nichts zu sehen. Der Knecht wendet und fährt schnell wieder zurück. Nun stehen wir auf dem trostlosen Bahnhof, doch wir haben erst einmal ein Dach überm Kopf. Immer mehr Menschen kommen an. Ein Zug aus dem Osten soll einfahren. Wir treten zurück und schauen nach Verwandten und Bekannten aus. Nach längerem Warten fährt der Zug ein. Es ist der gleiche Zug, in den sich die Angestellten der Kreishauptmannschaft und viele Tomaschower gerettet haben. Alles aussteigen, der Zug endet hier! Die Menschen strömen heraus. Mitten unter ihnen mein Vater, die Frau von Onkel Hanfried und Werner, mein Cousin. Ich fliege dem Vater an den Hals. Gott sei Dank, nun sind wir zusammen, aber Onkel Hanfried fehlt. Tante Jenny jammert um ihren Mann:

»Dieses dumme Mensch! Konnte er sich denn nicht zuerst um seine Familie kümmern?« Doch für langes Lamentieren ist keine Zeit. Sie stellen den Zug zusammen, der nach Thüringen gehen soll. Ein scheinbar endloser Zug. Eine Lokomotive hinten, eine vorn. Gedrängel und Geschiebe, ein Hasten und Rennen. Ich eile voraus. Die Mutter hastet mit dem Kinderwagen hinter mir her, die größere Schwester am Arm.

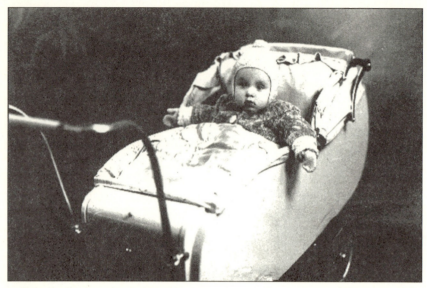

Die jüngste Schwester im Kinderwagen

Die SA muss eingreifen. »Es kommen alle hinein!«, schreit ein Brauner und breitet seine Arme aus. Ich passe auf und bin genau zur Stelle, als am Ende des Wagens eine Tür erscheint, stürme hinein und belege ein Abteil. Vom Fenster winke ich meiner Familie zu. Der Vater hat das Zeichen gesehen, gibt die kleine Schwester und das Gepäck zum Fenster herein. Der Kinderwagen geht nicht hindurch, er landet auf den Puffern. Dann sind wir endlich alle in dem Zug, der uns nach Thüringen bringen soll. Thüringen – *Das grüne Herz Deutschlands* – wird es genannt. Ich bin gespannt, wie das grüne Herz uns aufnehmen wird.

Der Zug hat es nicht eilig abzufahren. SA patrouilliert auf dem Bahnsteig. »Pass auf den Mann auf, dass er nicht in den Zug steigt«, sagt einer der SA-Männer und zeigt auf meinen Vater. Männern ist der Weg heim ins Reich verwehrt. Ihnen bleibt nur eine Wahl – das Reich zu verteidigen, bis zum letzten Atemzug den *Totalen Krieg* zu führen. Die Mutter beschmiert aus einem Marmeladenglas zwei Schnitten Brot mit Fett für den Vater. Er steht in seiner dicken Pelzjoppe vor unserem Abteilfenster und hält meine Hand. Die Schwester drängt sich heran. Ich halte meinen Vater fest, will mich nicht von ihm trennen.

»Papa, du kommst mit! Wenn du hier bleibst, bleibe ich auch hier. Ich will mit dir zusammen sterben.« Der Vater wischt sich die Augen. An einem Kiosk schüttet die SA Schnaps und Bier in sich hinein. Den Mann, der nicht in den Zug steigen darf, haben sie vergessen. Ich ziehe den Vater in den Zug hinein. Unterwegs gibt er sich als Betreuer des Flüchtlingstransports aus. So gelangt er bis an den Bestimmungsort.

Ich fahre das zweite Mal durch Deutschland. *Heimkehr in ein fremdes Land.* Der Weg heim ins Reich ist zum Fluchtweg geworden. Das Reich war für einige Zeit zu uns gekommen, doch es konnte sein Territorium nicht behaupten. Jetzt schrumpft es immer mehr zusammen. Der Lebensraum für Deutschland im Osten ist dahin, leichtfertig verspielt auch der Lebensraum der deutschen Minderheit in Polen. Unser Zug rollt gen Westen. Räder, die für den Sieg rollten, rollen jetzt für den Rückzug. Wo liegt Thüringen, was ist das für ein Land? Wir können uns nichts Besonderes darunter vorstellen. Was sagt ein grünes Herz schon aus? Unser Land hatte auch ein grünes und hoffnungsvolles Herz für alle Menschen, die darin wohnten, bis die Eroberer kamen, es mit Blut tränkten und zerstörten. Sie haben alles zerstört: Die Verständigung unter den Menschen, die Gutgläubigkeit, gute Nachbarschaft, den Zusammenhalt und das Menschliche in vielen Menschen. Sie haben ein Chaos hinterlassen und die Menschen hartherzig gemacht. Doch es war noch nicht aus. Jetzt fuhren wir erst einmal in eine unsichere Zukunft. Und würde es Zukunft überhaupt für uns geben?

Tagelang quält sich der Transport dahin. Wir durchfahren Bautzen, Dresden, Erfurt – das ist schon Thüringen. Immer noch kein Ende der Fahrt. Weiter geht es über Sondershausen nach Nordhausen. Ich nehme die Landschaft in mich auf, das schöne Land mit Bergen und Tälern, Burgen und Flussläufen. Und wirklich; es ist nicht zu viel versprochen. Dieses Land könnte man wahrhaftig als *Grünes Herz Deutschlands* bezeichnen, wenn man sich die verschneiten Hügel und Täler in einem satten Grün vorstellt. Vorerst ist es noch grau in grau. Rechts der weiteren Strecke blicken sogar elegische Landschaftsbilder auf uns herab. »Das ist der Kohnstein«, klärt uns der Zugbegleiter auf. »Unterhalb des Kohnsteins im Lager Dora werden die Wunderwaffen des Führers produziert. Die Raketen V1 und V2. Das ist die letzte Reserve des Führers. Sie werden uns den Endsieg bringen«, betont der Zugbegleiter. »Dann könnt ihr wieder in eure Heimat zurück.« Ein frommer Wunsch, jedoch es fehlt der Glaube. Im Herzen schwingt aber die bange Hoffnung, dieses Thüringen möge einen Platz für uns bereithalten. Etwa dreißig Kilometer hinter Nordhausen zieht der Zug eine Schleife, verlässt die Halle-Kasseler-Strecke. Auf einem Schachtgelände ist unsere Fahrt zu Ende. Endstation, Sackbahnhof, Fabrikanlagen, ein langes Gebäude nimmt uns auf. Das hier ist ein Munitionsschacht, sagt man uns. Wir werden mit einer warmen Suppe versorgt. Eine Rot-Kreuz-Schwester gibt Milch für die Kleinkinder aus. Nun sitzen wir auf unseren Habseligkeiten und wissen nicht, wie es weitergeht.

Auch eine vielköpfige Familie sitzt auf ihren Koffern und Pappkartons herum. Sie scheint vollzählig beisammen zu sein. Der Mann, das Oberhaupt der Familie, steckt in einem kragengeschlossenen schwarzen Anzug. Unschwer ist in ihm ein Geistlicher zu erkennen. Der Gotteshirte sitzt geduldig auf einem abgewetzten Koffer, umringt von seiner Frau und fünf Kindern, die erwartungsvoll zu ihm aufschauen, so als ob sie fragen wollten: Vater, was nun? Der Gottesmann hat die stumme Frage wohl verstanden und sagt:

»Nur Geduld, Kinder. Gottes Welt ist groß. Auch für uns wird sich ein Plätzchen finden. Wenn Gott will, wird es sogar eine verwaiste Pfarrstelle.« »Ihr kommt alle unter«, tröstet die Herumsitzenden ein Mann von der NS-Kreisstelle. »Es kommen Lastwagen, die bringen euch in die umliegenden Orte.« Nach und nach rollen sie an. Unsere Fahrt geht nicht weit, vielleicht zehn Kilometer auf holprigen Straßen. Nach einer Biegung kommt das Dorf in Sicht, das uns aufnehmen soll.

Ein unscheinbares Dorf, mitten darin eine kleine Kirche, aber ohne üblichen Turm darauf. Oben auf thront ein kleines, schachtelartiges Gebilde, vielleicht ein und einen halben Meter hoch. Später erfahren wir, dass der Kirchturm abgerissen und gekürzt werden musste, weil die Katholischen ringsum es nicht ertragen konnten, auf einen evangelischen Kirchturm zu blicken. Aber das ist lange her, vielleicht auch nicht wahr. Das Dorf liegt drunten im Tal, eingebettet von sanften Hügeln und über dem Tal von einem großen Höhenzug umsäumt.

Das Dorf im Tal

Eine Zeit lang später erfahren wir – das ist der Dün. Majestätisch hebt er sich aus der Umgebung hervor, durchwirkt von grauen Felsvorsprüngen. Das Dorf ist, wie ich schon anklingen ließ, evangelisch, die anderen Orte ringsum katholisch. Aber damit haben wir keine Probleme. Wir haben in unserer Stadt mit der katholischen Gemeinde gut zusammengelebt. Die polnische Volksfrömmigkeit war uns vertraut. Nun sitzen wir auf dem Dorfplatz vor der Schänke und werden auf die Häuser und Familien aufgeteilt. Der Bürgermeister, der Ortsgruppenleiter und der Klingelmann halten die Organisation in den Händen. Interessiert betrachte ich den kuriosen Mann mit der großen, ungewöhnlichen Glocke. Gespannt warte ich darauf, dass er zu läuten beginnt, doch noch hält er den Klöppel fest. Wohin mit dem Pfarrer? Der Bürgermeister hebt ratlos die Schulter. Da muss der alte Krieger zusammenrücken, hat der Klingelmann die Lösung parat. Die Wohnung ist eh zu groß für ihn und seine Frau. Das Pfarrhaus liegt direkt neben der Kirche, und Pfarrer Krieger empfängt seinen Amtsbruder mit christlicher Herzlichkeit. Sein Amt ist ihm in letzter Zeit gar zu beschwerlich geworden. Die Sehkraft lässt immer mehr nach, und wenn er zur Kanzel emporsteigt, muss er, oben angekommen, eine geraume Zeit verschnaufen, bevor er mit der Predigt beginnen kann. Der Neue ist eine Fügung Gottes und kommt wie gerufen in dieses Dorf. Krieger sieht in dem Mann seinen willkommenen Nachfolger oder zumindest einen Vertreter. Unsere Familie mit den drei Kindern kommt zu Wagners Willi. Wagner ist nicht der richtige Name, erfahren wir. Man nennt den Bauern und Tischler *Wagner*, weil der Vater ein Wagner (Stellmacher) war. Die Familie hat eher einen echt polnischen Namen – Wisotzky. Der Name ist uns sofort vertraut und sympathisch. Die Frau und die zwei Töchter nehmen uns auch freundlich auf. Wir erhalten unten einen kleinen Raum, der unsere Küche wird und daneben einen Schlafraum. Der Wagner selbst ist nicht zu sehen, er ist im Krieg. Die Frau führt mit den halbwüchsigen Töchtern Ruth und Lydia und der Schwägerin die kleine Landwirtschaft.

Wir sind unter, haben ein Dach überm Kopf, ein Bett für die Nacht und bekommen zu essen. Gut zu essen. Selbstgeschlachtetes aus der hauseigenen Schlachtung. Ich kann vor Müdigkeit kaum essen und schlafe auf dem Sofa in der Küche ein. Die Mutter deckt mich behutsam zu. In tiefem Schlaf träume ich mich nach Hause. Meine Sehnsucht geht auf die Reise. Ich sehe den Großvater mit seinen Pferden, wie er sich durch Schnee und Kälte kämpft, träume mich in mein heimisches Zimmer im oberen Dachgeschoss, höre das Rotkehlchen singen, sehe die Wolken, den Mond und die Sterne – es sind dieselben Sterne und der gleiche Mond, die in der Heimat leuchten. Am Morgen wache ich auf, erzähle der Mutter von meinen Sehnsüchten. »Alles nur ein Traum«, höre ich sie sagen. »Aber, was man die erste Nacht in einem fremden Bett träumt, geht in Erfüllung.« Ich wünsche mir nichts sehnlicher als das. Aber dann fängt meine Schwester wieder an zu quengeln:

»Mutti, wann fahren wir wieder zurück?« Die Mutter antwortet nicht. Ich sage: »Wir fahren nicht mehr zurück. Bei uns zu Hause sind jetzt die Russen, hast du das noch nicht kapiert?« Nein, das will meine Schwester nicht verstehen. Die Russen als Schreckgespenst. Warum sollten die Russen ein Hindernis für unsere Rückkehr sein?

Obgleich ich furchtbar leide unter der Flucht, dem Verlassenmüssen der Heimat, der Stätte meiner Kindheit, zeige ich meinen Schmerz und mein Leiden nicht öffentlich. Nur wenn die Nacht hereinbricht, weine ich bittere Tränen in mein zusammengerolltes Deckenkissen. Ich vermisse meine Freunde, die Verwandten und besonders Großvater so sehr, dass ich aufbrechen und nach ihnen suchen möchte.

Trotz des Krieges, der Not und Unterdrückung der Polen, der furchtbaren Ausrottung der Juden, all dem, was die Deutschen, meine Landsleute, den Menschen angetan haben, sehne ich mich nach meinen Kindheitsstagen in der Geborgenheit des Elternhauses zurück. Aber aus all dem bisher Erlebten spüre ich bald, dass es kein Zurück mehr geben wird. Ich beginne mich notgedrungen anzupassen an das allgemeine Streben ums Einrichten und Überleben.

Die Aufnahme der Flüchtlinge und Vertriebenen geht nicht problemlos vonstatten, wie sich jeder denken kann. Fünfzehn Millionen Flüchtlinge und Vertriebene, davon allein in der sowjetischen Besatzungszone etwa fünf Millionen aufzunehmen, ist eine Aufgabe von unüberschaubarer Tragweite.

Von fast anderthalb Millionen Deutschen aus Polen bleiben im Osten Deutschlands 260.000. Von dort ist es nicht so weit in ihre alte Heimat. Hunderttausende Flüchtlinge und Vertriebene finden dort Aufnahme, werden von den Einheimischen versorgt und betreut, bevor sie irgendwo eine dauerhafte Bleibe finden. Die meisten zieht es aber in die Westzonen. Doch der Krieg ist noch nicht beendet, das Chaos ist groß.

Die Menschen aus den Ostgebieten, besonders die aus Polen, sind stark verunsichert. Die Letzteren glauben kaum an eine Rückkehr. Ihre alte Heimat ist verloren. Der Hass auf alles Deutsche ist groß. Dafür ist zu viel geschehen. Aber die Schlesier, Ostpreußen und Pommern, die mit der Verschiebung der Front geflüchtet waren, hoffen, dass ihre Unterkunft hier nur vorübergehend sei.

Viele richten sich nur provisorisch ein, bis auch die letzten Deutschen ausgewiesen werden. Ihre Hoffnung geht vorerst verloren, flammt aber bald wieder auf. Sie können es nicht fassen und glauben, dass ihre Heimat für immer verloren ist.

»Das wird schon noch anders kommen«, melden sich vertrauensvolle Stimmen. »Lasst nur erst einmal Frieden werden.« Die Westalliierten nennen diese Aussiedlung sinnigerweise *Bevölkerungstransfer* und haben entscheidenden Anteil an diesen völkerrechtswidrigen Aktionen.

Der Krieg ist verloren, die Volksdeutschen müssen als die Ersten dafür büßen. Sie bleiben eine Randgruppe, die nun von allen umhergestoßen werden, in Ost sowie West. Die Verwaltungen und Institutionen in Stadt und Land, wo überall noch der Kriegszustand herrscht, sind mit der Flut der Menschen überfordert.

Da muss nicht nur zusammengerückt werden, um gemeinsam unter einem Dach leben zu können, da ist auch das Einstellen auf andere Kulturen und Mentalitäten, das Teilen der Toiletten, der Wasch- und Kochgelegenheiten. Da müssen die verängstigten und entwurzelten Menschen nach wochenlangem Umherziehen getröstet, Alte, Kranke und Gebrechliche behandelt werden. Mit einem Bett für die Nacht ist es nicht getan. Sie brauchen auch ein Stückchen Freiraum, den sie für sich beanspruchen können.

Und diesen Freiraum müssen die Wirtsfamilien für sich und ihre Familie aufgeben, besonders auf den Dörfern. Ein ganzes Volk muss aufgenommen und integriert werden.

Ein Volk aus Ost kommt zum Volk nach West. Beide sind ein Volk, aber das Volk aus Ost ist angesichts des Nochkriegszustandes, der Not und des Flüchtlingselends, kein willkommenes Volk. Die Integration wird noch Jahrzehnte dauern.

4 DEUTSCHE IN POLNISCHEN LAGERN

Was ist meinem Cousin Frieder und seiner Familie passiert? Sie wollten mit dem Flüchtlingszug heraus, doch der Zug ist überfüllt. Männer, die noch ein Gewehr tragen können, haben in dem Zug nichts verloren. SA holt sie heraus. Sie sollen den Volkssturm verstärken und die Russen aufhalten. Frieder und die Tante haben Glück. Eisenbahner aus Breslau haben einen LKW organisiert. Trotz furchtbaren Gedrängels kommen sie mit hinauf. Dresden ist als Treffpunkt ausgemacht, wo die Großeltern schon hingezogen sind. Bis Gleiwitz geht die Fahrt, dann überrollt sie die Front, die sich immer schneller nach Westen verlagert. Die Rote Armee hält Einzug in Gleiwitz, der Stadt des fingierten Überfalls auf den deutschen Sender. Ober- und Niederschlesien geht in den Besitz der Polen über. Frieder sitzt mit der Mutter in Gleiwitz fest.

Nach und nach ist etwas Ruhe eingekehrt. Die Flüchtenden überlegen, wie sie weiterkommen können, da erscheinen polnische Uniformierte. Unter ihnen ist der Jude Eismann aus Tomaszów, der im Konzentrationslager Treblinka gesessen und seine ganze Familie verloren hat. Wer kann es ihm verdenken, dass er besonders grausam vorgeht. Als er erfährt, dass diese Deutschen aus Tomaszów stammen, verhaftet er sie gleich. Die Gefangenen protestieren:

Sie hätten sich keines Vergehens schuldig gemacht.

»Nein, ihr Schwobbis habt nichts gemacht. Das kennen wir!«, sagt er drohend. Er schleppt die Mutter, Frieder und die Großeltern zum Verhör ins Landgericht. Sie können ihnen keine Verbrechen nachweisen, trotzdem verschleppen sie die Familie nach Kattowitz. Im Gefängnis werden sie getrennt und täglich verhört. Doch was können sie schon aussagen. Die Großeltern sind 69 Jahre alt, die Mutter ist 41, mein Cousin kaum fünfzehn. Es gibt kaum etwas zu essen, Krankheiten grassieren in den überfüllten Zellen – Rote Ruhr und Typhus. Die älteren Menschen sterben nach langen Qualen, auch die Großeltern meines Cousins.

Ganze Berge von nackten Leichen werden hinausgefahren und in großen Gruben einplaniert. Ärztliche Betreuung gibt es nicht. Ein reines Vernichtungslager, sagen die Überlebenden. Frieder kommt zur Zwangsarbeit ins zentrale Lager nach Jaworzno. Ein Barackenlager für Frauen, Männer, Jugendliche und Kriegsgefangene der Anders-Armee. Die polnischen Soldaten der Anders-Armee waren Freiwillige, die unter General Anders an der Seite der Engländer gegen die Hitler-Armee gekämpft hatten. Sie gelten trotzdem auch unter den Polen als Abtrünnige und bei den Russen als Verräter. Vor allem russische Kommissare sind für ihre Inhaftierung verantwortlich.

Frieder leistet Schwerstarbeit unter primitivsten Bedingungen in der Kohlengrube, aber mit dem Vorteil, dass man einen Brocken Steinkohle unter dem Mantel oder der Jacke verstecken und damit die Baracke heizen kann. Die Tante arbeitet mit zehn weiteren gefangenen Frauen auf einem Staatsgut in Słownicki, in der Wojwodschaft Krakau. Unzählige Zivildeutsche aus Polen und Kriegsgefangene werden nach Warschau zum Wiederaufbau der völlig zerstörten Stadt geschickt. Sie arbeiten bis zu vierzehn Stunden am Tag, erhalten kaum etwas zu essen. Das Deutsche Rote Kreuz setzt sich für die Gefangenen ein. 1947 kommen die ersten frei. Frieder und die Tante sind auch darunter. Der *Isolierte* Frieder Rosenberg muss sich bei der Staatsanwaltschaft – Strafkammer in Gleiwitz melden, nachdem er die Strafe verbüßt hat, von der er heute noch nicht weiß wofür. Im Entlassungspapier steht wörtlich:

Der Isolierte Frieder Rosenberg, verurteilt gemäß Aufnahmebefehl der Strafkammer in Kattowitz, wird am heutigen Tage entlassen.

Die Gründe der Verurteilung gemäß des *Aufnahmebefehls* und der Haft bleiben weiter im Dunkeln. Er soll die polnische Staatsangehörigkeit annehmen und als Traktorist auf einem Staatsgut ausgebildet werden, doch er weigert sich und beantragt die Ausreise nach Dresden. Das wird ihm nicht gestattet mit der Begründung: Junge Leute kämen dafür nicht in Betracht. Unter unsagbaren Schwierigkeiten und der Gefahr, erneut verhaftet zu werden, schlägt er sich zu Verwandten nach Dresden durch. Die Mutter kommt nach, der Vater ist auf der Flucht so wie viele andere umgekommen. Erst nach vielen Jahren können sie über ihre Inhaftierung und das Leid, das ihnen widerfahren, sprechen.

Nun sind wir in Thüringen. Wir wohnen auf der Finkenburg. Der Name passt zu der kleinen Straße auf der Anhöhe, die am nahen Feld endet. Dicke Birnen- und Apfelbäume begrenzen den hohlen Wiesenweg. Das Häuschen der Wagners ist aus Fachwerk, vergleichsweise und gegenüber den anderen Häusern gut gepflegt. Hinter dem Haus liegt die große Scheune mit eigener Dreschmaschine, dazwischen der große Misthaufen. Ein breites Tor führt ins Anwesen, und gleich rechts liegt die Tischlerei.

Aber von drinnen dringt kein Sägegekreisch nach draußen, kein Gebrumm der Hobel- oder Fräsmaschinen. Die Maschinen ruhen nutzlos, denn der Wagner muss das Vaterland verteidigen, auch in der Endphase noch seinen Kopf hinhalten. Die Bäuerin Marie bangt um ihren Mann, sie weiß nicht, ob er überhaupt zurückkehren wird. Schon seit Wochen keine Nachricht.

Wir haben nichts, keinen Teller, keinen Kochtopf, keine einzige Decke, kaum mehr als die Wäsche an unsrem Körper und das, was wir darüber auf dem Leib tragen. Das Nötigste, das wir fürs Leben brauchen, erhalten wir von unseren Wirtsleuten. In der Heimat ist man leichter der Ärmste unter den Armen, als in der Fremde der Arme unter den Ärmsten.

Die Bäuerin plagt sich Tag für Tag in Stall und Feld. Ihre abgearbeiteten Hände vermögen geschickt den Pflug zu führen, das Gespann zu lenken. Ein Gespann, das aus Kühen besteht. Pferde haben sie nicht, die können sie sich nicht leisten. Ich frage, womit sie das Feld bearbeiten. »Mit den Kühen natürlich«, lacht mich die Bäuerin an. Ich habe noch nie Kühe vor einem Wagen gesehen, stelle mir vor, wie die braunen Harzerkühe wiederkäuend und träge vor dem Ackerwagen dösen. Neugierig interessiere ich mich für den Kuhwagen, kann gar nicht glauben, dass sie ihn von der Stelle bekommen. »Das wirst du schon sehen«, sagt die Bäuerin. Ich sehe und staune. Die Kühe, das größte Kapital der Bauern neben dem Boden, gehen vor dem Wagen wie Pferde, nur etwas langsamer. Und dazu geben sie noch Milch.

Bäuerin Wisotzky mit Kuhgespann

Voller Sehnsucht erwarten wir den Frühling. Frühling im grünen Herzen Deutschlands, das nun unsere neue Heimat werden soll, Frühling auf der Finkenburg.

In den letzten Wochen, bevor die Ostfront unserer Stadt immer näher gerückt war, erhielten die Gestapoleute unserer Stadt feldgraue Uniformen. Sie wurden mit Sonderaufgaben betraut und Richtung Osten abkommandiert. Einige berichteten, dass es um Auflösung des Sicherheitsdienstes ging und die Vernichtung von Beweismaterial, andere sprachen von Bekämpfung der Partisanen und vom Einsatz an der Front. Ich habe es nicht herausbekommen, um welche Aufgaben es sich im Einzelnen handelte. Jedenfalls setzte sich Onkel Hanfried in dem Durcheinander der Frontlage ab und kehrte in die Stadt zurück. Seine Sorge galt dem Verbleib seiner Familie, der Frau und des Sohnes. Wo hätte er sie finden können, wenn nicht in ihrer Wohnung in der Warschauer Straße. Er muss höllisch aufpassen in seiner feldgrauen Uniform, nicht gefasst zu werden. Ein deutscher Soldat mitten im Chaos und Rückzug, den lässt man nicht unbehelligt laufen. Doch der Onkel missachtet die Gefahr, er muss seine Familie finden. Vielleicht ist sie noch hier. Vor der Wohnungstür angekommen, klingelt er vergebens. Niemand ist da. Nachfragen bei den Nachbarn, eine unverzeihliche Dummheit, die er besser nicht begangen hätte.

»Wo ist meine Familie?«
»Sie sind weg, geflohen«, wird geantwortet. »Wohin, weg?«
»Mit dem Transport nach Deutschland.« Die Antwort wird von bösen Blicken und einem barschen Ton begleitet. Der Onkel dankt kurz und macht sich davon. Er ist froh, dass seine Familie heraus ist und in Sicherheit. Doch an der nächsten Straßenecke halten sie ihn an und nehmen ihn fest. Woytek Raski, der Vater des ermordeten Lolek, hat erfahren, dass sie einen Gestapomann gefangen haben. Rasend vor Rache kommt er auf Onkel Hanfried zu und schlägt auf ihn ein.

»Du Nazischwein! Das ist für meinen getöteten Sohn, verrecke du Schwobb!« Sie müssen ihn zurückhalten, dass er ihn nicht erschlägt. Andere Polen dringen auf ihn ein, zerschlagen ihm das Gesicht, brechen ihm die Rippen, prügeln ihn halbtot. Das Sprichwort *Auge um Auge, Zahn um Zahn* bewahrheitet sich wieder einmal und *Wer den Wind sät, wird Sturm ernten!* Die Vorwürfe: Partisanenbekämpfung, Erschießung von Geiseln, Deportation der Juden. Das reicht für die Todesstrafe. Tod durch Erhängen! Sie wird vorerst angekündigt, bis das offizielle Gerichtsverfahren anberaumt wird. Doch bald haben die Russen das Sagen. Sie verbieten eigenmächtige Handlungen der polnischen Verwaltungen und Standgerichte. Einige Prozesse sollen zu Schauprozessen werden. Aber der Onkel kann sich verteidigen. Er spricht Polnisch und Russisch, führt an, dass er zwei Jüdinnen falsche Papiere besorgt und niemanden eigenhändig erschossen habe. Das habe die SS und das Polizeibataillon getan. Außerdem sei er polenfreundlich eingestellt gewesen, allein schon durch die Heirat mit einer Polin. Nun muss er detailliert Auskunft geben, Namen und Einzelheiten preisgeben. Schon bald wird die Richtigkeit seiner Angaben bestätigt, die Todesstrafe aufgehoben, der Onkel begnadigt und zu lebenslanger Haft verurteilt. Doch das Gefängnis in Radom wird ihm zur Hölle. Die Wärter sind so grausam wie die deutsche SS und üben furchtbare Rache. Diese Gestapoleute kommen ihnen gerade recht. Trotz der Verurteilung durch die Russen werden die Verhöre fortgesetzt. Kleine Bunkerräume werden zu Folterkammern. Den Höhepunkt der Grausamkeiten erfahren die Gefangenen in der Tröpfchenkammer.

Unter einem Wasserschlauch, der an der Decke befestigt ist, sitzt der Gefangene festgeschnallt auf einem Stuhl und muss die Prozedur des stetig tropfenden Wassers auf seinem kahl rasierten Schädel über sich ergehen lassen. Eine Methode, abgeschaut von der Gestapo, in ihren Verhören angewandt. Die polnischen Wärter sind in ihren Grausamkeiten erfinderisch. Immer mehr neue Foltermethoden, die hier kaum anzuführen sind, müssen die Gefangenen über sich ergehen lassen. Ich erfahre das alles erst viel später. Niemand durfte bei Strafe einer erneuten Verhaftung darüber sprechen.

Der Onkel ist bald ein gebrochener Mann, getrennt von der geliebten Familie, in der alten Heimat im Gefängnis, mitten in seinen besten Jahren. Eine lebenslange Abgeschiedenheit und Eingesperrtheit liegen vor ihm. Wie soll er diese Zeit verkraften, ohne das Wissen um seine Lieben.

Wie schon angeführt, machen sich nicht alle Deutschen auf die Flucht. Von den Dreizehntausend in der Stadt und Umgebung bleiben etwa Zweitausend da. Ins Gedächtnis kommen die Worte: Wir haben niemandem etwas getan, wir haben nichts zu befürchten. Aber *Die Rache wird über euch kommen* spricht der Herr, und *die Rache wird fürchterlich sein*. Auf die Deutschen wird eine Hetzjagd entfacht, die nur mit der auf Juden zu vergleichen ist. Selbst die Kinder aus deutsch-polnischen Ehen haben schwer zu leiden. Die Mutter, der Vater, oder beide Eltern müssen sich schnell entscheiden. Wer die polnische Staatsangehörigkeit nicht annehmen will, bekommt einen Tritt und fliegt aus dem Land. In den Schulen werden die Halbpolen verächtlich als *Schwobbkys* beschimpft und als Nazis verteufelt. Meine Cousins, die Kinder von meinem Patenonkel Karl, der 1944 an der Ostfront gefallen ist und der Polin Tante Zofia, können ein Lied davon singen. *Goebbels-Kinder* werden sie genannt. In der polnischen Schule werden sie unterdrückt und verachtet. Man behandelt sie wie Ausgestoßene, ähnlich wie vormals die jüdischen Schüler. Ein Deutscher ist gebrandmarkt, so ein *Schwabe* gilt als entrechtet. Erst nach und wird die Lage erträglicher, doch vollwertige Mitglieder der polnischen Gesellschaft werden sie erst nach langer Zeit. Als sie volljährig waren und sich auf ihr Deutschtum besannen, war nichts mehr rückgängig zu machen. Schnell wurden sie zum Militär eingezogen, und dann war es vorbei. Selbst in die DDR durften sie nicht einreisen, um dort arbeiten zu können.

Tante Zofia hat eine besondere Art Strafe für die Heirat mit einem Deutschen zu verbüßen. Sie muss Steine durch die Stadt karren. Unentgeltlich mit anderen Frauen, die wie sie einen Deutschen geheiratet haben. Der schwere Holzkarren, mit Eisen beschlagen, holpert durch die Straßen der Stadt. Öffentliche Verhöhnung und Verspottung als *Deutschschlampen* ertragen die schuftenden Frauen mit zusammengebissenen Zähnen und unter äußerster Kraftanstrengung. Aus den Steinen werden die Traversen des neuen Stadions errichtet. Dieser Art Sühne für das Deutschtum währte über ein halbes Jahr, erst dann gab es Erleichterung der Arbeit und Lebensmittelkarten.

Krolls Luisa, die Schwester meines Freundes Anton, bleibt in der Stadt.

Sie will nicht hinaus in die Fremde, will ihren polnischen Freund nicht im Stich lassen. Sie glaubt, dass man ihr nichts vorwerfen oder anhaben kann, denn mit den Nazis hatte sie nichts zu tun gehabt. Aber da hat sie sich gründlich verrechnet. Schon gleich nach dem Einmarsch der Russen wird sie ins Lager geworfen. Neben der Tuchweberei in Wilanów, wo mein Vater gearbeitet hatte, wird ein Arbeitslager eingerichtet. Ein Lager für Deutsche, ähnlich einem Konzentrationslager. Etwa 1500 Deutsche, über die Hälfte Frauen, werden dort zusammengepfercht. Ausnahmen werden nur bei Kranken gemacht, die nicht laufen können. Die Mutter von Luisa, Johanna, kommt nach Potulice, in eines der größten Lager im Norden Polens, in der Nähe von Bromberg. Von 1941 bis 1945 waren in dem Zweiglager des Konzentrationslagers Stutthof Polen eingesperrt worden. Von 1945 bis 1950 Deutsche. Vornehmlich Volksdeutsche, ehemalige polnische Bürger deutscher Nationalität. Luisas Vater, Walter Kroll, holen ein paar Polen ab. Einer hält drohend ein Gewehr in den Händen. Er hat im Lager Majdanek gesessen und ist nun auf Rache aus. Sie holen die Deutschen aus den Straßen und Wohnungen heraus, prügeln sie fast zu Tode. Da Walter Kroll nicht laufen kann, zerren sie ihn zu einer Lehmgrube und erschießen ihn dort. Die anderen Männer werden halb erschlagen in einen Keller gesperrt. Von ihnen kommt keiner mehr zurück.

Einen meiner Schulkameraden, Hinrich, gerade mal zehn Jahre alt geworden, bringen sie mit seiner Mutter in das schnell eingerichtete Lager in der Stadt. Einige Passanten gaben den sich zur Miliz Aufschwingenden, mit Gewehren und langen Gummiknüppeln Bewaffneten und durch die Straßen Patrouillierenden den Hinweis: Das sind Deutsche.

Wahllos, wo immer Deutsche aufgegriffen werden, schleppt man sie in das Lager. Sie pferchen die Deutschen zusammen. Kaum sind die ersten Tage vergangen, beginnen die Verhöre: Parteizugehörigkeit, Polizei, Gestapo? Der kleinste Verdacht, dass jemand irgendetwas mit den Organisationen zu tun gehabt, reicht, ihn in das berüchtigte Kleingefängnis Sapiecka, am Stadtrand, zu werfen. Von dort kommt kaum einer zurück. Die häufigste Todesursache lautet: Nierenversagen.

Aus dem eigens eingerichteten Folterkeller im Arbeitslager hört man Schreie. Hinrichs Mutter ist vor Schreck wie erstarrt – sie wird geschlagen wie ein Stück Vieh. Mit den polnischen Nachbarn hat sie gut zusammengelebt, sie haben Freud und Leid geteilt. Der Sohn muss es nun mit ansehen. Er schreit auf und will sie schützen, da treffen ihn die Schläge selbst. Ein Wachhabender, der die Familie kennt, setzt sich nach einigen Wochen für den Sohn ein, für die Mutter kann er nichts tun. Aber wo soll der Junge hingehen? Da erbarmt sich eine in einfachsten Verhältnissen lebende polnische Nachbarsfamilie. Sie nehmen ihn auf wie einen Sohn, nennen ihn auch so. Jahrelang haben sie ihn ernährt, Essen auch für die Mutter zusammengekratzt und -gebettelt.

Verbliebene Nachbarn, Polen, bringen den Gefangenen etwas Brot, manchmal auch Suppe ans Lagertor. Die Portionen sind mit Namen markiert. Nach der Kontrolle dürfen die halb verhungerten Gestalten das für sie bereit gestellte Essen abholen. Bald geht es zur Arbeit hinaus aus dem Lagertor. Harte Arbeit im Kalkbruch und beim Kohleschippen. Aus deutschen Lagern zurückkehrende Bewacher sind besonders grausam. Sie wollen nur eines: Rache. Wer kann es ihnen verdenken. Was haben die Deutschen mit ihnen gemacht?

Der Gefangenenzug ist zweihundert Meter lang. Marschiert wird in Viererreihen. Zwischen den Frauen und Männern muss eine knapp zehn Meter lange Lücke gelassen werden. Vereinzelt fordern wieder produzierende Betriebe deutsche Facharbeiter an, Webmeister und Handwerker. Sie brauchen die bewährten Kräfte für die Wiedereinrichtung der Produktion, die zuvor meist von Deutschen betrieben wurde. Diese dürfen nach und nach Anträge auf Entlassung stellen, die je nach Willkür befürwortet oder abgelehnt werden. Eines Tages meldet sich eine Rot-Kreuz-Kommission aus Schweden an. Prompt wird das Essen besser. Statt der ständigen Grütze gibt es auch mal Kartoffelgerichte. Sogar Fleisch von kranken und notgeschlachteten Tieren wird zur Verfügung gestellt. Ab 1947 dürfen ausgewählte Personen bei Zahlung eines gewissen Geldbetrages einen Anwalt beauftragen, der eine Freilassung erwirken kann. Nach viereinviertel Jahren ist Hinrichs Mutter eine verstörte und gezeichnete Frau. Sie brauchte Jahre, um das Erlebte zu verkraften. Hinrich bleibt vier Jahre in der Stadt, in der Nähe seiner Mutter, ohne Schule, immer mit der Angst und der Ungewissheit vor dem morgigen Tag. Dank seines Beschützerinstinkts, der Hilfe polnischer Nachbarn, bleibt die Mutter am Leben. Die Überlebenden, die freikommen, wissen nicht, wo ihre Angehörigen sind. Sie irren in dem Land umher, schlagen sich zur Grenze und hauptsächlich zu den Westzonen durch.

So einen starken Jungen wie Hinrich bringen auch vier versäumte Schuljahre nicht von seiner Linie ab. Er hat das Lager durchgemacht, vier Jahre bei fremden Leuten gelebt, nun schreckt ihn auch das Leben in einem fremden Land, in den Westzonen, nicht ab. Mit großem Fleiß holt er alles nach. Nach Beendigung der Schule nimmt er ein Ingenieurstudium auf. Als ich ihn viele Jahre später treffe, sprudelt es nach langem Zureden aus ihm heraus. Mit Tränen in den Augen erzählt er mir seine Geschichte. Die Geschichte seiner Qual und seines Erfolges. Ich kann trotz allem keine Bitternis in seinen Worten finden, keine Anzeichen von Hass oder Rachegelüsten. Wie groß meine Achtung vor solchen Menschen ist, brennt sich tief in meine Seele ein. Ich denke an mein eigenes Schicksal, das doch um so viel mehr günstiger verlaufen ist. Dafür bin ich unendlich dankbar.

Schließlich verschleppen sie eine Anzahl Gefangener nach Swiętochłowice. In diesem Lager sind meist Hitlerjungen, BdM-Mädel und auch einige Mitglieder des Jungvolks eingesperrt worden, die man aufgegriffen oder ihren Eltern entrissen hatte. Der Lagerkommandant ist ein ehemaliger jüdischer KZ-Insasse. Seine beiden Eltern sind im KZ umgekommen. Später hat sich herausgestellt, dass sie von Polen erschossen worden sind. Er äußert sich offen, dass er an den Deutschen furchtbare Rache nehmen werde. Mit einem Schemel schlägt er auf halbwüchsige Jungen ein. Wenn er richtig trifft, kommt es vor, dass einem der Schädel eingeschlagen wird. Doch damit noch nicht genug. Aus Menschenleibern lässt er eine Pyramide bauen. Vier Menschen quer, dann wieder längs, bis die unteren fast erdrückt werden. Als die gequälten Gestalten sich kaum noch rühren können, lässt er sie im Kreis marschieren und Hitlerlieder singen.

Was aber ist mit Luisa geschehen? Sie war siebzehn oder achtzehn Jahre alt, als man sie von den Eltern wegtrieb. »Die ist noch für eine Lagermatratze gut«, sagt ein grober Kerl des polnischen Sicherheitsdienstes. Nacht für Nacht holen sie das Mädchen aus der Baracke, vergewaltigen es brutal. Unsägliche Qualen muss Luisa erleiden. Bald wird sie schwanger, kann die Demütigungen und Schändungen nicht mehr ertragen. Noch vor der Geburt des Kindes, schneidet sie sich mit einer Glasscherbe die Pulsadern auf. Luisa, das engelsgleiche Wesen, mit dem großen Vertrauen auf Menschlichkeit und Güte, die einmal als polnische Richterin arbeiten wollte, stirbt den Tod der sinnlosen Rache.

Luisa

In der Nacht des 13. April 1945, die Russen sind schon längst weitergezogen, poltert es an der Tür bei Retzigs. Miliz des polnischen Sicherheitsdienstes steht vor der Tür. Die ganze Familie wird aus der Wohnung gestoßen und in das Lager von Wilanów verbracht. Bis zum Kriegsende haben sich die Polen relativ friedlich verhalten, aber als die Kirchenglocken den Sieg über Hitlerdeutschland einläuteten, verwandelten sich einige Nachbarn in Räuber und Totschläger. Den Lagerinsassen werden die Haare abgeschnitten, und sie werden am ganzen Körper rasiert. Mit gelber Farbe wird ihnen ein großes N auf die Kleidung gemalt. N – das heißt *Nemec* (Deutscher). In Wilanów war während des Krieges die deutsche Luftabwehr stationiert, und alle Maschinen, die Kunstseide gewebt hatten, waren abmontiert worden. Die Häftlinge müssen die Maschinen nun wieder aufbauen.

Da sie der Montage unkundig und wenig geschickt bei der Arbeit sind, werden sie schikaniert, geschlagen und gedemütigt. Einzelne kommen zur Kohledeponie, müssen bis zur völligen Erschöpfung Kohle schippen, auf- und abladen. Über den Kohlearbeitern hängen die Kräne, werden aber nicht benutzt, weil die Menschen sich abplagen sollen. Manche sind auch kaputt. Es gibt nicht genügend Wasser. Am Abend sinken die Häftlinge, von Ruß geschwärzt und todmüde, auf die Pritschen. Einige Ältere sind an dieser Arbeit schon am Anfang fast zerbrochen. Für jede Kleinigkeit wird gestraft. Sobald einer Deutsch spricht, wird er mit Bunker bestraft. Ständig wird mit dem Knüppel gedroht. Einige Männer und junge Frauen müssen vor der Miliz wie Frösche umherhüpfen. Schließlich dürfen wenigstens die Männer duschen. Erst mit heißem Wasser, dann werden sie mit eiskaltem Wasser abgespritzt.

Manche ertragen die Temperaturunterschiede nicht, fallen in Fieberkrämpfe und Schüttelfrost. Etliche sterben einige Tage später an Lungenentzündung. Welche Qual die Gefangenen erleiden mussten, wie viel Bitternis sie erfuhren, kommt in folgendem Gedicht zum Ausdruck, das eine ältere Frau geschrieben. Ihr Name ist nicht überliefert:

Lager Wilanów

In Tomaszów Mazowiecki eine Seidenfabrik steht,
da schuften wir Deutschen von morgens bis abends spät.
Wir schaufeln Kohle und Koks auch zugleich.
Ach, glaubt mir, ihr Lieben, wir haben's nicht leicht.

Was haben wir Deutschen nur Schlimmes verbrochen,
unsere Herzen, die schmerzen und sind fast zerbrochen.
Fahrt mich nach Deutschland auf reichseigene Kosten,
es sollen die Schaufeln im Speicher verrosten.

Wir sollen bald heim in ganz kurzer Zeit,
doch die noch bleiben müssen, tun mir heute schon leid.
Ach, Gott, lieber Vater, erhör unser Flehn,
erbarme dich unser, lass die Lieben uns sehn.

Einige jüngere und noch gesunde Frauen kommen ins Lager Sikawa, in der Nähe von Łódź. Sie müssen Kalk ausladen. Der ungebrannte Kalk zerfrisst die Hände, greift die Gelenke an. Marthes Hände sind eine einzige blutige Masse. Sie geht zu dem jüdischen Arzt im Lager. Der zieht ein erstauntes Gesicht. »Weißt du, wie uns die Deutschen behandelt haben?« Er gibt sich die Antwort selbst: »Mit Gas! Für euch kommt auch nur das Gas infrage.« Mit dieser Drohung schickt er sie weg.

Im April 1945 kommt Pastor Gastpary ins Lager, um seine ehemaligen Schäfchen, die deutschen Inhaftierten zu besuchen. Er ist noch sehr verbittert, denn er hat selbst fast sieben Jahre im KZ Dachau zugebracht und

Schlimmes erleiden müssen. Im Pfingstgottesdienst für die Deutschen hat er nur wenige Worte des Trostes. Kein Wort über das Unrecht, welches ihnen geschieht. Er spricht lediglich von seinen ehemaligen Schülerinnen und Schülern, den Konfirmanden, die er vor sich sieht:
Nach fast siebenjähriger Gefangenschaft bei den Deutschen im Reich, komme ich zu euch wie aus einer anderen Welt. Auch ich habe Schreckliches durchgemacht. Ihr müsst nun euerseits büßen für all die Untaten, die begangen wurden. Gebe euch der Allmächtige die Kraft dazu, dies hier zu überstehen. Amen. Nach der Erteilung des Abendmahls geht er wieder. Die Gefangenen sind enttäuscht. Sie haben sehnlichst erhofft, dass der Pastor ihnen helfen könnte, denn mit den Untaten hatten sie nichts zu tun gehabt und konnten sie auch nicht verhindern. Ob er für die Unglücklichen ein gutes Wort eingelegt hatte, ist nicht verbrieft. Wahrscheinlich konnte oder wollte er es auch nicht, denn an ihrer Lage hat sich kurzfristig nichts geändert.

In Śikawa kommen welche zum Straßenbau und zur Arbeit im Forst. Dort müssen sie Bäume fällen, zersägen und Stämme schleppen. Kinder, die geboren werden, sterben bald darauf – die Mütter werden gleich wieder an die Arbeit getrieben. Die Baracken sind ungeheizt, Fenster dürfen nicht geschlossen werden, weil die Aufseher den Gestank nicht ertragen können. Einigen Männern werden undefinierbare Impfflüssigkeiten gespritzt. Sie sterben danach oft an Blutgerinnung. An diesen Versuchen stirbt auch Martin Retzig.

Ein großer, schwarzer Sarg steht in der Mitte des Lagers. Wenn er mit Toten vollgepackt ist, wird er weggekarrt. Ein Feldscher aus der Stadt, der die Familie Retzig gut kennt, erklärt die Ursache für die Aufstellung des Sarges: *Koperta* (Briefumschlag), mit dem die Toten weggeschickt würden. Die Toten werden in eine Grube geworfen und von den Bewachern verscharrt. In den Lagern werden Totenlisten gestrichen. Niemand soll erfahren, dass so viele umgekommen sind.

Wenn die Bewacher Langeweile haben, lassen sie die meist evangelischen Deutschen fromme Lieder singen. Wenn der Gesang zu leise ist, müssen sich die Gefangenen auf den Rücken legen und weitersingen. Klappt es auch dann noch nicht, trampelt der Kommandant Piwowarski auf den Körpern herum. Eines Tages denkt er sich eine der furchtbarsten Demütigungen aus, so der Bericht einiger Insassen.

Er befiehlt einigen speziell *Auserwählten*, die erschossenen polnischen Geiseln auszugraben, mit bloßen Händen die Leichen zu säubern, in vorbereitete Särge zu legen und ehrenvoll zu begraben, wo ihnen später ein Denkmal gesetzt wird. Einige Gefangene berichteten, dass sie sogar die Gesichter der Toten ablecken mussten.

Die Gefangenen – keiner hat jemals etwas mit den Erschießungen zu tun gehabt, nicht einer, der sie gebilligt hätte – dürfen sich danach nicht waschen. Tagelang hängt der Verwesungsgeruch in den Kleidern und Zellen, bis ihn nicht einmal mehr die polnischen Bewacher ertragen können. Bis zur totalen Erschöpfung müssen die Totengräber ihre Zellen schrubben. Erst dann geben sie den entrechteten Deutschen neue Kleider.

Wanzen und Läuse verbreiten ansteckende Krankheiten wie in den Konzentrationslagern bei den Deutschen. Vor allem Typhus. Die Polen haben furchtbare Angst davor.

Sie befehlen den Häftlingen, sich nackt auszuziehen und bestreuen sie mit dem giftigen Puder DDT. Inzwischen sind die Maschinen in der Seidenfabrik aufgestellt worden. Jetzt beginnt wieder die Seidenproduktion. Die Arbeit ist nicht mehr so schwer.

Aber Marthe kommt ins Betonwerk nach Kadow zu den Russen. Die Russen harmonieren mit den Polen nicht und umgekehrt. Sie verfolgen ihre eigenen Interessen. Nicht selten übernehmen sie die Verfügungsgewalt über die deutschen Zwangsarbeiter. Manchmal werden sie sogar aus Strafanstalten herausgeholt. Das gibt Streit und Misstrauen. Die Befreier erweisen sich als Bevormunder und Unterdrücker. Sie sind die eigentlichen Sieger, das lassen sie deutlich erkennen. Bald übernehmen sie auch die Strafgerichte. Dort kommen die Deutschen oft besser weg, als bei den Polen.

Der von den Deutschen Gefangenen errichtete Siegesobelisk auf dem Marktplatz

In Kadow wird Marthe mit anderen Häftlingen gezwungen, das Denkmal auf dem Marktplatz zu errichten. Grabmale auf dem deutschen Friedhof werden abgerissen, zerschlagen und behauen. Vor allem die des Teppichfabrikanten Müller. Aus dem kostbaren Marmor wird ein Denkmal des sowjetischen Sieges und zum Gedenken an dessen Opfer errichtet. Später wird es von den Polen wieder abgerissen. Die Arbeit bei den Russen ist schwer, aber es gibt etwas mehr zu essen, und die Deutschen werden keinen Schikanen mehr ausgesetzt. Im Lager Śikawa sind auch Halbpolen, die kaum ein Wort Deutsch sprechen können. Sie werden *Kolczykowane* genannt (Ohrringträger). Können sie eindeutig nachweisen, dass sie von Polen abstammen, bekommen auch sie Lebensmittelkarten. Am 31. April 1947 wird Marthe entlassen. Sie muss eine Schweigeerklärung unterschreiben, dass sie nichts über das Lager verbreiten wird.

Ihre Mutter in Potulice wird ebenfalls erst so spät entlassen, weil sie sich weigert, die polnische Staatsangehörigkeit anzunehmen. Viele dürfen aus Polen nicht heraus, wenn sie sich nicht zum Polentum bekennen. Deutschsein zählt nicht mehr. Auch dass die Deutschen einst von den polnischen Grafen und der Staatsregierung gerufen wurden, ist vergessen. Eine furchtbare Zeit geht erst 1950 dem Ende entgegen. Eine Zeit der ausgelassenen Wut an den Deutschen, eine Zeit der Vergeltung und Rache, zumeist an Unschuldigen, an Gutgläubigen, die an das Gute im Menschen glaubten und vertrauensselig waren.

Deshalb waren sie auch geblieben. Sie hatten auszubaden, was der Nationalsozialismus angerichtet hatte. Meist wurde nicht einmal gefragt, wer oder was diese Menschen waren oder was sie getan hatten. Ein deutscher Pass reichte schon.

Wer kennt die Namen, wer erfuhr von der Verzweiflung, von der Demütigung und Schmach. Insgesamt kamen etwa 120.000 Deutsche aus Polen in die polnischen Lager, in denen zuvor meist Polen und Juden gesessen hatten. Davon fanden mehr als 20.000 den Tod.

Die polnische prokommunistische Regierung beschloss schon Ende 1944 ein Gesetz zum Ausschluss jener Deutschen aus der polnischen Volksgemeinschaft, die sich nicht zum polnischen Volkstum bekennen wollten. Sie sollten zur Internierung in Lagern und zur Zwangsarbeit herangezogen werden. Diesen Weg beschritten die Verwaltungen konsequent bis zum Ende.

Bereits vor dem Potsdamer Abkommen wurden mehr als 100 Erlasse und Dekrete verkündet, welche die ethnische Austreibung der Deutschen zum Inhalt hatten. In dem Manifest vom 22. Juli 1944 heißt es unter anderem:

Durch ganz Polen geht ihr Marsch (der polnischen Soldaten) *gemeinsam mit der sowjetischen Befreiungsarmee, um Rache an den Deutschen zu üben, solange bis die polnischen Fahnen in den Straßen der Hauptstadt des dreisten Preußentums, in den Straßen Berlins gehisst werden. Auf zum Kampf um die Freiheit Polens, um die Rückkehr des alten polnischen Pommern und des Oppelner Schlesierlandes zum Mutterland, um Ostpreußen und einen breiten Zugang zum Meer, um polnische Grenzpfähle an der Oder einzuschlagen. In diesen befreiten Gebieten darf kein Deutscher verbleiben.*

Diese Worte bezeichnen klar und deutlich, was man beabsichtigte, bevor auch nur ein einziger Beschluss der Alliierten vorlag. In den Vertreibungsgebieten und auf der Flucht fanden Millionen den Tod. Sie wurden hingemordet beim Einmarsch der Russen, erschossen, erschlagen in der Tschechoslowakei, in Polen und Jugoslawien. 680.000 Deutsche erlitten den Tod in den Konzentrationslagern der sowjetischen Besatzungsmacht. Unzählige deutsche Kriegsgefangene verhungerten vor allem in russischer Gefangenschaft. Das deutsche Volk verlor blühende Landschaften, Dörfer und Städte, die es in fleißiger und unermüdlicher Arbeit in Jahrhunderten aufgebaut hatte. Mit der freien Hansestadt Danzig betrug das verlorene deutsche Territorium annähernd 120.000 Quadratkilometer, während das stalinistische Regime, das Riesenreich der Sowjetunion, mehr als doppelt so viel dazugewann. Die Vermögensverluste der Deutschen an Industrie- und Privatvermögen betragen ca. 600 Milliarden Mark. Das Recht des Siegers, des Stärkeren, kam hier wie fast überall in der Welt zum Tragen. Doch was haben die Sieger daraus gemacht? Fruchtbare Äcker sind von Unkraut und Sträuchern überwuchert, Häuser und Kulturstätten verfallen. Die Menschen hocken in kleinen Wohnlöchern, erhalten kaum Lohn und haben Mühe, nicht verhungern zu müssen. Vor allem in Ostpreußen, aber auch in anderen russischen Gebieten. Die Polen, die die deutschen Gebiete von Deutschen entvölkern und in Beschlag nehmen, nennen ihre Aktionen *Repolonisierung*. Doch wie können sie das, wie können sie mit einem Federstrich die über 700-jährige Kultur und Vergangenheit der Deutschen in eine polnische umschreiben?

Über die Gräueltaten und Verbrechen der Deutschen, über die Zerstörung in den Ostgebieten ist zur Genüge geredet und berichtet worden, möge man auch das zur Kenntnis nehmen, was von der anderen Seite geschah. Nur, möge niemand abzuwägen beginnen: Der Eine hat mehr Schuld und der Andere weniger Schuld auf sich geladen. Altes Unrecht ist nicht mit neuem Unrecht aufzurechnen. Das Unrecht der Vertreibung, der Enteignung von rechtmäßig erworbenem Besitz, von Grund und Boden, darf nicht rechtens und für alle Zeiten so dargestellt und erklärt werden werden. Aber möge niemand vergessen, dass größenwahnsinnige Deutsche es waren, die den Krieg angezettelt und die Menschen zuerst in die Vernichtungslager getrieben hatten. Dass fast jeder vierte der Polen, als so genanntes *Slawisches Ungeziefer* betrachtet, den Nazis zum Opfer gefallen ist. Niemandem dürfte es leicht fallen dies als Rechtfertigung abzutun. Aber man darf die Wahrheit nicht unterdrücken und behaupten, dass nur Deutsche Grausamkeiten begangen hätten. An der Schwelle des Jahres 2000 und darüber hinaus, ist es nun an der Zeit wie an den Gräbern von Potulice Versöhnung zu üben. Versöhnung über alle Gräber hinweg. Versöhnung mit der Hoffnung auf dauerhaften Frieden und gute Nachbarschaft zwischen Deutschen, Polen und anderen Völkern. Versöhnung mit dem Ausblick auf eine gute Zukunft in einem freien und toleranten Europa ohne überheblichem Dünkel, Voreingenommenheit und Rassenhass. In einem Europa gleichberechtigter Menschen, in dem die Reichtümer allen Menschen gleichermaßen zugute kommen. In einem Europa ohne Ausgrenzung, in dem auch ärmere Länder einen Platz haben. In einem Europa ohne Zementierung der Grenzen, sondern deren Überwindung. In einem Europa mit sauberer Luft, klaren Flüssen, in welchem Klimaschutz an erster Stelle steht.

5 IM GRÜNEN HERZEN THÜRINGEN

Der Alltag beginnt, heimgekehrt in ein fremdes Land. Wir Deutschen sind herausgerissen worden aus unserer ursprünglichen Heimat, sind nach Deutschland gekommen – unsere Heimat in Polen ist verloren. Zwangsläufig müssen wir aufgenommen und untergebracht werden. Das ist mit einigen Schwierigkeiten verbunden, denn nicht jeder der Einheimischen ist gewillt, ein Stück zusammenzurücken und für die Fremden Platz zu machen. Wo der gute Wille ganz und gar fehlt, muss zwangseinquartiert werden. Das geschieht mit Hilfe des Klingelmanns und des Ortsgruppenführers.

»Vergesst nicht, das sind ebenso Volksgenossen wie ihr«, ist seine Rede. Nun müssen die Volksgenossen registriert und integriert werden. Das Letztere sollte noch einige Zeit in Anspruch nehmen. Und gleich hat man einen Namen für uns: *Evakuierte, Umsiedler* oder sogar *Welsche*. Nur das Wort »*Vertriebene*« war tabu. Welsch ist hier die Bezeichnung für alles Fremdländische, hier nennt man auch ein wenig Verrückte welsch. Doch einerlei, ob evakuiert, umgesiedelt oder vertrieben, wir können nichts daran ändern. Nach der Registrierung gehören wir nun zum Dorf wie jeder andere. Und wir haben fast schon vergessen, dass noch Krieg ist. Registriert, bedeutet Arbeit für die Männer, teilweise auch für die Frauen und Schule für die Kinder. Der Vater bekommt natürlich keine Buchhalterstelle, sondern eine Arbeit als Gutsarbeiter. Das Gut ist der größte Arbeitgeber im Dorf. Gutsarbeiter zu sein bedeutet, ein Deputat zu bekommen und Deputat bedeutet Essen, und Essen bedeutet nicht hungrig herumlaufen zu müssen. Wir Kinder müssen nun zur Schule. Wie werden uns die einheimischen Kinder aufnehmen? Wie sind die Lehrer? Die Mutter schickt uns mit lehrreichen Ermahnungen auf den Weg:

»Seid brav und artig, freundet euch mit den anderen Kindern schnell an, dann werdet ihr gut aufgenommen. Zeigt, dass ihr in der Oberschule etwas gelernt habt!« Doch was haben wir gelernt, angesichts des KLV-Lagers, bei dem ständigen Auf-der-Flucht-sein? Es ist so viel verloren gegangen von dem, was wir gelernt haben, dass wir fast wieder von vorn anfangen müssen. Was nützt uns, dass wir Polnisch sprechen können. Polnisch wird hier nicht gemocht, es wird gleichgesetzt damit, auch selbst Pole zu sein. Das Wort *Polendeutsche* wird hier nicht gebraucht, für viele der Einheimischen sind alle, die aus diesem Land kommen, Polacken.

Die Mutter streicht uns noch einmal übers Haar, legt die Zöpfe von meiner Schwester Herta zurecht, bindet eine Schleife hinein und schickt uns los. Die Dorfstraße belebt sich mit Kindern, die alle den gleichen Weg haben. Unterwegs scheue Blicke von hüben nach drüben und umgekehrt. Die Schule liegt am Berg hinter der Kirche. Sie ist direkt daran angebaut. Klein und unscheinbar verbirgt sie sich hinter dem Gotteshaus, besteht aus zwei großen Klassenräumen, von denen der Raum für die Schuljahre eins bis vier sich im Obergeschoss befindet. Vor dem großen Schulportal bleiben wir befangen stehen. Kein üblicher Lärm, nicht ein lautes Wort. Einer der Einheimischen beginnt zu lachen, brummt wie ein Bär und zeigt auf den dicken Pelz eines gut gekleideten Mädchens. »Häste dän Bar in der Wallachei gefoangen?« Großes, befreiendes Gelächter. Das Mädchen verzieht seinen Mund. Doch dann scheint der Bann gebrochen. Stimmengewirr von schlesischen Lergen, ostpreußischen Mariellchens und Lorbassen, pommerschen Pommeranzen und einheimischen eichsfelder Plattstorjern wie beim Turmbau zu Babel. Ich möchte nicht in der Haut des Lehrers stecken. Wie soll der diese Meute unter einen Hut bringen, noch dazu im Abteilungsunterricht. Vier Schuljahre in einer Klasse, das war uns nicht geläufig. Wie sollte man dabei noch etwas lernen?

Hauptlehrer Blaskow lässt uns vor dem doppelflügeligen Schulportal antreten. Er ist sichtlich nervös, kratzt sich verlegen am Genick. Sein Gesicht ist gerötet, die kleine Nickelbrille rutscht ihm von den Augen. Sein kleiner, rundlicher Körper huscht seitlich der Reihe vor und zurück.

»So, fasst euch an den Händen und geht hinein!« Die Kleineren befolgen den Befehl sofort, die Größeren zögern. Keiner der Einheimischen denkt daran, die Fremden anzufassen, so als ob wir Aussätzige wären. Die Lehrerin lächelt. Sie führt die unteren Schuljahre nach oben. Im unteren Klassenraum, für die Schuljahre fünf bis acht, ist nicht genügend Platz für alle. Blaskow lässt Bänke vom Boden herunterschleppen. Alte Bänke mit schrägen Pulten und eingelassenen Tintenfässern, eingekratzten Namen und Sprüchen: *Hoch lebe der Kaiser! Heinrich ist doof!* Gepolter und Gedränge. Endlich kommen wir alle zum Sitzen. Ich komme neben Fritz Schmidt, einen ebenfalls evakuierten, etwas kräftigen Jungen. Er ist gutmütig, offensichtlich friedfertig und mir gleich freundschaftlich gesonnen. Er erinnert mich sehr an Tonni, meinen Freund, den ich verloren habe. Erste zaghafte Gespräche, leise Unterhaltung. Plötzlich die laute Stimme des Lehrers:

»Aufstehen, Heil Hitler!« Ein donnerndes Echo, vernehmlich und vorwiegend von den einheimischen Kindern. »Ein Lied!« Der Klassensprecher stimmt an: *Die Fahne hoch, die Reihen fest geschlossen, SA marschiert mit ruhig festem Schritt...* Das Horst-Wessel-Lied verklingt. Es kommt uns bekannt vor. An der Seite des Klassenraumes, rechts der von den in Reih und Glied ausgerichteten Bänken, hängt eine große Landkarte. Auf ihr ist der Frontverlauf eingezeichnet. Blaskow ergreift den Haselstock, den er als Zeige- und Prügelstock gleichermaßen benutzt, und fährt flüchtig über die Karte hin. Er zeigt uns die Stelle an der Oder, wo die Russen angeblich zum Stehen gekommen seien.

»Und bald werden sie zurückgeschlagen. Neue, schlagkräftige Wunderwaffen werden uns den Endsieg bringen!« Kaum dass er die Worte ausgesprochen, unterbricht Sirenengeheul sein dummes Geschwafel.

Damals wussten wir noch nicht, dass es dummes Geschwafel war, aber einige ahnten es schon. Viele einheimische Kinder glauben uneingeschränkt an die hochtrabenden Worte des Lehrers. Sie haben den Krieg noch nicht so hautnah erlebt wie wir, keine Luftangriffe erfahren, von Kinderlandverschickung kaum etwas gehört. Flucht und Vertreibung sind ihnen nicht geläufig. Der Krieg ist ihnen zwar gegenwärtig in Form von gefallenen Vätern, Brüdern und Verwandten, aber selbst gesehen haben sie ihn noch nicht, außer in der Wochenschau. Nun verschafft uns die Alarmsirene erst einmal ein paar freie Stunden. Bei Fliegeralarm dürfen wir nach Hause gehen, in unser neues Zuhause, das noch keines ist. Doch wir denken nicht daran. In lebhaftem Gespräch erörtern wir die Wunderwaffen, die nur wenige Kilometer von hier entfernt im Mittelbau Dora bei Nordhausen hergestellt werden. Um Gisbert, einen mittelgroßen, vorlauten Jungen, hat sich eine Gruppe Kinder geschart.

»Das sind Raketen, da liegt einer drin und saust durch die feindlichen Flieger einfach hindurch. Und peng, fliegt so eine viermotorige Festung einfach in die Luft!« Er ahmt eine Explosion nach. Wir verhalten ungläubig. Einer tippt sich bezeichnend an die Stirn.

»Du spinnst doch. Wenn da einer drin sitzt, fliegt er doch selber mit in die Luft!« Einige lachen belustigt auf. »Brauchst es ja nicht zu glauben. Aber mein Onkel arbeitet bei Messerschmitt in Kassel, und der muss es ja wissen.« Unsere Meinung ist gespalten. Doch der Mythos Wunderwaffe hat sich bei uns festgesetzt. Wenig später werden wir schnell von unseren Zweifeln abgelenkt. Bedrohliches Dröhnen, der sich im Anflug befindlichen Bomberstaffeln, ist zu vernehmen. Erst leise, dann immer lauter schwillt es zu ohrenbetäubendem Lärm an. Die Bomberstaffeln sind über dem Dorf. Wie riesige Raubvögel fliegen sie in kaum fünfhundert Meter Höhe über unseren Köpfen. Dresden, das Venedig des Nordens, ist ihr Verderben bringendes Ziel. Ganz deutlich sind in den Kanzeln die Flugbesatzungen zu erkennen. Vorn in der Kanzel kauert ein MG-Schütze hinter der Bordwaffe. Das Schauspiel hat etwas Gespenstisches, das beinahe wie aus einer anderen Welt anmutet. Sind das noch Menschen oder Wesen von einem anderen Stern, die ihre tödliche Last über Städten ausklinken, in denen kaum noch Leben ist?

Vor Furcht und Schrecken haben sich die Bewohner in die Keller geflüchtet, obgleich sie auf dem Dorf kaum etwas zu befürchten haben. Aber man kann ja nie wissen. Einige rufen nach ihren Kindern, doch die starren unentwegt nach oben und verrenken ihre Hälse dabei. Das Ungewöhnliche des Anblicks hat sie ihre Angst vergessen lassen.

Plötzlich tauchen über den Baumwipfeln des Waldes zwei deutsche Kampfflieger auf. Einer versucht, durch Sperrfeuer einer der fliegenden Festungen den Weg abzuschneiden, der andere stößt wie ein Adler auf sie herab und schießt aus allen Rohren. Ein Propeller fängt sofort Feuer, der viermotorige Bomber dreht, dicke Rauchschwaden hinter sich her ziehend, sofort ab. Er darf die anderen nicht in Gefahr bringen. Und nun erleben wir ein taktisches Manöver, Anschauungsunterricht in heldenhaftem Luftkampf deutscher Jagdpiloten. Von oben und unten stoßen sie mit aufheulenden Motoren wie Habichte auf den Bomber zu und versetzen ihm mehrere Treffer. Der Bomber kommt ins Trudeln, die Motoren stottern, die Rauchfahne wird breiter und quillt auch aus dem Rumpf hervor. Der brennende Bomber rast auf den Wald zu, eine laute Detonation folgt – Gejubel: »Abgeschossen, sie haben ihn abgeschossen!« Doch plötzlich stieben wir auseinander wie eine Schafherde, in die ein Wolf hineingefahren. Einige von uns wollen zu der Absturzstelle laufen, doch durch die Ungeheuerlichkeit, die auf uns zukommt, werden wird davon abgehalten. Einige Kinder werfen sich schreiend zu Boden, andere suchen Hals über Kopf das Weite. Aus einem der Flugzeuge hat sich ein großer, ovalrunder Gegenstand gelöst. Anfangs rast er in geradem, dann in schrägem Fall auf das Dorf zu.

»Eine Bombe, eine Bombe!« Dann ein Krachen und Bersten. Wir erwarten die furchtbare Explosion, die unausweichlich folgen muss, doch die bleibt wider Erwarten aus. Ungläubig, zaghaft, noch unschlüssig, was zu tun sei, erheben wir uns aus dem Staub der Dorfstraße. Was ist passiert? Wir stürzen der Abwurfstelle der vermeintlichen Bombe entgegen. Knapp am Ende des Dorfes, direkt an der Dorfschmiede, die sich am höchsten Punkt des Dorfes befindet, ist ein riesiger Benzintank niedergegangen. Er hat den Gartenzaun der Schmiede zerschmettert und die Staketen in hundert kleine Stücke zersplittert. Zerbeult ist er den Abhang heruntergerollt und im Hohlweg liegen geblieben, der zum nahen Wald führt. Das Unding, das so viel Aufregung und Angst verursacht, wird eingehend beklopft, befühlt und beschnuppert.

»Wie zwei übereinander gestülpte Bananen sieht das Ding aus«, sagt Günter, obwohl Bananen kaum einer gesehen hat. Er tritt mit dem Fuß dagegen. »Mann, wenn das 'ne Bombe gewesen wäre.« Als es nichts Neues mehr zu entdecken gibt, wälzen wir das Riesending, das so viel Wirbel verursacht hat, auf die Rückseite und dann vor die Schmiede. Auch einige Erwachsene haben sich eingefunden.

»Gott sei Dank«, seufzt eine Frau, »wenn das eine Bombe gewesen wäre und dann mitten ins Dorf. Nicht auszudenken!« Nach und nach zerstreuen sich auch die Neugierigsten, nur einige Kinder bleiben. Und zuletzt tritt der Schmied Leibeling auf den Plan.

»Das Ding könnte ich gut gebrauchen. Vielleicht als Regenwanne oder zum Abkühlen der glühenden Eisen.« Er entzündet ein Streichholz, wirft es in den Tank und macht einen Riesensatz zur Seite. Aus dem Tank schießt eine Stichflamme, die Riesenwanne springt ein Stück in die Höhe, explodiert an der Öffnung und reißt ein sternförmiges Loch hinein. Alle sind furchtbar erschrocken. Vorsichtig geht der Schmied heran und schneidet die Oberseite ringsherum heraus. Befriedigt über sein

Werk, nimmt er die Schutzbrille vom Gesicht und trollt sich wieder in die Werkstatt an seinen Blasebalg, denn das Feuer droht auszugehen.

Auch die letzten Kinder bummeln langsam unter lebhaftem Geschwätz nach Hause. Wenig später erfahren wir, dass sich einer der Piloten aus dem brennenden feindlichen Flugzeug durch Absprung mit dem Fallschirm gerettet haben soll. Aber Hitlerjungen des Nachbardorfes haben ihn aufgespürt und unter Triumphgeschrei dem Ortsgruppenführer überstellt. Eine heroische Tat, die mit gebührendem Lob belohnt wird. Dieser Lohn ist uns entgangen. Einige bedauern diese Tatsache.

Der Lehrer unternimmt den verzweifelten Versuch, alle Schüler zu integrieren. Das ist ungefähr so, wie wenn man Erbsen mit Bohnen kreuzt. Aber wie kann man das besser bewerkstelligen, denn durch Jungvolk und Hitlerjugend. Das sind ja alles Deutsche, also müssen sie durch das Band der Bewegung zusammengehalten und für die Bewegung nutzbar gemacht werden. Und sicher gibt es unter den Umsiedlerkindern Mitglieder des Jungvolks und der Hitlerjugend. Er fragt auch gleich: »Wer unserer Organisation angehört, der melde sich!« Einige Hände gehen nach oben. Nach längerem Zögern melde ich mich auch. Ein schon älterer Schüler stellt sich sogar als Bannerführer vor. »Das ist ja prima«, sagt Blaskow erfreut. »Also, am Sonnabend geht es los. Es kommt ein Jungbannführer vom Kreis, da wird auf Zielscheiben geschossen. Das wird euch Spaß machen. Also, um zwei Uhr und pünktlich, verstanden!«

Zu der angesetzten Zeit sind alle da. Alle, die für das Jungvolk und die HJ infrage kommen. Der Lehrer hat einen effektvollen Auftritt geplant. Er kommt mit dem HJ-Mann hinter den alten Kulissen der Bühne, hinter Birkenbäumen, einer aufgemalten Zimmertür, einem alten Kanonenofen hervor, aber der Applaus zur Begrüßung fällt spärlich aus. Deshalb klatscht er erst einmal kräftig in die Hände, um die Bande zu animieren. Der Evakuierte, Bannerführer Wolfgang Grau, hat die Situation sofort erfasst und klatscht kräftig mit. Nun kommt standesgemäßer Beifall auf, wie er einem HJ-Führer bei seinem Auftritt zusteht. Blaskow stellt den Vertreter vom Kreis kurz vor und übergibt ihm das Wort. Der Anblick des khakifarben Uniformierten, mit Koppel, Dolch und Schulterriemen versehen, hinterlässt bei den Jugendlichen einen nachhaltigen Eindruck. Sie sitzen auf den harten Bänken und halten Maulaffen feil, können sich nicht sattsehen an dem Uniformglanz, an den schneidigen Bewegungen des Saalhelden. Der greift sich mit beiden Händen ans Koppelschloss, schaut mit Führergebärde in den Saal, reißt den rechten Arm hoch und fordert den Hitlergruß heraus. Das Echo ist schon besser und befriedigt den Lehrer ein wenig mehr, doch es reicht ihm immer noch nicht. Daher schreit er noch einmal *Heil Hitler,* wie einer, der das Reich gepachtet hat. Schmetternd hallt es zurück, der Lehrer ist endlich befriedigt.

Nun tritt der HJ-Recke an den Rand der Bühne und hält eine zündende Begrüßungsrede. Kommandomäßig und zackig wirken seine markigen Worte. Er spricht von, nein, er schreit nach der Notwendigkeit des heldenhaften Verteidigungskampfes gegen die Feinde des Volkes an den Fronten. Jetzt müssen HJ und Jungvolk, ja das ganze Volk, brüderlich zusammenstehen und gemeinsam mit dem Volkssturm das Reich herausreißen aus den Klauen des anstürmenden Feindes. Er schließt mit den Worte des Führers: *So flink wie Windhunde, so zäh wie Hosenleder...* und den Rest kennen wir ja schon. Dann beginnt das Zielschießen auf Zwölferringscheiben mit roten, blauen, grünen und gelben Federbolzen. Doch zuvor müssen alle altersmäßig in Gruppen eingeteilt werden, denn es muss doch wie immer alles seine Ordnung haben. Die ersten Fahrkarten folgen unweigerlich, Gelächter allenthalben. Der Lehrer mahnt zu Disziplin und meint, dass noch kein Meister vom Himmel gefallen sei. Das Schießen müsse man erst lernen, und wo könne man das am besten tun? Na wo? ... Im Jungvolk und in der Hitlerjugend natürlich!

Und dann kommt Hannes an die Reihe. Hannes, ein Unikum von vierzehn Jahren, ein ungeschickter Spaßvogel, eher ein Schulclown, aber gut gelitten. Nur stecken an seinen verlängerten Armen zwei linke Hände, und mit dem rechten Auge kann er in seine linke Westentasche sehen, wenn er nur eine Weste angehabt hätte.

Schon wie er das Gewehr hält, bringt den HJ-Führer in Rage. Hannes trifft mit dem ersten Schuss und auch mit dem zweiten nicht einmal die Ringscheibe. Da geht der Jungbannführer voller Ungeduld auf Hannes zu und übt Zielkorrektur. Doch es hilft nichts, Hannes trifft die Scheibe noch immer nicht. Dieses Mal ist er zwar näher dran, nämlich oberhalb der ominösen Ringe, aber das ist natürlich unter der Würde eines angehenden Hitlerjungen. Deshalb stürzt der HJ-Mann nach vorn zur Zielscheibe, reckt seinen entblößten Arm in Richtung unteren Scheibenrand und schreit:

»Hier musst du anhalten und gestrichen Korn!« Hannes fuchtelt mit dem Gewehr herum und will den Ratschlag sofort in die Tat umsetzen, dabei kommt er unversehens über den Druckpunkt an den Abzugshahn, und der Schuss geht los. Dem Jungbannführer bleibt keine Zeit mehr, seinen Arm zurückzuziehen. Es hat ihn heiß getroffen. Ausgerechnet eines der roten Pinselchen steckt in seinem Unterarm, an dem ein dünnes Blutrinnsal heruntersickert und dem HJ-Mann einen gehörigen Schreck versetzt. Er schaut zuerst entgeistert auf den Schützen, dann auf seinen von Blut überströmten Arm, strauchelt und fällt in Ohnmacht. Der Lehrer brüllt:

»Verbandzeug, holt schnell Verbandzeug!« Er wirft sich über den Verwundeten. Hastig knöpft er ihm den Hemdkragen auf, löst das stramm gespannte Koppelschloss. Dieweil er ihm Luft zufächelt, drückt er ihm die Schlagader in der Ellenbeuge ab. Das rote Pinselchen hat direkt die Schlagader getroffen. Volltreffer!

»Teufel noch eins, wo bleibt das Verbandzeug!« Um den scheinbar

Toten hat sich ein Gafferkreis gebildet. Als der Lehrer das Pinselchen herauszieht, quillt das Blut stoßweise hervor. Endlich kommt einer mit der Rotkreuz-Tasche. Blaskow legt einen Druckverband an, der HJ-Führer schlägt die Augen auf. »Los, haut ab, das Schießen ist aus!«, blafft der Lehrer. Der Gafferkreis verzieht sich, das Werbeschießen schlägt in sein Gegenteil um.

Hannes hat den Jungvolkführer vom Kreis erschossen, lautet der Berichtskommentar der Kleineren zu Hause, die vorerst nur für das Jungvolk infrage kommen.

Das Leben besteht aus lauter Gewohnheiten. Zwangsläufig pendelt es sich ein, nimmt dich gefangen, lässt dir kaum Zeit, dich mit dem Alltäglichen allzu sehr zu beschäftigen. Das Leben geht über dich hinweg, überrollt dich in gewisser Weise. Nicht umsonst heißt ein Sprichwort: *Der Mensch ist ein Gewohnheitstier.* Und so stumpfsinnig kann ein Mensch gar nicht sein, sein gegenwärtiges Leben nicht anzunehmen. Wir müssen uns damit abfinden, dass unsere Heimat verloren ist, dass wir nie mehr dorthin zurückkehren werden. Noch sind wir entwurzelt, herausgerissen und nicht wieder eingepflanzt worden, suchen nach unseren Verwandten, besonders nach Großvater und Tante Edith. Wir haben nichts; keinen Topf, keinen Teller, nichts Rechtes anzuziehen, nur das Wenige, das wir auf dem Leib tragen. Auf Gedeih und Verderb sind wir auf die Menschen angewiesen, die uns aufgenommen haben. Da haben wir es noch gut getroffen mit der Familie, bei der wir wohnen, die uns großes Verständnis entgegenbringt. Da kommt etwas Geborgenheit auf und Dankbarkeit, obgleich die Gedanken in der fernen Heimat sind; bei meinem Freund Tonni, bei dem Großvater, von dem wir nicht wissen, ob er jemals irgendwo angekommen. Meine Gedanken an die Heimat sind Erinnerungen an das Vergangene, an den Hof des Großvaters mit dem Ziehbrunnen in der Ecke, an das scheinbar endlose Land und die saftigen Wiesen hinterm Haus, die Kellertreppe mit den Schmandtöpfen an seiner Seite, an Janek, meinen polnischen Freund, aber auch an die Landstraße mit den Planwagen und den Flüchtenden darauf. Heimat sind die Gedanken an die Großmutter und ihre Geschichten, die ich noch im Traum höre. Nachts wälze ich mich im Traum hin und her – ich möchte loslaufen, die vertrauten Wege entlang, über die Wiesen streifen, die Wolbórka durchqueren, meine alten Freunde treffen, doch ich muss mich abfinden mit dem, was mich umgibt. Und die neue Schule mit dem bunt zusammengewürfelten Haufen von Kindern aus allen Himmelsrichtungen ist das, was mich ablenkt und die sehnsuchtsvollen Gedanken mehr und mehr in den Hintergrund treten lässt. Da ist Fritze, der neben mir sitzt. Er ist gutmütig, ein wenig behäbig, aber voll auf der Höhe und kommt aus Ostpreußen. Da ist Lothar, der Gastwirtssohn und großsprecherischer Angeber, – immer vorneweg, immer zu Spott und Häme aufgelegt. Ein ganz und gar unsportlicher Typ, frühreif, schon Mädchenheld, musikbegabt mit glatten Haaren, schlacksigem Stolpergang, in der Schule vorlaut und faul. Und da ist Helmut, der mir sofort auffällt – ein Matheass –, der sich seines Könnens bewusst ist. Kommt Helmut an die Tafel, was immer dann geschieht, wenn wir wieder mal begriffsstutzig sind, hat er die Aufgabe so schnell gelöst, dass wir den Rechenweg gar nicht mitbekommen. Bewundernd schauen wir nur zu, etwas neidisch und voller Ehrfurcht. Aber gelernt haben wir dabei so gut wie nichts. Hinter mir, in der vierten oder fünften Bank, sitzt Gerulf, der Sohn des Ortsgruppenführers, groß, blond, Klassensprecher und die rechte Hand des Lehrers.

Und da sind Egon, Gerhard, Adelbert, Gisbert, Ingo, Hanneschen – der Scharfschütze, Lutz, Winfried, Hubert und Martin. Martin, der große Kämpfer, der sich später für den Fußballsport aufopferte und bei der Entwicklung des Vereins Beispielhaftes leistete. Da sind Inge, Ursula, Ännchen, Helga, Brigitte, Anneliese, Heidelore und wie sie alle heißen.

BDM-Mädel aus dem Dorf

Einige sind schon in den BDM aufgenommen worden. Nach und nach, wenn sie in den Blickpunkt treten, sollen sie näher beschrieben werden. Jetzt spielen die Mädchen noch ihre Hüpf- und Tanzspiele in einer Ecke des Schulhofes: *Wide wide witt, min Mann äs kummen, wide wide witt, was hät er gebroocht, wide wide witt än Sack mit Blummen, wide, wide, witt, das ho ich gedoocht!* Und wenn sie genug getanzt haben, laufen sie eingehakt am Rande des Schulhofs entlang und singen alte, schwermütige Volksweisen von wahrer Freundschaft und dem Reiter, der sich dem Schloss nähert und seine Mutter sucht, oder das Lied von den zwei Königskindern. In einem unbeobachteten Augenblick proben sie auch einige Tanzschritte im Walzer- oder Tangotakt, obgleich das Tanzen in dieser schweren Zeit noch verboten ist. Manchmal machen wir uns lustig über sie: BDM – *Bubi drück mich*. Sie kichern darüber. Der Krieg scheint immer näher zu kommen und uns einzuholen. Die Todesnachrichten von den Fronten häufen sich. Gevatter Tod schneit ins Haus ohne Ansehen der Person. Es hat den Sohn des Gutsbesitzers getroffen, Bauer Schübler, der damit seinen dritten Sohn verloren hat, und einige andere Familien im Dorf, deren Väter und Söhne gefallen sind. Der Tod schlägt unbarmherzig zu, zeigt seine eisigen Klauen wie der böige Wind, der über die Hügel und Ebenen pfeift, die Hohlwege zuweht und das Leben in Leid und Trauer erstarren lässt.

Selbst Blaskow spürt, dass der Krieg verloren ist, aber so recht klein beigeben will er dennoch nicht. Es soll noch einmal ein HJ-Führer vom Kreis kommen und mit den Mädels und Burschen einigen Zirkus veranstalten. Die Mädel sollten im Sanitätsdienst ausgebildet und die Jungen in den Endkampf einbezogen werden, sich melden, das Vaterland in seiner schwersten Stunde zu verteidigen. Artur Axmann, der Nachfolger des Reichsjugendführers Baldur von Schirach, hatte mehr als 40.000 HJ-Schießwarte ausbilden lassen und die Hitlerjugend aufgerufen, verstärkt an der Schießausbildung teilzunehmen. Baldur von Schirach, zuvor im thüringischen Weimar wohnend und in Bad Berka zur Schule gegangen, war seinem obersten Führer nach Berlin gefolgt und dann nach Wien, wo er als Gauleiter *vorbildlich* bei den Judendeportationen gewirkt hatte.

Axmann, an der Front schwer verwundet und mit einer Armprothese versehen, war der neue Mann an der Spitze der HJ, der mit Hilfe der Jugend das Reich vorm Untergang retten wollte. Er verkündete großspurig: *Die Schießausbildung im Rahmen der Wehrertüchtigung hat die Aufgabe, jenes Geschlecht zu erziehen, das im Mittelpunkt des Kampfes der Rasse und der Verteidigung des Reiches steht!* ... Blaskow meint, dass nun die Zeit gekommen sei: *Volk ans Gewehr! Führer befiehl, wir folgen dir!* Nun dürfe sich keiner mehr ausschließen. Das Schießen mit KK-Gewehren sei zwar nur für die HJ ab vierzehn Jahren, aber die Jüngeren könnten auch kommen und dürften schon mal schnuppern, wie es da zuginge. Und am Nachmittag sind alle da. Wir sind neugierig auf die Kleinkalibergewehre. Da hört man wenigstens einen Knall, anders als bei den Luftgewehren.

Aber zunächst geht es in die Klasse. Der HJ-Mann, dieses Mal ist es ein anderer, ein etwas härter gesottener, lässt uns Platz nehmen und hält eine längere theoretische Abhandlung über das Kleinkaliber-Schießen. Und bevor wir zum Schießstand gehen, holt er ein paar Boxhandschuhe aus dem Rucksack hervor, lässt die Bänke beiseite rücken und zeichnet mit Kreide ein Rechteck auf den Fußboden. Wir müssen uns drumherum aufstellen, einen lebenden Ring bilden, und dann geht's los.

Egon boxt gegen Gerhard – sie sind etwa gleich stark. Hubert gegen Lutz, das geht auch gerade noch, aber dann stellt er den kleinen Ingo gegen Gerulf, den bärenstarken Klassensprecher, und lässt die beiden aufeinander einschlagen. Ein ungleicher Kampf – David gegen Goliath, obgleich David keine Steinschleuder zur Hand hat. Gerulf schlägt den Kleinen auf die Nase, die blutet stark, einer ruft, das ist feige! Doch der HJ-Führer schreit:

»Schlag zu und gib ihm kein Pardon!« Ich kann es nicht mehr mit ansehen, springe hinzu und hole Ingo aus dem Ring. Auch Fritze regt sich mächtig auf. Doch der HJ-Recke blockt ab und sagt:

»Da seht ihr mal – so und noch schlimmer geht's im Krieg zu. So bekommt ihr mal einen kleinen Vorgeschmack. Und denkt daran: *Gelobt sei, was hart macht. Pimpfe sind hart, schweigsam und treu. Den Pimpfen und*

Hitlerjungen steht nichts höher, denn die Ehre. Man darf auch gegen eine Übermacht nicht kapitulieren. Doch jetzt geht's unblutiger zu.«Überlegen lächelnd schnappt sich der HJ-Held die Gewehre und zieht uns wie einen Rattenschwanz hinterher.

Das KK-Schießen macht richtig Spaß. Gerulf hat sein eigenes Gewehr mitgebracht und zeigt es stolz herum. Ich muss an meinen Knicker denken, den ich in Schlesien zurückgelassen und kaputtgeschlagen habe. Am Schluss der Veranstaltung melden sich drei oder vier der Fünfzehn- und Sechzehnjährigen zum Kampf gegen die Feinde des Volkes, von ihnen kehrt einer nicht zurück.

Doch etliche der Schießwütigen wollen noch nicht nach Hause. Es hat so schön laut geknallt. In der Bauernscheune von Egons Großvater kann man von einem Versteck heraus herrlich auf Spatzen und Tauben schießen. Das ist doch etwas anderes als auf tote Schießscheiben. Von den Tauben fliegen sowieso zu viele herum, sitzen unter den Dachbalken und vermehren sich zu großen Schwärmen. Wir turnen in der Scheune herum. Gerulf hält das geladene und entsicherte Gewehr in der Hand. In der Luke auf dem Heuboden sitzt Hubert und baumelt mit den Beinen, da löst sich ein Schuss und trifft ihn genau an der Schläfe. Hubert stürzt aus der Luke ins Heu, genau vor unsere Füße.

»Du hast mich angestoßen«, versucht Gerulf sich zu rechtfertigen. »Warum hast du das Gewehr nicht gesichert«, wehrt Egon sich vorwurfsvoll. Alle schauen auf Hubert, der stumm vor uns liegt und sich nicht rührt. Egon dreht ihn auf die Seite, fühlt den Puls, legt sich über ihn und horcht an der Brust. An der Schläfe ist der Einschuss als kleines Loch zu sehen. Blut rinnt über das Gesicht und am Hals herunter.

»Ich kann keinen Puls fühlen und höre auch das Herz nicht schlagen.« Gerulf lässt das Gewehr sinken, wird ganz fahl. »Er ist tot«, sagt Lothar schließlich, »mausetot!« Aber das kann keiner von uns fassen. Eben noch quicklebendig und nun tot? Wir holen den Ortsgruppenführer, aber auch der kann nichts mehr tun. Die Kripo erscheint und führt lange Verhöre.

»Es war ein Unglück«, verlautbart der Beamte zuletzt, »ein bedauerlicher Unfall.« Er hebt hilflos die Hände. Sie tragen den Toten ins Haus. Die Mutter schreit immer wieder:

»Was habt ihr mit meinem Jungen gemacht! Wie soll ich das dem Vater sagen?« Aber der Vater hat es nicht mehr erfahren. Irgendwo draußen auf russischer Erde war er abgängig, vermisst, wie der Vorgesetzte sich im Feldpostbrief ausdrückte. So war das KK-Schießen doch noch blutig ausgegangen.

Die Front, dieses Mal aus Ost und West, rückt unerbittlich näher und näher. Es scheint, als ob sie uns in der Mitte Deutschlands zermalmen wollte. Und wir wissen nicht, wer zuerst einmarschiert – die Amis oder die Russen. In banger Sorge hoffen wir inständig, dass es nicht die Russen sind, die uns auf den Pelz rücken. Zweimal bereits sind wir vor ihnen hergeflohen, sollten sie uns nun doch erreichen? Die tollsten Gerüchte gehen um: Vergewaltigungen, Erschießungen, Kinder sollen mit Zungen an Tische genagelt worden sein – grauenvolle Berichte, die uns das Blut in den Adern erstarren lassen. Doch nun soll erst einmal Hubert begraben werden.

Er liegt aufgebahrt in der Hofeinfahrt. Der Sarg ist offen, und es sieht aus, als ob er schliefe. Pfarrer Krieger steht vor dem Sarg, dahinter die Mutter, die Verwandten, die Trauergemeinde ringsum. Und der neue Pfarrer ist schon mal dabei. Sozusagen als Assistent, denn noch lässt sich Krieger das Heft nicht aus der Hand nehmen. Schon gar nicht die Beerdigung eines so jungen Menschen. Der Trauerzug setzt sich in Bewegung, der Weg zum Friedhof ist weit. Voran geht Lutz und trägt das Kreuz. Huberts Mutter muss gestützt werden. Nachbarn haben das Grab aus dem Frostboden herausgehackt. Die Gemeinde und die Klassenkameraden stehen mit Kränzen um das Grab herum und nehmen Abschied. Einige weinen, andere stehen nur stumm und bedrückt herum. Von dem Toten geht etwas Geheimnisvolles aus, etwas Mystisches, das über der Trauergemeinde schwebt, beklemmend von einem zum anderen springt und sich tief im Gemüt festsetzt. Der Tote hat den Lebenden viel voraus. Er hat den dunklen Vorhang durchschritten, den alle einmal passieren müssen und den Gedanken daran so weit fort schieben, wie es nur immer geht. Der Sarg wird auf die Querbretter des Grabes gestellt. Der Pfarrer stimmt das Lied *Jesus meine Zuversicht* an, die Gemeinde fällt ein. Als das Lied verklungen, ergreift der Pfarrer das Wort:

»Das Leben ist wie eine Blume, es blüht auf und vergeht. Diese Blume musste vergehen, bevor sie richtig aufblühen konnte. Das Korn muss in die Erde, damit es aufgeht und Frucht trägt. Ich sage euch, dieses Kind wird auferstehen vor der Herrlichkeit Gottes. Darum weinet nicht, sondern betet und enthaltet euch jeglicher Vorwürfe. Der Herr sagt: *Richtet nicht, auf dass ihr nicht gerichtet werdet.* Die Gnade unseres Herrn und Heilands ist groß und sein Ratschluss unerforschlich. Erde zu Erde, Asche zu Asche...« Der Pfarrer ergreift eine Hand voll Erde und wirft sie auf den Sarg, die Verwandten und Klassenkameraden folgen. Nur Gerulf steht abseits und schluchzt ins Taschentuch. Er kann allen nur Leid tun. Noch bevor die Gemeindeglieder sich zerstreuen, hat Gerulf sich davongemacht. Er kann es nicht ertragen, als Schuldiger von der Gemeinde angesehen zu werden.

Es ist Anfang März. Die vorwitzige Frühlingssonne wärmt die Erde und schmilzt den letzten Schnee hinweg. Beharrlich dringt sie in den Acker ein, verdrängt den letzten Frost, dass sich dünne Lachen bilden und in der Märzsonne wie kleine Inseln hervortreten. Ein schöner Vorfrühlingstag weitet die trauernden Herzen, lässt Hoffnung aufkommen,

Hoffnung auf baldigen und erträglichen Frieden. Der Wind geht über die Felder und über das frische Stiefmütterchengrab. Die Bäuerinnen rüsten zur Frühjahrsaussaat. Es bleibt ihnen nichts anderes übrig – ihre Männer sind gefallen, gefangen genommen oder holen sich noch blutige Köpfe im sinnlosen Hinschlachten kurz vor dem Zusammenbruch.

Das Grüne Herz Deutschlands wird langsam sichtbar. Aber dafür haben Lehrer Blaskow und Lehrerin Fräulein Heidemarie keinen Blick. Heidemarie ist verlobt und sorgt sich um ihren Verlobten. Viele Monate sind vergangen, da er das letzte Mal geschrieben. Das frohe Lachen der immer gut aufgelegten Lehrerin ist verschwunden. Dunkle Schatten überziehen ihr schönes Gesicht. Die Dorfbewohner möchten sie etwas aufmuntern.

Heidemarie, wo geht die Reise hin, scherzen sie und spielen auf ein Lied an, das die Landser sangen. Jetzt singen sie es nicht mehr, da die Reise zurückgeht. Ausgeträumt ist der Traum von der großen weiten Welt, nach dem Lebensraum im Osten. Der Führer sitzt in seinem Erdbunker, kommt noch einmal heraus, um einigen Hitlerjungen die Hand zu drücken und auf die Schulter zu klopfen, dann verkriecht er sich wieder, angesichts des Kanonendonners und des Bombenfalls, den er heraufbeschworen. Wir haben kein Vertrauen mehr zum Führer. Die Wunderwaffen sind ausgeblieben, wir haben alles verloren, wen wundert es, dass kaum einer noch an ihn glaubt. Selbst die extremsten Verfechter seiner Ideologie nehmen Abstand. Eines Morgens strotzt von der Wand, wo das Führerbild in der Klasse gehangen, ein weißer Fleck. Alle Schüler wissen, wo das Bild ist, nur der Lehrer hat es noch nicht mitbekommen. Einige starren auffällig zur Wand, bis Blaskow aufmerksam wird. Entgeistert fällt sein Blick auf den hellen Fleck.

»Wo ist das Bild?« Ringsum Schweigen. »Wer hat das Bild weggenommen? Los, heraus mit der Sprache!« Ein zaghafter Arm geht hoch.

»Das Bild hängt auf dem Klos.« »Sofort reinholen!« Der neue Klassensprecher Helmut, Gerulf war abgelöst worden, stürmt hinaus, schleppt das Führerbild herein, hält es mit spitzen Fingern von sich ab, weil es erbärmlich stinkt. Der Führer ist um seinen Bart herum mit Kot beschmiert, das Glas ist zersprungen. Blaskow ist erschüttert. Das ist das Letzte, was er erwartet hat. Er ist völlig geschlagen.

»Wer ist das gewesen?« Ihm kommt der furchtbare Verdacht, dass einige HJ-Gegner die Umsiedlerkinder angestiftet haben könnten, wagt ihn aber nicht laut auszusprechen. Das Gesicht hektisch gerötet, den Schweiß im Nacken, setzt er sich in den alten Paukerstuhl hinter dem Katheder, schlägt das Klassenbuch auf und wartet, wartet, dass der Übeltäter sich meldet. Aber da kann er lange warten. Die Klasse schweigt wie ein Grab.

Nervös klopft der Lehrer mit den Fingerknöcheln aufs Katheder. Er überlegt krampfhaft, ob er den gravierenden Vorfall melden soll, aber schnell kommt er davon ab. Was würden die Herren Gestapos dazu sa-

gen, dass gerade ihm so ein Vorfall unterläuft. Nein, lieber nicht. Er muss die vertrackte Sache allein lösen. Und plötzlich kommt ihm ein sonderbarer Einfall, eine geradezu grandiose Idee.
»Alle aufstehen!«, brüllt er los. »Ich werde jetzt jeden mit Namen aufrufen. Jeder antwortet klar und deutlich mit Ja oder Nein, denn einer muss es ja gewesen sein.« Und so geht die Fragerei los: »Fritz, warst du's? Egon, Lothar, Gerhard«, und so weiter. Immer die gleiche Antwort: Ein klares Nein.

»Das hab ich mir gedacht«, sagt er, seiner Sache sicher, dass der Übeltäter sich nun gleich melden wird, wenn er seine ausgefallene Methode anwendet. »Also, werde ich von nun ab jeden mit *Lügner* anreden, bis es heraus ist.« Und so ruft er jeden Jungen mit Lügner auf. Lügner Fritz, Lügner Egon, Lügner Hans und so weiter, die Mädchen lässt er aus, da er ihnen diese Schandtat nicht zutraut, dabei haben es einige ganz dick hinter den Ohren. So geht das ein, zwei Wochen, bis die Energie des Lehrers nachlässt. Ab und an spart er den einen oder den anderen mit dem Vorwort Lügner aus, bis er es ganz weglässt.

Wer waren nun die Übeltäter? Ein paar der HJ feindlich gesinnte Jugendliche, einige schon aus der Schule und über 16, hatten sich zu einer Clique zusammengeschlossen. Sie hörten BBC, Jazz und Swing und zählten sich zu den Edelweißpiraten, einer Gruppe von Halbstarken. Zwei oder drei Schüler der 8. Klasse hatten sich ihnen angeschlossen. Es gab Raufereien, es wurde geraucht, gesoffen, Mädchen wurden sexuell belästigt. Der Ortsgruppenführer wollte Meldung nach oben erstatten, infolge des nahenden Zusammenbruchs sah er aber davon ab. Einmal sangen sie ganz offen und provokatorisch das Lied der Bergvagabunden, nach ihren Versen umgedichtet: *...wenn die Fahrtenmesser blitzen und die Hitlerjungen flitzen und die Edelweißpiraten greifen an. Was kann das Leben uns Schöneres geben...* Zwei der Burschen hatten die Sache mit dem Hitlerbild inszeniert. Blaskow hatte es vermutet, aber er fürchtete sich vor der Bande und erstattete daher auch keine Meldung. Die Übeltäter kommen erst ans Tageslicht, als der Zusammenbruch erfolgt. Und der lässt nicht lange auf sich warten.

Die Feldlerche singt ihr Lied hoch im Blau des Himmels und kündet den Frühling an. Sie ist schon da von der Reise übers Meer, obwohl an den Berghängen der Schnee noch die Wintersaat bedeckt. Der Aubach schwillt an von den Wassern, die von den Bergen kommen, und an den Weiden brechen die Palmkätzchen hervor – erste Nahrung für die Bienen. Ein neuer Frühling und neues Hoffen in den bedrängten Menschenherzen. Heiße Gebete gehen zum Himmel empor, das Leben der noch lebenden Männer an den Fronten zu beschützen. Nicht jetzt, so kurz vor Toresschluss, noch das Leben verlieren, nur nicht in Gefangenschaft geraten, noch dazu bei den Russen. Lange Kolonnen ziehen über die verstopften Straßen, panikartige Flucht gen Westen. Immer neue Wellen von Vertriebenen, von Flüchtenden aus allen östlichen Ländern. Eine Odyssee ungeheuren Ausmaßes. Ein ganzes Volk flieht vor den anstürmenden Russen, denen sie Zivilisation und vor allem die Kraft, ihr Land wirksam zu verteidigen, absprachen. Die Mutter nimmt mich mit zur Erkundung der Halle-Kasseler Fernverkehrsstraße. Vielleicht weiß jemand etwas über den Verbleib des Großvaters und der Geschwister. Wir fragen die Lenker der Pferdegespanne, einige Treckbegleiter, die Soldaten, doch überall Kopfschütteln.

»Junge Frau, sie können überall sein, im Harz, in Bayern, in Schleswig, sie können auch umgekommen sein.« Ergebnislos und niedergeschlagen gehen wir den Weg zurück. Im Dorf ist eine Flüchtlingsfamilie eingetroffen, die von Magdeburg hergekommen, da sie dort ausgebombt wurde. Sie erzählt uns von einem großen Treck aus Polen, der in Westerhausen angekommen sei. Fieberhaft suchen wir auf der Karte nach dem Ort.

»Hier, zwischen Blankenburg und Quedlinburg liegt er!«, rufe ich erfreut aus. »Das ist gar nicht so weit von hier. Mutter, wir müssen hin! Ich will wissen, ob der Großvater lebt, ich will die Pferde sehen.« Immer wieder frage ich mich, wieso zwischen Großvätern und Enkelsöhnen in dieser Zeit ein so gutes Verhältnis besteht? Großväter sind sehr oft die Mittler zwischen Vätern und Söhnen. Sie sehen in ihnen den Spross des Weitertragens ihres Namens, den Fortbestand der Sippe. Ich gleiche dem Großvater in all seinem Tun und Denken. Ich habe seine Sturheit geerbt, seine Hartnäckigkeit und den Willen zu Offenheit und Ehrlichkeit. Und wenn ich mir etwas vorenommen habe, lasse ich nicht mehr davon ab, bis ich es erreicht habe. Großvater ist für mich die vertraute und vorbildliche Gestalt, die ich nie vergessen werde. Noch am selben Tag melde ich mich von der Schule ab. Der Lehrer ist einverstanden. »Es gibt jetzt Wichtigeres«, sagt er. Wir machen uns auf den Weg, trampen los. Am ersten Tag kommen wir bis Ilfeld. Es geht steil bergan. In den Straßengräben liegen Leichen mit Kalk bestreut wie umgebrochene Kilometersteine. Das sind unterwegs gestorbene oder getötete Häftlinge von den Todesmärschen aus dem nahen Lager Dora, klärt uns ein Mittramper auf. Wir eilen vorüber, möchten nicht mehr hinsehen, aber immer wieder zieht uns das Grauen magisch an. Ich mache mir Gedanken über die getöteten Menschen in den Straßengräben. Menschen, die auf den Todesmärschen getötet wurden? Wer hat sie denn nur getötet und warum Todesmärsche? Ich frage die Mutter, doch sie gibt mir keine Antwort. Als ich mit meiner Fragerei nicht nachlasse, sagt sie genervt:

»Ich weiß es nicht, vielleicht sind sie ausgebrochen oder geflohen.« »Aber nein«, erwidere ich. »Sie haben sie doch auf Todesmärsche geschickt!« Die Mutter schweigt und zerrt mich am Arm fort. Dann hält sie sich die Augen zu und sagt erschüttert:

»Es ist furchtbar.« Sie winkt einem vorüberfahrenden Lastwagen. Wir können mit bis Blankenburg. Die Hingemordeten entschwinden unseren Blicken. Von Blankenburg ist es nicht mehr weit. Mein Herz schlägt bang; werde ich Großvater wiedersehen? Vor dem Dorf Westerhausen steht eine Wagenburg wie von Zigeunern. Ich laufe zwischen den Planwagen hindurch. Plötzlich sehe ich ein schwarzes Pferd. Unter Tausenden hätte ich es wiedererkannt.

»Großvater!«, schreie ich, »Großvater, du lebst!« Ich springe ihm an den Hals, sein Schnurrbart zittert, Tränen laufen ihm übers Gesicht. Hinter dem Wagen kommt auch Tante Edith hervor. Und auch Tante Martha, die Schwester meiner Mutter mit Familie, ist dabei. Ich weine vor Glück. Großvater, Tante Edith und die anderen, sie leben und sind gesund. Ich gehe auf den Rappen zu, er schnappt nach mir. »Geh nicht so nahe heran, das Tier ist verstört. Es hat zu viel mitgemacht.« »Wo ist die falbe Stute?«, frage ich.

»Unterwegs haben die Polen sie uns ausgespannt. Sie haben sie abgestochen und gegessen!« »Sie hatten Hunger«, sage ich. Ich bestaune den Rappen, nach und nach spürt er meine vertraute Hand. Ich fahre ihm über die Nüstern. Über tausend Kilometer hat er den Wagen allein gezogen, durch Schnee und Kälte, durch eisigen Wind, über feldgeleitete Umwege, durch Flüsse hindurch, deren Brücken zerstört waren, tausend Kilometer von der Pilica in Polen bis in den Harz nach Deutschland. Ein Bravourstück.

»Wir ziehen bald weiter«, sagt der Großvater. »Hier ist kein Platz für uns, kein Platz für die Pferde und vor allem kein Futter. Es soll nach Preußisch-Börnecke gehen. Dort ist ein großes Gut. Mein Gott, wann hat das Herumziehen endlich ein Ende!«

»Es wird schon werden«, tröstet ihn die Mutter. »Die Hauptsache, ihr lebt. Alles andere wird sich finden.« Sie erzählt von unserer Odyssee, nennt den Ort, in dem wir wohnen und untergekommen sind. Ein großes Glück – wir leben, haben gefunden, sind zwar getrennt, aber nicht aus der Welt. Wir müssen Gott danken, dass er uns behütet hat. Die Mutter und der Großvater falten inbrünstig die Hände und beten.

Wir schlafen im Saal der Gaststätte, aber am nächsten Tag machen wir uns auf den Weg zurück. Die Westfront kommt uns mit rasenden Schritten entgegen, von Osten drängen die Russen. Jeder will das größte Stück vom Kuchen Deutschland abhaben. Wir müssen uns sputen, dass wir noch vor den Siegern zu Hause sind. Der Rückweg ist leichter zu bewältigen, denn unzählige Lastwagen gehen in die Richtung. Auf der Finkenburg werden wir schon sehnlichst erwartet. Der Vater atmet auf, die Schwester fällt der Mutter weinend um den Hals: »Jetzt darfst du nicht noch einmal fort.«

Blaskow ist heute besonders gereizt. Die große Zahl der Schüler macht ihm mehr und mehr zu schaffen. Die vielen Umsiedlerkinder, die Ausgebombten aus den Städten – sie alle mit den Einheimischen unter einen

Hut zu kriegen, ein Ding der Unmöglichkeit. Schon immer hatte Blaskow mit drastischen Mitteln Ruhe und Ordnung durchgesetzt. Nicht selten hatte er seine Argumente angewandt, die oft schlagkräftig waren, und fast immer war Lothar der Leidtragende. Deutschunterricht – Gedichtvortrag steht im Plan seines planlosen Unterrichts. Nach der Glocke von Schiller ist Goethes Schatzgräber an der Reihe. Die fünf Strophen sollten auswendig gelernt und heute vorgetragen werden. Fast alle ducken sich, bis auf einige Wenige. Heidelore schnippt eifrig mit den Fingern. Ich melde mich lässig, da ich jeden Vers aufsagen kann. Aber nein, so leicht macht Blaskow es uns nicht. Hannes kommt dran, der sich hinter dem breiten Rücken von Gerhard versteckt: *Der Schatzgräber...*, der Schatzgräber: *Krank am Beutel, arm am Herzen...* riesiges Gelächter – rums, einen Schlag auf die Handflächen. Der Lehrer korrigiert: Arm am Beutel. *...Schleppt ich meine lange Plage* – schleppt ich meine langen Tage – rums, der zweite Schlag. *Und so zog ich Kraut und Kreise* – Kreis um Kreise *... die Betörung ward vollbracht* – die Beschwörung, Beschwörung!

Nun ist genug des grausamen Spiels. Ich komme dran und rassele die Verse herunter. Dann Heidelore noch einmal, weil ich nicht so gut betont habe. Und noch bevor die Deutschstunde zu Ende gegangen, gehen wir zur Mathematik über. Abschätzenden Blickes, den unentbehrlichen Rohrstock drohend in der Hand haltend, geht Blaskow durch die Bankreihen. Sein runder Graukopf beugt sich mal nach links und mal nach rechts auf eine Schulbank herunter. Seine kleinen Luchsaugen funkeln ärgerlich unter der Brille hervor. Hier zieht er einen am Ohr, dort setzt es ein paar Stockschläge auf die Hände, die Schmierflecke im Heft verursacht haben. Bei Lothar bleibt er überrascht stehen. Aus seinem Heft strotzt ihm gähnende Leere entgegen. Dieser faule Bengel hat wieder einmal seine Hausaufgaben nicht gemacht. Das ist nicht das erste Mal, aber heute ist Blaskow so zornig, dass er ihn über sein Knie zwängt und auf seinen Hosenboden eindrischt, als ob er eine Matratze ausklopfen wolle. Lothar brüllt vor Angst und Schmerz, strampelt mit den Beinen, fuchtelt wild mit den Armen herum und versucht, sich von seinem Peiniger zu befreien. Endlich lässt der Lehrer von seinem Opfer ab, fummelt suchend auf dem Fußboden nach seiner Brille herum, die ihm in blindem Eifer heruntergerutscht und auf den Boden gefallen ist. Als er sie endlich ertastet, ist Lothar samt seinen Schulsachen heulend zur Klassentür hinausgerannt. Vergeblich versucht Blaskow ihn aufzuhalten, doch seine Rufe: »Halt, hier geblieben!«, verhallen ungehört. Unaufhaltsam strebt Lothar seinem Zuhause entgegen. Die Nachbarn stehen sensationslüstern hinter ihren Pforten und lugen durch die Astlöcher. Einer tritt aus der Tür und sagt:

»Na, häste werre'n Orsch vullgekräjn?«

Lothars Vater, der Schlachter und Gastwirt, der die obere Dorfschänke und die Fleischerei gepachtet hat, ist gerade im Begriff einem Ochsen den Garaus zu machen. Zu diesem Zweck hat er das Tier ans Schlachthaus gebunden und ihm mit einem dunklen Tuch die Augen verhängt. Gerade als er mit der Axt, die eine bolzenförmige Erhöhung an ihrer Stumpfseite aufweist, zum betäubenden Schlag ausholen will, kommt sein Sohn heulend und prustend die Straße heraufgerannt.

»Was ist denn jetzt schon wieder los?«, brüllt der Schlachter. Lothar verzieht sein verschmiertes Gesicht noch mehr, heult laut auf und stottert mit Tränen erstickter Stimme:

»E..., e..., er hat mich wieder geschlagen!« Ein Band seines Hosenträgers ist heruntergerutscht, die Hose droht herunterzufallen. Dem Schlachter steigt die Zornesröte ins Gesicht, ihn erfasst eine ohnmächtige Wut, weil diese Schmach seinem einzigen Sohn öffentlich widerfahren. Mit einem lauten Fluch wirft er die mit Blut befleckte, weißlederne Schürze zu Boden. Die Axt in der Hand, stürmt er schnurstracks der Schule entgegen, die sich nur drei Häuser weiter vom Schlachthaus befindet. Laut polternd dringt er in den Schulflur ein, stößt mit einem heftigen Fußtritt die Klassentür auf und strebt, furchtbar anzusehen, auf den Lehrer zu. Vor dem Katheder und Lehrer bleibt er breitbeinig stehen – wir Kinder sind vor Schreck erstarrt, haben uns ängstlich unter den Bänken verkrochen. Einige spähen mit einem Auge darunter hervor, wollen sich von dem Schauspiel nichts entgehen lassen.

Oskar Bauermann fasst den käsebleich gewordenen Lehrer am Schlafittchen, schüttelt ihn kräftig durch, dass sein Adamsapfel vor- und zurückspringt, hebt die Axt empor und lässt sie wie ein Fallbeil über dem Haupt des Lehrers schweben. Dessen Augen sind in ohnmächtiger Angst weit aufgerissen. Im Glauben, sein letztes Stündlein sei gekommen, hebt er abwehrend die Hände und versucht sich verzweifelt zu schützen. So kleinlaut haben wir ihn noch niemals erlebt. Der Schlachter blickt in die Klasse, sieht unsere ängstlichen Gesichter unter den Bänken hervorblitzen und sagt, schon nicht mehr so wütend:

»Wenn du noch einmal meinen Jungen schlägst, dann hack ich dir deine Rübe ab!« Dann schüttelt er den Lehrer noch einmal kräftig durch, lässt die Axt sinken, schaut über die leeren Bänke der Klasse hinweg, wendet sich nochmals an uns und sagt beruhigend:

»Kommt hervor, noch lass ich den Mickerbock ungeschoren.« Die blanke Schneide seiner Axt blinkt noch einmal auf, dann ist der Schlachter aus dem Klassenraum verschwunden. Langsam, zaghaft, mit verschreckten Gesichtern kommen wir unter den Bänken hervor. Noch ein wenig verschüchtert, rutschen wir wieder in unsere Sitzflächen. Der Lehrer hingegen steht furchtbar gedemütigt und wie ein gerupftes Huhn vor seinem Katheder, rückt hastig seinen Schlips gerade, verschließt sein Hemd damit, da der obere Knopf abgesprungen, doch schon brüllt er wieder los, weil er bemerkt, dass einige Kinder ihn belustigt betrachten:

»Was glotzt ihr so blöd, ihr Rabauken! Hat euch wohl ergötzt das Schauspiel, was? Freut euch nicht zu früh. Dieser Schlächter, der nicht zur Partei des Führers gehört, wird seine Strafe schon noch bekommen, so wahr ich hier stehe!« Dabei wankt er mehr, als dass er steht. Das Klingelzeichen erlöst Lehrer wie Schüler. Wir stürmen drängelnd zu Tür hinaus. Es zieht uns magisch ins Freie, an die frische Luft. Im Pausengetümmel tuscheln wir wild umher, einer äfft den Fleischer nach, einer den ängstlichen Lehrer, während der noch in seinem Angstschweiß am Katheder hockt, seine belegten Brote futtert und heißen Kaffe aus seiner Thermosflasche schlürft.

Wutentbrannt schmiedet er einen rachsüchtigen Plan. Er müsste den Mann anzeigen, aber da würde er sich ja selbst bloßstellen. Nein, lieber nicht anzeigen. Aber noch heute will er mit dem Kreisleiter und dem Gutsherrn sprechen. Oskar Bauermann soll sich nicht mehr lange an seinem Fleischerhandwerk erfreuen.

In der Gaststube tratschen die Leute über das Vorgefallene. Die einen schimpfen über den Lehrer, die anderen verurteilen den Schlachter. Im Gastzimmer sitzen die paar Männer, die für den Krieg schon zu alt oder noch zu jung sind, und machen sich lustig über den Auftritt des Gastwirts. Sie amüsieren sich darüber, obgleich der Wirt ihnen schon eine Runde spendiert und sie ermahnt hat, endlich damit aufzuhören. Bienenkönig Grimm, den man wegen seiner Bienenzucht nur Schrummelgrimm nennt, schwenkt in der einen Hand sein Bierglas, mit der anderen ahmt er den Henker nach, wie der seinem Opfer Angst eingejagt hat.

Die Gäste prusten vor Lachen. Der Schafmeister versucht gerade, den Stammgästen klarzumachen, wie der Pauker wohl die Hosen vollgehabt habe. Er bückt sich breitbeinig, wobei seine steifen Gelenke krachen, stolpert mit komischem, o-beinigem Stelzengang in der Gaststube umher, fasst sich dabei an den Hintern und rappelt sich wieder hoch. Die Stammtischrunde wiehert vor Vergnügen, nur dem Gastwirt ist etwas beklommen zu Mute. Doch plötzlich verstummt alles, denn der Gutsherr tritt in die Schankstube. Er gibt sich sehr majestätisch, murmelt einen flüchtigen Gruß, tritt an die Theke heran, bestellt einen Klaren, kippt den Schnaps ruckartig hinunter und blickt herausfordernd in die Runde. Er trägt seine Reitstiefel und den schmucken Jägeranzug, seinen Hut ziert ein frischer Wildschweinbruch von der frühen Jagd am Morgen.

»Da hat er sich ja was geleistet«, wendet er sich vorwurfsvoll an den Wirt. »Glaubte wohl einen Ochsen vor sich zu haben, was!« Der Wirt versucht erst gar nicht, sich zu rechtfertigen – der Gutsherr ist eine Respektperson im Dorf und eine einflussreiche dazu. Es ist ungeschriebenes Gesetz, ihm nicht zu widersprechen. Oskar Bauermann stiert stumm auf den Tresen, hantiert umständlich mit Flaschen und Gläsern und spült die sauberen Gläser ein zweites Mal.

Der Gutsherr lässt sich einen weiteren Schnaps einschenken und spendiert großzügig eine Lage für den Stammtisch. Als er den Männern und dem Wirt zutrinkt, glaubt der, dass damit alles abgetan sei, aber da hat er sich gründlich verrechnet. Schon ein paar Tage später erhält der fast Fünfzigjährige den Gestellungsbefehl. Bisher hat man ihn damit verschont, denn Bauermann hat gute Beziehungen zu den Etappenhengsten im Wehrkreisamt, denen er hin und wieder ein paar Würste oder einen Schinken aus seiner Fleischerei zusteckte. Das brachte ihm die erhoffte Zurückstellung vom Einsatz an der Front. Aber jetzt wusste Bauermann, dass hinter der Sache Blaskow und der Gutsherr steckten. Der Gutsherr hatte doch in allem seine Hände im Spiel. Schon übermorgen hatte er einzurücken.

Aber Bauermann hat einen Drückebergerposten als Küchenbulle an der Westfront erwischt, schickt nach und nach Feldpostpakete heimwärts, die von den Frontoffizieren in seiner Verpflegungsstelle zwischengelagert werden. Er adressiert sie einfach um an seine Heimatadresse. So kann man auch über den Krieg kommen. Die einen müssen bluten, und die anderen bereichern sich noch an der Not und dem Elend der Völker.

Die Endphase des Krieges scheint angebrochen. In unserem Dorf sind die Nerven bis zum Äußersten angespannt. Welcher Fuß wird als erster unser Dorf betreten, der Fuß der Russen oder der der Amerikaner? In der Schule ist keine Ordnung mehr. Blaskow nimmt es nicht mehr so genau. Er lässt so manches schleifen.

Der Schlachter Bauermann hat ihm einen Knacks versetzt. Seinen Rohrstock benutzt er nur noch vereinzelt und nicht mehr so heftig. Hier mal einen Klaps, dort einen leichten Schlag auf die Hände, mehr nicht. Es gibt Zank und Streit, es bilden sich Grüppchen und Cliquen, die einander nicht grün sind. Die Evakuierten sind den Einheimischen noch zu fremd. Ich werde gehänselt, mein rollendes *Rrr* ist zu ungewöhnlich, eher fremdländisch. Worte wie *Polack* treffen mich tief und *Macht euch zurück nach Polen*. Ich bleibe nichts schuldig, setze mich zur Wehr. Ich schimpfe auf Polnisch zurück. Da meine Gegner nicht wissen, was das heißt, werden sie unsicher und lassen von mir ab. Überhaupt muss ich mich in Acht nehmen, deutsche mit polnischen Worten nicht zu vermischen.

»Wir sind doch nur hier, weil ihr den Krieg angefangen habt«, spreche ich die Worte nach, die ich von der Mutter gehört. »Wir Volksdeutschen wollten doch keinen Krieg. Ihr habt doch den Hitler gewählt. Und übrigens: Lizać mie w dupe (leckt mich am A…)« ist meine Reaktion. Darauf werde ich eine Zeit lang *Dupe* gerufen. So manche Gemeinheit muss ich schlucken und werde tief beleidigt. Wir müssen uns zusammenraufen, meint der Lehrer. Doch das ist schwerer, als wir vermuten.

Das Gut mit seinen Stallungen, den Scheunen, der Teich hinter dem Herrenhaus, und der riesige Taubenschlag sind Anziehungspunkte unserer Herumstrolcherei. Am Ende des großen Gebäudes, in dem die Kutschpferde stehen, ist ein Verschlag für die halbwüchsigen Fohlen –

schöne Tiere mit unterschiedlichen Zeichnungen, Farben und Rassen. Da sind trakehnerähnliche Halbblüter, Haflinger und halbe Oldenburger. Sie stehen in dem Verschlag, die Doppeltür ist oben geöffnet. Eines nach dem anderen kommt an die Tür und steckt seinen Kopf oben heraus. Sie möchten so gern auf die angegrünte Koppel, doch der Knecht lässt sie noch nicht hinaus. Er hat sie schon gefüttert und verschwindet zu den Ackerpferden, wovon er etwa zwölf zu versorgen hat. Das ist eine einmalige Gelegenheit. Vorn an der Tür steht Hietscher, der zutrauliche Hengst. Er schubbert seinen Kopf an meiner Schulter.

»Los, wer traut sich den zu reiten?«, fragt Lothar provokatorisch. »Los, du!«, schaut er mich an. Schon bin ich auf der unteren Tür, kraule die braune Mähne des Pferdes und schwinge mich auf seinen Rücken. Im selben Moment reißt Lothar die untere Tür auf und gibt dem Hengst einen Schlag, dass er aus dem Stall heraus davonstiebt und wie wild über die Koppel rast. Ich sitze auf dem breiten Rücken des Tieres und halte mich an der flatternden Mähne fest. Im Reiten bin ich einigermaßen geübt, auch ohne Sattel. Ich sitze solange auf dem Tier, bis es mitten im Lauf zu bocken anfängt, dann fliege ich im hohen Bogen herunter.

Ich rappele mich auf – Gott sei Dank – nichts gebrochen. Da kommen auch schon die anderen Tiere munter aus dem Stall herangeprescht, ihre Hufe trommeln die weiche Erde. Ich rette mich über den Koppelzaun. Die Dorfburschen kommen auf mich zu. Sie bestaunen mich wie einen Rodeo-Reiter, der gerade einen großen Preis gewonnen.

»Mann, das hätte ich von dir nicht gedacht«, sagt Egon anerkennend. »Ja, erwidere ich, ich hab schon ganz andere Pferde geritten«, werfe meinen Kopf in den Nacken und steige in der Achtung meiner Klassenkameraden eine ganze Stufe höher.

Jedes Jahr hat seine Hauptzeiten: den Frühling, den Sommer, den Herbst und Winter, und seine Zwischenzeiten – den Vorfrühling, den Spätsommer, den Spätherbst, den Frühwinter. Der Frühling hat das Grüne Herz in ein sattes Grün getaucht, die gelben Blumen auch hier erblühen lassen. Die Äcker sind abgetrocknet, und es ist höchste Zeit für allerlei Arbeiten auf dem Feld.

Von unserem Bauern noch immer keine Nachricht. Wagners Willi war eingezogen und als Flakhelfer ausgebildet worden. Im Rheinland, vor den Toren von Köln und Düsseldorf, stand seine Flakstellung. Viel zu bestellen hatte sie nicht mehr, also schlüpft der gestandene Mann von vierzig Jahren in Zivilkleidung, beschafft sich ein Fahrrad und macht sich auf den Weg nach Hause. Er muss aufpassen, dass die Westalliierten ihn nicht aufgreifen, denn dass könnte unangenehm für ihn werden. Darum weicht er ihnen aus auf Feldwegen und vielerlei Umwegen, bis er sie hinter sich hat. Pfingsten, nach Ende des Krieges, trudelt er überraschend in seinem Heimatort ein. Endlich zu Hause, bei der Frau und den Kindern.

Er betrachtet seine geliebte Werkstatt, die Maschinen – sie sind beinahe schon eingerostet. Er geht in den Stall, die brave Liese, die kräftige Zug- und Deichselkuh, wendet ihren Kopf. Ob sie ihn wohl wiedererkannt hat? Großes Glück für den Bauern – er ist heimgekehrt und muss nicht in Gefangenschaft wie viele andere. Bauer Schübler, bei dem mein Banknachbar untergekommen war, hatte nicht so viel Glück. Er musste zwar nicht in den Krieg, aber binnen dreier Monate waren seine drei Söhne gefallen. Der letzte und jüngste, der den Hof erben und übernehmen sollte, wurde von einer Granate zerrissen. In Polen, in der Nähe von Lemberg, war sein Grab. Mit wie viel Stolz hatte der Bauer von seinen Söhnen geredet, wenn er am Stammtisch in der Kneipe saß. »Meine Söhne sind die Granaten des Dritten Reiches«, hatte er getönt. »Die Garanten«, berichtigte ihn der Ortsbauernführer. Nun waren die Garanten des dritten Reiches nicht mehr. Für den Bauern, dem zwischendurch auch noch die Frau gestorben war, brach eine Welt zusammen. Auf den Jüngsten hatte er seine ganzen Hoffnungen gesetzt. Jetzt waren sie zerstoben wie Pulverschnee im Wind.

Die Gedenktafel für seine toten Söhne war auf dem Grab seiner Frau aufgestellt: *Ruhet sanft in fremder Erde*. Am nächsten Tag, die Glocke hat schon längst zum Unterrichtsbeginn geläutet, stehen wir Schüler der oberen Klassen noch vor dem Portal herum. Lehrer Blaskow fehlt, er ist einfach nicht da. So etwas war noch nie vorgekommen. Die Lehrerin hatte die Kleinen schon nach oben gebracht, mehr konnte sie nicht tun.

»Verhaltet euch ruhig«, mahnt Fräulein Klausner, »vielleicht kommt er noch.« Plötzlich vernehmen wir vom Dorf her ein Rumoren – wir rennen den Schulberg herunter und sehen ein Schauspiel, das uns den Atem verschlägt. Unter den oberen Fenstern des Bauern Schübler hängt das Führerbild heraus, daneben die Fotos der gefallenen Söhne, alle mit Myrtengrün und Trauerflor umkränzt. Der Älteste ist noch mit dem EK-I zu sehen, das man ihm noch nachträglich für große Tapferkeit vor dem Feind verliehen hatte. Der Bauer hängt über der Fensterbrüstung, hat Schaum vor dem Mund, einen Peitschenstiel in der Hand und drischt auf das Führerbild ein, bringt das Glas zum Splittern. Das Führerbild fällt auf die Straße. Dabei schreit er immer wieder dieselben Worte: *Für Führer und Vaterland, für Führer und Vaterland! Heil dir, mein Führer!* Die Nachbarn stehen vor den Pforten, schauen entsetzt zu, bis einer hinaufstürmt und dem Bauern in den Arm fällt. »Mein Gott, der Bauer ist verrückt geworden«, zetert eine Nachbarin. »Das wird ihn den Kopf kosten.« Wenig später ist der Ortsgruppenführer zur Stelle.

»Geht weg, macht Platz! Der Bauer ist doch nicht richtig im Kopf.« Er geht auf den Bauern zu, doch der hat sich schon beruhigt, sitzt teilnahmslos in seinen Sessel versunken, bis ein Krankenwagen erscheint und ihn mitnimmt. Einige Tage später besucht ihn die Schwester in der Psychiatrischen Klinik Mühlhausen/Pfafferode. Der Bauer ist geistig umnach-

tet und steht unter starken Beruhigungsmitteln. Sein Gesicht glüht. Er hat starkes Fieber. »Der kommt nie wieder zurück«, sagt die Schwester. »Wer weiß, was die mit ihm anstellen.«
»Was werden sie schon mit ihm anstellen«, empört sich der Ortsbauernführer. »Er hat dort seine Pflege und seine Ordnung.« Einige Wochen später ist der Bauer tot. »Sie haben ihn zu Tode gepflegt«, munkeln einige Stimmen im Dorf.

Das Schauspiel hat uns tief bewegt. Als es nichts mehr zu sehen gibt, traben wir den Schulberg wieder hinauf. Noch eine Stunde vergeht. Sonst wären wir schon längst nach Hause gegangen, aber das Ereignis hat uns so aufgewühlt, dass wir verstört stehen bleiben und warten. Endlich kommen zwei Herren den Schulberg herauf, zwei Herren in Zivil. Der eine stellt sich als Schulinspektor vor und lässt uns antreten. Der andere zieht auffällig sein linkes Bein hinter sich her. Er ist noch jung, sein Gesicht wirkt ernst und sehr blass.

»So, nun geht rein«, sagt der Ältere. Voll banger Ungewissheit drängen wir auf unsere Plätze, stehen ausgerichtet neben den Bänken und warten auf die große Neuigkeit, auf etwas völlig Außergewöhnliches.

»Setzt euch!« Der Herr Inspektor sucht nach Worten, weiß nicht wie er uns beibringen soll, was er zu sagen hat. Wir sitzen still da, nicht einmal das Knistern und Knarren der Bänke, das sonst den Unterricht so stört, ist zu vernehmen. Der Herr räuspert sich, blickt ungemütlich über die Bankreihen und beginnt zu reden. Seine Stimme ist müde und schleppend, so als ob er sich einer unangenehmen Bürde entledigen wollte:

»Also, euer alte Lehrer hat eine neue, verantwortungsvolle Stelle übernommen. Ihr wisst doch, er war Soldat. Jetzt bildet er Hitlerjungen zu Soldaten aus.« Nach diesen Worten brandet unbeschreiblicher Jubel auf, lautes Klatschen und Trampeln mit den Füßen. Der Schulinspektor ist auf solch eine Reaktion nicht gefasst. Nicht im Geringsten hätte er gedacht, dass Blaskow hier so unbeliebt gewesen. Mit lauter Stimme versucht er die Beifallskundgebung zu beenden.

»Ruhe, wollt ihr wohl ruhig sein!« Nur langsam beruhigen wir uns. Im Klassenraum wird es wieder still, nur die Mädchen tuscheln leise über den jungen Mann, der ihnen ausnehmend gut gefällt. Sichtlich nervös und schockiert, schluckt der Inspektor. Seine Stimme stockt, als er weiterspricht:

»Hier stelle ich euch euren neuen Lehrer vor, Herrn Husemann!« »Hausmann«, korrigiert der neue Lehrer. »Richtig, Herrn Hausmann. Ich hoffe, ihr werdet euch gut verstehen.« Er drückt dem Lehrer die Hand, murmelt ein paar aufmunternde Worte, grüßt flüchtig in die Klasse, indem er die rechte Hand ein wenig erhebt und macht sich sichtlich erleichtert davon, den Lehrer und die Klasse sich selbst überlassend.

Uns Kinder erfüllt diebische Freude und Erleichterung, besonders Lothar. Endlich sind wir die schimpfende, umsichschlagende und uns ständig quälende Brillenschlange los. Wir Umsiedlerkinder hatten sie ja noch nicht so lange gehabt, aber die Einheimischen waren unsagbar froh darüber. Jeder wusste sofort, warum Blaskow gegangen war. Der letzte Zusammenstoß mit dem Schlachter hatte seine Person als Lehrer unmöglich gemacht. Es war das Tüpfelchen auf das I. Seine Autorität, die schon längst gelitten hatte, war endgültig zum Teufel gegangen. Deshalb hatte man ihn stillschweigend versetzt. Denn irgendwie muss die letzte Sache auch nach oben gedrungen sein. Das Dorf hat viele und schwatzhafte Zungen, von denen manche zu den Zuträgerzungen gehören. *Psst, Feind hört mit* ist die oberste Losung. Auf dem Plakat ist ein *Rundfunkverbrecher* zu sehen, wie er unter einer Decke halb versteckt am Volksempfänger Radio London hört. *Bumm, bumm, bumm, bumm; hier ist Radio England!*

Man muss sich in Acht nehmen. Jedes Wort muss sorgfältig bedacht werden, bevor man es öffentlich aussprechen darf. Jede unachtsame Äußerung kann einem zum Verhängnis werden. Das angeschlagene Regime reagiert wie ein zu Tode verwundetes Raubtier.

Neugierig mustern wir den Neuen. Er ist groß, mittelblond, hat glattes Haar, das auf der rechten Seite gescheitelt ist und ein wenig ins Gesicht fällt. Mit seiner hohen Gestalt, dem fein geschnittenen Gesicht, der geraden und wohlgeformten Nase verkörpert er das Idealbild eines arischen Musterdeutschen, wenn nur das steife Bein nicht wäre. Das steife Bein, das so ganz und gar nicht zu ihm passt, zu einem heroischen Kämpfer des dritten Reiches.

Der Lehrer steht noch immer unbeweglich auf dem Platz, auf dem ihn der Inspektor der Klasse überlassen hat. Seine stahlblauen Augen streifen die erwartungsvoll zu ihm aufsehenden Gesichter, er blickt einen nach dem anderen genau an, strafft seine sportliche Gestalt, schreitet wortlos zum Lehrerpult und setzt sich geräuschvoll auf den alten, mit Bast beflochtenen Paukerstuhl, indem er sein steifes Bein weit von sich streckt. Wiederum ruhen seine Augen prüfend auf uns Schülern, als er einen nach dem anderen anhand des Klassenbuches aufruft. Das Ungewöhnliche daran ist, dass wir nicht wie sonst blitzartig aufspringen und laut *hier* rufen, sondern uns bedächtig erheben und unser *Hier* leise dahinhauchen. Erstaunlich daran ist auch, dass keiner deswegen gerügt und zu lauterem Sprechen aufgefordert wird. Auf dem Katheder liegt der allen bekannte und verhasste Haselstock. Den ergreift der Lehrer, prüft seine Biegsamkeit, dreht und wendet ihn hin und her, lässt ihn ein par Mal kräftig durch die Luft sausen und schlägt dann fest und unbekümmert mehrmals auf sein seitwärts ausgestrecktes Bein.

»Ja, hört nur gut hin«, beginnt er plötzlich zu reden. »Das klingt gut, nicht wahr? Das echte liegt vor Stalingrad, einfach weggeschossen!« Resigniert verzieht er seinen Mund zu einem bitteren Lächeln. Im Klassenraum ist Totenstille. Wie gebannt schauen wir auf das künstliche Bein und auf den Lehrer. Was für Gefühle mögen diesen jungen Menschen bewegen, der in der Blüte seiner Jahre zum Krüppel geworden. Fühlt er sich echt als Krüppel, als Gezeichneter? Das muss doch schrecklich sein, ständig solch eine Prothese mit sich herumzuschleppen. Wir verspüren einen Schmerz in unseren gesunden Gliedmaßen. Lothar fasst unwillkürlich nach seinen Beinen, ob sie noch am rechten Fleck seien. Ein seltsames Gefühl beschleicht uns. Nein, es ist kein Mitleid, sondern echte, unteilbare Hochachtung vor diesem Mann mit der sanften Stimme, der das lebendige Beispiel eines Helden verkörpert. Doch unser Erstaunen wächst noch weiter, als er den Rohrstock ergreift, weit durchbiegt, dass er knackend splittert und in zwei armselige Hälften zerbricht. Der Lehrer erhebt sich trotz seiner Behinderung behänd und geschmeidig von seinem Platz, öffnet die Ofentür und wirft den schäbigen Rest des Prügelstocks in das schwarze Loch des Feuers, das auszugehen droht. Nun flammt es noch einmal kurz auf und verbrennt dieses unsägliche Relikt.

Gespannt verfolgen wir das außergewöhnliche Schauspiel. Für die meisten ist es unfassbar. Anfangs glauben wir an einen Scherz, den der Neue mit uns treibt, doch dann werden wir eines Besseren belehrt. Lehrer Hausmann geht nach dieser eigenartigen Handlung mit hinter dem Rücken verschränkten Händen durch die Bankreihen und zur Tagesordnung über:

»Du, ja du, wie ist doch gleich dein Name?«, spricht er Lothar an. Egon stammelt für den verdattert und stumm Dasitzenden:

»D..., de..., der heißt Lothar.« Der Lehrer geht auf Lothar zu, gibt ihm einen leichten Klaps auf den Kopf, der zuckt zusammen, doch der Lehrer schreitet die Bankreihen ab und redet weiter: »Von der Prügelstrafe halte ich nichts. Da habt ihr bei mir nichts zu befürchten. Wer wie ich an der Front mitten im Dreck gelegen und gesehen hat wie einer nach dem anderen der Kameraden ins Gras beißen musste, möchte nicht noch auf wehrlose Kinder einschlagen.« Nachdenkliches Schweigen breitet sich aus. Die Stimme des Lehrers schmeichelt sich ein, ist wie aus weiter Ferne zu vernehmen: »Ich denke, dass wir auch so miteinander auskommen werden, oder was meint ihr?«

»Na klar!«, platzt Lothar heraus. Alle lachen befreit auf. Der Bann scheint gebrochen. Von allen Seiten zustimmendes Stimmengewirr, bis der Lehrer den ausgelassenen Tumult beschwichtigen muss. Sofort wird es wieder still. Alle Augen ruhen auf dem Mann, gespannt verfolgen wir jede seiner Bewegungen. Bedächtig schreitet er auf das Lehrerpult zu, setzt sich aber nicht in den Paukerstuhl, sondern pflanzt sich auf die Ecke des Katheders, so dass seine Prothese wie ein willenloses Werkzeug herunterbaumelt.

»So, nun will ich euch mal etwas über mich erzählen: Ich bin sechsundzwanzig Jahre alt, mit Vornamen heiße ich Norbert und stamme aus der Gegend um Halle. Nach meinem Lehrerexamen habe ich mich freiwillig als Soldat gemeldet, zuletzt bei Stalingrad eine Kompanie geführt. Ob von meinen Leuten noch welche leben, das weiß der Himmel. Doch Hubert fehlt.« Der Lehrer schaut fragend in die Klasse. Wir spüren schmerzlich, dass Hubert nie wieder unter uns sein wird. In die Antwort und das nachdenkliche Schweigen schellt die Pausenglocke. Langsam, zögernd erheben wir uns von den Plätzen. Wir denken nicht im Geringsten daran, lärmend und schreiend zur Tür hinauszustürmen. Heide geht neben mir und schaut mich interessiert an.

Ach ja, Heide! Bei dem Namen gerät jeder ins Schwärmen. Heide, das ist ein Mädchen wie Milch und Honig, ein liebenswertes Geschöpf mit einem offenen und guten Herzen, das für alles aufgeschlossen ist. Sie ist die einzige Tochter der Irene Müller und ihres Mannes Walter, der an der Afrika- und zuletzt an der Westfront für Führer und Vaterland seinen Kopf riskierte. Nun hat er schon lange nicht mehr geschrieben, und Mutter und Tochter bangen um sein Leben. Aber mit der kurzen Beschreibung wie *Milch und Honig* ist Heideloren noch lange nicht Genüge getan. Heidelore, kurz Heide genannt, ist Musik in den Ohren der Dörfler, besonders der jungen Burschen. Sie ist überall beliebt, um nicht zu sagen geliebt. Mit ihren braunen, schon mehr ins Schwarze gehenden Zöpfen, die sie mal zu einem Schneckenkranz über den Kopf gebunden, lang vor dem Körper oder auf dem Rücken trägt, sieht sie aus wie die Mona Lisa. Dazu passt auch ihr Körper, der fest und gedrungen, aber nicht dick ist. Hinzu kommt ihr unbändiges Temperament.

Heidelore hat zu allem etwas zu sagen, und wenn sie einmal etwas ausgesprochen hat, wagt es auch keiner infrage zu stellen. Sie spielt Völkerball wie ein kleiner Teufel, und ihre Schleuderwürfe sind gefürchtet wie ihr scharfsinniger Verstand, der manchem schon unheimlich ist. Selbst Blaskow hat einmal verlautbart, dass sie zu Höherem berufen sei. Aber welcher Art das Höhere sei, verschwieg er.

In gewissen höheren Sphären schwebt Heide auch für mich, manchmal ganz weit weg und manchmal ganz nah. Ich denke nur noch an sie, schleiche umher wie der Hans mit *trüben Augen, blassen Wangen, und das Herz war gefangen…*

Unsere alte Heimat, alles, was wir unabänderlich verloren haben, verschwimmt mehr und mehr, seit ich Heide kenne. Immer schleierhafter verblasst die Erinnerung an die Vergangenheit. Meine Gedanken kreisen kaum noch um den Hof des Großvaters, um unser Heim auf dem Michałówek. Großvater ist jetzt in unserer Nähe, und ich weiß, dass er gesund ist. Nur Tante Jenny und mein Cousin Werner sorgen sich um den Vater, da sie noch immer keine Nachricht von ihm haben. Werner ist aber zuversichtlich. Der Vater wird sich schon nicht in Gefahr begeben haben, sagt er und gibt seiner Mutter neue Hoffnung.

Der neue Lehrer hat neuen Schwung in die Schule gebracht. Alle Schüler sind restlos begeistert. Die Mädchen schwärmen regelrecht für ihn. Hausaufgaben werden willig und sorgfältig erledigt. Selbst Lothar ist davon nicht ausgenommen. Er gibt sich redlich Mühe, hinter den anderen nicht zurückzustehen. In der Klasse herrscht eine Disziplin, wie sie unter Soldaten nicht besser sein könnte. Manch einer zuckt noch in alter Gewohnheit zusammen, wenn der Lehrer sich über ein aufgeschlagenes Heft beugt, in der Befürchtung eine geschmiert zu bekommen oder an den Ohren gezogen zu werden, aber nichts dergleichen geschieht. Nur langsam können sich alle an diese Situation gewöhnen. In wenigen Wochen scheint es, als würden die Schüler für ihren neuen Lehrer durchs Feuer gehen wollen.

Lehrer Hausmann hat den Sportunterricht wieder aufgenommen. Am Mittwoch steht eine Stunde Turnen auf der Stundentafel. Bisher, bei Lehrer Blaskow, hat der Turnunterricht hauptsächlich aus Exerzieren bestanden. Er ließ in Reih und Glied marschieren, übte das zackige und schnelle Antreten ein ums andere Mal, ließ Dutzende Male linksum, rechtsum und Kehrt machen, dass es allen zum Halse heraushing. Diese Übungen beschloss meist ein ausgedehnter Dauerlauf im Kreis, bei dem alle auf eine geordnete Reihe achten mussten. Ganz anders Lehrer Hausmann. Schon sein Äußeres sticht hervor. Im schwarzen Trainingsanzug erscheint er zur ersten Turnstunde und wird von oben bis unten begafft, da Blaskow immer nur in seinen Schulklamotten vor uns stand, die er auch sonst in der Klasse trug. Plötzlich wirft Hausmann einen Fußball in die Höhe, den er hinter dem Rücken versteckt gehalten. Das wird mit einem unbeschreiblichen Jubel begrüßt. Aus einem Dutzend Kehlen erschallt der Ruf:

»Fußball, Fußball!« Im Nu sind zwei Mannschaften gebildet, als Torpfosten dienen vier Schulranzen. Der Lehrer pfeift das Spiel an, indes die Mädchen ihren beliebten Völkerball spielen. Während des Spiels spüren wir, wie gern der Lehrer selbst mitgespielt hätte. Man sieht es an seinen Bewegungen, wie er mit dem gesunden Bein zuckt, als ob er dem Ball einen Stoß versetzen wollte. Auf den Stock gestützt, läuft er zu der Stelle, an der er das Spiel unterbrochen hat. »Elfmeter!«, entscheidet er bestimmt und zeigt auf den ominösen Punkt, den er mit elf Humpelschritten festlegt. Keiner traut sich so recht die Verantwortung zu übernehmen und den Strafstoß auszuführen. Da kommt der lange Egon auf eine sonderbare Idee.

»Lasst doch mal unseren Lehrer schießen!« »Ja, bitte«, bedrängen ihn alle sofort, dass ihm kaum ein anderer Ausweg bleibt. Ich schnappe den Ball und lege ihn auf den Punkt. An beiden Seiten bilden die Parteien ein dichtes Spalier. Egon stolziert ins Tor, stellt sich in Positur, geht federnd in die Hocke, läuft erst nach links und dann nach rechts an den Pfosten und vollführt einen wahren Eiertanz. Doch ehe er sich versieht, zischt der Ball links unten ins Tor. Ohren betäubender Jubel: »Tor, Toor, Toor!« Der Torschütze wird umringt und von allen Seiten beglückwünscht, nur Egon steht verdutzt und wie angewurzelt im Tor. Das hätte nun doch

keiner vermutet, was der Lehrer gerade mit einem Bein vollführt hatte. Fußballspielen wird zu unserer neuen Leidenschaft.
Der launische April hat den ungemütlichen März abgelöst. Birken und Lärchen sind schon in zartes Grün getaucht. Kiebitze stelzen auf den Wiesen umher, und die Stare singen in den Obstbäumen im Duett und auch im Quartett. Man möchte dem Krieg eine lange Nase machen und sagen, das war's. Doch der spielt noch seine letzte grausame Melodie. Unser Bauer macht das Kuhgespann flott. An die Seite der braven Liese wird eine jüngere Kuh gespannt. Sie ist noch etwas ungelenk und bockig im Ziehen des Ackerwagens, bei der Feldarbeit vor dem Pflug oder vor der Egge. Doch neben Liese, der alten Deichselkuh, wird sie nach und nach ruhiger, bis sie genauso brav dahintrottet. Anfangs bin ich etwas amüsiert. Es kommt mir komisch vor, auf dem Kutschbock des Ackerwagens zu sitzen, der von einem Kuhgespann gezogen wird. Doch bald erkenne ich die behäbige und überlegene Kraft dieser Tiere, ihr sanftmütiges Wesen und ihre Klugheit. Sie natern (wiederkäuen) vor dem Wagen, gehen lieber den weichen Sommerweg neben der Asphaltstraße entlang und wissen genau, an welchem Feldweg sie einbiegen müssen, um auf das Feld des Bauern zu gelangen. Und wenn sie sich kräftig angestrengt haben, müssen sie öfter stehen bleiben, um Urin abzulassen. Danach ziehen sie, manchmal auch von allein, wieder an. Hat man sich erst einmal an die Feldarbeit mit Kühen gewöhnt und ein tüchtiges Gespann beisammen, geht die mühsame Ackerei zwar etwas langsamer voran als mit Pferden, aber viel geruhsamer und ohne Stress. Im Dorf gibt es Kühe, sagt man, die sind stärker und wertvoller als Pferde. Vor allem geben sie noch Milch.

Das Feld ist abgetrocknet und mit Mist bestreut worden. Der Bauer holt den Pflug vom Wagen herunter und spannt die roten Harzerkühe davor. Wir pflügen die erste Furche in der Mitte des Ackers. An meiner Hand geht das Gespann wie ein Uhrwerk, ihm folgen die Mädels des Bauern, die Bäuerin und meine Mutter. Sie bücken sich, legen die Pflanzkartoffeln in die Furche, drücken sie mit dem Fuß etwas an. Die lockere und braunfettige Erde wächst um die Mitte des Ackers immer mehr an, bis alle Kartoffeln ausgelegt sind.

Die Bäuerin ist froh, dass der Bauer aus dem Krieg heil und gesund zurückgekommen ist und auf seinem geliebten Acker wirtschaften kann.

Das Gespräch kommt auf. Ein paar verrückte Nazis wollen das Dorf verteidigen. »Das bringt uns in Teufels Küche«, sagt der Bauer. »Wenn die Amerikaner hier einziehen – Gott gebe, dass es die Amerikaner sind – und jemand auf sie schießt, legen sie das Dorf in Schutt und Asche. Ich habe es gesehen auf meinem Weg hier her. Mein Gott, sind die denn lebensmüde?« Und auch die anderen Ackersleute haben Angst vor den unheilvollen Machenschaften der fanatischen Vaterlandsverteidiger. Sie schimpfen auf den Gauleiter Fritz Sauckel, der zum entschlossenen Verteidigungskampf aufgerufen. Manchmal drehen sie den Namen auch um und nennen ihn *Sauleiter Gauckel*. Wo immer es geht, tauschen sie ihre Meinungen darüber aus. Jetzt, wo das Ende des Krieges und der Naziherrschaft abzusehen ist, etwas mutiger und dreister. Instinktiv bleiben die Kuhgespanne stehen, wenn sie in Rufweite aneinander vorüberziehen. Dann ist Vesperzeit.

Vesperzeit: Zweiter von links Wagners Willi

Rote Bratwurst, schwarze Blasenwurst und herrlicher Kochkäse sind eine Wonne für unsere Gaumen. Von solch einem Essen am Ende des Krieges können viele nur träumen.

»Sie werden uns noch ganz zu Grunde richten«, ruft die dicke Hanne Hahn, die ihren Mann erst vor kurzem verloren hat, ihrem Ackernachbarn zu. »Wir werden etwas dagegen unternehmen«, verspricht der Bäckermeister, »werden nicht zulassen, dass sie das Dorf in Gefahr bringen.« Über den sich nach Ruhe und Frieden sehnenden Dorfbewohnern schwebt das drohende Unheil des Kriegsendes und die bange Ungewissheit über das Danach. Nicht genug der Arbeit, der Sorge um das Leben der Väter und Söhne, kommt auch noch die Furcht vor dem Verderben hinzu, das über das Dorf hereinbrechen könnte, wenn die Nazis ihre Absichten wahrmachten.

Und tatsächlich hat der Ortsgruppenführer mit ein paar Männern des Volkssturms an der alten Chaussee, die ins Dorf führt, einen Graben ausgehoben und eine Panzersperre errichtet. Wie ich erfahre, ist mein Vater auch unter den Vaterlandsverteidigern. Erst spät ist er PG geworden, umso mehr engagiert er sich in letzter Zeit für die Sache des Reiches und des Führers. Die Mutter ist furchtbar entsetzt und hält diese Machenschaften der Nazis für verrückt. Mit diesem Attribut bezeichnet sie auch Vaters Mittun. Es kommt zu Streit, aber Vater lässt sich nicht davon abbringen.

»Denk doch an die Kinder«, sagt die Mutter. »Habt ihr denn nicht schon genug angerichtet.« Ich bin verzweifelt, zittere um den Vater. Schon einmal habe ich ihn der SA und dem Volkssturm entrissen – damals in Schlesien, als ich ihn in den Zug gezogen hatte und er durch mich bis Thüringen gelangt war. Jetzt fürchte ich wieder um ihn, fasse den Vater am Arm und will ihn von seinem Vorhaben abbringen, doch vergebens. Er ist nur wenig beeindruckt von meinem Flehen, entwindet sich meinen Händen und geht seiner Pflicht nach, wie er sich ausdrückt.

Vater gehört zu den so genannten waffenfähigen Männern von 16 bis 60 Jahren, die den Volkssturm bilden sollen. Ein letztes Aufgebot von halben Kindern und älteren Männern. Die letzte Reserve, gleichzeitig ein militärischer Offenbarungseid des im Untergang befindlichen Regimes. Einige der Irregeführten und Verbohrten, unter ihnen auch mehrere der Jungen der HJ, wollen den Heimatboden bis zum Äußersten verteidigen. Ihr Feindbild ist ungebrochen, doch ihr Wille, dem anrückenden Feind furchtlos entgegenzutreten, steht auf schwachen Füßen.

Der Ortsgruppenleiter gibt zwei Panzerfäuste in die Hände der Männer und erläutert, was zu tun sei, wenn der Feind anrückt, aber plötzlich, als es ernst zu werden scheint, will keiner damit schießen. So schließt er sie wieder ein. Am Vormittag fährt er noch einmal hinaus, um nach dem Rechten zu sehen. Ein Versorgungsfahrzeug kommt die Straße entlanggetuckert, die ins Dorf führt, um die Einwohner mit den nötigsten Lebensmitteln zu versorgen. Plötzlich stutzt der Fahrer. Augenblicklich durchfährt ihn ein ziemlicher Schreck. Wie hypnotisiert starrt er auf das Hindernis aus altem Eisenschrott und Stacheldraht. Er holpert langsam heran, stoppt vor dem Hindernis und bleibt eine Weile hinter dem Lenkrad wie versteinert hocken. Fassungslos klettert er vom Fahrersitz, klickt die Tür auf und springt auf die Straße. Umständlich mustert er das komische Hindernis, fasst an die Eisenschienen und rüttelt daran, um ihre Festigkeit zu prüfen. Und plötzlich beginnt er laut und dröhnend zu lachen. Er lacht so herzhaft, dass sein Speckbauch wackelt und seine Hose mithüpft. Dabei zeigt er mit den Fingern auf dieses Schrotthindernis und sagt, nachdem er sich von seinem Lachanfall erholt hat:

»Was soll denn das hier? Wer hat sich denn solchen Blödsinn ausgedacht? Na, wenn ihr lebensmüde seid, dann braucht ihr auch keine Lebensmittel mehr.« Kaum dass er die letzten Worte ausgesprochen, erklettert er flink seinen Fahrersitz, kurvt mehrmals rückwärts nach links und vorwärts nach rechts, bis er dem Hindernis seine Kehrseite zugewandt hat und braust mit Vollgas davon. Der Ortsgruppenführer versucht ihn aufzuhalten und die Lebensmittel zu retten. Verzweifelt rennt er neben dem Fahrzeug hin und her, versucht die Fahrertür aufzuklinken und den Fahrer zur Umkehr zu bewegen, aber alles vergebens. Die Dorfbewohner werden ihm ganz schön einheizen, wenn sie von dem Vorfall erfahren. Enttäuscht zwängt er sich in seinen Jeep und fährt mit ziemlichem Unbehagen ins Dorf zurück.

Nachts, als alles mehr oder weniger unruhig schläft, schleichen sich ein paar mit Vernunft erfüllte Gestalten auf Umwegen über die Wiesen dem Panzersperren-Hindernis entgegen. Sie buddeln, zerren und ziehen wie die Heinzelmännchen und beseitigen das lächerliche Gebilde, denn sie haben genug von dem vaterländischen Spuk und wollen das Dorf nicht unnötig in Gefahr bringen. Als der Ortsgruppenführer am Morgen davon erfährt, verkündet er großsprecherisch: Er wolle den Amerikanern notfalls allein entgegentreten. Doch daraus wird nichts, denn ein paar Tage später macht er sich mit seinem Jeep auf und davon.

»So ein Feigling«, schimpft der Gutsherr, »macht sich einfach aus dem Staub! Nun soll er auch auslöffeln, was er eingebrockt hat. Hab ich nicht gesagt, die Panzersperren sind sowieso für die Katz! Dieser hirnrissige Blödsinn war doch eine riesige Gefahr für das Dorf. Fehlt nur noch, dass die Russen hier einziehen. Die schießen doch unser ganzes Dorf zusammen!«

Der Gutsherr versäumt es einzugestehen, dass er diesem hirnrissigen Blödsinn nicht selbst entgegengetreten ist. Er hat den Ortsgruppenführer nicht gebremst, aber auch nicht ermutigt. Sonst hat er sich doch in alles eingemischt, warum nicht hier. Jetzt macht er sich Vorwürfe, weil sie mit der großen Hoffnung verknüpft sind, dass die Amerikaner hier einziehen werden. Diese Hoffnung lässt ihn die Welt etwas ruhiger betrachten. Aber schließlich kann er nichts an dem Lauf der Geschichte ändern. Er muss es nehmen, wie es kommt. Natürlich wären die Amerikaner ihm lieber. In ihnen sieht er die Verfechter der abendländischen Kultur. Die Russen scheinen ihm doch mehr wie gefräßige Ungeheuer zu sein, die nur darauf aus sind, seinen Besitz zu enteignen. Sollten die hier einziehen, gibt er keinen Pfifferling mehr auf sein Land, seine Kühe und Pferde, seinen Status als Grundherr. Der Gutsherr hat von der Kollektivierung in Russland erfahren, von der Bekämpfung und sogar Ermordung von Kulaken und Gutsherren. Sein ältester Sohn ist gefallen und würde sowieso nie von dem Siedlungsland im Osten profitiert haben. Da ist es ihm egal, wenn der Lebensraum im Osten verloren ist. Nun hofft er, dass diese Unholde hier nicht einziehen und das Land in ein Chaos verwandeln.

Der Gutsbesitzer geht heute schon sehr früh an den Wiesen entlang und inspiziert seine Flur. Noch ist das alles seins, so weit er sehen kann. Er klammert sich an die Hoffnung des Einzugs der Westalliierten. Dieser Gedanke, diese bange Hoffnung bringt ihn um Ruh und Schlaf. Der

Wind weht lau von Süden und hat auch seine Felder bald abgetrocknet. Der Schoß der Erde lechzt nach der unerschöpflichen Kraft der Sonne. Allmählich kommt sie über den Gipfeln der Buchen und Eichen hervor und wirft ihre Strahlen auf seine Felder und die der kleinen Bauern und Ackersleute. Einige Tage gerät die Feldbestellung und das Kartoffelnauspflanzen auf seinen Äckern in Verzug. Doch mit der Hoffnung und bestärkten Aussicht auf den Einzug der Amerikaner oder Briten, macht der Gutsbesitzer jetzt kräftig Dampf. Der Krieg geht zu Ende, wahrscheinlich ändert sich nichts an seinen Besitzverhältnissen. Da darf man nicht zögern und in Lethargie verfallen. Jetzt hat sein Feld Vorrang.

In der letzten Woche hat er leutselig seine Gespanne an die Ackersleute und Gutsarbeiter ausgeliehen. Damit muss nun Schluss sein. Sein eigenes Feld geht vor. Nun muss es bei ihm tüchtig vorangehen. Dafür will er nun mit neuer Kraft und Energie sorgen. Befriedigt kehrt der Gutsherr um und geht entschlossen an die Aufgaben, die ihm sein Besitz auferlegt.

6 AMERIKANER UND RUSSEN

Der nächste Tag kündet sich an mit entferntem Dröhnen von schweren Motoren. Von weitem schallt Kanonendonner und das Bellen der Haubitzen und Flakgeschütze herüber. Das Panzergrollen kommt näher und näher, schwillt zu einem unheimlichen Getöse an, verstummt nicht mehr und verängstigt die Einwohner, von denen einige Schutz in ihren Kellern suchen.

»Mein Gott, nur nicht die Russen«, faltet meine Schwester die Hände und betet. »Lieber Gott, gib doch, dass es nicht die Russen sind!« Während meine Schwester betet, springt aus dem Hinterdorf die Nachricht von Mund zu Mund:

Amerikanische Panzer an der Ellingeröder Mühle! Diese Mühle ist nur drei Kilometer vom Dorf entfernt. Einige Männer eilen zum Backs. Der Bäckermeister klettert die Eisenleiter zur Esse hinauf und hängt ein weißes Tuch an die Spitze. Das weiße Tuch flattert kühn in der Frische des Frühlingswindes und kündet vom Friedenswillen der Bewohner.

Immer lauter und aufdringlicher schallt das Dröhnen der Tanks ins Tal hinein, es ist bald so nahe, dass man deutlich Kettengerassel vernehmen kann. Wenig später hat eine der Panzerspitzen den Ort erreicht. Die Rohre der Geschütze sind drohend aufgerichtet, jederzeit bereit, ein verdächtiges Ziel anzuvisieren. Hinter den Fenstern und Kellerlöchern der Häuser hocken schreckhafte, aber neugierige Gestalten. Neugierig insofern, als sie von den Amerikanern nicht allzu viel befürchten. Als sich nichts weiter ereignet, kommen sie aus ihren Schlupfwinkeln hervor, und links und rechts der ungetümen Panzerkolosse bilden neugierige und staunende Kinder Spalier.

Auf einem der Panzer sitzt ein Stahlhelm bewehrter, kohlenschwarzer Neger. Er hat die weiße Fahne entdeckt, bleckt seine weißen Zähne, schiebt das Kaugummi von einem Mundwinkel zum anderen und sagt zu einem seiner Kameraden: *These Krauts don't seem to be dangerous.* Diese Deutschen (Krauts, Krautfresser) scheinen ihm ungefährlich.

Malmend bewegt er die Kinnladen seines Unterkiefers, kauert massig und schussbereit hinter seinem MG und schaut uns amüsiert zu. Noch nie haben wir einen leibhaftigen Schwarzen gesehen. Schwarzhäutige waren für uns Buschmenschen, die mit Speeren auf Jagd gingen, eher noch Kannibalen, wie im Kolonialkalender zu sehen war, die um einen dampfenden Kochtopf mit Menschenfleisch herumtanzten. Und da sitzt plötzlich so einer höchstpersönlich vor uns und funkelt uns mit seinen schwarzen Augen freundlich an.

Hey boys, chewing-gums? Er wirft eine Hand voll Kaugummis in den Straßenstaub. Wie eine Hundemeute stürzen wir drauf, balgen uns herum, grapschen wild umher, um eines der begehrten Bonbons zu erhaschen. Einige beißen darauf herum, schlucken sie hinunter, wissen noch nicht, dass man sie kauen muss. Der Schwarze hat seine helle Freude daran, lacht übers ganze Gesicht und wirft noch ein paar Schokoladestückchen auf die Straße, die er aus dem Papier herausbricht. Immer mehr Soldaten beteiligen sich an der Aktion, gefährlich nahe kommen wir bei der wilden Jagd den Panzerketten, bis der kleine Konvoi plötzlich stehen bleibt. Ein Offizier entsteigt einem der gepanzerten Schützenfahrzeuge und fragt in radebrechendem Deutsch nach dem *Burgermeister*. Bereitwillig springt Fritze vor und zeigt auf das schräg gegenüber liegende Fachwerkhaus.

In Bewachung zweier, mit Maschinenpistolen bewaffneter Soldaten, schlängelt sich die Abordnung zwischen den haltenden Kolossen zum Gemeindeamt hindurch. Der Panzerwagen bleibt davor stehen, die Panzerkolonne zieht weiter.

Oben auf der Finkenburg kommen ein paar Amis in das Haus des Bauern Wagner und wollen Quartier. In dem Haus sind schon zwei Familien mit fünf Frauen und Mädchen, die eine versorgt gerade ein Kleinkind. Die zwei jungen Mädchen wären ihnen schon recht, sie lachen sie auch freundlich an, aber schließlich ziehen sie doch ab. Das Haus ist ihnen zu voll, der Respekt vor dem Weibervolk zu groß.

Am Ortsausgang traut sich der Konvoi nicht über die wacklige Brücke des Aubachs. Aber das ist für diese Ungetüme kein Problem. Einer, mit einem Schiebeschild versehen, walzt den angrenzenden Gartenzaun einfach nieder und schüttet den kleinen Bach mit Erde zu. Mit spielender Leichtigkeit setzt die Panzerkolonne darüber hinweg. Das Dorf ist dank der weißen Fahne und der Beseitigung der Panzersperre heil geblieben. Niemand ist verletzt worden. Die Dorfbevölkerung atmet trotzdem erleichtert auf, als die Panzerkolonne aus dem Dorf heraus ist.

Nun ist das Dorf im Besitz der Amerikaner – der Yankees, unserer Feinde – wie Fritze sich scherzhaft ausdrückt. Für ihn sind es natürlich keine Feinde, eher Freunde. Alles Amerikanische steht bei ihm hoch im Kurs. Er kann alle Bundesstaaten nennen und ihre Hauptstädte, weiß Bescheid über Wyoming, Arkansas, Minnesota und Dakota, den Michigan- und Eriesee. Alle Indianerbücher und Bücher über den Krieg zwischen Nord und Süd, deren er habhaft werden konnte, hat er gelesen. Die englische Sprache büffelt er seit frühester Kindheit, und in seinem Zeugnis prangt in diesem Fach eine dicke Eins. Kein Wunder, dass Fritze um die Amerikaner herumscharwenzelt, sie immerfort anspricht, ihnen zu Diensten steht und bald ihr wichtigster Partner im Umgang mit den Besatzern ist.

There's the mayor's office!, sagt er zu dem Commander und geleitet ihn zur Treppe hinauf. Der Commander lacht *amused* und reicht ihm eine Schachtel *cigarretts*.

Only for the father, sagt er und lacht. Der Vater kann die Schachtel aber nicht bekommen, er ist noch in *the war*. Am liebsten möchte Fritz ins

Amtszimmer mit hinein, aber einer der Bewacher schiebt ihn zurück. Der Commander poltert in das Amtszimmer, seine Ordonnanz hinterdrein. Sie postiert sich links und rechts von der Tür.

Guten Tag Sir, I'm commander Mitchelll! Er reicht Bürgermeister Wiesner sogar die Hand. Dieser springt beflissen auf und schiebt ihm einen Sessel hin. Der Leutnant fläzt sich hinein, streckt seine langen, mit Gamaschen beschuhten Beine von sich, reicht dem Bürgermeister eine Zigarette dar und zündet sich selbst eine an. Der Bürgermeister raucht nicht, aber er steckt sie in seine Jackentasche. Auch die Posten stecken sich eine Zigarette an und blasen weißen Qualm zur niedrigen Bürodecke empor.

Here no Nazis, no picture of Hitler on the wall?, näselt der Commander zweifelnd und schaut sich um. Er sieht den weißen Fleck an der Wand und grinst. *Oh, it's fell down!* Bürgermeister Wiesner versteht nicht, aber er ahnt, was gemeint ist, und er ist ziemlich eingeschüchtert. Schließlich hat er ja hier die Besatzungsmacht vor sich. Aber eine ihm sehr genehme Besatzungsmacht, vergleichen mit der der Russen. Wohlweislich aber hat er das Bild des Führers abgenommen.

Die Gebete meiner Schwester sind erhört worden. Sie sitzt nicht mehr in der Küche und bibbert. Ihr ängstliches Gesicht hat sich ein wenig aufgehellt. Auch die Gesichter der anderen Dorfbewohner sind freundlicher geworden, nachdem die Amerikaner eingezogen sind. Nun scheint alles doch nicht so schlimm zu kommen.

Here'is the order for the proclamation! Der Commander reicht dem Schulzen ein Papier hinüber. Der nimmt das Befehlspapier ehrfürchtig entgegen und deutet eine schwache Verbeugung an. Geht in Ordnung, sagt er und erhebt sich, ist *okay!* Der Commander macht aber noch keine Anstalten, zu gehen.

We need quarters, verstehn, a..., a..., ihm fällt das deutsche Wort nicht ein.

Quarters, quarters?, I nix verstehn, hebt der Bürgermeister ratlos die Schulter. Mitchell geht hinaus und holt Fritzen herein.

Hey, you, tell him, we need quarters! Der Commander braucht Quartiere, sagt Fritze stolz.

Für wie viel Leute?, fragt der Bürgermeister. Fritze übersetzt.

For five or six men – für fünf oder sechs Männer. Er sagt es erst auf Englisch und dann auf Deutsch, weil er ein bisschen protzen will. Der Commander wuschelt Fritzen über den Kopf.

You're my translator – Ich bin sein Übersetzer! Fritze tippt sich stolz an seine Brust. Ab sofort läuft jetzt alles über den jungen Dolmetscher. Die Abordnung wird von Fritz ins gegenüberliegende Gasthaus von Bauermann geleitet. Er hält sich zur Verfügung, bis ihn die Herren vorläufig nicht mehr brauchen. Mit ein paar Fleischkonserven zieht es ihn schnell heimwärts. Da kann man mal sehen, wie nützlich einem eine Fremdsprache sein kann.

Klingelmann Yourch watschelt mit seinen großen Kurkelschuhen bimmelnd durch die Straßen des Ortes. Immer, wenn er stehen bleibt und seinen Zettel entfaltet, streicht er über seinen Kaiser-Wilhelm-Bart, schaut gewichtig in die Runde, ob ihm auch alle gebührend zuhören, schlägt seine Glocke noch ein-, zweimal an und posaunt in seinem singenden Bass den Befehl der Besatzer lauthals und eindringlich heraus. Die Bewohner stehen vor den Häusern und lauschen, was die neuen Herren ihnen zu verkünden haben. Die meisten sind skeptisch und erwarten nichts Gutes.

Bekannt…machung! Yourch legt die Betonung auf die zweite Silbe. Einige Kinder, die neben ihm herlaufen, äffen ihn nach, deshalb wird er ungemütlich und wiederholt die Ansage noch einmal:

Bekannt…machung! Befehl des amerikanischen Ortskommandanten: Das Dorf ist in der Hand der US-Armee. Bis heute Abend, neunzehn Uhr, sind alle Waffen, auch Jagd-, Luftdruckwaffen und Munition, vor dem Gemeindeamt abzuliefern. Wer diesem Befehl nicht Folge leistet, wird mit dem Tode bestraft! Kommandant Mitchelll.

Yourchs große Gemeindebimmel ist nach dem letzten Ausruf scheppernd verhallt. Bedächtig und ein wenig herablassend nickt er dem einen oder anderen Einwohner zu und zwirbelt in unnachahmlicher Art seinen Schnauzbart.

»Hej, Gevatter Yourch, muss ich meinen Brotschieber auch abgeben?«, frotzelt der immer zu Späßen aufgelegte Bäckermeister. Der Gevatter brabbelt irgendetwas in seinen Bart und schlurft weiter.

Gegen Abend beginnt das Dorf sich zu regen. Ein Waffenbesitzer nach dem anderen schleppt sein kostbares Stück vor das Gemeindeamt. Die beiden Posten stehen argwöhnisch dabei und achten auf jede Bewegung. Der eine oder andere besitzt noch einen Karabiner oder eine Pistole. Die Männer des Volkssturms buckeln die beiden Panzerfäuste herbei, die zur Bekämpfung der anrollenden Panzer eingesetzt werden sollten. Gott sei Dank ist es nicht dazu gekommen. Das Häufchen Waffen verschiedenen Kalibers wächst höher und höher. Endlich bequemt sich auch der Förster und legt grimmigen Gesichts seine kostbare Doppellaufflinte und seinen Drilling auf den Berg von Schießprügeln. Wir stehen um den Berg herum und passen auf. Die Einheimischen wissen meist, wer eine Waffe besitzt. Sie sind neugierig, ob alle dem Befehl auch nachkommen.

»Fritze, frag doch mal, ob ich nicht wenigstens meinen Drilling behalten kann.« Förster Helmboldt steht bangend vor dem Waffenhaufen und hofft, dass er die wertvolle Flinte zurückbekommt. Doch der Posten schüttelt sein Stahlhelm bedecktes Haupt und quetscht ein notorisches *No* hervor. Wütend zieht der Förster ab. Kaum zwei Stunden sind vergangen, da ist das Dorf entwaffnet, oder doch nicht ganz? Gerulf hatte das unsägliche KK-Gewehr nicht gebracht, mit dem der arme Hubert erschossen wurde, und Lothar brachte sein Luftgewehr ebenfalls nicht. Und dem Gutsherrn fällt es nicht im Traum ein, seine Jagdwaffen abzugeben. Das Ablieferungsultimatum ist schon längst verstrichen, da kommen die beiden endlich angeschlendert. Wir empfangen sie mit ängstlichen Gesichtern.

»Mensch, wenn ihr nun erschossen werdet?« Lothar tippt sich an den Kopf.

»Was wollen die wohl mit so einem kleinen Knicker anfangen. Der Gutsherr hat seine Waffen doch auch nicht abgegeben. Was dem einen recht ist, ist dem anderen billig!«

»Wenn's keiner petzt, passiert auch nichts«, sagt Gerulf. Aber erschossen wurden beide deswegen nicht. Der Gutsherr gab sogar ein Diner für die neuen Herren. Er tafelte auf, was seine Küche und der Keller hergaben. Und das war nicht wenig.

Wir schlendern neugierig um den Waffenberg herum. Plötzlich werden wir von Panzergerassel aufgeschreckt. Ein Panzer rollt an den Waffenberg heran. Bevor er seine Absicht verwirklichen kann, suchen die Posten die besten Waffen heraus und verstauen sie sorgfältig in einer Kiste. Darunter die teuren Jagdwaffen des Försters. Dann kurvt der Panzer auf den Waffenberg hinauf und zermalmt alles unter sich. Wir stehen dumm herum und ziehen lange Gesichter. Oh, diese schönen KK-Gewehre, die Luftbüchsen und -pistolen – alles ein Haufen Schrott. Was für eine Schmach. Die Posten reden auf Fritze ein. Wir sollen singen, sagt er.

Yes, sing a song!, fordert uns der große Schwarze auf. Das verstehen selbst wir. Sie setzen uns ihre Stahlhelme auf. Mit amerikanischen Stahlhelmen auf dem Kopf marschieren wir um den Schrotthaufen herum und singen den uns bekannten und vertrauten Song: *...wir werden weiter marschieren, bis alles in Scherben fällt, denn heute gehört uns Deutschland und morgen die ganze Welt!* Die Amis lachen Kaugummi kauend und zeigen ihre Zähne.

It's a wonderful song! Aber sie wollen mehr: Souvenirs, Souvenirs – Stahlhelme, Eiserne-Kreuze-Orden, Nahkampfspangen, Schützenketten und andere Wehrmachtsutensilien. Wir veranstalten eine regelrechte Jagd darauf, schleppen heran, was wir auftreiben können. Zur Belohnung erhalten wir Schokolade, Konserven und Zigaretten. Ein reger Tauschhandel blüht.

Vom Gut kommen die Fremdarbeiter auf die Amis zu. Sie haben sich die Taschen mit Lebensmitteln vollgestopft. Nun wollen sie noch Zigaretten haben. Der Commander gibt seine letzten Reserven heraus.

You can go home!, sagt er. Von ihrer Freiheit beseelt, ziehen sie singend ab, in die Richtung, in der auch unsere alte Heimat liegt. Wehmütig schaue ich ihnen nach. Der ereignisreiche Tag geht zu Ende. Gerulf bittet mich auf einen Sprung zu sich hinein. Wir hören Radio. Goebbels' Propagandarundfunk gibt seine letzte Nachricht in den Äther: *Der Führer ist in heldenhaftem Straßenkampf um Berlin gefallen. Die Hauptstadt ist in der Hand des Feindes.* Ich sehe Tränen in Gerulfs Augen. Aber ich kann nicht weinen, nicht um den Führer. Noch wissen wir nicht, dass er sich feige verkrochen, vergiftet und erschossen hat.

Der 1. Mai, der Tag der Arbeiter, steht an. Einige Sozialdemokraten und Altkommunisten wollen diesen Tag nach langer Zeit feierlich begehen. Sie haben Plakate vorbereitet, die Losung vorsichtig formuliert. Auf einem weißen Tuch steht: *Frieden, Arbeit und Brot.* Irgendeiner hat eine rote Fahne hervorgekramt, oder war es nur ein Stück Inlett. Sie wollen demonstrieren, doch Mitchelll geht rigoros gegen die Störenfriede vor. Er treibt sie zusammen und stellt Untersuchungen an über ihre Vergangenheit.

Wir keine Nazis, verteidigt sich der alte Thilo, wir Antinazis!

No, no, no!, sagt Mitchell kategorisch, *no demonstration!* Er hat seine Order. Jetzt will keiner ein Nazi gewesen sein, allesamt waren sie Antifaschisten, diese Krauts. Das ist ihm zur Genüge bekannt. Aber nicht bei ihm. Er droht mit Verhaftung. Die rote Fahne und das Plakat nimmt er ihnen ab, dann lässt er die Männer laufen. Sie scheinen ihm nicht gefährlich, aber er muss auf der Hut sein.

Der ewig junge Mai, seit Jahrhunderten bedichtet und besungen, ist herangerauscht. Die Bäume schlagen aus wie eh und je, und die Wolken wandern am himmlischen Gezelt. Das dritte Reich hat seine letzten Atemzüge gehaucht, die Lage scheint hoffnungslos. Und es gibt kaum eine Straße, die ein Deutscher nimmer marschiert, die nicht befreit ist, noch manchen Wein, der nicht probiert und geleert bis zur bitteren Neige. Ausgeträumt ist der Traum, wonach der Sinn stand – nach der Eroberung der großen weiten Welt. Während die Bäume rauschen, dröhnt in den Ohren noch der Lärm des zusammenstürzenden Reiches, alles unter Trümmern, Not und Elend begrabend. Doch über weiß-grauen Birkenstämmen wölbt sich das schmückende Grün gleichsam den dehnenden Menschenherzen, die trotz Not und Leid Funken der Hoffnung bergen und die Sehnsucht nach Frieden.

8. Mai 1945 – bedingungslose Kapitulation. Der Krieg ist aus, endlich Frieden. Frieden! – Was für ein hohes Wort mit unvergleichlichem Klang, das erst seine wahre Bedeutung erlangt, als alles in Scherben liegt. Nichts ist mehr so, wie es war. Der wahnsinnige Krieg hat die Menschen und die ganze Welt verändert. Dutzende Millionen Tote, Verwundete und Krüppel, zertrümmerte Städte, unzählige Vermisste und Heimatvertriebene, die immer noch herumziehen, bis sie mal eine Bleibe finden. Was wird der Frieden bringen? Werden die Menschen aus den Fehlern und Verbrechen lernen, sich die Hände reichen und neuen Samen für einen dauerhaften Frieden ausstreuen?

Leutnant Mitchell hat die Ordnung im Dorf wiederhergestellt. Diese Deutschen sind Gehorsam gewöhnt, man darf nur nicht zimperlich sein. Den Siegern gehört die Macht. Das ist schon immer so gewesen. Und sie sind nicht hier her gekommen, die Deutschen nur zu befreien, sondern auch zu unterwerfen. Ob Nazis oder Kommunisten, sie müssen in die Schranken gewiesen werden. Was die sich dachten. Kaum dass der Krieg zu Ende, wollen sie schon wieder demonstrieren. Mitchelll schüttelt den Kopf. Solange das freie Amerika als Vertreter des Abendlandes hier präsent ist, werden sie keine großen Sprünge machen, da sollen ihnen die Flügel gebührend gestutzt werden. Was nach ihnen kommt, dafür können sie nicht garantieren. Mitchelll hat etwas läuten hören von der Festlegung der Demarkationslinie.

Das würden die neuen Grenzen sein, in denen die Alliierten sich vorläufig festsetzen würden. Nun hatten die Westalliierten die letzte Chance verpasst, gemeinsam mit dem Rest der deutschen Wehrmacht gegen die bolschewistischen Weltrevolutionäre Front zu machen. Jetzt war alles vorbei. Sie mussten sich arrangieren und mit den Russen auf einen Nenner kommen. Aber vorerst galt es, eine wichtige Mission zu erfüllen. Im nahe gelegenen Kalischacht waren Gegenstände hochbrisanter Art zu bergen und in Sicherheit zu bringen. Am 15. März 1945 kam ein Sonderkommando der Wehrmacht vorgefahren. Ein geheimnisvoller Konvoi hielt vor dem Förderturm des Schachtes. Wehrmachtsoldaten und Feuerwerker der Heeresmunitionsanstalt brachten eine geheimnisvolle Fracht unter Tage: Die Särge des Paul von Hindenburg (1847–1934), seiner Frau Gertrud sowie der Könige Friedrich Wilhelm I. (1688–1740) und Friedrich Wilhelm II. (1744–1797) Zu der wertvollen Fracht gehörten noch Fahnen und Standarten des kaiserlichen Heeres von 1914–1918.

In eigens angelegten Kammern wurden die kostbaren Schätze eingelagert und zugemauert. Später folgten die Akten des Katasteramtes Kassel, der Preußischen Staatsgalerie, die Bibliothek von Sanssouci, der Hohenzollern-Kronschatz, wertvolles Porzellan und 271 Gemälde. Und laut Zeugenaussagen sollen sich in den Schächten Preußens und Sachsens auch neuere Akten des Auswärtigen Amtes befunden haben. Am 27. April entdeckte die 1. US-Army die unterirdische Stollenanlage. Noch am gleichen Tag fand eine Befahrung und Besichtigung statt. In einem Nebenstollen stieß das Inspektorenteam auf die vermauerte Kammer, in der die Särge und die Kunstgegenstände lagerten. Am 1. Mai brachte man den Hohenzollern-Kronschatz in das Hauptquartier der US-Army und transportierte ihn einen Tag später unter strengsten Sicherheitsvorkehrungen zur Reichsbank nach Frankfurt am Main. Zwischen dem 3. und 9. Mai wurden die restlichen Kunstgegenstände und die vier Särge aus dem Stollen geborgen und nach Marburg gebracht, wo man sie im Landgrafenschloss zwischenlagerte. Im September und Oktober 1945 fand die Aufteilung der geborgenen Kunstschätze statt.

Am 8. Februar 1946, bevor die Militärregierung das Marburger Landgrafenschloss an die Deutschen zurückgab, transportierte man die vier Särge aus dem Schloss in das Gebäude des Staatsarchivs. Und in der

Nacht vom 16. zum 17. August 1946 wurden die Särge auf amerikanischen Lafetten zur Elisabethkirche transportiert und dort beigesetzt. Aber die Toten fanden dort noch keine endgültige Ruhe. Im August 1952 werden die Leichname nochmals exhumiert und auf die Stammburg der Hohenzollern nach Hechingen gebracht. Dort finden die Toten ihre vorläufige Ruhe.

Commander Mitchell hat seine außerordentlich wichtige Mission zur Zufriedenheit seiner obersten Dienststelle und der US-Regierung erfüllt. Die kostbaren Schätze fallen den Russen nicht in die Hände. Sie finden nur die geplünderte Kammer vor und die Heeresmunition in weiteren Stollen. Aber auch die wollen die Amerikaner den Russen nicht überlassen. Sie beladen einen Güterzug mit Munition und wollen ihn gen Westen bringen. Aber aus irgendeinem Grund wurde nichts daraus. Der Zug blieb auf der Strecke und auf einem Nebengleis stehen. Ganz plötzlich bricht ein Feuer aus, und wenig später fliegt der ganze Zug in die Luft. Ein Wunder, dass keine Menschen verletzt werden. Doch viele umliegende Gebäude der Schachtanlage sind zerstört oder schwer beschädigt worden.

Der achte Mai, der Tag der bedingungslosen Kapitulation, ist an den Dorfbewohnern ohne großen Jubel vorübergegangen. Jeder ist sich selbst der Nächste. Die Sorgen um die Angehörigen, um ein Dach über dem Kopf, um das tägliche Brot, stehen an erster Stelle. So wird der Zusammenbruch nur am Rande wahrgenommen. Aber wie wird es nun weitergehen? Der Gutsherr ist wieder obenauf. Er ist ungeheuer erleichtert über den Einzug der Amerikaner. Mitchell ist für ihn die Verkörperung von Recht und Freiheit und Garant für den Bestand seiner agraren Verhältnisse. Mit den hochwillkommenen Amerikanern im Rücken kann er das Gut behalten und so weiterführen wie bisher. Mitchell bezeichnet den Gutsherrn als Farmer und erzählt von seinem Zuhause in den Prärien von South-Dakota, wo auf Schwarzerde riesige Mais- und Weizenschläge gedeihen. Er sehnt sich zurück nach dem ungebundenen Leben auf seiner Vaterfarm, die er einmal übernehmen wird.

Es geht auf Mittsommer zu. Das Grüne Herz Deutschlands hat seine Schönheit voll entfaltet. Die Sonne lacht vom Himmel, als wolle sie das Leid hinwegschmelzen. Der Wald mit Eichen, Buchen, Eschen und Birken steht in sattem, hellgrünen Laub, dazwischen die immergrünen dunklen Kiefern und Fichten. Ein Jubilieren und Tirilieren klingt aus den Gärten.

Ich forsche nach einem Rotkehlchen, kann aber keines entdecken. Ich sehe Amseln und alle Arten von Finken, Blaumeisen, zutrauliche Rotschwänzchen, Häher und Buntspechte, sogar einen Zaunkönig, aber kein Rotkehlchen. Mit Wehmut denke ich an den kleinen Sänger vor unserem Haus, frage den Bauern nach Rotkehlchen, ob es denn hier keine gäbe.

»Aber natürlich«, sagt der Bauer. »An den Weiden am Bach kannst du sie sehen und sogar Neuntöter.«
»Neuntöter?, kenne ich nicht, ich kenne nur den Rotkopfwürger.«
»Das ist doch das Gleiche«, sagt der Bauer. »Sie gehören zu einer Familie, zu den Würgern.« Nun habe ich wieder etwas gelernt. Ich interessiere mich auch hier für die gefiederten Sänger und vergleiche sie mit denen bei uns zu Hause. Anton, der Förster werden wollte, hatte mir vieles beigebracht. Nun ist auch er verschollen.

Gutsherr Deitzel ist mit doppeltem Eifer bei der Arbeit, seitdem seine Hoffnung auf den Einzug der Amerikaner erfüllt wurde. Er nutzt das schöne Wetter und schickt seine Pferdegespanne in den Rotklee. Schwad um Schwad legen sie mit den Mähern nieder, bis das Feld Meter um Meter zusammenschmilzt. Dem Vater fällt die ungewohnte Arbeit auf dem Gut schwer. Beim Einfahren muss er sich mächtig plagen, um die zusammengerechten Haufen aufzuladen. »Es kommen so kleine Fische nach oben«, mokiert sich der Gespannführer, der oben auf dem Leiterwagen steht, den Klee entgegennimmt und verstaut. »Ich bin hier nicht beim Angeln«, sagt der Vater verärgert. »Und kleine Fische wollen auch leben.« Der Ackerknecht macht sich lustig über den Buchhalter, dabei ist das nicht sein eigener Klee. Und niemand weiß, wie lange er dem Gutsherren noch gehört. Überall wird über den bevorstehenden Besatzungswechsel gemunkelt. »Du kannst doch Russisch, was sagst denn du dazu?«, fragen sie den Vater. »Woher soll ich das wissen. Ob Russen oder Amerikaner, das ist doch alles eins.« »Eben nicht, wenn die Russen kommen, kommt hier alles unter den Hammer!« »Na, freut euch doch. Da werden sie euch armen Ziegenbauern das Land vom Gutsherren geben. «
»Du Bolschewik!«, schimpft einer. »Sie haben dich schon einmal vertrieben und wer weiß, was sie alles mit uns machen werden. Sie haben Frauen vergewaltigt, Männer reihenweise erschossen, und Unzählige nach Sibirien verschleppt. Von den Russen haben wir nichts Gutes zu erwarten. Wäre nur zu hoffen, dass sie hier nicht so wie beim Zug durch Ostpreußen wüten.«
»Und wie haben die Deutschen in Russland gewütet?«, bemerkt eine Frau aus dem Warthegau, die hinter dem Wagen den Klee zusammenharkt. Die Kritik verstummt eine Weile.
Die Männer schauen böse drein. Unfriede geht schon wieder um. Aber der Vater muss sich durchbeißen. Er will sein Deputat nicht aufs Spiel setzen. Für den Herbst hat der Gutsbesitzer ihm und einem weiteren Evakuierten ein Deputatschwein für die Arbeit versprochen. Und vielleicht wird er bis dahin eine andere Arbeit finden. Nun muss er durchhalten, damit die Familie was zu essen hat.
Mit einem weiteren Transport war auch eine Familie aus Pommern hier her geraten. Ein ehemaliger Gutsinspektor, gut zwanzig Jahre älter als seine Frau, und zwei Söhne, die respektvoll zu ihrem Vater aufschau-

en und ihm in allen Dingen gefällig sind. Die Ehefrau umkreist den alten und kranken Mann wie eine Glucke ihre Küchlein, die Söhne umschwirren ihn und sind ihm zu Diensten wie Lakaien. Und der sitzt in der Ecke und brummt. Nichts können sie ihm recht machen. Er schaut zum Fenster hinaus und regt sich auf über das, was die Gutsknechte da bewerkstelligen:
»Der Gutsherr und sein Verwalter haben doch keine Ahnung. Da hätten sie mal auf unser Gut nach Pommern kommen sollen. Dort hätten sie erfahren können, was Landwirtschaft überhaupt bedeutet. Auf dieser kleinen Klitsche ist doch alles veraltet. Maschinen wie aus dem Museum, klapperdürre Kühe und kaum Pferde, dazu nur einen fast immer kaputten Lanz. Ach, zum Teufel, geht mir doch weg mit so einem Gut!« So geht das Tag für Tag und dann noch weiter, bis das Gut unter den Hammer der Bodenreform kommt. Erst da gibt er Ruhe und lacht sich innerlich ins Fäustchen. Mit diebischer Freude schaut er zu und hofft, dass sie das Land in Grund und Boden wirtschaften.

Im Nachbardorf befindet sich ein stillgelegter Kalischacht. Dort hat die deutsche Luftwaffe des Bekleidungsamtes Bielefeld ihr Nachschublager eingerichtet. In 640 Metern Tiefe lagern Uniformen, Socken, Kopfschützer, Pulswärmer, Filzstiefel, Knobelbecher und anderes Heeresmaterial, welches eigentlich die Kämpfer an der Ostfront dringend hätten erhalten müssen. Aber in diesem Chaos ist so vieles nicht dort angekommen, wo es gebraucht wurde. Für uns ist das ein unglaubliches Abenteuer, dort einzusteigen und die kostbaren Dinge heraufzuholen. Dinge, die offenbar nun keinem gehören und die man gut gebrauchen kann bei dem ständigen Mangel, der jetzt herrscht. Über unzählige zerbrechliche Leitern geht es in die gähnende Tiefe. Für uns ist der Einstieg noch leichter, da wir weniger Gewicht haben als die Erwachsenen. Ich halte mich dicht an meinen Cousin, der erfahrener ist und schon einmal unten war. Mit unseren schwachen Taschenlampen und Stalllaternen leuchten wir die Steigpodeste notdürftig aus.

Schacht Rehungen

Nur keinen Fehltritt, der kann verhängnisvolle Folgen haben. Unten angekommen, raffen wir die schönen Sachen zusammen und stopfen sie in unsere Rucksäcke. Ich hab sogar ein paar Fliegermützen und drei Stahlhelme erbeutet, die ich mit Bindfäden an meiner Hüfte befestige. Der Aufstieg mit der kostbaren Fracht wird zur Tortur, bis das Tageslicht uns entgegenscheint. Oben an der frischen Luft sind wir heilfroh, der unterirdischen Gruft entkommen zu sein. Am nächsten Tag versuchen wir es wieder. Einer macht den Vorschlag, dieses Mal nicht über die Leitern nach oben zu gehen, sondern unter Tage etwa die drei Kilometer bis zum Hauptschacht zu laufen und von dort mit dem Förderkorb nach oben zu fahren. Ein guter Vorschlag, der uns viel Anstrengungen erspart. Der Anschläger am Hauptschacht will uns zurückschicken, aber wir versprechen, ihm einige Sachen abzugeben. Das lässt er sich nicht zweimal sagen. Als wir oben ankommen, nehmen uns die Amis in Empfang. Sie nehmen uns alles ab. Mit leeren Händen kehren wir heim und sind noch froh, dass sie uns laufen lassen. Stunden später ist der Schacht bewacht, und noch zwei Tage später alles im Besitz der Amerikaner.

Auch der Gutsherr erfährt über Flüsterpropaganda von dem bevorstehenden Einzug der Russen. Nun ist seine Euphorie verflogen, seine ganze Hoffnung dahin. Was wird aus dem aus schönen Gut werden? Voller Sorge unterhält er sich mit meinem Vater:
»Stimmt das mit den Kolchosen? Ist es wahr, dass sie in Russland die ganzen Güter enteignet haben?«
»Ja, so habe ich es erzählen hören. Und nicht nur die Güter haben sie enteignet, auch die Kulaken – die Großbauern. Und jetzt leiden sie Hunger.«
»So wird es auch hier bei uns kommen«, orakelt der Gutsherr. »Na, dann gute Nacht!« Er geht ins Herrenhaus und haut sich aufs Kanapee. Seine Hoffnung ist zerstoben, selbst auf die Amis ist kein Verlass mehr. Er will noch einmal mit dem Commander sprechen, um Gewissheit zu bekommen. »Ja«, sagt der Commander, »so ist es beschlossen worden. Die Russen werden hier einziehen.« Er zuckt mit der Schulter: *sorry!* Aufgeregt läuft er hin und her und treibt die *Boys* zur Eile an. Sie folgen nur widerwillig, denn hier haben sie sich so schön eingerichtet. Sie sind müde und satt. Was der Commander nur will; der Krieg ist doch aus. Was soll der überstürzte Aufbruch mitten im schönsten Frieden. Das passt ihnen gar nicht, so Hals über Kopf davonzufahren.
Hallo, boys, gellt die Stimme des Commanders, *we'll go west!*

Der Besatzungswechsel vollzieht sich leise und nahtlos, so wie es die Regierungsobersten der Alliierten in Jalta vereinbart haben. Nun haben die Russen uns doch eingeholt, denen wir immer wieder vorausgeeilt und davongelaufen sind. Meine Schwester ist untröstlich. Wenn sie nur das Wort *Russen* hört, fällt sie in Panik. Sie läuft, so schnell sie ihre Beine tragen, ins Haus und verkriecht sich unterm Bett.

Und dann ziehen sie ein, die Russen. Sie sitzen auf Panjewagen und singen schwermütige Lieder. Ihre Gesichter sind vom Kampf gezeichnet, von Entbehrungen und schlaflosen Nächten, von Unterernährung und rastlosem Umherziehen. Vom Kampf, der vor Moskau begann und am Ufer der Elbe sein Ende fand. Vor Moskau hatte die 77. Schützendivision unter dem Kommando von Generalmajor W. I. Astaljepow in die Schlacht eingegriffen und entscheidend mitgeholfen, die Deutsche Wehrmacht zu zerschlagen. Im Juni 1942 wurde die Division nach Stalingrad verlegt, wo sie unter hohen Verlusten in hartem Kampf den Kessel zuziehen half und die Entscheidung herbeiführte. Sie folgte den deutschen Armeen, zog durch zerbombte Städte, eingeäscherte Dörfer. Vorbei an erschossenen und erhängten Einwohnern, verbrannten Leibern und schreienden Müttern, die ihre verhungerten Kinder in den Armen hielten. Keine Brücke, die nicht gesprengt war, kein Stein, der sich auf dem anderen befand. In den Straßen und Gassen lag Brand- und Verwesungsgeruch.

Ein brennendes russisches Dorf

In den irren Augen der noch Lebenden spiegelte sich der Wahnsinn des totalen Krieges, der abgezogenen Deutschen und ihrer barbarischen Methode der verbrannten Erde. Ihr Weg führte sie weiter von Oriol und Tschernigow nach Polen. In Polen nahm die Division an der Befreiung von Chelm, Lublin, Radom, Łódź und Kalisz teil – das war ein Teil unserer früheren Heimat – überschritt die deutsche Grenze bei Grünberg und die Oder südlich von Frankfurt. Vor Küstrin traten die abgehetzten Soldaten zum letzten Sturm an. Sie eroberten Fürstenwalde, Zossen, Luckenwalde und trafen am Abend des 8. Mai bei Wittenberg am Ufer der Elbe ein, wo sie sich mit den Westalliierten verbrüderten. Erst dort fanden die opferreichen Kämpfe ein Ende. Dann begann der ungewöhnliche Marsch des 221. Schützenregiments, das zur 77. Division gehörte. Ein Marsch unter Friedensbedingungen. Er war ein Teil umfangreicher Truppenbewegungen der Alliierten in Richtung auf eine Demarkationslinie zwischen den von den sowjetischen Truppen zu besetzenden Gebieten und denen der westlichen Besatzungsmächte in Deutschland. Entsprechend der Vereinbarungen der Siegermächte, hatten sich die amerikanischen und englischen Truppen zurückzuziehen und ganz Thüringen zu räumen, das von den nach Westen vorrückenden sowjetischen Truppen zu besetzen war.

Schnell gilt es vorzurücken, die Schreckensbilder über die sowjetischen Soldaten und ihre Untaten abzubauen und das Vertrauen der deutschen Bevölkerung zu gewinnen. Ein wohl schweres Unterfangen bei der bisherigen Gräuelpropaganda. Die Gardesoldaten des 221. Regiments legen täglich etwa vierzig Kilometer zurück. Sie haben die Aufgabe, den abziehenden Briten und Amerikanern zu folgen und nicht zuzulassen, dass zwischen ihnen ein Niemandsland entsteht.

Dem stellvertretenden Kommandeur des 221. Schützenregiments gehört ein Pferd. Seine Landsleute, die Kosaken vom Tross, hatten es ihm geschenkt aus Freude über die Zerschlagung der Feinde. Es ist eine schwarze und rassige Stute, die sie irgendwo unterwegs aufgegriffen, vielmehr requiriert hatten. In den Kämpfen unter gefechtsmäßigen Bedingungen hat er sie bisher nicht brauchen können. Jetzt aber, auf dem Weg nach Deutschland, über steinige Wege und Landstraßen, reitet Major Dsilichow auf diesem schwarzen Pferd. So zieht er auch in dieses Dorf in Thüringen ein.

Das Dorf scheint menschenleer und verlassen. Die Bewohner haben sich in Kellern und Scheunen verkrochen aus Angst vor den russischen *Ungeheuern*. Manche sind sogar in den Wald geflüchtet. Erst nach und nach, als niemand plündert und mordet, kommen sie hervor. Auf dem Gutshof lässt der Major halten und absitzen. Der Platz scheint ihm geeignet, sich von den Strapazen auszuruhen. Hier gibt es Futter für die Pferde und fette Schweine in den Ställen. Sie werfen den Pferden Heu vor, schütten ihnen Hafer aufs Pflaster und inspizieren die Ställe. Die fetteste Sau scheint ihnen gerade gut genug für die Gulaschkanone. Als sie sich anschicken, der Sau den Garaus zu machen, erscheint der Gutsverwalter. Woher er den Mut und die Unverfrorenheit hernimmt, weiß er selber nicht. Jedenfalls tut er es aus der Verantwortung heraus für das Gut. Er stellt sich vor die Soldaten und sagt:

»Das ist gute Zuchtsau, die nix schlachten!«

»*Da, da, gutt fier Kessel*«, sagt der Sergeant, der den Stall betritt und seine Anweisungen überprüft. Der Inspektor erwidert: »Einen Moment, du warten«, und lässt meinen Vater kommen. Die Soldaten glauben, dass ihnen der Deutsche etwas zu essen anbieten will, deshalb zögern sie. Der Verwalter spricht mit meinem Vater, versucht ihn zu bewegen, den Russen klarzumachen, dass sie nicht gerade die beste Zuchtsau nehmen, sondern ein anderes Schwein. Der Vater tut es nur widerwillig. Die Gesichter der Soldaten werden immer finsterer.

»Du Spion!«, sagt der Feldwebel und richtet das Gewehr auf ihn. Ein Deutscher, der Russisch spricht, ist ihm nicht geheuer. Hauptmann Saratow, der etwas Deutsch versteht, kommt hinzu und wendet sich an den Verwalter:

»*Werr sind Sie? Sie chaben kein Recht zu verbieten!*«

»Ich bin hier der Gutsverwalter.«

»*Du Kulak!*«, sagt der Hauptmann verächtlich. Dann spricht er mit dem Dolmetscher und quetscht ihn aus. Bis alles geklärt ist, vergeht einige Zeit. Es kostet den Vater viel Mühe zu erklären, woher er Russisch kann und dass er kein Spion sei. Die Soldaten stehen unschlüssig herum und wissen nicht, ob sie das Schwein nun schlachten dürfen oder nicht. Endlich setzt der Hauptmann einen Schlusspunkt:

»*Gutt, Pan Kulak, nemmen anders Schwein! Gutte Zuchtsau kriegt viele kleine Schwein und das sein gutt fier arme Bauern.*« Die Soldaten lassen ab von der Sau. Der Verwalter weist ihnen großzügig ein anderes Schwein zu. Wenig später kracht ein Schuss. Das Gutsschwein hat sein Leben ausgehaucht. Mit dem Bajonett wird es abgestochen und fachgerecht zerlegt. Während das Wasser in der Feldküche zu dampfen beginnt, schwenken die Soldaten die Fleischstücke in den Händen und lassen sie in den Kessel plumpsen, dem bald darauf ein appetitlicher Duft entströmt und die Dorfbewohner anlockt.

Wie schon bei den Amerikanern sind die ersten Neugierigen Kinder, die schon lange kein Fleisch mehr gegessen haben, ihre Angst überwinden und langsam näherkommen. Auf der großen Gutstreppe haben sich die Soldaten mit ihren Kochgeschirren gelagert, aber die köstliche Gulaschsuppe scheint ihnen angesichts der hungrigen Kinderaugen nicht zu schmecken.

Russische Soldaten verteilen Essen

Einer nach dem anderen lässt den Löffel sinken, geht zur Gulaschkanone und lässt die kleinere Hälfte des Kochgeschirrs vom Koch mit

Suppe füllen. Anfangs zieht der Koch die Brauen hoch, doch dann fliegt ein verständnisvolles Lächeln über sein Gesicht. »*Stoj!*«, sagt er und holt ein dolchartiges Messer hervor. Damit säbelt er ein paar dicke Scheiben schwarzen Kommissbrotes herunter.

»*Da, fier Kiender, essen Suupe i Chleb!*« Kaugummi und Schokolade haben die Russen nicht zu bieten, dafür fette Suppe und kräftiges Brot. Schnell ist die anfängliche Scheu der Kinder verflogen, denn der Duft ist gar zu verlockend. Als auch einige Erwachsene herankommen, bietet sich ihnen ein Bild tiefsten Friedens, so als ob nicht vor kurzem noch der schrecklichste aller Kriege getobt hätte. Russische Soldaten mit deutschen Kindern friedlich vereint, deren Väter vielleicht die Todesboten ihrer eigenen Kinder waren. Sie teilen das wenige Brot, dass sie besitzen und sind noch glücklich dabei.

Die Mahlzeit ist beendet, der Kessel bis auf den Grund geleert. Einer der Soldaten greift zur Harmonika, entlockt ihr die ersten hüpfenden Töne. Im Nu hat sich ein tanzender Kreis gebildet, aus dem sich jeweils ein Soldat löst, in den Innenraum einschwenkt und einen gellenden Pfiff ertönen lässt, der die umstehenden Zuschauer jedes Mal von neuem verblüfft. Ein kleines Mädchen, etwa fünf Jahre alt, ist von der lustigen Musik angelockt worden und seiner Mutter entwischt. Nun hat es sich in den Kreis hineingedrängt und zwischen die tanzenden Soldaten gemischt.

Da steht es nun unschlüssig mitten darin und weiß nicht, ob es mittanzen oder nur zuschauen soll. Doch der in der Mitte tanzende Soldat enthebt es schnell allen Zweifels, nimmt es auf seine Arme und schwenkt es übermütig im Kreis herum. Von der Straße kommt die Mutter des Kindes herangestürzt. In panischer Angst ringt sie die Hände, ruft laut den Namen ihres Kindes. Als sie es in den Armen des Soldaten erblickt, schreit sie:

»Mein Kind, oh mein Kind!« Der Soldat hört ihre Schreie und bemerkt die Angst der Mutter. Mitten im Tanz hält er inne, durchbricht den Kreis und drückt der verstörten Mutter das Kind in die Arme.

»*Chier, chaben Kiend zurück!*« Sein fröhliches Lachen entschwindet, er kehrt nicht mehr in den Kreis der Tanzenden zurück. In seinem knochigen Gesicht, auf dem sich die pockennarbige Haut spannt, spiegelt sich Enttäuschung und Traurigkeit. Bald darauf werden die Harmonikaklänge immer leiser, bis sie ganz ersterben. Die Tänzer stehen still, schauen verständnislos auf die entsetzte Mutter, die ihr verloren geglaubtes Kind ganz fest mit beiden Händen umfängt und mit sich fortträgt. Das Kind strampelt mit den Beinen, wehrt sich mit den Händen, möchte der Mutter aus den Armen gleiten und zu den Tanzenden zurück, doch die hält es unerbittlich fest. Ein paar Schritte weiter bleibt die Frau stehen, streicht sich ihr wirres Haar zurecht und schaut sich noch einmal nach den Soldaten um. Dabei spürt die Evakuierte Ulla Sommerfeld, wie Scham in ihr aufkommt. Sie schämt sich, dass sie die Russen für wilde Tiere gehalten, die ihrem Kind etwas antun konnten. Ihrem einzigen Kind, dem ihre ganze Liebe gehörte, seit ihr Mann gefallen war.

Das 221. Schützenregiment zieht weiter nach Westen, die Grenze zu den Westalliierten zu sichern. Im Dorf bleibt eine kleine Abordnung unter dem Kommando von Hauptmann Saratow zurück. Dieser 27-jährige Offizier hat eine besondere Order erhalten, weshalb er in diesem Ort vorerst verbleiben soll. Im Nachbardorf befindet sich der ehemalige Kalischacht, in dem die deutsche Wehrmacht Pulver und Munition verschiedenen Kalibers gelagert hat. Bei den Särgen und Schätzen Preußens waren ihnen die Amerikaner zuvorgekommen, jetzt gilt es wenigstens die Munition zu bergen. Hauptmann Saratow, der junge Offizier aus dem Ural, hat nun die wichtige Aufgabe erhalten, den Schacht von Munition zu räumen und den einstigen Nachschub der deutschen Wehrmacht sicherzustellen. Dafür sind die Deutschkenntnisse des ehemaligen Hochschullehrers von großem Nutzen.

Schon im Sommer 1941 war der mittelgroße und schwarzhaarige Mann mit den ebenmäßigen Gesichtszügen als Freiwilliger der Roten Armee beigetreten. Seine Großeltern hatten unter dem Zaren noch in Erdlöchern gehaust. Erst nach der Revolution erhielten sie ein menschenwürdiges Unterkommen in einem der Kulakenhäuser. Der älteste Bruder, als Offizier gefangen genommen, war in Buchenwald feige ermordet, die einzige Schwester, die er über alles liebte, nach Deutschland zur Zwangsarbeit verschleppt worden. Was ihm geblieben, war der Kampf für die Heimat an vorderster Front, wo er die Gefahr des Todes täglich vor Augen hatte. Zweimal war er verwundet worden, einmal lag er zwölf Stunden unter den Trümmern einer alten Fabrik begraben, bis sie ihn frei geschaufelt hatten. Nun war er in diesem Dorf Thüringens gelandet und hatte im Frieden eine überaus bedeutungsvolle Mission zu erfüllen. Im Grunde hasst Michail die Deutschen, dabei muss er mit ihnen zusammenarbeiten. Mit Deutschen, die seine Heimat überfallen, den Bruder heimtückisch getötet und ihm und den Eltern großes Leid zugefügt haben. Tag für Tag muss er mit sich kämpfen, seinen Hass überwinden, den Schmerz vergessen, der an seinem Herzen nagt, denn dort, wo der Regimentsstab ihn hingestellt hat, ist mit Abneigung und Hass nichts zu gewinnen. Michail möchte ein gerechter Kommandant und guter Mensch sein, so wie seine Eltern ihn erzogen haben. Und er kennt die großen Dichter der Deutschen, weiß, dass in der Nähe von Buchenwald ihre Wirkungsstätte war. Dieses Wissen gibt ihm Kraft und hilft ihm über manche Klippen hinweg. Michail weiß von Übergriffen, von Vergewaltigungen, Plünderungen und anderen Untaten, die beim Einmarsch vorgekommen sind. Er hat mit Abscheu und Widerwillen ansehen müssen, wie es in den ersten Tagen zugegangen ist. Junge Frauen hatten ihre Haare gebleicht, manche mit Mehl bestreut, ihre Gesichter beschmutzt, um alt und unansehnlich auszusehen. Nun, das war in den ersten Tagen, manchmal auch darüber hinaus, aber in seiner Einheit duldet er so etwas nicht. Er setzt den Befehl konsequent durch und droht mit standrechtlichen Erschießungen. Das hat Wirkung. Als Hauptmann und Kommandeur dieser Einheit hat er die Befehlsgewalt und absolute Macht, die er unumschränkt gebraucht und durchzusetzen versteht.

Hauptmann Saratow hatte, nachdem die Spionagevorwürfe gegen meinen Vater ausgeräumt worden waren, seine Dienste in Anspruch genommen. Er konnte zwar Deutsch, aber einen Dolmetscher konnte er nicht ersetzen. Da mussten Gespanne organisiert, Arbeiter herangezogen, mit ihnen verhandelt werden, und da war es nötig, das Leben im Dorf in die entsprechenden Bahnen zu lenken. In Bahnen, die von der SMAD vorgeschrieben waren. Denn nun war die *Sowjetische Militäradministration Deutschlands* die eigentliche Regierung in der sowjetischen Besatzungszone.

Tante Jenny wartet Tag für Tag auf eine Nachricht von ihrem Mann, meinem Onkel Hanfried und Werners Vater. Nach Polen gibt es noch keine Verbindung. Sie kann sich nicht vorstellen, dass er den Polen in die Hände gefallen ist. Der Vater muss helfen, hat er doch jetzt Verbindung und gute Beziehungen zu den Russen. Händeringend bedrängt ihn die Tante:
»Bitte, bitte, tu etwas! Schreib irgendwo hin, frag die Russen. Er ist doch dein Bruder.« Der Vater setzt sich hin und schreibt, wendet sich an die SMAD, an das polnische Konsulat, an den Suchdienst des Roten Kreuzes. Viele Wochen vergehen. Endlich kommt ein Brief vom polnischen Konsulat: Der Onkel sitzt in Radom ein, muss fünfzehn Jahre absitzen. Die Nachricht, dass der Onkel begnadigt wurde, begnadigt zu 15-jähriger Haftstrafe, löst Hoffnung aus. Hoffnung auf Wiederkehr. Der Onkel lebt, das ist das Wichtigste. Doch die Tante ist untröstlich. »Da hätten sie ihn auch gleich umbringen können«, klagt sie. »Fünfzehn Jahre, wie soll er das aushalten!« Doch daran, was die Deutschen und speziell die Gestapo den Juden und Polen angetan haben, denkt die Tante nicht. Irgendwie nimmt sie die Juden nicht für voll. Das, was mit ihnen geschehen ist, geht an ihr vorbei, tritt in den Hintergrund, berührt sie nicht. Und sie selber rechnet sich nicht zu den Polen, obgleich sie mit der deutschen Sprache auf Kriegsfuß steht.

Aber mehr kann der Vater und auch der Hauptmann nicht tun. Nun will er erst mal im Dorf aufräumen. Im Dorf müssen doch ehemalige Nazis sein. Die übergeordnete Dienststelle verlangt Verhaftungen. Fünf von ihnen findet der Hauptmann heraus, lässt sie festnehmen und wegschleppen. Wäre der Vater nicht Dolmetscher gewesen, hätten sie auch ihn weggeholt. In der Kreisstadt hat ein Funktionär der KPD davon erfahren. Er ist in dem Dorf geboren und hat schon Einfluss auf die Russen. Er setzt sich für die Verschleppten ein und bekommt sie frei. Große

Freude im Dorf, als die Verhafteten zurückkommen. Manch andere hatten nicht so viel Glück.

Die Kinderspeisung hat sich im Dorf schnell herumgesprochen, die schlimmste Angst vor den Russen ist verflogen. Die Dorfbewohner meinen: »Es sind auch Menschen. Unter Russen und allen Menschen gibt es gute und schlechte.« Doch das Misstrauen ist vorerst noch da. Das Erste, das die neue Besatzungsmacht anordnet, ist die Entnazifizierung – eine Aufgabe, die von den Amerikanern wegen der Kürze der Zeit, in der sie hier waren, nicht durchgeführt oder absichtlich unterlassen worden war. Der Kommandant lässt einen Tafelwagen herrichten und ein paar Ochsen vom Gut davorspannen, auf dem die Übeltäter wie auf einem Pranger zur Schau gestellt werden. Er lässt die *braunen Fritzen* durchs Dorf karren, aber niemand lacht, denn jeder denkt nur an sich selbst und seine eigene Vergangenheit. Und auf dem Pranger sind mithin nur kleine Sünder und Mitläufer, denn einer der größten hatte sich wohlweislich aus dem Staub gemacht. Der Hauptmann lässt eine Kartei anlegen und stellt Befragungen an. Der Dorfschulze wird seines Amtes enthoben, dem Ortsbauernführer und anderen PGs wird bei Strafe untersagt, sich in irgendeiner Weise politisch zu betätigen. Als einziger tragbarer Überrest bleibt Gevatter Yourch, Gemeindediener und gegenwärtige Amtsperson in einem. Auf ihn kann sich die neue Besatzungsmacht verlassen, auf ihn kann sie ebenso wenig verzichten wie das alte, vom Thron gestürzte, Regime. Wie eh und je leistet der alte Gemeindediener der Obrigkeit seine Dienste. Er posaunt die Bekanntmachungen heraus, bringt die Verordnungen am Anschlagbrett an und trägt die Ein- und Vorladungen den Bürgern ins Haus. Kurzum, Yourch leistet dem Dorfkommandanten unbezahlbare Dienste, kennt er doch jeden einzelnen Einwohner im Dorf, und was noch wichtiger ist – ihre Vergangenheit.

Immer neue Wellen von Flüchtlingen kommen ins Dorf, manche ziehen gleich weiter. Es ist ein Kommen und Gehen, ein Suchen und Bleiben, ein Durcheinander wie bei einem Nomadenvolk, das vor einem Sturm im Tal des Friedens Zuflucht sucht. Ein neuer Bürgermeister muss her, einer, der vom alten Regime nicht belastet ist. Yourch weiß Bescheid, wer infrage kommt. Er kann dem Hauptmann ein paar Namen nennen. Viele sind es nicht, denn die meisten Männer sind nicht zurückgekehrt. Von den Evakuierten kommt keiner in Betracht. Die können einem viel erzählen. Wer weiß, was die auf dem Kerbholz haben. Und außerdem wäre einer von ihnen den Einheimischen nicht recht. Da muss schon einer her, der das Dorf und seine Menschen kennt und etwas von Verwaltung versteht und vor allem einer, der sich von den Nazis fern gehalten hat. Am besten ein Kommunist. Michail Saratow sucht nach einem Kommunisten. *Wo sein Kommunist in diese Dorf?* Kommunist, Kommunist? Yourch überlegt. Ja, es gäbe schon ein paar rötlich angehauchte, aber die sind im Laufe der Zeit mundtot gemacht oder nach und nach braun geworden. Aber einen

gibt es schon noch, der arbeitet auf dem Gut als Gespannführer. »Herholen!«, befiehlt Michail. Der Gemeindediener wackelt in seinen Kurkelschuhen durchs Dorf, hin zum Gut.
»Wo ist der Heinz Rompe?«, fragt er den Gutsverwalter.
»Auf dem Feld natürlich! Soll das Korn verdorren oder ausfallen?« Heinz befindet sich mit fünf Gespannen beim Einfahren der goldenen Ähren. Das im Krieg Gesäte muss erst recht im Frieden geerntet werden. Wir sitzen oben auf den Sattelpferden und dirigieren die Gespanne von einem Kornhaufen zum anderen. Ich habe den gutmütigen Aaron erwischt, ein Pferd von riesiger Statur und urwüchsiger Kraft. Noch nie hat Aaron eine Fuhre stehen lassen. Wo andere zweispännig pflügen, geht Aaron allein vor dem Pflug, wo andere Zweispänner vor der Last scheuen, auskeilen und die Stränge zerschlagen, zieht Aaron ganz gemächlich an und hält nicht mehr inne, bis die Last am Ziel ist. Ich sitze also auf dem biblischen Aaron, tätschele ihm den Hals, lasse während des Stillstands die Zügel locker und den Wallach zwischen des Stoppeln fressen. Heinz steht oben auf dem Leiterwagen und lädt die Fuhre gerade und akkurat. Auf beiden Seiten der Leitern gleichmäßig und weit hinaus. Das versteht er wie kein anderer. Der Gutsherr und Verwalter wissen, was sie an ihm haben. Yourch schlurft quer übers Stoppelfeld, zielgerichtet auf das Gespann zu und sagt:
»Heinz, du sollst sofort zum Kommandanten kommen!«
»Ich zum Kommandanten? Was will denn der von mir?«
»Das wirst du schon erfahren.« Heinz kraxelt vom Wagen herunter. Er kann sich nicht denken, was der Russe von ihm will. Anfangs ist er erschrocken, aber er ist sich keiner Schuld bewusst. Der Verwalter ist verärgert und ängstigt sich um den voll beladenen Erntewagen. Er muss heil die Hänge hinunter und in die Scheuer. So muss einer der Auflader die Aufgabe übernehmen.
»Pass mir nur ja gut auf, dass du nicht umkippst!«
Verschwitzt und zögernd betrit der Landarbeiter Heinz Rompe die Amtsstube des Bürgermeisters. Verwirrt und mit beklemmendem Gefühl dreht er seine Thälmannmütze zwischen den Händen. Zwischendurch hatte er sie schon eine Zeit lang im Schrank verschwinden lassen, aber jetzt wieder aufgesetzt. Der Hauptmann reicht ihm die Hand.
»Du Kommunist?« »Ja, mal gewesen. »Du jetzt wieder Kommunist, du werden Bürgermeister hier von dieses Dorf!«
»Nein, dass kann ich nicht, ich bin ein einfacher Pferdeführer.« Bei dem Wort *Führer* stutzt der Hauptmann: »Du sein jetzt Führer von Dorf! Nein, kein Führer, Natschalnik, du verstehn?« Nein, Heinz versteht nicht. Der Dolmetscher des Kommandanten muss es ihm auseinanderklamüsern:
»Na ja, Natschalnik ist so was Ähnliches, aber mehr ein Vorgesetzter, ein Leiter.« Heinz wagt nicht mehr zu widersprechen. Er war lungen-

krank und am Anfang des Krieges einige Zeit im Sanatorium gewesen. So war er von der Kriegsfurie verschont worden. Nun ist er wieder einigermaßen hergestellt und zum Bürgermeister bestellt worden. Wie das Leben doch spielt. Mit den Nazis hatte Heinz nichts am Hut gehabt. Sein Sinn stand mehr nach Sozialismus und Kommunismus.

Vor mehr als zehn Jahren war er in dieses Dorf gekommen, hatte sich auf dem Gut verdingt und war ein nicht benannter Vorarbeiter bei den Gespannführern geworden.

Aus seinen Zielen hatte er nie ein Hehl gemacht, war auch manchmal mit dem Gutsherrn in Widerstreit geraten, aber weil er ein guter Arbeiter war, wurde er von dem Gutsherrn gedeckt, blieb auf seinem Posten und wurde von den Nazis nicht weiter behelligt. Als der Gutsherr davon erfährt, versteht er die Welt nicht mehr. Er wird sie bald noch viel weniger verstehen.

Hauptmann Saratow stürzt sich in seine wichtigste Aufgabe, nämlich aus dem Munitionsschacht das ganze Kriegsmaterial herauszuholen. Der Gutsherr muss zwei Gespanne abstellen und das mitten in der Ernte. Er murrt und meutert, aber es hilft ihm nicht. Heinz spürt auch gleich, welche Unannehmlichkeiten er sich aufgebürdet hat. Er muss den Hauptmann voll und ganz unterstützen – das schafft ihm böse Blicke und manche Feinde. Auch die Bauern müssen mit Kuhgespannen ran. Anfangs umsonst, dann bezahlt sie der Hauptmann mit den Zinkblechen aus den Pulverkisten. Das sind gute Tauschobjekte. Ein evakuierter Klempner, namens Mittner, ist hoch erfreut. Er fertigt Wassereimer, Jaucheschöpfer daraus, repariert Dachrinnen und ganze Dächer. Michail hat plötzlich keinen Mangel mehr an Gespannen.

Heinz muss ihm Frauen und Mädchen beschaffen, die die blau-weißkarierten Pulversäckchen auftrennen sollen. Für ihre Arbeit erhalten sie den Seidenstoff. Bald rattern einschlägige Nähmaschinen, die Adler und Singer, und geschickte Hausfrauen nähen Hemden daraus, Blusen und sogar Unterröcke. Als die wilde Inge mit so einer bezeichnenden Bluse auf der Straße erscheint, wird sie belächelt und verspottet:

»Inge, pass nur auf, wenn ich ein Streichholz dranhalte, fliegste glatt in die Luft.« Seitdem kriegt sie noch einen Spitznamen dazu: *Pulveringe*. Und wer in diesem Dorf erst einmal einen Spitznamen weghatte, behielt ihn ein ganzes Leben lang.

Bald erfahren wir, dass die Russen auch nur Menschen sind, mit Fehlern und Schwächen wie andere. Aber wir dürfen sie nicht mehr *Russen* nennen. »Russen, ist ein Schimpfwort«, klärt uns Heinz Rompe, der neue Bürgermeister, auf. »Denkt einmal daran, wie viele Opfer sie gebracht haben. Man sagt Sowjetsoldaten.« Die vielen Opfer, die sie gebracht haben, können wir zwar nicht nachvollziehen, aber wir glauben dem Schulzen.

Unter diesen Opferbringern sind blutjunge Sowjetsoldaten aus Georgien oder Kirgisien. Noch nie waren sie aus ihrer engeren Heimat herausgekommen, hatten weder Moskau noch Leningrad gesehen. Und nun waren sie durch das halbe Europa gezogen, hatten in mörderischem Kampf das starke Deutschland besiegt und sich in seinem Grünen Herzen Thüringen festgesetzt. Mit Orden dekorierter und vor Stolz geschwellter Brust ziehen sie umher und requirieren alles, was nicht niet- und nagelfest ist.

Der Hauptmann hat ihnen Eigenmächtigkeit verboten, aber sie scheren sich nicht darum, holen Pferde aus den Ställen, reiten durch die Prärie, greifen sich ein paar Gänse und braten sie in der Gutsküche, machen stockbetrunken Spritztouren auf Motorrädern, die sie unter Stroh versteckt hervorholen und laden uns ein, auf dem Sozius mitzufahren. Das lassen wir uns nicht zweimal sagen. Die Burschen sind nur ein paar Jahre älter als wir, und so entsteht eine lockere Freundschaft.

Ein junger Soldat mit asiatischen Gesichtszügen hat sich auf Uhren und Ringe spezialisiert. Sein linker Arm ist schon mit *Zapp-za-Rapp-Armbanduhren* bis oben bestückt, und an seiner rechten Hand stecken so viel Ringe, dass er die Finger kaum noch bewegen kann. Nun sieht er sich nach anderem Beutegut um. Ich komme mit meinem Fahrrad angefahren, dass ich mir mühsam aus altem Schrott zusammengebaut habe. Die Schläuche sind schon zehn mal geflickt, die Reifen mit alten herausgeschnittenen Reifenstücken beklebt und mit Isolierband umwickelt, aber ich kann fahren und muss nicht jeden Weg zu Fuß gehen. Der Russe – Entschuldigung – der Sowjetsoldat hält mich an:

»*Dawei, gib Rrad!*« Ich muss absteigen und ihm das Fahrrad übergeben, schweren Herzens übergeben. Der Kirgise hat zwar schon Fahrräder gesehen, ist aber noch nie auf einem gefahren. Und er freut sich wie ein Kind, als er sich auf das Rad schwingt und es ihm fast mühelos gelingt. Das macht ihm überaus großen Spaß, so in Schlangenlinien dahinzuradeln und sich den Wind um die Ohren wehen zu lassen.

Ich schaue ihm ziemlich bedeppert hinterher, trauere meinem Fahrrad nach und meiner vergeblichen Mühe, die ich daran gesetzt, wage aber nicht aufzubegehren. Es sind eben unsere Befreier. Sie befreien uns von den Sachen, die wir nicht benötigen. Mein höchstes Gut ist also dahin. Ich will schon umkehren und mich mit dem Verlust abfinden, da kommt der Soldat mit meinem Fahrrad zurück. Die Luft aus dem Hinterreifen ist entwichen. Er fährt auf dem platten Reifen, der mühevoll geflickte Schlauch schaut an der Seite heraus, und Jurij schimpft ärgerlich vor sich hin:

»*Blocho, Farrad blocho, nix gutt!*« Die Jungen stehen herum und geben ihm gute Ratschläge: »Jurij, du musst pumpen!« »*Was pumpen, wo pumpen?*« Sie drücken ihm die Luftpumpe von der Querstange in die Hand, zeigen auf das Ventil, das sich gerade unten am Boden befindet. Er nimmt die Pumpe, bewegt den Kolben und lässt die Luft herauszischen.

»*Acha, ich verrstehn.*« Er legt sich auf den Bauch und pumpt, was das Zeug hält. Wir schütteln uns vor Lachen. Jurij stutzt, erhebt sich aus seiner unbequemen Lage und schaut uns verständnislos an. Da geht Lothar auf das Fahrrad zu, dreht den Reifen so, dass das Ventil nach oben kommt und pumpt den Reifen ganz bequem auf. Jurij steht daneben mit kreisrunden Augen und ist sehr verärgert, weil ihn die Burschen so respektlos verlachen. Er reißt Lothar die Pumpe aus der Hand, steckt sie quer in seine Uniformbluse, packt das Fahrrad und macht sich davon. Um mein Fahrrad gebracht, erzähle ich den Vorfall meinem Vater, der berichtet dem Hauptmann darüber. Der Hauptmann lässt den Dieb antanzen, haut ihm mit voller Wucht rechts und links eine ins Gesicht, und ich habe mein Fahrrad wieder. Aber Jurij tut mir Leid, ich gehe ihm aus dem Weg.

Am nächsten Morgen mache ich mich mit meiner Mutter und noch ein paar anderen Einwohnern auf den Weg nach Duderstadt. Das ist auf der anderen Seite der Grenze. Noch ist die Grenze passierbar, noch geht der Verkehr von hüben nach drüben und umgekehrt. Die Besatzer passen zwar schon auf, dass nichts geschmuggelt wird, aber es gibt so viele Schleichwege und Seitenpfade, und drüben gibt es schon so manches, was hier nicht zu haben ist. Vor allem Ferkel. Unser Bauer hat uns ein Stalleckchen versprochen, in dem wir ein Ferkelchen aufziehen können. Wir gehen also über die grüne Grenze und stecken in je einen Rucksack ein kleines quietschendes Schweinchen. Mein Cousin Werner ist auch dabei und interessiert sich schon für neue Zeitungen, die im Westen über Dinge berichten, von den wir nicht zu träumen wagen. Er schaut auf die Zeitungskarikatur, dann auf mich und lacht sich halb schief. Auf dem Bild ist ein Deutscher zu sehen, der mit einem Fahrrad angefahren kommt. Der Russe mit der Kuchenteller-MP hält ihn an, nimmt ihm das Rad ab, die Uhr, die Jacke und Hose. Packt alles auf das Rad und fährt davon. Der im Hemd bloß dastehende Deutsche hebt ein Schild empor, worauf geschrieben steht:

Der Dank gilt unseren Befreiern! Dank euch, ihr Sowjetsoldaten! Ich muss sofort an mich denken, aber mein Fahrrad habe ich ja wiederbekommen. Trotzdem hängt mein Cousin die Zeitungskarikatur ans Bürgermeisteramt. Die Leute bleiben davor stehen, lachen ganz ungeniert, bis Rompe erbost herunterkommt und das Plakat abreißt. Er faselt etwas von Boykotthetze und Verunglimpfung der Sowjetarmee. Wenn er so einen erwischt, der gegen die Sowjetmacht hetzt, dann Gnade ihm Väterchen Stalin. Gott wagt er hierbei nicht anzusprechen, aber das *gütige* Väterchen Stalin ist hier auch nicht am Platz. Noch weiß keiner so recht, was er mit dem Teil Deutschlands anzufangen gedenkt, das er besetzt hält.

Wir stallen unser Ferkel ein, päppeln es mit allerlei Abfällen – selbst die sind rar – und mit etwas Molke auf, die uns der Bauer vom Buttern überlässt, doch wir haben kein Glück. Ich meine es besonders gut mit ihm, werfe dem kleinen Borstenvieh etwa sieben bis zehn schiere Eier von einer Pute in den Trog, damit es sich schnell kräftigt, aber im Gegenteil – das Ferkel verendet kläglich. Die Mutter ist ganz geschlagen, alle Mühe umsonst. Als sich meine *Guttat* herausstellt, kriege ich eine gelangt, dass mir die Wange anschwillt. Das Ferkel ist an Eiweißvergiftung gestorben, und ich habe Schuld. »Das darf man doch nicht tun«, sagt der Bauer. Nun weiß es auch ich, und unsere ganze Hoffnung ruht auf dem Deputatschwein. Der Gutsherr hat es noch einmal bekräftigt. Wir bekommen es zum Herbstanfang, wenn auch nur zur Hälfte. Die andere Hälfte müssen wir mit einer anderen Familie teilen. Das kann unsere Freude nicht trüben, die Hälfte ist besser als nichts.

Im Dorf ist etwas Ruhe eingekehrt. Die Evakuierten sind recht und schlecht untergebracht, das Leben beginnt sich zu normalisieren, wenn man das so nennen darf. An dem wie es verläuft, kann man eh nichts ändern. Und es soll sich Grundlegendes ändern. Die Pläne liegen schon vor: *Antifaschistisch-demokratische Ordnung* und so. Nur von demokratisch spüren wir nichts. Das Volk soll jetzt bestimmen, wie und wo es lang gehen soll. Doch das Volk, der Lümmel, ist noch nicht mündig, deshalb muss ihm auf die Sprünge geholfen werden. Dafür gibt es ja die Besatzungsmacht. Hauptmann Saratow ist ungeduldig. Ihn ärgert das Herumlungern der Kinder und Jugendlichen. Er will sie von der Straße bringen, weg vom Brennpunkt des Geschehens. Sie müssen wieder lernen, ganz etwas Anderes lernen. Er sorgt dafür, dass sie für drei oder vier Stunden täglich die Schule besuchen können, besorgt Hefte und Bleistifte. Dem Lehrer, der gut durch die Entnazifizierung gekommen, schärft er ein:

Nix mehr Faschismus lernen, nix mehr Krieg! Chietler kaputt. Jetzt lernen für Frieden. Und um zu kontrollieren, ob seine Worte auf fruchtbaren Boden gefallen sind, sagt er eines Tages den Besuch des Unterrichts an. In den oberen Klassen fiebern wir dem Besuch des sowjetischen Hauptmanns voller Erwartung entgegen. Es ist mucksmäuschenstill, als der Lehrer mit dem Hauptmann an der Seite den Klassenraum betritt. An der Wand, wo zweimal das Hitlerbild gehangen hat, gähnt der bezeichnende weiße Fleck. Alle Augen starren hinauf. In alter Gewohnheit springen alle auf, einige heben die Hand zum Führergruß. Gerulf hat schon das Wort *Heil* ... ausgerufen. Ein vorwurfsvoller Blick des Lehrers bringt ihn zum Schweigen.

Dem Lehrer ist das peinlich. Der Hauptmann schmunzelt und zieht die Brauen hoch. Einige lachen. Doch der Hauptmann bereinigt die Situation mit einem fröhlichen *Guten Morgen*. Die Schüler antworten laut im Chor, der Bann scheint gebrochen. Michail ist erleichtert und beginnt zu reden. Aufmerksam hängen wir an seinen Lippen, die meisten neugierig, aber viele voreingenommen.

»*Chietler kaputt!* Viele Menschen tot, im Krieg gefallen, von Bomben erschlagen, im KZ ermordet. Auch mein Bruder und meine Schwester

vermisst bei Zwangsarbeit in Deutschland.« Die Stimme des Hauptmanns stockt. Ein Mädchen, dessen Vater in den letzten Kriegstagen gefallen ist, beginnt zu weinen. Der Hauptmann geht die Bankreihen entlang und streicht ihm übers Haar. Langsam und schleppend spricht er weiter:
»Die Schuldigen werden wir bestrafen und helfen ein neues Deutschland aufzubauen. Ein Deutschland ohne Gutsherren und Kapitalista. Macht soll gehören Arbeiter und Bauer!« Unter uns herrscht ungläubiges Schweigen. Nach einer Weile hebt ein Schüler zögernd die Hand. Alle Augen richten sich auf den mutigen Frager.
»Wird dann auch bei uns Kommunismus sein? Wird man uns alles wegnehmen, das Haus, unser Land, die Kuh?« Der Hauptmann blickt erstaunt und beleidigt in die Runde. Dann lacht er belustigt auf und sagt: »Bist du Fabrikant oder Gutsherr?« Der Frager schüttelt schnell den Kopf.
»Nu, da bitte! Werdet euch neue und schönere Häuser bauen. Kommunismus ist für und nicht gegen Menschen, was arbeiten.« Die Klingel ertönt. Überall staunende und nachdenkliche Gesichter. Alle drehen sich nach dem Hauptmann um, nur der mutige Frager sagt beim Hinausgehen: »Wenn das nur wahr wird!«
Das große Umdenken beginnt. Es beginnt langsam und zögernd. Die Menschen versuchen sich zu arrangieren. Einige wollen sich ins rechte Licht setzen und hängen ihre Fahne nach dem Wind, der jetzt vom Osten weht. Andere, und das sind die meisten, wollen sich aus allem heraushalten. Nur nicht und nirgends anecken. Gebranntes Kind scheut Feuer, und wer wollte sich so schnell wieder verbrennen.
Sommer 1945. Gerade zur rechten Zeit kommt der Aufruf der KPD. Pieck und Ulbricht sind aus Moskau zurückgekehrt. Antifaschistisch-demokratische Umwälzung ist auch ihr Programm: Nie wieder Faschismus, nie wieder Krieg, Schluss mit der Spaltung des schaffenden Volkes.
Bald werden auch erste Zeitungen zugelassen, natürlich kontrolliert von der Besatzungsmacht. Niemand anderes als der große Thomas Mann ist das prominente und willfährige Werkzeug der neuen Oberen. In der Deutschen Volkszeitung, dem Zentralorgan der KPD, schreibt er die bedeutungsvollen Worte:
Das Unglück ist groß. Aber darum rufen ›Mit Deutschland ist's aus!‹ ist törichter Kleinglaube. Deutschland kann leben und glücklich sein ohne Generalstab und Rüstungsindustrie. Es kann ohne sie sogar richtiger und ehrenhafter leben. Es kann auch leben und glücklich sein ohne die Gebietsteile in Ost und West, die ihm bei der Katastrophe des Kriegsreiches verloren gehen. Es bleibt auch ohne sie ein weites, herrliches, zu jeder Kultur fähiges Land, das auf die Tüchtigkeit seiner Menschen sowohl wie auch auf die Hilfe der Welt zählen kann und dem, ist erst das Schwerste vorüber, ein neues, an Leistungen und Ansehen reiches Leben vorbehalten sein mag.
Möge sich jeder diese Worte noch einmal genau zu Gemüte führen. Fünfzehn Millionen Menschen – Schlesier, Ost- und Westpreußen, Pom-

mern, Brandenburger, Deutsche aus Polen und vielen anderen Gebieten – Deutsche, die seit Jahrhunderten dort angesiedelt waren, sind vertrieben worden. Dabei fanden Millionen den Tod. Millionenfaches Leid und Not in allen Familien, verloren gegangenes, rechtmäßig erworbenes Eigentum in Milliardenhöhe und ein Territorium von mehr als 120.000 Quadratkilometern. Und Thomas Mann spricht davon, dass das deutsche Volk leben und glücklich sein könne ohne die verlorenen Gebietsteile in West und Ost. Was für ein Hohn angesichts dieser Menschen, die mit blutenden Herzen und heißer Hoffnung auf ihre Rückkehr warten. Da hat der Autor des Zauberbergs sich selbst und das ganze deutsche Volk dazu entzaubert. Und die Hilfe der Welt, die zu diesem Unglück beigetragen, steht noch aus. Wohl ist dem der Krieg, angezettelt durch Hitlerdeutschland vorausgegangen, aber kann ein Krieg Ursache für millionenfache Vertreibung sein?

Bei den Vertriebenen findet Mann's Verzicht auf die alte Heimat keinen Anklang. 700 Jahre deutscher Besiedlung, deutschen Fleißes, eben Heimat für mehr als 15 Millionen Menschen, soll mit einem Federstrich weggewischt werden – das begreife, wer will. Thomas Mann als Sprachrohr für ein ganzes Volk, Werkzeug im Interesse der Alliierten und der Machthaber im Osten, stellt ein ganzes Volk ins Abseits, trägt mit seinen schwerwiegenden Worten zu seiner Entrechtung bei. Das macht unzählige Menschen traurig und verbittert, die abertausend vom Schicksal geschlagenen Menschen in aller Welt, die aus ihrer Heimat, wodurch auch immer, vertrieben wurden und noch werden. Nur die meisten kennen diese Worte noch nicht oder haben sie vergessen.

Die Ernte geht nur langsam voran. Auf dem Gut wollen viele nicht mehr arbeiten. Keiner möchte mehr Magd oder Knecht sein. Der Inspektor ringt die Hände, saust von einem zum anderen und versucht, sie zur Arbeit zu bewegen. Die Frage war: Wie wird die Arbeit bezahlt, kriegen wir unser Deputat oder muss alles an die Sowjets abgeliefert werden. Man munkelt auch schon von Aufteilung des Grund und Bodens, aber keiner weiß so recht Bescheid. Der Kommandant ist der letzte Ausweg.

»Alle sofort arbeiten!«, befiehlt er. »Bezahlen von Ernte. Menschen hungern in den Städten, Kinder wollen Brot. Ohne Arbeit kein Brot. Und wenn alles abgeerntet, dann wird Gutsland verteilt. Verteilt an kleine Bauern und Landarbeiter. *Bodenreform, verrstehn?*« Nun wissen alle Bescheid. *Bodenreform!* Die Meinungen sind geteilt. Die wenig Land haben oder gar keines, sagen: Das ist gerecht. Die viel Land haben, meinen: Das ist ungerecht.

Junkerland in Bauernhand, reißt dieses Unkraut raus! So steht es auf einem Plakat, das an Toren und Telegrafenmasten prangt. Darauf ist eine große Distel zu sehen und ein hemdsärmeliger Landarbeiter, der sie mit einem Spaten aussticht. Gutsherr Deitzel sieht dieses Plakat und erblasst. Er hat es kommen sehen. Nun würde er alles verlieren, alles, was er sich in den vielen Jahren erarbeitet hatte. Immer mehr Land war dazugekommen, immer mehr Bediensteten hatte er Arbeit und Brot gegeben. Jetzt würden sie über seinen Besitz herfallen wie ein Rudel hungriger Wölfe. Nein, das konnte er nicht ertragen. Er wollte nicht warten, bis sie die Pflöcke einschlugen, die großen Schläge in kleine Parzellen aufteilten, Pferde und Kühe aus den Ställen holten. Diese Schmach würde ihm das Herz zerreißen. Dann lieber weg von hier, hinüber in den anderen Teil Deutschlands, dort, wo noch Gesetz und Ordnung herrschen. Er lässt den Hänger des Lanzbulldogs beladen, aber da hat er die Rechnung ohne den Wirt gemacht. Sein ehemaliger Pferdeführer kommt ihm in die Quere und gebietet ihm Einhalt. An seiner Seite ist der Hauptmann, da verkneift er sich einige beleidigende Worte. Er packt das Notwendigste in die Kutsche, spannt die Pferde davor, lässt die Frau und den Sohn im Fond Platz nehmen, die Jagdhunde aus dem Zwinger und braust hoch erhobenen Hauptes zum Dorfe hinaus. Ohne zu grüßen und die hämischen Blicke einzufangen, treibt er die Pferde an. Viele weinen ihm keine Träne nach, aber einige meinen: Das ist schon eine Schande, was sie mit dem Herren machen. Sie hätten ihm doch auch etwas Land geben können.

Was sollte er wohl damit anfangen, etwa selber darauf arbeiten? Nein, das wäre ganz sicher unter seiner Würde. Es wird auch gemunkelt, die Herren Junker würden ausgesiedelt, irgendwo hin, wo man sie unter Kontrolle hat. Nach Rügen oder Mecklenburg. Da müssen sie sich aber beeilen, denn die Herren haben gute Beziehungen zu den Westzonen. Und bald wird der Ärger noch größer. Der Hauptmann erklärt die Dreschmaschine des Gutes zum Dorfeigentum, lässt dort das eingefahrene Getreide dreschen. Und er legt fest, wie viel Weizen und Korn abgeliefert werden muss, abgeliefert an die Städte – dabei geht das Getreide auf den notdürftig hergerichteten Schienen gen Osten. Wer kann es den Siegern verdenken, dass sie zuerst an das Brot für ihre eigenen Kinder denken. Das Brot, das ihnen die Eindringlinge weggenommen haben, holen sie sich jetzt wieder zurück. Und er behält seine wichtigste Aufgabe im Auge, nämlich die Bergung des Kriegsmaterials aus dem Kalischacht.

Der Fahrschacht und der Förderturm sind defekt und müssen repariert werden. Saratow holt sich Monteure und Bergleute heran, die im Schacht gearbeitet haben, schaut sich in anderen Schächten nach Spurlatten um. Seine vorgesetzte Dienststelle drängt auf den Beginn der Förderung. Die Rote Armee hat Massen von deutschen Geschützen allen Kalibers erbeutet, hier befindet sich die dazugehörige Munition.

Die Gefechtsbereitschaft darf nicht aufgegeben, vielmehr muss sie noch erhöht werden. Niemand weiß, was noch kommt. Vorsicht heißt die Devise. Die Westalliierten könnten sich schnell als neue Feinde erweisen. Saratow verpflichtet ehemalige Feuerwerker und Feuerwehrleute, Sicherheitsvorkehrungen zu treffen. Noch einmal darf so ein Fiasko wie bei den Amerikanern nicht passieren. Die Trümmer der Werksanlagen werden beseitigt, in die alte Villa vor der Hauptstraße der F 80 zieht die Verwaltung der SMAD unter Oberaufsicht des Majors Dsilichow ein. Die Sowjetische Militäradministration Deutschland wurde am 9. Juni 1945 gegründet. Ihr oberster Chef war der große Marschall W. D. Shukow. In der Hand des Hauptmanns Saratow liegt die gesamte Verantwortung für die Bergung der Munition aus dem Munitionsschacht. Eine wichtige Stütze ist ihm sein Dolmetscher. Schon bald kann mit der Förderung begonnen werden. Wohin mit den Trümmern und dem Schutt? An einen Wiederaufbau der zerstörten Hallen kann noch nicht gedacht werden. Erst muss die Förderung in Gang kommen. Saratow lässt die alten Ziegelsteine in die nahen Wälder fahren, füllt die Löcher und Senken auf. Es sind Steine der Friedensproduktion, hart wie Granit, ganze Mauerbrocken, die fest zusammenhängen und mit Spitzhacken auseinander geschlagen werden müssen, um verladen werden zu können.

Der Vater kommt auf den Gedanken, ein eigenes Haus davon zu bauen. Ein wahrhaft kühner Gedanke, angesichts der Schwierigkeiten, mitten in dieser frühen Nachkriegszeit. Der Bürgermeister wird mit dem Ansinnen konfrontiert, ein entsprechendes Grundstück bereitzustellen. Wir kriegen das Grundstück ganz unbürokratisch am Ausgang des Dorfes in einem baumbestandenen und mit Luzerne besäten Garten. Ein Bauplan muss her. Der Architekt ist froh, dass nach der Flaute des Krieges ein neuer Kunde kommt. Er beeilt sich mit der Bauzeichnung und mit den Papieren. Als die Baugenehmigung zu lange auf sich warten lässt, hakt der Hauptmann nach. Endlich ist der Papierkram erledigt.

Wir sind Bauherren und können mit dem Bau beginnen. Die Mutter fängt an, im Garten zu wühlen, gräbt die Luzerne um, reißt die langen Wurzeln aus der Erde, wirft sie auf einen Haufen und pflanzt Beerensträucher an der Seite zum Nachbargrundstück. Ich muss helfen, habe keine Minute mehr frei, kann mich meiner Lieblingsbeschäftigung, dem Herumstrolchen, nicht mehr widmen. Der Abstand beträgt eineinhalb Meter, ist also vorschriftsmäßig eingehalten. Doch am nächsten Morgen liegen die Sträucher herausgezogen auf der Seite. *Es kann der Frömmste nicht im Frieden leben ...*

Unser linksseitiger Nachbar, ein älterer Herr mit seiner zänkischen Frau, meint: Das dürfe nicht sein. Die Sträucher würden seinem Gemüsegarten die Kraft wegnehmen. Dadurch würde bei ihm nichts mehr wachsen. Er hat sich ein Stück Draht zurechtgebogen und die Sträucher herausgerissen. Nun steht er mit seiner maulfechtenden Frau und dem kläffenden Terrierhund neben dem Gartenzaun und passt auf, ob es die Mutter noch einmal wagt, die Sträucher einzupflanzen. Ich gehe der Mutter zur Hand und bestärke sie in ihrer Absicht. »Dieses Evakuiertenpack!«, flucht er, »das hat überhaupt keinen Respekt.« Dieser überaus freundliche Nachbar ist ein sonderbarer und bösartiger Kauz. Sein Häuschen hat er aus lauter Feldsteinen eigenhändig erbaut, dazu den kleinen Ziegenstall und den darüber liegenden Heuboden. Die Brücke, die über den kleinen Bach zu seinem Anwesen führt, ist ebenso sein Werk wie die dünnen Staketchen seines Gartenzaunes, die von dicken eichenen Eisenbahnschwellen getragen werden. Ist so ein Stecken mal angeknackst, wechselt er ihn schnell wieder aus. Als er am anderen Morgen die Sträucher nochmals herausgerissen hat, knicke ich ihm ein paar seiner Staketchen ein. Das bringt ihn zwar auf die Palme, aber die Sträucher lässt er künftig in Ruhe. Und der verkluste Kluse trotzt hartnäckig dem elektrischen Licht, obschon die elektrischen Drähte dicht an seinem Haus vorbeiführen. Er scheut das elektrische Licht wie der Teufel das Weihwasser. »So'n Zeugs kommt mir nicht ins Haus«, sagt er kategorisch. Abends hängen Decken vor seinen Fenstern zur Straße, hinter denen das Kerzenlicht geheimnisvoll hervorschimmert, und diebische Freude ist in seinem Gesicht, wenn die *Elektrischen* abends bei Stromsperren, und das war öfters der Fall, ohne das elektrische Licht auskommen müssen. Als wir dann endlich mit dem Bauen beginnen, versucht er erneut, uns Steine in den Weg zu legen. Er kommt frech auf den Maurerpolier zu, stellt sich hinter die Zeichnung und versucht uns klarzumachen, dass unsere Behausung so zu stehen habe wie seine, nämlich mit dem Giebel zur Straße. Sonst – und das wäre ja augenfällig – würde das Gebäude ihm das ganze Licht wegnehmen. Der Polier muss seinen Ärger unterdrücken. Er zeigt auf den genehmigten Bauplan und erklärt ihm, dass er so bauen müsse, wie der Bauplan es vorsehe. Das bringt den Nachbarn so in Rage, dass er sich wie der Teufel persönlich aufführt. Mit einem handfesten Knüppel in der hoch erhobenen Hand stellt er sich in Positur und droht, unverzüglich zuzuschlagen, wenn auch nur eines seiner klitzekleinen Staketchen am Hofzaun angetastet würde. Der klapprige Bagger, den der Vater aufgetrieben hat, braucht entsprechend länger und längs des Zaunes muss mit dem Spaten gearbeitet werden, dass kein Stecken beschädigt wird. Aber schließlich kann der böse Nachbar nicht triumphieren. Die Baugrube ist ausgehoben und mit dem Hochziehen der Wände kann begonnen werden.

Alle lachen über den Vater und seine verrückte Familie, die sich in dieser Zeit schier Unmögliches vorgenommen haben; nämlich ein eigenes Haus zu bauen. Ein Haus fern der alten Heimat, mitten in einer unwirtlichen und fremden Umgebung. Ein Haus bauen in einer Zeit des absoluten Mangels, der Trostlosigkeit der Lage, der Ungewissheit vor dem Kommenden – wahrlich ein gewagtes Unterfangen.

Nach vielen Jahren erst werden wir so recht begreifen, was die gewagte Unternehmung des Vaters für die Familie und die Nachkommen bedeutet. Ein eigenes Haus zu besitzen, eigene vier Wände, auf niemanden angewiesen zu sein – ein unsagbares Glück, das man erst zu schätzen weiß, als die Mieten für Wohnraum in schwindelnde Höhen geraten.

7 VOM SCHWEREN ANFANG ODER DIE antifaschistisch-demokratische UMGESTALTUNG

Im Gemeindeamt sitzen die geladenen Gäste um den großen Tisch herum. An der Stirnseite der Bürgermeister, neben ihm der Hauptmann, einige SPD-Genossen und drei oder vier altgediente Kommunisten. Auch eine Frau ist darunter. Und sie haben den Verwalter Juresch geladen, weil der sich auf dem Gut auskennt und über alles Bescheid weiß. Alle sitzen erwartungsvoll und beklommen da. Ihre Meinungen sind geteilt. Neben dem Hauptmann hat der Dolmetscher Platz genommen, denn was heute gesagt und festgelegt wird, muss allen genauestens mitgeteilt werden. Um die Stimmung etwas aufzulockern, lässt der Hauptmann seinen Tabaksbeutel mit Machorka rumgehen. Zeitungspapier liegt auf dem Tisch griffbereit. Michail zeigt den Männern, wie man geschickt zwischen Daumen und Zeigefingern Papyrossi zu drehen vermag. Die Männer lachen verlegen und mühen sich umständlich, bis die erste Zigarette geglückt ist. Sie rauchen und husten. Der weiße Rauch schwebt in der Luft, kringelt sich zur Decke empor, weniger frostig ist nun die Atmosphäre. Saratow spricht zu den Versammelten mit ernster Miene und in russischer Sprache. Da weiß er besser, wie er sich auszudrücken hat. Der Dolmetscher übersetzt:

Im Dorf muss das Leben vorwärts gehen. Alles Korn muss gedroschen und gerecht verteilt werden. Keiner soll hungern, und das Land muss wieder bestellt werden. Der Hauptmann hat eine Vorliebe für Literatur und Musik. Er mag den Arbeitersänger Ernst Busch, kennt seine Lieder, die der zu Ehren der Spanienkämpfer gesungen, spielte sie auf seiner Balalaika. Heute zitiert er eines seiner aktuellen Lieder nach den Worten Bertold Brechts und der Musik Hans Eislers:

Und weil der Mensch ein Mensch ist, da braucht er was zu essen, bitte sehr, es macht ihn kein Geschwätz nicht satt, es schafft kein Essen her. Also, lasst uns keine Zeit verlieren. Doch zuvor wird das Land aufgeteilt. Aufgeteilt an Umsiedler, an landarme Bauern, so wie die Kommunistische Partei es gefordert.

Am 3. September 1945 hatte die Verwaltung der Provinz Sachsen die Verordnung über die Durchführung einer demokratischen Bodenreform erlassen: *Alle Großgrundbesitzer mit Gütern von über 100 Hektar Größe und Grundbesitz von aktiven Nazis und Kriegsverbrechern mit dem gesamten Vermögen und landwirtschaftlichen Inventar sollen entschädigungslos enteignet werden. Das Junkertum als Klasse muss aufhören zu bestehen. Nie wieder darf die Bastion des preußisch-deutschen Militarismus ihr Haupt erheben.*

Die anderen Länder ziehen nach. Das alles kommt unter den Hammer der Bodenreform! Der Hauptmann schlägt mit der Faust auf den Tisch. Der Dolmetscher stockt, überlegt noch einmal. Hat er richtig gehört? Er vergewissert sich noch einmal, fragt nach. Der Hauptmann bestätigt seine Worte und fährt fort:

Im Bürgermeisteramt wird eine Liste ausgelegt. Dort kann sich jeder eintragen und Land beantragen. Eine Kommission muss dann entscheiden, wer wie viel Land bekommt. Hier sitzen ja schon fortschrittliche Menschen, die auch gleich die Kommission stellen können. Was soll da noch lange gesucht werden. Die Zeit drängt. Und außerdem ist da das Gesetz: *Bodenreform – Junkerland in Bauernhand – eine Forderung der Arbeiter und Bauern!* Das Gesetz kommt von Moskau, denken einige der geladenen Gäste. In Moskau werden die Weichen gestellt, aber keiner wagt sich gegenteilig zu äußern.

»Wer arbeitet in der Kommission mit?«, fragt der Hauptmann. Rompe hebt als Erster die Hand und danach der Verwalter. Alle sind überrascht. Die anderen schauen unsicher zur Seite, warten lange. Der Hauptmann wird ungeduldig. Da hebt Gerda Kleinert, die ehemalige Gutsarbeiterin, ihre Hand empor und sagt:

»Ich bin dabei. Es wird Zeit, das Land aufzuteilen. Wie ist denn der alte Halsabschneider zu dem vielen Land gekommen? Habt ihr euch das schon einmal gefragt?« Nein, daran hat noch keiner gedacht. Langsam gehen weitere Hände nach oben. Aber Hollbachs Wigbert, der Pferdeknecht des ehemaligen Gutsherrn, hat Einwände:

»Nein, es ist nicht recht. Man kann dem Herren nicht das ganze Land wegnehmen. Es war schon immer so, und so soll es auch bleiben.« Der Hauptmann erfährt die Meinung des Querkopfs und wird zornig:

»Was ist das für ein Mann, wie kommt der dazu, sich für den Gutsherrn einzusetzen? Ist das ein Kulak?« Schon wieder das Wort – Kulak. Nein, er ist kein Kulak, er hat nur fleißig für den Gutsherrn gearbeitet, die Pferde betreut, den Hagestolz mit der Jagdkutsche ausgefahren. Soll er ihm doch hinterherlaufen. Die Kommission kommt auch ohne ihn aus. Der Hauptmann schüttelt den Kopf. Gerda meint:

»Du bist doch verrückt, so eine Gelegenheit kommt nie wieder. Was hast du denn schon von dem Herren gehabt? Seine Pferde gestriegelt, die Scheiße aus dem Stall gekarrt! Und wie hat er dich entlohnt?« Gerda wartet die Antwort erst gar nicht ab, sondern schiebt ihm die Liste hin. Wigbert, der ehemalige Pferdeknecht, zögert einen Moment, doch dann setzt er seinen Namen mit schnörkelnden Buchstaben hinein.

Die Kommission will den Vorsitzenden bestimmen, mit der Aufteilung des Bodens und mit dem toten und lebenden Inventar beginnen. Wer soll Vorsitzender werden? Gutsinspektor Juresch meldet sich kraft seiner Kompetenz und bietet sich großzügig an.

Doch so ganz uneigennützig ist seine Angebot nicht. Er hofft, ein gutes Stück vom verteilenden Kuchen abzukriegen, da kann es nicht schaden, wenn man ganz oben mitmischt. Doch er hat nicht mit dem losen Mundwerk von Gerda Kleinert gerechnet. Endlich kann sie einmal ganz offen ihre Meinung gegen den ehemaligen PG und Gutsinspektor sagen,

zumal sie mit dem Rückhalt von Rompe und dem Hauptmann rechnen kann:
»Da bin ich voll und ganz dagegen. Wir werden den Bock doch nicht zum Gärtner machen! Mitarbeiten soll er, das ja, aber für den Vorsitz kommt er nicht infrage. Da schlage ich schon Rompe vor.« Dieser Meinung sind auch die anderen, und der Hauptmann bestätigt den Vorschlag mit Kopfnicken.

Und wieder läuft der Gemeindediener mit seiner Klingel durchs Dorf, gibt bekannt, dass morgen, um acht Uhr, auf dem Bürgermeisteramt Bodenreformland beantragt werden kann. Jeder hat das Recht, sich in die Liste einzutragen. Schon eine Stunde vor der festgelegten Zeit ist großes Gedränge vor dem Schulzenamt.

Am Anschlagbrett hängt immer noch das große Plakat mit der Distel. Die Leute stehen davor und schauen amüsiert darauf. Manche mit großem Behagen, andere etwas betreten. Aber Land möchten sie alle. Unter dem Plakat steht etwas über die durchzuführende Bodenreform – ein Sonderdruck. Wer sein Land abgeben muss und wer etwas bekommen soll. Einige gehen wieder weg – sie haben wohl doch zu viel und wollen nicht unangenehm auffallen, nicht in Verdacht geraten, dass sie den Hals nicht vollkriegen. Da stehen nun die ernsthaften Anwärter mit ihrem sehnlichsten Wunsch, Bauer auf eigener Scholle zu werden: Flüchtlinge, Vertriebene, hier Evakuierte, beziehungsweise Umsiedler genannt, Kaliarbeiter mit ein paar Morgen eigenem Land, von dem sie weder leben noch sterben können, und einige Kleinbauern, die nicht länger mehr Kleinbauern sein wollen. Und auch meine Mutter schreibt sich ein. Sie will nur ein oder zwei Morgen haben zu dem neuen Grundstück dazu, um sich ein Schwein und eine Ziege halten zu können. Die Liste wird länger und länger. Schon bald ist eine Seite voll. Jeder muss angeben, wie viel Land er schon besitzt. Schon am Nachmittag geht die Kommission die Liste durch, legt fest, wer infrage kommt und wer nicht.

Tagelang läuft sie dann über die Felder des Gutes, schreitet mit einem Zweimeter-Winkeldreieck die Parzellen ab, trägt die Feldflur und die Größe des abgemessenen Stückes ein und kehrt nach mühevoller Arbeit ins Dorf zurück. Und dann wird gestritten, bis endlich die Urkunde des vergebenen Landes ausgestellt werden kann. Zuerst kommen die Gutsarbeiter an die Reihe. Heinrich Bumke steht an der Spitze der Reihe um Land an. Viele Jahre hat er mit seiner Josefine auf dem Gut gearbeitet und nebenbei seine paar Morgen bewirtschaftet.

Und oft hat er aus Frust der Armseligkeit einen tüchtigen Schluck über den Durst getrunken. Jetzt ist die einmalige Gelegenheit gekommen, die es am Schopf zu packen gilt. Heinrich hofft, dass sie ihm das Land trotz seiner Sauferei nicht versagen werden. Endlich darf er eintreten und geht beklommenen Herzens ins Amtszimmer hinein. Alle schauen erstaunt auf. Dieser Mann will doch tatsächlich Land. Rompe blickt in die Liste.

»Sechs Morgen hast du ja schon«, sagt er.
»Sechs Morgen sind eben nicht genug. Wir hätten schon noch gern einige Morgen dazu, bitte sehr.« Die Kommission überlegt. Sie wollen Heinrich nichts geben, weil sie befürchten, dass er das Land nicht richtig bearbeiten würde, schicken ihn noch einmal vor die Tür und setzen sich auseinander:
»Saufen ist seine Natur. Er wird das Land verludern lassen, das Vieh, das wir ihm geben, in Schnaps umsetzen. Nein, dafür ist das Risiko zu groß.« Rompe schlägt vor, ihm nur zwei Morgen zu geben. Aber der Hauptmann ist damit nicht einverstanden:
»Wenn wir ihm ein Almosen geben, wird es dann besser?« Keiner will darauf antworten. »Gebt ihm noch mindestens einen Hektar dazu, meinetwegen auch zwei. Wenn er sein eigener Herr ist, wird er vielleicht mit dem Saufen aufhören. Und wenn nicht, können wir ihm das Land immer noch wegnehmen.« Die Kommission lässt sich überzeugen. Sie lässt Heinrich zum zweiten Mal herein. sechs Morgen geben sie ihm, ein Sauschwein zur Zucht und ein schwarzbuntes Rind dazu. Heinrich darf in den Karton fassen und das Los ziehen, wo die Lose mit sechs Morgen hineingeworfen wurden. Er ist rundum glücklich. Zu Hause angekommen, will er die Schnapsflasche haben, die seine Josefine unter Verschluss hält.

»Fine, wenn das kein Grund zum Trinken ist, dann gibt's überhaupt keinen mehr.« »Aber nur einen, Heinrich«, mahnt Fine. Dann schenkt sie ihm doch noch einen mehr ein. Beide freuen sich wie Kinder über ein lange begehrtes Weihnachtsgeschenk.

So kommt ein Landbewerber nach dem anderen an die Reihe. Fast zum Schluss steht der Verwalter vor der gestrengen Kommission, der er selber angehört. Land will er haben und nicht so knapp. Mit der Frau und den drei Kindern will er es bearbeiten, und da er ja vom Fach sei, könne man es ihm nicht verweigern. Auch zwei Pferde vom Gut stünden ihm einfach zu. Die Kommissionsmitglieder sind wie vor den Kopf gestoßen. Sie schicken ihn zunächst hinaus, wollen sich erneut beraten.

Was der Kerl sich einbildet. Diese Unverfrorenheit – in Gutsherrenmanier stellt einer hier Forderungen, der die Gutsarbeiter nur herumkommandiert hat. Und für Heinz Rompe wird er immer ein Lakai des Gutsherren bleiben. Das geht ihnen entschieden gegen die Hutschnur. Gertrud äußert ihren Unmut ganz deutlich und spricht von dem Pferd, das sie getreten hat.

»Er hat noch nie körperlich gearbeitet und seine feine Frau auch nicht. Kann der ein paar Ochsen oder einen Pflug führen?« Schließlich wollen sie ihn für seine Arbeit mit Naturalien von der Ernte entschädigen. Der Bürgermeister teilt ihm die Entscheidung der Kommission mit. Juresch fällt aus allen Wolken. Er macht seiner maßlosen Enttäuschung mit einem Wutausbruch Luft:

»Jawohl, der Mohr hat seine Schuldigkeit getan, jetzt kann er gehen!« In seinem Gesicht blitzt Feindschaft auf. Eines der Kommissionsmitglieder, versucht ihn zu beschwichtigen, gibt ihm den Rat, sich auf einem der Staatsgüter in der Umgebung zu bewerben. Davon gebe es jetzt einige, doch er lehnt dankend ab. Am nächsten Morgen ist er mit seiner Familie verschwunden. Es ist anzunehmen, dass er seinem ehemaligen Herrn über die grüne Grenze in westliche Gefilde gefolgt ist. Denn noch ist die Grenze passierbar, für solche mit guten und auch bösen Absichten, für Schieber und Spekulanten.

Aufteilung des Bodens

Die Landerwerber gehen mit strahlenden Gesichtern auf die Felder, ihren neuen Besitz. Sie haben nichts Eiligeres zu tun, als ihn noch deutlicher zu markieren. Sie schlagen die Grenzpflöcke noch fester in den Boden, ritzen mit einem Messer ihre Namen hinein und malen sie mit blauem Tintenstift aus, weil sie fürchten, dass sie jemand auslöschen könnte. Nicht alle sind zufrieden. Sie meinen: Nicht jeder habe Boden von gleicher Güte bekommen. Beschiss! Die haben doch die Parzellen verlost, kommt die Rechtfertigung. Eben, das ist doch der Beschiss! Und dazu seien das Vieh und die Ackergeräte nicht gerecht verteilt worden. Das meiste Vieh haben die Umsiedler bekommen, doch wo wollen die ihr Vieh unterbringen? Und keiner wollte das Paar Ochsen haben. Sie würden einem die Haare vom Kopf fressen, und Milch geben sie ja sowieso nicht. Da nimmt sie Wally Lieberecht, eine Bäuerin aus Schlesien. Der Mann käme bald heim, da könnten sie eine Landwirtschaft aufbauen.

Sofort fangen sie an, die großen Gutsställe abzuteilen. Dort ein Verschlag für Kuh und Schwein, hier einer für das Pferd. Den riesigen Aaron hat der Gespannführer Hermann Möller bekommen. Er dankt dem Himmel dafür. Mitten aus heiterem Himmel solch ein starkes Pferd. Was für ein Glück, was für ein Glück! Wir erhalten auch zwei Morgen Land und ein Stück Wald dazu. Doch bevor wir es nutzen können, stoppeln wir Ähren auf den Feldern. Mit zerlöcherten Säcken ziehen wir los. Ist so ein Sack voll, dreschen wir ihn mit dem Knüppel aus. Auf einem klapprigen Handwagen, den wir beim Sägemüller im Nachbardorf erstanden haben, bollere ich zur Ellingeröder Mühle und lasse die Körner mahlen. Viel Spreu ist dazwischen, und der Müller schimpft, dass er den Mahlstein so oft reinigen muss. Schließlich ziehe ich mit einem kleinen Säckchen Mehl ab. Die Mutter lässt Brot davon backen, Brot mit Spelzen durchsetzt. Ich glaube, so gut hat mir Brot nie wieder geschmeckt, und das viele Ausspucken der Spelzen tat dem Appetit keinen Abbruch.

Der Wald ist ungeheuer wichtig, weil wir Holz für den Bau schlagen dürfen. So ist unser Dachstuhl gesichert. Aber vorerst hat es noch Zeit damit. Vom Großvater erhalten wir die Nachricht, dass der Sohn Theo aus der Gefangenschaft heimgekehrt ist. Beide zusammen haben neun Hektar Land erhalten. Nun können sie wieder eine Landwirtschaft betreiben. Der Großvater ist glücklich. Ein wenig Trost für den erlittenen Verlust des Hofes in der alten Heimat. Sowie die wichtigste Arbeit erledigt ist, will er uns besuchen kommen. Zunächst haben wir aber voll mit dem Bau zu tun. Ich arbeite mir die Hände wund, klopfe die Ziegel ab und werfe sie auf den Anhänger, den uns ein Fuhrunternehmer zur Verfügung stellt. Nur unter der Mittagszeit kann mir der Vater helfen. Dann geht es wieder einmal nicht weiter, weil Kalk und Zement fehlen. Der Hauptmann fährt mit dem Jeep bis nach Halle und kehrt mit ein paar Säcken Zement zurück. Und so geht das weiter von Woche zu Woche. Aus den Feldwegen kratzen wir den angeschwemmten Sand zusammen. Zu der Zeit ist er noch nicht so sehr mit Kunstdünger versetzt. Bald ist der Bau zum Keller hinaus. Jetzt fehlen die Schienen. Wir bekommen welche von abgerissenen Gleisen. Ein paar Monteure schneiden sie auf die richtige Länge. Unten in den Hänger kommen die Eisenbahnschienen, oben hinauf die abgebrochenen Ziegelsteine. Der Vater ist mir dankbar. Ich bin sein fleißiger Junge, der schon zupacken kann wie ein Erwachsener.

Immer neue Vertriebene kommen ins Land. Sie werfen die Schlesier hinaus, die Deutschen aus Ostpreußen und aus dem Sudetenland, treiben sie zur österreichischen Grenze, dann wieder zurück und nach Mitteldeutschland. Die Deutschen müssen weiße Armbinden tragen, alle Wertsachen abliefern. Immer wieder Schläge und brutale Grausamkeiten. 1600 Menschen sterben auf der Flucht durch Erschöpfung, werden erschlagen oder erschossen. Besonders tun sich dabei die selbsternannten Partisanen hervor. Meinen Cousin, der aus dem KLV-Lager von der HJ zu Schanzarbeiten in der Tschechoslowakei herangezogen worden war, prügeln sie halb zu Tode. Er kommt zu seinen Eltern ins Magdeburgische und muss wochenlang das Bett hüten. Sudetendeutsche Familien kommen ins Dorf. Das Grauen steht ihnen im Gesicht geschrieben, doch sie dürfen nicht darüber sprechen. Über sechshundert Flüchtlingslager sind eingerichtet worden. Darunter das Quarantäne- und Umsiedlerlager im Heiligenstädter Lingemann-Gymnasium der Eichsfeldstadt. Mehr als eineinhalb Millionen Menschen aus dem Osten werden dort betreut und weitergeleitet. Bis zum Januar 1947 müssen 11,6 Millionen Umsiedler in den vier Besatzungszonen untergebracht werden. 4,5 Millionen davon entfallen auf die sowjetische Besatzungszone. Jeder vierte Einwohner in der Sowjetischen Besatzungszone ist ein Evakuierter und hier neu angesiedelt worden. In Mecklenburg beträgt der Anteil sogar 43 %. Möbel, Kleidung, Medikamente und vor allem Nahrung sind Mangelware.

Im Westen entstehen nach und nach Landsmannschaften, die sich mit der Lage der Flüchtlinge nicht abfinden wollen. Bald erhalten sie einen Lastenausgleich für verlorenes Hab und Gut. Trotzdem werden erste Forderungen nach Rückgabe der Ostgebiete laut. Bei uns ist an eine Entschädigung nicht zu denken, und dennoch gibt es auch solche Stimmen. Sie verstummen aber schnell, als man sie Revanchisten nennt und unverbesserliche Nazis und mit Strafen droht. Einige besonders Vorlaute werden einfach verschleppt oder in die ehemaligen Konzentrationslager geworfen.

Die II. Parteikonferenz der KPD tagt und ruft die Arbeiterklasse und alle Werktätigen auf zu erhöhten Anstrengungen bei der Festigung der revolutionären Errungenschaften, im Kampf gegen Hunger und Kälte, für die Verbesserung der Lebensbedingungen: *Mehr produzieren, gerechter verteilen, besser leben!* Wettbewerbe und Stoßbrigaden, Einsparung von Energie, Material und Brennstoffen sollen zur Steigerung der Produktion führen. Doch wie gerechter verteilen, wenn nichts da ist.

Wir ziehen in den Wald, in unser Waldstück, dass wir durch die Bodenreform erhalten haben. Ob diese ein gerechter oder ungerechter Vorgang war, möge die Geschichte entscheiden und solche, die Geschichte auslegen. Geschichte ist immer Auslegungssache, je nach dem Nutzen, der daraus gezogen werden kann. Wir machen uns unsere eigene Geschichte, eine Geschichte, die den Verhältnissen in unserem Gebiet und der politischen Lage angepasst ist.

Aus den Bodenfonds werden im Osten Deutschlands 2,2 Millionen Hektar Land verteilt. Verteilt an 120.000 Landarbeiter und landlose Bauern, 126.000 landarme Bauern, Kleinpächter und 91.000 Umsiedler. Der Großgrundbesitz, dem ein Drittel der gesamten Bodenfläche gehörte, verschwindet vollständig. Die Größe der neuen und erweiterten Bauernstellen beträgt 5–10 Hektar. Für viele war die Bodenreform auf jeden Fall eine willkommene Sache.

Unser Waldstück ist nicht groß, beträgt nur 52 ar. Das ist knapp bemessen, und wir dürfen nicht wahllos darin herumholzen. An unserer Seite ist der Förster und ein früh heimgekehrter Waldarbeiter. Er hat die Schrotsäge extra für uns geschärft. Der Grünrock ritzt die entsprechenden Bäume an. Eine elende Plackerei beginnt, Schweiß rinnt uns aus allen Poren. So ein früh heimgekehrter Waldarbeiter ist nicht einer der kräftigsten. Seine Lungen keuchen wie eine Dampfmaschine. Alle paar Minuten muss er sich ausruhen und einen Schluck Sirupwasser trinken. Ich äste die Bäume aus und muss noch ab und zu an der Säge einspringen. Mit meinem Vater ziehe ich im Gleichklang, aber sobald der gelernte Holzhauer auf der anderen Seite ist, muss ich den noch mitziehen. Als die Bäume am Boden liegen, sind wir gargekocht. Hermann Möller rückt mit dem starken Aaron an und schleppt die Bäume aus dem Wald heraus. Die Frau des Gespannführers hatte sich schon Sorgen gemacht wegen des riesigen Pferdes, glaubte, dass sie es nie und nimmer würden durchfüttern können. Jetzt verdiente es schon sein Futter und erstes Geld für die Neubauernfamilie.

Die Zimmerei Koch aus dem Nachbarort ist froh über den ersten Auftrag. Sie holt die Bäume mit einem Pferdelangwagen, jagt sie durchs Gatter und beginnt mit dem Aufschnüren der Balkenlage. Nach sechs Wochen ist Richtfest, Richtfest an unserem eigenen Haus. Und Vater will die Zimmer so hoch haben wie in der alten Heimat. Dadurch werden die Schrägen im oberen Dachgeschoss größer und tiefer. Doch die Freude und der Stolz über den Hausbau sind kaum zu beschreiben. Und ich freue mich besonders über den Großvater, der die beschwerliche Reise auf sich genommen hat und zu unserem Richtfest gekommen ist.

Die anfangs über unser Bauunterfangen gelacht haben, bleiben nun achtungsvoll davor stehen und zollen ihm Respekt. Meine Mutter kann sich zwar freuen, aber sie weiß nicht, was sie auftischen soll. Unser Deputatschwein befindet sich noch im Verschlag des Gutsstalls, an dem unser Name und der Name des Partners steht, aber wir können noch nicht schlachten, weil wir keine Därme haben, um Wurst zu machen. Vater hat zwei Flaschen Schachtschnaps aufgetrieben. Hauptmann Saratow kommt mit seinem Stellvertreter Alexej Woljubkin auf einer alten NSU angeknattert. Sie werden von der Mutter nach alter Heimattradition mit Brot und Salz empfangen. Saratow wirft das Glas über sich nach hinten an die Wand. Es zersplittert.

»Das bringt Glück«, sagt er, »ist alter russischer Brauch.« Von der Mutter erfährt er, dass sie nichts zu braten habe. Postwendend dreht er mit dem Motorrad um, ist in knapp einer Stunde wieder da und schleppt ein halbes Wildschwein an, dass er bei dem Bäcker im Nachbardorf zum Braten abgegeben hatte. In dem Raum, der einmal Wohnstube werden soll, hat Großvater auf zwei Böcken einen Tisch aus rohen Brettern gezimmert. Als die zwei Flaschen Schachtschnaps weggeputzt sind, holt

Alex seine eigene Flasche hervor. Er will größere Gläser von der Mutter. Sie bringt ein paar Senfgläser herbei. Die Männer trinken sich zu. Großvater brennt es fast die Kehle durch...»Ist gute Schnaps«, meint Alex, »musst nur aufpassen, dass nicht auf Schuh kommt, sonst brennt Loch rein.« So wird unser Richtfest doch noch eine fröhliche Feier. Mit Wildschweinbraten und Hochprozentigem.

Mir hat es das Motorrad, die alte NSU, angetan. Während die da drinnen saufen, schiebe ich die Maschine den Hof auf und ab. Das Ding will und will nicht anspringen. Auf einmal gibt es doch einen Ruck – die Maschine springt an, und ich sitze mit ihr am Gartenpfosten. Das Vorderrad ist etwas verbogen, es schleift am Schutzblech, aber die beiden Tawarischs merken es nicht. Sie wanken schon beträchtlich, aber kraxeln hinauf. Wir müssen sie anschieben. Dann fahren sie in Schlangenlinien davon. Die Mutter schimpft über den Unverstand, sie so betrunken wegfahren zu lassen, doch der Vater beruhigt sie:»So fahren sie noch sicherer als ohne Schnaps.«

Großvater geht daran, aus Brettern und Balken mit Handsäge, Hobel und Nägeln provisorisch einen Küchentisch und ein paar Stühle zusammenzuzimmern, die wir dringend brauchen. Überhaupt ist Großvater eine große Hilfe für uns. Er baut einen Schuppen und das Tor zu unserem neuen Anwesen, das wir mit Karbolineum anstreichen. Jetzt ist unser Grundstück richtig eingefriedet und gehört uns ganz allein. Nur das Dach macht uns zu schaffen. Womit eindecken? Dachziegel? Ausgeschlossen, nirgendwo aufzutreiben. Und wieder kommt uns der Hauptmann zu Hilfe. Bretter aufs Dach und mit Zinkblech aus den Munitionskisten eingedeckt. In Russland sind auch viele Häuser mit Blech gedeckt.

Tagelang reißen wir das Blech aus den Kisten, schneiden es auf und stapeln es im Hof. Der Klempner aus dem Nachbardorf will erst mit dem Eindecken beginnen, wenn er selber Blech für Dachrinnen, Eimer, Kessel und sonstigen Hausrat bekommt. Das lässt sich machen. Und so kommt es, dass unser Haus noch vor Einbruch des Winters regendicht gemacht werden kann.

Nun gehen wir daran, in der oberen Balkenlage Lehmschlag aufzubringen. Zwischen den Balken befestigen wir Schalbretter. Großvater fettet die alte Aufzugsrolle ein. Aus einer nahen Lehmkuhle stechen wir Lehm ab und karren ihn heran. Ein paar meiner Klassenkameraden habe ich zur Arbeit herangezogen und ihnen Bleche für die Hilfe versprochen. Großvater rührt den Lehmbrei an, durchwirkt ihn mit Haferspreu. Wir ziehen ihn im Eimer an der Rolle empor, schütten ihn oben zwischen die Balken und lassen den Eimer wieder herab. Fritze lässt mit einem Mal den Strick aus der Hand gleiten, der Eimer saust hinab und trifft Günther am Hinterkopf. Eine breite Wunde klafft daran, das Blut läuft am Nacken herunter. Aber wir haben Glück. Der Eimer war schon leer. Günther ist nur etwas benommen. Großvater schneidet ihm die Haare aus und legt

229

einen Verband an. Aber helfen darf er vorerst nicht mehr bei dem Bau.

Entgegen unserem uns nicht wohl gesonnenen Nachbarn Kluse, verstehen wir uns mit unseren linksseitigen Nachbarn gut. Ohne ihn wären wir auch aufgeschmissen, denn er besitzt einen Brunnen. Das Wasser zum Bauen und Gießen holten wir aus dem kleinen Aubach, aber zum Kochen und Waschen schleppen wir das Wasser nach dem Einzug vom Nachbarn heran. Wenn es geregnet hat, balanciert der Wasserträger auf ausgelegten Steinplatten, um nicht auszurutschen und hinzuschlagen. Unser linksseitiger Nachbar hat sieben Kinder, davon sechs Mädchen, und er ist Bullen- und Eberhalter. Ein Stück neben der Pumpe steht das kleine Rechteckgatter, in welches die Kuh hineingetrieben wird, bevor der Bulle sie bespringt. Ich habe meist das Glück, wenn ich Wasser hole, dass eine Kuh auf dem Hof herumtänzelt und August mit dem schnaufenden Bullen angetrabt kommt. Und wenn es nicht der Bulle ist, treibt der stinkende Eber eine Sau vor sich her. Einmal hat er mich sogar mit einer Sau verwechselt und mit den vollen Eimern fast umgeschmissen. In großer Eile versuche ich dann, aus dem Deckbereich herauszukommen. Besonders den großen, roten Bullen betrachte ich als Bedrohung.

Die Neubauern sind kaum zu bremsen bei ihrer Arbeit. Arbeit auf eigenem Grund und Boden ist eben andere Arbeit als auf fremden Äckern. Der Tag hat zwölf Stunden und mehr. Heinrich Bumke hat den Kuhwagen flottgemacht, die Eggen und zwei Zentner Saatweizen draufgepackt und auch das Saatbecken nicht vergessen. Die zwei Morgen Acker hatte er schon vorher zur Saat vorbereitet.

»Heinrich, soll ich nicht lieber mitkommen?«, fragt seine Frau und bindet die Schürze um.

»I wo, das schaff ich schon alleine. Bleib du nur im Haus. Bis Mittag bin ich längst schon zurück. Hast ja auch so genug zu tun.« Wahrlich, an Arbeit fehlt es ihr nicht, aber sie wirft ihm trotzdem einen misstrauischen Blick hinterher. Heinrich sitzt in der Schosskelle und pfeift fröhlich vor sich hin. Die Kühe trotten behäbig vor dem Wagen und reißen nebenhin am Weg Grasbüschel heraus. Doch Heinrich treibt sie nicht an. Er hat keine Eile. Jetzt müsste er in den Feldweg einbiegen, der zu seinem Acker führt, aber es muss ihn wohl der Teufel geritten haben. Zwei Seelen wohnen, ach, in meiner Brust, zwei und mehr Wege führen nach Rom und ebenso viele in die Schänke des Nachbardorfes. »Nach hott geht's, Lotte!« Nur widerwillig lassen sich die Kühe in die ungewohnte Richtung dirigieren. In der Schänke setzt Heinrich die zwei Zentner Weizen in reinen Fusel um, genehmigt sich nur zwei oder drei Schlucke und kehrt Schlag zwölf auf seinen Hof zurück.

»Na, Heinrich, hast du alles gut bestellt?«

»Ja, es war noch feucht und krümelig. Sollst sehen, bald wird unser Weizen aufgehen.« Aber wo nichts gesät ist, kann auch nichts aufgehen. Ein milder Landregen tränkt die *befreite* Erde, vierzehn Tage gehen ins

Land, aber der Weizen will und will nicht aus der Erde heraus. Josefine stellt ihren Mann zur Rede:

»Der Weizen liegt aber lange in der Erde. Möllers haben unten im Grunde noch drei Tage später gesät und bei denen sprießt der Weizen schon.«

»Möllers, Möllers, vielleicht war ihr Saatweizen besser, und im Grunde ist's halt feuchter.« Josefine aber gibt nicht viel auf die Worte ihres Mannes. Stracks eilt sie noch einmal auf den Acker, und als noch immer keine einzige Saatspitze hervorgebrochen ist, beginnt sie im Erdreich wie ein Maulwurf zu wühlen. Sie wühlt und wühlt, doch statt eines Keimlings buddelt sie nur Unkrautsämlinge zu Tage. Ihr schwant Furchtbares.

Dieser Schuft hat überhaupt nicht gesät! Zu Hause hagelt ein Donnerwetter nie gekannten Ausmaßes auf ihren Mann hernieder. Mühsam borgt und bettelt sie die zwei Säcke Saatweizen zusammen und bringt ihn eigenhändig in die Erde. Das Dorf hat wieder einmal seinen Spaß in einer Zeit, in der kaum jemand zum Spaßen aufgelegt ist. Als Heinrich sich nach vielen Tagen erstmals in die Kneipe traut, wird er auch gleich mit Spott belegt:

»Heinrich, bleib lieber beim Korn, den brauchst du nicht erst zu säen!«

Auf einige Neubauern werden die Kartoffeläcker des Gutes aufgeteilt und mit einem deftigen Soll belegt. Sie sollen aber einen beträchtlichen Teil der fremden Knollen abbekommen, wenn sie diese rechtzeitig und vollständig ausbuddeln. Und wer kam für diese wichtige Aufgabe an erster Stelle infrage? Richtig, Hermann Möller mit seinem starken Aaron. Die Kartoffelschleuder zog er ganz allein und brachte auch die voll geladenen Wagen sicher nach Hause. Die Möllerin, eine sehr beleibte Frau von 105 Kilo, will die Knollen der letzten Fuhre auf ihren eigenen Hof fahren, doch oh Schreck – sie hat die hintere Schutzkelle vergessen. Heinrich lädt auf und will mit dem Schimpfen über ihre Vergesslichkeit gar nicht aufhören.

»Was hat das Weib nur im Koppe, nichts als Stroh!« Dicke Hanne trottet neben dem Wagen her und bestimmt:

»Es wird aufgeladen, bis es nicht mehr geht!« Als die Kartoffeln am hinteren Ende herunterzukullern beginnen, setzt sie sich einfach als hintere Schutzkelle in den Wagen hinein, plustert sich auf wie eine Glucke und herrscht ihren Mann an, der Mund und Augen aufsperrt:

»Was guckste denn so blöd? Los, weiter, der Wagen ist noch nicht voll! Wollen wir nur einen halben Wagen Kartoffeln in unseren Keller fahren?« Hermann gabelt, was das Zeug hält. Dann zockeln sie los, heimwärts und zum Dorf hinein. Hanne mit baumelnden Baumsäulen, hinten als lebende Schutzkelle. Das haben die Dörfler wahrlich noch nicht erlebt.

»He, Hanne, pass nur auf, dass du dich nicht verkühlst!« Am Hof angelangt, kann sie sich von allein nicht erheben. Sie sitzt zwischen den Wagenbrettern wie angewachsen fest. Erst als Hermann die Seitenbretter lüftet, stakst sie ins Haus. Dort muss er ihr sofort ein Hämorridenzäpfchen hinten reinstecken, weil sie allein nicht hinlangen kann. Hanne bückt sich, zieht ihre Unterröcke hoch und reckt ihm ihr Hinterteil entgegen. Heinrich erschrickt wie das Kaninchen vor der Schlange. Diese Prozedur ist ihm äußerst unangenehm.

»Auch das noch, jammert er. Es reicht wohl nicht, dass sie uns verspottet haben.« »Hab dich nicht so«, beschwichtigt ihn seine Frau, »Hauptsache die Kartoffeln sind im Keller.«

Der Schafmeister mit seiner Herde

Der Herbst steht auf der Himmelsleiter und taucht den Wald in ein farbenprächtiges Blätterkleid. Das grüne Herz wird bunter und bunter und bleibt doch schön wie ein Frühlingsmorgen. Über den Höhen ziehen Nebel auf, wabern wie Geisterfinger in die Täler und wieder nach oben heraus. Die Gutsschafe, die nun den Einzelbauern gehören, kommen aus dem Pferch heraus und schmiegen sich an die Hänge an, so dicht und still wie Quellwölkchen am Himmel. Schafmeister Anselm Heise hatte brav seinem alten Herrn gedient, jetzt treibt er die Pfennigsucher der neuen Herren über die Wegränder und Hänge der Chaussee. Ihm ist es egal, wem sie gehören, letztendlich sind es doch seine Schafe, die er betreut, ihnen die Klauen und Wolle schneidet, die Lämmer umhegt und pflegt und die Hunde versorgt. Und oben, in sein fahrbares Hüttchen, verirrte sich so manche Maid, in seinen jüngeren Jahren, zu einem Schäferstündchen in einsamer Nacht. So manchen Morgen sah man einen Schatten über die Felder huschen und im Tal verschwinden, denn der Schäfer war ein ganz unschäferischer und fescher Bursche. Mit seinem breitkrempigen Hut und rotem Halstuch hat er nicht nur die eine oder andere einsame Witwe, sondern auch manches Mädel betört. Selbst die Hunde schlugen nicht mehr an, wenn so ein Schatten sich näherte oder entfernte.

Ein schöner und ruhiger Herbsttag schwebt mit Silberfäden und leicht fächelndem Wind über das Land. Die Sonne schickt ihre letzten warmen Strahlen zur Erde und über die goldenen Stoppelfelder der neuen Herren. Beschauliche Ruhe und herbstliche Stille breiten sich aus, nur hier und da kräht ein Hahn, bellt ein Kettenhund heiser und rau. Ich liege im Gras und träume. In meinen Träumen kommt die alte Heimat kaum mehr vor. Sie rückt, losgelöst von meinen Gedanken, von Tag zu Tag ein Stückchen weiter in den Hintergrund. Wenn man jung ist, kann man überall eine Heimat gewinnen. Doch die Älteren hängen noch mit allen Fasern ihres Herzens daran. Aber meine Schwester fragt nicht mehr: »Mutti, wann fahren wir wieder zurück?«

Heimat, was ist das eigentlich? Ist es der Ort, wo man geboren wurde und aufgewachsen ist? Bedeutet Heimat Freunde und gute Nachbarn, Geborgenheit in der vertrauten Umgebung? Sicher gehören diese Dinge dazu, aber Heimat ist an erster Stelle die Alltäglichkeit des Hergebrachten, die Gewohnheit des Gestern und Heute. Heimat sind die kleinen Dinge ringsum, wo man sich wohl- und aufgenommen fühlt. Der Mensch muss ein Recht auf Heimat haben, ein Recht auf Heimat wie das Recht auf ein menschenwürdiges Dasein. Die Heimat, der Geburtsort des Menschen, ist die Wurzel seines Seins. Er muss wissen, wo er herkommt. Erst wenn der Mensch sich auf seine Wurzeln besinnt, kann er sein weiteres Leben einrichten und gestalten. Unsere Heimat war nun hier an der Stelle, wo unser Haus im Rohbau aufragte und wir bald einziehen würden. Es war der sichere Platz und Hort unseres neuen Lebens, und doch sollten wir noch viele Jahre die *Evakuierten* und *Umsiedler* bleiben.

Notgedrungen müssen wir uns noch einmal auf den Weg in den Westen machen, um Därme für das Schlachtfest zu beschaffen. Es wird auch schon strenger kontrolliert, deshalb machen wir einen großen Umweg um die Hauptstraße herum. Diesmal gehe ich mit meinem Cousin Werner. Wir laufen geduckt an Bäumen und Büschen entlang, um nicht gefasst und zurückgeschickt zu werden. Auf dem Schwarzen Markt müssen wir trotzdem aufpassen, obwohl die Amerikaner, die noch vor kurzem bei uns weilten, es nicht so genau nehmen. Aber es gibt schon die ersten Posten der Zonenpolizei.

Die Mutter hat uns ihren goldenen Ring und die Halskette mitgegeben, um dafür Därme einzutauschen. Etwas Majoran und Pfeffer bekommen wir großzügig dazu. Goldschmuck für gewöhnliche Schweins- und Rindsdärme. Was für ein Tausch! Nicht auszudenken, wenn wir damit erwischt würden. Doch alles geht gut. Auf dem Rückweg schlagen wir einen noch größeren Bogen, bis wir glücklich zu Hause ankommen. Fünfzig Kilometer zu Fuß zurückgelegt – ich habe Schmerzen in den Beinen, und Werner liegt mit Wadenkrämpfen auf unserem Sofa. Die Mutter macht ihm kalte Kompressen. Doch zum Schlachtfest sind wir beide wieder fit.

Es ist gar nicht so leicht, einen Schlachtschein zu bekommen. Das Vieh wird gezählt, und manche Bauern haben in der Scheune unter Heu und Stroh *schwarze* Schweine eingestallt. Der Eingang ist getarnt, und oben schaut eine Steinröhre als Luftloch hinaus. Wir müssen lang und breit nachweisen, wieso das Schwein uns gehört und von wem wir es bekommen haben. Rompe weiß das, aber er will sich als Bürgermeister aufspielen. Schließlich meint er:

»Das Schwein muss heraus aus dem Gutsstall, da wird noch Platz gebraucht für die Neubauern.« Das bringt dann den Ausschlag für unsere genehmigte Hausschlachtung.

Die Vorbereitungen sind in vollem Gange und von Hektik begleitet. Erstmals ein Schlachtfest in eigener Regie, das schlaucht. Ein Eichsfelder Schlachtfest ist etwas Besonderes seit eh und je. Der Bauer unterweist uns, was alles zu beachten ist: Rechtzeitig den Schlachter bestellen, die Schlachtsachen vom Vorgänger holen, dem Fleischbeschauer Bescheid sagen, frühzeitig den sauren Kohl beschaffen, den Schnaps kalt stellen und das Holz für den Kessel bereitlegen. Brötchen hat die Mutter schon vor Tagen beim Bäcker geholt und für die Grütz- und Semmelwurst eingeweicht. Die beiden Familien, die um das Vierzentnerschwein herum sind, machen dem Bauern Angst. Es sind einfach zu viele Esser.

»Da wird das Gehackte nicht einmal für die Wurst reichen«, meint er. Marie, die Frau des Bauern, hat uns die Waschküche zur Verfügung gestellt. Ich mache mich wie gewohnt aus dem Staub, als der Schlachter seine weiß-lederne Schürze umbindet, komme erst aus der Obstplantage hervor, als das Schwein auf der Leiter hängt.

Die Frau unseres Deputat-Teilhabers, Alwine Duchatzki – aus dem fernen Kroatien in das Dorf gekommen – ist immer in der Nähe des Fleischers. Sie will eine besondere Köstlichkeit bereitet haben, die in ihrer Heimat zum Schlachtfest gehört wie das Salz zur Suppe. Nun radebrecht sie in ihrem fremden Akzent und will dem Fleischer klarmachen, was es denn sein soll:

»No, Cherr Fleischerr, es ist sich so was, was macht hupp, hupp!«

»Hupp, hupp?« Der Fleischer versteht nicht, was sie meint.

»No ja, hupp, hupp, sein sich so in gewelltes Topp mit Mausekötel drin.« Dem Fleischer geht ein Licht auf. »Ah, Sülze, Sie meinen Sülze!«

»No ja, sagg ich doch, Sülze.« So bekommt die Frau ihre Sülze mit

Mausekötel (Kümmel) darin. Am Ende sind alle zufrieden.

Die Großstädter reisen noch immer zu Hamsterfahrten aufs Land. Notdürftig bereitgestellte Züge sind überfüllt. Die Menschen hängen wie Trauben auf den Trittbrettern, fahren auf den Dächern mit. Sie bieten Sachwerte: Bettwäsche, Teppiche, Uhren, silberne Bestecke, Kleiderstoffe, Fahrräder oder Schuhe, sogar Nähmaschinen und Musikinstrumente.

Ich dränge meine Mutter, für mich ein kleines Schifferklavier einzutauschen. Eine ältere, abgemagerte Frau hat eines dabei. Sie will ein paar Eier dafür, etwas Speck und ein Säckchen Kartoffeln. Ihre Kinder hungern. Sie schaut uns bittend an.

Nach längerem Zureden lässt sich die Mutter endlich erweichen. Sie tut es nicht meinetwegen, sondern aus Mitleid mit der verhärmten Frau. Mir ist es egal; ich habe endlich einen heiß begehrten Wunsch erfüllt bekommen und bin glücklich.

Und wenig später gibt die Mutter eine Seite Speck hin für eine Singer-Nähmaschine. Dafür sind unsere Suppen nun kaum mehr gemexelt. Aber mit ein wenig Schmalz oder Margarine angesetzt, schmecken sie ebenso gut.

Der Tauschhandel blüht weiter. Manche Bauern verdienen sich eine goldene Nase dadurch. Während das Hamstern und der Tauschhandel in den Städten zum Überlebenskampf wird, reicht das Getreide auf dem Land nicht für eine größere Anbaufläche. Eine Katastrophe bahnt sich an. Die neu gebildeten Staatsorgane, besonders die Polizei, gehen gegen Schieber und Spekulanten vor, die von dem Hunger und der Not der Menschen profitieren. Erst mit dem Jahr 1950 entspannt sich die Lage etwas.

Das Jahr geht zu Ende, ein neues beginnt an der Schwelle des alten mit neuen Höhepunkten im Leben der Menschen. Die kommunistischen Führer, aus der Sowjetunion zurückgekehrt, haben sich etabliert und festgesetzt. Nach dem sowjetischen Vorbild des Komsomol gründen sie am 7. März 1946 im Berliner Friedrichstadtpalast die Freie Deutsche Jugend (FDJ). Aber der Gründungstag ruft bei uns Jugendlichen auf dem Dorf, gut 300 Kilometer von Berlin entfernt, kein besonderes Echo hervor. Wir sind noch nicht so weit. Erst muss sich an der Spitze im Kreis etwas tun, um die Massen mitzureißen. Da müssen erst die neuen Führer kommen und uns ihre Ideen einimpfen. Ideen, die vom Frieden und von Völkerfreundschaft künden. Völkerfreundschaft war uns fremd geworden, nachdem wir flüchten mussten. Und an erster Stelle wird die Freundschaft zur großen Sowjetunion angestrebt. Alles Sowjetische wird in den schillerndsten Farben dargestellt, zum Vorbild erhoben, dem es nachzueifern gilt. Das aber ist mit vielen Schwierigkeiten verbunden. Besonders die Soldaten, die aus sowjetischer Gefangenschaft zurückkehren, können diese verordnete Freundschaft nicht nachvollziehen. Sie haben gesehen und erlebt, was Russland bedeutet. So ein Land kann uns nie und nimmer Vorbild sein, ist ihr Resümee. Aber laut dürfen sie das nicht sagen. Nach und nach wird die Freundschaft zur Sowjetunion zum Herzensbedürfnis erkoren. Und wenn etwas lange genug auf dich einprasselt, dann wird es zur Realität.

Die neu gegründete FDJ hat noch keine feste Basis. Noch geht es ruhig und beschaulich zu. Alles, was nach neuer Organisation aussieht, ist uns ein Gräuel, auch wenn das Neue, der Antifaschismus dahinter steht. Es ist schwer, uns pubertierende Jugendliche zu erneutem Gleichschritt zu bewegen. In den Knochen steckt noch zu tief der braune Mief. Nicht so bei den Genossen der Sozialdemokraten und Kommunisten. Otto Grotewohl, Wilhelm Pieck und Walter Ulbricht setzen sich an die Spitze der Bewegung. Am 7. April spricht Wilhelm Pieck über die Einheit der Arbeiterklasse und Vereinigung der beiden Arbeiterparteien in Gotha. In der Zeitung, die seit Mai 1945 erstmals erscheint, wird auch schon fleißig agitiert. Der Drang zur Einheit wird beschworen, bis er am 22. April 1946 in die Vereinigung beider Parteien mündet. Im Berliner Admiralspalast kommt es zwischen Pieck und Grotewohl zum historischen Händedruck. Doch von diesem Drang ist in unserem Ort wenig zu spüren.

Ein kleines Häuflein von Kommunisten und Sozialdemokraten ist zu der Versammlung erschienen. Es fehlt die Kraft und Zuversicht und der echte Wille zum Zusammengehen. Der schon vereinigte Funktionär vom Kreis agitiert und agitiert.

»Genossen«, sagt er. »Genossen, nur gemeinsam sind wir stark!« Er führt die legendäre Geste Ernst Thälmanns vor, zeigt seine Faust, öffnet sie und sagt beschwörend: »Jeden einzelnen Finger kann man brechen, aber fünf Finger sind eine Faust!« Er streckt den Genossen die Faust unter die Nase. Sie sind erschreckt, schauen ihn nur verständnislos an. Die Agitation verpufft so wie der Versuch des Fliegers Kossonosow, der vor den Kolchosbauern über das Flugwesen agitierte und sie vom großen Nutzen des agraren Flugwesens überzeugen wollte. Er erläuterte den Bauern zunächst die Weltlage, zeigte ihnen, wo etwa Deutschland, Russland und China lag, aber die Bauern begriffen nichts. Nun sprach er von seinem heldenmütigen Einsatz als Kampfflieger im Großen Vaterländischen Krieg und protzte, wie viele deutsche Flugzeuge er abgeschossen habe, doch die Bauern sahen noch immer keinen Zusammenhang in seinen Worten, kapierten nicht, wo er hinaus wollte. Da wurde seine Rede drastischer:

»Nun ja, ihr Bauern, da ihr ein ungebildetes Volk seid, will ich euch vom Flugwesen berichten. Also, das Flugwesen, es entwickelt sich. Ich kann euch sagen, so ein Flugzeug, das hat einen Propeller – er streckt beide Arme aus – so groß. Katzen, Hunde, wenn sie ihm zu nahe kommen, sind gleich weg. Einmal, der Flieger Rybka kam unversehens zu nahe heran, was soll ich euch sagen; ritsch, ratsch, weg war er. Nur ein nasser Fleck blieb übrig.«

»Und Kühe, wie ist das mit Kühen?«, fragt zaghaft ein Bäuerlein. »Können auch Kühe verletzt werden?«
»Auch Kühe, der Propeller reißt sie in Stücke!«
»Und Pferde?«, fragt angstvoll ein zweiter Bauer.
»Auch Pferde!«, bestätigt Kossonosow im Brustton der Überzeugung.
»Und das entwickelt sich jetzt«, sagt ein Bauer verächtlich ... »Und wie sich das entwickelt. Bald werdet ihr selber solche Flugzeuge fliegen!« Da verfinsterten sich die Mienen der Bauern, einer nach dem anderen ist aufgestanden und verließ den Raum. Hier wäre es wohl auch bald dazu gekommen, wenn Rompe nicht eingegriffen hätte. Er spricht von der Machtergreifung Hitlers und wie diese hätte verhindert werden können, wenn KPD und SPD untereinander einig gewesen wären. Solch einen Fehler dürfe man nicht wiederholen. Wir haben das Land aufgeteilt, die Fabriken sind nun unser Eigentum, und nun müssen wir alles fürs Volk nutzen und bewahren. Nur gemeinsam können wir das große Werk beginnen und vollenden – den Aufbau einer *antifaschistisch-demokratischen* Ordnung. Das wird die Grundlage sein für eine sozialistische Gesellschaftsordnung in ganz Deutschland. Genossen, dafür lasst uns alle Kräfte mobilisieren und zusammengehen!

Ringsum eine Zeit lang Schweigen, verlegene und überrumpelte Gesichter. Einer schaut hilflos zum anderen. Auf einer Seite sitzen die paar Kommunisten, auf der anderen Seite in der Mehrheit die Sozialdemokraten. Der Schmied Leibeling, der den Benzintank zum Hufeisenkühlen zweckentfremdet hatte, rutscht unruhig auf seinem Stuhl hin und her. Endlich meldet er sich zu Wort:

»Was soll man da groß sagen, es ist doch schon alles beschlossen und fertig. Wir sind doch schon alle übernommen. Wenn ich richtig sehe, liegen die neuen Ausweise doch schon auf dem Tisch. Ich für meinen Teil bleibe Sozialdemokrat auch mit dem neuen Ausweis.«

»Aber Genosse«, unterbricht ihn der Funktionär vom Kreis. »In der SED sind doch die besten Traditionen und Ziele der Arbeiterklasse vereint, auch die der Sozialdemokraten. Es geht doch hier im Grunde um das gemeinsame Handeln und nicht mehr getrennt voneinander!« Betretenes Schweigen. Der Funktionär hat die Stirn, die neuen Ausweise zu verteilen. Rompe übernimmt die Aufgabe, kommt zum Tisch des Bäckermeisters, doch der nimmt den Ausweis nicht an. Hilflos blickt Rompe auf den Sekretär vom Kreis, aber da springt Bäckermeister Scharf auf und schreit los:

»Mit mir könnt ihr das nicht machen, mit mir nicht! Den Ausweis nehme ich nicht an. Eine Zwangsvereinigung nenne ich das, eine angeordnete Vereinigung von oben. Ich hab die Panzersperre mit weggeräumt und die weiße Fahne gehisst, aber vereinnahmen lasse ich mich nicht!« Er nimmt den Ausweis auf, knallt ihn noch einmal auf den Tisch und verlässt unter Protest den Raum. Die Versammlung gerät in Gefahr, ge-

237

sprengt zu werden. Ein Tumult schwebt im Raum. Die Linken diskutieren wild durcheinander, die SPD-Leute schauen betreten nach unten. Der Funktionär klopft energisch ans Glas, erhebt sich von seinem Platz. »Genossen, Genossen! Beruhigt euch doch. Lasst euch von diesem Opportunisten doch nicht ins Bockshorn jagen. Wir haben die Schlotbarone verjagt, die Kriegsverbrecher enteignet und dem Volk die Macht gegeben. Unsere Politik soll von der Arbeiterklasse und allen Werktätigen ausgehen. Was des Volkes Hände schaffen, soll des Volkes Eigen sein. Solche wie der haben doch dem Hitler in die Steigbügel geholfen. Zu denen wollt ihr doch sicher nicht gehören?« Nein, zu denen wollten sie nicht gerechnet werden. Sie nehmen die neuen Dokumente auf, blicken hinein und gehören nun der SED an – der Sozialistischen Einheitspartei Deutschlands. Die Versammlung endet trotzdem in gedrückter Stimmung. So hatte sich das der Funktionär vom Kreis nicht gedacht. Er war nicht nur verärgert, sondern erbost. Was dachte sich eigentlich dieser Bourgeois, dieser Sektierer? Von solchen Leuten ließ er sich sein Werk nicht kaputt machen, das schöne Werk der Einigungspolitik unter Führung der KPD. Solchen Unbelehrbaren und Aufmüpfigen musste frühzeitig das Handwerk gelegt werden. Zwei Tage später war Wilhelm Scharf verschwunden. Sie hatten ihn abgeholt bei Nacht und hinter Gitter gesetzt. Hinter die gleichen Gitter, hinter denen zuvor die Kommunisten und Juden gesessen hatten, nur die Bewacher hatten gewechselt.

Das erste vollständige Friedensjahr neigt sich seinem Ende entgegen, neue Parteien werden zugelassen, ein demokratisches Mäntelchen umgehängt, gegenüber der unumschränkten Macht der *vereinigten* Partei. In Westberlin regiert der Senat, in Ostberlin der Magistrat. Die Stadt ist geteilt, das Land zerrissen. Doch die erste Friedensernte ist unter Dach und Fach. Trotz Soll und Abgabe von *Freien Spitzen*, wofür mehr zu bekommen ist, bleibt bei den gut wirtschaftenden Bauern noch einiges übrig für den Selbstverbrauch und den Tausch. Vor allem Fleisch und Wurst sind begehrt. Will man Schweine aufziehen, muss man für Ferkel sorgen. Noch sind solche fast ausschließlich in Duderstadt zu haben. Der ehemalige Ortsbauernführer hat aber für Nachwuchs gesorgt.

Wie immer, wenn im Dorf eine Sau am Ferkeln oder eine Kuh am Kalben war, kommen die befreundeten Bauern und helfen sich gegenseitig. Bauer Gentzel ruft den Bauern Krotz zu einem bevorstehenden Wurf seiner Zuchtsau. Letztlich geht alles gut ab. Fast ein Dutzend Ferkel liegen quicklebendig im Stroh. Nun aber erst einmal anstoßen. Die Tochter langt nach einer der Schnapsflaschen, gießt ein.

Gustav kippt als Erster den vermeintlichen Schnaps hinunter. Im selben Augenblick verspürt er ein furchtbares Brennen. Er spuckt, röchelt, wird rot, blau und leichenblass. Der Schnaps entpuppt sich als Seifenstein und verbrennt ihm die Kehle. Sie bringen ihn ins Krankenhaus. Trotz aller eingeleiteten Maßnahmen stirbt Bauer Krotz einen qualvollen Tod.

Unachtsamkeit und Tod liegen nahe beieinander. Und Bruder Leichtsinn räumt dem Tod die Knüppel aus dem Weg. Das Schicksal ist immer auch mit dem Zufall vereint. Niemand kann ihm ausweichen. Es kann gütig sein, aber auch unbarmherzig dreinschlagen. Mit Seifenstein wurde nach dem Krieg aus Knochen und Abdeckerfleisch Seife gekocht. Sie haben die Wohnung tapeziert, so sind verschiedene Flaschen in der Waschküche auf dem Fensterbrett durcheinander gekommen.

Wieder ist das Dorf zu einer höchst bedeutungsvollen Beerdigung versammelt. Eine Beerdigung auf dem Dorf ist etwas unverwechselbar Einmaliges, zumal der Verstorbene eine angesehene Persönlichkeit darstellt, obgleich im Tod jeder angesehen ist, ihm alle Fehler und Schlechtigkeiten nachgesehen werden. Aber hier ist jemand aus dem Leben gerissen worden, der mit kaum mehr als fünfzig Jahren noch lange und im Frieden hätte leben können. Der Krieg war überstanden, ein neues Leben lag ausgebreitet und hoffnungsvoll vor ihm und dann dieses Unglück. Unfassbar!

Krieger hat sich lange und gründlich Gedanken gemacht, seinen Talar und Schnurrbart sorgfältig gebürstet. Er ist sich der Größe und Würde dieser Beisetzung voll bewusst. Die Gemeinde ist heute kaum übersehbar, so muss er seine Worte sorgfältig abwägen und feinfühlig setzen. Er, der auch mit groben Worten oft unverblümt sagen kann, wie er denkt und der Herr es ihm *eingibt*. Nein, keine Vorwürfe und Schuldzuweisungen – um Gottes Willen! So spricht er von dem Sämann auf Erden und dem im Himmel, der auch den besten Samen nicht aufgehen und gedeihen lässt, wenn Menschenungeschicke ihm entgegenstehen. Der Tote wird in die Grabgrube gesenkt, die engsten Angehörigen schluchzen auf. Die Gemeinde ist in voller Bestürzung und Anteilnahme trotzdem hörbar erleichtert. Nur die Gentzels sind untröstlich und machen sich die schlimmsten Vorwürfe. Der Pastor beendet die Zeremonie salbungsvoll und freut sich schon auf Kaffee und Kuchen, woran ihn sein knurrender Magen erinnert.

Der Einzug ins neue Haus verzögert sich. Es fehlen Kalk und Sand zum Putzen, die Treppe und die Bretter für den Fußboden. Diesmal kann auch der Hauptmann nicht helfen. Und ganz überraschend kündigt sich ein weiteres Kind in unserer Familie an. Wiederum ganz ungelegen. Ein Mädchen kam zum Kriegsende, eines kommt nun am Ende des ersten Friedensjahres.

Das Friedensjahr beginnt mit einem bitterkalten Winter. Minus zwanzig Grad bis in den Februar des Neuen Jahres hinein. Es gibt keine Kohlen. Die Leute holen sich Buchenäste und Reisig aus dem Wald. Da haben sie es einfacher als die Städter, die oft ihre Möbel verheizen müssen. In langen Schlangen stapfen sie durch den tiefen Schnee den Berg hinauf und in ausgetretenen Pfaden wieder hinunter. Zu Hause sitzen sie an zusammengebastelten Kanonenöfen und legen ständig nach. Die Stuben sind von Rauch durchzogen, die Decken von Ruß geschwärzt. Ganze Familien sitzen um die einzige Wärmequelle herum. Auf dem Ofen steht ständig ein Topf mit Wasser. Manchmal wird Schnee darin aufgetaut, weil die Brunnen zugefroren sind.

Die Hebamme kommt über den Berg und kämpft sich durch Schneewehen hindurch, bis vor das Bett der Mutter. Das Kind kommt nach Stunden auf die Welt, aber die Hebamme kann nicht zurück. Ein Schneesturm ist aufgekommen. Sie schläft auf unserem Sofa. Ich muss mit dem Fußboden vorlieb nehmen. Das letzte Mitglied unserer Familie, Nesthäkchen Margit, macht uns schwer zu schaffen. Eine Woche vor Weihnachten schreit das Kind ununterbrochen unter starken Krämpfen. Doktor Heitsch kommt über Feld mit dem Pferd angeritten und kann uns beruhigen. Das Kind hat nur Blähungen und eine leichte Magenreizung, es braucht Fencheltee.

Ich mache mir trotzdem große Sorgen, borge mir ein paar Schneeschuhe und mache mich auf in die Apotheke des größeren Nachbardorfes. Das kleine Wurm darf nicht so leiden und schon gar nicht sterben. Es ist schon später Abend, die Wege sind zugeweht. Kälte kriecht mir durch die Hosenbeine, zwickt mich an den Füßen und beißt mich in die Wangen. Neun Kilometer hin und wieder zurück. Ein steifer Nordost rötet mir die Nase, verwirbelt den Weg, bringt Gefahr, mich zu verirren. Da sehe ich die Lichter des Dorfes in der Ferne. Halb erfroren und völlig apathisch kehre ich mit dem lebenswichtigen Tee zurück. Meine Schwester trinkt den Tee und fällt nach endlosen Schreistunden in einen gesunden Schlaf.

Weihnachten kommt heran. Wir gehen geschlossen zur Kirche, ausgenommen die älteste Schwester, danken Gott für die Unterkunft bei guten und verständnisvollen Menschen, für das Glück des neuen Hauses, in das wir nun bald einziehen wollen und einfach für das Leben in einem Land, das nun Heimat für uns wird. Was ist Glück überhaupt? Das Leben ist ein ständiges Auf und Ab. Kurze Phasen des Glücks wechseln mit weniger glücklichen Zeiten, und dazwischen sind auch Augenblicke tiefsten Unglücks. Wenn man immer froh und glücklich ist, wenn es alltäglich wäre, würde einem Glück nichts mehr bedeuten, würde man Glück kaum ermessen können. Auf jedes Glücksgefühl folgt unweigerlich Unstimmigkeit, Melancholie und manchmal auch Verzweiflung. Der Mensch ist duldsam – er nimmt Glück genauso hin wie Trauer, Leid und Unglück. Und er muss das Letztere einfach akzeptieren, zumal reines Glück auf Dauer kaum erreichbar ist. Für mich ist Glück jeweils der Augenblick eines frohen Geschehens. Und für die entwurzelten Menschen liegt das Glück in der Ruhe der Sesshaftigkeit, in der Geborgenheit und dem Aufgenommensein, im Frieden nach dem langen Krieg, der Flucht und Vertreibung. Die Menschen sind dankbar für ein kleines Zipfelchen Glück, für ein wenig Freude, für einen Hauch menschenwürdigen Lebens unter diesem Erdenhimmel, das ihre traurigen und verhärteten Herzen ein wenig sanfter werden lässt.

Ein weiteres Jahr geht ins Land. Ein Jahr mit Sorgen und Nöten und dem Suchen nach einem richtigen Standbein. Der alte Pfarrer Krieger hat einen beflissenen Diener an seiner Seite, der ihn gewissenhaft unterstützt. Er ist Küster, Katechet und Pfarrer in spe in einem. Hin und wieder darf er schon einmal den Pfarrer vertreten, eine Predigt halten oder eine beschwerliche Beerdigung gestalten. Aber ans Abtreten denkt Krieger noch lange nicht. Jetzt steht erst einmal die Konfirmation unseres Jahrgangs bevor. Hier will er den Neuen richtig einspannen.

Noch bevor ich konfirmiert werden soll, wollen wir in unser Haus einziehen. Wir haben unseren Wirtsleuten viel zu danken: Für das Wohnen von fast drei Jahren unter ihrem Dach, für die Freundlichkeit und Güte, für das gute Essen bei der Arbeit, dieweil Andere hungerten, für das Verständnis und Entgegenkommen. Die beiden Töchter, Ruth und Lydia, sind im Backfischalter. Später würde man sie als Teens bezeichnen. Sie sind wild aufs Tanzen. Mein Vater ist ein guter Tänzer. Bevor wir ausziehen, lehrt er die lebhaften Mädchen das Tanzen nach Radiomusik und einem alten Grammophon. So walzen sie durch die kleine Stube nach Johann-Strauß-Melodien, nach Lapaloma und Argentinischem Tango. Ich schaue zu und lerne dabei. Die Musik und das Tanzen liegen mir schon früh im Blut

Nun ist es aber an der Zeit, dass wir ausziehen. Ich mache drei Kreuze, weil ich nun nicht mehr vor Angst vergehen muss, wenn mich beim Wasser holen über den Hof der Puter ankollert und nach mir hackt. So ein Riesenvieh mit aufgeblasenem Kehlkopf habe ich noch nie gesehen. Und jedes Jahr wachsen neue dieser schwarzen Untiere mit grünem Käferglanz heran. Das Gekoller dröhnt mir noch im Schlaf in den Ohren und beunruhigt mich im Traum. Ein roter Kehllappen mit Adlerschnabel kommt auf mich zu und hackt auf meinem Körper herum. Schweißgebadet wache ich auf.»Du darfst keine Angst zeigen«, sagt lachend der Bauer.»Der spürt ganz genau, dass du Angst vor ihm hast.«

Die Treppe ist drin und in den unteren Räumen der Fußboden. Im Obergeschoss ist noch nichts ausgebaut. Die zwei Zimmer mit großer Wohnküche und Abstellkammer müssen erst mal genügen. Und das ist viel mehr als bei unserem Bauern. Aber das Wichtigste ist vor allem ein eigenes Grundstück mit Garten. Nur der elektrische Anschluss an die Oberleitung fehlt noch, dann kann der Umzug beginnen. Zum Zwecke des Anschließens an die Oberleitung rücken zwei Monteure der Überlandzentrale an. Der Lichtmasten steht schräg gegenüber an der Hauptstraße. Die direkte Zuleitung kann nur über den Hof des Nachbarn erfolgen. Einer der Monteure steht vor Kluses Tor und macht ihm klar, was sie jetzt vorhaben; nämlich den Strom anschließen und dass der Zutritt auf seinen Hof ihnen von Gesetzes wegen gestattet werden muss. Doch

Gevatter Kluse schimpft wie ein Rohrspatz, neben ihm seine sabbernde Frau und der giftige Terrier:

»Nicht einmal der Teufel persönlich wird meinen Hof betreten!« Und um zu beweisen, wie ernst ihm seine Drohung ist, stellt er sich mit erhobener Axt in Positur. »Da steht der Teufel ja schon persönlich«, sagt einer der Monteure. Aber was nun? Guter Rat ist nötig. Ich muss den Bürgermeister holen, aber auch der kann den Nachbarn nicht umstimmen. Dieser glaubt schon den Sieg davonzutragen, hat aber nicht mit der Findigkeit der Monteure gerechnet. Plötzlich vernimmt er ein Klopfen und Hämmern am oberen Giebel. Mauersteine und Mörtel fallen auf seinen gepflegten Hof, zwei Balken werden heraus geschoben, verkeilt und befestigt. Wenig später schaut ein hohnlachendes Monteursgesicht heraus. Der dazugehörige Körper zwängt sich durch das Mauerloch und befestigt die Isolatoren. Der andere Ü-Mann erklimmt mit den Drähten den Lichtmasten und befestigt sie daran. Seelenruhig klettert er dann herunter und wirft die Drähte über das Staketentor des böswilligen Nachbarn. Der will sie sofort ergreifen und abreißen, da durchfährt ihn ein donnerndes: »Halt, Opa, das machste nur einmal! Was meinste, warum ich Handschuhe anhabe?« Vetter Kluse zuckt vor dem Teufelsdraht zurück. Den angelt sich der Mann auf dem Podest mit einem langen Draht und schließt ihn an die Isolatoren an. Eine halbe Stunde später flammt in unserer Wohnküche die elektrische Glühlampe auf.

Die Elektrischen haben obsiegt, weil der böse Nachbar nicht wusste, dass der Strom abgeschaltet worden ist. Alle, die Licht haben, sind für ihn die *Elektrischen*. Mit denen, und besonders mit den Evakuierten, hat er noch Jahre später nichts im Sinn. Einer der Elektrischen hat im Dorf eine Liebschaft gefunden. Eine vereinsamte vermeintliche Kriegswitwe. Als der Ehemann eines Tages doch unvermutet eintrudelt, findet er seine Frau im Bett mit dem Anderen. Er muss es in Kauf nehmen. Da hat er in den schweren Jahren der Gefangenschaft sich so nach der Wärme seiner Frau gesehnt, nach ihrer Liebe verzehrt, und nun hatte sei sich mit einem Anderen getröstet. Er sitzt ganz gebrochen in der Schänke und sagt nach ein paar Bieren und Schnäpsen: »Meine Frau hat nicht auf mich gewartet. Sie hat jetzt einen Elektrischen.«

Wir jedoch ziehen in unser Haus und sind überglücklich. Der Bauer hilft uns dabei mit dem

Unsere Familie in der Wohnküche

Kuhwagen. Viel haben wir eh nicht zu transportieren. Im Zimmer zum Hof schlage ich mich mit meiner großen Schwester um die mit einem Strohsack aufgeschütteten Betten. Ich muss mit dem am Fenster vorlieb nehmen. Kaum sind wir eingezogen, regnet es auch schon durchs Dach. Das Blech ist schadhaft, hinzu kommen verrostete Nägel, das Wasser findet seinen Weg durch die gerissenen Löcher. Das Blech muss herunter. Der Dachdecker nimmt es mit Freuden, beschafft uns Schieferplatten dafür, deckt das Dach neu ein. Wir sitzen im Trockenen, im eigenen Haus, können das Glück kaum fassen, fühlen uns wie frühere Gerechtigkeitsbesitzer mit eigenem Grund und Boden.

Alle zwei Monate kommt ein Brief von Onkel Hanfried. Er hofft auf weitere Begnadigung. Nach Ostern kommt die Nachricht, dass die Haft auf 12 Jahre beschränkt wird und der Onkel wegen guter Führung eher entlassen werden könnte. Sonst schreibt er, dass es ihm gut geht. »Was soll er auch anderes schreiben«, meint der Vater. Tante Jenny weint vor Freude. Sie hegt die Hoffnung, einmal nach Radom fahren zu können und den Onkel zu besuchen. Wir raten ihr davon ab:

»In Polen giltst du als Verräterin, weil du einen Deutschen geheiratet hast«, sagt der Vater. »Sie werden dich nicht unbehelligt lassen.« Schweren Herzens entschließt die Tante sich, nicht zu fahren.

Der Sohn der Tante, mein Cousin Werner, ein lustiger, kluger und zu jedem Spaß aufgelegter Typ, hat sich von der HJ schnell gelöst. Er will einen neuen Weg einschlagen. Eine Lehrstelle ist nicht in Sicht, er arbeitet beim Bauern in der Landwirtschaft. Aber dort will er nicht bleiben, deshalb kommt es ihm gelegen, dass Leute für die KVP gesucht werden.

Er tritt in die Fußstapfen seines Vaters, wenn auch für eine andere Sache. Denn nun ist eine andere Zeit angebrochen, eine Zeit des *antifaschistisch-demokratischen* Aufbaus. Und diese Zeit braucht neue Kräfte zu ihrer Sicherheit und ihrem Schutz. Da wird kaum gefragt, wo du herkommst und was du warst. Sie suchen geeignete Leute. Mit 18 geht er zum Polizeilehrgang und danach zur KVP (Kasernierte Volkspolizei). Von dort sollte er über die NVA seinen Weg und eine steile Karriere machen.

Mein Cousin bei der KVP

Der neue Pfarrer Siegbert Haas hat die Küsterwohnung neben der Kirche in Beschlag genommen und sich im Dorf gut eingelebt. Nun hat er die Aufgabe, sich besonders um die Konfirmanden zu kümmern, sie auf dem Weg zum Tisch des Herrn zu begleiten und zu betreuen. Er hält den Konfirmandenunterricht ab und bereitet uns auf die Konfirmandenprüfung vor. Abends treffen wir uns reihum zur Bibelstunde und Erbauung in den Stuben der Mädchen. Es sind die mehr oder weniger bekannten Spellestunden, für uns mit einem ganz bestimmten Hintergrund: nämlich mit unseren Mädchen zu schäkern. Die nahe daran wohnen, bringen ein paar Stühle mit. Heute treffen wir uns bei der flotten Anneliese, einem quicklebendigen Mädchen mit schönen langen und schlanken Beinen. Sie mag mich, schaut mich mit ihren flinken Äuglein verliebt an und hat mir schon neben sich einen Platz reserviert. Auch sonst nimmt sie mich in Beschlag. Mir verschafft das eine Gänsehaut und ist mir peinlich zugleich. Erst vor einigen Wochen musste ich sie zum Schuster begleiten. Schuster Kumisch, ein älterer Herr, der die kleinen Mädchen liebt und auf seinem Schoß reiten lässt, hatte sie schon das dritte Mal bestellt, und die Stiefel waren noch immer nicht fertig. »Warum soll ich denn mitgehen?«, frage ich.

»Na, beim letzten Mal musste ich die Stiefel anprobieren, und er hat nachgeschaut, ob die Beine oben dicker werden.« Ich lasse mich überreden und gehe mit hinein. Der Schuster schaut mich ärgerlich an und sagt:

»Was willst denn du hier? Ihr habt doch gar keine Schuhe gebracht!«
»Doch«, sage ich, »die Schuhe von meiner Mutter. Die sollen besohlt werden.« Er sucht im Regal der unreparierten Schuhe. Es riecht nach Pech, Klebstoff und gegerbtem Leder. Unter seiner Brille funkeln seine flinken Augen hervor:

»Sind noch nicht fertig. Du kannst gehen. Komm in drei oder vier Tagen noch mal wieder!« Anneliese bittet mich mit den Augen, nicht zu gehen. Ich bleibe stur stehen. Der Alte sieht, dass er heute nichts erreichen kann. Er wirft ihr die Stiefel vor die Füße und rechnet. Fünf Mark und fünfzig Pfennige! Anneliese gibt ihm sechs Mark und zieht mich mit hinaus. »Gott sei Dank«, sagt sie, »der alte Bock!« Das nächste Mal traue ich mich zu dem alten Bock nicht hinein. Aber auch meine Schwester will die Schuhe nicht abholen. Schließlich muss die Mutter selber gehen. Die reifen Frauen mag er nicht so sehr.

Ich sitze nun neben Anneliese auf dem alten Plüschsofa, und sie himmelt mich an, drückt ihr Bein an das meine. Mir wird ganz seltsam zu Mute. Pfarrer Haas spricht das Gebet zur Einleitung; ich erröte und verberge meine Befangenheit unter frommer Anteilnahme. Dann lesen wir einige Verse aus der für uns langweiligen Apostelgeschichte des Paulus und denken nur an das Ende des offiziellen Teils, da der Pfarrer gehen soll und wir unter uns wären. Doch heute will Haas kein Ende finden. Als er sich endlich erhebt und zum Gehen anschickt, atmen alle auf. Er verabschiedet sich mit dem Frieden des Herrn.

»Geh mit Gott, aber geh«, sagt Helmut, das Matheass, leise hinter seinem Rücken. Jetzt kommen wir aber zu unserem liebsten Spiel: *Wie gefällt dir dein Nachbar?* Ein Spiel ähnlich dem *Bäumchen wechsle dich*. Wir bilden

Pärchen auf zwei Stühlen. Ich bin am glücklichsten dran, denn ich habe mit Günther das Sofa erwischt. In jeder Ecke sitzen wir mit je einem Mädchen und zeigen, was für Draufgänger wir sind. Günther hat Heidelore im Arm, und ich warte mit Schmerzen darauf, bis ich sie ihm wegschnappen kann. Das Licht wird gelöscht, und die Nummer eins beginnt: »Wie gefällt dir dein Nachbar?« Sagt der *gut,* so musste die Nummer weiterfragen, bis einer *schlecht* sagt. Der durfte sich dann eine andere Partnerin wünschen. Endlich komme ich an die Reihe. Ich wünsche mir Heidelore herbei. Ihr ist das nicht unangenehm. Sie schmiegt sich zärtlich an mich. Da halte ich nun das drallige Mädchen im Arm, das von allen so begehrt wird und weiß nicht, wie ich es anfangen soll. Kaum habe ich es eng an mich gezogen und zu küssen versucht, da wird es mir auch schon weggeholt. So mancher Seufzer wurde an solchen Abenden getan. Sie waren unbeschreibbar schön, bis wir aus dem pubertären Alter heraus waren.

Mädchen der Radsportgruppe

Das kulturelle und sportliche Leben kommt wieder in Gang. Der Chor probt unter dem alten Dirigenten und beginnt wieder zu singen. Es sind die neuen alten Lieder, ausgenommen die des nationalsozialistischen Liedguts: *Im schönsten Wiesengrunde steht meiner Heimat Haus..., Oh Berge weit, ihr Täler...* und so weiter. Auch die Radsportgruppe holt die alten Räder hervor und probt das Reigen- und Kunstfahren, das sie während des Krieges unterbrochen hat. Der Arbeitersportverein mit seinen Kunstfahrern war die aktivste Sportgruppe im Dorf. Nun möchten sie es wieder werden. Das wird schwierig, denn die Räder haben gelitten. Ersatzteile, neue Schläuche und Reifen gibt es nicht. Mühevoll flicken die jungen Burschen an den Schläuchen herum, einer versucht sich sogar mit Vulkanisieren der kaputten Reifen. Schon bald steht der erste Reigen. Stolz präsentieren sich einige Mädchen unserer Klasse, versuchen den Burschen nicht nachzustehen. Freundlich und hilfsbereit werden sie von den alten Hasen unterstützt, besonders, wenn ihnen in den Sattel geholfen werden muss. Schon bald zeigen sie ihr Können in dem alten Saal, und viel Beifall wird ihnen zuteil.

Die blank geputzten Räder und die jungen Mädchen wirken auf die Zuschauer erfrischend und belebend. Die Abende sind mit fleißigem Üben ausgefüllt, man kommt von Zuhause weg und unter die Leute. Aber sobald die Mädchen einen festen Freund haben, hören sie mit dem Radsport auf. Und so ein Freund lässt nicht lange auf sich warten. Meist kommt so einer aus den Nachbardörfern. Und er ist kein so grüner Junge wie wir, meist älter und erfahrener. Das gibt oft Eifersüchteleien und Reibereien, nicht selten auch handgreifliche Auseinandersetzungen. Einmal kommt so einer mit seinem ziemlich aufgemotzten Rad und besucht eines der Radfahr-Mädchen. Das passt uns gar nicht, weil wir großspurig verkünden: »Der Hahn im Stall kann sehr gut alle seine eigenen Hühner betreuen und mehr.« Wir beobachten das Pärchen argwöhnisch und eifersüchtig, aber wir trauen uns nicht diesen Galan öffentlich anzugreifen. Wir wissen aber, dass er erst spät in der Nacht heimfährt und welchen Weg er zurück in sein Dorf nehmen wird. Also muss schnell gehandelt werden. Lothar hat schnell einen derben Draht zur Hand. Den spannen wir am Dorfausgang quer rüber von Zaun zu Zaun. Wir legen uns auf die Lauer. Fröhlich pfeifend kommt er endlich angeradelt. Das aufgemotzte Rad hat trotzdem keinen Dynamo und insofern kein Licht. Und da reißt es ihn vom Rad, er schießt Kobolz über die steinige Straße. Mühsam rappelt er sich auf. Das Vorderrad ist verbeult, er hat zerschrammte Hände und Knie, eine zerrissene Hose, doch ernstlich ist ihm nichts passiert. Er biegt das Vorderrad gerade und radelt schleifend und schleppend davon. Vorerst hat er sich hier im Dorf nicht mehr blicken lassen.

Im Dorf geht es bald um einen neuen Sportplatz. Der alte vor dem Dorf war für den Fußballsport viel zu klein und wird der neuen Mannschaft, die schon über den Kreis hinaus bekannt ist, auch nicht gerecht. Und mitten im Wald soll er entstehen. Ein gar schwieriges Unterfangen. Bäume müssen gefällt und die Baumstümpfe gerodet werden. Die neu gegründete MAS (Maschinen-Ausleih-Station), die auf dem ehemaligen Gut stationiert ist, hilft, so gut sie kann. Und sie kann mit ihrer Technik viel bewegen. Ein Raupentraktor kommt aus der Sowjetunion als Zeichen der aufkeimenden und unverbrüchlichen Freundschaft. Es ist einer der tausend Traktoren, den die ruhmreiche Sowjetunion für den Aufbau der Landwirtschaft liefert, mit dem Hintergedanken, wie ich meine, hinsichtlich einer schnelleren und umfassenden Kollektivierung. Die Baumstümpfe und Baumwurzeln werden aus dem Boden gezogen, wir Schulkinder sammeln Steine und Wurzelwerk zusammen. Das Werk gedeiht. Es geht vorwärts mit Pflügen, Eggen und Einsäen des Rasens. *Waldfrieden* soll der Platz heißen, aber nicht immer ist es dort friedlich zugegangen. Schon bald wird ein Umkleideraum gebaut, und die Einweihungsfeier kann gestartet werden. Seit der Zeit findet immer zu Pfingsten das Dorfsportfest statt. Ein Großereignis mit dem Ausspielen eines Sportfestpokals und zweitägigem Tanzvergnügen. Von dem eingenommenen Geld, wenn das Wetter schön ist, kann der Verein ein Jahr lang so recht und schlecht leben.

Und Jahre später wird oben weiter angebaut. Wenn Sportfest ist, wird es in den zwei Kabinen zu eng. Auch ein Ausschank muss her. Martin, der Vorsitzende des Vereins, findet keine Ruhe. Mit unermüdlichem Einsatz müht er sich um den Anbau. Die Außenmauern sind errichtet, zwischen zwei Fenstern müssen die Eisenstürze hinauf, dass es weitergehen kann. Zu zweit buckeln sie die Schienen auf die vordere Mauer. Martin stemmt die schwere Eisenschiene mit der Schulter nach oben und hält sich zwischen den Seitenmauern fest. Die Schiene kommt ins Wackeln, fällt ihm mit dem scharfen Schweißende genau in die Halsschlagader. Er stürzt zu Boden, niemand kann ihm mehr helfen, er verblutet. Martin stirbt im wahrsten Sinne des Wortes für das Allgemeinwerk.

Das Dorf hat seine dritte große Beerdigung. Die Menschen können es nicht fassen. Das Leben ist flüchtig, es gleitet einem aus den Händen. Ein Mensch lebt in der Intension der Umgebung und seiner Mitmenschen. Jeder Augenblick ist kostbar, jeder Augenblick kann auch Tod bedeuten. Und so sollte jeder Augenblick bewusst gelebt werden. Bewusst leben heißt auch für Andere eintreten. Umso schmerzlicher ist der Verlust, weil dies bei dem Toten der Fall war.

Nach und nach beruhigen die Menschen sich wieder, Alltagsgewohnheiten ergreifen den ihm zustehenden Raum. Wer wird dem Toten über seinen Tod hinaus für sein aufopferungsvolles Wirken danken. Eine Tafel mit seinem Namen, an die Vorderwand des Umkleidetrakts angebracht, erinnert an das furchtbare Unglück. Hin und wieder stellt einer zu seinem Todestag oder zum Sportfest ein paar Blumen in die Vase darunter. Im Winter ziert ein Strauß Tannengrün mit Fichtenzapfen die Gedenktafel. Die Jüngeren erfahren von dem schlimmen Unglück nur über das Hörensagen, können jedoch die Tiefe des Verlustes nicht ermessen. Aber alles verblasst mit der Zeit. Die Zeit taucht jedes Ereignis ins Vergessen.

Menschen kommen und gehen, hinterlassen eine Spur, die nach und nach verweht. Sie gehen den ihnen vorbestimmten Weg bis hin zu der Stätte, an der sie getreu den Lebenden in schnurgeraden Reihen ihre letzte Ruhe finden. Ein tragischer Tod im Dorf ist wie ein zweischneidiges Schwert. Es durchtrennt die Bande zwischen einem bedeutenden Menschen und der Allgemeinheit. Und wieder wird einer herausgerissen, der eine geschätzte und geachtete Persönlichkeit war.

Vierzehn Tage vor Ostern ist Konfirmandengottesdienst und Konfirmandenprüfung. Gerhard, der Spurfahrer, der die tollsten Abfahrten nicht scheute und tollkühn voranfuhr, ist schon im Vorjahr konfirmiert worden und muss die Bälge der Orgel treten. Pfarrer Krieger hat die Hostien hinter den Altar gelegt und wollte vorher mit uns üben, wie man den Leib Christi nimmt, gesittet in den Mund führt und den Wein trinkt... »Ihr dürft nicht so schlucken wie alte Weinsäufer, sondern nur einen kleinen Schluck, einen klitzekleinen Schluck nehmen. Es ist nur eine Flasche da.« Doch oh Schreck, die Hostien sind weg, und der Wein ist ausgetrunken. Zwei Bengels haben sie aufgegessen und sich den Wein einverleibt. Die kirchliche Handlung verzögert sich, da der Vertreter für Ersatz sorgen muss. Als die Orgel endlich zu spielen beginnt, sieht Gerhard nicht mehr klar und tritt beide Pedale zugleich. Die Orgel jault laut auf, falsche Orgeltöne brausen durchs Kirchenschiff, durchfleuchen das alte Gebälk und dudeln nach draußen. Einige Dörfler, die heute nicht in der Kirche sind und vorübergehen, bleiben verwundert und kopfschüttelnd stehen. Berthold, der Organist, kommt hinter der Orgel hervor, haut Gerhard eins hinter die Ohren und stößt ihn fast die Treppe herunter. Er packt den kleinen Ingo, der auf der Empore sitzt, und beordert ihn an die Bälge.

»Aber ich bin doch katholisch!«, empört sich der.

»Egal, du wirst dir schon nichts vergeben, wenn du mal die evangelischen Orgelpedale trittst.« Nun spielte die Orgel wieder hell und klar. Die Gemeinde blickt zur Orgelempore hinauf und ist besänftigt. Mitten im Gottesdienst beginnt die Prüfung der Konfirmanden. Fast alle sind schon drangekommen. Heidelore hat alle Propheten ohne zu stocken aufgezählt: Jesaja, Jeremia, die Klagelieder Jeremias, Hesekiel, Daniel, Hosea, Joel, Amos, Obadja, Jona, Micha und so weiter. Ich musste die Methusalems mit den langen Bärten aufsagen, einschließlich der drei Frauen aus den Geschichtsbüchern. Nur der kleine Lutz sitzt in sich zusammengesunken auf dem harten Stuhl, macht sich noch kleiner als er ist und hofft, dass der Kelch an ihm vorübergehen möge. Pfarrer Krieger weiß, das Lutz so gut wie nichts weiß. Und doch will er ihm mit einer leichten Frage die Gelegenheit geben, richtig zu antworten und der Gemeinde beweisen, wie gut er alle auf die Konfirmation vorbereitet hat. Er räuspert sich, blickt Lutzen freundlich an und fragt treuherzig:

»Nun sag mir mal, mit wem war denn unser Herr Jesus auf dem Berg Sinai?« Krieger war ziemlich stolz auf seinen Einfall. Diese leichte Frage würde der dämliche Bengel doch beantworten können. Mit wem konnte der Herr schon dort gewesen sein, wenn nicht mit seinen Jüngern.

»Nun, Lutz, antworte uns mal laut und deutlich.« Und Lutz antwortet auch so: »Mit seiner Frau!« Die ganze Gemeinde fällt in verhaltenes, aber doch fröhliches Gelächter. Sogar Krieger und Haas lachen wohl oder übel mit. Dann berichtigt Krieger die falsche Antwort mit einem verlegenen Lächeln:

»Aber nein, Lutz. Der Herr Jesus war doch nicht verheiratet. Sag du's Heidelore:«»Mit seinen Jüngern natürlich!« Der Pfarrer nickt wohlwollend und stimmt den Hosianna-Lobgesang an, Hosianna in der Höh. Doch Lutz singt immer wieder Hosenanna, Hosenanna in der Höh! Und schon hatte er seinen Spitznamen weg: *Hosenanna!* Aber schließlich war der Konfirmanden-Prüfgottesdienst doch noch zu einem guten Ende gekommen.

Der Tag der Einsegnung, der uns den Weg ins Leben ebnen soll, kommt heran. Die Mutter ist furchtbar aufgeregt. Sie weiß vor lauter Backen und Braten nicht, was vorne und hinten ist. Bevor wir einzogen und oben mit dem Ausbau beginnen konnten, waren schon die Stallung und die Waschküche fertig geworden. Ein kleines Häusl mit dem Herzen in der Tür gehört dazu. Schon bald grunzt ein Schweinchen in der Bucht, und eine Ziege meckert nach Futter. Mehr als dreißig Kaninchen habe ich zu versorgen, dazu etwa zehn Hühner und einen ganzen Schwung Gössel, die ich hüten muss und die mir meine kostbare Zeit rauben. Die Gänschen müssen, wenn sie groß sind, ihr Federkleid hergeben, denn wir brauchen Federbetten. Das Eineinhalbzentnerschwein muss vorzeitig, noch vor der Konfirmation sein Leben lassen, um die vielen Verwandten zu beköstigen sowie zwei der fettesten Stallhasen. Ich nehme wieder Reißaus und trauere besonders den grauen Riesen nach. Beim Festschmaus kriege ich keinen einzigen Bissen davon hinunter und werde ausgelacht.

»Dann bleibt mehr für uns«, sagt meine Patentante Edith. Meine Lieblingstante war mit dem Großvater gekommen. Das ist meine größte Freude. Großvater hat mir zwei Strassertauben mitgebracht. Ich soll ihnen auf dem Stallboden einen Schlag bauen. Zwei Tage später hat ihnen mein Vater die Köpfe abgerissen. Er ist besorgt wegen seinem Dach – sie könnten es mit ihrem Kot beschmutzen. Diese Grausamkeit hab ich ihm nie vergessen. Meine andere Patin, Tante Lucie, die auf der Flucht den Schmuck vor den Russen im Wald versteckt hatte, war mit ihrer Mutter nach Nordhorn in den Westen gegangen. Dort war der Bruder gelandet und hatte sich bei einer Kriegerwitwe mit eigenem Haus niedergelassen und ins gemachte Nest gesetzt. Pate Lucie hatte auf der Flucht – wie schon berichtet – einen Knax bekommen. Seitdem redet sie vom Weltuntergang und von der Endzeit. In jedem Brief steht etwas davon drin. In jeder Katastrophe, die an irgendeinem Fleck der Welt geschieht, sieht sie die Apokalypse bestätigt. Mit Schaudern führt sie die Offenbarung des Johannes an: *...und da ward ein großes Erdbeben, und die Sonne ward schwarz wie ein härener Sack, und der Mond ward wie Blut. Und die Sterne des Himmels fielen auf die Erde. Und der Himmel entwich wie ein zusammengerolltes Buch, und alle Berge und Inseln wurden bewegt aus ihren Örtern...* Bis ins hohe Alter, nach der Devise *nach mir die Sintflut*, verkündet sie die Endzeitstimmung, aber sie sollte noch sehr lange leben. Ihre Mutter wurde 99 Jahre alt.

Pate Lucie war nicht gekommen, aber sie machte mir das größte und wertvollste Geschenk: Ein Paar wundervolle Fahrradbereifungen – rote Wulstreifen mit dazugehörigen Schläuchen. Noch am selben Tag ziehe ich sie auf. Als ich das erste Mal ins Dorf radele, werde ich bestaunt wie ein kleiner König. Rundum glücklich fahre ich noch ein Stück weiter bis zur Mühle und kehre erst dann wieder um. Nun brauche ich nicht mehr meine porösen Schläuche zu flicken und die alten Reifen mit Isolierband zu umwickeln. Mit den neuen Fahrradreifen hat mein Leben eine neue Perspektive bekommen, es ist einfach schön. Nun kann ich mit stolzgeschwellter Brust zur Konfirmation gehen und mich unter die Erwachsenen mischen. Mit dem neu ausgerüsteten Rad fahre ich willig in den Wald, um Tannengrün zu holen. Es wird kleingeschnippelt und zum Streuen auf dem Weg zur Kirche verwendet. Ich muss das Grün nur bis zu Hanni streuen. Das sind nur ein paar Meter, deshalb helfe ich ihr bis zur nächsten Querstraße, wo wir auf das Grün von Ännchen treffen, die dann weiterstreuen muss bis vor die Tür von unserem Matheass Helmut. Ännchen hat dann schon bald ihren Hans, einen späteren FDJ- und Parteifunktionär geheiratet. Von ihm wird noch die Rede sein und von Hanni. Letztere beginnt schon früh, sich aufzudonnern und ihr Gesicht wie ein Indianer zu bemalen. Auch sonst ist sie besonders den Männern zugetan. Und sie hat ein Auge auf mich geworfen. Zu Weihnachten schenkt sie mir eine Schachtel Zigaretten, obwohl ich gar nicht rauche. Und eine ganz wichtige Person kommt zu meiner Konfirmation – der Hauptmann mit seiner deutschen Freundin, Ulla Sommerfeld. Das ist genau die gleiche, die ihr Kind den Russen aus den Armen gerissen hat. Sie arbeitet auf dem Muniwerk im Büro, und Michail hat sich Knall und Fall in sie verliebt. Ein schönes Paar – der Hauptmann mit leicht grusinischem Einschlag und die blonde Ulla, die vor den Russen geflüchtet war und ihren Mann in Russland verloren hatte. Wie das Leben und die Liebe doch spielen. Die Liebe schlägt unvermutet ein und trifft Freund und Feind gleichermaßen. Sie macht weder Halt vor Arm und Reich, noch vor Weiß oder Schwarz, und sie sieht auch in einem Russen aus dem fernen Ural kein Hindernis.

Am zweiten Ostertag ist es dann so weit. Festlich gekleidet, im dunkelgrauen Anzug, vom kleinen Schneider Herzog gefertigt, der über die Dörfer zog, die Witwen einkleidete, aber auch anderweitig tröstete, stehe ich mit den anderen Konfirmanden vor der kleinen Kirche und kann mich trotz der auf Zuwachs gearbeiteten Kleidung kaum bewegen. Den Schlips, passend zum Anzug, hat die Mutter auf ihrer für eine Seite Speck eingetauschten Singer-Maschine genäht und auch das weiße Hemd aus einem schon angeblichenen Bettlaken geschneidert. Mit den anderen Fünfzehn stehe ich also erwartungsvoll da. Wir warten auf Krieger, der uns in die Kirche geleiten soll. Er erscheint verspätet mit feierlichem Gesicht, ordnet uns zu Dreierreihen, so wie wir es zuvor geübt haben.

Die Glocken beginnen zu läuten, wir gehen hinein. Zwischen zwei mit weißen Bändern geschmückten Tannen durchschreiten wir feierlich das Kirchenportal. Neben jedem Jungen links und rechts ein Mädchen, da sie in der Mehrzahl sind. Die ganze Kirchengemeinde ist erschienen. Meine Eltern und Verwandten schauen mit Stolz auf mich, die Mutter schnäuzt sich ins Taschentuch. Kerzen brennen flackernd und verbreiten Wachsgeruch. Der Altar ist mit weißem Tuch geschmückt. Dort steht der Leib Christi bereit und das Blut des Herrn, das er für uns vergossen und dem wir das ewige Leben verdanken sollen.

Der Kirchendiener hat ein waches Auge darauf geworfen, dass so eine Panne nicht noch einmal passiert. Und auch die Orgel spielt in den reinsten Tönen. Endlich kommen wir vor den Altar, nehmen das Abendmahl ein und müssen uns hinknien. Der Segen des Herren kommt über uns, wir erhalten unsere Konfirmationsurkunde mit dem entsprechenden Spruch und werden aufgenommen in die große Christengemeinde vor dem Herrn. Pastor Krieger hat mir das 55. Kapitel des Propheten Jesaja, Vers 8+9, ausgesucht: *Meine Gedanken sind nicht eure Gedanken, und meine Wege sind nicht eure Wege, sondern so viel der Himmel höher ist, denn die Erde, so sind auch meine Wege höher, denn eure Wege.* Erst viele Jahre später werde ich den tieferen Sinn des Spruches begreifen. Vor der Kirche Glückwünsche, ein paar Schneeglöckchen, dann ist die Zeremonie beendet. Wir können aufatmen. Große Festtafel mit dreistem Zugreifen und Zuprosten. Der Hauptmann ist ganz angetan von der Festlichkeit. Nach dem Kaffee schwärmen wir durchs Dorf. Der eine oder andere lässt die Schnapsflasche kreisen. Wir tun erwachsen, schütteln uns nicht einmal. Das ist eben so Sitte. Am Abend liege ich schon vor dem Abendbrot schnapsselig im Bett. Der Vater möchte mir am liebsten eine Tracht Prügel verabreichen, doch der Großvater nimmt mich in Schutz:

»Lass den Jungen doch, so ein Tag ist doch nur einmal im Leben.«

Nun sind wir die Größten in der Schule. Vor einem Jahr haben wir mit dem Englisch-Unterricht begonnen. *The man has a sac, und Günther is a snake,* spotten wir herum, aber unser Englisch bleibt stümperhaft. Fräulein Heidemarie hat einen neuen Freund kennen gelernt und ist ihm nach dem Westen gefolgt. Auch Hausmann ist nach Irgendwo verschwunden. Der Mann, auf den wir so große Stücke gesetzt hatten, hat uns über Nacht verlassen. Er sah sich vom Regen in die Traufe gekommen. Die neue Ordnung schien ihm nicht zu behagen. Wir kriegen eine Neulehrerin, im Kurzkurs ausgebildet und einen ebensolchen Lehrer. Von den 39.000 Lehrerinnen und Lehrern, die es bei Kriegsende im Gebiet der Sowjetischen Besatzungszone (SBZ) gab, hatten 28.000 der Nazipartei angehört. Sie wurden fast ausnahmslos aus dem Schuldienst entfernt. An ihre Stelle traten 40.000 Neulehrer aus den Reihen der Arbeiterklasse und anderen Werktätigen. Ihre Lehrbefähigung erwarben sie durch die Praxis des Unterrichtens, in Kurzlehrgängen und Selbststudium. Oft waren sie den Schülern im Stoff nur einen Tag voraus. Die Neulehrerin übernimmt auch gleich den Deutsch- und Musikunterricht. Ich sitze neben Bruno. Der kann nicht singen, obgleich er Akkordeon spielen kann. Sie glaubt, dass ich es bin, der absichtlich dazwischenbrummt, um den Unterricht zu stören. Und gleich haut sie mir eine rein. Mein Protest nutzt nichts. Fräulein Keilholz ist ein resolutes Fräulein. Ich muss mich mächtig bei ihr strecken, um in der Benotung nicht zurückzufallen.

Eines schönen Vormittags kommt ein kleines Gütertaxi an der Schule vorgefahren. Bücher für die Schulbücherei sind angekommen. Bücher sind seit eh und je meine Leidenschaft. Sie sind rar in dieser Nachkriegszeit. Mit einem Buch kann ich mich zurückziehen und die Welt ringsum vergessen. Ich habe von klein auf viel gelesen: Ben Hur, fast alle Karl Mai Bücher, die Bücher über polnische Adlige, Geschichten von Tolstoi und Tschechow, Hölderlin, Gedichte von Storm und Hesse, Balladen von Schiller und Goethe. Jetzt kommen neue Bücher, das bringt mich und Fritze Schmidt fast aus dem Häuschen. Wir drängeln uns, um beim Hineintragen zu helfen.

Auf dem Tisch liegen nun die Kostbarkeiten, und wir können uns nicht gedulden, schon jetzt einen Blick hineinzuwerfen und darin zu blättern. Fräulein Keilholz mahnt uns, die Finger davon zu lassen. Da kommt Fritze auf die Idee, das Fenster des Klassenraumes von innen zu entriegeln und am Nachmittag in den Raum einzusteigen. Wir können es gar nicht erwarten bis Unterrichtsschluss. Kaum ist der Unterricht zu Ende, schleichen wir uns heran, um die neuen Bücher zu inspizieren. Vor dem Tisch stehend, vernehmen wir die Trippelschritte der Lehrerin. Ein großer Satz aus dem Fenster, doch es ist schon zu spät. Das Fräulein hat uns bereits entdeckt, aber nicht erkannt. Wir stürzen uns in den Brennnesselgraben vor den Fenstern, jagen mit bloßen Beinen und Armen geduckt dahin und verschwinden aus ihrem Blickfeld. Am nächsten Tag gehen wir nicht zur Schule. Ich stelle mich krank, aber die Mutter jagt mich aus dem Bett. Mitten im Sommer ziehe ich lange Hosen und einen Pullover an, hole Fritzen ab, und wir wagen uns in die Höhle des Löwen. Dorothea, die *Gottgeweihte*, schaut uns an und weiß sogleich Bescheid. Wir mühen uns, hoch und heilig zu versichern, dass wir uns die Bücher nur ansehen wollten. Der neue Lehrer und Schulleiter Lier hat dafür mehr Verständnis und rechnet das unserer höheren Intelligenz und Literaturinteressiertheit zu. Die Sache hat nur ein kleines Nachspiel, nämlich einen Eintrag ins Klassenbuch und die Benachrichtigung der Eltern. Das bringt mir eine Woche Stubenarrest ein, und die ist lang für einen, der so lebhaft ist wie ich und kein Sitzfleisch hat.

Ein weiteres Fräulein kommt an unsere Schule, eine sehr engagierte und strenge Lehrerin, kaum neunzehn Jahre alt. Sie unterrichtet hauptsächlich die Kleinen, aber manchmal auch bei uns im Fach Deutsch.

Der Himmel ist blau, das Wetter ist schön, Fräulein Lehrerin, wir möchten spazieren gehn!, ist unser liebstes Lied. Wir wollen das Fräulein testen, haben keine Lust, bei dem herrlichen Sonnenschein in der dumpfen Schulstube zu hocken. Das Fräulein ist nicht von hier aus der Gegend, deshalb nicht abgeneigt, einmal hinauszukommen. Ihr *wir wandern zum Rondell*, quittieren wir mit einem einzigen Jubelschrei. Und dann geht es hinaus. Nichts kann uns mehr halten. Vor dem steilen Dünberg, versuchen wir die gefährlichsten Klippen zu erklimmen. Fräulein Ingeborg schlägt die Hände überm Kopf zusammen. Sie fürchtet, dass wir uns den Hals brechen könnten. Bevor alle oben sind, haben wir auch schon den Aussichtsturm erklommen. Von dort kann man weit ins Tal sehen. Die Häuser, klein wie Pappschachteln, blinken mit ihren roten Ziegeldächern herauf. Bei guter Sicht können wir sogar die Spitze des Brockens erkennen.

»Noch einmal solch eine Kletterpartie mit euch, und das war das letzte Mal«, schimpft das Fräulein. Das letzte Mal ist eine Wanderfahrt zum Abschluss des Schuljahres. Der Kyffhäuser über dem Fuße der Goldenen Aue zwischen Nordhausen und Bad Frankenhausen ist unser Ziel. Heute sind es die Alpen, die Stadt der Liebe in Frankreich oder sogar die Karibik. Wie die Zeiten sich ändern. Aber nein, nicht nur die Zeiten ändern sich, sondern besonders wir Menschen. Wir haben aus der Umdrehung der Erde um ihre eigene Achse einen Tag gemacht und aus der Umdrehung um die Sonne ein Jahr. Die Zeit ist ewig und unabänderlich, nur wir haben sie zu berechnen begonnen. Was ist ein Jahr oder ein Menschenleben vor der Zeit? Nicht mehr als ein Hauch, als ein flüchtiger Augenblick.

Eine Klasse mit Lehrer Lier und Frl. Keilholz, unten links, auf Wanderfahrt

Wir besuchen den alten Barbarossa, den Kaiser Rotbart, in seiner

Falkenberger Höhle und stören seinen Jahrhunderte langen Schlaf. Die Lehrerin ruft uns das Gedicht von Friedrich Rückert in den Sinn: *Der alte Barbarossa, der Kaiser Friederich im unterird'schen Schlosse hält er verzaubert sich ... Sein Bart ist nicht von Flachse, er ist von Feuersglut, ist durch den Tisch gewachsen, worauf sein Kinn ausruht ... Und wann die alten Raben noch fliegen immerdar, so muss ich auch noch schlafen, bezaubert hundert Jahr.* Die Wiederkunft des Rotbart-Lobesam, der sehr betagt, erhitzt und mit Kettenhemd bepanzert bei seinem Asienkreuzzug gegen die Muslime auf seinem Pferd in einen kalten Gebirgsbach gestürzt und an einem Schlag gestorben war, ist nicht vonnöten. Das Volk erwartete ihn auch nicht, vielmehr war die Hoffnung der Wiederkunft auf Friedrich II., den Enkel des Kaisers Rotbart gerichtet. Und auch der zweite Kreuzzug unter seinem Namen ist vor Stalingrad in einer Katastrophe geendet.

Die Raben fliegen noch um den Berg. Schlaf trotzdem wohl, du alter Kaiser. Du hast Deutschlands größte Schande nicht miterleben müssen, den schlimmsten aller Kriege, das Abschlachten von Abermillionen Menschen. Schlafe gut, aber träume nicht von der Herrlichkeit des Reiches, dass es sich nie wieder erhebe über Andere, dass es den Traum ein für alle mal begrabe von der Beherrschung der Welt.

Lehrer Lier ist ein strenger, aber guter und gerechter Lehrer. Bei ihm können wir uns nicht viel erlauben. Und er fördert uns, wo er nur kann. Drei aus unserer Klasse wählt er für die Oberschule aus. Heidelore will diesen Weg nicht einschlagen. Sie wäre die Geeignetste dafür, aber sie will lieber in einem muffigen Büro als Stenotypistin arbeiten. Zu viele wollen in der schönen Stadt Bleicherode die Oberschule besuchen. Von Dreihundert sollen nur etwa Einhundert aufgenommen werden. Wir müssen eine Aufnahmeprüfung ablegen. Helmut, unser Matheass, steht außer Frage, Helga und ich gehören dazu. In der großen Aula, und in einigen Klassenräumen findet die große Aufnahmeprüfung statt. Ich habe mit Helmut ausgemacht, dass ich ihm in Deutsch helfe und er mir in Mathematik. Das klappt auch ganz gut. Ich berichtige ihn im Diktat, er hilft mir auf die Sprünge bei den Matheaufgaben. Dann werden wir in die Aula zur Bekanntgabe der Aufgenommenen hereingerufen. Doch so recht können wir zwei uns über unsere Aufnahme in die Höhere Schule nicht freuen. Der tägliche Fußmarsch über den Berg zur Bahn, zwei Stationen Fahrt und dann noch einmal vier Kilometer laufen und am Nachmittag zurück, zermürben unsere Ausdauer. Dazu kommen unsere geringen Englischkenntnisse und das schlechte Schuhwerk. Ich habe großzügig in einem WOP-Laden (Waren ohne Punkte) ein paar Igelittschuhe bekommen. Das waren Halbschuhe aus Kunstgummi mit Löchern an der Seite. Im Winter geht es schneller und rutschend damit den Berg hinab. Im Sommer qualmen dir die Socken darin, die Füße beginnen zu brennen, dicke Blasen beginnen sich zu entzünden, die Füße werden zu Plattfüßen. Wir haben ständig Hunger. Ein Kilo Margarine kostet 110 Mark, ein Kilo

Weizenmehl 15 Mark, ein Kilo Zucker 33 Mark und ein Brötchen achtzig Pfennige. In der Schule gibt es täglich ein schwarzes Brötchen, dazu eine Blechtasse Milchkaffee. Davon zehre ich oft den ganzen Tag. Lothar war schon ein Jahr eher auf diese Schule gekommen, zusammen mit dem langen Egon. Lothars Vater und auch Egons gestrenger Herr hatten große Pläne mit ihren einzigen Söhnen. Beide sollten einmal studieren und Ingenieur oder Lehrer werden. Ich wusste nicht, was ich werden könnte. Mutter meinte, dass ich Pastor oder Förster werden sollte. Lieber doch eher Pastor, das war ihr großer Wunsch, aber dazu hatte ich keine Ambition. Eine Englischarbeit nach der anderen fällt verheerend aus: fünf, vier, fünf, fünf und so weiter. Ich sitze mit Helmut und büffele so manchen Nachmittag. Hinzu kommt, dass ich noch Ziegen- und Kaninchenfutter herbeischaffen und weiter am Bau helfen muss. Das ist mit dem besten Willen nicht zu schaffen. Und wozu brauchte ich Englisch? Ich musste die Predigt doch nicht in englischer Sprache halten oder mich mit den Holzfällern und Bäumen auf Englisch unterhalten. Das bisschen Freizeit nimmt außerdem unser Musikinteresse in Anspruch. Lothar kann Klavier spielen, ich mühe mich mit dem halb zerfledertes Schifferklavier, das mehr kaputt als ganz ist. Bruno, der Brummer, schlägt die Trommel und Pauke. So ist das Trio *Harmonie* beisammen. An der Harmonie hapert es zwar noch, aber wir geben uns die größte Mühe, einmal wie die Kapelle Kaltenhäuser, die aus dem Nachbarort kommt und schon bekannt ist, aufzuspielen. Fleißig nehme ich bei Adelheid, die aus dem Sudetenland gekommen war und die Musikschule besucht hatte, Akkordeon-Unterricht. Sie ist zwei Jahre älter als ich und schaut mich mit ihren Kuhaugen schon beim ersten Besuch so sonderbar an. Ich komme das vierte und fünfte Mal, habe mein Akkordeonheft aufgeschlagen an der Stelle des Volksliedes: *Kuckuck, Kuckuck, ruft's aus dem Wald,* da beugt sie sich von hinten über meine Schulter und berührt mich ganz zart mit ihren weichen Brüsten. Zärtlich streicht sie mir über den Nacken und übers Haar, ich komme mit meinem Spiel durcheinander, schaffe die Sprünge und die Kadenz nicht, aber ich kann nichts tun. Ich trage den Zerrwanst vor meiner Brust. Das weiß sie auch ganz genau, deshalb die Zudringlichkeit. Und sie sieht in mir einen dummen, unerfahrenen Jungen und hat auch Recht damit. Am Ende der Pein, als ich mich meines Brustrucksacks entledige und ihn im Kasten versenke, umarme ich sie und drücke sie aufs Sofa. Sie bedeckt mein Gesicht mit Küssen, ich wachse über mich hinaus und will mehr.

»Hör auf, stöhnt sie, du machst mir noch ein Kind!« Beschämt lasse ich von ihr ab. Das unbeschreibliche Gefühl, das mich überkommt, ist auch das Ende meiner Akkordeon-Lehrstunden. Ich kann einfach nicht mehr hingehen. Einfach dumm von mir, vielleicht hätte ich noch *einiges* mehr lernen können.

»Hast du schon so viel gelernt, dass du keine Stunden mehr nehmen musst?«, fragt lauernd mein Vater. Ich erröte und sage beschämt: »Diese Kuckuckslieder und Tonleiter helfen mir nicht weiter.« Der Vater hat mich durchschaut, aber er dringt nicht weiter in mich. Ich wurde eh nicht aufgeklärt. Nur einmal hat er zu mir gesagt: »Nimm dich vor losen Mädchen in Acht!«

Adelheid, das *lose* Mädchen, ist bald darauf ebenfalls den Weg auf die andere Seite gegangen, wie so viele andere. Bald kommt aber eine Sache auf mich zu, die mir und meinem Vater noch sehr zu schaffen macht. Er soll Schulgeld für mich zahlen – 98 Mark im Vierteljahr, da ich weder ein Arbeiter- noch Bauernkind bin. Das ist ein schwerer Schlag gegen uns, da das ganze Geld beim Bauen draufgeht und wir Schulden noch und noch haben. Einige Male zahlt der Vater die verlangte Summe, aber dann wird er säumig und mehrmals gemahnt. Rompe rät ihm, in die Partei einzutreten, da könne er einen Antrag auf Schulgeldbefreiung stellen, aber das ist dem Vater ein Gräuel. Der Kommunismus war ihm schon bei den Nazis ein Schreckgespenst.

Ich bin nur noch halbherzig bei der Sache, weil ich weiß, dass ich zum Schuljahresende wohl von der Oberschule abgehen muss. Bald ereilt mich auch ein unangenehmes Missgeschick. Ich tue mich nicht sehr in Gegenwartskunde hervor. Der Gegenwartskunde-Lehrer, ein hundertprozentiger Funktionär der Partei, will uns zu überzeugten Kommunisten machen. Lehrer Breitenberg oder Breitenstein schleicht durch die Klasse wie ein Indianer, streicht des Öfteren über sein schwarzes Bärtchen und schaut uns lauernd an. Er erzählt uns von den überaus großen Verdiensten der Sowjetunion, den großen Errungenschaften, die der Kommunismus aufzuweisen habe und dass die Einzelbauernwirtschaft bei uns überholt sei. Das Land, die Schweine und Kühe, müssten zusammengetan werden zu großen Betrieben, die man in der SU Kolchosen nennt. Ich bin sehr erstaunt und platze heraus:

»Ja, und dann werden sie an der Wolga entlanggetrieben!« Einige Schüler lachen, andere blicken mich erstaunt an, vielleicht, weil ich mir viel herausgenommen habe. Der Lehrer ist sehr böse und bezeichnet das als Boykotthetze. Er meldet mich beim Rektor. Ich werde regelrecht verhört und stehe kurz vor dem Rausschmiss. Es nützt nicht viel, dass ich mich herauszureden versuche. Inzwischen hatte der Vater trotzdem, aufgrund unserer besonderen Verhältnisse, einen Antrag auf Schulgeldbefreiung gestellt. Prompt wird er abgeschmettert mit der entsprechenden Begründung. Der Vater bezeichnet mich als Esel, der sich durch eine unbedachte Äußerung alles verbaut habe. So dürfe man nicht argumentieren.

»Wenn du was zu sagen hast, dann muss das sachlich vorgetragen werden und nicht so spontan.« Ich begreife, dass man seine wahre Meinung nicht sagen darf. So beginne ich mich anzupassen und vorerst so manchem nach dem Mund zu reden. Die Schule nehme ich nicht mehr ernst.

Der Herbst ist regnerisch und trüb. Die Sonne hat sich hinter den Wolken verkrochen, und der Altweibersommer lässt auf sich warten. Hinzu kommt die schlechte Versorgung mit Lebensmitteln, Kleidung und Schuhwerk. Die Lebensmittelkarten reichen nicht hin und nicht her. Nach und nach kehren weitere Kriegsgefangene heim, zunehmend auch aus russischer Gefangenschaft.

Sie kommen in das Dorf, in dem das Leben schon kräftig pulsiert, fühlen sich aber noch fremd und unbeholfen. Sie müssen erst alles verarbeiten und nachvollziehen, was geschehen ist: Im Amtssessel des Bürgermeisters sitzt ein Kommunist, das Gut existiert nicht mehr, und die Neubauern wühlen wie die Maulwürfe auf ihren Äckern. Albert Göbel kommt aus dem Land der tausend Seen und Fjorde und hat sich eine blonde Norwegerin mitgebracht. Fortan heißt er nur noch Norweger-Albert.

Was für eine verdrehte Welt, lässt er sich aus. Wühlt nur so weiter, dann habt ihr bald alles umgekrempelt und auf den Kopf gestellt. Aber was sie umgekrempelt und auf den Kopf gestellt haben, findet seine Zustimmung nicht. Wie ruhig hat er doch in Norwegen gelebt. Jetzt bedauert er, dass er zurückgekommen ist, zurückgekommen in ein kaputtes Deutschland, in dem die Kommunisten ein neues Unglück heraufbeschwören könnten.

Der Hauptmann hat seine Mission fast beendet. Er denkt in banger Sorge an seine deutsche Geliebte, die ein Kind von ihm unter dem Herzen trägt. Er möchte die blonde Ulla heiraten und vielleicht hier in Deutschland bleiben, aber was werden seine Vorgesetzten dazu sagen? Trübsinnig sitzt er in seinem Büro am Munischacht, als hoher Besuch unverhofft und unangemeldet eintrifft.

Major Dsilichow, sein unmittelbarer Vorgesetzter und Kommandant, kommt persönlich mit einer Eskorte Soldaten, darunter ein Offizier im Kapitänsrang und zwei Leute in Zivil. Die zwei in Zivil sind Leute vom NKWD, dem sowjetischen Geheimdienst. Draußen vor der Tür steht ein Militärtransporter mit Gitterstäben vor den Fenstern. Hauptmann Saratow spürt, dass etwas gegen ihn im Gange ist. Die Gedanken kreisen in seinem Kopf. Er hat hier doch alles nach bestem Wissen und Gewissen getan. Mit ganzer Kraft hat er sich für die Umsetzung des Befehls 234 eingesetzt, der wichtige Maßnahmen zur Verbesserung der Lebenslage enthielt. Das Leben der Deutschen auf den richtigen Weg zu bringen, so wie die SMAD es verlangte – was immer das auch heißen mag – hatte ihn viel Kraft gekostet. Nun hatte er seine Aufgabe in der ehemaligen Heeresmunitionsanstalt erfüllt und viele Menschen für sich gewonnen. Aus Feinden waren Freunde geworden. Und er mochte diese Menschen, mochte sie mit all ihren Schwächen und Gebrechen, mit all ihren Sorgen und Nöten, ihrer Verzweiflung und ihrem Mut. Besonders seine Ulla und ihr Kind, das an ihm wie an einem Vater hing. Und er freute sich auf ihr gemeinsames Kind. Wenn er nicht hier bleiben durfte, dann würde er die Frau mit ihrem Kind einfach mitnehmen und ein neues Leben in seiner Heimat anfangen. Doch dann wird ihm blitzartig klar, was der unliebsame Besuch bezweckt. Wie konnte er nur so blauäugig sein und glauben, dass man seine Liebschaft dulden würde.

Michail Saratow bietet den Herren einen Platz an. Nach einem vielsagenden Schweigen beginnt das Gespräch, vielmehr das Verhör. Der Mann in Zivil stellt fest: »Sie haben hier gute Arbeit geleistet. Der Schacht ist fast vollständig von Munition geräumt, im Dorf haben Sie unsere Interessen vertreten und mit den Menschen gut zusammengearbeitet. Wenn ich mir nur eine Kritik erlauben dürfte – Sie sind mit den Menschen zu sehr vertraut. Sie verstehen mich?« Der Hauptmann versteht, entgegnet aber nichts.

Er merkt, wie sich etwas über ihm zusammenbraut, dass sie ihn in den Abgrund stoßen wollen. Vielleicht ist es klüger, nichts zu entgegnen und auch keinen Versuch wagen zu wollen, sich zu rechtfertigen. Er nickt nur und schweigt. Der Mann fährt fort: »Nun, wie uns scheint, sind Sie sehr weit gegangen, zu weit, wie wir meinen.« Der Geheimdienstler wirft einen lauernden Blick auf Michail, und Major Dsilichow nickt beifällig. »Nun sagen Sie schon, was Sie eigentlich meinen!«, braust der Hauptmann auf, und seine Worte kommen ihm zu laut vor.

»Sie hätten sich nicht mit dieser Frau einlassen sollen, mit dieser Deutschen. Das ist gegen jede Vorschrift. Wussten Sie das nicht?«

»Nein, das wusste ich nicht, hätte es aber wissen müssen. Ich liebe diese Frau, wir bekommen ein Kind und wollen heiraten.«

»Das wissen wir bereits, nur ... das Heiraten schlagen Sie sich mal schnell aus dem Kopf. Das kommt überhaupt nicht infrage. Wie stellen Sie sich das eigentlich vor? Sie, ein sowjetischer Offizier und diese ..., diese Deutsche. Nein, ganz ausgeschlossen. Wollen Sie etwa hier mit ihr leben?« Michail wünscht sich nichts sehnlicher als das, aber er sieht ein, dass dieser Wunsch ein Traum bleiben wird. »Vielleicht könnte ich sie, wenn hier alles beendet ist, in die Heimat mitnehmen?« Michail stellt die Frage bangend, obgleich er weiß, dass sie abschlägig beschieden würde.

»Sie werden hier abberufen und zwar sofort! Auf Ihren Platz wird Alexej Woljubkin berufen. Übergeben Sie ihm alle Unterlagen und kommen Sie mit!« Dsilichow winkt einem Soldaten, der dem Hauptmann Koppel und Pistole abnimmt. Dann geht alles sehr schnell. Michail Saratow wird sanft aber bestimmt zu dem Transporter geleitet und spürt bedrückend, dass hier alles für ihn zu Ende ist. Er wird seine Ulla nie wiedersehen und sein Kind nie kennen lernen. Michail blickt sich noch einmal um. Sein Blick streift die bewaldeten Höhen, die vertraute Umgebung. Ach, hätte er doch niemals etwas mit dieser deutschen Frau angefangen. Wie konnte er an dieses Militärwesen und an seine Menschlichkeit glauben? Wo hatten diese Menschen ihre russische Seele gelassen? Sie hatten sie verkauft, verkauft an ein System, in dem das Wolfsgesetz herrschte, in dem über dem Schwächeren immer noch ein Stärkerer war und seine Macht rücksichtslos gebrauchte.

Der ehemalige Hauptmann der Sowjetarmee steigt in den Transporter, es wird dunkel um ihn. Als stolzer Sieger war er nach Deutschland gekommen, nun fährt er als Geschlagener und zur Strecke Gebrachter zurück. Er fährt auf den Straßen des einstigen Triumphs ins Ungewisse. Nach Jahren kommt ein Brief. Wir schreiben ihm von seinem Sohn, der schon zur Schule geht und den die Mitschüler *Russe* nennen, von seiner Ulla, die bald darauf einen Neubauern geheiratet hat. Danach bricht die Verbindung ab.

Alexej Woljubkin, der so eifrig dem Alkohol zuspricht, setzt sich an den Schreibtisch des Hauptmanns, als ob sich nichts ereignet hätte. Er lässt den Dolmetscher rufen und verständigt sich mit ihm. Die wichtigste Arbeit sei hier getan. Sie bräuchten ihn in der SAG-Wismut. Dort sei nun seine neue Wirkungsstätte. Die Uranförderung gehe nur langsam voran, man müsse sie kräftig ankurbeln. Und das müsse den deutschen Arbeitern jemand plausibel machen. Und dieser Jemand solle er sein. Und das sei ein Befehl! Er möge nicht auf den Gedanken kommen, dem Befehl nicht Folge zu leisten. Aber er würde ja gut dafür bezahlt. Ein schwerer Schlag für den Vater. Am Haus ist noch so viel zu tun, die Familie braucht ihn dringend, aber es bleibt ihm nichts andres übrig. Vater packt seinen Koffer und fährt ins Erzgebirge. In Oberschlema, nahe von Schneeberg, fährt er ein in den Schacht. Tag und Nacht muss er den neuen Herren zur Verfügung stehen. 74 Kilometer Stollen Uranbergbau durchziehen das Schlemaer Land. Bis zu 1800 Meter sind die Schächte tief. Das Schwarze zwischen dem Erzgestein ist das begehrte Uran. Keine Alpha-Strahlung wie bei der Hiroshimabombe, sondern nur weiche, ungefährliche Gamma-Strahlung, die selbst von der Kleidung abgeschirmt wird, versprechen die Schacht-Oberen. Was da zum Leuchten gebracht wird, ist das Radon oder Radium. Und Radon ist ein völlig *harmloses* Edelgas. Beim trockenen Bohren hingegen entsteht Radonstaub und zerfällt zu Alpha-Strahlung. In die Lungen inhaliert, löst er Silikose aus. Erst viele Jahre später ist von der Radon-Staublunge die Rede. *Schneeberg-Krankheit* ist das gängige Schlagwort. In Aue und Oberschlema drängen sich die Arbeiter. Seit die SAG dort präsent ist, gibt es Lebensmittel-Sonderzuteilungen, Schnaps und andere Vergünstigungen. Erst spät, im Oktober 1945, sind die Russen gekommen. Vorher waren die Menschen nahe am Verhungern. Sie holten Löwenzahn und Brennnesseln von Wiesen und Hängen, fuhren weit außerhalb des Erzgebirges zu Hamsterfahrten und setzten das Wenige von Wert um gegen Lebensmittel. Nun gibt es wieder Arbeit und Brot und sogar vor der eigenen Haustür. Und der Lohn im Uranbergbau ist im Verhältnis zu anderen Tätigkeiten gegenüber Handwerk und Industrie sehr hoch. Bis zu 2000 Mark im Monat mit der so genannten planerfüllten Erzzulage. Der Vater und die Familie können das Geld gut brauchen. Schachtleiter ist der Russe Stepanow, ein spezialisierter Ingenieur mit Erfahrungen im Bergbau, heißt es. Er ist sehr ungeduldig. Die SAG-Leitung sitzt ihm im Nacken. Der Vater muss seine Anweisungen getreu übersetzen. Er macht ihn verantwortlich für die Planerfüllung. Doch Vater eignet sich nicht als Antreiber. Sie drohen ihm und er gibt die Anweisungen weiter an die Kumpels. Dennoch geht es mit der Förderung des wichtigen Urangesteins nicht voran. Diese faulen Deutschen wollen erst mehr essen und dann mehr arbeiten. Trotz größerer Zuteilung an Lebensmitteln, um die Produktion voranzubringen, können sie nicht viel mehr schaffen. Veraltete Technik, marode Maschinen, Spionageverdacht und Verhaftungen sind an der Tagesordnung. Stundenlange Verhöre – der Vater muss dolmetschen. Viele Arbeiter werden bald unter fadenscheinigen Gründen in die Gefängnisse geworfen und verbüßen Haftstrafen. Im Büro der Sowjetischen Aktien Gesellschaft wird der Vater zur Rede gestellt: »Sie sind verantwortlich für eine höhere Tagesproduktion. Das Fördersoll ist Gesetz und muss erfüllt werden! Ich habe meine Befehle. Vierzehn Tage gebe ich Ihnen noch Zeit. Wenn sich dann nichts ändert, werden Sie mich kennen lernen!« Vater hat den Ernst der Lage erkannt, gibt sich die größte Mühe, aber es nutzt nichts. Ohne große Umschweife versetzten sie ihn in die Kolonne der Bergarbeiter. Er soll ausspionieren, warum nicht mehr gefördert wird. Nach vierzehn Tagen hat sich immer noch nichts geändert. Sie bestellen ihn zum Rapport, machen ihm klar, dass er nicht sehr kooperativ sei. Er führt die bekannten Gründe an, doch die lassen sie nicht gelten. Sie wollen die Namen der Bremser, der Saboteure wissen. Der Vater kann oder will ihnen keine nennen. Zur Strafe schicken sie ihn mit Hacke und Schippe vor Ort. Fördermann heißt die neue Berufsbezeichnung. Der nächste Schritt ist der zum Lehrhauer und Hauer. Als Fördermann hat er die Aufgabe, die Hunte zu füllen, den Stollen auszukratzen, nach dem Schießen durch Rauch und Staub zu kriechen und die Brücken abzuräumen. Brücken, die als lockeres Felsgeröll über den Köpfen der Kumpels hängen und sie zu erschlagen drohen. Die Hunte fahren vorbei mit dem begehrten Uranerz – schweiß- und blutbeladen von den sich zu Tode schindenden Bergleuten, und oben lacht die Sonne über dem schönen Erzgebirge. Zugluft und Nässe lösen Erkältungen aus. Kein Frühstück, kein Mittag Untertage, nur das bisschen Brot, das die Kumpels mitgebracht haben, dazu eine Flasche voll Brunnenwasser. Anfangs gibt es nur Stahl- oder Feuerwehrhelme, oben drauf das Helmlämpchen, das oft nicht leuchtet, weil die Batterie leer ist. In Badehose und Gummijacke kriechen die Bergleute durch die Stollen. Bohren – Schießen – Abbauen, Tag für Tag. Und das im Dreischichtbetrieb. Und auf der Heimfahrt mit den Vorortzügen das blanke Chaos. Wenn jemand unterwegs irgendwo aussteigen will, weil er dort wohnt, zieht er einfach die Notbremse. Dadurch kommen die anderen

Kumpels sehr spät nach Hause. Deutsche Polizei rückt mit Motorradgespannen und Hunden an. Sie wollen für Ordnung sorgen, doch die Kumpels gehen auf die Hunde mit ihren Pickeln los. Immer wieder Unfälle, sogar Totschlag und Mord. Die Kripo kommt mit den Untersuchungen nicht nach. Oben kaum Waschgelegenheiten. Eine Kaue oder so etwas wie einen Waschraum gibt es nicht. Ein paar Fässer, eine alte Wanne, in denen man sich abspülen kann. Jeder

Erste Volkspolizei

hat gewusst, worauf er sich einlässt, wenn er bei der Wismut anheuert, heißt es. Aber am Anfang hat es keiner gewusst. Mancher wurde auch zwangsverpflichtet. Viele sahen nur das Geld. Jeder, der in den Schacht einfährt, hat einen speziellen Ausweis mit den gekreuzten Hämmern. Für Übertage wieder einen anderen. Die Sicherheitsvorkehrungen sind streng. Schwere Strafen drohen bei Verstößen. Das Schachtgelände ist durch Stacheldraht und Bretterverschläge abgeschirmt.

Bei der Ausfahrt leuchtet eine Lampe auf, wenn ein Kumpel ein Klümpchen Uranerz eingesteckt hat. Auch Frauen arbeiten Untertage. Sie zerschlagen die großen Gesteinsbrocken mit schweren Fäusteln. Nur eine kleine Schutzbrille schützt die Augen vor Steinsplittern. Später erhalten sie Masken gegen den Staub. Eine junge Frau wird immer wieder ausgesondert, weil die Lampe aufleuchtet. Schließlich muss sie sich splitternackt ausziehen und wird mit dem Geigerzähler abgetastet, aber sie hat kein Erz dabei. Und endlich finden sie die Ursache: Ihre Haare sind voller Uranstaub. Nach der Ausfahrt sitzen die Kumpels und Kumpelinnen in den Kneipen, meist in ihren verdreckten Arbeitsklamotten. Wenn die Stimmung steigt, beginnen sie zu singen: *Glück auf, Glück auf! Der Steiger kommt. Und er hat sein helles Licht bei der Nacht schon angezündt, schon angezündt… Und wir graben das Silber und Erzgestein.* Sie aber graben das Atomgestein für das Kräftegleichgewicht und den *Frieden*. Die Zeit drängt. Im Wettlauf mit den Amerikanern muss die Bombe her, die Bombe, die die Welt erzittern lässt und das Kräftegleichgewicht wiederherstellt. Nur wissen sie es noch nicht. Denn ohne Kräftegleichgewicht wäre die Welt vielleicht im radioaktiven Staub versunken.

Hinterbliebene Kriegswitwen suchen sich die Männer in den Kneipen. Sie sind ausgehungert nach Liebe. In den Gräben, an Hecken und Hängen, wälzen sich die Liebenden und sogar in den Bahnen geht es hoch her. Grobe, zotige und anzügliche Worte fliegen hin und her, Geschlechtskrankheiten gehen um. Und alles wegen dem spaltbaren Material. Zehn Kilogramm des U 235 reichen für eine Initialzündung.

Wie viele Bomben sind mit den 220.000 Tonnen geförderten reinen Urangesteins gebaut und wie viele bei Versuchen gezündet worden? Nun liegen sie da als tickende Zeitbomben und verrotten. Wann wird der nächste Supergau die Menschheit erschüttern? In einem der Schächte hat einer an die Stollenwand geschrieben: *Und aus den großen Höhlen wird etwas kommen, was die Menschen zerfrisst.* In einigen Wohnsiedlungen sind die Wohnungen weit mehr als mit den zulässigen 250 Becquerel belastet. Die Menschen leben mit der täglichen Gefahr, sie wissen es nur noch nicht. Wenn sie es erfahren, wird es zu spät sein.

Becquerelstrahlen – eine Entdeckung des ausgehenden 19. Jahrhunderts in seiner wundersamsten Art. An der zu Joachimstal in Böhmen, aber auch in Norwegen, in Cornwall und nicht zuletzt hier in Sachsen vorkommenden Pechblende, einem schwarz glänzenden Metall, das auch als Uranpecherz bezeichnet wird, fand der Physiker Becquerel merkwürdige Eigenschaften, die seiner Meinung nach von dem darin enthaltenen Element Uran herrührten. Er verschloss das Präparat in einem Kästchen, das seitdem im Dunkeln ununterbrochen leuchtete. Die grünlich glänzenden Strahlen durchdrangen nicht nur die Wände des Kästchens, sondern sogar die geschlossenen Augenlider. Mit besonderem Erfolg widmete sich Professor Pierre Curie im Verein mit seiner Gattin in Paris der Erforschung des wunderbaren Stoffes, der mit seiner Strahlung eine unerhörte Erscheinung hervorrief. Sie glaubten neben dem Uran zwei neue Elemente zu entdecken, die jene Lichterscheinung in noch stärkerem Maße als jenes zeigten.

Der polnischen Entdeckerin Maria Sklodowska (spätere Curie, Ehefrau des Pierre, 1867–1934, Nobelpreis 1911) zu Ehren wurde das eine Polonium genannt und das andere wegen seiner strahlenden Eigenschaft Radium.

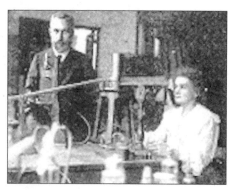

Das Ehepaar Curie beim Messen der Lichtstärke von Radium

Selbst Blinde, die noch schwach lichtempfindlich waren, spürten es, wenn ihnen Radium vor die Augen gehalten wurde. Bald regte sich aber Zweifel, ob das Uran überhaupt Strahlungsfähigkeit (Radioaktivität) besitze. Heute ist dieser Zweifel, wie in unzähligen Versuchen bewiesen, beseitigt. Annähernd 80.000 Menschen arbeiteten in den Schächten der Wismut, Zehntausende erkrankten am BK (Bronchial-Karzinom). Bisher starb beinahe jeder Zehnte an der durch Strahlung verursachten Silikose, und viele litten und starben noch viele Jahre danach einen schleichenden Tod. Wie viel Erde braucht der Mensch? Nicht mehr, als am Ende in die Zwei-Meter-Sohle einzufahren. *Ich bin Bergmann, wer ist mehr? Glück auf, der Steiger kommt!* Wofür haben die Wismut-Kumpel ihre Knochen und Körper hingehalten?

Im Westen große Geldentwertung. Die Währungsreform ist auch ein Schlag gegen uns. Wir können mit unserem Geld drüben nichts mehr kaufen. Spalterpolitik, ein Schlag gegen die Einheit Deutschlands, Unterwerfung der westlichen Besatzungszonen unter die Westmächte, dröhnt die Presse bei uns. Blockade der Russen um Berlin. Amerika lässt Westberlin nicht im Stich. Rosinenbomber bringen einhundert Tonnen Lebensmittel täglich, sogar Brennstoffe erreichen die Stadt über die Luftbrücke.

Anfangs schreibt ein Onkel namens Kurzweg aus Berlin und bittet um Unterstützung – Lebensmittel. Mein Vater zögert nicht lange und hilft. Als der Onkel mit dem Schwarzhandel genug verdient hat, hätte er etwas zurückgeben könne, doch das tat er nicht – davon wird später noch die Rede sein. Vater ist sehr gütig und hilfsbereit, wenn es um seine Verwandtschaft geht, obgleich wir selbst nicht genug haben.

Kaum ist die Propaganda verrauscht, ziehen unsere Verwaltungen nach. Westmark gegen Ostmark, da erübrigt sich die Frage nach der stärkeren Währung. Unsere ist nichts wert, aber wir arbeiten ebenso hart wie die im Westen. Nur kommt wenig dabei heraus.

Wir müssen den großen Bruder miternähren – eine halbe Million Tonnen Getreide geht in die SU, ungeheure Reparationen leisten, unken vorlaute Stimmen. Sie bauen unsere Eisenbahngleise ab, demontieren alles, was nicht niet- und nagelfest ist. Wie sollen wir da vorankommen! Im Mittelbau Dora haben sie sogar die verbleibenden Ingenieure und Häftlinge gezwungen, aus dem, was die Amerikaner übrig gelassen haben, die V2-Rakete zusammenzusetzen und abzutransportieren, sagt einer unter vorgehaltener Hand, der dort eine Zeit lang gearbeitet hat.

»Das wird nicht viel sein«, bemerkt ein anderer. »Der Herr Wernher von Braun ist doch längst bei den Amerikanern. Der hat doch nichts für die Russen gelassen, außer dem wertlosen Raketenschrott.« Nun haben Schieber und Spekulanten Hochkonjunktur. Eine Westmark oder D-Mark gegen neun oder zwölf Mark Ost ist der gängige Kurs. Vater hat von seinem letzten Geld die Rechnung für die Treppe und den Fußboden bezahlt. Jetzt sind wir blank und warten auf das neue Geld.

Langsam schreitet neben dem politischen Leben auch das kulturelle Leben fort. FDJ-Leben, Partei-Leben, Agrar-Leben nach der Bodenreform und Pionier-Leben nach Gründung der Pionierorganisation Ernst-Thälmann bestimmen den politischen Alltag. Jetzt feiert das Dorf das erste Kirmesfest nach dem Krieg. Endlich einmal feiern, alle Not und alles Elend vergessen. Einmal abschalten von den Alltagssorgen und hinein ins Vergnügen.

Die Kirmes erfordert tagelange und wochenlange Vorbereitungen. Die Wohnung erhält oft ein neues Gewand. Im Inneren werden die Wände und Decken geweißt, die Zimmer, wenn möglich, tapeziert. Letzten Endes die Fußböden und Treppen blitzblank gescheuert. Großen Aufwand betreiben die Frauen mit dem Backen der Kirmeskuchen. So sieht man sie die letzten Tage vor dem Fest mit den großen runden Kuchenblechen auf dem Kopf durch den Ort zum Backs laufen.

Die Frau des neuen Lehrers hat unter das große Kuchenblech mit Kreide *Lehrer Brandt* geschrieben, da es im Dorf mehrere Personen gleichen Namens gibt. Die Luft ist vom Duft des herrlichen Gebäcks durchzogen, dass einem das Wasser im Munde zusammenläuft. Wer es sich leisten kann, schlachtet ein Schwein, wer nicht, sticht wenigstens einen Hammel ab oder ein Ziegenböckchen. Und die Kinder singen: *Wenn Kermesse äss, wenn Kermesse äss, do schlacht min Vadder än Bock, do danzt mine Mutter, do danzt mine Mutter, do flejet dar rote Rock!* Wir schlachten eine Kirmesgans.

Vater sticht sie in den Kopf, lässt das Federvieh los; da wird es wieder lebendig und rennt über den Hof, bis es vorn überkippt und mit den Läufen strampelt. Und ich muss mich gleich mit hinsetzen und Federn schleißen, was mir sehr zuwider ist. Zu der Gans gibt es Pellkartoffeln und Rotkohl aus dem eigenen Garten. Höhepunkt ist der Kirmestanz am Kirmessonntag und oft auch noch am Kirmesmontag. Die Kapelle Große spielt mit fünf Mann. Das Akkordeon treckt der kleine Heinz Häwel auseinander. Wir nennen ihn nur den kleinen Häwelmann. Ich beneide meine Schwester, denn sie darf schon auf den Tanzboden.

Sie hat sich eine Sambafrisur aufgedreht und sitzt mit ihren Freundinnen auf harten Bänken vor den alten Frauen des Dorfes, die genau aufpassen, wer mit wem öfter tanzt. Dann tuscheln sie untereinander und tratschten darüber, ob und wie die zueinander passen oder auch nicht. Geht einmal ein Mädchen nicht mit, das aufgefordert wird, überreicht ihm der Bursche ein Pfennigstück, und wenn er gut bezahlt,

Umzug mit Musikanten der Kapelle Kaltenhäuser aus Gernrode

spielt ihm die Kapelle zum Spott für das Mädchen eine Extratour: *Oh, du alte Pappschachtel* ... oder *Die Ziege muss zum Bocke* ... Nach so einer Melodie zu tanzen, ist bestimmt kein Vergnügen. Hans-Karl mit seinem roten Schopf wie ein Feuermelder hat schon das dritte Mal die dicke Hanne durch den Saal geschwenkt, da verlassen die ersten Pärchen den Saal zum *Abkühlen*. Wir stehen vor den Saalfenstern und drücken uns die Nasen platt. Vor der Kloecke drücken sich Zwei an die Wand und spielten *Rubbel die Katz*. Sie stehen dicht bei dicht und schubbern sich fast Kleid und Hose durch. Heute würde man das Petting nennen. Dann die obligatorischen Walzer-Potpouri-Melodien: *Freut euch des Lebens, Großmutter wird mit der Sense rasiert – Dort oben auf dem Berg, da steht ein Soldat, der hat in der Hose Kartoffelsalat, holla di hia, holla di ho!* – *Zwei Mädchen, die saßen auf einer Bank, die eine war dick, die andere schlank, da sprach die Schlanke zur Dicken, das kommt vom vielen Frühstücken!* Hans-Karl singt besonders laut, nachdem er sich abgekühlt hat. Am nächsten Tag Musikalischer Umzug mit Hammellauf. Eine Mütze weniger, als Jungen oder Mädchen mitlaufen, liegt auf dem Rasen. Wer gewinnt, wird Hammelkönig und muss den ganzen Abend mit dem Gewinner – Mädchen tanzen. Pulveringe hat bei den Mädchen gewonnen und um sicher zu gehen, dass sie ihren Burschen auch an diesem Abend bekommt, liegt sie schon um Mitternacht nackt in seinem Bett.

Der ist so betrunken, dass er es erst am Morgen merkt. Aber dann hat er sich doch noch besonnen und ist seiner Mannespflicht nachgekommen. Ein Zwillingspärchen zeugt nach neun Monaten von dieser Nacht. Am Kirmesmontag dann Umzug und Darbringung von Ständchen.

Jeder einigermaßen Prominente – der Bürgermeister, der Ortsparteisekretär und sogar der Bäcker kriegen ein Lied gespielt. Das Zücken des Portmonees fällt dafür umso leichter. Kirmes ist das Fest, das neuen Lebensmut gibt und den Alltagstrott ein wenig in den Hintergrund treten lässt.

Das ganze Dorf ist bestürzt über die Abberufung des Hauptmanns. Sie haben ihn nach Sibirien gebracht, meint Norweger-Albert. Sagt es aber nur hinter vorgehaltener Hand. Er fürchtet, sie könnten seine junge Braut aus dem hohen Norden ausweisen, deshalb hält er sich mit weiteren Äußerungen zurück. Ulla Sommerfeld ist verzweifelt. Sie stellt Alexej zur Rede. Der weicht ihr aus. »Er ist versetzt worden«, sagt er schließlich, »wie das beim Militär nun einmal ist.«

»Wohin versetzt?« »Das weiß selbst ich nicht.« Sie geht unverrichteter Dinge und spürt wie zum Hohn, das Strampeln ihres Kindes in ihrem schon stark gewölbten Bauch. Sie kommt zu uns nach Hause und hofft, dass ihr der Vater Aufschluss geben könnte, aber vergebens. Sie geht zu Rompe und macht ihm Vorhaltungen, als ob der etwas dafür könnte.

»Das ist ja wie bei den Nazis«, sagt sie aufgebracht. »Die haben auch jeden ins KZ gebracht, der nur das Geringste verbrochen hatte. Aber

Michail hat doch nichts gemacht. Warum haben sie ihn weggebracht, warum?«
»Sie werden schon ihre Gründe haben und ihre Vorschriften. Wie kannst du so etwas sagen? Zwischen den Nazis und dem sowjetischen Militär ist doch wohl ein großer Unterschied!« Was der Unterschied war, konnte der Bürgermeister nicht erklären. Und Ulla wollte ihn auch gar nicht wissen.
»Wenn sie mir schon Michail genommen haben, so könnten sie mir auch das Herz herausreißen«, sagt sie und schluchzt herzerweichend. Gertrud, Mitglied der Bodenreformkommission und stellvertretende Bürgermeisterin, nimmt sie in den Arm und versucht sie zu trösten. Ulla geht hinaus mit verweintem Gesicht. Sie begreift, dass sie ihren Michail für immer verloren hat.

Winter im Thüringer Land. Schnee und Kälte in Hülle und Fülle. Über Berg und Tal liegt's wie weißes Leichentuch, unten im Tal das Dorf fast zugedeckt. Dazu das Krächzen hungriger Raben und heiseres Bellen der Füchse im dunklen Tannenforst. Wie ein Eiland der Melancholie schwimmt das Dorf mitten im Schneeozean. Rauch steigt langsam aus den Schornsteinen empor, das einzige Zeichen, dass die Stätte bewohnt ist. Stellenweise liegt die weiße Pracht über einen Meter hoch. Ganze Wege und Ortszufahrten sind verweht. Die immergrünen Tannen neigen sich unter der Last der Schneekristalle. Die Friedenssaat ruht sicher zugedeckt unter dem weißen Bett. Ein vorwitziger und hungriger Hase knabbert an kleinen Obstbaumstämmchen, an denen das Mark hell hervorschimmert. Briefträger Misera stapft sich jeden Morgen aufs Neue seinen mühsamen Fußweg über den Berg. Er führt ihn über zwei Dörfer bis zu seinem Heimatort, wohl über zehn Kilometer, die Wege und Gassen nicht eingerechnet, die er abzulaufen hat. Und trotzdem ist er die Pünktlichkeit in Person. Er bringt die Nachrichten – gute und schlechte. Wer jetzt noch nicht heimgekehrt ist, wird wohl nie mehr zurückkommen, meinen die Frauen und Mütter, die immer noch auf ihre Männer und Söhne warten. Die alte Hermine steht vor ihrer kleinen Kate und wartet auf Nachricht von ihren Söhnen. Der Postbote überreicht ihr gleich zwei Briefe. Zwei Briefe auf einmal, das kann sie gar nicht fassen. Sie bricht sie auf, liest darin und wankt vor Freude, lacht und weint in einem und muss gestützt werden. Die Söhne kommen aus der Gefangenschaft zurück, sie kommen tatsächlich zurück. Die Freude ist unbeschreiblich. Aber sie leben nicht lange. Beide sterben innerhalb von wenigen Jahren. Die alte Mine wird bald eine verwaiste Witwe. Aber sie tröstet sich und sagt die lapidaren Worte: »So ist nun mal das Leben. Der Herr hat's gegeben und auch genommen.«

Freddy Quinn singt vom *...brennend heißen Wüstensand, fern, so fern dem Heimatland. Dort wo die Blumen blühn, dort wo die Täler grün, da war* ich einmal zu Hause. Das Lied treibt den *Evakuierten* Tränen in die Augen. Noch nie hat ein Lied die Menschen so angesprochen und gerührt, vielleicht ausgenommen das Lied von der *Lilli-Marleen*. Sie ahnen schon, dass sie die Heimat für immer verloren haben. Für uns ist das Ganze nicht so schlimm. Seit Weihnachten sind wir im eigenen Haus. Unschätzbar. Ein eigenes Haus zu besitzen, ist das Größte, so meinen viele, die ihr Haus verlassen mussten. Manche kennen kaum die Sorgen und Mühen, die mit dem Bauen eines Hauses verbunden waren in dieser Zeit, wo es nichts gab. Sie wissen nicht um das Rennen nach jedem Ziegelstein, nach jedem Körnchen Sand oder Bindemittel. Da liegt man abends geschafft im Bett und denkt bang an den morgigen Tag, was alles zu tun sei und was man schaffen möchte. Bedenkt einmal auch den Ausspruch:

Wer sein Haus nicht unterhalten kann, muss es verkaufen. Und was gebaut und nicht unterhalten werden kann, verfällt alsbald, und der Ruin ist vorprogrammiert. Über der Treppe im oberen Geschoss sind ebenso viele Zimmer wie unten. Wir bräuchten sie dringend für unsere große Familie, die sechs Personen, aber nichts geht voran. Vater schreibt Antrag um Antrag auf Baumaterial, aber alles vergebens.

Wir sind keine Neubauern, denen anfangs geholfen wird. Sie erhalten bevorzugt Grundstücke und Material für Häuser und Stallungen, beide aneinander gebaut. Sie müssen das Volk miternähren, wir hingegen gehören zu denjenigen, die ernährt werden müssen. Das ist ein gravierender Unterschied. Hinzu kommt, dass sich der Vater aus allem Politischen heraushält, dadurch mit keinerlei Beziehungen aufwarten kann.

Er kommt von Aue krank nach Hause zurück, hat mit den Nikotinzigaretten aufgehört, raucht nur noch Asthmazigaretten. Mentholgeruch durchzieht das ganze Haus. Ob das hilft? Das bezweifelt auch Doktor Heitsch. In der Kirche ist heute der Stellvertreter des Pfarrers gefragt. Krieger ist krank und sitzt unten im Seitenseparee des Kirchenschiffes, das vormals vom Gutsbesitzer eingenommen wurde. Haas muss also einspringen. Einspringen in einer hohen Zeit des Kalenderjahres, in der Weihnachtszeit, dem Advent und an dem Tag der Geburt des Gottessohnes.

Das ist ein Lichtblick für den Neuen, eine bedeutsame Chance für seine Ambitionen. Und er will die Gunst der Stunde nutzen und mit einer wortgewaltigen Predigt die Menschen der Gemeinde auf- und wachrütteln, sie herausreißen aus dem täglichen Überlebenskampf und sie zuwenden dem Heil, das von dem Christuskind ausgeht. Der Pfarrer in spe hat seine poetische Ader, sowohl bei den Versen Salomos als auch bei den Gedichten der großen Poeten Rainer Maria Rilke und Heinrich Heine entdeckt, obgleich deren Gegensätze kaum vereinbar sind. Heine, der alles Poetische in Religion, Liebe und Vaterland ins Lächerliche zu ziehen (zu travestieren) verstand, der vom Eiapopeia des Himmels sprach, das dem Lümmel Volk vorgegaukelt werde, und Rilke, der mit seiner Lyrik im *Herbst des Lebens* sein Gottvertrauen ausdrückte.

Siegbert Haas hat sorgfältig eine wortgewaltige Predigt ausgearbeitet. Sie geht allen an die Nieren. Er spricht vom Gänsebraten, den auf dem Dorf sich viele schon leisten können, appelliert an Mildtätigkeit gegenüber den Armen und Schwachen, und in seinen Gebeten schließt er auch die Oberen mit ein. Er spielt in sonderbarer Weise auf Heine an und erwähnt das Stückchen Himmelreich, das schon auf Erden zu errichten sei. Ein wenig abwegig sind dann auch die Sprüche aus dem Hohen Lied:
Ich bin die Blume zu Saron und eine Rose im Tal. Wie eine Rose unter den Dornen, so ist meine Freundin unter den Töchtern. Wie ein Apfelbaum unter wilden Bäumen, so ist mein Freund unter den Söhnen. Ich sitze unter dem Schatten, des ich begehre, und seine Frucht ist in meiner Kehle süß. Und am Ende des Gottesdienstes steht er an Stelle von Krieger vor dem Portal und reicht jedem jovial die Hand. Krieger wartet ein bisschen, geht dann auf seinen Stellvertreter zu und umarmt ihn des Lobes voll. Er hat die abwegigen Sprüche nicht bemerkt, da er kurz eingenickt war. Das bläht Haas auf und treibt ihm den Stolz in die Augen. Und bald überträgt Krieger ihm weitere Aufgaben, ohne ihn zu kontrollieren.

Doch vorher soll noch berichtet werden, wie Siegbert Haas sein Leben erträglicher zu gestalten verstand. Nachdem er nicht mehr auf das Beisein von Krieger achten muss, macht er seine eigenen Gesetze, bringt die Reihenfolge der Predigttexte, die Gebete und Gesänge durcheinander, legt die kirchlichen Zeremonien nach eigenem Gutdünken fest. Aber letztlich überwiegt sein gewaltiges Wort von der Kanzel, wühlt die Menschen auf in ihrem tiefsten Inneren, gibt ihnen Trost und Hoffnung, die schweren Zeiten zu überstehen. Bald scheint es, dass er mehr Gewicht auf das Weltliche legt, denn auf das Geistliche.

Auf seinem Kirchhof wimmelt es nur so von allerlei Getier. Es gackert und schnattert, kreucht und fleucht, quiekt und blökt, hoppelt die Kreuz und die Quer, dass ein echter Bauer neidisch werden könnte. Denn auch eine Pfarrersfamilie kann nicht allein von Gottesfurcht und Gottesliebe leben. Geistliches Wohl ist die eine Seite und leibliches die andere, und der Pfarrer hat fünf hungrige Mäuler zu stopfen, die zwar kräftig Halleluja zu singen, aber auch kräftig in eine Kaninchenkeule hineinzubeißen vermögen.

Er baut einen Kaninchenstall größer als den anderen, kümmert sich mehr und mehr um seine Hühner, sorgt dafür, dass seine Sprösslinge genug Futter heranschaffen, und mästet sein Läuferschwein mit wohlwollenden Blicken, schon des Schlachtfestes gewärtig, welches er kaum noch erwarten kann. Mehr und mehr werden ihm seine amtlichen Würden lästiger, die Gottesdienste kürzer und die Predigten oberflächlicher.

Die alte Mine ist gestorben. Sie ist ihre Lebensbahn auf dieser Erde zu Ende gegangen. Das Herz eines Dorforiginals hat aufgehört zu schlagen, das Herz, das immer offen war für andere. Nie ist sie an einem ohne ein Wort vorübergegangen, stets verharrte sie, fragte nach diesem und jenem, manchmal auch aus Neugier.

Aber es war nicht die banale oder klatschsüchtige Neugier, sondern eher echte Anteilnahme an den Sorgen und Nöten. Haas erhält den Auftrag, da Krieger noch immer nicht auf den Beinen ist, die alte Frau zu beerdigen. Und wieder kommt seine poetische Ader zum Tragen. In seiner Grabrede trägt er ein Stück aus einer alten Ballade vor:
Sie hat geweint, schwer Leid gehegt und sich dabei verdorben, dann hat sie sich ins Bett gelegt und ist vor Gram gestorben. Wahrlich ein treffender Vers, den er da salbungsvoll hervorgekramt. Doch damit noch nicht genug. Hier muss Rilke zitiert werden:
Die Blätter fallen wie von weit, als welkten in den Himmeln ferne Gärten; sie fallen mit verneinender Gebärde. Und in den Nächten fällt die schwere Erde aus allen Sternen in die Einsamkeit. Wir alle fallen. Diese Hand da fällt. Und sieh dir andre an: es ist in allen. Und doch ist einer, welcher dieses Fallen unendlich sanft in seinen Armen hält. Was für eine herrliche Poesie, Verse, die einem unter die Haut gehen.

Haas schaut auf, stolz und überzeugt von seinen trefflichen lyrischen Auslassungen. Und hier hat er ganz sicher mit den Versen ins Schwarze getroffen. Er spricht von der Güte des gnädigen Gottes, in dem es sich gut ruhen lässt, und beschwört die Auferstehung dieser Frau:
Der getreue Hirte hat all seine Schafe gezählet und keines lässt er verloren gehen. Was das Leben trennt, einigt der Tod, und es gibt ein Wiedersehen im großen Vaterhause. Das sei euer Trost und Hoffnung! Und schließlich ergreift er eine Hand voll Tannengrün, wirft sie auf den Sarg und spricht dazu die merkwürdigen Abschiedsworte: *So leb denn wohl!*

Die Trauergemeinde ist bass erstaunt, hat die tiefgründigen Worte nicht gleich verstanden, aber auf dem Heimweg tuschelt man einander zu: »Hat man da Worte, lebe wohl hat er gesagt, da hört sich doch alles auf. Wie kann man so etwas am Grabe sagen. Ich will nichts beschreien, aber da hat uns der alte Krieger ein Kuckucksei ins Nest gesetzt. Ich glaube, der ist gar kein Pfarrer. Man müsste das einmal überprüfen.«

Und man geht der Sache auf den Grund, lässt nachforschen, handelt nach Lenins Worten: *Vertrauen ist gut, Kontrolle ist besser.* Nach einigen Wochen flattert dem Kirchenvorstand ein Schreiben auf den Tisch. Der angebliche Pfarrer ist gar kein studierter Theologe. Er hatte nur den Katechismus studiert und Religionsunterricht erteilt. Die Gemeinde fühlt sich genasführt. Der vermeintliche Pfarrer muss seine Sachen packen und den Ort verlassen. Seither sind seine Bewohner weniger leichtgläubig. Doch was tut der Mensch nicht alles, um in schweren Zeiten zu überleben.

Das Jahr geht zur Neige. Ein schweres Jahr, verbunden mit den täglichen Lebenskämpfen. Die Menschen sind stark, ungebrochen und voller Hoffnungen. Sie lassen sich nicht unterkriegen und vermögen es, sich immer wieder aufzurichten. Nichts ist so schwer, um es nicht bezwingen zu können. Und manch einer, der unterzugehen droht, wird empor gerissen und gestützt. Ein neues Gefühl, das Gefühl der Solidarität kommt auf, greift hilfreich um sich, gibt den Verlorenen neuen Lebensmut. Solidarität des Stärkeren gegenüber dem Schwachen, Mutlosen und Verzweifelten.

Und oft gehört der, der einen tröstet und neuen Mut gibt, selbst zu den Schwachen. Die alte Mathilde hat ihre Lebensmittelkarte verloren. Nun steht sie vor dem Krämerladen und barmt vor sich hin, vermeint verhungern zu müssen. Da zwacken die Nachbarn von ihrer, ach so kargen Zuteilung, ein paar Abschnitte Fett und Brot ab, übergeben sie der alten Frau, die mit Tränen in den Augen überglücklich dankt und sich in die Reihe stellt.

An dieser Stelle muss ich noch eine unliebsame Geschichte erwähnen, die ausschließlich mich betraf. In Großenhain/Sachsen wohnte die vertriebene Verwandtschaft meines Vaters – zwei Schwestern mit fünf oder sechs Kindern. Sie waren in der Stadt weitaus ärmer dran als wir. Mein Vater war, wie schon erwähnt, ein hilfreicher Familienmensch, der seine Verwandtschaft, Schwestern und Bruder, nicht im Stich ließ.

Er hatte entscheidend zur Freiheit seines Bruders beigetragen und half auch jetzt, wo er nur konnte. Wohl alle paar Wochen musste ich mit dem Handwagen über den Berg zum Bahnhof trecken und einen Sack Kartoffeln per Express aufgeben, damit die Tanten, Cousinen und Cousins nicht verhungerten. Kartoffeln, die meine Mutter in unserem Garten mit viel Arbeit und Pflege anbaute und die nicht einmal für uns selbst reichten. Kartoffeln, die Friedrich der Große in Preußen eingeführt hatte, die in dieser Zeit als Pellkartoffeln auf dem Tisch dampften, und mit Salzhering gegessen, zu unserem Überleben beitrugen. Und manchmal gab es nicht einmal Hering dazu, sondern nur etwas Salz. Ich glaube, dass ich nie mehr im Leben etwas so gehasst habe wie diese Aufgabe. Der Bollerwagen rumpelte übers Pflaster, und die Leute fragten mich: *Na, musste wärre Kartuffel uff de Boahn bränge?* Und noch etwas gab es, was ich abgrundtief gehasst habe, nämlich das Holzsägen mit meinem Vater. Auf einem alten klapprigen Sägebock lagen die aus dem Wald herangeschleppten mehr oder weniger dicken Äste. Die halb verrostete Bügelsäge, so stumpf, dass man darauf reiten konnte, machte mir das Leben schwer und mehr noch meinem Vater. Sein Asthma wurde ihm zur Qual, mir lief die Zeit davon – sie fehlte mir beim Fußballspielen oder beim Herumstrolchen. Geziehe hin und her. Bei einem Kieferast ging es etwas leichter, doch bei Buchen- oder Eichenholz wurde die Säge heiß, verbog sich, klemmte; es war zum Verzweifeln. Mir ging es nicht schnell genug. Mein Vater brauchte immer öfter eine Pause.

»Warum haben wir denn keine elektrische Kreissäge?«

»Eine Kreissäge? Wo sollten wir die wohl herkriegen.« Also keine Kreissäge in Aussicht. Weitersägen mit der Bügelsäge und bei Baumstämmen mit der Schrotsäge. Später, als es Brennholzzuteilungen gab, rückte der Zimmermeister mit seiner fahrbaren Kreissäge an. Doch nicht jeder hatte Kraftstrom. Die keinen besaßen fuhren ihr Klafterholz in die Zimmerei und kleingeschnitten wieder nach Hause. Doch für uns kam das nicht infrage. Wir blieben bei der althergebrachten Methode. Und über dem Schuppen schien die Sonne. Sie schien immer weniger für mich. Ich hatte Pflichten noch und noch. Manches mal musste ich mich von Zuhause fortstehlen und deswegen ein fürchterliches Donnerwetter über mich ergehen lassen.

Meine Mutter fand immer Neues, was sie mir aufbürdete: Gras holen für die Ziegen, Stall ausmisten, Garten graben, die Klokloake leeren und den Mist hoch in den Garten karren. Es ging ziemlich steil bergan. Gänse hüten, Kartoffeln hacken, Wiese mähen und schließlich die unentbehrlichen und hektischen Tätigkeiten bei der Ernte – das Mähen des Getreides mit der Sense und die hohe Zeit des Dreschens. Wagen an Wagen – die Deichseln fast ineinander verkeilt – standen von Dorfanfang bis Dorfende, wo die Dreschmaschine aufgestellt worden war. Oft Nachtwache, um die Zeit nicht zu versäumen, wenn man dran war. War das wenige Korn dann in den Säcken, waren die Kartoffeln und Rüben im Keller, konnten wir erst aufatmen, dann war die Ernährung der Familie für ein Jahr gesichert.

Wenn ich heute daran zurückdenke, kann ich erst ermessen, welche Bedeutung die Sorge unserer Eltern besonders für uns Kinder hatte. Während viele Menschen in den Städten hungerten, hatten wir das Notwendige zum Leben.

8 LEHRE UND BERUF

»Du musst einen Beruf erlernen«, drängt die Mutter, »kannst nicht immer hier zu Hause rumhängen.« Von Rumhängen kann überhaupt keine Rede sein. Ich habe schon angeführt, was ich alles zu tun habe. Ich weiß auch nicht, was für einen Beruf ich ergreifen soll. Die Handwerksbetriebe halten sich mit der Ausbildung von Lehrlingen noch zurück. Und ich habe auch gar keine Vorstellung von irgendeinem Beruf, den ich erlernen könnte. Der Beruf des Pastors oder Försters ist eh dahin ohne Abitur.

»Geh nach G. zum Bäcker in die Lehre, da kannst du später seine Tochter heiraten und die Bäckerei übernehmen«, meint die Mutter. *Aber das will sich mir nicht* – Striezelbäcker zu werden, wo man schon vor dem Aufstehen aus den Federn muss. Und die Bäckerstochter mit dem Hintern wie ein Paradepferd mag ich auch nicht. Einmal stand sie mit der Mehlschürze vor dem Backs in G. und lächelte mich so seltsam an, dass ich ohne Grüßen vorüberschlich. In G. wohnte nämlich das alte Milchen, die Tante meiner Mutter und Mutter meiner Patentante Lucie, eine spaßige Frau, die unendlich Geschichten erzählen konnte und neunundneunzig Jahre alt geworden war.

Ich muss mich umsehen, was ich so lernen könnte, nachdem ich die höhere Schule hinter mir gelassen habe. Norweger-Albert ist schon kräftig in W. bei einem Zimmermeister in seinem gelernten Beruf tätig. Der sucht noch einen Lehrling, gibt er meiner Mutter zu verstehen. Als der Vater nach Hause kommt, muss ich mit nach W. und bei dem Meister vorstellig werden.

»Ein bisschen schwächlich«, sagt der, obgleich selbst kein Herkulestyp. Er will auch gleich wissen, warum ich von der Oberschule abgegangen bin. Nach der Erklärung erkundigt er sich sogleich, wer unseren Bau gezimmert hat. Er hatte es von Norweger-Albert erfahren, dass da ein Evakuierter zu bauen anfing. Das passt ihm gar nicht, dass Vater ihn übergangen hat.

»Hast du auch Lust dazu, diesen Beruf zu erlernen?«, fragt er mich herausfordernd. Ich nicke verunsichert. »Und bist du auch schwindelfrei?« »Ja«, sage ich. Und schon jagt er mich auf einen Anbau hinauf, auf dem die Balkenlage gerade aufgelegt ist. Ich balanciere über den Mittelbalken und brauche nicht einmal die Hände auszubreiten. Er scheint zufrieden. Schließlich erklärt er sich bereit, einen Lehrvertrag abzuschließen.

Unter dem Beruf eines Zimmerers kann ich mir nicht allzu viel vorstellen, habe aber immer die Männer bewundert, wie sie in der schwarzen Kordkluft mit breiten Hosenbeinen, blanken Knöpfen und breiten Hüten auf den Dachstühlen herumturnten. Wenn ich es recht bedenke, könnte es mir gefallen.

»Du kannst schon am Montag anfangen«, sagt der Meister. »Arbeit gibt's genug. Werkzeug musst du dir nach und nach anschaffen. Sieben Uhr ist Arbeitsbeginn.« Noch am selben Abend setzt die Mutter sich hin und näht mir einen Arbeitsanzug aus alten, grauen Strohsackbezügen. Ich bin verärgert, denn ich will einen echten schwarzen Manchesteranzug, wie Zimmerleute ihn tragen, haben und einen breitkrempigen Hut dazu. »Geh zum Schäfer, vielleicht borgt der dir seinen und wo soll ich den Stoff hernehmen«, klagt die Mutter. So ziehe ich los, nicht einmal wie ein Schlosser an meinem ersten Arbeitstag. Schon am zweiten Tag ist Norweger-Albert wie umgewandelt. Er kehrt den Gesellen heraus und lässt mich die alte Wahrheit spüren: *Lehrjahre sind keine Herrenjahre.* Noch bevor ich irgendetwas gemacht habe, soll ich es schon können.

»Nun zerr doch die Säge nicht so! Ziehen und nicht schieben! Hol die Stemmmaschine ran, schäl die Balken! So wird gewinkelt – drei mal sechzig und drei mal achtzig, von Schenkel zu Schenkel, die Drei-Meter-Latte dazwischen, das ist dann winklig!«

Ich sage: »Das ist die Hypotenuse.«

»Was ist das?«

»Drei mal sechzig und drei mal achtzig sind die Katheten im rechtwinkligen Dreieck und gegenüber ist die Hypotenuse!«

»So ein altkluger Rotzbengel, will mich belehren! Warum biste denn nicht auf der Oberschule geblieben?« Ich antworte nicht, weil er es schon weiß. Aber seit der Zeit habe ich bei ihm versch..., wie man sagt. Wenn ich ihn etwas frage, knurrt er:

»Lausch dir's ab!« Und so frage ich nicht mehr, sondern versuche mir etwas abzulauschen. Langsam bekomme ich Interesse an dem Beruf. Es ist immer wieder faszinierend, wenn ein neues Bauwerk entsteht, wenn man es wachsen sieht und darüber die Konstruktion von Balken, Streben und Sparren sich erhebt.

Über dem First dann die Richtkrone mit bunten Bändern, die Sprüche und das Trinken aus Gläsern und Bechern mit den besten Wünschen für Frieden und Wohlergehen im neuen Haus. Das ist doch erhebend, nur bräuchte man verständnisvolle Gesellen, die einem das Leben nicht zur Hölle machten. Für mich waren die Gesellen, mit zwei Ausnahmen, Gesellen alter Schule, die den Lehrling als Fußabtreter ansahen, ihn zu schurigeln vermochten, wo sie es nur konnten. Manchmal musste ich mich überwinden, um nicht zu widersprechen und aufzumucken. Mit Grauen ging ich manchmal zur Arbeit, aber große Dankbarkeit spürte ich, wenn die zwei genannten Gesellen mir freundlich entgegenkamen.

Meister Pfützenreuter ist ein mittelgroßer, etwas unsicherer Mann mit schütterem Haar, flinken und unsteten Augen. Er ist mit drei Söhnen gesegnet, von denen die zwei jüngeren maßlos verwöhnt werden und ihm noch viel Kummer bereiten sollten, als es an die Verteilung des Erbes ging. Herbert, der ältere, hat bald die Schule hinter sich gebracht und soll selbstverständlich eine Lehre als Zimmerer beginnen.

Meister Pfützenreuter mit Lehrling

Siegfried und Wolfgang sind zwei und vier Jahre alt und lenken den Vater oft von der Arbeit ab. Doch nie wird ihm das lästig, liebevoll nimmt er sie auf den Arm, besonders den mittleren, lässt sie über Balken balancieren und spricht mit ihnen, erklärt, was gerade getan wird und interessiert sie schon früh für seinen Beruf, der vielmehr für ihn Berufung ist.

Die Meisterin, eine resolute, aber freundliche Frau, hat, wie es scheint, die Hosen an. Die Familie wäre nicht vollständig, wenn der alte Meister nicht erwähnt würde, der brummige alte Heinrich, welcher sich fast nur noch mit der Imkerei beschäftigt. Kommt er mal in die Werkstatt, baut er an seinen Bienenwaben und -kästen herum oder leimt mal einen Stuhl zusammen, der aus dem Leim gegangen. Wenn es aber an den Treppenbau geht, kann der junge Meister auf den alten nicht verzichten. Dann muss der den Aufriss machen, die Wangen verleimen, ausstemmen, das Geländer zurechtfräsen und die Treppe einpassen. Da ist der Alte Spezialist, nicht mehr so wortkarg und gibt gern sein Wissen und seine Geheimnisse preis.

Neben den Zimmermannsgesellen Heinrich und Oskar tummeln sich auch noch zwei Tischler in der Werkstatt. Kurt, der Sohn von Heinrich und Willi, der Taubstumme. Frau und Kinder des letzteren, fleißigen und pfiffigen Gesellen, sind ebenfalls taubstumm. Die Ehegatten führen eine Ehe wie Turteltauben, und die kleine Tochter ist sein Engel auf Erden.

Voller Bewunderung blicke ich auf den Taubstummen und habe noch nie einen Vater gesehen, der so liebevoll mit seinen Kindern umzugehen vermag wie er. Auch sonst ist er freundlich und mitteilsam, erklärt gern dieses und jenes, wobei er meist herumflunkert. Hat man sich aber erst einmal an seine Taubstummensprache und –gebärden gewöhnt, hört man ihm gern zu und wenn nicht, dann muss man so tun als ob, sonst wird er ungemütlich. Besonders ärgerlich wird der Meister, wenn Willi an der Dicktenhobelmaschine zu tun hat und die Maschine abzuwürgen droht. Sie dreht in die tiefsten Töne ab und scheint ihren Geist aufzugeben. Späne, so dick wie Kienstücke, fliegen dann aus den Messerspalten, aber Willi rechtfertigt sich, dass er es doch nicht hören könne.

»Aber sehen«, meint der Meister und macht eine Bewegung mit den Händen an seine Augen. Willi zuckt nur mit der Schulter, lacht mir verschmitzt zu und verringert den Spanabhub durch schnelles Herunterdrehen der Kurbel. »Du musst es ihm sagen, wenn er wieder einmal nicht hinsieht, sonst ist die Maschine bald hinüber«, ermahnt mich der Meister. Ich verspreche, gut Acht zu geben, aber immer bin ich ja auch nicht in der Nähe. Zur Zimmermannsfamilie gehört noch Ursel, das Dienstmädchen. Ein kesses junges Ding, gerade mal achtzehn Jahre alt, mit schöner Figur – sexy würde man heute sagen. Ihre mittelblonden, langen Haare wuscheln meist ungekämmt um ihre schöne Stirn und um ihr vorlautes Mundwerk. Kaum hat sie die Werkstatt betreten, um ein paar Späne zum Feuer anmachen zu holen, hat sie auch schon Norweger-Albert beim Wickel. Er packt sie und drückt das Mädchen an sich.

»Dich werf' ich noch mal in die Späne«, verspricht er und zu mir gewandt, sagt er: »Du hast doch nichts gesehen.« Ursel, nicht auf den Mund gefallen, erwidert:

»Immer diese leeren Versprechungen.« Dabei hat sie mehr Augen für mich. Seit ich da bin, kommt sie nicht nur, um Späne zu holen, sondern verweilt auch mal bei einem Schwatz mit mir. Freundlich und mit einem gewinnenden Lächeln lädt sie mich zum Kirmestanz ein. »Du kannst doch tanzen?«, fragt sie kokett. »Ja«, sage ich, »ich komme bestimmt.« Sehr begeistert bin ich nicht, eher gehemmt, denn Ursel ist mir doch zu temperamentvoll und auch ein paar Jahre älter als ich.

»Sie ist mannstoll«, sagt die Meisterin. »Wenn sie eine Männerhose nur von weitem sieht, ist sie kaum noch zu halten.« Natürlich wird sie dadurch für mich noch interessanter, denn zeigt mir einen angehenden Mann, der sich nicht für mannstolle Mädchen oder Weiber interessiert.

Langsam ist der Herbst eingezogen. Melancholische Gefühle stellen sich ein. Ich warte auf ein großes Ereignis, auf etwas Unvorhergesehenes, das geschehen könnte, nur weiß ich nicht was. An diesem Tag schwänze ich die Arbeit, liege auf einer Waldlichtung in der wärmenden Herbstsonne auf dem Rücken, sehe die aufsteigenden Wolken und träume vor mich hin. Manchmal möchte ich aufbrechen, den Weg zurückgehen, dort hin, wo ich meine Kindheit verbracht, aber dann fällt es mir wieder ein, dass dieses Kapitel abgeschlossen ist. Viele gehen den Weg nach Drüben, doch ich denke nicht daran. Ich bin bodenständig. Wo ich mich einmal niedergelassen und eingerichtet habe, bleibe ich vorerst.

Im Westen hat sich die Bundesrepublik konstituiert, wir haben gleich nachgezogen. Immer sind wir ein gutes Stück hinterher. Das war mit dem Geld so und nun mit dem Staat. Und wieder bezeichnen wir die Staatsgründung im Westen als Spalterpolitik. Was daran wahr ist, möge bitte einmal die Geschichte entscheiden. Bundeskanzler Adenauer meint: *Lieber das halbe Deutschland ganz, als das ganze Deutschland halb.*

Der Deutsche Volksrat nimmt ein Manifest der *Nationalen Front des demokratischen Deutschland* an und beschließt, sich entsprechend *dem Willen des deutschen Volkes* zur provisorischen Volkskammer der DDR umzubilden. Otto Grotewohl stellt seine Regierung zusammen. Zum Präsidenten der Volkskammer wird Johannes Dieckmann gewählt und zum Staatspräsidenten Wilhelm Pieck. Margot Feist, die spätere holde Gattin Erich Honeckers, gratuliert dem 1. Staatspräsidenten Wilhelm Pieck mit Blumen. Väterchen Stalin begrüßt in einem Telegramm die Gründung der DDR als einen *Wendepunkt in der Geschichte Europas*.

Blumen für Wilhelm Pieck von Margot Feist (spätere Margot Honecker)

Was sich wenden wird, wissen wir noch nicht, hoffentlich alles zum Guten. Nun hat der Frieden in dem neu gegründeten Staat der DDR einen sicheren Hort gefunden, wie der weise Führer der Sowjetunion meint. Und sofort kommen die Anerkennungen von einer Reihe Staaten: Durch die Regierungen der Volksrepubliken Albanien, Bulgarien, China, Korea, Polen, Rumänien, Ungarn und der Tschechoslowakischen Republik. Zwei Staaten, auf deutschem Boden entstanden – jetzt müsse sich erweisen, wer der bessere deutsche Staat sei. Während im Westen die Lebensmittelkarten abgeschafft werden, bestehen sie bei uns nach wie vor, auch wenn die HO ihre dritte Preissenkung für Lebensmittel bekannt gibt. Aber sie sind immer noch zu teuer und nicht ausreichend vorhanden. Großer Vorteil für uns, auf dem Dorf zu wohnen, etwas Land und Kleinvieh zu besitzen; das hilft uns das Leben erträglicher zu machen. Das Leben, das zunächst seinen *antifaschistisch-demokratischen* Gang geht, darauf aufbauend die Gestaltung der Grundlagen des Sozialismus.

Hans hat das FDJ-Leben im Dorf durch die Bildung einer Grundorganisation auf die Beine gestellt. Nun wirbt er für die Organisation mit der blauen Fahne und der aufgehenden Sonne darin, prophezeit uns eine lichte Zukunft in Frieden, Wohlstand und Sozialismus an der Seite der ruhmreichen Sowjetunion.

Kein junger Mensch dürfe abseits stehen, wenn es gelte den jungen Staat der Arbeiter und Bauern mitzugestalten. Die Jugend müsse vorangehen und immer dort an den Brennpunkten zur Stelle sein, wo sie gebraucht werde. Jetzt gehe es um das Übergewicht auf dem Gebiet des volkseigenen Sektors: Den Bau der Sosa-Talsperre als Jugendobjekt, das vom Staat überaus gefördert und überwacht wird. Siegfried Graupner wird Bauleiter und geht als großer Stratege und Held dieses Projekts in die DDR-Geschichte ein. Aber bald gerät die Produktion der Maxhütte in den Mittelpunkt und in Gefahr. Kühlwasser fehlt.

Max braucht Wasser wird zur Tageslosung. Auch von uns müssen Jugendliche dort helfen. Einige lassen sich überreden und fahren nach Unterwellenborn. Unter Mithilfe der Jugendlichen werden 4,5 Kilometer Rohrleitung gelegt. *Max bekommt sein Wasser.* Bald fließt es aus der Saale zu den Hochöfen. Nach Max kommt der Überseehafen Rostock mit dem dafür notwendigen Sammeln von Steinen. Das Land der Arbeiter und Bauern braucht einen funktionstüchtigen Hafen. Die ganze Republik sammelt Steine und Felsbrocken – je größer umso besser. Sogar Mauern werden abgerissen und durch Zäune ersetzt. Mehr als 60.000 Tonnen Steine rollen mit Güterzügen nach Rostock. Plötzlich wird festgestellt, dass es sogar zu viele sind. Verplant. Danach folgt der Bau des Kraftwerks Trattendorf, die Trockenlegung der Sümpfe in der Wische und schließlich, ein wenig später, die Trasse der Freundschaft. Was wäre der neue Staat ohne seine Jugend. Jugendobjekte, Jugendbrigaden – *Jugend voran, erhebe dich jetzt, die grausame Nacht hat ein End'. Und der Bauer bestellt wieder Acker und Feld ... Bau auf, bau auf, freie deutsche Jugend bau auf! Für eine bessere Zukunft richten wir die Heimat auf.*

FDJ beim Bau von Rohrleitungen

Mag der uneingeweihte Leser die Kampagnen mit der Jugend etwas belächeln, mag es mancher unverständlich und kurios finden. Für uns war es Genugtuung und Ehre zugleich, in dieser Zeit mit so viel Wertschätzung bedacht zu werden. Und wir waren mit Begeisterung dabei, sangen das Bau-auf-Lied aus voller Kehle. Wir spürten, dass wir gebraucht wurden, dass man mit uns rechnete. Jugend war schon immer leicht zu beeinflussen. Dort, wo gewandert wurde, wo es auf Fahrt ging, wo Gemeinschaft und Geselligkeit angesagt war, da war die Jugend zu haben. Es war ein neuer Frühling nach dem grausamen Krieg. Nun geschah alles im Namen einer neuen und gerechten Sache: Statt Faschismus – Antifaschismus, statt Krieg – Frieden, statt Völkerhass – Völkerfreundschaft. Wenn ich insgesamt einen Vergleich mit der Jugend von Heute ziehe, obgleich Vergleiche immer hinken, dann komme ich schon in Sorge um unsere Jugend.

Ich habe ja schon am eigenen Leib erfahren, wie wichtig es ist, ein Arbeiter- oder Bauernkind zu sein, um die Vergünstigungen der Werktätigen in Anspruch nehmen zu dürfen. Anfangs will es sich mir nicht so recht, das Blauhemd zu tragen, aber dann verspricht der blonde Hans, dass wir nach Berlin zum Deutschlandtreffen der Jugend fahren würden. Dort träfe sich die friedliebende Jugend aus aller Welt, und wer wollte dort nicht schon dabei sein. Voller Begeisterung für das Jugendtreffen möchte ich dazugehören, dabei sein unter der friedenssehnsüchtigen Jugend, denn der Krieg hat mir alles genommen, was mir lieb und teuer war: meinen Onkel Arthur, den polnischen Freund Janek, Lolek, Jason und Tonni.

Die alte Heimat verschwimmt im Nebel und in unerreichbarer Ferne, zumal wir nie mehr dorthin zurückkehren dürfen, vorerst nicht einmal zu Besuch. Aber die Sehnsucht nach der alten Heimat bleibt bestehen. Sie brennt besonders in den Herzen der Älteren.

Aber nun erst einmal heraus aus der dörflichen Enge, auf nach Berlin. *Auf den Straßen, auf den Bahnen, sieht man Deutschlands Jugend ziehn. Hoch im Blauen fliegen Fahnen, blaue Fahnen nach Berlin! Links und links und Schritt gehalten, lasst uns in der Reihe gehn, blaue Fahnen sich entfalten, um im Sturm voranzugehn.*

Zum Deutschlandtreffen nach Berlin

Wieder Marschtakt, erneut begeisternder Gesang, im Sturm vorangehen heißt die Devise, aber über den Text denkt kaum einer nach. War das nicht gerade eben erst vorbei, als wir im Sturm vorangegangen und der Sturm über uns gekommen war?

Wir fahren mit Gedischek auf offenem LKW und im Güterwagen auf den Straßen und Bahnen nach Berlin und lassen uns bei hochgeschlagener Plane den Fahrtwind um die Ohren wehen. Die entrollte blaue Fahne mit dem Zukunft verheißenden Strahlenkranz der aufgehenden Sonne flattert kühn im Wind. An unserer Seite baumelt ein Verpflegungsbeutel mit Salamiwurst, etwas Margarine und zwei Brötchen.

Gedischek ist der verwegenste Fahrer weit und breit. Er holt aus seinem MAN-Diesel das Letzte heraus. Immer wenn er zum Überholen ansetzt, begleiten schwarze Dieselschwaden und Triumphgeschrei unser Vorbeifahren. Und bald sind wir in Berlin, in der Stadt der Trümmer, der Bombenruinen, aber das Leben pulsiert schon wieder, pulsiert auf notdürftig zurechtgeflickten Straßen, in Straßenbahnen ohne Fensterscheiben, in wieder aufgeräumten U-Bahn-Schächten. 700.000 Jugendliche treffen sich vom 27. bis 30. Mai 1950 in Berlin. Für die Jugend ist dem Staat kein Aufwand zu groß. Sie wird umbuhlt und umworben, alles erdenklich *Gute* kommt ausschließlich für die Jugend in Betracht. Nun müsse diese Jugend auch dankbar sein und den neuen Staat gut und würdig vertreten.

»Nehmt die Fahnen und Transparente mit, wenn ihr schon in den Westen geht«, propagieren die Funktionäre. Der Senat von Westberlin will die Jugendlichen gern empfangen, aber nicht mit den Fahnen und Transparenten. Wir fahren mit der nächsten U-Bahn nach Westberlin, schwärmen aus, schwenken unsere Transparente und Fahnen in kaum bedachter Absicht, bleiben vor den Auslagen der Schaufenster stehen und staunen über die Waren, die es dort schon zu kaufen gibt. Nie und nimmer hätten wir das für möglich gehalten. Fünf Jahre nach dem unsäglichen Krieg – Schaufenster mit heiß begehrten Waren darin, für uns wahrlich unbekannte und unerschwingliche Dinge.

»Rollt die Transparente ein!«, kommt eine Gruppe Stumm-Polizisten auf uns zu. »Es lebe die Deutsche Demokratische Republik!«, skandiert ein Funktionär vom Zentralrat, als Aufpasser und Begleiter unablässig dabei. Da schlagen sie auf uns ein. Meine Schwester, die sich ängstlich wegduckt, kriegt einen Schlag mit dem Gummiknüppel auf den Arm. Mehr als eine Woche trägt sie ihn in der Binde, kann nicht arbeiten, den wichtigen Stoff für die Bekleidung des Volkes weben. Aber das tut unserer Begeisterung keinen Abbruch. Vielmehr ist es eine willkommene Gelegenheit für die Agitatoren:

Da könnt ihr mal sehen – diese Imperialisten – knüppeln auf friedenswillige Jugendliche ein. Wir kehren zurück voll neuer und weitblickender Eindrücke, glauben den Argumenten, bemerken aber, dass die im

Westen schon viel weiter seien als wir. »Das werden wir auch bald alles haben«, verspricht die FDJ-Leitung. »Wir müssen uns nur noch mehr anstrengen!«

Jugendbrigade in Bruchstedt

Bevor wir nach Berlin fuhren, erhielten wir Nachricht von dem schweren Unwetter in Bruchstedt und Bad Tennstedt im Kreis Bad-Langensalza. Eine zerstörerische Wasserhose war niedergegangen, Hagelkörner wie Vogeleier prasselten auf die Häuser herab, zerschlugen das meiste Glas an Türen und Fenstern, vernichteten viele Hektar Saaten und alle Gemüsegärten. Der Fernebach schwoll zu einer vier Meter hohen Sturzflut an, die alles mit sich riss. Acht Frauen und ein Mädchen starben, wobei das Mädchen, so wurde berichtet, noch schnell die Lebensmittelkarten aus dem Haus retten wollte. Sturm und Fluten zerstörten oder beschädigten 418 Gebäude, vernichteten mehr als 700 Stück Groß- und 3800 Stück Kleinvieh. Das Naheliegendste wäre gewesen, uns sofort dort hin zu schicken, um zu helfen, möglicherweise aber hatte das Deutschlandtreffen Vorrang. Dieweil wir uns auf den Straßen und Bahnen entlangwälzten, kämpften mehr als siebentausend Männer und Frauen gegen Schlammberge in Häusern und Straßen. Dann erst wurden wir aufgerufen, getragen von dem Schwung und der Begeisterung des Deutschlandtreffens, nach Bruchstedt zu fahren und mit anzupacken. Die SED und die Thüringer Landesregierung hatten sich das Ziel gesetzt, Bruchstedt in 50 Tagen wieder aufzubauen.

Der Innenminister Thüringens wettete mit dem Schäfer des Ortes, Walter Lucas, um einen Kasten Bier, den er zahlen wolle, wenn es gelingen sollte. Eine Geldsammlung erbrachte 1,2 Millionen Mark. Die Volkssolidarität übergab den Geschädigten Möbel, Kleidung und andere Sachspenden. Bauern schickten Rinder, Schweine, Pferde und Ziegen, um die Verluste erträglicher zu halten. Mehr als 1000 Jugendliche kamen. Wir wollten ein neues Dorf bauen, schliefen in halb eingerissenen Scheunen und Häusern, sanken mitten in der Nacht todmüde in den Schlaf. Der Meister kroch auf den frisch errichteten Mauern umher und nahm Maß für Balkenlagen und Dachstühle. Neben Wohnhäusern, Scheunen und Stallungen entstanden ein Kulturhaus, eine Schule, ein Kindergarten, eine Wasch- und Duschanlage und eine Lehrküche. *Der Elan der Jugend, die Initiative der Partei* und die Kraft der Solidarität erreichten, was viele nicht für möglich gehalten hatten: Nach fünfzig Tagen war ein neues, schöneres Bruchstedt entstanden. Der Innenminister gewann die Wette, er verteilte das Bier an die Aufbauhelfer.

Der Mensch lebt nicht von Brot allein, Kultur und Zerstreuung gehören dazu. Sinnvolle Nutzung der kollektiven Freizeit. *Kultur ist jeder zweite Herzschlag unseres Lebens.* Arbeitertheater, Laienschauspieler – widerspiegeln die sozialistische Wirklichkeit. Theaterfahrten, Zirkel schreibender Arbeiter, Ballett tanzende Weberinnen und Sekretärinnen sind das Neue unserer Zeit. Warum soll ein Schlosser nicht schreiben können, eine Weberin nicht tanzen? Schönheit und Anmut gehören dazu, zählen ebenfalls wie die tägliche Planerfüllung zum Ökulei (Ökonomisch-kulturellen-Leistungsvergleich). Kunst und Kultur sind eine wichtige Produktivkraft, sogar eine Waffe, tönt Walter Ulbricht. Die Brigade *Roter Oktober* will sich das zu Herzen nehmen. Sie hat zwar den Plan in der materiellen Produktion mit 105 % erfüllt, hinkt aber mit der Kulturarbeit hinterher. Also wird eine kollektive Theaterfahrt organisiert. Das Kollektiv der Theaterbesucher kommt aber zu spät, die Vorstellung hat schon angefangen. Leise, aber doch hörbar, werden sie zu ihren Plätzen geleitet. Oben auf der Bühne spricht der Mime gerade die Antwort heischenden Worte: *Wer seid ihr und warum kommt ihr so spät?*

Eine Arbeiterin fühlt sich peinlich angesprochen: *Wir kommen vom VEB-Strickwaren und unser Bus hatte Panne!* Umdrehen und lautes Auflachen in den Parterrereihen, der Mime verschwindet hinter den Kulissen mit einem Lachkrampf. Beinahe wäre der Vorhang vorzeitig gefallen. Der Vorfall wird im Brigade-Tagebuch lustvoll festgehalten. Das Brigade-Tagebuch gibt auch weitere Auskünfte über Verpflichtungen und ökonomische und kulturelle Erfolge. Dort ist fein säuberlich verzeichnet und mit Fotos und kunstvollen Zeichnungen untermalt, wie das Kollektiv gemeinsam vorangekommen.

Das Bachjahr, in Leipzig ausgerufen, stellt die Klassik der Musik auf eine neue und höhere Stufe. Doch das Dorf ist weit weg, bis ins Dorf war Bach nicht vorgedrungen. Ins Dorf kommt der Landfilm. Lenin bezeichnete den Film als wichtigstes Erziehungsmittel des Menschen im Sozialismus. Überaus anschaulich könne dadurch die sozialistische Entwicklung gezeigt und vorangebracht werden.

Wöchentlich einmal erscheint das Filmauto mit der großen Leinwand. Ein kleines, schmächtiges Männchen mit apartem Schnurrbart und gescheiteltem Schwarzhaar baut die Apparatur im Saal der unteren Gaststätte auf. Es sieht Adolf, dem Verflossenen, sehr ähnlich. Die kriegsgeplagten Menschen, und besonders wir Jungen sind ausgehungert nach Film, Tanz und sonstigen Lustbarkeiten, können es kaum erwarten, bis der Filmmann anrückt. Dieser Hitlerverschnitt hat es uns angetan. Bereitwillig und beflissen helfen wir Apparatur und Leinwand aufzubauen, ziehen Schnüre für Lautsprecher und erhalten auch mal eine Freikarte. Das Filmvorführer-Männchen sitzt dann auch selbst am Saaleingang an der Kasse und reißt seine Witze. Und immer, bevor es den Riemen auf die Orgel wirft, sagt es den Film an und den Defa-Augenzeugen: »Sie sehen heute den Film, betitelt: – *Die Kuban-Kosaken.*« Unnachahmlich sein markanter Ausspruch – *betitelt*. Aus dem Nachbarort kommt ein Ehepaar verspätet die Treppe herunter, der Ehemann trottet ein paar Meter voraus. »Die sind bestimmt verheiratet«, sagt er mit feinem Spott. Er lächelt anzüglich, stellt sich in Positur und fragt nach Hollywood-Filmgrößen. Wir sollen ihm die schärfsten Sexbomben nennen, obgleich solcher Art Filme bei uns erst viel später gezeigt werden. Einer ruft *Marilyn Monroe*, ein anderer *Liz Tayler*, ich rufe *Marlene Dietrich*. »Das genügt«, sagt er, »ich wollte nur wissen, wo die Genießer sitzen.« Ich schaue ganz schön blöd drein. Ein paar Tage werde ich *Genießer* genannt. Das behagt mir nicht.

Wir schauen uns also die *Kuban-Kosaken* an, das hohe Lied der Arbeit in der Ernte auf unendlichen Kolchosfeldern. Gesang und Tanz mit der Sichel in der Hand, rollende Traktoren, geschmückt mit Girlanden und lachenden, dralligen Dorfschönen. Ein Vorgeschmack schon für die Einzel- und Neubauern, mit Bedacht ausgewählt. Doch die schauen nur skeptisch drein. Es kommen nach den Kuban-Kosaken die Filme *Ehe im Schatten, Die Buntkarierten, Die Mörder sind unter uns,* mit Hildegard Knef, *Der stille Don* und schließlich *Ernst Thälmann – Führer seiner Klasse* mit Günter Simon. Die Witze werden deftiger, je politischer die Filme werden. Der Filmvorführer erzählt von seiner schweren Kindheit: Der Vater sei schon früh umgekommen. Ah, ihr wollt wissen wie er umgekommen ist. Nun, das war beim Auftritt der Riesendame Ada. Als sie auf die Bühne kam, war ihr das Trikot geplatzt. Sie hat die mutigsten Männer aufgerufen und ermuntert, ihr das Trikot mit einer Sicherheitsnadel zuzustecken. Und bei dem Gedränge, das da entstanden war, ist mein Vater umgekommen. Der Saal kreischt vor Lachen.

Noch viele Jahre hat uns das Filmmännchen mit seinen Kalauern erfreut, ja, bis die Ansage der Filme auf großen Plakaten angekündigt wurde. Für die extra Ansage war keine Zeit mehr, sie ging unter in der hektischen Geschäftigkeit des Fortschritts und des politisch bestimmten Alltags. Oh, Fortschritt, wo ist dein Gewinn? Bleibt dabei das Zwischenmenschliche, das Anheimelnde und Amüsante nicht auf der Strecke?

In den Dörfern finden am Ende der arbeitsreichen Woche vielfach Tanzveranstaltungen statt. Wenn die Mädchen über Feld zum Tanz gehen, scharen sie sich in Gruppen zusammen. Um Mühlhausen herum sind die Russen in Kasernen zusammengezogen worden. Noch immer grassiert die Angst vor den Russen, obgleich kaum noch irgendwelche

Übergriffe vorgekommen sind.

Eine Gruppe von Soldaten sei entsprungen, heißt es. Jetzt sollen sie in den Wäldern herumgeistern, Mädchen vergewaltigen und ihnen die Kehlen durchschneiden. Das Dorf hat tausend Zungen und doppelt so viel Ohren. Eine Nachricht springt von Mund zu Mund, wird aufgebauscht, einiges hinzugeflunkert, und schon ist ein Gerücht in aller Munde. Wir nutzen das Gerücht aus, verstecken uns im nahen Wald, bis die Mädchen auf dem Heimweg vom Tanz über Feld vorbeikommen. Es führt kein anderer Weg nach G. In lebhaftem Geschwätz naht der Mädchenpulk. Plötzlich laute Rufe in russischem Kauderwelsch: »Дéвушкi стоятje!« (Mädchen, stehen bleiben) Die Mädchen stieben wie ein Hühnerhaufen davon. Geschrei: Hilfe, Russen, Hinstürzen, Aufrappeln. Meine Schwester schlägt sich die Knie auf – die schönen, teuren Nylonstrümpfe sind hin. Noch nie habe ich Mädchen vor Angst so laufen sehen. Wir kommen vor, geben uns als harmlose Dorfburschen zu erkennen. Langsam kommen die verschreckten Gestalten zur Ruhe. Ein makabrer Spaß, das gebe ich zu.

Der Meister bereitet sich auf einen wichtigen Bau in der Gemeinde vor. Er hat einen wichtigen Auftrag bekommen. Eine Leichenhalle soll entstehen mit Vorbau über acht Ecken. Die Schifftung kann er nur ganz alleine anreißen. Norweger-Albert meint vor dem Richten:

»Ich will mal schon das Beil schärfen, falls wir nachhacken müssen.«

»Da braucht keiner nachzuhacken«, sagt der Meister beleidigt, »alles wird genau passen.« Albert stört sich nicht daran, lächelt süffisant und schleppt mich an den Schleifstein.

»Immer schön gleichmäßig die Kurbel drehen!«, befiehlt er. Mehrmals und prüfend betrachtet er die Schneide des Beils, fährt mit dem Finger darüber hin und ist erst zufrieden, als er die blanke Schneide fachgerecht auf dem Ölstein abgezogen hat.

Alsdann beginnt das einmalige Werk, bei dem sich erweisen wird, wie fachmännisch der Meister die Schifftung gemeistert hat. Als Lehrling, der Blitzableiter für alle Schikanen, stehe ich unten als Hebelpunkt, kriege die Balken über die Schulter nach oben gedrückt, dass es mir fast das Kreuz aus dem Rücken leiert. Albert steht oben und nimmt die Sparren entgegen. Der spannende Augenblick kommt näher. Die Hauptsparren passen haargenau. Aber dann nimmt Albert den ersten Schifftungssparren entgegen, dreht und wendet ihn hin und her, doch er passt nicht.

»Da siehstes«, sagt er überlegen lächelnd. Der Meister schielt nach oben, ist gedemütigt und geschlagen. Alter Heinrich kommt hinzu und sagt klug, im Bewusstsein seines Könnens und frei nach Schillers Glocke:

... *Soll das Werk den Meister loben, doch der Segen kommt von oben* und vom alten Meister. Das hätte ich dir vorher sagen können. Du hast die Unwinklichkeit des Vorbaus nicht berücksichtigt. Albert nimmt die Schmiege und zeichnet an, reicht die Sparren herunter, und Oskar beginnt sie nachzuhacken. Das geht dem Meister gewaltig an die Ehre. Er will es nicht mehr sehen und trollt sich davon. Noch mehr Anzüglichkeiten und Spott kann er nicht ertragen.

Endlich ragt die Richtkrone über den First hinaus. Das Totenhaus reckt sein Gerippe empor, blickt auf die schnurgeraden Reihen der Gräber, die getreu dem Willen der Lebenden ausgerichtet dort unten liegen. Das Oberhaupt der Gemeinde hat für reichlich Essen und Trinken gesorgt. Eine feuchtfröhliche Feier schließt sich an und artet aus. Nur der Lehrling ist davon ausgeschlossen. Albert passt auf, dass der nicht mehr als ein Bier kriegt, spielt immer wieder rechthaberisch auf seine Vorbehalte an. Am Schluss sind alle so voll, dass ich vier Taschen und vier Gehstöcke zu tragen habe.

Heinrich verliert auf dem Heimweg sein Gebiss. Am nächsten Tag suchen wir verzweifelt mit Spürnasen wie Jagdhunde auf der Walderde. Die Gesellen blasen ihren Alkoholduft heraus, dass die Waldpflanzen ihre Stängel kringeln. Ich finde das Gebiss, zufällig, womit niemand gerechnet hat, und habe seither bei Heinrich einen Stein im Brett. Er war auch so der Beste von allen Gesellen, gütig und erklärungsbereit, immer zu einem Scherz aufgelegt. Mit Heinrich konnte man gut auskommen und viel von ihm lernen.

Kirmessonntag in Emmaus – das ist der Spitzname des Dorfes, abgeleitet vom Besuch des Gottessohnes bei seinem Volk Israel. Es gibt einige solcher Namen, von denen Magdala bei Weimar ebenfalls den Namen bekommen. Ich folge der Einladung zur Kirmes, die mir Ursel angetragen. Heimlich und verstohlen suche ich die wertvolle Sonntagshose meines Vaters heraus, die Hose mit den feinen grauen Nadelstreifen auf blauem Grund, aus feinstem Kammgarnstoff, noch aus der alten Heimat mitgebracht. Über der Hose ein weißes Hemd, darüber ein blauer Schlips, das Ganze bedeckt ein graubraunes Karosakko, leger geschnitten und vom Schneider Herzog gefertigt. Ich komme mir vor wie der Kirmeskönig persönlich. Verabredung mit Günther. Wir machen uns auf den Weg über den Galgenberg. Der Weg ist anrüchig, wie schon der Name ausweist und verbreitet Gegrusel. Dort geht der Mann um ohne Kopf, und die Seelen der Gehenkten spuken als Irrlichter zwischen den Bäumen. Jeder, der im Dunkeln über den Galgenberg geht, eilt schneller dort vorüber als anderswo, schaut sich auch mal um und blickt hoffnungsvoll nach oben zum Licht, welches zwischen den Buchenkronen hindurchschimmert.

Kirmes ist ein großes Fest auch in W. Eine besondere Attraktion ist der Erbesbär. Am Kirmesmontag brummt er durch die Straßen und Gassen und macht vor jedem Hoftor eines prominenten Dorfinsassen Halt, der sein Portmonee zücken und einen springen lassen muss. Der Meister hat die Gesellen beauftragt, am Kirmesmontag einen Tag Urlaub zu nehmen, doch die Gesellen denken nicht daran. Dieser Tag kommt ihnen gerade zu pass, da wird die Arbeit nicht so ernst genommen, da können sie an den Lustbarkeiten teilnehmen, kriegen auch mal einen eingeschenkt. Und vielleicht wird der Meister ihnen für den Frühschoppen freigeben. Ich freue mich über den freien Tag, kriege eh nicht viel Geld. Gerade mal zehn Mark und fünfzig in der Woche, wovon ich noch fünf Mark zu Hause abgeben muss. Ich soll mit, schärft mir Norweger-Albert ein, aber ich berufe mich auf den Meister.

Bevor wir in den Schwof eingreifen, verabreden wir uns für den Heimweg um vier Uhr vor dem Galgenberg. Wer eher da ist, soll auf den Anderen warten. Kaum den Tanzsaal betreten, hat mich auch schon Ursel entdeckt. Sie zerrt mich gleich auf die Tanzfläche und redet auf mich ein. Das ist mir unangenehm, denn diese ist noch fast leer. Aber dann entdecke ich ein schwarzhaariges Mädchen, das mir schon einmal im Dorf aufgefallen ist. Rita ist fünfzehn und schön, hat schwarze Locken, die ihr Gesicht sanft umrahmen. Ihre blanken Augen, ihr aufgeschlossenes Wesen, ihre Unbefangenheit, haben mich sofort verzaubert. Wir tanzen die ganze Nacht zusammen, schauen uns in die Augen und singen uns zu: *Wenn die Gläser klingen, ein frohes Lied wir singen, Madel schenke ein, es lebe Lieb und Wein...* Günther hat ein aschblondes Mädchen erwischt, walzt an mir vorüber, wir zwinkern uns genießerisch zu. So schreitet der Abend fort, der Rausschmeißer kommt heran: *Auf Wiedersehn, auf Wiedersehn, bleib nicht so lange fort, denn ohne dich ist's halb so schön...* Wie selbstverständlich hakt sich Rita bei mir ein. Ich bringe sie nach Hause. Unendliche Küsse, Umarmungen, kein Loslassen, neue Verabredung. Es ist fast fünf Uhr in der Frühe. Der Nebel schwappt über den Galgenberg und wieder heraus. Ich torkele liebesselig dahin, warte auf Günther, aber keine Spur von ihm. Da mache ich mich auf den Weg über den grausigen Berg. Die Dunkelheit lichtet sich über den Wipfeln, eine Rotte Wildschweine hatzt durchs Unterholz – mir bleibt fast das Herz stehen. Ich laufe, was das Zeug hält, nur schnell aus dem Wald heraus. Etwa zwei-, dreihundert Meter vor mir eine Gestalt. Hallo!, das muss Günther sein. Der rechnet aber nicht mehr mit mir und nimmt Reißaus, so schnell ihn seine Beine tragen. Ich rufe noch einmal: Günther! Da dreht er sich endlich um und bleibt stehen.

»Mann, hast du mich aber erschreckt!« »Du Angsthase«, sage ich, dabei bin ich selber wie ein Spitzbube gelaufen.

Die Gesellen kommen am Kirmesmontag pünktlich um sieben Uhr vor dem Hoftor des Meisters an, während ich noch in seligem Schlummer auf meinem Strohsack liege und in süßen Träumen von Rita schwelge. Doch das Tor des Zimmermeister-Anwesens ist verschlossen. Die Gesellen klopfen und rütteln, rufen nach dem Meister, aber nicht einmal Ursel erscheint, um zu öffnen. Der Meister wird wach, aber er rührt sich nicht. Sollen sie doch klopfen, er kann stur sein und unnachgiebig. Unverrichteter Dinge trampen die Gesellen wieder heim. Das ist zu viel, was der Krauter sich erlaubt, das hat Konsequenzen. Sie kündigen fristlos. An

Arbeit ist kein Mangel. Im Kalischacht suchen sie noch Zimmerleute und dort wird auch mehr verdient. Der Meister ist geschlagen. Sonst, wenn der eine oder der andere Urlaub haben wollte, hat er ja auch nicht nein gesagt. Wieso mussten sie so hartnäckig auf diesem Arbeitstag bestehen. Doch es nützt nichts, sie wollen ihre Papiere und bekommen sie auch. Ich bin erleichtert, weil ich meine Quälgeister los bin.

Bei Fritze Huse ist ein Stallgebäude mit Waschküche zu zimmern. Hoffentlich ist alles in Lot und Waage. Dem kleinen Hannes traut der Meister nicht allzu viel zu. *Ein schlechter Zimmermann wird immer noch ein guter Maurer, aber nie umgekehrt.*

Der Meister nimmt Maß, wir starren fachkundig in die Zeichnung und beginnen mit der Balkenlage. Ich zeichne die Kämme und Überblattungen auf der Mauerlatte an, Herbert stemmt sie aus. Der Meister überlässt uns auch das Richten des kleinen Satteldaches, aber die Kämme passen nicht. Herbert hat genau die verkehrten Seiten ausgestemmt. Doch wir wissen uns zu helfen, versenken die Balken, indem wir die andere Seite auch noch ausstemmen und nageln schnell die Sparren darüber. Ein paar Nägel, von der Seite eingeschlagen, geben der Balkenlage Halt.

Als der Meister erscheint, sind schon ein paar Bohlen drüber gelegt und von unserem Pfusch ist nichts mehr zu sehen. Das habt ihr aber gut gemacht, kommt das Lob des Meisters. Kleinlaut verdrücken wir uns, räumen auf und packen das Werkzeug zusammen.

Oben auf der Balkenlage hat der vor kurzem eingestellte, kleine Hannes schon Ziegelsteine aufgeschichtet. Der kleine Hannes ist ein winziges Maurermännchen, mit grauem Strubbelhaar und einer angeberischen Klappe versehen, der jedem, der es nicht hören will, von seinen Maurerkünsten erzählt, als er noch in der Fremde umhergezogen:

»Einmal, im Ruhrgebiet, da hab ich an einer Esse gemauert, wohl an die hundert Meter hoch. Die hat so geschwankt, dass mir ganz schwindlig geworden ist. Aber, ihr könnt mir glauben, ein Stein so akkurat wie der andere.« Nun sitzt er oben, hat das Speisfass gefüllt und beginnt den Schornstein nach oben zum Dach hinauszumauern. Fritze Huse, der Bauunternehmer, nickt ihm freundlich zu und meint: »Na, Hannes, nun zeig mal, was du gelernt hast. Bis zum Abend muss der Schornstein fertig sein, da soll schon das Dach gedeckt werden!«

»Ja, Meister, bis zum Abend bin ich längst fertig, darauf können Sie Ihnen verlassen!« Als der Bauunternehmer am Abend nach Hause kommt, sitzt Hannes auf dem Podest und putzt die Steine ab. Der Schornstein war eingestürzt, weil er zwischendurch seinen Flachmann mit Schnaps geleert hatte und dagegen gefallen war. Und außerdem hatte er keinen Verband gemauert. Seitdem hieß er nur noch: *Hannes, der Eckenmaurer.*

Die Langholzsäge, an der ich die billigste Arbeitskraft bin, ist ein Marterinstrument besonderer Art. Die dicken Stämme müssen vom Lagerplatz auf dem Schienenwagen herangekarrt und von dort auf den Langholztisch gehievt werden. Dabei muss man höllisch aufpassen, sich nicht die Finger zu klemmen. Dann das Geschiebe und Gezerre. Das Sägeblatt kreischt durchdringend, am Stammende ist es nicht groß genug im Durchmesser, vor dem Spaltkeil bleibt der Balken stecken, die Schwarte des Stammes muss abgehackt werden. Späne fliegen mir um die Ohren, setzen sich im Nacken fest, rutschen mir bis in die Hose hinein. Und das geht manchen Tag bis abends neun. Der Meister ist ein Freund von prompter Vorarbeit, damit am nächsten Morgen alles wie am Schnürchen weitergeht. Komme ich spät abends geschafft nach Hause, höre ich das Sägegekreisch noch beim Einschlafen.

»Ein Mädchen war da, so eine Schwarzhaarige. Die wollte dich besuchen«, sagt mein Vater ziemlich misstrauisch. Ich erstarre in schaurigem Schreck.

»Wo ist sie hin?«, frage ich.

»Sie hat Kaffee bei uns getrunken, ist aber dann weg. Es war ihr zu langweilig, sie wollte nicht solange warten, bis du kommst. Du sollst sie besuchen.« Ich verabrede mich durch ein kleines Briefchen, das ich einem kleinen Dorfbengel mit fünfzig Pfennig in die Hand drücke. Am Abend trämpele ich mit dem Rad durch den Wald. Rita wartet schon vor dem Galgenberg. Ich stelle mein Rad an die dicke Hainbuche. Es ist eine wunderschöne Spätsommernacht. Geruhsame Stille rund um den Galgenberg. Momentan habe ich den Mann ohne Kopf vergessen, nur unten am sumpfigen Bach tönen leise die dicken Unken, und von einer knorrigen Eiche schreit ein Waldkäuzchen sein schauriges Huh-Huh. Der Vollmond kommt hinter den Baumwipfeln hervor, mit tausend Sternen bestückt ist die laue Nacht.

Am Tage die Sonne, wohl hab ich sie gerne, noch lieber den Mond und die mächtigen Sterne. Und wie das duftet vom Harz der nahen Tannenschonung und von Waldmoos. Eng umschlungen wandeln wir durchs Unterholz, ziehen unsere Köpfe ein, wenn es nicht mehr weitergeht und liegen dann plötzlich im Laub. Ritas Haut ist kühl und glatt, nur ihr Gesicht glüht. Wir küssen uns, als ob wir kurz vor dem Ertrinken wären. Langsam verschwindet der Mond hinter einer Schleierwolke, unsere Herzen rasen im gleichen Takt.

»Ich möchte dich ewig so halten«, sage ich.

»Ewig so?« Rita lächelt mich hintergründig an. Ich merke erst später, was sie damit meint. Darum halte ich sie jetzt nicht nur, sondern drücke sie an mich. Sie drückt sich gegen mich, bald wissen wir nicht mehr, wer wen mehr drückt. Ich erfahre mit Rita wie süß die Liebe sein kann. Schon am zweiten Abend mit ihr bin ich zum Mann und sie zur Frau geworden. Ein unbeschreibliches Gefühl. Ich bin nicht mehr der gleiche Junge wie zuvor. Das Selbstbewusstsein eines echten *Liebhabers* gibt mir die Überlegenheit, die man benötigt, um bei Mädchen Erfolg zu haben.

Und Rita besucht mich gleich, wenn sie mich einmal drei Tage nicht gesehen hat. Sie hockt dann bei meinen Eltern und harrt meinem Kommen entgegen, um mich wie ihren Mann zu empfangen. Das geht mir auf den Wecker, dieses Besitzergreifen schränkt mich ein, wird mir unbehaglich. Ich möchte auch gar keine feste Beziehung. Die Freunde spotten schon über mich:

»Wann soll denn Hochzeit sein?« Ich weiche ihr aus, komme absichtlich später oder bin bei Tante Marie, die aus Schlesien ebenfalls in dieses Dorf gekommen ist. Der Onkel rät, sie wegzuschicken, aber so direkt kann ich das nicht.

Rita meint, sie wolle mich ihren Eltern vorstellen, aber das wollte ich nicht. Darum schreibe ich ihr einen kurzen Abschiedsbrief. Rita hat herzzerreißende Tränen geweint, mich gebeten und angefleht, doch ich gehe nicht zu ihr zurück. Meine erste Liebe endet mit einem gebrochenen Herzen. Erst später erfahre ich selber, wie einem zu Mute sein kann, dessen Liebe verschmäht wird.

Großtante Marie, die Schwester meiner Großmutter Natalie, bei der wir zwischendurch auf der Flucht in Schlesien gelandet waren, ist eine Zuflucht für mich. Der Onkel wollte nicht raus. Schlesien war deutsch und würde es immer bleiben. Doch dann kam alles anders. Die Schlesier wurden zusammengetrieben und aus ihrem Land gejagt.

Die Alliierten unter Führung von Roosevelt, Churchill und Stalin hatten es im Februar 1945 auf der Krimkonferenz in Jalta vereinbart: Die Aufteilung Deutschlands und die Neugliederung Europas. Die Festlegung der Oder-Neiße-Grenze als östliche Grenze zu Polen wurde dann durch das Potsdamer Abkommen beschlossen. Eine vorläufige Regelung bis zum Abschluss eines Friedensvertrages, auf den die Welt noch heute wartet.

Der Onkel musste raus. In Glatz wird er mit den anderen Vertriebenen in einen Güterzug gepfercht. Mit zwanzig Kilogramm Gepäck landet er hier in Thüringen. »Ja, ihr in Polen, da musstet ihr raus«, hatte er gesagt, »aber hier ist doch Schlesien. Und Schlesien ist doch urdeutsch.« Im Februar 1946, an einem kalten Wintertag, treiben sie die Urdeutschen aus den Städten und Dörfern zusammen. Polnische Miliz sondert die Ärzte, höhere Verwaltungsangestellte, Handwerker, Facharbeiter und junge Männer aus, schickt sie zum Wiederaufbau in die zerstörten Städte bis nach Warschau. Die Letzten kommen erst 1950 zurück, viele sterben an Hunger und Krankheiten. Völlig gebrochen kommen die Schlesier in unser Dorf. Das Grauen sitzt ihnen im Nacken. Vertrieben wie Hunde von ihren Gehöften und aus ihren Häusern. Gedemütigt, geschlagen, ihrer Heimat beraubt. Die Großtante läuft ständig mit verweinten Augen herum. Sie kann sich nicht trösten. Wäre der Onkel damals mit uns geflüchtet, hätte er wenigstens die Pferde behalten, so blieb ihm nichts weiter als zwei Koffer.

Vertreibung der Schlesier aus Glatz

Ein altes Haus im Dorf, das älteste überhaupt, wird die neue Heimstatt der Familie. Es ist so zerfallen, dass niemand dort wohnen will. Kleine Fensterlöcher lassen kaum Licht herein. Die Lehmwände sind schwarz verräuchert, die Kammern so klein, dass man sich kaum drehen kann. Und doch fühle ich mich bei Tante Marie so heimelig wie nirgendwo. Sie sitzt vor dem alten Grudeherd und verbrennt ihre Wellichen, das Reisigholz, das der Onkel auf seinem Buckel aus dem Wald herbeischleppt. Ein würziger Geruch von Harz und Tannennadeln durchzieht das Haus. Die Tante erzählt von zu Hause, traurige und wehmütige Geschichten aus der Kindheit. Vor meinen Augen ersteht das Dorf des Großvaters neu. Ich fühle mich in jene Zeit zurückversetzt. Die Tante kann die Heimat nicht loslassen. Sie hängt mit allen Fasern ihres Herzens an dem vertrauten Dorf in Schlesien, an den grünen Wäldern, der vergangenen Kindheit in Geborgenheit und Frieden. Sie freut sich, wenn sie jemanden sieht, der ihr nahesteht und mit ihr und der alten Heimat verbunden ist. Ich kann mit ihr über alles reden. »Du wirst dich doch so früh nicht an ein Mädchen binden«, bekräftigt sie meine Absicht. Ich habe mir das eingebrockt, also muss ich auch selber aus der Sache heraus. Auf ihre Veranlassung schreibe ich den Brief. Doch bald finde ich keine Zuflucht mehr bei ihr. Sie stirbt vor Gram und Kummer um die verlorene Heimat. *Einen alten Baum kann man nicht verpflanzen.* Wie oft hat sie diese alte Weisheit ausgesprochen. Ihre Wurzeln waren in Schlesien geblieben. Hier hat sie nie Fuß gefasst. Ich tröste mich bald über Rita hinweg, obgleich ich es war, der ihr Kummer bereitet hatte.

Der kleine Häwel-Heinz steht hinter seiner Quetschkommode, lässt seinen Blick über die tanzbaren und vielleicht auch liebbaren Mädchen schweifen und wirft der Auserkorenen schon einmal ein paar Blicke zu. Dann setzt er zu einem flotten Schlager an: *Ei, ei, ei Maria, Maria aus Bahia*... Doch die Tänzer singen wieder ihren eigenen Text: *Ei, ei, ei Korea, der Krieg kommt immer näher*... Nordkoreanische Truppen unter Kim II. Sung waren in den Süden eingefallen. UN-Truppen, hauptsächlich amerikanische Streitkräfte, unterstützten die südkoreanische Armee. Auch die Sowjetunion und die Chinesen mischten mit. Die Großmächte führten einen Stellvertreterkrieg für und wider den Kommunismus. Die Angreifer aus dem Norden wurden zurückgeschlagen. Im Juli 1953 kam es zum Waffenstillstand. Die USA bauten den Süden des geteilten Landes zu einem antikommunistischen Bollwerk aus. *Ei, ei, ei Korea*... ist auch schon auf den beginnenden *Kalten Krieg* in Europa gemünzt.

Schnell hat es der kleine Häwelmann auf Hanni abgesehen. Sie hat eine eigene Wohnung, bei ihr kann man ohne Umschweife landen und zu einer vergnüglichen Nacht kommen. Die Nacht ist kurz, da muss er sich sputen, denn in der Frühe geht es wieder an die Arbeit. Als der Tag anbricht, hat er sich mit seinem Töff-Töff schon aus dem Staub gemacht.

Meine Mutter ist schon früh auf den Beinen. Sie hat irgendwas mit Hannis Schwester, die über ihr wohnt, zu besprechen. Auf der Treppe unterhalten sich die Frauen etwas zu laut. Da kommt Hanni im Unterrock aus dem Zimmer und sagt: »Müsst ihr so'n Krach machen! Heinz schläft noch.« Tante Hilda ist sich mit Hanni nicht einig, beide sind sich nicht grün. Sie geht durch die Küchentür hinein und findet ein Plättbrett im Bett. Das dumme Weib schläft mit'n Plättbrett! Die Mutter lacht sich schief. Dorfgespräch: Wozu ein Plättbrett doch gut ist.

Die II. Parteikonferenz der SED tagt und beschließt, den Aufbau des Sozialismus zur grundlegenden Aufgabe zu machen. Die Arbeiterklasse und alle Werktätigen werden aufgerufen zu erhöhten Anstrengungen bei der Festigung der revolutionären Errungenschaften, im Kampf gegen Hunger und Kälte, für die Verbesserung der Lebensbedingungen: *Mehr produzieren, gerechter verteilen, besser leben!* Wettbewerbe und Stoßbrigaden, Einsparung von Energie, Material und Brennstoffen sollen zur Steigerung der Produktion führen. Einige Wochen später beschließt die Volkskammer, die fünf Länder Mecklenburg, Brandenburg, Sachsen, Thüringen und Sachsen-Anhalt aufzulösen und durch 14 Bezirke zu ersetzen. Aus 132 Kreisen werden 217. Grund hierfür sei das alte Staatssystem, das sich der neuen Entwicklung und dem Aufbau des Sozialismus als hinderlich erwies. Die neuen Räte der Bezirke übernehmen die jeweilige Landes- und Regierungsgewalt.

Die Neugliederung sei einfach notwendig, erklärt Otto Grotewohl.

Damit würden neue staatliche Strukturen geschaffen, neue, kürzere Wege von der Spitze des Staatsapparates bis hin zu der kleinsten Gemeinde. Und auch auf die wirtschaftliche Entwicklung könne so besser Einfluss genommen werden; z. B. auf die Braunkohleindustrie, die Energieversorgung, die Werftindustrie, die Industrie des Kalibergbaus und die Landwirtschaft. Unser SED-Kreissekretär bekräftigt: Jetzt habe man die Macht der Arbeiter und Bauern in feste und demokratisch-sozialistische Bahnen gelenkt.

Die Neubauern ackern und wirtschaften von früh bis spät, dennoch kommen sie auf keinen grünen Zweig. Ein Neubauer aus Ostpreußen beabsichtigt, sogar einen Brunnen mit dem Spaten zu graben. Er gräbt und gräbt und wird darob verlacht. »Warum soll ich keinen kleinen Brunnen graben können«, wehrt er sich, »wenn sie vor hundert Jahren schon die Erde durchstechen wollten.«

»Und, sind sie am anderen Ende raus gekommen?«

»Das nicht, aber eines Tages wird es möglich sein.« Dann viel Glück! Nach ein paar Metern fällt die Erde zusammen. Der Bauer hat Schwein gehabt, dass er nicht verschüttet worden ist. Der Mensch bleibt immer das Produkt seiner jeweiligen Eindrücke und Empfindungen. Er versucht das Unmögliche möglich zu machen. Wohl dem, der sein Ziel doch noch erreicht. Den Neubauern aber geht es nicht gut. Kaum einmal freie Spitzen, die abgeliefert werden können und etwas einbringen. Das Soll ist einfach zu hoch. Die Reparationen steigen und steigen. Die große Sowjetunion presst uns aus wie eine Zitrone, orakeln vorwitzige und aufmüpfige Stimmen. Sie demontieren Maschinen, ja ganze Fabriken, deportieren Spezialisten, wie bei Carl Zeiss in Jena geschehen. Wie sollen wir da vorankommen? Worte, die so recht die Lage verdeutlichen, aber nur unter vorgehaltener Hand ausgesprochen werden.

Die MAS (Maschinenausleihstation) hilft, wo sie nur kann, nur hilft sie dort am ehesten, wo der Bauer dem Traktoristen eine Wurst oder eine Flasche Schnaps zustecken kann. Der Mann von Gerda Kleinert, die in der Bodenreform-Kommission mitgearbeitet hat, schimpft auf die kleinen Handtuchfelder, wobei man Angst haben muss, ein angrenzendes Feld niederzuwalzen oder einen Grenzstein herauszureißen. Das muss sich ändern, meinen die Funktionäre, die auf den Fortschritt aus sind. Die kleinen Felder bringen doch nichts. Der Aufbau von landwirtschaftlichen Genossenschaften, nach dem Vorbild der sowjetischen Kolchosen, ist der einzig gangbare Weg. Die Zeit ist herangereift, Überzeugungsarbeit zu leisten, und die Bauern zu bewegen eine LPG zu gründen. Eine Bauernversammlung wird anberaumt. Der zuständige Funktionär vom Kreis, in der Agitation wohl noch sehr unbedarft und besonders in der Mathematik mit Schwächen behaftet, erscheint vor Ort. Er spricht von der Verantwortung der Bauernschaft, das Volk zu ernähren und den westlichen Imperialisten damit einen Schlag zu versetzen. Doch so werden wir das nicht erreichen. Die Felder müssen zusammengelegt werden, denn nur gemeinsam sind wir stark. Neue Traktoren werden gebaut, kommen bald ins Dorf, wie sollen die auf den kleinen Feldern arbeiten? Was können sie dort bewirken?

»Dann baut doch nicht solche großen, sondern kleinere. Und gebt sie uns Bauern, damit die Arbeit leichter wird!«, ruft ein Bauer dazwischen.

»Wie stellt ihr euch das vor, Genossen! Wie soll das denn angehen, wenn jeder mit so einem Traktor auf seinem kleinen Acker herumkurvt. Das ist doch herausgeschmissenes Geld. Anders herum wird ein Schuh daraus: Die Felder zusammenlegen und dann die Maschinen einsetzen. So stärken wir den Frieden und gehen konsequent den Weg des Sozialismus. Vom *Ich zum Wir*, das ist der richtige Weg. Seid doch nicht so egoistisch. Und wenn die Herren Eisenhower und Dulles noch so gegen den Sozialismus zu Felde ziehen, *(er sagt nicht Eisenhauer und nicht Dalles)* heute hat der Sozialismus schon auf einem Sechstel der Erde gesiegt und morgen wird es schon ein Siebentel und übermorgen ein Achtel sein und so weiter. Das Rad der Geschichte lässt sich nicht aufhalten, auch wenn sie sich noch so gewaltig in die Speichen stemmen. Der Fortschritt ist auf unserer Seite. Und niemand kann gegen den Strom schwimmen!« Der Redner und Propagandist schaut in die Runde der Versammelten, um sich von der Wirkung seiner Worte zu überzeugen, doch er blickt in undurchdringliche und skeptische Gesichter. Einige finden seine Worte sogar lächerlich. Bauer Lienemann, einer der größeren Bauern, dessen Anwesen gerade so am Hammer der Bodenreform vorbeigeschrammt ist, räuspert sich und meldet sich zu Wort:

»Na ja, wenn der Sozialismus immer kleiner wird, was sollen wir da noch Genossenschaften gründen.« Rompe beugt sich dem Redner am Tisch zu und erklärt ihm, was für einen kapitalen Bock er geschossen habe:

»Also, Genosse, ein Siebtel, ein Achtel sind doch weniger als ein Sechstel. Du hast schon das Richtige gemeint, es nur falsch ausgedrückt, mathematisch falsch.« »Na und«, meint der Redner. »Die meisten haben es doch gar nicht bemerkt.« An diesem Tag hat keiner der Bauern mehr etwas gesagt. Sie laufen auseinander wie beim Hornberger Schießen. Der Funktionär vom Kreis hat sich in dem Ort nie mehr blicken lassen, und diese Redewendung hat er auch nie mehr gebraucht. Doch die neue Saat geht auf, die erste LPG kommt bald darauf zu Stande. Die weniger wirtschaftlich starken Bauern schließen sich zum Typ I zusammen. Und dann beginnt erst die richtige Agitation mit schwereren Geschützen. Wer dieser LPG nicht beitreten will, wird als Bremser des Fortschritts und sogar als Volksfeind beschimpft. Einige werden sogar erpresst. Sie haben schwarze Flächen oder ihnen wird nachgewiesen, dass sie schwarz geschlachtet haben. Bei einem anderen wird auf dem Boden eine Pistole gefunden. Ihm droht eine Anzeige, aber wenn er der LPG beitritt, soll davon abgesehen werden. Im Nachbardorf kommen zwei LPGs zu Stande, die sich gegenseitig bekriegen. Die einen sind die Hungerleider, die anderen die wirtschaftlich Starken, die die armen Schlucker auslachen. Aber das ist nicht im Sinne der Partei und des Staates. Sie schaffen es in absehbarer Zeit, dass Arm und Reich zusammengeht. Bald darauf stellen sie auch das Vieh in den Stall des ehemaligen Gutes. Aus Typ I ist Typ II geworden, aus der MAS wird die MTS. (Maschinen-Traktoren-Station) Niemand ist so richtig froh über das Zusammenwerfen von Land und Vieh. »Was ist nur aus uns geworden«, klagt Bauer Wisotkzy. »Keinem gehört mehr was, niemand fühlt sich richtig verantwortlich. Mit dem schweren Raupenschlepper, dem Stalinez, macht ihr noch den ganzen Boden kaputt. So ein Unverstand, damit könnt ihr wohl in Russland was ausrichten, aber nicht hier. Dieser Boden ist so schon fest genug, alles Lehm. Mit den schweren Traktoren gebt ihr ihm den Rest!« Und Hieronymus Dauske sitzt vor seinem Fenster im alten Gutshaus, beobachtet das Ganze und regt sich furchtbar auf:

»Dieser Russentraktor und der furchtbare Gestank! Lasst mal gleich den Tankwagen hinterherfahren.« Der Fahrer Rudi Hesse winkt ihm beim Vorbeifahren flüchtig zu. Er kann seine Worte nur erahnen und muss auf die Ketten achten, dass sie nicht das alte Gutshaus einreißen.

»Was hab ich gesagt«, brummelt der Alte in seinen Bart. »So wird das nicht bleiben mit den Einzelwirtschaften. Sie haben das Land euch nur gegeben, um es euch wieder wegzunehmen. Jetzt haben wir den Salat. Für solche großen Flächen habt ihr überhaupt keine Leute, die damit was anzufangen wissen. Das muss alle durchorganisiert sein. Eine richtige Fruchtfolge muss her. Es muss gesät werden, was auch auf den schweren Böden wächst. Aber davon haben die doch keine Ahnung.« In der Tat muss gesät werden, was benötigt wird. Korn und Weizen für das Volk, auch auf solchen Böden, wo die Spatzen sich hinknien müssen, um davon zu fressen. Kunstdünger wird wieder produziert und Kali. Die Kaliwerke ringsum arbeiten rund um die Uhr. Vor allem für die Sowjetunion. Die Böden erhalten eher zu viel von beidem. Die Folge: kurzfristig höhere Ernteerträge, aber Lagergetreide. Die Mähbinder sind überfordert. Bald kommt der erste Mähdrescher ins Dorf. Das wird gefeiert wie ein großes Fest. Weitere Traktoren kommen in die Dörfer. Die Jungen Pioniere singen:

Tausend Traktoren durchziehen das Land, hinter sich Mäher und Pflüge. Hilfe ward aus dem Osten gesandt. Kampf um das Brot führt zum Siege…

Aus allem machen sie einen Kampf: aus den Friedensbestrebungen, aus dem Fortschritt, aus der Kultur. Kampf im täglichen Leben um die Existenz des Menschen. Kampf um die Planerfüllung, Ernteschlachten, die geschlagen werden – stabsplanmäßig wie im Krieg. Der Kampf um des Volkes Brot ist zum universellen Kampf geworden. Trotz der herumgeisternden Losung: *Ohne Gott und Sonnenschein bringen wir die Ernte ein,* schauen die Menschen besorgt zum Himmel und hoffen auf gutes Wetter, denn von der verlustfreien Einbringung der Ernte hängt das Wohl aller ab.

Mähdrescher-Armada E 512 auf einem 10-Hektar-Feld

Erntekapitäne, hoch auf Stahlrossen, anfangs auf Mähdreschern aus der SU, dann auf den E-512 aus Weimar, durchwalzen das Ährenmeer. Sozialistischer Wettbewerb, aufgeschlüsselt die Statistik der Kreise und Bezirke, wer die Nase vorn hat im Einbringen der Feldfrüchte. Auf den Getreidefeldern wehen Fahnen, darunter die blaue FDJ-Fahne der Jugendbrigade, die meist aus Pseudojugendlichen besteht, die längst aus dem Jugendalter heraus sind. Ehrungen der Sieger, Großaufmachungen in den Zeitungen – der 1. Kreissekretär persönlich überreicht die Auszeichnungen und Prämien. Das Feld ist abgeerntet, die Armada zieht weiter zum nächsten. Das Brot des Volkes ist gesichert, das Volk braucht nicht zu hungern.

Die gesamte Umgestaltung der Landwirtschaft ist ein Prozess von weittragender Bedeutung. Aus dem *egoistischen* Einzelbauern wird ein mehr oder weniger fleißiger Landarbeiter. Er schafft seine Einheiten, nach denen er bezahlt wird. Das ist nicht viel, aber mit dem, was er nebenbei erwirtschaftet, kann er, gut leben. Es geht voran, wenn auch unter großen Schwierigkeiten. Kuhställe werden gebaut, eine große Feldscheune entsteht, die Arbeit wird besser organisiert. Es sind ja alles Menschen mit gesundem Menschenverstand, sagen die Funktionäre. Bald kommt einer, der diesen Verstand nüchtern anzuwenden versteht. Einer von den mittleren Bauernbetrieben. Walter Lienemann ist erst spät aus der Gefangenschaft heimgekehrt, und spät ist er der Genossenschaft beigetreten. Sie haben ihn umgarnt und umworben, und eine Zeit lang hat er sich gesträubt.

»Du kannst nicht ewig gegen den Strom schwimmen«, bedrängen ihn die Funktionäre. »Eines Tages bleibt auch dir nichts anderes übrig als beizutreten. Und solche Leute wie dich, solch einen tüchtigen Bauern, benötigen wir ganz oben.« Schließlich lässt der Bauer sich breitschlagen. Kaum haben sie ihn vereinnahmt, kommt die Einheitspartei mit den Fragebögen.

»Walter, du musst in die Partei eintreten. Du bist ungeheuer wichtig für uns, für die Bauernschaft, die Arbeiterklasse. Und wir brauchen dich als Vorsitzenden für die Genossenschaft.« Nun ist es heraus. Parteimitgliedschaft und Genossenschaftsvorsitzender gehören einfach zusammen. Eines bedingt das andere. Wer A sagt, muss auch B sagen können. Walter wird Parteimitglied und Vorsitzender. Er ist Christ und christlich erzogen worden, aber bald sieht man ihn nicht mehr in der Kirche. Er bleibt nicht der Einzige. In die Kirche gehen ist nicht mehr zeitgemäß. Einige machen ihre Abwendung von Gott und der Kirche schriftlich. Walter gehört nicht zu ihnen. Er hält sich ein Hintertürchen offen. Und er beginnt sich für die LPG aufzuopfern. Überall ist er an der Spitze, sorgt und kümmert sich um alles. Wenn andere Feierabend machen, springt er noch umher und bereitet den morgigen Tag vor. Er führt ein Pflichtenheft ein. Jeder soll so arbeiten, als ob er es für sich selber täte. Die Traktoren, Mähdrescher, ja alle Maschinen sollen in persönliche Pflege genommen werden. Das geschieht mit einigem Murren, aber es geschieht.

»Gebt uns mal Ersatzteile«, sagen die Traktoristen, »dann klappt's auch mit der Pflege.« Privatfuhren sollen unterbunden werden, und in der Ernte darf es keinen pünktlichen Feierabend geben. »Als Einzelbauern seid ihr doch auch nicht nach Hause gegangen, bevor die Erntewagen unter Dach und Fach waren!« Das ist alles richtig und gut gesagt, aber schwer getan. In jedem Einzelnen, der sich nicht verantwortlich für das Ganze fühlt, sitzt der innere Schweinehund. Und da ist die Kneipe, in der das Bier nur vierzig Pfennige kostet, die kleine Privatwirtschaft mit einigen Schweinen und sogar Bullen, die oft mit dem Futter der Genossenschaft gemästet werden. Sie werfen über die Abgabe an den Staat oder privat einen schönen Pfennig Geld ab. Da lohnt es sich schon, so nebenher etwas für sich privat zu tun. Manchmal bleibt das Stroh vor der Feldscheune liegen, auch wenn ein Gewitter heranzieht.

»Wir müssen unsere Kinder und das Vieh versorgen«, sagen die Frauen. Das Eigene und Private geht vor. Wie sollte es auch anders sein?

Jeder ist sich selbst der Nächste. Manche denken auch: *Ist mir doch egal. Es ist ja nicht meins.* So hat es die LPG schwer, sich weiterzuentwickeln. Aber den Vorsitzenden haben die Funktionäre erst einmal für sich eingenommen. Seine tüchtige und umsichtige Arbeit wird zum Vorbild und Kreisbeispiel. Schon bald tritt Walter in den Vordergrund der Öffentlichkeit, hält Reden zum 1. Mai, zu Republikgeburtstagen und zu Konferenzen der Partei. In Walter Lieneman hat die Partei ein wichtiges Sprachrohr gefunden. Mit ihm lässt sich vieles anpacken und durchsetzen, lässt sich allgemein Politik machen. Aber wie es tief drinnen in mir aussieht, das geht keinen was an. So mag Walter vielleicht gedacht haben. Tief in seinem Innersten war ihm der Rummel um seine Person und seine Arbeit sehr zuwider. Er kann kaum noch schlafen, seine Seele wird krank, der Körper macht nicht mehr mit. Walter kommt ins Krankenhaus und nimmt sich das Leben. Eine Frau und fünf Kinder trauern um den Vater. Zu allem Unglück kommen zwei Vertreter der Partei zu der Witwe und wollen sie überzeugen, ihren Mann unter der Roten Fahne und mit dem volkseigenen Pfarrer beerdigen zu lassen. Dieser Mann muss auch noch nach seinem Tod für die Sache der Partei und des Staates ausgeschlachtet werden. Die Frau hat keine Tränen mehr nach dem makabren Ansinnen, sie hat nur noch einen Wunsch: Die Herren mögen so schnell wie möglich den Ausgang finden. Sie gehen schnell wieder hinaus zu dem Loch, das der Zimmermann gelassen. Und doch lassen sie es sich nicht nehmen, an der Grabgrube ein paar Worte zu sprechen.

Jahre später geht die Kollektivierung weiter. Es kommt zu den KAPs und KATs (Kooperative Abteilungen Pflanzen- und Tierproduktion). Das wäre vielleicht ein gangbarer Weg, eine Spezialisierung in der Landwirtschaft herbeizuführen, die Zeit scheint jedoch noch nicht reif dafür. Die Voraussetzungen sind noch nicht gegeben. Die Arbeitsumstellung ist zu groß und ungewohnt. Noch größere, fast unübersehbare Flächen, weitere Wege, die Notwendigkeit der besseren und richtigen Koordination von Arbeitskräften und Maschinen kommt zu kurz. Seit je her sind Pflanzen- und Tierproduktion eine Einheit. Was die Pflanzenproduktion erwirtschaftet, kommt der Tierproduktion zugute und umgekehrt. Wenn beides getrennt und voneinander losgelöst wird, muss die Abrechnung und beiderseitige Qualität der Arbeit stimmen. Und vor allem kommt es auf die Menschen an, die wichtigsten Produktivkräfte. Stehen die nicht voll hinter den Maßnahmen, hat die Sache keinen Gewinn. Eine der wichtigsten Komponenten ist die Anwendung der Technik. Ist sie veraltet, werden zu viele und ineffektive Maschinen eingesetzt, sind sie zudem oft noch kaputt, mangelt es an Ersatzteilen, dann ist ein Fortschreiten nicht gegeben.

In der Kooperative klappt es nicht mit den Verträgen, der Bezahlung für das Futter, für die Arbeit und die Maschinen und mit der Aufteilung des Gewinns, soweit er vorhanden. Betrachtet man aber die verschieden Voraussetzungen und Umstände unter denen die LPGs gearbeitet haben, kann man einen gewissen Fortschritt und eine den Menschen dienliche Entwicklung nicht leugnen. Die LPG wird zu einem wichtigen Faktor des Dorflebens, sowohl auf wirtschaftlichem als auch auf kulturell-sozialem Gebiet. Sie ist der bedeutendste Arbeitgeber auf dem Lande und hilft, wo sie nur kann: in den Polytechnischen Oberschulen, in Kindergärten, Sportvereinen, den Gemeinden mit ihren zahlreichen Vorhaben, in Alten- und Pflegeheimen. Sie ist einfach nicht mehr wegzudenken. Von der LPG spricht man mit Respekt und Hochachtung. Die LPG wird zum Zentrum auf dem Dorf, um das sich alles dreht. Die vielen kleinen Landbesitzer sind regelrecht auf sie angewiesen. Sie leisten Arbeitsstunden in der Ernte, bei der Pflege von Runkeln, um ein Schwein und ein paar Hühner durchzufüttern.

LPG-Bauern bei der Futtersilage

Das ist wichtig und bereichert den Lebensstandard. Später gibt es für die Ablieferung von Eiern Getreidegutschriften, womit man wiederum die Hühner füttern kann. Manchmal kaufen die Eierlieferer ihre eigenen Eier wieder auf. Ähnlich ist es mit Gemüse und Obst. Ein Kreislauf, zwar scheinbar widersinnig, der aber zur besseren Versorgung beitragen soll und teilweise auch von Erfolg gekrönt ist. Und das Leben verbessert sich für die Menschen im Osten. Einige Preissenkungen für Lebensmittel und Textilien stehen an. Brot und Backwaren sind nicht mehr so teuer. Die Rationierung für Nahrungsmittel, außer Fleisch, Fett und Zucker, wird aufgehoben.

Der kleine Schneider Herzog, der Witwentröster, hat sich in unsere Wohnküche geschlichen und breitet seine Stoffproben aus:
»Schauen Sie mal, junge Frau. Hier habe ich einen schönen, braunen Stoff. Wäre das nicht ein passender Anzugstoff für Ihren Sohn?« Die Mutter begutachtet den Stoff, kann sich aber nicht entschließen. Am liebsten würde sie Geld sparen und den Anzug selber nähen. Ich stehe daneben und drängele: »Mutti, der gefällt mir! Guck dir mal die anderen an und wie ich rumlaufe. Ich muss sogar die Hose vom Vater anziehen.« »Welche Hose?« Verflixt, jetzt habe ich mich verraten. Schließlich lässt sich meine Mutter erweichen.

Der Schneider nimmt Maß. Ich lasse es geduldig über mich ergehen. Die Mutter mahnt: »Herr Herzog, etwas größer, wenn ich bitten darf. Der Junge wächst so schnell aus dem Anzug heraus.«

»Nein«, sage ich. »Der Anzug soll passen und mir nicht um die Schultern und Beine schlottern!« Die Mutter gibt sich zufrieden, denn bald habe ich ja ausgelernt und höherer Lohn steht an. Das heißt auch mehr Geld zu Hause abgeben. Noch muss ich, wenn ich ein paar Bier trinken will, Eier aus den Nestern stibitzen. Der Gastwirt, Arno Höhne, nimmt für ein Bier je ein Ei. Damit wir sie in der Jacke nicht zerdrücken, kassiert er sie schon im Voraus. Die Mutter wundert sich und schimpft auf die Hühner, die so schlecht legen.

Vater, aus Aue zurückgekehrt, arbeitet bei der MTS als Buchhalter. Endlich in seinem Beruf, aber er quält sich täglich mehr mit seinem Asthma herum. Manchmal muss er sogar auf dem kurzen Weg zur Arbeit zwischendurch stehen bleiben. Der Hausbau, die Arbeit Untertage in Aue haben ihn ausgelaugt.

Der Vater ist nur noch ein Wrack. Er möchte so gern einmal in die alte Heimat, noch einmal alles wieder sehen, wo er 44 Jahre gelebt. Doch es ist keine Aussicht, einmal dort hin zu kommen. Manchmal sinnt er vor sich hin, und ich spüre, dass seine Gedanken weit fort sind. Er ist so sehr mit der alten Heimat verwurzelt, dass er Adressen von den vielen Bekannten aus der alten Heimat sammelt. In einem eigens dafür angelegten Notizbuch sind die Anschriften der Rettigs, Hettigs, Billings, Manteys, Herrmanns, Zimmermanns, Kurzwegs, Salins, Müllers, aller Kunkels und wie sie alle heißen verzeichnet. Der Vater schreibt Briefe, erhält Informationen und Fotos und hält so Kontakt zu den Menschen der alten Heimat, mit denen er sich verbunden fühlt. Er sorgt sich um die Landsleute aus der alten Heimat, korrespondiert mit Pfarrer Seeberg aus Brotterode, müht sich um Informationen; wohin es sie verschlagen hat und wie es ihnen geht. Über den ehemaligen Kreishauptmann Dr. Glehn äußert sich der Vater mit Hochachtung. Er hegt die Hoffnung, dass er seine Familie heil und gesund wiedergesehen. Wie aber war es ihm ergangen nach der Flucht und dem Zusammenbruch?

Was war mit dem Judenhasser Boettig geschehen? Nach seiner Flucht aus Polen in seinem PKW-Wanderer traf Dr. Glehn in Wienhausen bei Celle ein, wo seine Frau und Kinder schon als Flüchtlinge lebten. Ein Wiedersehen unter Tränen. Niemand von der Familie hatte Schaden genommen. Sie hatten sich wieder gefunden, der Vater, der Beschützer war da. Nun konnte die Familie unter seinem Schutz leben und musste nach der unsäglichen Flucht ernährt werden. Dr. Glehn war gezwungen, einen Neuanfang zu wagen. Die neuen Behörden brauchten erfahrene Verwaltungsangestellte. Sie griffen auch auf solche Leute zurück, die schon bei den Nazis gedient hatten, oft ohne ihre Vergangenheit eingehend zu prüfen. Dr. Glehn wurde bald als Landrat nach Krumau berufen, aber schon nach kurzer Zeit von den US-Truppen in Arrest genommen. Sie setzten ihn wie viele höhere Beamte im Internierungslager Moosburg fest. Nach kurzer Befragung wurde er wieder frei gelassen. In einem kommunistischen Zeitungsblatt wurde der Kreishauptmann ungeheurer Verbrechen beschuldigt. Man bezichtigte ihn, eigenhändig Juden erschossen zu haben und persönlich für die Ermordung von 2000 Juden verantwortlich zu sein. Sofort wurde er wieder, dieses Mal von den Engländern, verhaftet. Er kam in ein Auslieferungslager der englischen Armee nach Hamburg. Dort wurde er von jüdischen *Zeugen* noch einmal schwer belastet. Sie erhoben Anklage und erklärten an Eides statt, dass der Kreishauptmann für Deportationen und Morde persönlich verantwortlich und schuldig sei. Doch Dr. Glehn wäre nie und nimmer dazu fähig gewesen, jemanden eigenhändig zu ermorden, das hat er auch nicht getan. Und auch die Deportationen konnte er nicht verhindern, auch wenn er es gewollt hätte. Von der englischen *extradiktion court* in Hamburg wurde ihm der Prozess gemacht. Doch die Anschuldigungen konnten nicht bewiesen, aber entkräftet werden. Dr. Glehn wurde freigesprochen, aber als Landrat durfte er nicht mehr fungieren. Nach einigen Jahren der Freiheit, hatte es der ehemals tüchtige Landrat zum Geschäftsführer des Fachverbandes Steinzeug zuerst in Hannover und dann in Köln gebracht, um dann nach einigen Jahren nochmals, dieses Mal in Darmstadt, angeklagt zu werden. Dort wollte die Staatsanwaltschaft die Verantwortlichen für die Judendeportationen klären und inwieweit sie, die ehemaligen Kreishauptleute, insbesondere die aus Polen, verurteilen konnte. Da Dr. Glehn Kreishauptmann eines der größten Kreise im Generalgouvernement gewesen war, wollte man an ihm ein Exempel statuieren. Aber auch hier wurden die Anschuldigungen entkräftet. Viele Zeugen, darunter der Pastor Heinrich Seeberg aus unserer Heimatstadt, sagten günstig für ihn aus. Nach eineinhalb Jahren Untersuchungshaft kam Dr. Glehn dieses Mal endgültig frei. Vom Ministerpräsidenten des Landes Nordrhein-Westfalen wurde ihm seine Beamtenpension gestrichen, im Gegensatz zu anderen Kreisleitern und Nazis des Reiches. Die Begründung: *Er hätte sich als höherer Beamter durch-*

setzen müssen, um die Judendeportationen zu verhindern. Die Streichung der Beamtenpension wurde gefällt in völliger Verkennung der Umstände in Polen und der Verantwortung der SS-, Polizei- und Gestapoverbrecher. Dr. Glehn hat diese Diskriminierung nicht mehr erlebt. Die Frau und Familie wollten dagegen prozessieren, doch sie hatten keine Kraft mehr. So endete eine Karriere, die von den Nazikriegsverbrechern in Gang gesetzt worden war. Die Kinder hatten es besonders schwer, Kinder von einem ehemaligen Nazi-Kreishauptmann in Polen gewesen zu sein. Sie waren aus Deutschland herausgerissen worden, hatten sich in Polen kaum eingelebt, dort neue Freunde gefunden und kamen wieder zurück in das zerrissene Deutschland, wo sie mit ansehen mussten, dass ihr Vater wie ein Schwerverbrecher behandelt wurde.

Gleichzeitig mit dem Prozess gegen Dr. Glehn lief auch die Anklage gegen Polizeichef Größer und Judenmörder Boettig. Letzterer hatte nach seiner Tätigkeit in der Gestapo – als die Judendeportationen beendet waren –, bei der er auch als Dolmetscher für Gestapo und Kriminalpolizei fungierte, die Leitung der Kantine und Küche der Sicherheitspolizei übernommen. Ende 1944 wurde er bei einem etwa 40 bis 50 Kilometer von Tomaszów entfernten Einsatz, an dem er als Verpflegungsausgeber teilnahm, durch mehrere Explosivgeschosse am Schienbein und durch einen Streifschuss verwundet. Sie brachten ihn zurück in die Stadt ins Lazarett. Beim Näherrücken der Front wurde das Lazarett nach Thüringen verlagert. Er verließ das Lazarett im März 1945 auf eigene Verantwortung, um sich zu seiner Familie zu begeben, die er in Zeitz ausfindig gemacht hatte. Dort arbeitete er kurze Zeit unerkannt in einer Schlachterei, bis er über das Lager Friedland 1946 nach Bad-Münder kam, wo er bis 1953 blieb. Was für ein Glück für diesen gesuchten Mann, der polnischen Justiz entkommen zu sein. Andere, viele Unschuldige, hatten nicht das Glück. Er zog mit seiner Familie weiter nach Stuttgart und lebte dort unbehelligt bis 1965, wo er kurze Zeit im Wald und im Bergwerk arbeitete und später bei der Südmilch-AG als Molkereifacharbeiter. Leiter dieser AG war der Tomaszówer Heinz Simon, der ihm in Kenntnis seines Vorlebens Unterschlupf gewährte. 1962 kam Boettig noch einmal über die Grenze in die DDR und besuchte seinen ehemaligen Kumpan, meinen Onkel Hanfried, in der Nähe von Gotha in Wechmar. Onkel Hanfried hatte 12 Jahre in polnischen Gefängnissen verbüßt und war zu seiner Frau heimgekehrt. Mir schaudert bei dem Gedanken, was diese beiden sich wohl zu erzählen hatten. 1964 wurde Boettig aber angeklagt und in Darmstadt vor Gericht gestellt. Eine Unmenge Anklagepunkte standen zur Verhandlung, und viele Zeugen wurden gehört. Niemand, außer einigen Juden, hatte ihn so recht belasten wollen, obgleich er von einigen als gefährlich und unberechenbar bezeichnet worden war. Schließlich wurde der Angeklagte wegen gemeinschaftlicher Beihilfe zum Mord zu einer Freiheitsstrafe von sechs Jahren verurteilt. Zwölf Jahre hatte mein Onkel in Polen verbüßt, obgleich ihm kein einziger eigenhändiger Mord nachgewiesen werden konnte. Boettig saß einschließlich Untersuchungshaft vier Jahre ein. Wie gut dieser Herr bei der deutschen Justiz im Westen weggekommen ist, spottet jeder Beschreibung.

Ein paar Tage Urlaub vom Meister, vom Dorf und von Daheim. Besuch bei den Verwandten von zu Haus und vor allem beim Großvater. In Groß Börnecke, der Magdeburger Börde, plant mein Cousin Eugen den Trip nach Westdeutschland. Ich gehe nicht mit und schärfe meiner Schwester ein, sich ebenfalls nicht darauf einzulassen. Als ich am Sonntag zurückfahren will, sind mein Cousin und meine Schwester verschwunden. Ich fahre zurück ohne Schwester, verschweige dem Vater, dass sie abgehauen ist, sage ihm, dass sie noch dort geblieben sei. Es vergehen acht Tage, zwei Wochen und mehr. Der Vater schickt ein Telegramm an Großvater: Sie soll sofort nach Hause kommen. Noch bevor eine Antwort da ist, kommt ein Brief aus Düsseldorf: Unsere Herta ist bei Mutters Cousine im Westen. Der Vater ist geschockt, er will die Behörden einschalten, veranlassen dass die Tochter zurückkommt. »Papa«, sage ich, »sie ist volljährig. Da kannst du nichts machen.« Als nach einigen Wochen im Advent das erste Westpaket kommt, ist der Vater schon ein wenig besänftigt. Es ist ein Geschenk wie aus einer anderen Welt: Kaffee, Schokolade, Früchteteebeutel, ein paar Apfelsinen und sogar Medizin gegen Vaters Asthma. Besonders meine kleinen Schwestern machen große Augen. Sie können sich an den schönen Dingen nicht satt sehen. Ein Stückchen Schokolade dürfen sie probieren, der Rest bleibt für Weihnachten.

Vor unserem neuen Haus: Die Familie noch vollzählig beisammen

Der Weg in den Westen ist oft ein Ventil gescheiterter Beziehungen, sicher auch der ersehnte Weg in die Freiheit, wie so viele betonen. Um aber der Wahrheit zu genügen, wurde er auch gegangen mit der Aussicht auf ein besseres Leben in Wohlstand und dem Ausweichen des ständigen Mangels an allem, was das Leben schöner und reicher macht. Viele gehen diesen Weg des geringsten Widerstandes. Sie brechen einfach ihre Brücken ab, spüren aber bald, dass der Westen kein reines Zuckerschlecken ist. Was wäre aber, wenn diese Menschen geblieben wären und sich trotz aller Schwierigkeiten hier profiliert hätten? Vielleicht wäre es auch hier zu einem ähnlichen Wirtschaftswunder gekommen.

Jede Zeit hat ihre zeitbedingte Jugend. Wir sind eine Jugend mit Träumen und Sehnsüchten wie jede andere, mit Fehlern, Schwächen, Gebrechen und auch Stärken, wie sie jede Jugend hat. Eine unserer Stärken und Tugenden ist vielleicht die Achtung und Ehrfurcht vor den Erwachsenen. Nie wäre es uns eingefallen, den Älteren, die den Krieg bewusst miterlebt hatten, zu widersprechen. Sie hatten viel zu erzählen, unsagbares Leid erfahren, Schreckliches erlebt und besaßen noch die Kraft und Energie, um beim Aufbau und gesellschaftlichen Leben im Ort kräftig mit anzupacken. Über jeden Einzelnen könnte man eine Geschichte erzählen. Wer hätte es da gewagt, sich unter die Generation dieser Gruppe zu mischen und gar noch ein Wort mitreden zu wollen. Undenkbar. Standen einmal ein paar ältere Burschen beim Gespräch beisammen und so ein Knirps stellte sich dazu, hieß es gleich: »Kleiner, geh nach Hause, deine Mutter will die Nachthemden verteilen.«

Der Staat spricht von Einheit und Frieden und macht die Grenze immer undurchlässiger. Wir wollen aufbauen und keine Grenzen ziehen. *Bau auf, bau auf, freie deutsche Jugend bau auf!*, aber kein Stein passt zum anderen. Der erste Zaun aus Stacheldraht zur Bundesrepublik wird gezogen, es wird strenger kontrolliert. Bald darauf kreischen Schrotsägen, Bäume stürzen zu Boden, Stubben werden herausgezogen, die Grenze wird begradigt und übersichtlicher gemacht. Mein Freund Fritze hat sich den Beruf eines Landmaschinenmechanisators auserkoren. Besser gesagt – er fährt einen Belaruss, einen grünen Traktor aus der ruhmreichen Sowjetunion. An die Grenze haben sie ihn delegiert. Delegiert wegen seiner Vertrauenswürdigkeit und seines Klassenbewusstseins. Im RIAS-Sender Berlin machen sich die Insulaner lustig:

Der Traktor ist kaputt, da kommt Hennecke, Hennecke und macht ihn wieder ganz. Adolf Hennecke hatte im Oelsnitzer Karl-Liebknecht-Schacht 24,4 Kubikmeter Kohle in einer Schicht gebrochen. Das waren 387 % Normerfüllung. Hennecke wurde zum geflügelten Wort für besondere Leistungen, aber auch spaßhaft gebraucht, wenn etwas schief ging: *Das hättste mal lieber Hennecke machen lassen sollen!* Aber Hennecke wird nicht nur geehrt und bewundert. Viele Kumpels betrachten ihn als Antreiber, Normbrecher und Karrieristen. Henneckes Überübererfüllung der Norm führt zu Normerhöhung und Mehrarbeit für die Kumpels.

Nach dem ersten Aktivisten Hennecke kommt Wlassow mit seinen beispielhaften Leistungen, die Methode des Drehers Pawel Bykow und die ungeheure Tat des großen Lokomotov. Was, du weißt nicht, wer Lokomotov war? Aber Genosse, das ist doch der erste russische Schlosser gewesen, der eine Lokomotive aus einem Stück gefeilt hat! Auch die Bassoff-Methode wird propagiert.

Adolf Hennecke

In Sachsen geht das geflügelte und spaßige Wort um, wenn nach der Erklärung dieser Methode gefragt wird: *bass uff, dass de 'n Feierabend nich versäumst*. Und nach den zweiten oder dritten Weltfestspielen singen die Insulaner: *Und da schlug'n sie die Hände überm Kopf zusamm*. Abends, ich glaube gegen sieben Uhr, um die Mitte der Woche, kam Wolfgang Neuß mit seinen Insulanern, mit witzigen Texten, Liedern und ihren Hoffnungen für die Insel mitten in der alten Hauptstadt Berlin:
Der Insulaner kennt keene Ruhe nich. Der Insulaner liebt keen Jetue nich.
Der Insulaner hofft unbeirrt, dass seine Insel wieder'n schönes Festland wird.
Das Radio ist an, wir dürfen uns nicht rühren. Die kleinen Schwestern müssen aus der Wohnküche. Dem Vater darf nichts entgehen. Sprechen und Lachen sind streng verboten, und die Türen müssen leise geschlossen werden. Aber auch die Insulaner ändern nichts an der Realität in der Arbeiter- und Bauernrepublik. Noch ist der neue Traktor nicht kaputt, aber er steht vor dem Grenzzaun und scheint trotzdem seinen Geist aufgegeben zu haben. Er tuckert zwar noch, doch der Fahrer ist nicht drin. Fritze hat den Traktor stehen lassen und sich einfach westwärts aus dem Staub gemacht. Eigentlich hatte er keinen Grund, sich abzusetzen. Er hatte sein Einkommen, seine Freunde, hier im Dorf eine Heimat gefunden und trotzdem dem Staat den Rücken gekehrt. So wie er haben mehr als fünfundzwanzig junge Leute, im Alter zwischen siebzehn und fünfundzwanzig Jahren, und mit ihnen viele Familien in knapp drei Jahren den Ort verlassen. Insgesamt waren es bis zum Mauerbau 1961 2,7 Millionen, die den Arbeiter- und Bauernstaat verließen. Und nach der Grenzziehung haben noch einmal 60.000 den Weg in den anderen Teil Deutschlands angetreten. Ein Aderlass, den kein Dorf, keine Stadt und kein Staat verkraften kann. Ein neuer und guter Freund ist mir wiederholt abhanden gekommen.

Die schönen Sommertage verfliegen im anklingenden Herbst. In der Obstbaumallee der Aue reifen die Äpfel und Birnen heran. Die Gravensteiner und Boskopp und wie sie alle heißen. Noch bevor das Obst reif ist, treffen wir Jungen und Mädchen uns an der Allee, schlendern von Baum zu Baum, kosten von dem köstlichen Obst, treiben unseren Spaß untereinander, verbandeln uns zu Pärchen, sondern uns ab und tauschen an verschwiegenen Ecken Zärtlichkeiten aus. Die Äpfel sind so süß wie die junge Liebe. Anfangs noch fest und knackig, dann werden sie weicher und madig und zuletzt Fallobst, wenn die Ernte nicht rechtzeitig erfolgt. Hat ein Mädchen mit sechzehn noch keinen Burschen, dann wird es schwer noch einen einzufangen, sagen die Mütter. Von den Äpfeln und Birnen an der Allee bleibt dann nichts mehr übrig für den, der rechtmäßig ernten wollte. Deshalb verpachtet die Gemeinde die Obstallee an einen Pächter aus B., einen kleinen, spaßigen Mann, voll komischer Einfälle und Skurrilitäten mit einem großen Herzen für die Jugend. Zwar passt er auf, dass sein Obst nicht gestohlen wird, aber er gibt schon mal einen Baum frei, von dem wir probieren können. Und wir werden zu Wächtern für August, den Öbester. Er hat die Böcke zu Gärtnern gemacht. An der Biegung der Baumallee, von der man nach beiden Seiten die Allee gut einsehen kann, steht sein Wärterhäuschen mit einem kleinen Fenster nach der Straßenseite. Jeden Abend stellt er sich ein, passt auf seine Bäume auf, unterhält sich mit uns und macht seine Späße. Mal hat er eine Flasche Selbstgebrannten oder einen Obstwein mitgebracht, von dem er uns nippen lässt, mal gibt er ein lustiges Lied zum Besten. Besonders gern singt er das Lied vom Floh: *Floh, ach Floh, du armer Floh, hast sechs Beene und hüpfst noch so. Macht der Floh den ersten Stich, leckt man an dem Finger und dann kratzt man sich. Floh, ach Floh...* Während er singt, hüpft er von einem Bein auf das andere wie das Rumpelstilzchen persönlich. Manchmal singen auch wir mit ihm unsere wehmütigen Lieder: *Wahre Freundschaft soll nicht wanken* oder *Horch was nähert sich dem Schloss, steigt ein Reitersmann vom Ross. Meine Mutter, die war gut, nun in kühler Erde ruht.* Ich begleite die Bänkelsänger auf meiner Mundharmonika. Wir singen schön laut und sogar zweistimmig.

Ja, wir haben unseren Öbester gern, vertrauen ihm unsere Sorgen und Nöte an, befolgen seine Ratschläge, die oft sogar aufklärender Natur sind: *Ihr müsst immer schön vorsichtig sein und die Fuhre schon vor der Scheune abladen.* Manchmal nehmen wir das Obstwächteramt auch mal allein in die Hand, wenn er ein wenig zu viel getrunken hat und in seinem Wärterhäuschen eingenickt ist. Nur dreisten Dieben ist er ein Dorn im Auge. Eines schönen Abends haben sie ihn samt seinem Häuschen umgekippt. Nun liegt das Häuschen auf der Tür, und der Arme kann nicht heraus. August schreit und zetert, bis wir ihn befreien und herauslassen. Zum Dank bewirtet er uns mit den schönsten Äpfeln des besten Gravensteiner Baumes. Am nächsten Tag nimmt er vorsorglich den Boden von seinem Häuschen heraus, dass ihm solches Missgeschick nicht noch einmal passiert.

Unter den Jugendlichen hat sich bald ein festes Pärchen gebildet, das immer öfter seinen eigenen Weg geht. Sind die anderen schon heimspaziert, wandeln die Liebenden noch unter den Bäumen entlang. Sie können sich nicht trennen, umfangen einander und halten sich fest, als fürchteten sie, der Andere könne weglaufen. So kommt es, dass sie schon bald die bittersüßen Folgen der Liebe erfahren. Der Bursche muss wohl den Ratschlag des Öbesters nicht befolgt haben – *vor der Scheune abladen* und so. Das Mädchen ist an diesem Abend sehr niedergeschlagen, doch heute muss es mit der Sprache heraus. Es muss dem Liebsten sagen, wie es um sie beide bestellt ist. Das ist nicht leicht, denn beide haben noch nicht einmal die Lehre beendet. Und nie weiß ein Mädchen, wie ein Bursche auf so eine Botschaft reagiert. Der Sommerabend ist einer der schönsten im August. Der helle Vollmond steht über den Baumwipfeln und wirft riesige Schatten der Waldbäume auf die Feldlichtung. Auf der Wiese ist Tau gefallen. Wie das Mondlicht sich darin spiegelt und glitzert, wenn Millionen Tropfen sich darin brechen, und wie es duftet nach Gras und heruntergefallenen Früchten. Der Duft vermischt sich mit dem seidigen Haar des Mädchens und seiner frischen Haut, dass dem Burschen ganz schwindlig wird. Doch vielleicht wird ihm noch schwindliger werden, wenn er gleich erfährt, was das Mädchen ihm zu sagen hat. Unter dem großen Apfelbaum, auf dem sich der einfältige Lutz niedergelassen hat und sein Taschengeld von fünfzig Pfennigen durch den Verkauf der gestohlenen Äpfel aufbessern will, bleibt das Pärchen stehen.

»Ach«, seufzt das Mädchen. »Was hast du denn?«, fragt der Bursche besorgt. Das Mädchen druckst herum, schaut ihn aus traurigen Augen an und traut sich mit der Sprache nicht heraus. Der Abend ist auch zu schön, um den Liebsten mit so einer schwerwiegenden Nachricht zu überraschen. Endlich, nach langem Zögern, fasst es sich ein Herz und sagt ihm, wie es um sie bestellt ist. Der junge Mann, mit einer Portion Gottvertrauen ausgerüstet, reagiert nicht so, wie das Mädchen gedacht hat und wie viele Männer in einer solchen Situation reagieren mögen. Er schaut sein Mädchen liebevoll an, dann hinauf zum Himmel und sagt:

»Mach dir nur keine Sorgen, der da oben wird uns schon beistehen und weiterhelfen.« Doch der Apfeldieb, der sich bisher ganz still verhalten hatte, um nicht entdeckt zu werden – er ist bekanntlich derjenige, der während der Konfirmandenprüfung den Herrn Jesus mit einer Frau verkuppeln wollte –, fühlt sich angesprochen und erschrickt ganz fürchterlich. Das ist ihm nun doch zu viel, was die von ihm verlangen. Entrüstet ruft er von oben herunter:

»Was ich, mit meinen fünfzig Pfennigen!« Noch während er seine Entrüstung herunterschreit, bricht ein Ast. Er kracht dem Liebespaar vor die Füße und sagt, nachdem er sich von seinem Schreck erholt hat:

»Wenn's euch weiterhilft, geb' ich das Geld gern her.« Das Mädchen ist so erschrocken, dass es kein Wort herausbringt. Der Bursche musste aber mehr als fünfzig Pfennige aufbringen, um seine Jugendsünden zu bezahlen. Und uns genügen bald die Mädchen nicht mehr in unserem Dorf. Wir sind mehr über Feld auf Achse – unsere Sturm- und Drangzeit ist voll entfacht. Andere Dörfer beherbergen auch schöne Mädchen. Das Unbekannte lockt und zieht uns magisch an. Tanz in D. zur großen Peter- und Pauls-Kirmes, dem Fest der beiden großen Apostel und Heiligen. Tanz im wahrsten Sinne des Wortes, noch dicht an die Partnerin geschmiegt und nicht um sie herum. Du hältst dein Mädchen im Arm, spürst seinen Körper, die Linien und Rundungen. Beim Walzer umfasst du die Hüfte, schaust ihm in die Augen, siehst das Glänzen, wenn du es links herum führst. *Fräulein könn'se links rum tanzen, links rum ist der Clou vom Ganzen.* Beim Rheinländer geht man auseinander und wieder heran, die Tänzerin fliegt mit ihrer Brust an die deine, ihre Augen leuchten auf in versteckter und erregender Erotik. Und beim Tango – Körper an Körper – spürst du ihre festen Schenkel, ihre Biegsamkeit und Hingabe, wie sie dir entgegenkommt oder abweisend ist. Großen Spaß dann beim Samba mit abwechselndem Vor- und nach hinten Stellen der Füße und Vornüberbeugen der Körper:

Tschia, tschia, tschoo, Käse gibt es im HO, Heringe über der Grenze und im Konsum gibt es nur die Schwänze. Oh, seliger Tanz als Vorspiel von all dem, was danach noch möglich erscheint. Ich halte Ausschau nach einem schönen Mädchen. Mit den Burschen aus D. verstehen wir uns gut, prügeln uns nicht gleich, wenn wir uns in die Quere kommen. In Bernadett finde ich es. Sie ist fast größer als ich, rank und schlank, ein wenig mondän mit dunkelbraunen Haaren, die ihr ebenmäßiges Gesicht voll umrahmen und mit allerlei Spangen und Klemmen aufgesteckt sind.

Bernadett wird von Tanz zu Tanz lockerer. Am Ende der Tour, wenn ich sie zu ihrem Platz führe, drückt sie zart meine Hand. Draußen, nach der Fahrt auf dem Kettenkarussell, eröffnet sie mir überraschend, dass sie um elf zu Hause sein muss. Ich schaue erschreckt auf die Uhr, sie sieht mich bedrückt an. Sie ist katholisch und streng erzogen. So gegen halb elf verrät mir ihr Blick, dass sie nun aufbrechen muss. Bernadett nimmt ihre Jacke vom Stuhl, schaut mich bittend an und geht. Ich folge ihr unauffällig, ergreife draußen ihre Hand und geleite sie nach Hause. Die halbe Stunde scheint mir viel zu kurz und vielleicht unnütz vertan, aber Bernadett hat so viel Versprechendes in den Augen, dass ich nicht anders kann.

Sie hat es nicht weit. In einer verschwiegenen Gasse, vor einem alten in die Ecke gedrückten Fachwerkhaus macht sie Halt, lehnt ihren Kopf an die wurmstichigen Balken und seufzt tief auf. Ich versuche sie zu küssen. Anfangs weicht sie aus, dann hält sie still und lässt mich ihre Lippen leicht berühren. Als ich aufdringlicher werde und sie an mich drücken will, stemmt sie mir zwischen meiner fast weißen Leinenjacke, die Mutter mir aus einem Zuckersack genäht hat, und ihrem hochgeschlossenen Kleid, ihre Hände entgegen.

»Wir können nicht zusammenkommen«, sagt sie bedauernd. »Du bist ein Lutherischer und ich bin katholisch. Das würden meine Eltern nie dulden.« Ernüchtert drängele ich nicht mehr, werde sanfter und lasse von ihr ab. So weit hatte ich ganz bestimmt nicht gedacht. Sie entwindet sich meinen nachlassenden Liebkosungen und schließt die verwitterte Haustür auf. Ein verheißungsvoller Wink ihrer Hand und trotzdem die Verheißung:
»Du weißt ja, wo ich wohne.« Dann ist sie meinen Blicken entschwunden. Zwischen Katholischen und Lutherischen scheint in dieser Zeit ein unüberbrückbarer Gegensatz zu bestehen. Eine Heirat zwischen diesen Religionen kommt ausgesprochen selten zu Stande. Und doch übt das Fremdartige eine unwiderstehlichen Reiz aus. Die Verliebten treffen sich heimlich auf Feldwegen und in den Wäldern. Entspringt ein Kind aus solch einer Verbindung, sind die Probleme da und kaum aus der Welt zu schaffen. Nur langsam verändert sich die Situation. Heute ist es Gott sei Dank anders.

Ich stehe also da, aufgewühlt und in Stimmung gebracht, nachdem Bernadett sich aus meinen Armen gewunden. Soll ich noch vor Mitternacht nach Hause? *Das will sich mir nicht.* Die Nacht ist noch lang, und andere Mädchen warten vielleicht auf einen Heimbringer. Zurück also auf den Tanzboden. Die attraktivsten Mädchen sind schon belegt, lediglich ein paar Mauerblümchen langweilen sich auf harten Stühlen. Ich schnappe mir eine blonde, blauäugige, dralle Achtzehnjährige. Sie errötet in aufwallender Freude und klammert sich liebebedürftig an mich an. Wir tanzen drei-, viermal zusammen, trinken ein zwei Likörchen an der Theke. Edeltrauds Gesicht ist vom Likör hektisch gerötet, völlig enthemmt schießt sie bei der Damenwahl quer über den Saal auf mich zu, schmiegt sich in meine Arme. Ich spüre ihre festen Brüste, ihren heißen Mund dicht vor dem meinen, ihre schmachtenden, verheißenden Blicke. Nun ist mir alles egal – ich bin ihr verfallen. Arm in Arm verlassen wir den Tanzsaal. Einen Kilometer vor ihrem Dorf verkriechen wir uns in einem Kornpuppenhaufen. Edeltraut setzt sich auf den Boden, lässt ihre bestrumpften Beine sehen.

Ich beuge mich über sie, nachdem wir uns auf dem Weg bis hierher schon fast aufgefressen haben. »Es ist feucht und stachelt«, sagt sie verschämt. »Meine Nylons könnten kaputtgehen.« Und schon zieht sie die Strümpfe aus und steckt sie in ihre Jacke. Ich rupfe mir die Jacke herunter und lege sie ihr unter ihren runden Po. Wir versinken in Glückseligkeit. Der Kornhaufen steht ziemlich dich am Wege, ich befürchte, dass die Vorübergehenden die lauten Geräusche von Edeltraut vernehmen könnten. Erst gegen Morgengrauen kriechen wir aus unserem Strohbett heraus. Ein Bett im Kornfeld gab es schon lange, bevor Jürgen Drews davon gesungen.

Grenze ausbauen und *Deutsche an einen Tisch* ist die Losung, die nicht dazu passt. Aber was passt in dieser Zeit schon zusammen. Der zweite

Nationalkongress tagt in Berlin. Fünftausend Delegierte aus allen Teilen Deutschlands, wie auch immer sie dorthin delegiert werden, beraten über die Zukunft Deutschlands. Sie verabschieden ein Manifest an alle Deutschen mit der bekannten Losung. Weiter wendet sich der Kongress an die Volkskammer der DDR und den Deutschen Bundestag, eine Volksbefragung durchzuführen über die EVG (Europäische-Verteidigungs-Gemeinschaft) sowie den Abzug der Besatzungstruppen und das Verbot der Wasserstoffbombe zu fordern.

Deutsche an einen Tisch – führt zu Massenaktionen im ganzen Land und im Ostteil der Stadt Berlin. Überall in den Gemeinden und Stadtbezirken finden Gesprächsrunden in lockerer Atmosphäre bei Kaffee und Kuchen statt, in denen Funktionäre und Abgeordnete die Linie der SED-Politik erläutern, vielmehr propagandamäßig darstellen. Sie geben sich sehr weltoffen und souverän, doch es gelingt nicht ganz angesichts der Lebensverhältnisse, des stetigen Mangels an Waren des täglichen Bedarfs und der Massenflucht in den anderen Teil Deutschlands. Die Lockerheit ist schnell dahin. Die Genossen sind nur einseitig instruiert, kennen nur die Argumente, die ihnen täglich vorgekaut werden. Vor allem wenden sie sich gegen die Alleinvertretungsanmaßung der BRD, beschwören den Frieden, für den allein die Oststaaten eintreten würden. Die ganze Sache wirkt steif und wenig konstruktiv, weil die Genossen lange Monologe führen und die Westbesucher kaum zu Wort kommen lassen. Der blonde Hans ist der Wortführer im Dorf. Meine Schwester durfte endlich einreisen, kommt mit ihrem Freund auf einem BMW-Motorrad, was großes Aufsehen erregt. Sie will aber nicht an der Gesprächsrunde teilnehmen, doch die Mutter drängt sie dazu: »Geh lieber hin, sonst darfst vielleicht nicht wiederkommen.« Sie geht. Es gibt Bohnenkaffe, und der Bäcker hat sogar Eichsfelder Schmandkuchen gebacken.

Neben dem blonden Hans sitzt Rompe und der neue Ortsparteisekretär, Wigbert Hollbach. Die Westbesucher sitzen eingeschüchtert da, denn an der Grenze sind sie schon eingehend gefilzt worden. Der Funktionär spricht vom Frieden und vom unermüdlichen Kampf der DDR- und Staatsführung, die sich diesen Kampf auf ihre Fahnen geschrieben habe. Er fordert die Bundesbürger auf, sich einzureihen in diesen Kampf gegen die Wasserstoffbombe und gegen jegliche Kriegstreiberei der Imperialisten. Nur mit dem Begriff *Imperialisten* wissen die Bundesbürger nichts anzufangen. Kriegstreiber für sie sind eher die Russen, die über Berlin die Blockade verhängt hatten. Hollbach fordert sie noch einmal auf, Stellung zu nehmen, aber sie schauen nur betreten zu Boden, nippen an ihrem Kaffe und schweigen. Die Runde geht auseinander, ohne ein richtiges Gespräch geführt zu haben. Bald werden die Rundtischgespräche auch wieder eingestellt. Ich drehe noch einige Runden mit der BMW, ohne Führerschein und begreife, dass ich wohl niemals zu einem solchen Motorrad kommen werde.

Die Männer des Stammtischs sitzen in der Schänke und unterhalten sich angeregt. Der Bierkonsum steigt und analog steigt auch die Stimmung. Die Männer werden dreister, schlüpfrige Witze machen die Runde, bis aus den harmlosen Schweinswitzen deftige politische Witze werden.

»Welches sind die drei größten Staaten der Erde mit U?«, stellt Norweger-Albert die verblüffende Frage.

»Mit Uu..., u..., na die USA oder die UdSSR.«

»Nö, U..., u..., unsere Deutsche Demokratische Republik.« Die Stammtischrunde lacht und steigert sich noch.

»Aber welches Land hat die größte Flotte der Welt?«, setzt einer noch eins drauf und stiert überlegen in die Runde. Jemand sagt: die große Sowjetunion.

»Nö, die DDR. Sie hat vierzehn Millionen Kohldampfer, zwei Millionen Abdampfer und einen großen Zerstörer!« Die Stammtischrunde wiehert vor Vergnügen, nur dem Wirt ist mulmig zu Mute. Nicht zu Unrecht, denn zwei Tage später stehen zwei Männer in Zivil vor dem Hof des politischen Witzereißers. Sie nehmen ihn in Gewahrsam: Verleumdung der Republik und Verunglimpfung der Staatsführung. Zwei Jahre Gefängnis lautet das Urteil im Namen des Volkes. Die Republik zeigt deutlich, dass mit ihr nicht zu spaßen ist. Der Mann kommt in ein Lager, in welchem ehemalige Häftlinge, Juden und Kommunisten eingesessen haben. Eineinhalb Jahre muss er absitzen. Danach ist er schweigsam wie ein Stein.

Herbstregen und -nässe über Wiesen und Wäldern, nebelverhangen die Felsabstürze über dem Höhenzug des Düns. Pilzwetter. Im Heidelberg stehen die Tannen in schnurgeraden und ausgelichteten Reihen dicht bei dicht. Ich streife mit der Mutter durch den Tann. Gekrieche zwischen den Baumreihen hindurch. Von weitem leuchten schon die braunen Kappen der Stein- und Birkenpilze. Spinnenweben und Nässe schlagen uns ins Gesicht, doch unsere Körbe sind bald übervoll. Die Mutter kennt mannigfache Pilzgerichte. Unter anderem Piroggen mit eingerollten Klößchen aus Semmeln, Thüringer Mett und köstlichen Steinpilzen vermischt. Ein Gaumenschmaus. In kleinen Gläschen, in Essig eingelegt, sind von dieser Delikatesse unsere Gäste hellauf begeistert. Die Mutter, eine sparsame und eifrige Wirtschafterin, betreibt Bevorratung für den Winter von allem, was im Garten wächst, jeden Herbst aufs Neue. Sogar den Sauerkohl stampfen wir selbst ein. Ich stehe mit frisch gewaschenen Füßen im Fass und trämpele den geschnitzelten Kohl fest.

Im großen Steintopf reifen Salzgurken. Wir brauchen viele davon als Zubrot zu den Schmalzstullen. Das ganze Jahr über reicht das Schmalz vom Schlachtfest im Winter. Die Mutter achtet darauf, dass wir es nicht so dick aufs Brot schmieren. Manchen Abend bekommen wir einen Esslöffel gedünstete Zwiebeln und etwas Leinöl dazu. Nur sonnabends gibt es zum Abendbrot ein Stückchen gebrutzelte Bratwurst. Einmal in der Woche kommt eine große Schüssel mit Salzheringen und Milchsoße auf den Tisch, dazu Pellkartoffeln. Zum Schluss bleibt die Salzmilchlake übrig. Der Vater mag nicht, wenn wir uns auf die Soße stürzen, deshalb sagt er: Sein Vater habe sich früher immer die Hände am Schluss darin gewaschen, damit die Kinder ihr Brot nicht hineintunkten. Und wenn wir das tun würden, würde er wie sein Vater handeln. Wir tun es nicht.

Die Speisekammer ist eine heilige Stätte. Niemand weiß, was die Mutter darin verborgen hat, denn sie ist immer verschlossen. Nur einmal möchte ich mich so richtig mit Wurst oder Fleisch vollstopfen, aber das wird vorläufig wohl nicht geschehen. Damals habe ich meine Mutter des Geizes bezichtigt, heute weiß ich, dass sie alles nur richtig und sparsam über ein ganzes Jahr eingeteilt hat. Eingeteilt zu unser aller Vorteil. Und sicher war sie es seit ihrer Kindheit so gewöhnt. Sie war übertrieben arbeitssam, wühlte in Hof und Haus oft herum bis in die späte Nacht, dass Vater manchmal vom *Scharwarken* sprach. Scharwarken oder Scharwerken war ein Begriff der frühen deutschen Siedler in Polen. Sie bekamen Land in Erbpacht und waren zu Naturalabgaben und Scharwerksdiensten verpflichtet. Scharwarken war bei uns ein geflügeltes Wort, wenn jemand es mit der Arbeit übertrieb. Heute würde man Workaholic sagen. Wenn ich heute daran denke, wie unsere Mutter ihre vier Kinder ernährt, benäht, beflickt, bestopft, bewaschen und dabei noch jeden Groschen für das Haus abgezwackt hat, steigt meine Hochachtung ins Unermessliche.

Langsam geht meine Lehrzeit dem Ende entgegen. Ich mag meinen Beruf und Herbert, mit dem mich eine gute Kollegialität und Freundschaft verbindet. Mit dem Meister lässt es sich auskommen, wenn man sich arrangiert. Aber vor allem habe ich viel bei ihm gelernt. Mit Herbert arbeite ich schon über ein Jahr selbstständig. Die Gesellenprüfung schreckt mich nicht. Nach der Prüfung will ich noch eine Weile beim Meister bleiben, in der Hoffnung auf bessere Bezahlung und auf die Zahlung von Wegegeld. Das habe ich als Lehrling schon nicht bekommen, obwohl es mir zustand. Die Prüfung in Theorie und Praxis ist vorbei, voller Stolz halte ich meinen Gesellenbrief in den Händen. Vom Meister erhalte ich nur einen leichten Händedruck. Nur mühsam quält er sich ein: *Ich gratuliere* heraus. Alles läuft wie gewohnt. Nach einer Woche, nun als Zimmerergeselle, halte ich die Lohntüte mit zweiundsechzig Mark fünfzig in der Hand. Und das bei mehr als fünfzig Stunden Arbeit. Wegegeld ist nicht dabei. Eines Abends treffe ich auf zwei junge Maurer. Sie haben ihre Papiere in der Tasche und wollen schon morgen nach Rügen aufbrechen. »Komm doch mit!«, fordern sie mich auf. »Dort suchen sie auch Zimmerleute.« Das lasse ich mir nicht zweimal sagen. Ich lasse mich auszahlen und mir die Papiere geben. Meine Mutter stelle ich vor vollendete Tatsachen. Am selben Abend sitze ich mit Horst und Kurt, zwei alten Montagehasen, im D-Zug nach Berlin. Von dort geht es über Stralsund und den Rügendamm auf die Ostseeinsel nach Wiek. Ich habe mich nicht einmal vom Vater verabschiedet. Er arbeitet jetzt im Kalischacht Bischofferode und hatte gerade Spätschicht. Wie wird er wohl meine überstürzte Abreise aufnehmen? Ich bin doch sein einziger Sohn und war im Großen und Ganzen eine willkommene Hilfe. Jetzt, wo der Vater gesundheitlich nicht mehr so kann, lasse ich ihn im Stich. Die Landschaft zieht an mir vorüber. Ich verspüre Gewissensbisse. Ich breche meine Brücken ab – Abschied vom Thüringer Land – vorübergehend glaube ich. Ich beginne mich abzunabeln von den Eltern, den Freunden, der Geborgenheit im neuen Zuhause, von der Umgebung, begebe mich in die Fremde. Und ich tue es voller Tatendrang, voller Neugier auf das Ungewisse. Ich fürchte mich nicht vor dem neuen Lebensabschnitt. Heraus aus der dörflichen Enge, Anderes kennen lernen – neue Menschen, neue Freunde. Die Welt steht mir offen, wenn auch nur eine kleine neue. Ich will sie ergründen und auf eigenen Füßen stehen. Bestimmt werde ich wieder zurückkehren. Thüringen ist meine zweite Heimat geworden. Die Berge, die lang gestreckten Höhen, die Täler und die Menschen, rau, aber herzlich und voller Anteilnahme, werden mir vorerst fehlen. Und jeder Mensch, besonders der junge, muss seine eigenen Erfahrungen machen. Er muss seinen Weg suchen und finden. Und es gibt immer einen neuen Weg, der zu gehen und zu bestehen ist.

9 VON DER INSEL RÜGEN IN DIE SCHORFHEIDE

Bevor ich im Ferienheim des VEB Bau-Union Nord meine paar Sachen unterbringe, eile ich hinunter zum Bodden. Es ist noch nicht das große Meer, das ich sehe; ich bekomme aber eine Vorstellung von seiner unendlichen Weite. Die Wellen schäumen und schlagen an die Kaimauer. Starker Wind weht von See, umbraust meine Gesicht, zerzaust meine Haare. Ich atme die würzige Luft von Salz und Meer. Staunend gehe ich den Kai entlang, tauche meine Fußspitze in die am Kai brechenden Wellen.

Noch nie in meinem Leben war ich am Meer. Fernweh kommt auf. Erinnerung an das vorletzte Kriegsjahr, in dem wir nach Zoppot fahren wollten. In der Ferne über dem Bodden liegt Dranske, und dahinter tut sich die große Ostsee auf. Heraus aus der Enge und dem Alltagstrott des kleinen Dorfes, kann ich mich nicht satt sehen an dem einzigartigen Meer. Keinen einzigen Gedanken verschwende ich mehr an das Dorf. Erstmals auf mich allein gestellt, auf keinen mehr angewiesen, muss ich mich hier zurechtfinden.

Am anderen Tag gehe ich beklommenen Herzens zur Baustelle. Keiner weiß so recht, was hier eigentlich gebaut werden soll. Die einen munkeln, es werden Gefängnisse, die anderen sagen, es wird am Rügendurchbruch gebaut. Das hätte Adolf auch schon versucht, aber dann aufgeben müssen. Ich bin ein kontaktfreudiger Mensch, gehe ohne Schwierigkeiten auf Menschen zu. Ist mir jemand sympathisch, bin ich gleich aufgeschlossen und mitteilsam. Mit mir stehen noch zwei Holzwürmer vor dem Baubüro des Poliers. Ich freunde mich gleich mit ihnen an. Der Polier ist ein hoch aufgeschossener und kräftiger Mann. In schwarzer Kordhose und ärmelloser Weste steht er vor uns und kontrolliert unsere Gesellenbriefe.

»Habt ihr auch Werkzeug? Ohne Werkzeug ist hier nichts zu machen.« »Natürlich haben wir Werkzeug«, sage ich und schaue meine Mitbewerber überzeugend an. Der Größere, Willi, ein gutmütiger Kerl mit vollem schwarzem Haar, lebt auf der Insel, stammt aber wie ich aus den Ostgebieten. Der Andere, Erich, ein blonder Bursche aus Ribnitz-Damgarten, is'n echte Jung von der Waterkant und spricht das niederdeutsche Platt in Vollendung. Beide sind mir gleich sympathisch.

Es kommt mir vor, als ob wir uns schon immer kennen würden. Willi ist gelernter Stellmacher und Erich Tischler. Ich bin der einzige Zimmermann. Das sieht auch der Polier aus den Papieren.

»Du machst den Natschalnik, den Brigadier«, sagt er. »Na, dann kommt mal mit.« Er führt uns an einen Boddensee von ungefähr einem Hektar Größe. »Den wollen wir auspumpen. Ihr müsst hier einen Steg hineinlegen, ein ziemlich festes Podest. Darauf installieren wir dann das wertvolle Pumpaggregat mit den Rohren. Die müssen fest aufliegen, dürfen nicht ins Wasser rutschen. Rundhölzer und Bohlen liegen auf dem

Platz. Nun lasst euch was einfallen.« Der Polier tippt sich an den Hut und geht.

»Na, Brigadier«, sagt Erich, »lass dir mal was einfallen.« Ich weiß zwar nicht, was ein Brigadier ist, aber, wenn es etwas Ähnliches ist wie ein Natschalnik, dann wird mir die Bedeutung dieses Postens bald klar. In mir beginnt sich ein wenig Stolz zu regen. Ein Brigadier mit siebzehn. Ich bin zu dem Posten gekommen, weil meine Berufsbezeichnung mit der des Poliers übereinstimmte. Nach kurzer Überlegung gebe ich schon die ersten Anweisungen:

»Zuerst bauen wir uns eine Ramme«, erläutere ich mein Vorhaben. »Dann spitzen wir die Stämme an und hinein ins Wasser und in den Schlamm. Wenn wir die ersten eingeschlagen haben, werden wir schon sehen wie lang die nächsten sein müssen. Fangt schon mal an, ich kümmere mich um Fischerstiefel. Ohne Fischerstiefel ist hier nichts zu machen.«

»Kaum angefangen und schon Wünsche«, ärgert sich der Polier, aber er sieht ein, dass wir sie brauchen. Nach ein paar Stunden bringt er uns aus der Fischereigenossenschaft drei paar alte Fischeroveralls mit hüfthohen Stiefeln dran, die uns um die Glieder schlottern.

»Ist in Ordnung, Polier«, sage ich. Er schaut trotzdem ziemlich skeptisch drein und geht. Trotz unseres primitiven Werkzeugs, nur mit Hand- und Schrotsäge, Beil, Hammer und Stoßaxt ausgerüstet, geht unsere Arbeit gut voran. Der Seegrund ist weich, die Handramme mit drei Griffen tut gute Dienste, Willi und Erich sind kräftige Kerle. Nach ein paar Stunden ist unser Steg schon ein paar Meter weit in den See getrieben. Der Polier kommt nochmals zur Kontrolle und traut seinen Augen nicht. »Mann, das habt ihr gut gemacht«, sagt er. »Da kann ich mich ja schon um das Aggregat kümmern.«

»Meister«, sage ich, »morgen sind wir garantiert etwa fünfzehn oder zwanzig Meter im See.« Der *Meister* schmeichelt ihm, und schon habe ich ihn für mich eingenommen. Am nächsten Tag rollt das Pumpaggregat an. Ich kümmere mich um Bremsklötze. An der Kreissäge auf dem Holzplatz schneide ich sie zurecht. Tagelang sind wir beim Auspumpen dabei.

Das Wasser nimmt mehr und mehr ab, die Fische flüchten immer weiter in die Tiefe zur Mitte. In Wiek, bei einer hübschen Fischerstochter, einer sommerbesprossten Inselschönheit, organisiere ich einen Kastenwagen gleich mit Pferd. Sie lacht mich verheißend an und lädt mich zum Tanz ins Dünenhaus ein.

»Schön«, sage ich, »ich komme mit meinen Kumpels.«

Die Seemitte glitzert und glibbert mit lauter Fischen aller Arten. Wir stehen im Schlick und ziehen die Aale, Barsche, Plötzen, Forellen heraus und verkaufen sie an die Genossenschaft. Das Geld teilen wir unter uns auf. Die erste Schlacht ist geschlagen. Und jeden Abend Fisch, bis er uns über wird. Die Frau in der Küche will nicht mehr für uns braten.

Wir haben uns gut eingerichtet. Auf der Insel sind wir schnell heimisch geworden. Wenn du auf Rügen bist, kannst du alles ringsum vergessen. Rügen ist wie eine Zuflucht im Asyl. Rügen ist auch eine Insel der Sehnsucht, verglichen mit der Sehnsucht nach einem Eiland in der Karibik oder den Trauminseln Indonesiens. Auf Rügen ist alles so einfach und leicht. Die Menschen, mit stoischer Ruhe ausgestattet, sind trotzdem freundlich und umgänglich. Sie nehmen dich auf wie einen Freund. Du wirst vertraut mit ihnen, sobald die ersten Worte gesprochen sind.

Das erste Wochenende ist heran. Wir ziehen unsere besten Sachen an. Ich zerre die Kumpels mit zum Tanz ins Dünenhaus. Es ist furchtbar heiß dort und drückend voll. Ich schaue nach der Fischerstochter aus und sie nach mir, wie es scheint. Schnell haben wir uns entdeckt. Das Mädchen ist ganz unkompliziert. Eine blonde Meerjungfrau, Betonung auf blond. Mit dem schönsten Meernixenlächeln zieht sie mich in ihren Bann und wie selbstverständlich auf die Tanzfläche. Sie erzählt und erzählt: Sie hätten noch zwei Fischkutter und zwei Segelboote zu laufen, aber wer weiß wie lange noch. Sie würden gedrängt, der Genossenschaft beizutreten. Aber das will ihr Vater nicht. Sie arbeite im Büro und kümmere sich um den Verkauf auf dem Markt. In weniger als einer halben Stunde erfahre ich über das blonde Mädchen alles, mehr als man wissen muss. Sie gefällt mir ausnehmend gut in ihrer vertrauensseligen Art. Beim zweiten Tanz lädt sie mich auch gleich zu einer Segeltour ein. Ich bräuchte keine Angst zu haben, sagt sie, als ich ein erschrockenes Gesicht mache, sie sei eine vorzügliche Seglerin. Schon sehe ich mich im Sturmgebraus auf den Wellen dahinschießen, auf einem Fischkutter die Netze auswerfen, da eröffnet mir das 19-jährige Mädchen beim letzten Tanz mit traurigem Gesicht, dass es schon Mutter sei. Ihr Mädchen sei schon bald ein Jahr. So ein windiger Matrose aus Kiel habe sie im Stich gelassen. Als er von ihrer Schwangerschaft hörte, sei er ausgelaufen auf Nimmerwiedersehen. Na ja, sie werde das Kind notfalls auch alleine großkriegen. Bei diesen Worten schmiegt sie sich an mich, und straft ihre Worte Lügen.

»Jetzt wirst du mich nicht mehr mögen«, sagt sie.

»Doch, doch, ich mag dich, aber ich bin erst siebzehn«, sage ich.

»Das ist doch egal«, erwidert sie und küsst mich mitten auf der Tanzfläche, was damals kaum üblich war. Sie lässt mich an diesem Abend nicht mehr los, und als sie erfährt, dass ich aus Thüringen bin, gerät sie regelrecht ins Schwärmen. Ja, da wolle sie auch mal hin, in den Thüringer Wald, in die Berge, auf den Rennsteig!

Ich spüre, dass ich mich hier in eine schwierige Lage gebracht habe. Mir wird ganz mulmig zu Mute. Sie will, dass ich sie nach Hause bringe. Sie hat eine eigene kleine Wohnung in dem großen Haus ihres Vaters. *Doch das will sich mir nicht.* Ich will nicht der Liebste einer jungen Mutter sein und mich ihr und ihrem Kind ausliefern. Ich erzähle ihr, dass meine Kumpels mich nicht alleine gehen lassen würden. Und morgen müssen wir wieder früh raus. Da küsst sie mich, als ob sie mich in die Fluten ziehen wollte. Ich habe Mühe, mich von ihr loszuwinden. *Halb zog sie ihn, halb sank er hin*, wäre beinahe Wirklichkeit geworden. »Du weißt ja, wo ich wohne. Ich warte auf dich ... jeden Tag!« Na gut, lass sie warten, denke ich. Erich mokiert sich ein wenig: Denk mal, die haben eine Fischereiflotte und nicht so wenig von dem. Er macht die bezeichnende Fingerbewegung mit Mittel-, Zeigefinger und Daumen. Aber das ist mir egal. Ich will sie nicht und auch nicht ihren Besitz. Und mit einem Kind könnte ich auch gar nichts anfangen. Vaterpflichten mit siebzehn? Da wendet sich der Gast mit Grausen. Und wenig später ist von der Fischereiflotte nichts mehr übrig geblieben, gehören die Fischkutter zur Genossenschaft.

Zu Hause warten sie auf ein Lebenszeichen. Ich muss mich melden. Die Mutter und meine kleinen Geschwister machen sich Sorgen. Mir geht es gut, schreibe ich, entschuldige mich beim Vater, dass ich ohne Abschied weggefahren. Die Mutter schreibt zurück und will mir mein Federbett schicken. Ich erkälte mich doch so leicht. Bloß nicht das Federbett, die Kumpels lachen mich aus. Und hier an der Küste bekommt mir das Klima. Ich bin kein einziges Mal erkältet. Die Angina, die mich ab und an überfiel und plagte, ist wie weggeblasen.

Auch auf der Insel geht die große Politik nicht an uns vorüber. Unser aller Väterchen, der weise Führer Stalin ist gestorben. Die Zeitungen in der Republik heulen auf. Das Herz des großen und weisen Führers, des Befreiers des deutschen Volkes vom Joch des Hitlerfaschismus, hat aufgehört zu schlagen. Der Parteisekretär der Baustelle hat sogar geweint und sich die Tränen aus den Augen gewischt. Der geniale Kopf der Arbeiterklasse, des Denkers des Marxismus-Leninismus, wird der Internationalen Arbeiterklasse fehlen. Die Aura des Halbgottes leuchtet nicht mehr. Men-

Ulbricht und Pieck am Stalindenkmal

schen schreien vor Schmerz an seinem Sarg. In Berlin werden weinende Menschen gezeigt, die mit Blumen in den Händen vor der sowjetischen Botschaft kondolieren. Eine Minute des stillen Gedenkens ist angeordnet worden, alle Maschinen, alle Arbeit sollen ruhen, doch bei uns denkt keiner daran. Wir werden vom Bauleiter als pietätlos bezeichnet. Das große Volk der Sowjetunion ist führerlos geworden. Wer wird nun die Führung übernehmen? Ein kleiner dicker kommt an seine Stelle, und bald fallen sie über den genialen Gelehrten her, lassen kein gutes Haar an ihm. Plötzlich ist der weise Führer, der Freund des deutschen Volkes, ein gewöhnlicher Despot gewesen. Aus dem Halbgott ist ein Teufel geworden, der über gemordeten Gebeinen sein Reich errichtet hatte. Der mit dem Spitzbart in unserem Land stellt sich vor das Rednerpult und behauptet: *Stalinismus? Hat es in der DDR nicht gegeben.* Als ob es keine Stalinallee, kein Stalinstadt, kein Stalindenkmal und keinen Stalinkult gäbe.»Jetzt wird alles anders«, sagen die Menschen, aber außer dass an die Stelle eines alten Führers ein neuer tritt, bleibt alles beim Alten. Wir kümmern uns wenig um den Tod des Despoten, von dem wir damals wenig wussten.

Die Bau-Union Nord will eine Betriebssport-Gemeinschaft gründen. Fußball steht an erster Stelle der kulturellen Arbeit. Auf dem Sportplatz in Wiek sollen sich alle Interessenten melden. Einen Trainer haben sie auch schon. Da muss ich mitmachen. Ich komme etwas zu spät. Die Fußballer aus allen Teilen der Republik sind schon zu Gange. Der Trainer Arthur Palinski gehörte sogar einmal zur Deutschen Nationalmannschaft. Er steht am Spielfeldrand und macht sich Notizen. Im Feld auf der linken Seite läuft einer herum, der zwei linke Füße hat.
»Kannst du auf der linken Seite spielen?«, fragt er mich. Ich kann! Seit der Zeit gehöre ich zur Mannschaft. Zweimal in der Woche kommt der kleine Betriebsbus und holt uns schon nach dem Mittag zum Training. Die Kumpels sind nicht gerade erbaut davon, ich habe aber die Arbeit vororganisiert. Fußball macht mir großen Spaß. Ich lerne junge Leute kennen aus dem ganzen Land: Gerhard Kunze aus Zschopau in Sachsen, Anton aus Brandenburg, Ingo Borkowski, den langen Torwart, und Horst Stavginski, den späteren bekannten Rügen-Fotograf. Die letzteren zwei sind echte Rüganer.
Schon bald bin auch ich einer. Achtzehn Spieler gehören zur Junioren-Mannschaft von Aufbau-Rügen-Nord. Da müssen wir um einen Stammplatz kämpfen. Wer am Freitag Abend in irgendeiner Kneipe mit einem Glas Bier angetroffen wird, darf am Sonntag zuschauen. Es gibt Straftraining bei Unpünktlichkeit, beispielsweise eine Runde Froschhüpfen um den Platz. Schon nach den ersten Spielen sind wir Tabellenführer und geben die Spitze nicht mehr ab. Schon sind wir die Fußballstare von Wiek, und die Mädels laufen uns nach. Auch die blonde Fischerstochter steht ab und an am Spielfeldrand, doch ich weiche ihrem Blick aus.

Der Baubetrieb sorgt sich um die politische Arbeit in seinem Bereich. Wie überall muss die Parteiarbeit im Vordergrund stehen. Plan- und Normerfüllung stehen dabei an erster Stelle. Auf der Baustelle darf nicht geschludert werden. Jeder soll das Höchstmögliche schaffen, dabei fehlt es an Zement, an Bauholz mit dem richtigen Zuschnitt und an der Anlieferung der Bauteile. In Glowe, im äußersten Norden der Insel, sind wir beim Aufbau von Baracken beschäftigt.

Die Maurer errichten die Fundamente, wir stellen die Barackenteile auf, vom Fußboden bis zum Dach. Niemand sagt uns, was das für Baracken sind, wir fragen auch nicht danach. Es wird von einem Gefängnis gemunkelt. Schon nach einigen Tagen kürzen sie uns den Lohn. In Berlin und anderen Städten ist Aufstand der Arbeiter gegen Normerhöhung und schlechte Arbeitsbedingungen. Wir setzen uns auf die Barackenteile und streiken einfach mit. Der Polier erscheint und fordert uns zur Arbeit auf. Die Maurer wollen nicht und beschwören uns ebenfalls, die Arbeit nicht aufzunehmen, bis die Norm wieder die alte sei. Der Polier verspricht dafür zu sorgen, aber wir rühren uns trotzdem nicht, weil er eigenmächtig keine Versprechungen abgeben kann. Zwei Herren der Bauleitung rücken an und drohen uns mit der Polizei.

»Sollen sie doch kommen«, sagt Horst, der Maurerbrigadier, der Mann mit dem spitzen Bleistift. Erst kürzlich haben sie ihm nachgewiesen, dass er mehr abgerechnet hat, als sie geschafft hatten. Eine Reihe Pfeiler war einfach mehr auf die Abrechnung geschrieben worden. Das war kein Einzelfall. Der Polier kroch unter den Barackenboden und zählte nach. Sofort wurde der Lohn gekürzt. Jetzt saßen sie da, obgleich der Lohn ihnen zu Recht abgezogen worden war. Doch die Maurer fühlen sich benachteiligt:

Von dem bisschen Geld kann doch keiner leben. Einige haben Frau und Kinder zu ernähren. Wir arbeiten nicht eher weiter, bis wir mehr Lohn erhalten. Mir ist ganz mulmig zu Mute. Ich möchte den Polier nicht enttäuschen, aber auch nicht die Kumpels. Und es ist auch wirklich nicht viel, was wir verdienen. Gerade mal 315 Mark im Monat und das bei mehr als fünfzig Stunden in der Woche. Das ist ein Stundenlohn von 1,57 Mark. Ich entschließe mich mit meiner Brigade, den Streik bis zum Ende zu führen. Nach vier Tagen wird unser Stundenlohn um dreizehn Pfennig erhöht. Das ist nur ein kleiner Zuwachs, aber wir haben durch unsere Solidarität einen kleinen Sieg errungen. Der Rundfunk, besonders der RIAS, verbreitet Nachrichten von den Ereignissen in Berlin, von Schüssen auf Arbeiter, von Toten. Die Bau-Union setzt eine Versammlung an.

Im Saal des Ferienheimes sitzen wir auf harten Holzbänken. Die Stimmung ist trotz der Lohnerhöhung nicht gut. Vor dem Saal und darin stehen ein paar Polizisten. Sie werden ausgepfiffen und wissen nicht wie sie sich verhalten sollen. Der Redner, ein großes Parteiabzeichen auf der Brust, tritt vor das Rednerpult und beginnt zu agitieren:

»Bauarbeiter, Genossen!« Pfiffe, wir sind keine Genossen! »Westliche Imperialisten haben sich in unserem Berlin zusammengerottet und einen Aufstand angezettelt. Von der westlichen Geheimorganisation Gehlen geschürt, kam es zu Angriffen auf staatliche Ämter, auf Gewerkschaftsbüros, gegen Polizei und Regierungsstellen. Sie wollen unsere friedliche Arbeit stören und die sozialistischen Entwicklung aufhalten, aber das wird ihnen nicht gelingen. Die Regierung hat allein das Wohl des Volkes im Auge. Lasst euch nicht beeinflussen von den volksfeindlichen Machenschaften, geht eurer Arbeit nach. Ihr seht, dass wir auf euer Lohnbegehren reagiert haben. Aber bedenkt auch, dass wir nur das verteilen können, was wir selbst erarbeiten. Denn so wie wir heute arbeiten, werden wir morgen leben! Wer etwas sagen möchte, kann hier vor das Mikrofon treten.« Der Funktionär tritt einen kleinen Schritt zur Seite, aber keiner meldet sich. Plötzlich lässt einer in der dritten Reihe einen fahren. Es dröhnt laut durch den ganzen Saal. Er stößt seinen Nachbarn an und sagt: »Mach dir nichts draus, das ist mir auch schon passiert.« Die Bauleute lachen laut und ungeniert. Der Redner steht mit hochrotem Kopf auf der Bühne, als ob er der Verursacher dieses ungebührlichen Geräuschs gewesen wäre. Nachdem die Lustigkeit verklungen, steht einer nach dem anderen auf und verlässt den Saal. Manchmal kann sogar ein Furz eine Sache zum Scheitern bringen, aber einen Furzer kann man nicht bestrafen.

Frida Hockauf am Webstuhl

Am nächsten Tag geht die Arbeit im gleichen Trott weiter. Es hat sich nichts geändert. Nach wie vor fehlt es an allem. Wo sollte es wohl auch so schnell herkommen. Immer wieder hören wir diese Worte: *So wie wir heute arbeiten, werden wir morgen leben.* Für uns ist es mehr oder weniger ein gebräuchliches Schlagwort wie viele zuvor. Frida Hockauf, eine Weberin aus dem VEB Mechanische Weberei Zittau, hatte sie in richtungsweisender Bedeutung ausgesprochen, sich verpflichtet anfangs 10 und dann 15 Meter Stoff zusätzlich zu weben und andere aufgefordert, es ihr nachzutun. Dieser Kampagne sollten noch viele folgen.

Unser nächstes Spiel ist in Dranske. Wir gewinnen 5:1. Im Dransker Strandkaffee ist Tanz. Wir sind fast blank, kratzen die letzten Pfennige zusammen, kaufen uns Brötchen und Schnaps. Auch sonst versorgen wir uns auf Vorrat mit Sprotten und lagern sie auf dem Schrank. Der Fusel betäubt so schön unseren Hunger. Ich lerne wieder ein blondes Mädchen aus Wiek kennen. Katharina kennt mich bereits von den Spielen. Sie stand immer am Spielfeldrand und jubelte mir zu, ich habe es nur nicht bemerkt.

Es ist schon spät, als wir uns auf den Heimweg machen. Neun Kilometer um den Bodden herum, in unserer Mitte *Ischias*. Seinen Namen hat er von einem Trip über Feld. Auf dem Rückweg überfiel ihn ein fürchterlicher Ischias-Krampf. Mehr als fünf Kilometer musste er fast kriechend zurücklegen.

Katharina ist ein süßes Mädchen. Sie schmilzt fast dahin, als ich sie in den Arm nehme. Vor ihrer kleinen Fischerhütte mit dem Rieddach zieht sie mich ans Fenster und heißt mich warten. Ihre Eltern seien verreist, flüstert sie mir verheißungsvoll zu. Sie geht in die niedrige Stube hinein und öffnet das Fenster, vor dem ich erwartungsvoll anstehe. Unter dem Fenster steht einladend ein Schlafsofa. Katharina schleppt ihr Bettzeug heran, löscht das Licht, zieht sich splitternackt aus und legt sich hinein. Ich, nicht faul, schlüpfe aus meinen Schuhen heraus und lande mit einer Rolle im Bett von Katharina. Bettschwere überfällt mich. Trotz der weichen Lippen und des zarten Körpers des Mädchens spüre ich aber auch das weiche Kissen, und im Handumdrehen bin ich eingeschlafen. Am frühen Morgen werde ich unsanft geweckt.

»Du musst aufstehen, meine Eltern!« Ich wieder zum Fenster hinaus und in meine Schuhe hinein. Durch nasse Kohl- und Möhrenbeete stolpere ich aus dem Garten heraus. In der Unterkunft ziehe ich mich schnell um und komme das erste Mal zu spät zur Arbeit. Am Abend verlacht mich Ingo, weil ich mit Gokka aus war. Was heißt Gokka? Katharina nennen sie Gokka. In rüganischem Platt bedeutet das *Gans*. Schnell verliere ich die Lust auf Gokka. Ich will nicht zum Gespött der Freunde werden. Als sie im Kino auf mich zukommt, weiche ich ihr aus. Nur gut, dass ich in ihrem Bett ohne etwas anzurichten eingeschlafen bin.

Sommer auf Rügen, die ganze Insel liegt mir zu Füßen. Kaum ein Dorf, kaum eine Stadt, die ich nicht kennen lerne, von Kap Arkona im Norden bis Grabow im Süden. Staunend und überwältigt stehe ich am Kreidefelsen. Am nächsten Sonntag steht eine Fahrt an mit der Fähre nach Hiddensee. Die Insel des großen Dichters Gerhart Hauptmann *(sein liebliches Eiland)* ist der Ort meines Besinnens, nur die Freunde schauen mich verständnislos an. Wie kann man sich in solch jungen Jahren für irgendeinen Dichter interessieren?

»Das ist nicht irgendein Dichter«, betone ich, »sondern einer der ganz Großen – Nobelpreisträger, der Verfasser des *Biberpelz* und *Die Weber*.« Als ich sein Sommerhaus Seedorn und gar sein Grab aufsuchen möchte, halten sie mich trotzdem für verrückt.

Hiddensee kommt näher und näher. Über Vitte geht es nach Kloster.

Eine unsagbar beschauliche Ruhe liegt über dem Eiland. *Stille, Stille, dass es von Touristen nicht überlaufen werde,* mahnte der Dichter. Noch ist sein Wunsch Realität. Pferdegespanne und -kutschen auf schmalen Wegen, Schiffe und Fischkutter auf offener See ziehen ihre Bahnen. Die Wege auf der Insel sind versandet, die mit Ried gedeckten Häuschen liegen verschlafen hinter den Dünen. Menschen ohne Hast und Eile, blonde Mädchen in knielangen bunten Kleiderfähnchen schwirren an uns vorüber. Am Strand von Kloster reißen wir uns die Kleider vom Leib. Das erste Mal spüre ich die Ostseewellen an meinem Körper. Kalt und wuchtig prallen sie mir über Brust und Kopf. Die Rüganer sitzen am Strand und haben keine Lust zu baden. Es ist ihnen auch zu kalt. Überlegen lächelnd schauen sie auf die Thüringer und Sachsen, die ihre Ostsee in Beschlag nehmen, so als ob sie darin ertrinken wollten.

Rügen ist eine romantische Insel zum Träumen. Ich träume vom Leben auf Rügen oder in einem anderen Land. Norwegen, das Land der tausend Seen und Fjorde, möchte ich einmal kennen lernen. Es ist doch nur eine kleine Seereise von hier entfernt. Ich träume von dem Land der Elche – Schweden. Fast könnte man dort hinüberschwimmen. Wäre es nicht schön, auch einmal einen Trip nach Kopenhagen zu unternehmen? Nein, von hier aus geht das nicht. Es gehen keine Fähren und Schiffe dort hin. Und in den Hoheitsgewässern patrouillieren schon Schnellboote der Seepolizei. Ich träume auch von Afrika oder Australien, nur von der alten Heimat in Polen träume ich nicht mehr. Und da ist der Traum, der sich wiederholt, in dem ich mit einem kurzen Hemd bekleidet einen belebten Weg entlanggehe. Mit den Händen ziehe ich das Hemd herunter und versuche meine Blöße zu bedecken. Doch es gelingt mir nicht, und ich beginne zu laufen. Von meinen Freunden erfahre ich, dass ich nicht der Einzige bin, der so einen Traum träumt. In einsamen Nächten träume ich von einer wunderschönen blonden Fee, die, nur mit einem Schleier bekleidet, mich in den Schlaf singt. Zuweilen, in nachdenklichen Stunden der Muße und bei Gelegenheit, sitze ich allein am Strand, schaue hinaus aufs Meer und schreibe Gedichte. Schrieb nicht auch der große Geheimrat zu Anfang seiner dichterischen Laufbahn Gelegenheitsgedichte? Und könnte jemand die Gewissheit aussprechen, dass heute seine *Wahlverwandtschaften* oder *Werthers Leiden* veröffentlicht würden? Mitnichten. Es sträuben sich mir die Haare, wenn ich mir vorstelle, dass der große Poet, von dem Reich Ranicki sagt: *Er sei der menschlichste aller großen Deutschen gewesen,* bei der Verscherbelung seiner Landeskinder beteiligt gewesen und Schiller bespitzeln ließ. Fünf Taler pro Nase brachte der Soldatenhandel dem Herzog Carl August ein. Das war mehr, als ein Tagelöhner das Jahr über verdiente.

Es klingt ein Ruf wie Donnerhall! möchte man da ausrufen. Zumal eine kurze Zeit zuvor, als der Dichterfürst eine verzweifelte Kindsmörderin

dem Henkerbeil überantwortete, er in seiner Hymne *Das Göttliche* schrieb:
Edel sei der Mensch, hülfreich und gut! Ein paar Strophen weiter heißt es: *Nur allein der Mensch vermag das Unmögliche, er unterscheidet, wählet und richtet..., er allein darf den Guten lohnen, den Bösen strafen, heilen und retten.*
...Wohl wissend, dass dieses Todesurteil nicht rechtens war, sprach er diese Worte aus:
Lieber eine Ungerechtigkeit begehen, als Unordnung dulden. So starb Catharina den Tod zwecks Aufrechterhaltung der Ordnung. Er wollte die unglückselige Kindsmörderin nicht vom Tode erretten, wurde indirekt zum Scharfrichter in vollem Bewusstsein, dass sein Votum für die Todesstrafe der Catharina Höhne das ausschlaggebende war. Hier möge der Einwand kommen: Nun ja, das war zu der gegebenen Zeit, und ein Genie bleibt ein Genie trotz aller menschlichen Schwächen. Und einem Genie sieht man auch den schwärzesten Fleck auf der weißen Weste nach. In der Tat ist dieser Goethe unerreicht, seine Poesie und Lyrik schwebt über allen großen Geistern:
Ich ging im Walde so für mich hin... Über allen Wipfeln ist Ruh'. Und wie er die Pronomen zu setzen verstand: ...*Da sah im Schatten ein Blümlein ich stehn*. Oder: ...*Siehst Vater du den Erlkönig nicht*. Und doch widerstrebte es mir, den überkanditelten Werther mit seinen schwülstigen und platonischen Liebesbeteuerungen, noch einmal zu lesen, da er sich schließlich doch noch in den Kopf geschossen. Schon eher nehme ich mir den Faust vor und seine Gedichte. Natürlich sind diese Werke unerreicht, und ich komme mir winzig klein vor mit den Versen, die ich zusammengereimt. Verse, die ausdrücken, wie mir die Insel Rügen ans Herz gewachsen ist, wie lieb ich sie gewonnen habe. Die kleinen Dörfer, die Alleen mit den Baldachinen von Bäumen. Das Meer hinter den Dünen in seiner unbeschreiblichen Schönheit und Weite:

Insel im Meer

Sonnenhimmel, Spiegelwogen, Sommerstille auf Meeresbahn,
verkrüppelte Kiefer, sturmgebogen, fest verankert ein alter Kahn.

Ufer singen Wellenlieder, die der Meister Sturm vertont,
gestern, heute, immer wieder, Segel blinkt am Horizont.

Bernsteinsplitter, Fichtentränen, goldner Glanz bedeckt den Strand,
lachend stürmt ins Nass die Schöne, blondgelockt und braungebrannt.

Sonnenaufgang, Sternenwiege, Möwenschrei aus ew'gem All,
Meereskampf und Ufersiege, Thronensturz und Kronenfall.

Kinderjauchzen ohne Sorgen, Spiel und Lust im Übermut.
In Fels und Stein und wohl geborgen, das Land hinter den Ufern ruht.

Auf Neukloster im November
Der Autor oben rechts

Monate später – der Sommer ist vergangen, die See ist rau und unruhig geworden, Stürme peitschen die Wellen an den Strand – dränge ich die Freunde, noch einmal eine Fahrt nach Hiddensee zu unternehmen. Ich habe mich in das wundervolle Eiland verliebt. Diese himmlische Ruhe, diese Gemütlichkeit und Stille. Es scheint als ob der Himmel seinen dunklen Schatten über die Insel ausgebreitet, sie noch fester eingeschlossen hat. Noch ist kein Schnee gefallen, noch sind die Wege frei und zugänglich. Rügen ist auch im Winter noch schön.

Wir ziehen um nach Glowe. In einer der Baracken empfängt uns ein Zimmer mit Stockbetten. Die Kumpels laufen nach Feierabend am Strand entlang. Ich liege hundemüde oben in meinem Stockbett und möchte mich einmal so richtig ausschlafen. Kaum bin ich eingenickt, kommt ein LKW-Fahrer in die Bude – sie hatten ihn ein paar Tage bei uns einquartiert – und schleppt die Reinemachefrau mit sich, eine blonde, stämmige Mittzwanzigerin mit wuscheliger Löwenmähne und hübschem, stupsnäsigem Gesicht. Sie ist eine, die schwer nein sagen kann und mit einem Auge blinkert, als ob sie jemanden zu einem Tete-a-tete einladen wollte.

»Aber da oben liegt doch einer«, sagt sie leicht widerstrebend.

»Ooch, der schläft. Da brauchst du keine Sorge zu haben.« Ich liege jedoch nur im Halbschlaf, melde mich aber nicht und lasse sie in ihrem Glauben. Und die beiden gehen schnell zur Sache. Die Fußbodenkosmetikerin macht aber so laute Geräusche, dass ich ganz unruhig werde. Sie stöhnt auf, sie seufzt in den höchsten und tiefsten Tönen, dazwischen entfleuchen ihr leicht unterdrückt schrille und spitze Lustschreie, und er röchelt und röhrt wie ein Hirsch. Das kann doch kein normaler Mensch aushalten. Ich richte mich auf und blicke auf das gegenüberliegende Stockbett herunter. Sie liegt schräg und breitbeinig dahingestreckt, eines der fleischigen, nackten, nicht unförmigen Beine, ist auf den Boden gestemmt, auf dessen Fuß der heruntergestreifte Schlüpfer liegt, das andere lehnt hoch aufgerichtet an der Barackenwand. Eine Hand hat sie auf eine seiner behaarten Hinterbacken gelegt, mit der sie seine auf- und abwippenden Bewegungen unterstützt. Sie scheinen nicht aufhören zu wollen.

Ich räkele mich und mache mich räuspernd bemerkbar.
»Ich denke, du schläfst«, sagt der Kraftfahrer. Das drallige Mädchen zieht sich die Decke über den Kopf.
»Wer kann bei so einem Gerappel schon schlafen«, sage ich und strebe zur Tür. »Lasst euch Zeit, so schnell komme ich nicht wieder.« Am nächsten Tag begegne ich ihr auf dem Flur. Sie fegt den Boden vor mir her, sieht mich herankommen, hält einen Moment inne, stemmt sich den Besen unter den mächtigen Busen und sagt, mich herausfordernd anblickend: »Na mein Kleiner, wenn du willst, kannst du auch mal!« Ich bin ganz verdutzt, muss wohl so errötet sein wie eine Tomate, doch schnell fasse ich mich und entgegne abwehrend: »Nein Danke!« Ich verdrücke mich in unsere Bude und hoffe, dass sie sich mir nicht weiter nähert. Wenn das geschehen wäre, glaube ich, dass ich aus dem Fenster gesprungen wäre. Als ich dieses Schauspiel meinen Kumpels erzähle, spüre ich, dass sie viel zu gerne auch Zuschauer gewesen wären, vielleicht auch Beteiligte.

Am Sonntag jogge ich mit Ingo am Strand entlang. Vor dem Kai legt ein Polizeischnellboot an. Zwei Marinepolizisten machen das Boot fest und gehen in die nächste Kneipe. Am Kai lungern zwei Gestalten herum. Sie buckeln Rucksäcke auf ihren Schultern. Plötzlich springen sie ins Boot, schließen es kurz und brausen davon. Einer ruft uns noch zu: »Haltet die Schnauze, wir hauen ab!« Warten am Kai. Wir wollen sehen wie die Sache sich entwickelt. Die Polizisten kommen erst nach einer guten halben Stunde, ziemlich gut gelaunt, heraus. »Wo ist unser Boot?«, schauen sie uns fragend an. »Euer Boot? Da sind zwei gekommen und damit weggefahren. Wir dachten, die gehören zu euch.« »Ihr Idioten!« Die Polizisten betätigen ihre Funkgeräte. Ingo bemerkt sarkastisch: »Die sind ab nach Schweden. Wenn sie erst mal über die Hoheitsgewässer hinaus sind, kriegt sie keiner mehr. Da sind nachts schon welche mit dem Paddelboot abgehauen.« Ich kriege das Fernweh, denke auch einen Moment ans Abhauen, aber nicht lange, denn hier habe ich gute Freunde gefunden.

Wir sind Staffelsieger geworden und spielen in Saßnitz gegen Einheit Bergen um den Rügenmeister. Arthur Palinski hat uns gründlich auf das Spiel vorbereitet. Dreimal in der Woche Training, zusätzliches Konditionstraining und Technikschulung.
Zuversicht kommt auf, das Spiel zu gewinnen. Das ganze Dorf ist auf den Beinen. Unser Mannschaftsbetreuer, der Fleischermeister Hugo Schwanz, hat schon die Meisterschaftsfeier geplant und vorbereitet. Bergen ist Rügens Hauptstadt und hat eine weit größere Tradition im Fußball. Zur Halbzeit steht es 2:2. Zehn Minuten vor Spielende gelingt uns das 3:2.

Unsere Meister-Mannschaft – unvergessene Freunde. Obere Reihe: Links der Trainer und ehemalige Nationalspieler Arthur Palinski. In der Mitte der Autor mit Klapsband. Rechts der Mannschaftsbetreuer und Fleischermeister Schwanz.

Wir sind Rügenmeister und freuen uns wie die Weltmeister. Die Siegesfeier ist gleichzeitig der Abschied von der Insel. Die Bau-Union ist am Ende. Die Bauarbeiten werden eingestellt. Erst jetzt spüre ich wehmütig, wie lieb ich die Insel gewonnen habe. Über ein halbes Jahr war ich nicht mehr zu Hause und niemals hat mich das Heimweh gepackt. Eine echte Freude will nicht aufkommen.

An unserer Tafel sitzen auch ein paar Mädchen und Frauen, die zu einigen Spielern und Betreuern gehören. Neben mir Johanna, eine 31-jährige Krankenschwester. Sie ist Sanitäterin, Näherin und Wäscherin für unseren Verein in einem und wird von allen Seiten abgeküsst. Ich flüstere ihr zu, dass mir diese Herumküsserei nicht gefällt. Sie streift mich mit der duftenden Wärme einer reifen Frau, streichelt mir zärtlich übers Haar, neigt sich mir entgegen und sagt:»Das ist doch nicht wichtig, wer einen küsst. Wichtig ist nur, wen man wiederküsst.« Dabei drückt sie ihre Lippen sanft auf meinen Mund, nur flüchtig, aber alles Glück der Welt liegt verheißend in diesem Kuss. Wieder etwas gelernt.

Nach Mitternacht bringe ich Johanna nach Hause. Sie ist Witwe und dreizehn Jahre älter als ich. Vor zwei Jahren hat sie ihren Mann auf See verloren. In ihrer kleinen Schlafkammer steht ein Himmelbett mit bunten Vorhängen. Es steht dicht vor dem einzigen winzigen Fenster. Der beblümte Vorhang ist nicht zugezogen. Johanna löscht das Licht und beginnt sich auszuziehen. Zuerst löst sie ihre Strumpfbänder und streift die

Nylons herunter, dann lässt sie den Rock fallen und knöpft ihre Bluse auf. Ich, in meinem Liebesdrang und jugendlichem Ungestüm, gehe auf sie zu und bin ihr behilflich, umschlinge die zierliche Frau und bedecke ihr Gesicht mit Küssen. Doch sie schiebt mich sanft zurück und macht sich am Bett zu schaffen. Mit der einen Hand am Bett, mit der anderen entblößt sie sich vollends. Der Mondschein fällt durch das viergeteilte Fenster, flutet an ihren Brüsten und Schenkeln herunter und wirft einen kleinen Lichtkegel auf den Bettvorleger, auf dem ich stehe und in wildem Verlangen zusehe.

»Nicht so stürmisch, mein Kleiner«, sagt sie, »die Nacht ist noch lang.« Dann zieht sie mich wie einen Lakai hinter sich her, schiebt die Decke zwischen sich und mich, umfasst meinen Kopf und liebkost mich mit ihren erfahrenen Lippen. Johanna ist ausgehungert nach Liebe. Ihre Lippen jagen mir wahre Schauer über den Rücken. Ich zerre an der Decke und wühle mich an sie heran, dabei spüre ich wie ihr Verlangen sich mehr und mehr steigert, bis wir beide lustvoll und dicht beieinander liegen.

»Ich habe zwei Jahre schon keinen Mann mehr gehabt«, sagt sie und umschlingt mich heiß mit verlangenden Armen. Der Baldachin kommt ins Schwanken. In Johannas Himmelbett erfahre ich die intimsten Geheimnisse der Liebe. Sie nennt mich ihr Dummerchen, obgleich ich sie die ganze Nacht beschäftige. Und zum Schluss bedrängt sie das *Dummerchen,* nicht wegzufahren. Mit einem Strauß Astern steht sie am Anlegesteg der Fähre nach Stralsund.

Die Arbeit für uns Zimmerleute auf dieser Insel war ein kurzes und schönes Intermezzo. Unsere Brigade wird verlegt, verlegt in die Schorfheide. Dort sollen wir an einem Flugplatz für die SAG arbeiten. Ein strategisches Objekt für unsere Freunde, für den Schutz des Friedens und unserer Republik. Über dem Rügendamm entschwindet die Insel meinen Blicken. Ich habe mir vorgenommen, so bald wie möglich hier her zurückzukommen. Aber meist wird das nicht wahr, was man sich vorgenommen.

Ankunft in Vogelsang – Schorfheide. Zehn Kilometer Fußmarsch zur Baustelle bis Groß Dölln. Ein Stück vom Vätersee entfernt liegt die Baustelle mitten in einer großen Waldlichtung. Hohe Kiefernbäume umsäumen das Barackenlager. Die Schorfheide in der Uckermark ist ein wunderschöner Landstrich zwischen Finow und Templin. Ausgedehnte Wälder, die schon den Nazigrößen Göring und Konsorten als Jagdgebiet dienten, beherbergen prächtiges Rotwild, deren größter Jäger während der Nürnberger Prozesse in die ewigen Jagdgründe eingegangen. Jetzt und später residieren dort schon seine Nachfolger, die die Jagdhäuser und Schlösser in Besitz nehmen und sich gleichfalls zu großen Jägern entwickeln sollten.

Die sowjetischen Freunde haben ihre Wohnstätten ein paar hundert

Meter weiter von denen der Deutschen bezogen. Die Zeit drängt. Es muss so schnell wie möglich am Rollfeld und an den Nebenanlagen weitergebaut werden, damit die Mig 15 starten können. Westberlin ist nur einen Kurzstart entfernt. Die sowjetische Luftwaffe muss Präsenz zeigen, darum macht die Sowjetische-Aktien-Gesellschaft mächtig Dampf. Wir melden uns auf dem Holzplatz bei Zimmerpolier Kurt Jung, einer schlesischen Lerge, wie ich sofort an seiner Aussprache erkenne. Er stiefelt stolz in reiner Zimmermannskluft und breitkrempigem Hut daher und gibt sich sehr leutselig. Ein freundliches Lächeln schleicht sich in sein Gesicht, als er erfährt, dass auch ich aus den Ostgebieten stamme. Schon am nächsten Tag geht es an die Arbeit. Leeren verlegen, auf denen die Betonverteiler entlangfahren und die Rollbahnabschnitte betonieren. Ein Tiefbauingenieur ist immer zur Stelle und kontrolliert den Unterbau. Wenn die Flieger aufsetzen, drücken einige Tonnen Gewicht auf die Rollbahn. Da darf nichts nachgeben, sonst drückt so ein Düsenjet seine Nase in den nicht genügend harten Beton. Als das zum ersten Mal passiert, kommt sofort das Wort *Sabotage* auf. Die Freunde trauen den Deutschen nicht. Ein sowjetischer Major erscheint und stellt strenge Verhöre an. Der deutsche Ingenieur wird als Saboteur verdächtigt und verschwindet spurlos. Seitdem müssen aus allen Mischungen Härteproben entnommen werden. Wir erhalten eine gute Norm. Gemeinsam mit den Tiefbauern und Betonarbeitern erhalten wir 1,11 Mark pro laufenden Meter. Das hört sich gut an, darin sind aber die ganzen Vorarbeiten enthalten: Die Grob- und Feinplanierung, die Verdichtung des Bodens, die Verankerung der Leeren und die haargenaue Ausrichtung. Auf uns Zimmerleuten lastet eine hohe Verantwortung. Ich kann etwas Russisch und gut Polnisch, unterhalte mich mit dem Major der Luftwaffe und freunde mich mit ihm an. Eines Tages schleppt er mich in ein startbereites Flugzeug, stülpt mir den Helm und die Atemmaske auf und steigt mit dem Deutschen auf in die Wolken. Oben in den Lüften zeigt er mit ausgestreckter Hand auf den kleinen Fleck, der einmal ein richtiger Düsenflugplatz werden soll und schreit:

»Arbeit schlecht, zu langsam, geht nicht voran!« Ich sage: »Es geht nicht schneller. Wir arbeiten schon zehn Stunden und mehr am Tag und sogar sonntags.« Er winkt ab und steuert wütend die Bahn an, die am Waldrand als Erstes gezogen worden ist. Große Angst erfasst mich, dass der Beton nicht hält. Ich bin einer der ersten Deutschen, der in einer sowjetischen Mig gesessen ist. Ein großes Erlebnis, trotzdem wackeln mir die Knie.

»Wir dachten, ihr stürzt ab oder er schmeißt dich oben heraus«, sorgen sich meine Kumpels. Ich erkläre ihnen, was er von uns will.

»Lass ihn nur wollen, sagen sie. Mehr als arbeiten können wir nicht.« Der Polier kommt heran und schaut mich mit achtungsvollen Blicken an. Er fragt mich aus, wie ich zu der Ehre gekommen. Und wieder habe ich in einem Vorgesetzten einen Fürsprecher gefunden, bekomme für meine Brigade die besten Arbeiten, aber oftmals holt er uns auch zur Sonntagsarbeit heran. Als Erstes kaufen wir uns ein paar Mifa-Fahrräder, um mobil zu sein. Mit den Rädern erkunden wir die schöne Gegend. Vom Polier verlangen wir einen freien Tag. Westberlin ist der Anziehungspunkt, eine Zimmermannskluft kaufen unser Begehr. Mit den Rädern geht es nach Vogelsang und dann mit der Bahn in den Stadtteil Gesundbrunnen.

Umtausch unseres sauer verdienten Geldes eins zu sieben. Das ist noch günstig. In einem Schaufenster betrachten wir die Berufsbekleidung: Maurer-Anzüge, Schlosser-Anzüge, alle Arten Kittel und natürlich die begehrte Zimmermannskluft. Die große Zimmermannspuppe trägt noch ein schmuckes, rotes Halstuch. Alles ist vorhanden, da stehen wir nur staunend vis-a-vis. Etwas beklemmend und zögernd betreten wir das Geschäft, befürchten, dass unser Geld nicht reicht. Die Verkäuferin empfängt uns freundlich und fragt sofort nach unserem Begehr.

»Wir sind Zimmerleute«, sagt Erich in seinem niederdeutschen Platt. »Ah, da möchten Sie sich wohl einkleiden«, betont die Dame und schaut etwas geringschätzig auf uns herunter. Sie hat sofort festgestellt, wo wir herkommen, führt uns zu einem langen Garderobeständer mit herrlichen Zimmermannsanzügen. Bevor wir uns auch nur richtig umsehen können, hat Willi auch gleich eine Jacke über die Schulter gestülpt bekommen. Ich probiere eine Hose mit Doppelreißverschluss vorn, dessen Klappe das beste Mannesstück verhüllt und sich auch schnell, wenn es *pressiert*, öffnen lässt. Dazu die Weste mit glänzenden Perlmuttknöpfen. Jacken, Hosen und Westen sitzen wie angegossen, wir behalten sie auch gleich auf dem Leib. Schließlich binden wir uns noch solche zünftigen Halstücher um, geknüpft mit echtem Zimmermannsknoten.

»Gut sehen Sie aus«, belobhudelt uns die Verkäuferin. Als sie uns die Rechnung präsentiert, werden wir blass. Erich möchte am liebsten alles gleich wieder ausziehen. Untereinander tauschen wir unser Geld aus, bis es der Summe entspricht. Fast Tausend D-Mark lassen wir in dem Geschäft. Die Dame schmunzelt und geleitet uns kundenbeflissen hinaus. Stolz zeigen wir uns mit der zünftigen Kleidung – der Hose mit dem breitem Schlag, der Weste und Jacke mit

Unsere Zimmerer-Brigade

den Perlmutt- und Hornknöpfen. Auf einem Budenmarkt erstehen wir auch ein paar Sambaschuhe. Jetzt sind wir blank.

Ich muss zum Polier und um Vorschuss bitten, sonst können wir nicht einmal ins Kasino. Hundert Mark sind nicht viel, aber wir können uns erst mal etwas zu essen kaufen und ein paar Bier erlauben. Was sind wir doch für tolle Burschen. Wir haben ein Fahrrad und zünftige Kleidung, die wir nur als Ausgehanzüge benutzen. Als wir uns in der Kneipe in Dölln zeigen, gehen die Kneipengäste erst einmal zur Seite. Pfiffe und Zungengeschnalze. Die Mädchen schauen uns mit begehrlichen Blicken an. Zimmerleute sind gefragte und bevorzugte Burschen. Wo sie erscheinen, haben sie es nicht allzu schwer ein Mädchen abzuschleppen. In der Döllner Kneipe sitzt schon das Zimmermanns-Original, ein Zweimetermann aus Sachsen. Vier Kinder warten zu Hause auf Unterhalt. Ständig wird er mit Mahnungen der Jugendhilfe belästigt. Ab und zu pfänden sie ihn, nehmen ihm das Geld schon bei der Auszahlung oder ein paar Tage später ab. Er lässt sich was einfallen, um an Geld zu kommen. Wenn er sich genug des Teufelszeugs Alkohol einverleibt hat, zieht er seine Show ab. Er bestellt sich zwei Doppelte reibt sich die Wangen und den Hals dicht unter der Gurgel damit ein und durchsticht die Wangen mit Sicherheitsnadeln. Vorn am Mund schließt er sie zusammen. Heute würde man das Piercing nennen. Durch die Zunge kommt eine große Stecknadel mit rotem Kopf und unter seinem Adamsapfel ziert den Hals eine Silberbrosche. Zu guter Letzt beginnt er die Schnapsgläser seelenruhig zu zerbeißen und aufzuessen. So verunstaltet nimmt er seinen Zimmermannshut und geht durch die Tischreihen. Die Gäste, in gute Stimmung gekommen, sind nicht kleinlich. Im Hut kommt ein schönes Sümmchen zusammen. Eines Nachts, auf dem Heimweg zur Bauunterkunft, kommt er mit zerrissener Kleidung und blutigem Gesicht in die Kantine. Überfall! Er ist überfallen worden. Irgendwelche Strolche haben dem Mann mit den riesigen Kräften den Lohn und das dazuverdiente Geld abgenommen. Das glaube, wer will. Kriminalpolizei erscheint. Timpetu, so nennen wir ihn, muss die Stelle zeigen, wo er überfallen worden. Doch die Kripo findet nur niedergetrampeltes Gras, das ausnahmslos nur seine Fußspuren aufweist. Schnell kommen sie ihm auf die Schliche. Er hat sich die Kleidung selbst zerrissen, das Gesicht zerschrammt und aufgeschlagen. Wegen Vortäuschung einer Straftat bekommt er noch einen Tausender aufgebrummt und ein halbes Jahr auf Bewährung. Nun muss er noch mehr solche Shows abziehen. Timpetu, der Nadelmann, begibt sich auf größere Bühnen und hat seine Strafe bald abgezahlt.

Wieder einmal hat uns der Polier überredet, am Sonntag Vormittag zu arbeiten. Als wir nicht so recht wollen, verweist er uns auf den Vorschuss, den er für uns locker gemacht. Den halben Tag Leeren schleppen, Gleisauffahrten zusammennageln, und immer die Kontrollen vom Major. Er fürchtet um die Qualität der Arbeiten und besonders des Betons.

Dabei sollte er erst einmal die Qualität des Zements überprüfen lassen. Erschöpft sitzen wir am Abend in der Kantine beim Bier. Der Polier kommt zu unserem Tisch, setzt sich dazu und wirft eine Lage dazwischen.

»Jungs, wenn ich euch nicht hätte.« Eine Lage kommt zur anderen. Wir sind schon in guter Stimmung, da kommt Kurte auf die Idee, nach Groß-Schönebeck zu fahren. Dort sei Sommernachtsball. Es gehe bis zum frühen Morgen. »Du fährst mit mir«, sagt er. Und schon kommt er mit seiner alten NSU vorgeknattert. Ich setze mich auf den harten Sozius und muss um mein Leben fürchten. Kurte weicht keinem einzigen Schlagloch aus. Als wir am Tanzsaal ankommen, ist es schon halb eins. Ich überschaue die Tanzfläche und finde kein einziges Mädchen, für das ich mich näher interessieren könnte, bis ein paar tanzlustige schwarz- und blondhaarige Schönen durch die Schwingtür kommen. Sie waren schon in Wandlitz, dort, wo später die Herren des ZK residieren werden. Aber dort war nichts los. Die Eine mit den langen schwarzbraunen Locken hat gleich meine Aufmerksamkeit erregt. Vehement gehe ich auf sie zu. Wenn man was erreichen will, darf man nicht lange zögern. Höflich und zuvorkommend verneige ich mich ein wenig zu steif vor dem Fräulein und fordere es auf zum Tanz auf: »Darf ich bitten, schönes Fräulein?« Das schöne Fräulein schaut mich Schmeichler freundlich an. Wir tanzen scheu und züchtig miteinander. Das schwarzbraune Kind mit den Kringellocken hat mich gleich bezaubert.

Ich fühle mich so lebendig wie noch nie. Eros' Flügel der Liebe haben mich nicht nur gestreift, sondern sein Pfeil hat mich mitten ins Herz getroffen. Ich bin zum ersten Mal richtig verliebt und wie verwandelt, spüre die Himmelsmacht der Liebe mit Urgewalt. Wo dunkle Wolken sind, sehe ich Licht, wo andere nachdenklich sind, jubelt meine Seele. Kurte kommt in der Pause auf mich zu. Er hat sich eine liebesbedürftige Witwe geangelt. Lustig schwenkt er mit der drallen Frau durch den Saal.

»Vor fünf Uhr brauchst du mit mir nicht zu rechnen.« Ich spreche mit dem Mädchen in dem bunten Kreppkleid. Es ist ganz aus der Nähe, arbeitet in einem Kinderheim in der Küche. Ich sage, dass wir uns dann ja öfter mal treffen könnten. Mit dem Fahrrad bis zu dem Dorf ist es nur ein Katzensprung. Elfie lächelt mich an. Nun weiß ich schon den Namen. »Es ist so heiß«, sage ich, »wollen wir mal rausgehen?«

Wir gehen hinaus, fassen uns an den Händen und wandeln unter den hohen Linden den Parkweg entlang. Ich spüre, dass es anders ist mit diesem Mädchen. Anders als mit den anderen zuvor. Eine unerklärliche Scheu kriecht in mir hoch, macht mich verlegen und schüchtern. Ich kann hier nicht der Draufgänger sein, der ich bisher war. Verträumt schaue ich zum Mond hinauf, lege ganz zart meinen Arm um ihre Hüfte. Sie lässt es geschehen. So gehe ich mit dem Mädchen im Arm durch die klare Nacht. Unter der größten Linde bleibe ich stehen und küsse sie, wie man eine zarte Blume berührt. Sie schmiegt sich mir entgegen. Ich bin glückselig, verliebt wie ein Schulbub. Mehr wage ich nicht. Wir gehen wieder hinein, tanzen zusammen bis zum frühen Morgen. Der Polier kommt auf mich zu, er scheint schon zu seinem Recht gekommen.

»Los, min Jung, wir müssen wieder!«

»Am Dienstag!«, rufe ich dem Mädchen zu, »am Dienstag sehen wir uns wieder.« Kurte dreht das Gas auf, ich sitze wie im Traum hinter ihm. Er singt und trällert vor sich hin, ich bin in mich gekehrt, ganz still, träume von dem schwarzbraunen Mädchen mit dem bunten Kreppkleid. Am nächsten Tag, bei der Arbeit, bin ich ein ganz anderer. Wie ein Traumtänzer schwebe ich über den Holzplatz. Willi hat wieder einmal die Kurve nicht gekriegt und ist nachgekommen. Er musste noch vor dem Spiegel seine Pickel ausdrücken. Um nicht aufzufallen, sucht er das Häuschen mit dem Herzen in der Tür. Doch dieses Mal kommt ihm der Polier schon entgegen. Er streift sich seine Hosenträger über und sagt:

»Na, auch schon da!« Willi ist ganz perplex.

»Schon lange«, sagt er. »Na na«, zweifelt der Polier, »kommt mir eher vor, als seist du zu spät dran!« Der Zuspätkommer wird rot und macht sich mit doppeltem Eifer an die Arbeit. Ich bewundere den Polier immer wieder mit Hochachtung, sein überaus leutseliges Verhalten, das kollegiale Entgegenkommen, seine Härte gegen sich selbst. Der Teufel Alkohol ist sein Lebenselexier. Unerschöpfliche Mengen kann er sich einverleiben, dennoch sitzt er jeden Morgen pünktlich um sechs in seiner Polierbude. Und diese Pünktlichkeit verlangt er auch von uns. Am nächsten Tag tritt er mit einem besonders delikaten Auftrag an unsere Brigade heran.

Otto Grotewohl, der Ministerpräsident des ersten deutschen Arbeiter- und Bauernstaates, hat sich bei seiner Durchfahrt ins Pionierlager am Werbellinsee zu einem kurzen Stopp an der Baustelle entschlossen. Wir möchten doch unsere Verbundenheit mit dem Staat und der Regierung dokumentieren und Transparente über den Weg hängen, den er entlangfährt. Transparente, die ihm unseren Gruß und unsere Hochachtung entbieten. Z. B.:

Es lebe die DDR und ihr Ministerpräsident Otto Grotewohl – Alle Kraft für Frieden und Fortschritt – Unverbrüchliche Freundschaft mit der Sowjetunion und so weiter. Und dann sollten wir auch noch Spalier stehen und kräftig klatschen, wenn er vorbeikommt.

»Liegt dieser Auftrag in unserer Arbeitszeit oder nach Feierabend?«, frage ich. »In der Arbeitszeit natürlich.« »Na, dann geht die Sache klar.« Auch die anderen Brigaden werden zum Spalierstehen beordert. Wir klettern mit Leitern an den Bäumen empor, bringen die Transparente an, stehen amüsiert an der Strecke und warten auf den hohen Gast. Erste Aufregung. Eine Motorrad-Staffel der Polizei kurvt voraus, zwei SIL-Limousinen folgen. In der zweiten sitzt der Ministerpräsident. Warum in der zweiten und warum zwei solcher Staatskarossen? Na, weil ein Anschlag verübt werden könnte. So weiß keiner genau, in welcher der Mi-

nisterpräsident sitzt. Wieder etwas schlauer. Der Polier animiert uns zum Winken. Er hat schwarz-rot-goldene Fähnchen ausgegeben, noch ohne Embleme. Plötzlich stoppt die Limousine, der ganze Zug kommt ins Stocken. Otto Grotewohl erhebt sich, öffnet die Tür und stellt sich winkend in Positur.
»Ich grüße euch, ihr Bauarbeiter! Ich grüße die Jugend auf dieser Baustelle. Ihr steht hier auf einem wichtigen Posten für die Verteidigung und den Schutz des Friedens. Nicht Amboss, sondern Hammer müsst ihr sein! *(Sein berühmter Ausspruch, den er noch mehrmals anwenden sollte)* Keiner darf unser friedliches Land antasten, dafür stehen wir hier an der Seite der großen Sowjetunion auf Wacht. Ich wünsche euch noch viele Erfolge bei der Arbeit und im sozialistischen Wettbewerb.«
Timpetu steht ganz vorn an der Seite. Seine hünenhafte Gestalt überragt alle. Nicht einmal dem Ministerpräsident entgeht die imposante Zimmermannsgestalt. Plötzlich ruft der Nadelmann:
»Ein Kasten Bier wäre uns lieber!« Otto Grotewohl lacht amüsiert, steigt aber gleich wieder ein. Die Kolonne setzt sich in Bewegung. Den Kasten Bier haben wir nicht bekommen. Am Abend rächen wir uns auf besondere Art. Die russischen Offiziere sitzen in der Gaststätte am Väter-See. Sie haben sich Wodka-Lotte geangelt. Wodka-Lotte, eine leicht zugängliche Arbeiterin aus dem Tiefbau. Mit Vorliebe raucht sie russische Papirossi, trinkt den Wodka gleich aus der Flasche, was ihr auch den Namen eingebracht hat. Und sie ist für den Frosch zuständig. Eine Knochenarbeit. An zwei kinderwagenartigen Haltestangen hält sie das hüpfende Ungeheuer und lässt es über den Boden stampfen. Wehe, es kommt ein Fuß darunter. Wenn Lotte in ihrem blauen Overall, die Ohrenschützer am Kopf, ihre hüpfenden Brüste im Takt der stampfenden Bewegungen, mit dem Frosch näher kommt, dann achten alle auf einen gebührenden Abstand. Für ein paar Gläser Wodka in geselliger Runde tut Lotte alles, was Männerherzen begehren. Der Major hat sie in Beschlag genommen, und beide sind schon in fortgeschrittener Stimmung.
Ich heute Nacht mit Lotte schlaffen, verrstehn! Wir verstehen und setzen uns an einen Nebentisch. Der Major holt mich heran und umarmt mich freundschaftlich. »Du trinken mit uns und Lotte?« »Ich nicht allein trinken«, sage ich, »da sind noch meine Kumpels.«
»Alle trinken«, sagt der Major. »Alle trinken russischen Wodka! *Prost Kamrad!*« Er lässt sich Brausegläser geben und schüttet sie halb voll. Wir müssen trinken, ob wir wollen oder nicht. Erich verzieht das Gesicht.
»Nimm dir an Wodka-Lotte ein Beispiel«, sage ich. Wir machen uns bald aus dem Staub, wollen noch zum Tanz nach Dölln. Draußen vor der Gaststätte, dicht vorm Vätersee, steht der Russen-Jeep. Der Weg zum See ist abschüssig. Es ist schon dunkel. Ein verständigender Blick, und wir schieben den Jeep in den See. Es gluckst noch einmal auf, dann ist der Jeep versunken.

Jop twoju Mat, flucht der Major, als sie aus der Kneipe kommen. *Zappza-Rapp!* Einer sieht die Funkantenne über dem Seespiegel herausragen und zeigt hinaus. Ein ganzer Zug Muschiks rückt an. Der Major treibt sie wie Kulis ins Wasser. Sie ziehen und zerren das Fahrzeug heraus. Pitschnass putzen sie an dem Jeep herum. Nach knapp einer Stunde läuft der Motor wieder. Russische Technik – unverwüstlich.

Am Dienstag Abend stehe ich vor dem Heim, schleppe Elfie in die Döllner Kneipe, stelle sie meinen Kumpels vor. Sie sind begeistert. Ich lasse das Mädchen nicht mehr los. Endlich schüttele ich die Unrast von mir ab, das Suchen nach einem Mädchen, das ich von Herzen mag. Elfie ist für mich der ruhende Pol, der Halt in den Stürmen der Zeit, die Sonne am Himmel, wenn der Schatten sich über mir wölbt. Kein Hüsung. Wir lieben uns im Heuschober, schlafen in einem Zelt, wachen eines Morgens neben dem Friedhof auf. Eines Nachts haben wir es satt, im Wald zu kampieren, in einem Zelt aufzuwachen und darauf zu warten, von irgendjemandem überrascht zu werden. Draußen wird es kühler, schnell die Treppe im Kinderheim bis ins Dachgeschoss hinaufgehuscht, in Elfies Zimmer. Sie wohnt nicht allein darin. Gerda, eine beleibte Freundin, aber mit einer einzigartigen und gutmütigen Seele, ist die Zimmergenossin. Sie schläft schon. Wir zwängen uns gegenüber auf das schmale Sofa, umarmen uns, um nicht rauszufallen. Dann sind wir doch etwas laut. Gerda erwacht. »Was macht ihr denn da?« »Nichts, schlaf weiter!« Am Morgen schleiche ich mich die Treppe hinunter, an der Tür der Heimleiterin vorbei. In der Küche klappert es schon laut. Wenn die Heimleiterin mich erwischt hätte, ich glaube, der Zutritt zum Heim wäre mir verwehrt worden.

Ich schreibe einen Brief an die Eltern, dass ich das Mädchen fürs Leben gefunden habe. Der Vater schreibt zurück und warnt mich nochmals vor den *losen* Mädchen, die nur auf Männerfang aus seien. Er hatte es nicht für nötig gehalten, mich aufzuklären, nur diese versteckten Warnungen. Alles, was ich über die Liebe weiß, tue ich aus dem Gefühl heraus.

Das schwarzbraune Mädchen ist ein Heimkind. Vier Schwestern waren mit dem älteren Bruder Willi und der Mutter aus Ostpreußen geflüchtet. Die älteste Schwester, beim Reichsarbeitsdienst und bei einem Bauern in Stellung, kam zurück und stieß dazu.

Vom Gut Stragenau hatte Willi zwei Pferde und einen Ackerwagen besorgt. Von den Russen abgeschnitten, fuhren sie durch zerbombte Städte, von Tiefffliegern angegriffen, strebten sie über das zugefrorene Haff der Küste zu. Ein Schiff sollte dort abgehen, dass sie ins Innere des Landes bringen sollte. Doch die Küste erreichten sie nie. Von deutschen Soldaten und Russen überrollt, litten sie unsagbaren Hunger. Eines Nachts hatte Willi mit ein paar anderen Halbwüchsigen ein Pferd vom Treck ausgespannt. Sie zerrten es in einen Feldweg, erschlugen es mit der Axt und zerteilten es in kleine Stücke. Von einer Miete stahl er Kartoffeln. Die Russen verfolgten ihn, jagten ihm eine Kugel hinterher. Die Kugel streifte ihn am Arm, aber die Knollen ließ er nicht los. Mitten in der Nacht saßen die Flüchtenden um einen Eisenofen herum, kochten die Kartoffeln, pappten sogar die Schalen daran und aßen halb rohes Pferdefleisch dazu. Die Mutter, einen Säugling auf dem Arm, und andere Frauen und Mädchen wurden unzählige Male von den Russen herausgewinkt: *Frau komm!*

Die Frauen baten verzweifelt, verschont zu werden. Sie lobhudelten dem weisen Führer und riefen: *Hitler kaputt, Stalin gut!*, doch es half nichts. Die Älteste der Geschwister musste sich des Nachts unter einer Matratze verstecken, eine Matratze darüber, und obenauf saßen die anderen Geschwister. Tags darauf kam ein Russe vor die Tür, sah die kleine, spielende Lisa und nahm sie auf den Arm.

»Mein Kind tot, von Nazis ermordet«, sagte er unter Tränen. Er gab den Kindern Brot, Lisa aber trug er auf seinen Armen fort. Die Mutter schrie, die Kinder weinten um die Schwester. Sie glaubten, er wolle dem Kind etwas antun. Nach einer Weile brachte er Lisa unversehrt zurück, dazu einen halben Sack Mehl. Der Säugling und die Mutter starben unterwegs an Typhus. Die Mutter lag auf einem Bett in einer Kammer, unten schauten die Füße heraus. Um sie herum standen die Kinder. Sie weinten und versuchten die Mutter wach zu rütteln.

»Warum steht sie denn nicht auf?«, schluchzte die kleine Lisa. Nachbarn vom Treck kamen herbei, nagelten aus rohen Brettern eine Kiste zusammen, hoben eine knappe Grube aus, begruben die Mutter und das Baby. Oben auf einem Hügel waren ein paar Gräber von Flüchtlingen mit provisorischen Kreuzen gekennzeichnet. Der Wind ging über die frischen Grabhügel und über die Köpfe der Trauernden, doch die Kinder hatten keine Gelegenheit ihre Toten zu beweinen und an ihren Gräbern zu verweilen. Ein Russe trieb eine Kuhherde darüber hinweg. Über den zertrampelten Grabhügeln lagen die umgestürzten Kreuze als mahnende Todeszeichen. Und am Abend, als sie die Kreuze mühsam wieder aufgerichtet hatten, trieb der Russe auf dem Rückweg die Kühe noch einmal darüber hin. Er knallte mit der Peitsche und grinste breit über sein rundes Gesicht.

Die Geschwister zogen weiter, kamen durch dank Willi. Aber Willi zog weiter gen Westen. Elfie kam ins Heim, dann zu Eltern in Pflege. Nun ist sie wieder im Kinderheim unter der Obhut von Fräulein Puppel in der Küche als Lehrkraft angestellt. Das ältere Fräulein sorgt sich an Mutterstelle um das elternlose Mädchen. Nie darf es sich ohne triftigen Grund entfernen, Männer sind für das Fräulein ein großes Übel. Sie wollen die braven Mädchen nur verführen. Im Kinderheim frage ich ein paar Steppkes nach Fräulein Conradt.

»Du bist ja gar nicht schwarz«, sagt der eine erstaunt. Er reibt seine Hand an meiner Jacke. »Bist du kein Schornsteinfeger?«

»Nein, ich hab doch keinen Besen und keinen Zylinder.«

»Was bist du denn?« »Ich bin ein Zimmermann.« Er fasst nach meiner Hand. Ein anderer Waisenjunge kommt dazu. »Du, Onkel, ich kann russisch.«

»Na, dann sag mal was:« *Zapp-za-Rapp, Kamrad!* Ich muss herzlich lachen. Der Kamerad fasst mich an die andere Hand, und beide wollen mich zu Fräulein Conradt führen. Die Heimleiterin kommt aus dem Haus und schaut mich aus misstrauischen Augen an. Als sie die Heimkinder an meinen Händen erblickt, blicken ihre Augen etwas freundlicher drein.

»Junger Freund«, sagt sie bestimmt, »Sie sind mir für das Kind verantwortlich!« »Ja«, sage ich, »ich lasse das Mädchen nicht im Stich.« Diese Worte, leichtfertig dahingesagt, zu halten, wird mir unendlich schwer fallen. Ein Versprechen ist eine Versicherung etwas einzuhalten, was man nie garantieren kann. Wer es nicht einhalten kann, erscheint gewissenlos. Wenn dem so wäre, gäbe es nur noch gewissenlose Menschen auf Erden.

Die Conradt-Schwestern. Von links: Wanda, Waltraud, Lisa, Elfie und Wally

Fräulein Conradt hat noch zu tun. Die elternlosen Heimkinder wollen mit mir Fußball spielen. Sie gehen mir nicht von der Pelle. Ich entdecke eine neue Ader in mir. Es fällt mir nicht schwer, mit Kindern umzugehen, sie zu begeistern.

Wieder einmal Sonntag. Ein ganz besonderer Tag, der 4. Juli 1954. Die Schorfheide steht in violetten Blüten des Heidekrauts. Es duftet nach Harz und Kiefernnadeln. Der Wald ist erfüllt vom Schlagen der Finken und dem Gesang von allerlei Waldvögeln. Ein herrlicher Buntspecht hüpft nach Nahrung suchend um einen alten Baumstamm herum. Auf einer Lichtung äst ein Rudel Hirsche. Noch haben sie nicht allzu viel zu befürchten, aber die neuen Jäger putzen schon ihre Flinten und machen Zielübungen. Sie nehmen die Jagdgründe und Jagdschlösser nun offiziell in Beschlag, die die Herren des dritten Reiches zwangsläufig verlassen mussten.

Wir radeln die Sandwege entlang, vorbei an Busch und Tann. Wir, das untrennbare Dreigestirn, sind mit Elfie am Döllner See verabredet. Dort ist die kleine Lisa bei einem älteren Ehepaar in Pflege. Ihr einziger Sohn ist im Krieg geblieben. Sie haben sich das Heimkind geholt und halten das fünfzehnjährige Mädchen wie eine Sklavin. Kein Ausgang, nicht einmal ins Kino. Tanz und Umgang mit Freundinnen ist ausgeschlossen. Sie könnte ja unter schlechten Einfluss geraten.

Ein Glück, dass sie wenigstens eine ihrer Schwestern besuchen darf. Gleich drei Männer auf einmal sind Vater und Mutter Steiermann nicht geheuer. Sie betrachten uns unfreundlich und misstrauisch. Am Döllner See liegt das Edgar-André-Heim, ein Heim, benannt nach dem antifaschistischen Widerstandskämpfer, zuständig für die Schulung von KPD-Funktionären aus der Bundesrepublik. Von dort erhalten sie die Instruktionen und das Geld für den Kampf gegen die *Imperialisten* und für die Revolution. Vater Steiermann ist dort als Wachschutz angestellt. Aber noch sind die Kontrollen nicht so streng, noch kommt man an das Heim heran, denn die Herren Kommunisten sind gerade heimgereist. Es ist der Tag des Endspiels um die Weltmeisterschaft in Bern. Im Kulturraum des Heims steht ein Fernsehgerät mit einem Minischirm. Wer, wenn nicht ein diesbezügliches Heim, sollte schon ein Fernsehgerät besitzen. Und natürlich ist die Antennenanlage auch auf den Westsender gerichtet. Mir kommt sofort eine Idee. Ich bitte Herrn Steiermann, uns das Spiel anschauen zu dürfen. Der Alte zögert vorerst, ziert sich den Westsender einzuschalten. Schließlich will er guten Eindruck schinden und lässt sich erweichen. »Na ja«, sagt er, »da könnt ihr mal erleben wie die Ungarn die Bundesdeutschen einpacken. Fünf zu null, schätze ich.« Wir sitzen vor dem Bildschirm und verfolgen gespannt das Spiel. Unsere Herzen schlagen natürlich für Deutschland. Franz Steiermann kommt herein, da steht es schon 2 : 0 für Ungarn.

»Na, was habe ich gesagt, der Sozialismus ist dem Kapitalismus haushoch überlegen, auch im Fußball!« Im selben Moment fällt der Anschlusstreffer durch Maxe Morlock. Willi schreit laut mit: »Tor, Toor!« Der Alte guckt uns böse an. Dann das 2 : 2 und kurz darauf das 3 : 2 durch Rahn. Unser Jubel ist unbeschreiblich, nur Franz Steiermann schüttelt verständnislos den Kopf. Wie kann man nur auf der Seite der Westdeutschen sein? Kurz entschlossen schaltet er den Apparat ab. Er verschließt den Kasten und komplimentiert uns hinaus. Nun wissen wir nicht, ob das Spiel mit einem Sieg für Deutschland ausgegangen ist oder nicht. Aber wenig später klingt Jubel aus dem Radiosender eines Hauses. Deutschland ist Weltmeister, und wir waren am Fernsehbild dabei. Was für ein Glück.

Ich muss endlich einmal nach Hause. Schon über ein Jahr war ich nicht mehr bei den Eltern in Thüringen. Bin aber weder der verlorene Sohn, der zurückkehrt noch derjenige, der über Nacht davongefahren war. Ich bin gereift wie der Wein im Fass, zwar noch nicht voll ausgegoren, aber mit einer Portion vollmundiger Süße ausgestattet. Ich will aber nicht allein fahren, möchte meine Freundin, meine Geliebte, meine Gefährtin mitnehmen. Froher Zuversicht glaube ich, das Mädchen wäre meiner Mutter und meinem Vater willkommen. Sie müssten sich doch freuen, dass ich ein Mädchen gefunden habe, das ich liebe und das mich gleichermaßen liebt.

Wir steigen in den Nachtzug in Berlin Lichtenberg und fahren heimzu, meinem Vaterhaus entgegen. Elfie ist sehr beklommen zu Mute. Sie hat keine richtige Beziehung zu Eltern. Den Vater hat sie 1944 das letzte Mal gesehen – er wurde seither vermisst – die Mutter hat sie auf der Flucht verloren, als sie neun Jahre alt war. Anfangs aufgenommen im Heim, dann in Pflege bei wildfremden Menschen, mit denen sie nie richtig warm geworden, und ich will ihr meine Eltern vorsetzen, die sie wie ihre eigenen schätzen und lieben soll. Heute weiß ich, wie viel ich von ihr verlangt habe. »Du wirst sie schon mögen«, sage ich. Wir gehen durch die Gänge der Abteile zweiter Klasse. Überall ist es uns zu voll. Wir möchten ungestört sein und setzen uns in ein Abteil erster Klasse, wenngleich ich die Karten nur für die zweite gelöst habe. Das Polster ist weich, den oberen Teil der Lehne ziert ein weißes Spitzendeckchen. Ich lösche das Licht und halte mein Mädchen im Arm, da kommt der Konduktuer mit der Lochzange.

»Die Fahrkarten bitte, meine Herrschaften!« Ich bin überrascht und muss nachzahlen – Strafgeld für unbefugtes Benutzen des exklusiven Abteils.

»Im Sozialismus sind doch alle gleich«, sage ich. »Wieso gibt es da noch erster Klasse.« »Aber manche sind halt gleicher«, lächelt der Lochknipser mich an. Er kassiert das Strafgeld, tippt sich an die Mütze, löscht das Licht und sagt mit einem pikanten Lächeln:

»Nun, könn' Se schlafen oder machen, was Se wollen.« Elfie wird rot, ich muss lachen. Es ist schön im weichen Polster zu sitzen, im D-Zug dahinzugleiten und die Nähe des geliebten Mädchens zu spüren. Der Morgen dämmert bereits, als wir am Heimatbahnhof ankommen. Ein gutes Stück Weg haben wir noch zu laufen, bis wir im Dorf und vor unserem Haus angelangt sind.

»Das ist Elfie«, sage ich und umarme die Mutter, die ich solange nicht gesehen habe. »Sei uns willkommen«, sagt die Mutter, »und fühl dich wie zu Hause.« Einige unpassende Worte *fühl dich wie zu Hause*, denke ich, wo doch das Heim das Zuhause meines Mädchens ist. Der Vater kommt aus dem Haus, das Atmen fällt ihm schwer. Er begrüßt meine Elfie nicht gerade herzlich. Er hat mich ja nicht nur einmal vor den *losen* Mädchen gewarnt. Oben haben sie ein Zimmer eingerichtet. Dort schläft Traudl, meine zweitälteste Schwester in einem alten Holzbett, und auf dem Sofa richtet meine Mutter das Bett für Elfie. Ich hätte so gern mit ihr in einem Bett geschlafen, denn bisher haben wir uns fast nur in der Natur geliebt, aber nicht auszudenken, die Eltern darum zu bitten. Ich muss unten in der Küche auf dem Sofa liegen.

Am nächsten Tag zeige ich Elfie die schöne Landschaft. Sie hat noch nie die Thüringer Berge und Höhen gesehen. Arm in Arm schlendern wir durch die Aue und müssen mit der schönen Natur vorlieb nehmen. Zwei Tage später reisen wir wieder ab.

»Wie hat es dir hier gefallen?«, frage ich und streiche ihr übers Haar. »Gut«, sagt sie. Ich aber spüre, dass diese Antwort nicht stimmt. Wer einmal in der Schorfheide länger gelebt hat, kann anderswo nur schwer heimisch werden. Als ich wieder auf der Baustelle lande, wird mir bewusst, dass ich mein Elternhaus und die Eltern kaum vermisst habe. Ich bin ihnen entglitten, habe mich von ihnen gelöst. Sie sind auch enttäuscht darüber, dass ich kein Geld für das Haus geschickt habe. Sie haben sich gequält, viele Entbehrungen auf sich genommen, auf alles verzichtet, und ich habe nicht einen Pfennig übrig gehabt. Wie auch? Mein verdientes Geld reichte nicht einmal für mich allein.

Wir haben wichtige Arbeit zu bewältigen. Knochenarbeit, täglich über zehn Stunden und mehr. Wir bauen Kerosinbunker und Hangars für die Migs. Die Rollbahnen erstrecken sich über eine Breite von zweihundert Metern und eine Länge von zwei Kilometern. Sie sind fest und hart, keine Mig muss mehr mit der Nase aufsetzen. Wie die Hornissen starten und landen sie auf den Pisten, fliegen am Rande von Westberlin dahin, durchbrechen die Schallmauer, zeigen atemberaubende Luftmanöver und vor allem Präsenz. Nach und nach werden sie mit Raketen bestückt. Fast immer muss eine in der Luft sein. Der Lärm ist ohrenbetäubend. Und trotzdem wäre ich gern noch einmal mitgeflogen, aber das geht jetzt nicht mehr. Der Major ist jetzt mit der Arbeit der Deutschen zufrieden, aber langsam geht sie dem Ende entgegen.

Am Abend sitzen wir wieder einmal im Kasino, bereiten uns auf den Baustellenwechsel vor. Das Zugvogelleben ist uns schon ins Blut übergegangen. Was soll's – heute hier und morgen dort. Aber hier wegzugehen, fällt besonders mir schwer. Hier habe ich mein Mädchen gefunden, das nun ein eigenes Zimmer hat. Hier in der wundervollen Umgebung, mitten zwischen herrlichen Seen und Wäldern, fühle ich mich wohl. Wehmut überfällt mich, wenn ich an den Abschied denke. Der Polier kommt hinzu. Ist das schon die Abschiedsfeier? Nein, noch ein paar Wochen Zeit. Aber dann soll es weitergehen nach Berlin. Es will keine rechte Stimmung aufkommen. Auch der Nadelmann kann mit seinen Hautstechereien keinen Hund mehr hinter dem Ofen hervorlocken. Gegen halb eins zieht es uns in unsere Baracke. Ich liege an der Fensterseite im oberen Stockbett, unter mir Willi. Es mag wohl gegen zwei Uhr sein, da werde ich durch einen grellen Feuerschein wach. Etwa fünfzehn Meter, uns gegenüber, brennt das Kasino lichterloh. Und schon geht die Sirene.

»Feuer«!, schreie ich, »Feuer!« Erich guckt mich vom Bett gegenüber dumm an. Willi schaut entsetzt zum Fenster hinaus, wirft seinen ganzen Krempel in eine Decke und will hinaus. »Du kannst dich noch anziehen«, sage ich. Wir packen unsere Sachen zusammen und stürmen hinaus. Die Feuerwehr ist heran. Über der Gaststätte wohnen zwei Verkäuferinnen. Sie stehen im Nachthemd am verqualmten Fenster und schreien um Hilfe. Die Flugplatzwehr richtet die Spritze auf die armen Geschöpfe, durchnässt sie vollends. Endlich fahren sie die Leiter aus, holen die Mädchen herunter.

Die Russen sind heran. Sie dringen in die Verkaufsräume ein. Schnapsflaschen explodieren, die ersten Bierkästen knallen wie Feuerwerkskörper. Ich traue meinen Augen nicht. Die Russen stürzen sich in das rauchende Flammenmeer, raffen von dem Alkohol, was sie zu fassen kriegen und stürmen wieder heraus. Doch dann stürzt das ganze Kasino zusammen. Die Feuerwehr hält die Spritze nur noch auf die Dächer der angrenzenden Baracken. Langsam verkohlt das letzte Holz. Wir können wieder in unser Bett. Am Morgen entdecke ich seltsame rote Flecken an meinem Körper. Es juckt und brennt fürchterlich. Auch Willi kratzt sich unverhohlen. Mit Entsetzen denke ich an Wanzen. Läuse hatte ich ja schon einmal gehabt, aber Wanzen? Wir reißen die Matratzen heraus. Zwischen den Ritzen der Bettgestelle entdecken wir die Parasiten. Eines dieser Halbflügler kriecht sogar die Wand empor. Da muss die Bauleitung her. Wir gehen an diesem Vormittag nicht zur Arbeit. Ein Kammerjäger erscheint und beginnt zu desinfizieren. Selbst unsere Pyjamas müssen wir zur Desinfektion hergeben. Nach drei Tagen kommt der Insektenvernichter noch einmal. Die Bude stinkt erbärmlich. Sie müssen uns ein anderes Zimmer geben.

Die Kripo erscheint wegen des Brandes und handelt im Auftrag der sowjetischen Freunde. Wieder Verdacht der Sabotage. Großflächige Verhöre, bis die Ursache ans Tageslicht kommt: Der Kasinowirt hat Geld unterschlagen und ist aus diesem Grund zum Brandstifter geworden. Als sie den Geldtresor näher untersuchen, stellt sich das verkohlte Papier als alles Andere heraus, nur nicht als verkohlte Überreste von Banknoten. Viel schwerwiegender aber ist, dass so viele Waren der HO *(Handelsorganisation)* verbrannt sind: Fahrräder, Textilien, Haushaltwaren, Glas und Porzellan, von den Lebensmitteln und der Gefährdung der Verkäuferinnen gar nicht zu reden.

Der Kasinowirt, der selber nicht in der Baracke gewohnt hat, wird in Handschellen abgeführt. Einige munkeln von der Todesstrafe, die er erhalten hat, aber Genaueres erfahren wir nicht. Ein großer Nachteil für alle ergibt sich, dass die gemütliche Kneipe nun nicht mehr ist. Aber uns berührt das nicht mehr so sehr, da wir bald weiterziehen.

Wieder einmal Feierabend nach einem arbeitsreichen Tag. Ich radle ins nächste Dorf zu Elfie. Bei der alten Frau Wendtland hat sie ein Zimmer bezogen. Endlich nicht mehr im Heim, ein eigenes Zimmer, in abgeschlossenen vier Wänden ohne das Getrappel und den Lärm der Kinder. Kommen und gehen können wie man will. Und die alte Frau Wendtland hat Verständnis für ihr Fräulein Conradt und mich. Kein Gedanke daran, mir nach zweiundzwanzig Uhr den Besuch zu versagen, mich dort nicht übernachten zu lassen. Bei meinen Eltern wäre ich nie auf dieses Verständnis gestoßen. Doch das Fräulein Conradt ist heute anders als sonst. In seinen Augen ist ein seltsames und trauriges Glimmern, ihr Gesicht ist umschattet. Bald erfahre ich auch den Grund für die gedrückte Stimmung.

Meine Elfie ist guter Hoffnung, ich werde Vater. Weiß ich, ob ich mich darüber freuen oder betrübt sein soll? Ich bin ein Zugvogel, trotz der jetzigen Gebundenheit frei wie derselbe. Das soll nun mit einem Schlag beendet sein? Ich denke an das Versprechen, das ich der Heimleiterin gegeben. Für mich steht sofort fest, dass wir heiraten werden. Das Kind soll meinen Namen tragen und nicht ohne Vater aufwachsen. Es ist die Zeit, wo eine eheliche Verbindung noch nicht verpönt war, wo der junge Mann fast immer seinen Pflichten nachkam, wenn ein Kind unterwegs war, obgleich die zwanghafte Verbindung durch ein Kind oft zum Scheitern verurteilt ist. Wenn so ein Fall eintritt, ist oft die Liebesharmonie dahin. Die Alltagssorgen greifen um sich, das Kind der Liebe steht der Liebe zwischen Mann und Frau manchmal entgegen. Mehr dem Mann als der Frau, wenn er es auch nicht wahrhaben will. Die Liebe und Vertrautheit untereinander wird auf das Kind fixiert. Schon manches Glück in der Beziehung ist daran gescheitert. Die jungen Eltern fragen sich manchmal:

Warum können wir nicht so glücklich sein wie zuvor, wodurch ist die Schönheit unseres Glücks getrübt, warum hat unsre Beziehung die Sorglosigkeit verloren, warum sind wir nicht mehr so entspannt wie der Wind, wie die Sonne, wie die Blume im Frühling? Ich versuche mir eine Antwort zu geben:

Vielleicht weil wir Menschen höhere Wesen sind, weil wir nicht sind wie die Vögel, die nicht säen und nicht ernten, weil wir höhere Maßstäbe an uns legen, und weil wir ein entwickeltes Bewusstsein haben. Ich teile die Botschaft meinen Eltern mit, dass sie bald Großeltern werden. Sie sind nicht sehr erbaut davon, besonders mein Vater.

»Du bist noch zu jung dafür, erst zwanzig. Man heiratet erst, wenn man ein wenig weise geworden. Man muss das Leben erst gründlich kennen lernen. Hinzu kommt – das Mädchen ist nicht konfirmiert, eine Heidin.« Vater geht von sich aus. Als er geheiratet hatte, war er schon über dreißig. Und er ist im Kirchenvorstand. Für ihn kommt nur eine kirchliche Trauung infrage. Ich höre auf meine Eltern, obgleich ich seit mehr als zwei Jahren keine Kirche von innen gesehen habe.

Elfie muss sich zur Konfirmation entschließen. Konfirmation mit achtzehn. Erst dann ist der Weg frei für eine kirchliche Trauung, so meint mein Vater. Elfie geht zum Pastor des Ortes und wird auf die feierliche Handlung in ein paar Stunden eingestimmt. Frau Wendtland gratuliert ganz herzlich und mütterlich zu der Einsegnung. Sie hat ein kleines Gedicht verfasst und eine kleine Festtagstafel mit Kaffee und Kuchen hergerichtet. Elfie ist nun integriert in die Herde der Schäfchen, die allein der Herr gezählet.

Die dritte Jahreszeit, ihr schönster Monat September, hat sich über das Land gelegt, die Sommerblumen verblühen lassen und seine reiche Ernte ausgebreitet. Große Mehrscharpflüge der Genossenschaften reißen die Haut der Stoppelfelder auf, Drillmaschinen rappeln scheppernd über die feuchtkrümeligen Felder. Über der Heide beginnen sich langsam die Laubbäume zu verfärben. Vereinzelt werfen Birken und Lärchen gelbe Tupfen in den Baumteppich. Der Sommer steht am Scheideweg, im Übergang zum Herbst. Ein bleigrauer Himmel liegt über der anklingenden Herbstlandschaft ausgespannt, und westwärts verglüht die bleiche Sonne im zerrissenen Gewölk.

Scharen von Schwalben sammeln sich auf den Strom- und Telefonleitungen zum Abflug in den Süden. Auf den Storchennestern klappern die jungen Adebare – die Brut des laufenden Jahres –, proben ihre Schwingen, ob sie stark genug, den großen Flug zu wagen. Weithin leuchten gelb die paar Stoppelfelder der Nocheinzelbauern, die keine großen Traktoren besitzen, die Felder so schnell umzubrechen. Das tut den einfallenden Kranichen gut, die sich gütlich tun an dem, was an Körnern verschüttet worden und an den keimenden Körnersprossen.

September – ein wehmütiges Aufseufzen beim Aussprechen dieses Monatsnamens geht über die Lippen derer, die den Sommer in vollen Zügen ausgekostet. September – ist das Ende der schönsten Zeit des Jahres. September – ist das Kürzerwerden der wonnigen Tage und das Nachlassen der Kraft der Sonne. September – ist der Schmelz des Sommers übergehend in Frucht und Ernte und im neuen Werden in der Wintersaat. September – bedeutet auch unseren Fortgang von der Schorfheide. Für uns ist die Zeit am Flughafenbau abgelaufen. Nur einige Nacharbeiten sind noch zu bewerkstelligen. Das Werk steht, ein Werk der *Wachsamkeit für den Frieden*. Eine wichtige strategische Aufgabe ist erfüllt worden. Von hier nimmt die Luftüberwachung ihren Ausgang und der *Kalte Krieg*, der die Herzen mehr und mehr zerfrisst. Der Polier winkt uns zu, als wir die Heidekrautbahn in Groß-Schönebeck besteigen. Viel haben wir nicht mitzuschleppen. Diesmal hat uns die Reichsbahn-Bau-Union übernommen. In Falkensee, in der Moselstraße, schlagen wir unser Domizil auf. Ein altes Ehepaar hat sich unser erbarmt und zwei verluderte Zimmer zur Verfügung gestellt. Frau Perschke, eine fanatische Jehovazeugin, nimmt uns jeweils fünfzehn Mark Monatsmiete ab, inbegriffen der Frühstückkaffee. Der Kaffee schmeckt so, als ob sie jedes Mal einen Hering hineingetaucht hätte, aber es ist doch wenigstens warmer Zichorienkaffee. Der alte Perschke sitzt am Katzentischchen, freut sich aber, wenn wir in seine Nähe kommen. Die Alte hat immer einen Spruch ihrer Sekte auf den Lippen:

Jehova ist groß, Jehova ist mächtig, Der Herr wird kommen, du arme Menschenseele, bereite dich vor. Das Schwert des Herrn wird dich zermalmen, wenn du nicht Umkehr hältst!

Manchmal spricht sie uns auch direkt an, ihrer Sekte beizutreten. Sie beschwört unser Seelenheil, macht uns eindringlich aufmerksam auf Hölle und Teufel. Die Rettung liege ausschließlich im Heil des großen Jehova. Bei diesen einschlägigen Sprüchen ist uns nicht geheuer. Die Chance ist gering, uns zum Beitritt zu bewegen. Hölle und Teufel sind für uns Begriffe, mit denen wir nichts anzufangen wissen. Der Nadelmann hat ebenfalls die Baustelle gewechselt, er hat sich eine Arbeit in Westberlin gesucht.

»Ihr seid ja blöd, hier weiter zu arbeiten«, sagt er, »wo ihr drüben schönes Westgeld verdienen könnt.« Der Hinweis ist eine Überlegung wert, aber vorerst wollen wir unsere Aufgabe bei der Reichsbahn-Bau-Union erfüllen. Ich verliere meinen Posten als Brigadier. Auch gut, denn bisher gab es noch keine Brigadierzulage. Sie geben uns noch drei Leute in die Brigade, einer davon soll unser Brigadier und Meister sein. Ein kleines gebücktes Männchen, etwas älter als wir, mit einer Portion mehr Erfahrung wie es heißt. Hugo Keck heißt der Zimmerer, der uns nun führen soll.

Seinem Namen macht er wenig Ehre, er ist mehr schüchtern als keck. Dispatchertürme für die Reichsbahn zu bauen, ist auch eine überaus hohe Verantwortung. Etwa sechzehn Meter hoch sollen sie sich erheben. Hugo hat auch schon eine detaillierte Vorstellung, wie wir die Sache in Angriff nehmen werden. Unten aufschnüren, die Konstruktion verzangen, abbinden, die Ecksäulen an den Eisenbändern am Betonsockel verankern und das Ganze Stück für Stück bis zum Dach aufbauen. Eine ziemlich aufwändige Arbeit, vor allem das Gekraxel beim Richten. »Warum stecken wir das Ganze nicht schon unten zusammen und richten es mit Stricken und Stangen auf?«, frage ich kühn. Hugo schaut mich überrascht an.

»Das kriegen wir nie und nimmer im Ganzen hoch«, sagt er.

»Na, dann nicht«, gebe ich mich zunächst zufrieden. Aber immer wieder bohre ich nach: »Die Dachsparren können wir dann oben draufnageln, wenn wir die Podeste errichtet haben. Und wenn wir das Ganze nicht aufrichten können, bauen wir es wieder auseinander.« Hugo ist nicht sehr erbaut von meiner Hartnäckigkeit.

»Erst mal aufschnüren und abbinden«, sagt er, »dann können wir es uns ja noch mal überlegen.« Wir machen uns an die Arbeit. Vier Tage geben sie uns für einen Turm. Wir schaffen den ersten in drei Tagen. Hugo übernimmt die Überblattungen der Ecksäulen persönlich. Sie laufen nach oben trapezförmig zusammen. Inzwischen hat Hugo es sich überlegt und stimmt meinem Vorschlag zu.

Der große Augenblick ist gekommen: Das Aufrichten des ersten Turmes wird in Angriff genommen. Die größte Schwierigkeit sind die Stricke. Der Bauleiter erklärt uns für verrückt, als Hugo ihm von unserer Methode berichtet, doch er beschafft die Stricke. Gerüststricke, die wir zusammenknoten müssen. Ich kümmere mich um lange Stangen, mit denen nachgestützt werden kann.

Nun rücken wir das Turmgerüst an den Sockel heran, stellen die zwei Ecksäulen an die Eisenlaschen und heben es an seinem Ende so weit an wie es geht. Schnell noch einmal abgestützt, und dann geht's aufwärts. *Hau, ruck, hau, ruck!* Der Turm erhebt sich nur langsam. Vier Leute ziehen, zwei stützen nach, nur der Bauleiter schaut ungläubig zu. Als er sieht, dass wir Erfolg haben, packt auch er mit an. Oben, am höchsten Punkt, kommt der Turm einmal ins Wanken, aber dann fällt er auf den Sockel und steht wie eine Eins. Hugo Keck schaut mich befriedigt an, ich spüre ein achtungsvolles Glitzern in seinem Gesicht. Schnell bohren wir die Löcher, ausgehend von den Eisenlaschen. Die Bolzen hindurch, fest verschraubt, und das Turmgerüst steht unverrückbar fest.

»Jungs, das habt ihr gut gemacht«, lobt der Bauleiter. »Das ist eine Prämie wert.« Nach dieser bewährten Methode bauen wir noch weitere Türme. Und natürlich erhöhen sie uns die Norm, denn wir gehören jetzt zu den Aktivisten und Neuerern, und die gehen voran, schaffen mehr als andere.

Am Wochenende kann ich nicht bei meinen Kumpels sein. Ich habe Verpflichtungen mit meiner jungen Frau übernommen, die nun bald Mutter werden wird. Aber in der Woche sind wir zusammen. Mindestens einmal fahren wir nach Westberlin ins Kino. Manchmal zum Eintritt von nur zwei Mark Ost. Wir sehen uns die tollen Western an, kaufen Dreigroschen-Hefte von Tom Brack und Billy Jenkins, schmökern in diesen *Schundheften*, über die der Staat der Arbeiter und Bauern wettert. Und wenn man gerecht urteilen will, hatte das schon seinen Grund.

Denn ein in seinen Anschauungen noch ungefestigter junger Mensch, konnte von derartiger *Literatur* durchaus beeinflusst und der Wirklichkeit entrückt werden. Aber uns scheinen Tom Brack und Billy Jenkins nicht geschadet zu haben. Vor dem Kino schlendern wir die Einkaufsstraße am Gesundbrunnen entlang. In unserer Zimmermannskluft bleiben wir, von den Auslagen überwältigt, vor jedem Schaufenster stehen. Was es da schon wieder gibt, verblüfft uns immer wieder. Geschäfte übervoll mit Waren aller Art. Vor einem Fleischerei-Geschäft verweilen wir etwas länger.

»Nicht wie bei uns«, mokiert sich Erich. »Bei uns glaubst du, es sei ein Fliesengeschäft.« »Wieso ein Fliesengeschäft?«

»Ja, ein Fliesengeschäft. Kaum Wurst, kein Fleisch, nur Fliesen an den Wänden.« Ach so. Wir gehen weiter. Willi will sich ein paar neue Sambaschuhe kaufen, ich mir einen neuen Hut. Den letzten Zimmermannshut hatten sie mir noch in der Schorfheide geklaut. Ich flüstere meinen Kumpels zu:

»Habt ihr's schon bemerkt, es verfolgt uns einer. Nicht so auffällig umgucken!« Tatsächlich folgt uns ein feiner Mann, etwa fünfunddreißig Jahre alt, in einem vornehmen Mantel mit exklusivem Pelzkragen. Wir bleiben stehen, er bleibt stehen. Was mag er nur wollen? Und plötzlich spricht er uns an:

»Entschuldigen Sie bitte, hier ist meine Karte.« Er reicht uns seine goldbedruckte Visitenkarte. »Ich hatte schon einmal mit Zimmerleuten zu tun. Sie müssen verstehen, es ist eine delikate Sache. Also, ich bin drüsenkrank, muss mit einer jungen, attraktiven Frau auskommen, Sie verstehen schon.« Nein, wir verstehen nicht und schauen ihn überrascht an.

»Nun, bei Zimmerleuten hatte ich schon einmal Erfolg. Ich lade mir jedes Wochenende einen Mann ein. Für meine Frau, Sie verstehen? Das ist besser, wie wenn sie außer Haus geht. Etwa hundert Mark, gutes Essen und Trinken sind auch noch drin. Wenn einer von Ihnen Interesse hat, dann erwarte ich Sie am Sonnabend ab achtzehn Uhr. Wenn Sie selbst nicht wollen, vielleicht wissen Sie jemand anderen. Also, bis dann.« Der Mann zieht seinen Hut und geht. Wir stehen da wie vom Donner gerührt. Erichs Blick fällt auf Willi. »Das wär doch was für dich.« Der geht hoch:

»Bist du verrückt!«

»Wisst ihr was«, sage ich, »wir fragen mal den Nadelmann. Der braucht doch dringend Geld.« Wir fragen ihn, geben ihm die Visitenkarte und tragen ihm auf, uns eingehend Bericht zu erstatten, wie es gewesen sei. Schon am Montag in der S-Bahn kommt der Nadelmann wütend auf uns zu.

»Da habt ihr mir ja was eingebrockt«, sagt er ganz entrüstet. »Wenn ich euch erzähle, was ich erlebt habe, werdet ihr es mir nicht glauben.«

»Na, erzähl schon«, dringen wir in ihn: »... »Also, ich komme in die Straße außerhalb von Charlottenburg, in ein Villenviertel. Eine piekfeines Haus, sag' ich euch. Ich drücke auf die Klingel mit Löwenkopf. Ein Herr kommt an die Tür, schaut durch den Spion, öffnet und führt mich, ohne eine einzige Frage zu stellen, in einen luxuriösen Salon. Auf dem Tisch stehen Weintrauben, Apfelsinen, Bananen. Ich kann gar nicht hinsehen. Er fordert mich auf zuzugreifen, mich nicht zu genieren. Ich wage aber nicht, auch nur eine Banane zu essen, warte ungeduldig auf die attraktive Frau, die nun erscheinen soll, doch niemand kommt. Endlich kommt der feine Herr herein, riecht wie ein Puffweib nach aufreizendem Parfüm, hat einen Schlafrock an, darunter ist er nackt. Mir schwant Furchtbares. ›Wo ist die Frau?‹, frage ich. Nur langsam, sagt er, öffnet eine Flasche Champagner, schenkt ein und prostet mir zu. Jetzt müsste auch die Frau kommen, denke ich. Aber da rückt der feine Herr näher an mich heran und fängt an mich zu befummeln: ›Ich bin die Frau‹, sagt er und greift mir in den Schritt. Das geht mir dann doch zu weit. Dieser stinkfeine Pinkel ist ein gewöhnlicher Homo. Ich reiße mich los, haue ihm eine rein und verlasse das Haus fluchtartig. Und jetzt will ich die hundert Mark von euch, denn ihr habt mir die Scheiße eingebrockt.« Doch woher sollen wir hundert Westmark hernehmen. Wir versuchen den Nadelmann, zu beruhigen.»Das konnten wir doch nicht wissen«, sage ich. Endlich beruhigt er sich, weil wir einen ausgeben wollen. Und schließlich lachen wir alle gemeinsam über das ungewöhnliche *erotische* Abenteuer.

Wir ziehen weiter nach Straußberg. Wieder eine neue Baustelle, im Osten, am Rande Berlins. Zweistöckige Wohnhäuser für Offiziere der KVP. Erst später wissen wir, dass diese Herren mit dem Aufbau der NVA zu tun hatten. Die Rumzieherei hängt mir langsam zum Halse hinaus. Am liebsten würde ich umsatteln, mich mit etwas beschäftigen, was mit Kindern zu tun hat. Der Gedanke lässt mich nicht mehr los, seit ich vor ein paar Monaten das Kinderheim betreten habe. Noch schiebe ich ihn vor mir her, denn die Freunde sind mir wichtig. Wir führen unser Vagabundenleben weiter, haben Spaß, vergnügen uns im Bäckerheim von Falkensee. Rock 'n' Roll ist unsere große Leidenschaft. Mit den Tanzschritten klappt es schon einigermaßen, nur die Drehungen und das Ranschmeißen bereiten noch Schwierigkeiten.

Auf dem Heimweg mit unseren Rädern entdecken wir eine Fahrradlenkstange, die aus einem Heuschober herausragt.»Oh«, sagt Erich, da müssen wir doch mal nachschauen.« Tatsächlich steht dort ein Fahrrad versteckt, ein Fahrrad, nicht mehr ganz neu, aber fahrtüchtig. »Das kommt uns doch wie gerufen«, meint Willi. »Deine Elfie hat doch keins.« Wir nehmen es mit, schleppen es in unsere Bude, beschaffen Lack aus Westberlin und malen es an. Zweifarbig – rot und blau. Und es hat sogar einen Sportlenker. Den umwickeln wir noch mit farbigem Isolierband, ebenfalls aus Westberlin. Schnell noch die Kette gefettet, und das Rad ist fertig. Elfie hat Geburtstag. Zu Dritt fahren wir zu ihr und überreichen ihr das Fahrrad. Die Freude in dem Gesicht meines Mädchens ist unbeschreiblich. Ein eigenes Fahrrad, nicht mehr auf dem Gepäckträger der Freundin oder auf meiner Querstange mitfahren zu müssen, ist kaum zu begreifen. Erst später erfährt Elfie, wie wir zu dem Rad gekommen sind und lacht.

In Falkensee ist Rummel auf einem freien Platz. In unserer Kleidung, den schwarzen Sombrero auf dem Kopf, erregen wir Aufsehen. Auf einem Karussellsitz lehnt ein schwarzhaariges Mädchen mit krausen Locken. Gläsergummi, um Daumen und Zeigefinger gewickelt, ergeben kleine Schleudern. Die Papiergeschosse treffen das Mädchen. Besonders Willi hat es auf das Lockenköpfchen abgesehen. Die Blicke fliegen hin und her. Mit unserer Unterstützung bringen wir die beiden zusammen. Willi muss neben Inrid, so heißt das Mädchen, in den Parallelsitz des Karussells. Es scheint sich etwas anzubahnen. Jetzt müsste nur noch Erich mit einem Mädchen anbandeln, dann wäre unsere Freundschaft gelockert, und unser Junggesellendasein ginge dem Ende entgegen. Doch Erich will seine Freiheit nicht aufgeben. Er will rüber nach Westberlin oder besser auswandern. Schweden, Kanada oder Australien.

»Kanada ist zu kalt«, sage ich. Seit ich meiner Vaterschaft entgegensehe, ist mir der Sinn auszuwandern verflogen, aber ich gehe mit den Freunden nach Westberlin zum kanadischen Konsulat. Zimmerleute könnten sie schon brauchen, wird uns eröffnet, aber wir müssten zweitausend Dollar als Kaution hinterlegen und uns verpflichten, zwei Jahre als Holzfäller zu arbeiten. *Das will sich uns nicht.* Auf dem schwedischen Konsulat eine ähnliche Auskunft. Danach ist uns der Sinn auf Australien vergangen. *Bleibe im Lande und nähre dich redlich* bleibt vorläufig unsere Devise. In Westberlin kaufen wir uns eine Luftpistole. Noch ist schleierhaft, was wir damit anfangen wollen. In Spandau fällt unser Blick auf eine Reklameschrift:

Care-Paket-Ausgabe. Wir stehen bei den entsprechenden Buchstaben des Alphabets an, werden registriert und erhalten unser Care-Paket. Am Ausgang der U-Bahn-Station in Falkensee werden wir kontrolliert. Ich hab die Pistole in meiner Jacke versenkt. Sie lassen mich ungefilzt vorbei. Gott sei Dank! Aber Willi muss sein Paket öffnen lassen.

»Wieder so'n paar, die sich Bettelpakete geholt haben«, sagt ein Vopo verächtlich. Er registriert unsere Namen, nimmt uns aber nichts weg und lässt uns passieren. Zu Hause öffnen wir die Pakete. Eine Tafel Schokolade, ein Päckchen Kaffee, Kekse, ein paar Apfelsinen, Wollsocken – das alles können wir gut brauchen, und trotzdem kommt kein gutes Gefühl dabei auf. Am Sonntag liegen wir lange in den Betten. Wir klappen die alte Schranktür auf, heften eine Zielscheibe daran und schießen die Lagen aus für den kommenden Abend. Einige Tage später spricht uns unsere Wirtin an wegen der Löcher, die in der Schranktür sind.

»Der Schrank ist ja voller Löcher«, sagt sie.

»Ooch«, meint Erich, »das sind nur die Holzwürmer. Der Schrank ist alt, uralt. Der ist geradezu antik und bald viel mehr wert als jetzt. Und die Wurmlöcher machen ihn ja gerade so wertvoll.« Die Wirtin gibt sich zufrieden. Sie will den wertvollen Schrank bei der nächsten Gelegenheit, vielleicht wenn wir bald ausziehen, verkaufen. Sie versteht es, aus allem Gewinn herauszuschlagen.

Am kommenden Wochenende will mich Elfie besuchen. Wir haben uns erneut eine ausgefallene Sache ausgedacht, um sie zu überraschen. In Westberlin haben wir uns silberne Ohrringe gekauft. Ein Zimmermann ohne Ohrring ist wie ein antiker Schrank ohne Wurmlöcher. Erich hat auch schon heraus wie wir die Prozedur bewerkstelligen. Zum Optiker zu gehen scheint uns purer Luxus zu sein. Echte Kerle wie wir halten so einen kleinen Pieks schon aus. Ein Stück Seife hinter das Ohrläppchen gehalten, eine dicke Stopfnadel, dazu einen stabilen Fingerhut und hinein.

Trotzdem will sich keiner als Erster der Marter unterziehen. Schließlich fasst Willi sich ein Herz und setzt sich todesmutig auf den Stuhl. Erich, der Stecher, zieht sich Lederhandschuhe auf, macht die Stopfnadel mit seinem Feuerzeug heiß, um sie zu sterilisieren. Er hat dabei nicht bedacht, dass sie an der Spitze noch heiß ist, als er in Willis Ohrläppchen hineinfährt.

Der schreit auch gleich los wie am Spieß. Aber dann ist der Ohrring drin. Ich bin der Nächste, ertrage den Schmerz ohne mit der Wimper zu zucken. Gemeinsam durchbohren wir dann den Urheber der Prozedur. Schließlich sitzen wir mit blutenden Ohren beim Bier. Elfie kommt und lacht sich schief. Am Abend schmuggele ich sie in unsere Wohnung. Willi muss das Bett wechseln, da er allein im Nebenzimmer schläft. Ich liege sonst neben Erich im alten, wurmstichigen Doppelbett, ebenfalls einem antiken Stück. Die Wirtin hat ihre Augen überall.

So ist ihr auch die Beherbergung meiner Freundin nicht entgangen. Sie beschwert sich brieflich bei meinen Eltern, dass wir wüste Orgien mit wildfremden Mädchen in unseren Zimmern veranstalten würden. Ich erhalte eine Mahnung: Wenn dies noch mal geschähe, bekäme ich Hausverbot. Oft graut es uns, wenn wir uns heimwärts begeben. Aber eines Tages muss uns wohl der Affe gelaust haben. Wir erfuhren von den Nachbarn wilde Geschichten über unsere Wirtin.

Sie soll in den Bombennächten Wertgegenstände aus den zerstörten Wohnungen in Berlin herausgeholt und auf dem Stallboden versteckt haben. Eines Abends klettern wir ziemlich angeheitert zum Stallboden empor, wollen der Sache auf den Grund gehen. Willi ist der schwerste von uns, er bricht durch den Boden, fällt nach unten in den Ziegenstall. Lautes Gemecker. Wir fürchten, überrascht zu werden. Die Stalltür ist verschlossen, wir müssen Willi wieder heraufziehen. Angestrengtes Lauschen, doch es bleibt alles ruhig. Die Jehovazeugin hat einen gesegneten Schlaf. Aber wir suchen nicht mehr weiter.

Ich erzähle Elfie, dass ich von dem Umherziehen genug habe und mich um eine Stelle als Erzieher in einem Heim bewerben will. Das würde mir sicher mehr zusagen. Vielleicht würde ich dann hier ins Heim kommen und könnte immer in ihrer Nähe sein.

»Das wäre schön«, sagt Elfie. Ich rede von Heirat, will dem Kind, wenn es geboren wird, meinen Namen geben. Wir fahren nach Groß-Schönebeck zum Standesbeamten und bestellen unser Aufgebot.

»Es eilt«, sage ich zum Standesbeamten. Er schaut an Elfie herunter und sieht die Dringlichkeit bestätigt. Schon am nächsten Sonnabend soll standesamtliche Trauung sein.

In der Kreisstadt Nauen stelle ich mich mit meinem Anliegen beim Rat des Kreises Jugendhilfe und Heimerziehung vor. »Sind sie in der Partei?«, forscht der Beamte, bevor er nach meinen Schulzeugnissen fragt.

»Nein«, sage ich, »bin ja noch nicht mal zwanzig.«

»Aber doch wenigstens in der FDJ?« »Ja, in die FDJ bin ich eingetreten, habe aber schon fast drei Jahre keinen Beitrag mehr bezahlt. Vielleicht werden Sie verstehen – von einer Baustelle zur anderen.« »Das müssen Sie umgehend nachholen, und das mit der Partei überlegen Sie sich noch einmal.« Er schiebt mir die Fragebögen herüber. »Nicht so lange warten. Je eher Sie die abgeben, umso schneller werden wir ihre Bewerbung bearbeiten. Eine Aufnahmeprüfung, eine kurze Vorbereitung für das Studium, vielleicht als Fernunterricht käme für Sie infrage. Erzieher, die bei der Stange bleiben, brauchen wir. Es sind schon so viele abgesprungen. Wenn alles klappt, würden wir uns freuen.«

Der freundliche Mann mit dem Parteiabzeichen am Rever nickt mir aufmunternd zu und gibt mir die Hand. Meine Freunde sind nicht sehr erbaut von meiner neuen Richtung, die ich einzuschlagen gedenke.

»Da musst du ja politisch werden«, sagt Erich. »Das wäre nichts für mich.« Noch ahne ich nicht wie wahr diese Worte werden sollen, die mein Freund so gelassen und prophetisch ausgesprochen.

Die Formulare sind ein Wust der Bürokratie. Was die alles wissen wollen, übersteigt mein Vorstellungsvermögen. Bis zu Verwandten in der Bundesrepublik, SS, SA, Angehörigkeit zu einer Religion – nichts lassen sie aus. Beim Lebenslauf habe ich einige Schwierigkeiten mit der Schrift. Eine saubere Schrift macht einen besseren Eindruck. Drum schreibe ich alles noch einmal ab. Abgeben und Warten. Der Abteilungsleiter liest meinen Lebenslauf, geht meine Zeugnisse und Beurteilungen durch und gibt mir zu verstehen, dass ich zu einem Aufnahmegespräch gebeten werde und ob das gleich geschehen könne. Ein wenig überrascht bejahe ich die Frage. Er telefoniert kurz. Ein Herr Inspektor erscheint, und es beginnt ein regelrechtes Verhör: Warum ich diesen Weg einschlagen wolle, wie ich zu dem Staat der DDR stehe, welche gesellschaftliche Entwicklung mir vorschwebe und so weiter.

Ich habe Mühe zu antworten, denn bisher habe ich mich kaum um meine gesellschaftliche Entwicklung gekümmert. Gesellschaftliche Entwicklung, was ist das überhaupt? Der Mensch ist wohl ein gesellschaftliches Wesen, aber auch individuell einmalig. Ich habe das Wesen der Gesellschaft noch nicht begriffen. Und ich rechne mich zu den schöpferischen, kreativen Menschen. Daher bin ich eher mit der Gesellschaft, wie sie sich abzeichnet, unzufrieden. Ich kann mir aber vorstellen, dass es mal eine Gesellschaft geben kann, in deren Mittelpunkt der Mensch steht.

Ich stelle mir die Gesellschaft einmal als Paradies vor, aus der niemand vertrieben wird, der mal einen Fehltritt getan. Und wieso muss

Der Autor

an der Spitze der Gesellschaft eine Staatsführung stehen. Eine Staatsführung, die einem vorschreibt, was man zu tun oder zu lassen hat? Ich habe mich bislang um die Gesellschaft kaum gekümmert und die Gesellschaft nicht um mich. Das wird sich aber bald ändern. Endlich beenden sie die Fragerei und schicken mich hinaus. Die werden mich nicht nehmen, denke ich. Die Zeit scheint mir endlos, bevor sie mich hereinrufen. Und dann bin ich plötzlich aufgenommen. Voraussetzung ist, dass ich den Vorbereitungslehrgang an der Abendschule absolviere und anschließend ein dreijähriges Fernstudium für Unterstufenlehrer/Heimerzieher aufnehme. Aber in das Heim, in dem meine Freundin arbeitet, komme ich nicht. Dort sei keine Stelle frei. Ich müsse in einem *Spezialheim* meine ersten Sporen verdienen, einem Heim für milieugefährdete und schwer erziehbare Kinder. Dort würde ich auch mehr verdienen. Was auf mich einstürmt, ist so neu und richtungsändernd, dass ich fürchten muss die Kurve nicht zu kriegen. Vom Zimmermann zum Heimerzieher und später vielleicht zum Lehrer. Eine verheißungsvolle Perspektive, auf die ich mich eingelassen habe, die mein Leben grundlegend verändern soll.

Der Sonntag ist heran, an dem ich in den Stand der Ehe treten soll. Gerade erst zwanzig geworden, scheint meine Jugend vorbei. Verliebt, zu sehr geliebt, leichtsinnig gewesen, reingefallen – warum sollte es mir anders gehen als vielen meinesgleichen in dieser Zeit und in den Zeiten danach? Jetzt kommen Probleme auf mich zu, die ich zuvor nicht hatte, aber ich muss sie nicht allein tragen, kann sie mit meiner besseren Hälfte teilen. Aber werden sie dadurch kleiner? Das Leben mit all seinen Kümmernissen, Belästigungen und Schwierigkeiten kommt mit ganzer Wucht auf mich zu. *Vater werden ist nicht schwer...*, kommt mir der lapidare Spruch in den Sinn. Was für ein sinnreiches Dahingesage. Fast drei Jahre gearbeitet, umhergewandert und nichts erreicht. Völlig mittellos stehe ich da. Kaum was richtiges Anzuziehen, keine Wohnung, aber eine Frau an meiner Seite und bald ein Kind. Blut von meinem Blut, für das ich

Verantwortung trage. Ein wenig beklommen wird mir da schon zu Mute. Auf der Längsstange des *gefundenen* Fahrrads sitzt meine nun bald Angetraute. In ihr macht sich das neue Leben kraftvoll strampelnd bemerkbar. Ich muss vorsichtig fahren und den Schlaglöchern ausweichen. Ein Taxi kriegen wir nicht. Es gibt keines in der Umgebung. Sechs Kilometer zum Standesamt und zurück. Einen Tag habe ich freibekommen. Wanda, die Schwester meiner Frau und ihr Mann, sind unsere Trauzeugen. Die übliche Zeremonie, schon mit Ausblick auf die Familie, der kleinsten Zelle des Sozialismus, der Verantwortung für den Frieden, der Erziehung der Kinder für Fortschritt und Völkerfreundschaft. Das Anstecken der Ringe aus Golddoublé, und wir sind verheiratet. Schwägerin Wanda hat eine Kaffeetafel hergerichtet, wenigstens eine kleine Feierlichkeit. Die eigentliche Zeit der Flitterwochen haben wir schon vorher ausgekostet, daher wird die eigentliche Nacht der Nächte weniger stürmisch. Als Ehemann kehre ich zu meinen Kollegen zurück. Ein paar Glückwünsche, ein Gedicht von einem Nachbarmädchen, das in mich verliebt war und maßlos von mir enttäuscht wurde, mit Versen, an die ich mich noch bruchstückhaft und dunkel erinnere: *... nicht immer ist es eben, nicht immer ist es glatt, der Weg ins neue Leben viel steile Hänge hat.* An die tiefgründige Bedeutung dieser Verse werde ich mich noch oft in meinem Leben erinnern. Ein neuer Lebensabschnitt beginnt gleich auf doppelte Weise – der in meinem neuen beruflichen Metier und der in meiner ehelichen Bindung. Über die Liebe und über das zu erwartende Kind bin ich zu einer Beziehung und Bindung gekommen. Der Liebe blieb keine Zeit zu blühen und zu wachsen. Mir bleibt keine, Zeit meine Jugend zu genießen, auszukosten bis ins Letzte. Und doch wird diese Liebesbeziehung zu einem Meilenstein in meinem Leben, und ich weiß nicht, wie sie ausgehen wird. Über die Zukunft kann man nichts sagen, sie bleibt unbekannt, unvorhersagbar. Ich kann nur hoffen, dass meine Beziehung und Bindung gut ausgeht. In erster Linie wird sie aber Verantwortung, Verantwortung und Pflicht sein für das neue Leben. Ich habe irgendwo einmal gelesen: *Wenn die Ehe zur Pflicht und Verantwortung wird, dann geht die Poesie der Liebe verloren.* Ich denke an die Worte der alten Mine: *Jung gefreit, hat nie gereut.* Aber später habe ich kaum jemanden getroffen, der diese Worte bestätigen konnte. Vor dem Krieg haben die Leute erst spät geheiratet. Die Frau etwa mit zwanzig bis fünfundzwanzig, der Mann mit achtundzwanzig bis dreißig. Sie mussten sich erst die Hörner abstoßen – die Männer. Für mich ist es jetzt zu spät dafür, so glaube ich. Es gibt nicht wenige, die ein ganzes Leben lang an ihren Hörnern wetzen. Manche bekommen sie auch aufgesetzt. In Indien werden schon halbe Kinder miteinander verheiratet. Sie wachsen wie Bruder und Schwester auf. Ich habe noch nie gehört, dass man sich von seiner Schwester scheiden lässt. Aber von Scheidungsehen habe ich gehört und von Scheidungskindern, auch schon früh in unserem Land.

Willi ist auch bald mit seiner Inrid verbandelt und bleibt in Falkensee hängen, nur Erich wandelt noch weiter auf Junggesellenfüßen, bleibt der einsame Sucher nach dem Edelstein einer Frau. Für ihn muss die Richtige erst noch gebacken werden. Er wartet wohl auf die Goldmarie, die ihn mit Liebe und Geld überschütten soll. Unser dreiblättriges Kleeblatt beginnt Blatt für Blatt abzufallen und sich zu zerstreuen. Ein Kleeblatt, das für einige Zeit zusammengehalten, das gemeinsam durch dick und dünn gegangen. Viele Jahre später, Erich ist inzwischen in den Westen gegangen, treffen wir uns wieder. Aber wir sind nicht mehr dieselben. Wir haben Familie, außer Erich, auch Kinder. Was uns noch miteinander verbindet, sind die Erinnerungen an schöne Stunden, an die Zeit der unbeschwerten Jugend.

10 ERZIEHER IM SPEZIALHEIM

Der kleine Bahnhof am Rande des verschlafenen Dorfes ist wenig belebt. Nur ab und an reißt ihn der eintreffende Vorortzug aus seiner Abgeschiedenheit. Ringsum nur Feld, Wald und märkischer Sand. Vor mir liegt das Dorf Wahlskrug, etwa dreißig Kilometer von der Berlin-Metropole entfernt. Dreihundert Schritte trennen mich vom Dorfkern, in dessen Mitte sich stolz das Schloss erhebt. Es hat einmal einem Baron gehört, der es verlassen musste, noch bevor die Russen hier einzogen und ihn davonjagen konnten. Nun ist es zum Kinderheim umfunktioniert worden. Zunächst fanden Kriegswaisen dort Unterschlupf, dann machte man ein Spezialheim daraus. Die zerbombte und geteilte Stadt, die Nachkriegszeit sind auch heute noch ein guter Nährboden für gestrauchelte Kinder und Jugendliche.

Ab ins Heim lautet da die Order der *Jugendhilfe und Heimerziehung*, einer Institution der Abteilung Volksbildung, manchmal auch ohne Einwilligung der Eltern. Mit seinem roten Ziegeldach überragt das Prunkgebäude das kleine Dorf, nur die Fassade beginnt langsam zu bröckeln. Es liegt etwas abseits von den Scheunen und Stallungen des ehemaligen Gutes am Rande des großen Parks mit Springbrunnen und Steinstatuen.

An seiner Giebelseite spannt sich ein großer, steinerner Torbogen, abgeschirmt zur Straße hin, von hohen Lindenbäumen umgeben. Hinter den Stallungen lugen stattliche Pappeln hervor, und vorn gegenüber der Straße steht die kleine Kirche, die der überragenden Größe des Schlosses trotzt und sich nicht zu ducken scheint.

Der Park ist von imposanter Größe, etwas ungepflegt und durchzogen von einem Labyrinth schmaler Kieswege, die sich kreuzen und immer wieder zum Schloss zurückführen, wenn man auf ihnen entlanggeht. Mannshohe Hecken umzäunen den Park, die schon länger nicht mehr beschnitten wurden. Efeu bewuchert hohe Buchen- und Kiefernbäume, die fast zu ersticken drohen. Den löchrigen Maschendrahtzaun verschließen dichte Jasminbüsche, die ihre Zweige wie Fühler durch die Drahtlücken stecken und in ihrem dichten Gewirr der kleinen Vogelwelt wahre Tummelplätze bieten. Mitten im Park erheben sich edle Douglasien, steinalte Eichen, deren rissige Rinden, an einigen Stellen aufgeplatzt, wie adrige Blutbahnen sichtbar werden und vom urwüchsigen Leben dieser Baumriesen zeugen. Die Kieswege sind lange nicht mehr gejätet worden. Kreisförmige Rabatten sind fein geometrisch eingefügt, und alte verwitterte Holzbänke säumen die Seiten schwarz und unansehnlich, dass sich keiner draufsetzen mag. Ich stehe mit meiner abgewetzten Reisetasche vor dem Gebäude und bin beeindruckt. Zwei kopfbetuchte Küchenfrauen stecken ihre Häupter aus kochschwadenumnebelten Fenstern heraus und betrachten mich amüsiert.

»Wo wollen Sie denn hin, junger Mann? Sie haben sich wohl verirrt?«, sagt die eine. »Nein, hab ich nicht. Ich bin der neue Erzieher.« »Hab ich mir schon gedacht«, hat es die andere schon erspitzt. »Da will ich mal dem Heimleiter Bescheid sagen.« Der Heimleiter muss in ihrer Nähe sein, denn er kommt schon aus dem großen Portal auf mich zu und begrüßt mich überschwänglich:

»Wir haben schon auf Sie gewartet. Ich habe Sie schon den Kindern angekündigt als kräftigen Zimmermann, vor dem sie Respekt bekommen werden.« Er schaut mich von oben bis unten an und sieht sich in seiner Einschätzung getäuscht. Ich bin nicht der Kerl von einem Zimmermann, den er sich vorgestellt hat. Und mir gefällt nicht, dass er mich als Kinderschreck angekündigt hat. Bevor ich etwas entgegnen kann, zieht er mich schon zu einem Spaziergang auf die Parkwege und dirigiert mich an seine rechte Seite, denn Untergebene dürfen nicht links von Vorgesetzten gehen. Das muss ihm noch aus seiner Zeit als ehemaliger Offizier geläufig sein, denn Christoph Tröbel ist Offizier der Wehrmacht gewesen und zwar ein ziemlich strammer.

»Sie werden es hier nicht leicht haben«, stimmt er mich sogleich wenig zuversichtlich auf meine neue Tätigkeit ein. »Das hier sind keine normalen Kinder, mit denen Sie es zu tun bekommen.« »Ich will mein Möglichstes tun«, entgegne ich verunsichert. Ganz deutlich spüre ich, dass er mich herabsetzen will. Zugegeben, die Arbeit als Erzieher ist völliges Neuland für mich und wird mir einiges abverlangen, aber ich rechne mir zugute, gesunden Menschenverstand zu besitzen, und mit gesundem Menschenverstand, denke ich, kann man einiges ausrichten. Wer ist schon der geborene Erzieher. Deshalb habe ich mich ja auch entschlossen, die Schulbank zu drücken. Bange machen gilt nicht, besitze ich doch eine gute Portion Selbstbewusstsein. Eigentlich müsste mein Vorgesetzter, als ausgebildeter Lehrer und Erzieher, mich in meiner neuen Tätigkeit ermuntern, stattdessen will er mich einschüchtern. Das finde ich gleich zu Beginn ganz und gar unpädagogisch. Doch ich lasse mir meine Freude und meinen Optimismus nicht nehmen. Ich bin neugierig auf die Kinder, auf die Mitstreiter in dem Milieu und habe mir vorgenommen, so schnell nicht klein beizugeben.

Der Heimleiter zeigt mir den Weg zu meiner Wirtin. Er hat mir ein Zimmer besorgt. Im Heim sind alle Zimmer im Dachgeschoss belegt. Und der Heimleiter hat sich als Herrscher über Kinder und Schloss im rechten Seitenflügel breit gemacht.

Christoph Tröbel ist eine kleiner, untersetzter Mann mit einem beträchtlichen Bauchumfang, schon in den Fünfzigern, für mich als Zwanzigjährigen uralt. Im Grunde genommen ist er ein Militär durch und durch. Zweimal ist er verwundet und mit dem Eisernen Kreuz I. Klasse ausgezeichnet worden. So einem liegt Herrschsucht im Blut, und seine Methoden aus der Militärzeit versucht er auch hier im Heim anzuwenden. Er hatte den ganzen Polenfeldzug mitgemacht, ist also mit seinen

Truppen in mein Land eingefallen, kannte meine Heimatstadt und die Gegend um Łódź und wer weiß, was er noch alles zu verantworten hatte. Er ist mir unsympathisch. Und doch muss ich mich mit ihm als Vorgesetztem arrangieren. Seine flinken Augen sind misstrauisch, sein Blick ist autoritär. Ich kann mir nicht vorstellen, dass ein solcher Typ Kinder zu lieben vermag. So denke ich, denn ohne Liebe zu den Kindern kann man nicht erziehen. Trotz seiner gedrungenen Gestalt windet er sich flink durch den Treppenflur, durch die Schlaf- und Gruppenräume. Überall dort taucht er auf, wo man es gerade nicht vermutet. In alles mischt er sich ein, sogar in der Küche ist er präsent und lässt sich ab und zu einen Löffel geben, um die Suppe abzuschmecken. Aus dem Speisesaal dringt ein Löffelkonzert. Der Heimleiter hat seinen obligatorischen weißen Kittel an und schiebt mich vor sich her in den Saal hinein. Er klopft mit einem Löffel an eine Schüssel, Stille kehrt ein.

»Das ist euer neuer Erzieher.« Er nennt meinen Namen und stellt mich meiner Jungengruppe vor, der Jungengruppe von Zwölf- bis Fünfzehnjährigen. Ich stehe im Blickpunkt von über sechzig neugierigen Kinderaugen. Die Jungen und Mädchen betrachten mich unverhohlen, aber nicht unfreundlich. Besonders den älteren Mädchen scheine ich sympathisch zu sein. Tröbel geleitet mich zum Tisch meiner mir anvertrauten Gruppe. Dort sitzt schon Georg Glass – G. G., wie die Jungen ihn nennen. Er bekommt die kleineren Jungen und ist unendlich froh darüber. Mir kommt ein schwacher Verdacht. Warum hat Tröbel die kleineren Jungen nicht mir gegeben? Mir drängt sich der Gedanke auf, dass der Heimleiter beabsichtigt, mich in meiner Erziehungsarbeit scheitern zu lassen. Er will mir zeigen, dass ich als blutiger Laie bei ihm nichts werden kann. Da kommt einer daher, der Zimmermann gelernt hat und glaubt ein Erzieher werden zu können. Das widerstrebt ihm, einem Lehrer der alten Schule. In mir regt sich meine Dickköpfigkeit. Den Triumph mag ich dem Heimleiter nicht gönnen. Ich erinnere mich an meinen Großvater, an meinen Vater – mit welcher Energie sie ihre Ziele verfolgt haben, unter welchen Bedingungen mein Vater für die Familie das Haus baute. Da sollte ich vor so ein paar Steinen zurückschrecken, die auf meinem Weg liegen und mir vielleicht als Stolpersteine in den Weg gelegt wurden? *Nein, das will sich mir nicht.* Und endlich will ich erklären, was es mit dieser Redensart auf sich hat. *Das will sich mir nicht* ist der Ausspruch meines Großvaters, wenn er seinen Schiefhals aufgesetzt hatte und mit etwas nicht einverstanden war. Und was ich hier über den Heimleiter erzähle, habe ich vorweggenommen, und es erst später erfahren.

Pockrotsch, ein schwarzhaariger, kräftiger Junge – Zigeuner, so nennen sie ihn – springt auf und füllt meinen Teller mit dicker Bohnensuppe. Er will sich einkratzen, höre ich den großen, blonden Burschen sagen, der mich über den Tellerrand überlegen lächelnd betrachtet. Ich habe Hunger und heute noch nichts gegessen. Pockrotsch läuft zur Essenausgabe und holt zwei Schnitten Brot für mich. Der Brotteller ist wieder einmal schnell leer gegessen.

Liebend gern würde ich noch einen Teller Suppe essen, aber ich will mir nicht gleich eine Blöße als *Vielfraß* geben. Und schon beginnt der Tischdienst abzuräumen. Die Jungenmeute nimmt mich in Beschlag. Halb gesättigt begebe ich mich in den Gruppenraum. Hausaufgabenzeit. Herbert Flink, der Erziehungsleiter, etwa einem Brigadier gleichgestellt, kommt auf mich zu und begrüßt mich kollegial. Seinem Namen macht er keine Ehre, denn Flink ist stark gehbehindert.

»Lassen Sie sich nur nicht stören«, sagt er und sieht mir über der Schulter zu, wie ich einem Jungen beim Berichtigen eines Diktats helfe. Deutsch und Literatur sind meine Stärke. »Sie machen das gut, wo haben Sie das gelernt«, kommt die Anerkennung des Kollegen. Ich sage nichts darauf. Ein bisschen Rechtschreibung in einer fünften Klasse zu begutachten, das kann doch wohl jeder. Nach den Schularbeiten ist Freizeit angesagt.

Wolle, stehend vor dem Kinderheim

»Können Sie Fußball spielen?«, fragt Wolle – Wolfgang, der große, blonde Bursche, der mir eine besondere Rolle zu spielen scheint. Ich kann es gut, das sehen die Bengels gleich und sind begeistert. Schon nach einer Viertelstunde muss ich den ersten Streit schlichten. Kein Tor, sage ich und entscheide gegen Wolle. Das hätte ich lieber nicht tun sollen, denn Wolle ist der Boss unter den Kindern. Ein Boss mit ganz besonderen Eigenschaften – guten und schlechten, wobei die letzteren überwiegen.

Sofort entwickeln sich zwischen mir, dem neuen Gruppenerzieher und Wolle, dem Heimtyrannen, was sich erst später herausstellt, Spannungen. Vor diesem kräftigen Jungen kuschen alle, und sogar die Erzieher übertragen ihm bestimmte erzieherische Aufgaben: Wolle, sorg mal für Ruhe, lass keinen aus dem Raum, achte mal darauf, dass die Betten ordentlich gemacht werden, teil mal den Tischdienst ein (!) und so weiter. Sie machen es sich leicht und schieben die Verantwortung ab, denn wer Wolle auf seiner Seite hat, kommt mit der Erziehung besser zurecht. Und Wolle setzt sich durch, nicht selten mit Knüffen und Schlägen, kleinen und größeren Grausamkeiten, von denen wir erst später erfahren. Mit Wolle geht alles etwas leichter, da kann man seine strapazierten Nerven ein wenig schonen. Die Erzieher wissen, dass diese Methode ihrer Autorität abträglich ist, doch kaum einem macht das etwas aus. Ich schaue mir die ganze Sache mit einigem Abstand an. Als ausgesprochener Laie spüre ich in meiner *pädagogischen* Ader, dass hier etwas schief läuft. Aber noch getraue ich mir nicht, etwas zu sagen. Den Laden erst richtig kennen lernen, dann vielleicht.

Die Erzieher sind umgänglich und nett. G. G. ist froh, noch einen Kollegen bekommen zu haben. Mit den Erzieherinnen kann er nicht richtig warm werden. Er ist ein stiller Bursche, der vieles mit sich machen lässt. Mir scheint er zu kumpelhaft mit den Kindern umzugehen. Ich treffe auf Ute, ein hübsches Mädchen mit brandrotem Haar. Ute, die Muttergestalt aus den Nibelungen, ist ein überaus temperamentvolles Mädchen. Sie kommt mir freundlich entgegen, begrüßt mich ohne den Dünkel einer abgeschlossenen Ausbildung. Ute ist selbst noch im Fernstudium, wurde kurzerhand des Instituts für Lehrerbildung verwiesen, weil sie nackt im Wannsee gebadet hatte. Weniger wegen des freizügigen Nacktbadens, als dass es im ungeliebten Westteil der Stadt geschah. Nun soll sie sich hier im Heim bewähren und schwer erziehbare Rangen auf den Weg bringen. Dabei ist das Mädchen noch nicht einmal neunzehn und muss selbst erzogen werden. Ute ist mit einem älteren Mann aus Westberlin liiert, einem Kunstmaler, der doppelt so alt ist wie sie. Das kommt mir nicht ungelegen, denn bei Ute könnte man schon schwach werden. Diese männliche Schwäche, die wohl keinem echten Mann fremd ist, darf mich aber nicht überkommen, da ich ja verheiratet bin. Ein zwanzigjähriger Ehekrüppel, wie Georg sich ausdrückt. Diese Tatsache muss mir erst richtig bewusst werden. Auch Rosemarie darf nicht vergessen werden, denn Rosemarie ist die geborene Erzieherin – einfühlsam, geduldig, aber auch unnachgiebig und bestimmt. Von ihr hätte vielleicht der große Makarenko lernen können, der in der Maschinerie des Komsomol eine ganze Generation der Sowjetjugend umzuerziehen versucht hat. Und das mit einigem Erfolg.

Diese zarte Schönheit ist mir gleich sehr sympathisch. Nie habe ich Rosemarie schreien hören. Manchmal ist sie zu bedauern, wie viel Liebesmühe sie in vergebliche Erziehungsversuche investiert. Alle ihr anvertrauten Kinder möchte sie zu sozialistischen Idealen heranbilden, so wie sie es in ihrem Studium eingetrichtert bekam. Und auch von Haus aus war sie so erzogen worden. Zum Schluss wäre noch Radegunde zu nennen. Radegunde, ein älteres Fräulein, das schon auf die Fünfzig zugeht. Im Sprachgebrauch eine alte Jungfer. Angegrautes langes Haar, zu einem Zopfkranz gebunden, ziert ihren Charakterkopf, den ein würdevoller, etwas zu dünn geratener, Langhals trägt. Sie schreitet in halbhohen Gesundheitsschuhen mit markstückgroßen Absätzen einher. Beim Gehen versucht sie krampfhaft, sich aufrecht zu halten, was bei dem Hohlkreuz und dem ausladenden Hinterteil nur schlecht gelingt. Wenn sie lacht, zeigt sie mauerartige, gleichmäßige Zähne, und sie lacht viel, herzhaft und ansteckend. So alt wie sie ist, kleidet sie sich auch. Mit Vorliebe trägt sie graue Röcke und dunkle Kostüme, aber sie ist eine hervorragende Musikerzieherin, die Klavier und Gitarre meisterlich beherrscht. Und schon aus diesem Grund kann ich dieser eindrucksvollen Persönlichkeit meinen Respekt nicht versagen und muss sie gebührend erwähnen. Wenn sie sich ans Klavier setzt, kommen die Kinder gleich von ganz allein.

Raum ist in der kleinsten Hütte, flötet Fräulein Radegunde und greift in die Tasten. *Horch was kommt von draußen rein…*, klingt frisch und frei durch den Raum und besonders laut an der Stelle: *…sollt wohl mein fein's Liebchen sein.* Als sie erfährt, dass ich Akkordeon spielen kann, kommt sie überschwänglich auf mich zu und nennt mich ihren Jungen Freund, der nun mit ihr zusammen musizieren soll. Tröbel schaut zufrieden, aber etwas skeptisch drein. Er will uns das neu herausgegebene Liederbuch der FDJ geben, denn in seinem Heim müssen die Lieder etwas fortschrittlicher sein.

Die ersten Eindrücke an meinem neuen Arbeitsplatz sind überwältigend. Es ist so viel auf mich eingestürmt, dass ich alles erst mal verkraften muss. Todmüde sinke ich in mein Bett. Es ist kalt und ungemütlich in meinem Zimmer. Aus dem Heim habe ich ein paar Decken bekommen. Vielleicht muss die Mutter mir doch noch mein Federbett schicken.

Mein Frühdienst beginnt morgens um sieben. Ich muss pünktlich sein, belehrt mich Georg. Nichts hasst der Heimleiter so sehr wie Unpünktlichkeit. Und ich will ihm keinen Anlass geben, mich schon am Anfang zurechtzuweisen zu können.

Frühdienst – der Park liegt im grauen Novembernebel. Der Herbst scheint sich zu verabschieden. Bleich und kalt steht die Mondsichel zwischen den Wolken. Die Novembertage flattern wie auf Nachtvogelschwingen durch das Havelland. Leer geschnittene Felder verstärken das Grau über der Ebene. Kahl geschüttelte Bäume recken ihre toten Äste gen Himmel. Und der rote Brandenburger Adler hat sich noch in seinem Horst verborgen. Der Wind zaust die letzten Pappelblätter hinter den Gutsscheunen, die als Fallblätter auf den Pflasterstraßen des Dorfes fortwirbeln.

Meine Jungen schlafen noch. Ich ertappe mich bei dem Gedanken – *meine Jungen*. Sie haben schon allerhand auf dem Kerbholz: vom Schulschwänzen, Ausbüxen, bis zu Diebstählen und Einbrüchen. Einer hat sich sogar auf den Klos in Westberlin herumgetrieben und als Strichjunge angeboten. Ich wusste überhaupt nicht, dass es so etwas gibt. Tröbel rückt die Akten nicht heraus. Was ich über die Zöglinge zu hören kriege, ist nur durch Flüsterpropaganda zu erfahren. Der Heimleiter macht sich seine eigene Erziehungskonzeption, in die Hand gibt er uns nur kurze Anweisungen, die strikt zu befolgen sind. Das ist der geregelte Tagesablauf vom Wecken bis zum Schlafengehen, alles in einheitlicher und kollektiver Geschlossenheit.

Makarenko (links) mit seinen Komsomol-Zöglingen

Was ist der Mensch ohne Kollektiv? Der einzelne Mensch ist nichts, aber das Kollektiv ist alles. Es verkörpert die Masse, so lerne ich es auf dem Vorbereitungslehrgang, und macht das Individuum erst zum Menschen, zum kollektiven Wesen. Der Einzelne kann scheitern, kann zerbrechen, aber das Kollektiv ist die gesellschaftliche Kraft, die immer obsiegt. Im Kollektiv lernt der Mensch sich unterzuordnen, so unterzuordnen, dass er dort seine gesellschaftliche und politische Erfüllung sucht und findet. Und erst im Kollektiv kann der Mensch sich voll entfalten. Dort ist seine Heimstatt, dort ist immer jemand, der einem das Denken abnimmt oder es in die richtigen Bahnen zu lenken vermag, der immer einen Ausweg weiß, wenn es mal nicht weiterzugehen scheint.

Makarenko hat es vorgemacht, was es heißt ein kollektiver Mensch zu sein. *Ein kollektiver Mensch steht an erster Stelle für die Gesellschaft ein.* Makarenko hat die verluderte Junge Generation der jungen Sowjetmacht mit Hilfe des Komsomols auf Vordermann gebracht, aber er hat ihnen auch eine Perspektive und Zukunft gegeben nach einer mörderischen Bruderschlacht, die sich Revolution nannte. Im Kollektiv wird der Mensch, obgleich ein Individuum, erst zu einem gesellschaftlichen Wesen. Und es ist besser im Kollektiv eingespannt zu sein, als sich mit Drogen vollzustopfen und auf Abwegen und kriminellen Bahnen durchs Leben zu streifen.

Das Kollektiv ist auch Dreh- und Angelpunkt im Heim. Ohne Betonung des Kollektivs geht einfach nichts von der Stelle. Immer wieder Antreten, vor dem Essen bei den Händen fassen, *Guten Appetit* sagen und am Schluss *Wir danken*, gemeinsam zum Waschen, zur Schule, zu den Hausaufgaben, ins Bett und dann wieder von vorn. Reglementierung und Gängelei bis zum Geht-nicht-mehr. Das fällt besonders einem Außenstehenden auf, und ich bin noch ein solcher, in Anbetracht der Kürze der Zeit, in der ich hier bin. Das alles ist mir zuwider und *will sich mir nicht.*

Wecken – die Glocke bimmelt aufdringlich durchs Haus, aber keiner macht Anstalten aufzustehen. Tröbel steht schon früh am Morgen hinter mir. Sonst kommt er erst viel später herunter.

»Nun wecken Sie die Burschen mal! Die Decke wegziehen hilft am besten.« Ich ziehe einem der Zöglinge die Decke weg. Er hat ins Bett gemacht, die anderen beschimpfen ihn und halten sich die Nase zu:

»Bettpisser!« Wie soll ich reagieren? »Bring das Laken gleich in die Wäschekammer, da merkt es keiner.« Ich helfe dem Jungen beim Beziehen seines Bettes. »Ihr dürft ihn nicht beschimpfen«, sage ich. »Bettnässen ist eine Krankheit und tritt manchmal in der Pubertät auf. Wenn ihr ihn hänselt, wird es nicht besser.« Ich weiß nicht, wo ich das her habe. Irgendwo gelesen. Hab ich das jetzt richtig gemacht? Der Junge schaut mich an mit hochrotem Gesicht. In seinen Augen ist Dankbarkeit. Ich fühle mich bestätigt. Doch Wolle sagt leise, aber so, dass ich es noch hören kann:

»Der hilft dem Bettnässer beim Bettenmachen!« Einer macht sich an seinem Bett zu schaffen. »Das machst du mal schön selber«, sage ich. »Wir wollen uns doch keine Lakaien heranziehen.« Ein böser Blick trifft mich. Ich nehme es zur Kenntnis.

Die Luft ist spannungsgeladen. Ein ungleicher Kampf beginnt. Die meisten Jungs wissen nicht, auf welche Seite sie sich schlagen sollen. Auf die Seite des neuen Erziehers, der ihrem Anführer in die Quere kommt oder vor dem Heimtyrannen weiter katzbuckeln und Speichellecken. Hier herrschen Sitten, die mir äußerst zuwider sind. Wenn ich mich im Interesse der bedauernswerten und unterdrückten Geschöpfe durchsetzen will, dann muss ich es konsequent tun.

»Jeder macht sein Bett selbst!«, sage ich bestimmt. »Der Starke soll dem Schwachen helfen und der Starke den Schwachen nicht unterdrücken!« Ringsum Schweigen. Ein sonderbarer Mensch, der neue Erzieher, mit komischen Einfällen. Was will der nur mit seinen neuen Methoden erreichen? Und doch erfüllen sie meine Anweisungen ohne Murren. Die Gruppe meiner Jungen ist bald gespalten.

Einige sehen ein, dass ich Recht habe, aber es fehlt ihnen an Mut, sich auf meine Seite zu schlagen. Die anderen hofieren dem Anführer, wie das in Heimen so üblich ist. Nur schwer ist ihm beizukommen. Er tut

alles im Verborgenen. Pockrotsch spielt dabei eine besondere Rolle. Mal beschwert er sich bei mir, mal ist er der Zuträger bei Wolle. Die Schwierigkeiten mit der großen Jungengruppe nehmen zu, weil ich nicht so weitermache, wie sie es bisher gewohnt waren. Es gefällt mir auch nicht, dass die Betten so militärisch gebaut werden müssen. Der Erziehungsleiter kommt in den Schlafraum, stellt sich zwischen zwei Eisenbetten und schnauzt herum:
»So eine Schweinerei, wie sieht das denn hier aus. Könnt ihr die Decken nicht ordentlich glattziehen!« Ich beziehe die Kritik auch auf meine Person, sehe aber, wie der *Zigeuner* hinter dem Erziehungsleiter lauernd auf dem Bett steht und Wolle daneben.

Ihre Blicke treffen sich, und plötzlich springt Pockrotsch ihn von hinten an. Herbert Flink fällt nach vorn über das Eisengestell des Bettes, seine dünnen Beine knacken weg wie dürre Stecken. Er hat sich beide Beine gebrochen. Mit dem Notarztwagen fahren sie ihn ins Krankenhaus. Ich konnte nichts tun, bin völlig niedergeschlagen. Nun wollen sie Pockrotsch abschieben, aber ich bin dagegen, weil ich nicht an seine alleinige Schuld glaube. Ich mache den Heimleiter darauf aufmerksam und bin überrascht, dass er von seinem Vorhaben abrückt.

Beim letzten Besuchstag hat Pockrotsch von seiner Tante aus Westberlin eine schöne Uhr geschenkt bekommen. Einen Tag später trägt er sie nicht mehr am Handgelenk.
»Hast du die Uhr verloren?«, frage ich. Keine Antwort. Alle schauen betreten weg. Plötzlich platzt Jürgen heraus:
»Er musste sie abgeben!«
»An wen abgeben?« Wieder Schweigen. Mein Verdacht fällt sofort auf Wolle. Da flüstert Jürgen mir zu:
»Er hat alles in seinem Nachttisch versteckt.« Was soll er da versteckt haben? Das muss ich überprüfen. Der Nachttisch scheint leer. Ich beklopfe die Rückwand. Es klingt hohl. Zwei Schrauben sind von außen locker hineingedreht worden. Schnell hab ich sie heraus. Was da zum Vorschein kommt, haut mich fast um: Uhren, goldene Ringe und Halsketten, Armbänder, Taschenmesser, West- und Ostgeld, der Wert der Gegenstände ist kaum zu schätzen. Ich packe alles in eine Decke und schleppe die Kostbarkeiten zum Heimleiter, erkläre ihm alles. Wie ich sehe, passt ihm das gar nicht, was ich da aufgedeckt habe. Aber er muss seines Amtes walten.
»Der Bengel kommt weg!«, sagt er kategorisch. Ich muss ihn rufen. Tröbel geht ans Telefon und informiert Bölke, den Abteilungsleiter von der Jugendhilfe. Noch am selben Abend kommt ein geschlossenes Fahrzeug vorgefahren und holt den Übeltäter ab. Ich erfahre, dass schon einige Male ähnliche Fahrten veranlasst wurden.

Wer kräftig über die Stränge geschlagen hatte oder mehrfach ausgebüxt war, kam in einen Jugendwerkhof. Das sind geschlossene Anstalten, einige mit Haftcharakter.

Das Heim ist seinen Tyrannen los. Nach seiner Verbringung in ein anderes Heim kommen weitere seiner Schandtaten heraus. Die Kinder erzählen freimütig, nun ohne etwas befürchten zu müssen, was ihnen widerfahren. Sie lassen kein gutes Haar an ihrem Quälgeist:
»Er ist aufs Mädchenklo gegangen und hat die kleine Lisa befummelt«, berichtet der kleine Klaus. »Und mir hat er, weil ich auf seinem Stammklo gesessen habe, auf den Schoß gesch…, gekackt«, platzt Pockrotsch heraus. Ja, und, und, und…, immer mehr neue, unfassbare Dinge kommen ans Tageslicht.

»Lasst es nun gut sein«, versucht Rosemarie zu beschwichtigen. »Er ist ja nun nicht mehr da.« Der Heimleiter setzt eine Erzieherberatung an. Es soll eine Aussprache geben über den jüngsten Vorfall mit Wolle. Tröbel fragt ganz scheinheilig, wie das passieren konnte und warum das keiner bemerkt hätte. Dabei weiß er ganz genau, was die Erzieher praktiziert hatten. Und plötzlich bricht es selbstkritisch aus ihm heraus: »Ja, das ist ein Fehler gewesen, den Bengel zu einem Erzieher hochzustilisieren, er nähme sich da nicht aus.« Schließlich bringt er mir ein großes Kompliment aus, da ich die Sache aufgedeckt. Ich weiß nicht, wie mir geschieht. Durch seine Worte ein wenig bestärkt und herausgefordert, versuche ich etwas zum Tagesablauf zu sagen. Ich rede davon, dass etwas weniger Geschlossenheit und etwas mehr Individualität dem Heim und den Kindern gut täte. Aber da habe ich mir doch zu viel herausgenommen. »Wie stellen Sie sich das vor«, kanzelt er mich ab. »Wir sind hier in einem Spezialheim und haben es nicht mit gewöhnlichen Kindern zu tun! Die Heimordnung ist Gesetz. Das gilt für alle, auch für Sie!« Und schon habe ich meinen Kredit wieder verspielt. Keine gewöhnlichen Kinder – das erfahre ich immer wieder. Zum Schluss der Erzieherbesprechung setzt Tröbel ein ernstes und wichtiges Gesicht auf. Er blickt vielsagend in die Runde und beginnt eine außerordentliche Weisung zu erläutern: »Ab sofort ist es den Erziehern untersagt, den Westteil der Stadt Berlin aufzusuchen. Wir leben hier in der DDR. Hier ist unsere sozialistische Heimstatt, da haben wir es nicht nötig, unser ehrlich verdientes Geld im Schwindelkurs 6:1 oder 9:1 einzutauschen. Unser Staat ermöglicht uns eine gesicherte Perspektive. Westberlin ist der Pfahl im Fleische unserer Republik. Jeder, der sein Geld dort hinträgt, fällt unserem Staat der Arbeiter und Bauern in den Rücken. Bitte halten Sie sich an die Weisung!«

Das Verbot, nicht mehr in den Westteil der Stadt Berlin fahren zu dürfen, ist für uns Erzieher eine einschneidende Maßnahme. Nun sollen wir vom westlichen Teil Deutschlands abgeschnitten werden, können nicht mehr sehen und erfahren, was dort geschieht. Die schönen Geschäfte und Auslagen; da ist so vieles, was wir benötigen und in unserem Staat nicht oder nur unter großen Schwierigkeiten bekommen. So legt man schon einmal das Fünf- oder Achtfache auf den Tisch, um sich ein paar Schuhe, eine Jacke, ein Kleid oder etwas Schmuck zuzulegen. Noch ist es aber nur eine mündliche Weisung, und keiner ist gewillt sich daran zu halten. Der Dienst als Erzieher im Spezialheim ist harte und nervenaufreibende Arbeit. Hinzu kommt mein Studium am Abend nebenbei. Ich sitze über den Büchern von Jessipow, Gontscharow und Pawlow, höre von Marx, Engels, Lenin und Stalin, dem großen Gelehrten und weisen Führer und plage mich mit den Schriften von Makarenko herum, der die Sowjetjugend nach der Revolution mit neuen, außergewöhnlichen Methoden umerzogen hat. Manches will in meinen Kopf nicht hinein, aber es gibt nur den einen Weg. Die ersten Klausuren zeigen, wie weit ich hinter der Zeit hinterherhinke. So sagt es mein Seminarlehrer. Dazu die Fahnenappelle im Heim, die Erziehung zum Sozialistischen Kollektiv, die Einwirkung durch die Pionier- und FDJ-Organisation, die Pionierhilfe am Beispiel von Timur und seinem Trupp, von Arkadi Gaidar – das alles macht mir schwer zu schaffen. Alles ist schon einmal dagewesen, nur die Tücher und Hemden sind jetzt blau, und die Lieder haben eine andere Melodie und einen anderen Text. *Jugend aller Nationen, uns vereint gleicher Sinn, gleicher Mut* – klingt es zum Fenster hinaus, wenn ich mit Radegunde gemeinsam musiziere ... *unser Glück auf dem Frieden beruht!* Doch der Frieden ist geduldig und mit Beschwörungen nicht greifbar. Mir scheint, dafür müsste man noch viel tun.

Das schreckliche Ereignis mit dem Erziehungsleiter belastet das ganze Heim. Auch im Dorf hat es sich herumgesprochen. Herbert Flink ist operiert worden und liegt mit gerichteten und genagelten Trümmerbrüchen auf der Intensivstation. Er hat unerträgliche Schmerzen, aber er erträgt seine Leiden ohne zu klagen. Und es ist fraglich, ob er jemals wieder gehen und seinen Beruf ausüben kann. Ganz egal, wo etwas geschehen ist, immer fällt es auf die Heimkinder zurück. Und in der Akte heißt es: ... *so und so viele Jahre im Heim zugebracht.* Ein Heimkind zu sein, bedeutet abgestempelt zu werden mit dem Kainsmal *Kinderheim* in der Kaderakte. Dabei suchen die Kinder nur etwas Liebe und Geborgenheit, die sie zu Hause nicht erfuhren. Rosemarie und Ute haben Mühe, sich der Umhalsungen und Liebkosungen zu erwehren. Besonders am Abend hängen die Kinder an den beiden wie eigene Kinder:

»Fräulein, erzähl uns noch was!« Und auch ich halte seit der Abschiebung von Wolle immer zwei der Kleineren an der Hand. Man muss seine Liebe zu den Kindern sorgsam verteilen, dass keines bevorzugt und eifersüchtig wird.

Tröbel ist schon in die SED eingetreten, aber er ist der Einzige, der von Amts wegen dazugehören muss. Aber erst, wenn drei im Namen der Partei versammelt sind, kann von einer Parteigruppe gesprochen werden. Der Heimleiter lässt einen SED-Funktionär von der Kreisleitung kommen. Er bittet mich in sein Büro, stellt mir eine Tasse Bohnenkaffe hin und gibt dem Herrn einen Wink, das Gespräch mit mir aufzunehmen. Der schaut mich an und beginnt:

»Nun, ich komme von der Kreisleitung der Sozialistischen Einheitspartei Deutschlands. Sie sind mir als tüchtige Erzieherkraft hier im Heim geschildert worden, als ein Mensch, der positiv zu unserem sozialistischen Staat der Arbeiter und Bauern steht. Solche Leute brauchen wir in den Reihen der SED. Genosse Tröbel hat Sie uns empfohlen als einen fortschrittlichen Menschen, der sich für die Belange der Kindererziehung unter den schwierigen Bedingungen, wie sie hier herrschen, mit ganzer Kraft einsetzt. Also, mit dem Genossen Tröbel wären Sie dann schon der zweite Mann hier, der unserer Partei angehört; sozusagen einer führenden Kraft, die alles in der Hand hat. Nun, wie stehen Sie dazu, Kandidat der SED zu werden?«

Schon während der lang ausholenden Rede habe ich gespürt, wohin es mit mir laufen soll. Sie wollen mich einfangen, vereinnahmen, in eine Richtung zwängen, in der ich mich nur auf einer vorgeschriebenen Linie bewegen könnte. Das würde mein ganzes Leben verändern, meine persönliche Freiheit einschränken. Plötzlich bin ich ein fortschrittlicher Mensch, ein tüchtiger Erzieher. Das ist mir der Ehre zu viel. In mir sträubt sich alles gegen diesen Schritt, aber ich wage es nicht, dem Herrn eine klare Absage zu erteilen. Der kommt mir zuvor und erklärt:

»Nun ja, ich will Sie nicht drängen. Sie brauchen ohnehin zwei Bürgen, um als Kandidat aufgenommen zu werden. Ich lasse die Fragebögen hier beim Heimleiter. Sie können sich ja noch besinnen. Außerdem wäre da noch etwas zu klären. Wir wissen, wie Sie zur Kirche und Religion stehen. Um Kandidat zu werden, müssten Sie dahingehend Schlussfolgerungen ziehen und sich von diesem Relikt einer unwissenschaftlichen Weltanschauung lösen. Bei uns ist kein Platz für pseudowissenschaftliche Anschauungen. Wir halten es lieber mit der materialistischen Realität. Also, wenn Sie damit ins Reine gekommen sind, lassen Sie es uns wissen...« Ich bin unschlüssig gewesen, bei dem Drängen dieser Partei beizutreten. Aber bei den letzten Worten meines Gegenübers verstärkt sich in mir die Abneigung gegen diese Partei. Ich bin Christ und christlich erzogen worden, wenn ich auch schon lange nicht mehr in der Kirche war. Ich müsste mich also trennen von dem Überbleibsel einer falschen und unwissenschaftlichen Weltanschauung. In der SED sei kein Platz für pseudowissenschaftliche Anschauungen, für Gott und das Christentum. Sie machen auch kein Hehl aus ihren Anschauungen, zeigen mir ihr wahres, unchristliches Gesicht. Woher wollen sie wissen, dass meine Anschauungen falsch sind? Muss das denn stimmen, was in ihren marxistisch-leninistischen Ersatzbibeln steht? In mir lehnt sich alles auf gegen diese demagogische Forderung. Mein Platz kann nicht in einer Partei sein, die einem Menschen seinen innersten Glauben verwehrt, deren Sinnen und Trachten allein in der materialistischen Realität liegt. Ich möchte nach den klaren Worten des Herrn von der Kreisleitung noch etwas erwidern, spüre aber, dass hier kein Platz ist für ein Streitgespräch. Ich würde nur unangenehm auffallen.

Mit dieser Politik kann ich nicht konform gehen, aber ich muss mich arrangieren, wenn es mir auch zuwider ist. Mit G. G. und Rosemarie haben die Herren nicht so viel Mühe. Sie erklären ohne Umschweife ihre Bereitschaft, Kandidat der SED zu werden. Wie hatte Erich sich ausgedrückt, als ich diese neue Richtung einzuschlagen gedachte? *Da musst du doch politisch werden!* Und wie politisch ich zu werden habe, das wird mir nach und nach immer mehr bewusst.

Das Heim ist in den fünfziger Jahren trotz aller Widerwärtigkeiten noch eine Nische, in die sich die Kinder zurückziehen können. Sicher ist da ein geregelter Tagesablauf, aber trotzdem gibt es noch genügend Freiraum, der einem Luft zum Atmen lässt. Irgendwie geborgen fühlt man sich, wenn man das Heim betritt. Natürlich muss man sich unterordnen, denn im Vordergrund steht das Kollektiv, aber dennoch gibt es da die kleine Welt der Abgeschiedenheit und Losgelöstheit in Form des Behütetseins und einer gewissen Beachtung des Individuums. Es gibt die Erzieher und den Heimleiter, die sich um die Kinder kümmern, sie auf einen besseren Weg bringen wollen. Da gibt es das regelmäßige Essen, das Bett für die Nacht, die gesicherte Schulbildung und danach für jedes Kind eine Ausbildung in irgendeinem Beruf, wenn es auch nicht der Wunschberuf ist. Und für die talentierteren Kinder ist der Weg offen für die weiterführende Bildung in der Oberschule bis zum Abitur. Offen, an erster Stelle für diejenigen, die fest und treu zum Staat stehen. War das nicht genug, was man zu tun vermochte für die verlorenen Kinder der Nachkriegsgeneration, für die Ausgegrenzten und Ausgestoßenen, die man für die Gesellschaft nutzbar machen wollte? War es da nicht das gute Recht des Staates, die Kinder in seinem Sinne politisch zu erziehen, zu integrieren, in die sozialistische Gesellschaft zu vereinnahmen, die ihnen eine gesicherte Perspektive ermöglichte? Wer vom Staat etwas bekommt, muss mit gleicher Münze zurückzahlen oder mehr. Das erwartet der Staat einfach von seinen Bürgern, insbesondere von denen, denen er eine sichere Heimstatt gibt. Der Staat ist der Überbau einer Gesellschaft, das Fundament und Dach des Hauses. Ohne festes Fundament beginnt das Haus zu schwanken, und ohne Dach ist es schutzlos Wind und Wetter ausgesetzt. Unterkriechen zu können unter das schützende Dach des Staates, ist auch eine Form des Unterschlüpfens, wenngleich da jemand ist, der einem den Platz zuweist.

Und stünde es nicht jedem Staat gut an, wenn man sich unter sein schützendes Dach flüchten könnte, wenn er es ausbreitete, besonders über die Schwachen und Gescheiterten, über die Enttäuschten und Verbitterten, die Unglücklichen und vom Leben Geschlagenen? Ganz gewiss stünde es jedem Staat gut an, ganz gleich welcher Gesellschaftsordnung er sich verschrieben hat, sich in besonderem Maße um die Schwachen zu kümmern. Die am Leben Gescheiterten kommen aus eigenem Antrieb oft nicht aus ihrem Dilemma heraus, ja nicht selten geraten sie noch tiefer hinein. Und es wäre das Einfachste von der Welt, die Schuld am eigenen Versagen ihnen selbst zuzuschreiben.

Schnell ist die letzte Adventwoche vergangen. Weihnachten im *Spezialheim*. Schon dieser Name klingt anrüchig. Spezialheim bedeutet Spezialbehandlung, Spezialbehandlung auf Grund besonderer Umstände – Erziehungsschwierigkeiten, abnormen Verhaltensweisen, die der Gesellschaft entgegenstehen. Die Gesellschaft, der Staat bestimmen, welche Verhaltensweisen im Vordergrund zu stehen haben und umschreiben diese mit sozialistisch. Sozialistische Verhaltensweisen und Eigenschaften sind jene, die im kollektiven Bestreben, in der kollektiven Erziehung liegen.

Jemand muss sich um diese Kinder kümmern, auch über Weihnachten. Es sind nicht viele, die im Heim verbleiben. *Friede auf Erden und den Menschen ein Wohlgefallen.* Den Menschen, die guten Willens sind. Doch der gute Wille, den alle nach dem bösen Krieg beschworen, ist dahin. Hüben wie drüben regt sich wieder Säbelgerassel.

Die Waffen, die nie wieder in die Hand genommen werden sollten, sind noch viel gefährlicher und verheerender geworden. Und sie werden der neuen Generation in die Hände gegeben, um dem Frieden zu dienen. *Der Bewaffnete als Friedensheld*, was für eine neue, weltbewegende Version.

Heilig Abend trifft mich der Dienstplan, ausgerechnet im Duett mit Radegunde, dafür freie Weihnachtstage. Ihre Mädchen und meine Jungen schmücken den Tannenbaum. Der Heimleiter hat eine große Fichte besorgt. Sie reicht vom Boden bis zur Decke.

Die Kinder suchen sorgfältig die Zweige aus, an die sie Kugeln, selbst gebastelte Strohsterne und Wachskerzen stecken. Von draußen flimmern die Sterne durchs Fenster. Leise setzen sich nasse, weiße Flocken ans Fenster, lösen sich auf und rinnen wässrig an den Scheiben herunter. Die Tannen im Park blinken mit weißen Hauben herein. Einer glänzt prachtvoll mit weißen elektrischen Kerzen noch aus der Friedenszeit, die der Baron auf dem Boden mitzunehmen vergessen hatte. Die Steinstatue friert vor sich hin. An ihrer abgestoßenen Nase haftet der Schnee nicht. Am Abend gibt es Karpfen aus der nahen volkseigenen Fischzucht. Die Tafel ist festlich gedeckt, die Kinder quälen sich mit den Gräten herum. Als Weihnachtsmann verkleidet, komme ich mit einem Schwall Kälte durch das Türviereck und halte eine kleine Ansprache frei nach Storm: *Von drauß' vom Walde komm ich her und freu mich über gute Kinder sehr, den bösen muss ich aber sagen, sie soll'n sich besser mal vertragen. Ich komm' aus dunkler heil'ger Nacht und hab euch etwas mitgebracht.* Jedes Kind erhält ein kleines Päckchen. Darin sind Plätzchen, ein paar Nüsse, eine kleine Tafel Schokolade und ein schönes Buch, das die Gruppenerzieher eigens für jedes Kind ausgesucht haben. Bücher, die in dieser Nachkriegszeit so begehrt sind und nahezu verschlungen werden. Pockrotsch bricht schnell ein vierquadratgroßes Stück aus der Schokolade heraus, schlingt es fast hinunter und dann noch eines, bis die Tafel aufgezehrt ist. Die anderen Kinder sparen sie sorgsam auf oder beißen nur ein kleines Stückchen ab. Radegunde hat die Gitarre zur Hand genommen, ich mühe mich am Akkordeon: *Stille Nacht, heilige Nacht.* Noch ist das Singen dieses Liedes im Heim erlaubt, obwohl Tröbel es nicht gerne hört. ...*holder Knabe im lockigen Haar.* Neben mir sitzt Eva, die Sünde selbst, und schmachtet mich an. Ein paar Lamettafäden vom Lichterbaum schmiegen sich in ihr schwarzes Haar, das in dem hellen Glanz auffunkelt. Sie sieht aus wie das leibhaftige Schneewittchen, in ihrem weißen Pullover und dem schwarzen Brokatrock, darunter der steife Petticoat. Eva ist ein armes Geschöpf mit einer bezeichnenden Vergangenheit. Schon mit dreizehn hatte sie sich auf dem Kudamm herumgetrieben, Männer angesprochen, war für Geld mit ihnen gegangen und musste es dem Liebhaber ihrer Mutter abliefern. Jetzt hatte sie sich unsterblich in mich verliebt. Das ist mir peinlich, denn ihre Blicke verschlingen mich geradezu. Fast verschämt reicht sie mir ein kleines Päckchen. Peinlich berührt mache ich es auf. Eine Schachtel Zigaretten, schön eingepackt, obwohl ich gar nicht rauche, kommt zum Vorschein. Soll ich sie dem Mädchen zurückgeben, ihm sagen, dass ich Zigaretten nicht mag? Tröbel kommt herein und ist gerührt. Er streicht über einen Buben- oder Mädchenkopf und führt sich sehr väterlich auf. Dann setzt er sich mitten zwischen die Kinder und singt mit. Er hat eine wunderschöne Baritonstimme, die sich angenehm aus dem Chor heraushebt. Lange bleibt er aber nicht sitzen, denn er weiß die Kinder in guter Obhut. So geht der Heilige Abend im Heim vorüber. Erzieher und Heimleiter haben sich große Mühe gegeben, diesen Abend zu einem echten Familienfest zu gestalten, aber der triste Alltag holt uns schnell wieder ein.

Am nächsten Tag fahre ich zu meiner Elfie mit einem bescheidenen Geschenk. Sie hat mir für teures Geld in Westberlin eine grüne Kordjacke gekauft, die ich dringend benötige. Ich muss mehr Wert auf meine Kleidung legen, hat mir der Heimleiter empfohlen.

Am zweiten Weihnachtstag hält ein selten gesehenes Auto vor dem Kinderheim. Auf der Haube glänzt der silberne Stern. Ein Mann mit Vollbart umrahmtem Gesicht steigt aus und möchte Ute sprechen. Rosemarie, die zur Erziehungsleiterin ernannt worden war, lässt ihn nicht herein, den Klassenfeind. Ute wird gerufen, hat aber nur wenig Zeit für ihren Freund. Der Heimleiter schaut durchs Fenster und ist erbost. Jetzt setzt sich das Mädchen noch in seinen Wagen hinein. Das geht ihm nun doch zu weit. Schnurstracks läuft er hinaus und sagt:

»Bitte, Fräulein Falk, das geht nun wirklich nicht. Sie können die Kinder doch nicht sich selbst überlassen!«

»Ich komme ja gleich«, sagt Ute und setzt einen Fuß aus dem Nobelschlitten heraus. Tröbel steht ungeduldig und aufgebracht hinter dem

Portal. Gleich, als sie durch die Tür tritt, fängt er sie ab. »Kommen Sie bitte in mein Büro!« Ute folgt ihm wie ein Hündchen seinem Herrn. »Setzen Sie sich!« Tröbel ist ungehalten. Seine Hände vibrieren leicht. »Ich wünsche nicht, dass hier schon Westwagen vorfahren. Und überhaupt diese Liaison mit einem aus dem Westteil der Stadt gefällt uns gar nicht.« Wen meint er nur mit uns, denkt Ute. Sie kann nicht wissen, dass die Jugendhilfe sich eingeschaltet und Tröbel vorgeschickt hat, mit ihr zu reden.

»Das ist doch wohl Privatsache«, erkühnt sich Ute dem Heimleiter die Stirn zu bieten.

»Insofern keine Privatsache mehr, wenn Sie wiederholt in Westberlin sind. Ich hatte ja klare Anweisungen gegeben, aber Sie scheinen sich ja nicht daran zu halten. Wollen Sie sich Ihre Zukunft als Erzieherin verbauen? Es muss Ihnen doch bewusst sein, dass Sie sich hier im Heim bewähren sollen. Fräulein Falk, ich bitte Sie, tun Sie das Richtige. Sie haben sich als Erzieherin gut entwickelt, wir wollen Sie nicht verlieren. Aber es gibt nur eine Alternative für Sie, darüber sollten Sie sich klar werden!«

Tröbel entlässt das Mädchen völlig niedergeschlagen. Nun mischen sie sich sogar in ihre Privatsphäre ein. Sie soll sich entscheiden zwischen ihrem Kunstmaler aus Westberlin und der Arbeit im Heim. Als ob das so einfach wäre. Sie kann sich nicht entschließen. Die Arbeit bedeutet ihr viel, und sie mag die Kinder trotz aller Schwierigkeiten, aber sie möchte den Mann nicht verlieren, der ihr so viel bieten kann. Mit zwiespältigen Gefühlen geht Ute an die Arbeit.

Der Winter hat das Land hart im Griff. Schwarzer Braunkohlenrauch quillt aus der großen Heimesse. Der Wind pfeift durch die Fensterritzen der alten Fenster, die erdigen Kohleklumpen vermögen die großen Räume nur schwer zu erwärmen. Außen an den Doppelfenstern haften Eiskristalle in bizarren Mustern und Formen. Ein Januar mit klirrenden Eiszapfen an den Dachrinnen des alten Schlosses, Schnee gedämpften Wegen im Park, macht den Heimbewohnern schwer zu schaffen. Die Kinder haben sich in ihr schützendes Heim zurückgezogen, sitzen in den Gruppenräumen, spielen Halma, Dame und Schach und streiten sich. Gerade als ich hereinkomme, springt Pockrotsch auf, läuft ans Fenster und will sich hinausstürzen. Das ist nicht sein erster Versuch. Ute erschrickt furchtbar, will auf ihn zulaufen, doch ich halte sie fest.

»Lass ihn doch springen«, sage ich, »da sind wir ihn endlich los!« Ich denke, dass sein erneuter Sprungversuch nur eine Drohung, eine seiner Marotten ist, aber weiß ich es genau, ob er es nicht doch einmal tut? Pockrotsch schaut mich erstaunt an und zieht seinen Fuß von der Brüstung zurück. Er hat nie wieder versucht, sich aus dem Fenster zu stürzen. Ute ist erleichtert, ich ebenfalls. Immerhin sind es von oben mehr als zehn Meter.

»Mein Gott, wenn der gesprungen wäre«, sagt sie und fasst sich ans Herz. Dann berichtet sie mir von der Unterredung mit dem Heimleiter. Ich kann ihr aber keinen Rat geben. Für mich ist es nur unverständlich, wie sie sich an einen vierzigjährigen Mann hängen kann.

Langsam geht der Winter zu Ende. Die Schneeschmelze setzt ein. Überall Pfützen und rinnende Wasserläufe. Das Havelwasser staut sich, schwappt über Wiesen und Felder, bedroht die Wintersaat. Und wieder wird es Frühling, und mit dem Einzug des Frühlings keimen neue Hoffnungen und neuer Lebensmut. Die Sonne steigt höher, ihre Strahlen erhellen auch das Gemüt des Heimleiters, der Erzieher und Kinder. Es kommen weniger schwere Disziplinverstöße vor, und ausgebüxt ist auch schon lange keiner mehr. Tröbel hat mehr Mittel bekommen, das Heim auszubauen und zu verbessern. Die alten Eisenbetten werden ausrangiert, neue Holzbetten nehmen ihren Platz ein, zwei große Schlafsäle werden geteilt, das Heim wird den Kindern mehr und mehr gerecht. Sie fühlen sich heimisch, teils aus Gewohnheit, teils aufgrund echter Geborgenheit, nehmen in Selbstverwaltung, die Tröbel in die Heimordnung aufgenommen, die Einrichtung in persönliche Pflege, die Parkwege und Parkrabatten und kümmern sich, dass nichts böswillig kaputt gemacht wird. Tröbel tadelt hier und lobt dort, stärkt das Selbstwertgefühl und die Selbstverantwortung, achtet auf höflichen Umgang miteinander und scheint das Spezialheim zu einem Musterheim machen zu wollen.

Noch einmal bringt der Winter Anfang März frostige Kälte, aber dann wird es wärmer. Wieder einmal Sonntagsdienst. Frühstück und beschauliche Ruhe, weniger Hektik und Eile. Am Sonntag lassen wir alles geruhsamer angehen. Weniger Kinder bevölkern das Domizil, annähernd kommt eine familiäre Atmosphäre auf. Über dem Treppenaufgang schrillt das Telefon. Tröbel kommt aus dem Büro und ruft mich mit lachendem Gesicht nach oben.

»Gratuliere, Sie sind Vater! Ein Junge, Mutter und Kind sind gesund.« Er schüttelt mir die Hand. »Danke«, kann ich nur stammeln. »Danke für die gute Nachricht.« Und Danke dem Schicksal, dass alles gut gegangen. Ein erhebendes Gefühl überkommt mich, Freude über das Leben, das meinen Namen fortführen wird. Ein Kind tritt in diese Welt, mein Kind. Das ist das Fortbestehen der Sippe, das ist eigenes Leben, aber auch Sorge und Leid und letztlich Tod. Schon im neuen Leben ist der Tod vorprogrammiert. Was für ein Gedanke. Er überkommt mich wie eine philosophische Erleuchtung. Wieso dieser Gedanke? Er drängt sich mir auf, doch ich bin erst zwanzig. Und plötzlich denke ich daran, dass mit dreißig das Leben schon vorbei sein kann. Dieser Gedanke setzt sich in mir fest, malt das Altern aus in den schrecklichsten Farben. Jeder in dem Alter über dieser Grenze kommt mir vor wie jemand, den der Tod vergessen hat. Ich weiß es nicht wieso, aber es graut mir vor dem Tag, an dem auch ich diese Grenze erreiche. Meine Freunde streifen mich mit zwiespältigen

Blicken, eher bedauernd. Sie fühlen sich weiterhin frei und ledig. Kann ich das überhaupt in meinem Alter begreifen, was auf mich zukommt? Die Verantwortung, die Bürde, die mir auferlegt ist, überschattet eine kleine Weile mein Gesicht, aber Freude und Zuversicht überwiegen. Wir sind jung und gesund, das Leben steht uns offen, mein Herz, was willst du mehr? Die mystischen Gedanken verfliegen wie ein Blätter im Wind.

Den nächsten Tag habe ich frei. Hin zu meiner Frau und dem Kind. Sie empfängt mich blass und schön, mit Tränen im Gesicht. Tränen der überstandenen Qualen und der Freude. Die Schwester bringt das kleine Wesen, ich halte es im Arm, winzig, mit gerötetem Gesicht. Blonder Haarflaum bedeckt das kleine Köpfchen. Unser Kind hat Mutter und Vater, die es umsorgen wollen. Ein Telegramm an meine Eltern ist vonnöten. Sie sollen wissen, dass sie Großeltern geworden sind. Ein Brief der Mutter kommt mit der Bitte und dem Vorschlag, nach Hause zu kommen. Nach Hause mit Frau und Kind. Oben bekämen wir zwei Zimmer, könnten dort wohnen. Das wäre doch besser als in der Fremde, wo meine Frau doch niemanden hat. Der Vorschlag löst kaum eitel Freude aus, besonders bei Elfie. Ich müsste mich dort um neue Arbeit bemühen, stecke mitten im Studium. Im Heimatkreis wird mir zugesichert, weiter als Erzieher arbeiten zu können. Und auch das Studium könne ich am Institut für Lehrerbildung in Nordhausen fortsetzen. Nach reiflicher Überlegung entschließen wir uns, Mutters Bitte nachzukommen.

Der Umzugstermin rückt heran. Willi und Erich sind zum Ostbahnhof gekommen. Sie bewundern den Spross meiner Lenden. Wir sehen uns für lange Zeit zum letzen Mal. Ich bringe meine kleine Familie zu meinen Eltern und Geschwistern und werde vom Vater mit einem Pferdefuhrwerk von der Bahn abgeholt. Vater hat sich ausgerechnet den starken Aaron ausgeborgt. Er wendet mir seinen riesigen Pferdeschädel zu, als ob er mich noch kennen würde. Ich tätschele dem braven Ross den Hals. Schnuppernd sucht es in meiner Hosentasche nach einem Stückchen Zucker. Aaron hat es nicht vergessen, dass ich ihm damals manches Mal eines zugesteckt habe, das ich zu Hause abgezwackt hatte. Als wir durch das Dorf fahren, bin ich peinlich berührt. Am nächsten Tag muss ich schon wieder zurück, bin noch bis Schuljahresende dem Heim verpflichtet. Vater trägt mir noch auf, unbedingt Onkel Theo in Berlin-Schöneweide aufzusuchen. Theodor Kurzweg ist der Schwippschwager meines Vaters, ein cleverer Geschäftsmann mit weitreichenden Verbindungen, den Vater in der schlechten Zeit mit Lebensmitteln unterstützt hat. Ich nehme mir vor, den Onkel bei Gelegenheit aufzusuchen.

Tröbel hat über meine Worte nachgedacht, den Kindern mehr Freiraum zu geben. Einmal im Monat gibt es seit dem Frühjahr einen Nachmittag der individuellen Freizeit, und einmal im Vierteljahr soll ein Heimausflug das Heimleben etwas auflockern. Ich bilde mir ein, den Anstoß dazu gegeben zu haben, aber genau weiß ich es nicht. Der vierteljährliche

Ausflug wird zu einem Wandertag, den alle heiß herbeisehnen. Hinaus aus dem Heim, die nähere Umgebung erkunden, alles sehen und neu erleben, was den Frühling so anziehend macht. Beim ersten Mal soll es eine Dampferfahrt auf der Spree sein.

Die Weiße Flotte hat aufgerüstet, die Boote sind frisch gestrichen, bunte Girlanden zieren das Oberdeck. Alle Kinder und Erzieher sollen an dem Tagesausflug teilnehmen, bis auf den Erzieher mit dem Tagesdienst. Der muss im Heim verbleiben, um es zu hüten, und außerdem sind noch einige Kinder da, die krank sind oder aus anderen Gründen nicht mitfahren dürfen, auch als auferlegte Strafe. Ich wäre gern mitgefahren, aber ausgerechnet mich trifft der Dienstplan mit dem Tagesdienst.

Tröbel schwenkt seinen Spazierstock, hat einen hellen Frühlingshut mit grauem Band zu dem Sportanzug aufgesetzt und ist voller Unternehmungsgeist. Fräulein Radegunde hat ausnahmsweise ein hellgraues Kostüm angezogen, ein buntes Chiffontuch umflattert ihren Kranichhals, sie singt scherzend:

Hinaus in die Ferne mit Butterbrot und Speck..., die Kinder fallen ein: *...das ess ich so gerne, das nimmt mir keiner weg.* So geht es hinaus, den Frühling einzufangen, das blaue Band des großen Mörike zu spüren, zu erhaschen und einzusaugen. Alle freuen sich, sind voller Übermut, nur ich winke der lustigen Gesellschaft ein wenig traurig hinterher.

»Amüsiert euch gut!«, rufe ich den Kindern zu. Sie winken zurück. An der Anlegestelle drängen sich die Kinder. Tröbel mahnt zur Ordnung. Die Passagiere schauen grantig auf die Kinder, die wie ein Taubenschwarm auf die besten Plätze am Oberdeck fliegen. Die Spree liegt breit und still zwischen den Ufern. Ein leichter Wind frischt auf, streicht den Ausflüglern durchs Haar, kräuselt die Wellen. Tröbel muss seinen Hut festhalten. Pockrotsch eilt ins Unterdeck, will ausgerechnet zum Kapitän oder wenigstens zum Steuermann. Er gibt nicht eher Ruh', bis er für einige Minuten das Steuer halten kann. Die Bordkapelle spielt: *Komm Karlineken, komm Karlineken, komm, wir woll'n nach Pankow gehn, da ist es wunderschön...*

Der Zigeuner hat das Steuerrad losgelassen, als die Musik einsetzt. Er postiert sich neben der großen Tuba und wundert sich über die tiefen Töne, die jederzeit zu den anderen Tönen passen und den Takt angeben. Er möchte auch einmal so ein Instrument spielen können, wenn er groß ist. Dann gibt es Bockwürstchen an Bord und grüne Brause. Ein Schmatzen und Schlürfen hebt an und vergrault einige Passanten vom Oberdeck. So eine Schar Kinder und zudem noch aus dem Heim ist ihnen nicht geheuer. Man sieht es an ihrem Benehmen, am Ungestüm und an der Kleidung, die bei allen fast ähnlich und auch manchmal gestopft oder geflickt ist.

Vom Dienstplan, der am schwarzen Brett neben dem Heimleiterbüro aushängt, hat Eva erfahren, dass ich Hausdienst habe und sich krank gemeldet. Das Heim ist fast leer. Eine unheimliche, gespenstische Stille schwebt durch die sonst so belebten Räume. Kein Laufen und Drängeln, kein Rufen und Lachen, nur beängstigende Lautlosigkeit. Ich mache mich über die Arbeit mit meinen Studienunterlagen, muss einiges aufarbeiten. Plötzlich werde ich von Eva unterbrochen. Sie klagt über ungewöhnliche Bauchschmerzen.

»Es tut so weh!« Sie fasst sich an den Unterbauch. Ich bin besorgt, bringe sie ins DRK-Zimmer und erkundige mich nach der genauen Stelle, die ihr so viel Schmerzen bereitet. Bereitwillig zieht Eva ihren Rock aus und auch gleich das Höschen dazu, zeigt mit der Hand auf die Stelle, wo der Blinddarm sitzt. Das Letztere versetzt mir einen Schock, doch noch glaube ich an kindliches Gehabe. Eine Blinddarmreizung oder gar eine Blinddarmentzündung vermute ich, aber um sicher zu gehen drücke auf die ominöse Stelle, an der sie angeblich die Stiche verspürt. Kaum hab ich die Stelle berührt, zieht sie mich auf sich und versucht mich zu küssen. Die Überraschung ist so geglückt, dass ich gar nicht zu reagieren vermag.

»Ich liebe Sie«, fleht das Mädchen, umhalst mich und bietet mir ihren zitternden Körper dar. Es überläuft mich heiß und kalt – das Mädchen ist unbeschreiblich jung und schön und anrüchig verdorben. Wäre es mir zu verdenken, wenn ich ihrem Drängen nachgeben würde? Ein Moment der Besinnung genügt, mich von ihr loszureißen.

»Bitte, Eva, lass das! Du bist ein Heimkind und ich dein Erzieher.« Ich reiche ihr das Höschen und bedecke ihre Blöße mit einer Decke. Sie fasst nach meiner Hand und stammelt:

»Aber ich liebe Sie doch so!«

»Ich bin verheiratet«, sage ich. »Und jetzt bist du schön vernünftig, dann vergessen wir das Ganze schnell, einverstanden?« Sie wischt sich ein paar Tränen aus dem geröteten Gesicht, zieht ihr Höschen wieder an, streift den Rock darüber und verlässt den Raum.

Ich stolpere ihr verwirrt hinterdrein, bin froh, dass alles so abgelaufen ist. Am Abend kommen die Kinder mit neuen freudigen Eindrücken zurück. Die Fahrt mit dem Dampfer hat alle begeistert und frohgestimmt.

»Das war schön, Eva, wärst du doch mitgefahren«, bestürmen sie die Mädchen ihrer Gruppe.

»Hier war es auch schön«, betont Eva. »Ich war allein mit dem Erzieher vom Tagesdienst.«

»Da hat er dich wohl verführt«, spielt Helga an.

»Oder du ihn«, bemerkt Josy spitz.

»Ist doch egal«, entgegnet Eva vielsagend, »Hauptsache es war schön.« Die Mädchen lachen hintergründig und dringen noch mehr in Eva, bis sie das ganze erotische Abenteuer groß und breit erzählt. Dabei weicht sie ganz und gar von der Wahrheit ab und weitet die Sache durch ihre Erfindungen und Fantasien noch aus. Nun ist es perfekt. Der

Zimmermann hat etwas mit Eva, dem Heimkind, gehabt. Bei jeder Gelegenheit zerren es die Mädchen ans Tageslicht. Mal tuscheln sie nur leise herum, mal tratschen sie offen darüber, bis Rosemarie davon erfährt und schon bald der Heimleiter. Nur ich habe nichts davon mitgekriegt und bin ganz überrascht, als ich zum Heimleiter zitiert werde. Es beginnt ein regelrechtes Verhör:

»Sie waren am Wandertag allein im Heim?«

»Ja, allein.«

»Allein mit Eva!« Ich ahne den Grund meines Hierseins.

»Eva hatte Schmerzen im rechten Unterbauch. Ich wollte mich vergewissern, dass es keine Blinddarmentzündung ist.«

»Das hätten Sie lieber nicht tun sollen. Wissen Sie, was die Mädchen sich erzählen?« Ich weiß es nicht, aber gleich wird er es mir sagen.

»Sie, Sie..., hätten mit ihr geschlafen!« Nun war es heraus. Mir ist, als hätte mir jemand vor den Kopf geschlagen.

»Das kann doch nicht sein, wer hat das denn erzählt? Eva selbst? Da ist doch überhaupt nichts Wahres dran!«

»Nein, ich habe noch nicht mit Eva gesprochen, werde es aber umgehend nachholen.«

»Tun Sie es, aber in meiner Gegenwart.«

»Nein, das werde ich nicht tun, kann Ihnen aber gleich sagen, dass Sie eine Riesendummheit begangen haben, ganz gleich, was genau geschehen ist. Ich will Ihnen nichts unterstellen, aber Sie hätten sich niemals allein mit dem Mädchen im DRK-Raum aufhalten dürfen. Niemals allein!« Tröbel blickt vorwurfsvoll auf mich herab. Ich fühle mich zerknirscht vor seinen Füßen. Er kann mir jederzeit den Todesstoß versetzen. Meine Erzieherlaufbahn scheint zu Ende, noch bevor sie richtig begonnen. Ich raffe mich auf und sage schwach:

»Wenn es aber eine echte Blinddarmentzündung gewesen wäre?« Und gleich erzähle ich ihm, wie es wirklich war. Er hört mich an und scheint meine Niederlage weidlich auszukosten. Mit beiden Händen hinter dem Rücken verschränkt, läuft er vor seinem eichenen Schreibtisch auf und ab und scheint nachzudenken. Endlich hat er sich genügend besonnen und sagt:

»Ich werde der Sache auf den Grund gehen. Sie werden verstehen, dass ich das überprüfen muss. Stellen Sie sich vor, wenn das der Abteilung zu Ohren kommt? Schicken Sie mir das Mädchen mal herein.«

Eva betritt das Büro des Heimleiters mit undurchdringlichem Gesicht. Sie hat die feste Absicht, in verletzter Eitelkeit dem Erzieher eins auszuwischen, weil er sie abgewiesen hat. Wie konnte dieser Mann sie verschmähen? Das war eine einmalige Gelegenheit, und dieser Dummkopf ließ sie in so einer Situation unberührt, nicht einmal geküsst hatte er sie. Tröbel ist sehr aufgebracht und hält sich mühsam zurück. Dann fragt er unvermittelt:

»Hast du mit dem Erzieher geschlafen? Was ist dran an dem, wovon die Mädchen erzählen? Wie war das im DRK-Raum?«

»Er hat mich abgefühlt und dann, d…, dann … hat er sich auf mich gelegt.«

»Er hat sich also auf dich gelegt, du hast ihn nicht zufällig auf dich gezogen?« Tröbel genießt sichtlich diese Frage und mustert das Mädchen mit seinen flinken Augen.

»Nein, hab ich nicht.«

»Ist das wahr?«

»Ja, das ist wahr!«

»Nun, gut. Das wird dann für euch beide Konsequenzen haben.«

»Was passiert mit dem Erzieher?«

»Das fragst du noch? Er wird entlassen wegen Verführung Minderjähriger, und du kommst in ein anderes Heim!«

Diesen Ausgang hat das Mädchen nicht erwartet. Da würde sie den Erzieher ja nicht mehr sehen und ganz verlieren.

»Nein, das darf nicht sein!«, schreit sie auf. »Dann sag ich alles so wie es wirklich gewesen ist.«

Nun gibt sie zu, dass sie gelogen hat. Ich weiß nicht, ob Tröbel enttäuscht ist, dass an der Sache nichts dran ist, jedenfalls schickt er das Mädchen heraus und lässt mich rufen. Schon draußen auf dem Flur streift Eva meine Hand und sagt mit weinerlichem Gesicht:

»Bitte, verzeihen Sie mir!« Ich gehe hinein und ergebe mich in mein Schicksal. Tröbel schaut mich überlegen an und sagt:

»Sie haben noch einmal Glück gehabt. Aber das soll Ihnen eine Lehre sein.« Er erzählt mir, dass ich alles nur ihm zu verdanken hätte, und dass dieses Mädchen nur mit der Wahrheit herausgerückt sei, als er von meiner Entlassung und ihrer Abschiebung gesprochen habe. Und gleich scheint er die Abschiebung des Mädchens beschlossen zu haben.

»Wir müssen sie abschieben«, sagt er und schaut mich an, als ob das von mir abhinge. »Das Flittchen ist eine Gefahr für die anderen Mädchen, ja für das ganze Heim und durch und durch verdorben.«

Ich halte ihm entgegen, dass es nur ein armes Geschöpf sei, ausgenutzt wurde und ohne Liebe aufgewachsen ist. Aber das interessiert ihn wenig. Er bleibt bei der Abschiebung. So ist es am Einfachsten für ihn und das Heim. Ich versuche ihn noch einmal zu bewegen, die Sache zu überdenken, doch ohne Erfolg.

»Sie mit Ihren psychologischen Argumenten und Ihrer Nachsichtigkeit«, sagt er, »diese Verderbtheit kriegen wir aus dem Mädchen nicht heraus. Und Sie müssen trotzdem Ihren Fehler vor den Erziehern eingestehen.«

Ich will eingestehen, dass ich falsch gehandelt habe, wenn es der Heimleiter so will und bin froh, dass die Sache für mich so ausgegangen, obgleich ich mir keiner Schuld bewusst bin.

Herbert Flink kommt ins Heim zurück. Fast ein halbes Jahr hat er in der Klinik zugebracht, ist dann sechs Wochen zur Rehabilitation gekommen und endlich zurück an die Arbeit. Seinen Posten als Erziehungsleiter erhält er zurück. Eva hat der Heimleiter abgeschoben und Pockrotsch gleich mit. So löst der Heimleiter seine Probleme mit den Kindern. Flink ist aber froh, Pockrotsch nicht gegenübertreten zu müssen.

Der Staat der DDR hat sich nach den Turbulenzen des 17. Juni 1953 erholt und seine Macht gefestigt. Er ist im Begriff, seine Macht durch eine Armee zu stärken. Aus der Kasernierten Volkspolizei soll die Nationale Volksarmee (NVA) werden. In Berlin findet eine gesamtdeutsche Offizierstagung statt. Generalfeldmarschall Paulus, der große *Stratege* vor Stalingrad, hat dazu eingeladen. 87 ehemalige Generäle und hohe Offiziere sind der Einladung gefolgt und forderten ein souveränes, wiedervereinigtes Deutschland mit eigener Nationalarmee, das durch einen von den Großmächten garantierten Sicherheitspakt geschützt werde. Den Dienst unter fremden Fahnen lehnen sie ab. Diese Generäle haben noch nicht genug angerichtet, jetzt erheben sie erneut ihre Stimme. Das macht mich wütend, aber was kann ich daran ändern?

An ein vereinigtes Deutschland ist trotz der Einheitsbeteuerungen auf beiden Seiten nicht zu denken. Mit großer Intensität bereiten beide deutsche Staaten den Aufbau ihrer eigenen nationalen Armeen vor. Mich geht das weniger an, meine ich, aber da kommt etwas auf mich zu, das mich in einen Strudel hineinzieht, aus dem ich nur mit großer Mühe herauskommen sollte. Uns Erziehern ist zwar untersagt, nach Westberlin hineinzufahren, aber die meisten halten sich nicht daran. Mir fällt ein, dass ich versprochen habe, Onkel Theodor aufzusuchen. Also mache ich mich eines Tages auf den Weg nach Oberschöneweide. Ich muss über den S-Bahn-Ring, in Westkreuz umsteigen. Mein Blick fällt auf einen Zeitschriftenkiosk. Von einem reißerisch aufgemachten Titelbild drängt sich mir ein Lasso schwingender Cowboy entgegen. Ich erstehe das Billy-Jenkins Heft und freue mich auf die triviale, aber spannende Lektüre. Aber Vorsicht! Dort, wo der Ostsektor beginnt, sieht man das nicht gern. Schnell lasse ich das Dreigroschenheft in meiner Jackentasche verschwinden.

Der Onkel, ein kleiner rundlicher Mann mit listigen Augen, freut sich, jemanden aus der alten Heimat begrüßen zu können. Er fragt und löchert mich ausführlich, bis ich genug habe und meinerseits den Onkel nach seinem Broterwerb frage.

»Ich bin Grenzgänger und Händler«, sagt er offenherzig und öffnet seine echt lederne Brieftasche. Grenzgänger und Händler, das sind andere Worte für Schieber und Spekulanten. Auf der einen Seite sind fein säuberlich eine ganze Reihe Ostgeldscheine zu sehen, auf der anderen das verlockende Westgeld. Ich male mir aus, was man alles davon kaufen könnte und denke, dass der Onkel mir, dank der Erinnerung an unsere

Lebensmittelhilfe, gleich ein paar Scheine zukommen lassen wird, aber weit gefehlt. Der Onkel lädt mich lediglich zu einem Stadtbummel und Essen ein. Dabei erklärt er mir genau, was zur Zeit am besten zu verschieben sei und lässt reichlich Bier und Schnaps auffahren. Das interessiert mich weniger, da ich sowieso nichts zu verschieben habe. In fortgeschrittener Stimmung überredet er mich, noch in eine Bar nach Neuköln aufzubrechen. Dabei winkt er mit seinen Westgeldscheinen. Das überzeugt mich, mitzugehen. Unterwegs kommen wir an einer VP-Dienststelle vorbei, vor der ein paar Jugendliche randalieren. Und just in dem Augenblick kommen ein paar Vopos herausgestürmt und nehmen die Randalierer und alle Vorübergehenden fest. Der Onkel und ich gehören dazu. Ich versuche zu beteuern, dass ich mit den Randalierern nichts gemein habe, aber vergebens. Sie zerren mich ins Vernehmungszimmer. Gerade noch gelingt es mir, das Billy-Jenkins Heft unter meine Hose in die Socke zu schieben. Dann beginnen sie mich zu filzen und finden es natürlich. Jetzt haben sie einen Anlass, mich ernsthaft zu verdächtigen. So einer, der solche Schundhefte liest, ist dem jungen Arbeiter- und Bauernstaat sicher nicht gewogen.

»Was sind Sie, Erzieher? Und da lesen Sie solche Schundhefte. Das lässt doch tief blicken!« Sie erkundigen sich nach meiner Dienststelle, nehmen mir meine Papiere ab, die Schnürsenkel und meinen Gürtel und sperren mich in eine Zelle. Da sitze ich nun und beginne über meine Eselei nachzudenken. Ich sitze bis zum frühen Morgen, dann holen sie mich erneut zum Verhör. Und endlich lassen sie mich frei, nicht ohne mir zu drohen, meine Vorgesetzten über den Vorfall zu informieren. Den Onkel behalten sie da. Das Westgeld in seiner Brieftasche ist Grund genug, ihn festzuhalten.

Tage später bestellen sie mich zur Abteilung Volksbildung und versuchen mich für eine Offizierslaufbahn zu gewinnen Die Volksarmee brauche junge Menschen als Führungskräfte, und ich sei geradezu für die Sache prädestiniert. In Richtung Fliegeroffizier und so, aber ich könne mich auch bei den Panzertruppen bewerben. Fliegeroffizier zu werden, in einem Düsenjet über den Wolken dahinzufliegen, das könnte mich schon reizen. Das hat mir schon ungeheueren Spaß gemacht, als mich der Russe in die Mig gesetzt hat. Ich scheue aber davor zurück und kann mich nicht entschließen. Plötzlich schaut mich der Werber ganz seltsam an.

»Sie wollen also nicht«, sagt er. »Na, dann können wir auch andere Seiten aufziehen. Sie sind erst kürzlich festgenommen worden wegen des Schundheftes. Sie wissen schon. Wir betrachten dies als schwerwiegendes Vergehen. Aber, wenn Sie sich doch noch entschließen könnten, könnte Gras über die Sache wachsen.«

Der Herr steht auf, läuft vor mir auf und ab. Schließlich dauert mein innerer Kampf nicht lange. Er schiebt mir das Schriftstück zur Unterschrift zu. Ich unterschreibe. Notgedrungen.

Sie schicken mich zur Fliegerschule nach Kamenz zum Aufnahmetest. Auf einem fünf Meter hohen Balken zu balancieren, fällt mir nicht schwer. Auch das Hinunterspringen macht mir nichts aus. In einer Schleuder werde ich herumgewirbelt und darf danach nicht zu sehr herumtaumeln. Und auch den speziellen Gesundheitsscheck überstehe ich ohne Beanstandungen. Ausfüllen der Fragebögen, und ich werde aufgenommen, so denke ich und mache mich schon bereit für eine neue, einschneidende Etappe in meinem Leben. Ohne zu überlegen, was meine Frau dazu sagt, was die Eltern meinen. Meine kleine Schwester weint bittere Tränen, als sie davon hört, weil ich aus den Wolken auf die Erde stürzen könnte. Ich rechne schon mit der Aufnahme, da finden sie einen Makel in meinen Unterlagen. Ich habe eine Schwester in Westdeutschland. Das ginge nicht oder doch? Ja, es ginge, wenn ich hier unterschriebe, dass ich alle Beziehungen zu ihr abbrechen würde. Ganz plötzlich wittere ich eine Chance, der zwanghaften Rekrutierung zu entgehen. Wie ich mir das vorstellen würde – eine enge Verwandte im feindlichen imperialistischen Staat. Das müsse ich doch einsehen. Ich müsse einen Schlussstrich ziehen. Was sei schon eine Schwester in Westdeutschland, wenn ich dem Sozialismus und dem Vaterland der DDR dienen könne. *Aber das will sich mir nicht.* Ich will die Beziehung zu meiner Schwester nicht abbrechen und unterschreibe diese Forderung nicht. Sie drohen mir mit Konsequenzen. Ich warte auf den unweigerlichen Rausschmiss, doch der lässt auf sich warten und bleibt schließlich ganz aus.

Mit G. G. haben sie mehr Glück. Er meldet sich zu den Panzertruppen und belegt eine Offiziersschule in Sachsen. Tröbel stellt ihn als leuchtendes Vorbild hin. Mich hingegen beäugt er misstrauisch. Ich bin überzeugt, dass er von der Sache erfahren hat und nur auf eine Gelegenheit wartet, sie gegen mich anzuwenden.

Überhaupt versteht es Tröbel sehr gut, das Heimleben mit der Politik zu verbinden. Er führt ein Beispiel an, wie die Imperialisten die friedliche Aufbauarbeit unseres Staates stören wollen. Über dem Luftkorridor hatten die Amerikaner wiederholt den *Kartoffelkäfer und seine Larven* abgeworfen. Die Nahrung des Volkes müsse gesichert werden. Auch das Kinderheim müsse dazu beitragen, diese Schädlinge zu vernichten. Noch in dieser Woche ordnet er an, mit Büchsen und Gläsern auf die Felder zu ziehen und die geflügelten Streifeninsekten abzusammeln. Das ganze Heim ist auf den Beinen, zumal es als willkommene Abwechslung im Heimalltag aufgenommen wird und einen freien Tag gibt. Die Kinder laufen die Furchen entlang, sammeln, was das Zeug hält und verrenken ihre Hälse, als ein Flugzeug über ihren Köpfen am Himmel entlangzieht.

»Da fliegt wieder so einer«, sagt Jürgen, einer der eifrigsten Sammler, ganz aufgeregt, »gleich wird er wieder die Käfer abwerfen.« Doch statt der Käfer kommt eine Ladung Flugblätter herab. Die Kinder sind zunächst enttäuscht, weil es keine Käfer sind, aber dann betrachten sie die

Karikatur Walter Ulbrichts und beginnen den Text zu lesen. Sie lachen sich halb schief über das Spitzbartmännchen. Wir Erzieher haben Mühe, nicht mitzulachen und die Blätter den Kindern wegzunehmen. Tröbel, der dieses Mal mit von der Partie ist, nimmt so ein Flugblatt in die Hand und sagt:
»Seht ihr, so hetzen sie gegen unsere Staatsobersten und gegen unseren Staat. Lasst euch von denen nur nicht für dumm verkaufen!« Dann lässt er die Flugblätter einsammeln und auf einen Haufen legen. Eigenhändig setzt er sie mit einem Streichholz in Brand. Die Kinder stehen um den Brandherd herum, schauen zu wie die Flammen an dem Staatsoberhaupt emporzüngeln, die Blätter zu schwarzem Kohlepapier kringeln und mit der aufsteigenden Luft fortwirbeln. Als nicht alle verbrennen, helfen sie mit Stecken und Füßen nach, bis Tröbel zu weiterer Sammelarbeit mahnt und sie in die noch nicht abgesammelten Furchen schickt. Mit roten Fingern von den ekligen Käfern und Larven bleibt ein Junge vor einem halb abgefressenen Strauch stehen und sagt:
»Hier wäre bestimmt keine einzige Kartoffel mehr gewachsen.«
»Da hast du Recht«, entgegnet Rosemarie, »der Strauch wäre abgestorben.«

Wie gut Tröbel den Heimalltag mit politischen Themen zu verbinden versteht, zeigt ein anderes, tiefgreifendes Beispiel. Oben im Treppenflur, zwischen Erzieherzimmer und Tröbels Büro, wird zu allen möglichen politischen Höhepunkten eine Wandzeitung gestaltet. Auf diesen Wandzeitungen spiegelt sich das gesamte Leben der DDR wider: die historischen Taten der Aktivisten, die feindlichen westlichen Störversuche unserer Aufbauarbeit, der Kampf um den Frieden und die Vorbeimärsche und Huldigungen vor den Führern der Arbeiterklasse.

Abwechselnd kommt eine Gruppe mit dieser überaus wichtigen Aufgabe an die Reihe. Den Erziehern graust es vor dieser Arbeit, sind sie doch verpflichtet Bilder und Zeitungsausschnitte zu sammeln und auf großes, weißes Papier zu kleben. Oben darüber prangt dann die entsprechende Thematik, die oft Kopfzerbrechen bereitet und die die Erzieher selbst festlegen müssen. Tröbel stellt zwar einige Themen in den Vordergrund, aber er verlangt, dass die Erzieher von selbst ihre politische Spürnase anstrengen. Da müsse er sie nicht immer mit der Nase draufstoßen. Hier sei es nötig, schnell und parteilich zu reagieren. Die Erzieher kommen der Aufforderung gezwungenermaßen nach, nur bleiben diese Wandzeitungen oft ein wenig zu lange hängen. Und je länger sie dort hängen, umso seltener kommen sie mit einer neuen dran. Tröbel muss erst drängen, eine neue anzufertigen. Nun hängt die letzte Wandzeitung noch vom Mai, dem 137. Geburtstag des großen Begründers des Wissenschaftlichen Kommunismus, dort. Vielleicht hatten die Kinder auch erkannt, dass die Wandzeitung nicht mehr aktuell ist und erneuert werden musste; jedenfalls hatten sie dem greisen Marx den stolzen Bart weggekratzt und eine

Elvisfrisur aufgemalt, was nicht nur komisch aussah, sondern auch eine Verunglimpfung ist, eine Verunglimpfung der hehren Idee und natürlich auch seines Begründers. Tröbel ist darüber sehr erbost. Schnell lässt er die verunstaltete Wandzeitung entfernen und setzt eine Belohnung aus für denjenigen, der ihm den oder die Übeltäter nennen könne. Lange Zeit tut sich nichts, der Vorfall scheint schon vergessen. Doch plötzlich melden sich zwei Mädchen beim Heimleiter. Sie drucksen herum, trauen sich nicht zu sagen, was sie wissen.

»Ihr müsst es sagen«, bedrängt sie Tröbel.

»Ja aber, wenn Sie wüssten, wer das gewesen ist.«

»Ganz gleich, wer es war, ihr müsst es sagen. Ihr dürft keine Rücksicht nehmen. Sagt es nur frei heraus!«

»Nun gut«, sagt das eine Mädchen erleichtert. »Es war Ihre Tochter.« Tröbel stutzt. Er glaubt an einen Scherz und lächelt überlegen. Dann blickt er in die ernsten Gesichter der Mädchen und wird laut:

»Was, meine Tochter? Hannelore soll es gewesen sein? Das kann doch nicht wahr sein!«

»Doch, doch«, bekräftigt das andere Mädchen. »Wir haben sie unten von der Treppe aus beobachtet. Was wir gesehen haben, haben wir gesehen.« Der Heimleiter wird ganz fahl und schickt die Mädchen hinaus. Er schnappt nach Luft.

»Hannelore«, ruft er, »Hanne, komm einmal her!« Hanne kommt, und er sagt es ihr auf den Kopf zu:

»Du warst das also mit der Wandzeitung!« Hanne beginnt gleich zu heulen.

»Ja, Papa!«

»Ja, bist du denn des Teufels! Das ist doch wohl das Letzte, was ich erwartet habe! Wie stehe ich denn jetzt da? Das kann mich den Kopf kosten!« Tröbel läuft im Zimmer auf und ab, kann das Gehörte nicht fassen. Wie konnte seine Tochter so etwas tun? Ein Mädchen, so intelligent, mit so viel anerzogenem Klassenbewusstsein. Das geht über seinen Horizont. Seine Frau kommt hinzu, versucht ihren Mann zu beruhigen:

»Christoph, reg dich doch nicht so auf. Da gibt es doch weit Schlimmeres!«

»Schlimmeres? Das ist doch wohl schlimm genug!«, entrüstet sich der Heimleiter. »Ich verdächtige die Heimkinder, und meine Tochter ist der Übeltäter!« Tröbel streckt die Hände von sich und weiß keinen Rat. Warum das Mädchen das nur gemacht hat, bleibt ihm ein Rätsel. Er bekommt es auch nicht aus ihr heraus. Zerknirscht ruft er die Erzieher zusammen und macht das Eingeständnis seiner Schmach:

»Verzeihen Sie mir, aber gegen bestimmte Entgleisungen und besonders in der eigenen Familie ist niemand gefeit. Da steht man hilflos vis-a-vis. Es ist nun mal geschehen. Ich kann auch nicht sagen, ob wir in der Erziehung etwas falsch gemacht haben. Wir haben uns doch alle Mühe gegeben und dann das.«

Tröbel ist ganz niedergeschlagen. Hilflos senkt er den Kopf, schaut dann auf und blickt seine Erzieher reihum an, als ob er von ihnen Hilfe erwartet. Die Erzieher schweigen. Ich spüre Mitleid, auch wenn ich das Vorkommnis als Lappalie betrachte. Ich denke, dass der große weise Marx über diesen Lapsus sicher humorvoll hinweggegangen wäre und mache mir Gedanken wie schnell man in diesem Staat in die Zwickmühle geraten kann. Tröbel teilt den Erziehern mit, das Vorkommnis in ihren Gruppen gründlich auszuwerten, nur von der Belohnung sagt er nichts mehr. Wir versprechen, es zu tun. So niedergedrückt haben wir unseren Heimleiter noch niemals erlebt. Ich kann mir gut vorstellen, dass über die Sache das letzte Wort noch nicht gesprochen ist.

Obwohl im Heim jetzt eine Parteigruppe existiert, hat der Heimleiter nicht die Absicht, sich das Zepter aus der Hand nehmen zu lassen. Er ist der Heimleiter und gedenkt es auch zu bleiben, auch wenn ihm da mit seiner Tochter ein Fehler unterlaufen ist. Er muss stets daran denken. Die Verfehlung seiner Tochter geht ihm nicht aus dem Sinn. Tag und Nacht beschäftigt er sich immer nur mit der gleichen Frage – warum? Für ihn ist es die dickste Suppe, die ihm seine Tochter eingebrockt hat und die sie ganz sicher zusammen auslöffeln müssten, wenn nicht noch mehr auf sie zukommt. Tröbel hofft zunächst, dass die Abteilung nichts davon erfahren wird, dann denkt er einen Moment sogar daran, dieses Vorkommnis seiner übergeordneten Dienstbehörde selbst zu melden, rückt aber schon bald davon ab. Hat er doch in der Familie alles getan, um seine Kinder im sozialistischen Sinne zu erziehen. Eine einmalige Entgleisung seiner Tochter kann seiner generellen Erziehungslinie doch keinen Abbruch tun. Immer und überall ist er doch als Verfechter der sozialistischen Idee aufgetreten, und Karl Marx ist für ihn der unangefochtene Klassiker dieser Ideologie gewesen. Wie hat er sich doch bemüht, seine Schriften zu studieren, zu interpretieren und wie schwer ist ihm das gefallen nach seiner militärischen Vergangenheit, nach der Nazidiktatur. Bei Makarenko, Lenin und besonders Marx hat er neuen Halt in seiner Arbeit gefunden und nun das. Die ganze Sache wird aber noch komplizierter, da seine Tochter Hanne eine gute Schülerin ist und in der Schule Freundschaftsratsvorsitzende der Schulpionierorganisation. Eine hohe Funktion im Kleinen, im großen System des Staates. Und hinzu kommt, dass bald sein zehnjähriges Dienstjubiläum ansteht. Zehn Jahre im Dienst der Abteilung Jugendhilfe und Heimerziehung und besonders in Verantwortung für die ihm anvertrauten Kinder. Zehn Jahre aufopferungsvolle Arbeit im Sinne seiner Partei und des Staates. Da werden sie ihm die kleine Verfehlung seiner Tochter nicht anrechnen. Tröbel hofft auf einen guten Ausgang dieser unangenehmen Sache.

Doch auch im Heim sind Augen und Ohren, die im Auftrag der Firma *Horch, Guck und Greif* mehr als genau hinsehen und hinhören. Schon ein paar Tage später weiß seine übergeordnete Dienststelle Bescheid und die Schule, die seine Tochter Hanne besucht. Im Pionierverband sind Wahlen, und zu seinem Erstaunen wird seine Tochter abgewählt. Nicht einmal eine der kleinsten Funktionen im Gruppenrat wird ihr übertragen. Selbst für den Gruppenkassierer ist sie vertrauensunwürdig. Die Pionierleiterin sagt: »Eine solche Schülerin darf diese Funktion nicht bekleiden«, und der Direktor stimmt zu. Sie haben von der Abteilung einen Wink bekommen. Aber das ist noch nicht alles. Wenig später wird ihre Delegierung als eine der besten Schülerinnen für die Oberschule zurückgezogen. Und das ganz ohne Begründung. Hanne ist aus ihrer vorgezeichneten Laufbahn geworfen worden und würde nie Medizin studieren können. Das tut ihm furchtbar weh und noch mehr seiner Tochter. Und Tröbel soll noch eins draufbekommen. Zum 12. Juni, dem Tag des Lehrers und Erziehers, sollte er als *Aktivist der Sozialistischen Arbeit* ausgezeichnet und geehrt werden. Der Gewerkschaftsleitung im Heim – der Vorsitzenden Radegunde – flattert ein Schreiben auf den Tisch, in dem mitgeteilt wird, dass von dem Vorhaben Abstand genommen worden sei. Tröbel trage einen großen Teil Verantwortung für seine Tochter, die kürzlich in einer bekannten Angelegenheit unangenehm in Erscheinung getreten sei. Man erachte es für notwendig, dass der Kollege Tröbel einige Positionen der sozialistischen Familienerziehung kritisch werten und verändern solle. Mit sozialistischem Gruß. 1. Stellvertreter des Kreisschulrats. Doch damit noch nicht genug. Das Kreiskabinett teilt ihm mit, dass er noch vor den Ferien eine Inspektion zu erwarten habe. Das trifft ihn wie ein Hammerschlag. Hat sich denn alles gegen ihn verschworen? Obgleich eine Inspektion eine ganz normale Sache ist, trifft ihn diese Ankündigung schwer. Und trotzdem; er wird die Vermutung nicht los, dass sie ihm gehörig am Zeug flicken wollen.

Zwei Tage später kommt Ute von einer Wanderung ohne zwei ihrer Kinder zurück. Ausgebüxt! Große Suche, dann Fahndung. Im Zug nach Hamburg werden die Bengels aufgegriffen, mit vor Stolz geschwellter Brust, dass sie so weit gekommen sind. Tröbel putzt aber hauptsächlich Ute herunter. Sie hätte besser aufpassen müssen. Ute lässt sich diese Beschuldigung nicht gefallen. Sie packt ein paar Sachen und verschwindet nach Westberlin. Das ist der nächste schwere Schlag. Nun will der Heimleiter durch eine Instruktion der Erzieher alles herausreißen. Er ruft sie zusammen und gibt ihnen die Richtung vor, was sie zu tun und vorzubereiten hätten. Schließlich hänge auch von ihnen entscheidend ab, wie das Heim bei der Inspektion abschneidet.

Die Zeit vor der Inspektion ist eine Zeit hektischer Betriebsamkeit. Dem Heimleiter ist unwohl bei der Sache. Das Unwohlsein ist Produkt seiner Eindrücke und Empfindungen. Es schlägt ihm auf die Seele, macht ihn missmutig und reizbar. Er kann doch nicht dafür verantwortlich gemacht werden, dass es ihm an Energie mangelt, eine gewisse Stimmung den äußeren Verhältnissen zum Trotz aufrecht halten zu können. Vor den Erziehern versucht er, ein freundliches Gesicht zu zeigen, doch das gelingt ihm nur schwer. Eigentlich hat er sich als Heimleiter nichts vorzuwerfen, könnte er der Inspektion ganz gelassen entgegen sehen. Er hat, seiner Meinung nach, alles für das Heim und die Kinder getan, und nun verweigern sie ihm diese Aktivistenmedaille und die paar hundert Mark Prämie. Der unumschränkte Herrscher des Heims, beginnt mit seinen Vorgesetzten zu hadern.

Die Inspektion erscheint als Gruppe von drei Männern und einer Frau. Ihr gehören an: der Referatsleiter, zwei Inspektoren und die Kollegin von der Abteilung Finanzen. Sie kommen mit einem festen Plan, der im Erzieherzimmer zum Aushang kommt. Einen ganzen Tag wollen sie vom Wecken bis zum Schlafengehen anwesend sein. Die junge Frau klemmt sich auch gleich hinter die Bücher des Heimleiters, die seine Frau als Wirtschaftsleiterin offenlegen muss. Die anderen begleiten die Erzieher bei ihren täglichen Aufgaben und Tätigkeiten. Sie machen sich eifrig Notizen, gehen mit zum Mittagessen und setzen sich an einen separaten Tisch. Ausnahmsweise und außer der Reihe soll es mal Schweinebraten geben. Schweinebraten mit Möhrengemüse. Meine Jungen sind mit dem Tischdienst dran. Sie sind eifrig bei der Sache, allen pünktlich und zur Zufriedenheit aufzutischen, so eifrig wie schon lange nicht. Die Fleischscheibchen sind auf die Zahl der Kinder und Erzieher abgestimmt, und natürlich sind die Inspektionsgäste auch bedacht worden, doch die Bengels haben den verlockenden Braten, der für die Gäste bestimmt war, einfach aufgegessen. Auf ihren Tisch kommen nur Kartoffeln und Möhren.

»Oh«, sagt einer der Servierer mit einem spitzbübischem Lächeln, »ich glaube das Fleisch ist alle.« Die ungebetenen Gäste staunen nicht schlecht, machen aber wohl oder übel ein freundliches Gesicht. Was bleibt ihnen auch anderes übrig. Tröbel geht in die Küche und forscht nach dem fehlenden Fleisch, aber es ist keines mehr da. Es ist alles in der richtigen Anzahl herausgegeben worden.

»Das kann doch nicht sein!«, empört er sich. Mit einem bösen Funkeln in den Augen nimmt er mich zur Seite und macht mich für das fehlende Fleisch verantwortlich. Ich verspreche, mich um die Sache zu kümmern.

»Ihr habt das Fleisch unserer Gäste weggefuttert«, sage ich zu meinen Jungen, kann mir aber ein kleines Lächeln nicht verkneifen.

»Die Bonzen sind doch dick genug, die brauchen kein Fleisch«, sagt einer der Burschen und grinst mich an, weil ihm meine Ironie nicht entgangen ist. Die anderen kichern in sich hinein. Tröbel hat inzwischen mitgekriegt, wo das Fleisch geblieben ist. Er zischt mir zu:

»Ihre Bengels haben es verschlungen. Das ist eine Riesenschweinerei. Lassen Sie die Burschen nach dem Essen mal bei mir antanzen!« Ich sage den Jungs Bescheid. Jetzt vergeht ihnen das Lachen. Tröbel geht auf den

Tisch der Inspektions-Kommission zu und entschuldigt sich buckelnd mit stammelnden Worten:

»Es tut mir Leid, aber gerade heute reicht das Fleisch nicht aus.« Er dreht und windet sich, reibt seine Hände ineinander und ist peinlich berührt. Die Dame und die Herren Inspektoren ziehen ein betretenes Gesicht, vermischen das Möhrengemüse mit den Kartoffeln und essen trotzdem mit gutem Appetit. »Das macht doch nichts«, sagt einer der Herren, »wir kommen auch ohne Fleisch aus.«

Die Jungen meiner Gruppe versammeln sich im Büro des Heimleiters. Sie stehen wenig schuldbewusst in einer Reihe und harren des Donnerwetters, das da über sie kommen soll. Tröbel schaut sie wutentbrannt an, läuft vor ihnen auf und ab, wie er es immer tut, wenn er aufgeregt ist. Dann bleibt er plötzlich ruckartig vor der Jungengruppe stehen und wettert los:

»Was habt ihr euch eigentlich dabei gedacht! Warum habt ihr das Fleisch unserer Gäste aufgegessen?«

»W…, wir … hatten Hunger.«

»So, so, ihr hattet Hunger. Da habt ihr euch ausgerechnet das Fleisch vom Teller des Gästetisches geholt. Na, schön!« Tröbel erinnert sich seines großen Vorbilds Makarenko, der in so einer Situation schon einmal gewesen und mit einer seltsamen Methode Erfolg gehabt hatte. Er kann sich aber nicht mehr genau an diesen Vorgang, nur an die Wirkung erinnern. Was tun? Einige Sekunden vergehen. Tröbel überlegt krampfhaft. Schließlich holt er hinter seinem Schreibtisch eine dicke Salami hervor, die er hintenherum aufgetrieben hat und die für das separate Abendbrot mit seinen Gästen bestimmt war. Nun ist es eh egal, wenn es auch keine Wurst mehr gibt. Er reicht sie den Übeltätern mit den sarkastischen Worten:

»Nun, da habt ihr die Wurst! Wenn ihr solch großen Hunger hattet, dann werdet ihr noch nicht satt sein. Bitte, esst nur tüchtig und lasst es euch schmecken!« Tröbel hofft natürlich stark, dass die Jungen die Wurst beschämt zurückgeben werden, aber die denken gar nicht daran. Seelenruhig beginnen sie die Wurst zu verteilen und genüsslich zu verzehren. Tröbel sieht das mit Entsetzen und schreit:

»Los, raus hier!« Die Jungen ziehen ab, kauend und mit vollen Backen. Der eine hat noch den letzten Zipfel der Wurst in die Hosentasche gesteckt. Draußen lachen sie sich ins Fäustchen. Ich erfahre von Tröbels umwerfender Methode und muss kräftig mitlachen.

Makarenko hatte einst einem Jungen, der Brot aus der Küche gestohlen hatte, öffentlich vor dem Fahnenappell ein Brot gegeben, das der vor versammelter Mannschaft aufessen sollte. Doch dieser gab es beschämt zurück, wurde aber nicht bestraft. Die Demütigung vor seinen Komsomolzen war Strafe genug.

Nach diesem Zwischenfall muss der Heimleiter bei der Frau von der Abteilung Finanzen erscheinen. Im Haushaltsbuch kann die Verpflegung

der Heimleiterfamilie nicht nachgewiesen werden.
»Sie sind doch vier Personen«, ereifert sich die Frau, »und haben doch sicher an der Heimverpflegung teilgenommen?«
»Ja, aber meist nur am Mittagessen.«
»Ob Mittagessen oder Vollverpflegung, es hätte alles über die Bücher gehen müssen, Herr Tröbel. Da haben Sie jahrelang an der Heimverpflegung teilgenommen und keinen Pfennig bezahlt?« Die Kollegin schüttelt tadelnd den Kopf. »Zehn Jahre auf Kosten des Staates gelebt!«
»Da ist meine Frau zuständig«, versucht Tröbel sich herauszureden und wird ganz blass.»Sie sind der Heimleiter und für alles verantwortlich. Bitte, unterschreiben Sie hier!« Tröbel unterschreibt mit zittrigen Fingern. Er wird ungnädig entlassen und fürchtet das Schlimmste. Wie konnte er nur so dumm und leichtsinnig sein.

Am Freitag Abend ist der große Moment der Inspektionsauswertung. Der Vorsitzende der Kommission, Genosse Bölke, sitzt an der Stirnseite des großen Tisches, auf dem Platz, den sonst der Heimleiter einnimmt. Die anderen Inspektionsmitglieder haben sich links und rechts neben ihn postiert. Alle haben vielsagende und ernste Gesichter aufgesetzt. Tröbel sitzt hochroten Kopfes, diesmal ohne seinen weißen Kittel, am Ende des Tisches, dem hohen Herrn gegenüber. Allein das ist schon ein schlechtes Omen. Genosse Bölke räuspert sich und ergreift das Wort:

»Am Anfang meiner Ausführungen möchte ich feststellen, dass wir das Heimleben im Spezialheim gründlich kennen gelernt haben. Dank der Abteilung Volksbildung und des Rates des Kreises, dank unserem sozialistischen Staat konnte das Heim um-, ausgebaut und eingerichtet werden, um seinem Charakter als Kinderheim zu entsprechen. Dieses Ziel, so konnten wir uns überzeugen, ist auch erreicht worden. Die Kinder sind ordentlich untergebracht, die entsprechenden Räume genügen den Anforderungen, und die Erzieher geben sich große Mühe bei der Arbeit, um den hohen Maßstäben unseres sozialistischen Erziehungszieles gerecht zu werden. Wenn auch nicht zu übersehen ist, dass in der politsch-ideologischen Arbeit noch Reserven liegen. Dem gesellschaftlichen Auftrag, die Kinder zu einem klassenmäßigen Standpunkt zu erziehen, muss das Kinderheim noch besser gerecht werden. Als schwerwiegende Verfehlung betrachten wir natürlich die Republikflucht der Kollegin Falk. Wir meinen auch, dass durch den Heimleiter der Umgang mit den Menschen in diesem speziellen Fall nicht feinfühlig genug gewesen ist. Mit entsprechendem Eingehen auf die Gefühle, Sorgen und Nöte der Kollegin, hätte diese Handlung vermieden werden können.«

Jetzt denke ich bangend, dass der Herr Inspektor mir die Sache mit dem Schundheft vorwerfen wird. Mit hochrotem Kopf sitze ich da und warte auf die blamable und niederschmetternde Mitteilung. Doch der Herr geht in großzügiger Weise darüber hinweg, fährt in seinen Ausführungen fort:

»Wir verweisen auch auf die peinliche Sache mit der Wandzeitung und die Unregelmäßigkeiten in den Büchern des Heimes. Das hat uns in Absprache mit dem Schulrat bewogen, den Kollegen Tröbel in ein anderes Heim zu versetzen. Der Genosse Flink wird ab sofort kommissarisch als Heimleiter eingesetzt. Trotzdem möchten wir dem Kollegen Tröbel für seine langjährige Tätigkeit danken. Es tut uns Leid, dass wir zu so einem folgenschweren Entschluss kommen mussten. Wenn es im Zusammenhang mit dieser Entscheidung noch Fragen gibt, bin ich bereit darauf zu antworten.«

Fragen gibt es genug, aber sie bleiben uns Erziehern im Halse stecken. Tröbel ist vollkommen geschlagen. Er schluckt schwer und krampft seine Hände ineinander. Hat er es richtig vernommen, haben sie ihn nicht gerade und urplötzlich als Heimleiter abgesetzt, oder hatte er sich nur verhört? Und sie haben ihn bei der Mitteilung nicht als ihren Genossen bezeichnet. Jetzt ist er nur der Kollege, mit dem man umspringen kann wie es den Herren beliebt, den man fallen lassen kann wie ein rostiges Stück Eisen. Wenig später muss er noch vor der Kommission intern Rechenschaft ablegen, weiß sich aber auch dort nicht zu rechtfertigen. Seine gestammelten Entschuldigungen und vage vorgetragenen Rechtfertigungen, die er nur als flüchtige Versäumnisse abtun möchte, rufen bei der gestrengen Kommission nur ein mitleidiges Lächeln hervor. Als die Kommission gegangen, zieht er sich in seine Wohnung zurück und weint bitterlich. Zu seinen kleinen Verfehlungen kommt nämlich noch eine große hinzu, die ihm nur persönlich mitgeteilt worden ist: Er hat nämlich in seinem Fragebogen vor der Einstellung im Heim verschwiegen, dass er in den letzten zwei Kriegsjahren der Waffen-SS angehört hatte. Schon zwei Tage später muss er ausziehen. Und er wird auch nicht in ein anderes Heim versetzt, sondern muss sich in der Produktion bewähren, bis geklärt worden ist, dass er nicht an Kriegsverbrechen teilgenommen hat. In solchen Fällen kannten die oberen Dienstbehörden keinen Spaß, da gingen sie gnadenlos vor.

Die Absetzung des Heimleiters ist ein derber Schlag für die Erzieher und Kinder. Für uns ist er trotz aller Macken, mit denen er uns regelrecht geplagt hat, ein fähiger Mann gewesen. Er hat Geld unterschlagen, ist die allgemeine Rede. Von den letzten Enthüllungen erfahren wir nur hintenherum. Unbehagen macht sich breit. Uns schaudert vor der Macht des Staates, der einen emporheben, aber auch in den Abgrund schmettern kann. Wenige Wochen später erfahren wir, dass Tröbel mitten auf der Straße zusammengebrochen ist. Ein Herzversagen hat seinem Leben ein Ende gemacht. Er hatte es nicht verkraftet, was mit brachialer Gewalt auf ihn eingestürmt war. Wenige Wochen genügten, ihn ins Straucheln zu bringen, zum endgültigen Absturz.

Meine Zeit hier geht langsam zu Ende. Heimfahrt zu Weib und Kind, ein paar Wochen ausspannen, bevor ich wieder einsteige. Die Arbeit in dem Spezialheim möchte ich aber nicht missen. Sie war das pädagogisch-psychologische Handwerk für mich, worauf ich aufbauen konnte. Die geschundenen Kinderseelen wieder aufzurichten, ihnen den Weg in eine neue Zukunft ein wenig zu ebnen, hat mich um einige Lebenserfahrungen reicher gemacht. Und trotzdem fällt der Abschied schwer. Ein Abschied von Kindern einer geschlagenen Generation.

Von Kindern und Jugendlichen, die mein Leben für eine absehbare Zeit bestimmten, die mich erfahren ließen, wie man sich in einer schweren Zeit behaupten kann. Ich breche die Brücken ab, die mich reicher und selbstbewusster gemacht haben. Bedauernd nehme ich Abschied von den Kindern, die als schwer erziehbar eingestuft worden waren. Sie waren es im Grunde nicht. Schwer waren die Zeit und die Umstände, die familiären Verhältnisse, das gespaltene Land, die gesellschaftlichen Gegensätze. Die Kinder brauchten eine neue Orientierung, neue Bezugspunkte und eine Perspektive. Ob wir sie ihnen geben konnten, wage ich zu bezweifeln.

Meine Jungengruppe hat mich eingekreist und will mich nicht gehen lassen. Der kleine Klaus hängt sich in meine Hand, drückt sie und schaut bittend zu mir auf:»Können Sie denn nicht hierbleiben?«Ich muss ein paar Tränen unterdrücken, fasse diese kleine Hand fester und gehe den Feldweg zur Bahnstation, umringt von einer Schar Kinder. Sie haben mir mein weniges Gepäck aus den Händen genommen.

»Schreiben Sie uns mal«, bedrängen mich ein paar traurige Stimmen. Ich habe Mühe, meine Tränen nicht sehen zu lassen. Als ich in dem Vorortzug ans Fenster trete und die winkenden Kinderhände sehe, verschwimmt alles vor meinen Augen. Langsam entschwindet auch das Brandenburger Land meinen Blicken. Der kleine Turm des Schlosses blinkt noch einmal zwischen den hohen Pappeln hindurch auf. Dann sehe ich bald die große, geteilte Stadt vor meinen Augen. Ich wende mich ab und schaue nach vorn.

11 WIEDER IN THÜRINGEN

Das Thüringer Land hat mich wieder. Es scheint, als ob die Berge mich huldvoll empfangen wollten. Sie lächeln mir zu in erhabener Größe und Schönheit. Das Dorf liegt flimmernd in der Sommerhitze im vertrauten Tal. Über den Berg führt noch der gleiche Weg mit ausgewaschenen Spurrinnen, und die alte Stolperstraße hat noch die gleichen Löcher. Die grüne Pracht der alten Buchen und Eichen spendet kühlen Schatten und lädt zum Verweilen ein. Doch es zieht mich nach Hause zu Frau und Kind, zu den Eltern und Geschwistern.

Ein froher Empfang. Der Sohn scheint gut zu gedeihen von der Ziegenmilch, die ihm seine Großmutter einverleibt. Der Vater scheint noch kränker geworden. Seine Wangen sind eingefallen, er ist abgemagert. Mit tiefen Atemzügen versucht er, etwas mehr Luft zu schöpfen. Die Knochenarbeit des Uranbergbaus von Oberschlema scheint ihren Tribut zu fordern.

Urlaub und Ausspannen ist Fehlanzeige. Das Studium nebenbei fordert mir viel ab. Ich schlage mich herum mit der Pädagogik, Psychologie, Methodik, mit marxistisch-leninistischer Philosophie und dem dialektischen und historischen Materialismus. Um das Letztere zu verstehen und aufzunehmen, muss man es dialektisch betrachten.

Die Rede ist ja, ja und nein, nein. Unterm Strich müssen Sozialismus und Kommunismus herauskommen, die Überwindung des Kapitalismus als Ziel der internationalen Arbeiterklasse. Natürlich sei das kein Dogma, so betonen unsere Dozenten, sondern Anleitung zum Handeln. Also handeln wir schon im Studium und tragen bei zum Sieg der Arbeiterklasse über den Kapitalismus. Nur wissen wir noch nicht wie und worin unser Handeln besteht. Vorerst ist unser Handeln nur rein theoretischer Natur.

Unsere beiden Zimmer im Obergeschoss müssen renoviert werden und am Haus und im Garten ist einiges zu tun. Mit viel Mühe kann ich etwas Gips beschaffen, um die Löcher zu verputzen. An Tapeten ist nicht zu denken. Von einem Klassenkameraden, der Maler gelernt hat, borge ich mir einen Farbroller, fahre mit der Gummiwalze über die geweißten Wände. Recht und schlecht zeichnet sich ein blaues, an einigen Stellen helleres und an anderen wieder dunkleres Muster ab. Ob heller oder dunkler, es ist wenigstens ein Muster, das die Tapeten ersetzt und die Wohnung etwas freundlicher macht. Vor unserem Haus fließt der kleine Aubach wie eh und je, etwas kleiner zwar als der Fluss in der alten Heimat, aber sein Rauschen ist neue Heimatmelodie. Die gemauerten Brückenwälle sind ausgewaschen vom Hochwasser. In Gummistiefeln wate ich im Wasser umher und bessere die Löcher aus.

Wir legen das letzte Geld zusammen und kaufen uns ein Radio, hören die neuesten Nachrichten, erfahren, dass Bertold Brecht in Moskau den internationalen Stalin-Friedenspreis erhalten hat. Abends sitzen wir vor dem Rundfunkgerät und lauschen den Hörspielen. Der Kleine schreit, er will nicht allein im Bettchen liegen. Seine Mutter hat ihn zu sehr verwöhnt.

Wir sind verheiratet, standesamtlich, aber das zählt nicht für meine christlichen Eltern. Für sie zählt nur eine kirchliche Trauung. Täglich liegen sie uns damit in den Ohren: Kirchliche Trauung, wie es sich für Christenmenschen geziemt. Das muss einfach sein, da wir ja unter ihrem Dach leben. So wie bisher sei das doch nur mehr oder weniger eine wilde und heidnische Ehe. Und unser Sohn kann bei dieser Gelegenheit gleich getauft werden. So wächst er doch als kleiner Heide auf. Herta, meine Schwester, die sich nach Drüben aufgemacht hatte, ist auch noch nicht kirchlich verheiratet. Das wäre doch gleich ein Abmachen. Briefe fliegen hin und her. Pfarrer Krieger wird eingeschaltet, doch meine Schwester will nicht in die Kirche gehen. Sie fürchtet, nicht genügend beachtet zu werden, da sie der Kirche und dem Ort den Rücken gekehrt hatte. Ich gestehe, dass auch ich nicht gerade begeistert davon bin. Aber Pastor Krieger macht auch eine Haustrauung.

Die Schwester kommt zu Weihnachten mit ihrem Mann Josef. Der Haustrauung und der Taufe steht nichts mehr im Wege. Krieger baut einen kleinen Altar im Wohnzimmer auf. Er will die Zeremonie so haben wie in der Kirche. Er hat seinen Hitler-Schnurrbart abrasiert, macht einen viel glatteren Eindruck. Schließlich überredet er uns noch, das Heilige Abendmahl einzunehmen. Wir seien schon so lange weg aus seinem Kirchspiel, und er würde sich freuen, uns als seine Schäfchen wieder aufnehmen zu können. Wir sind froh, als die Prozedur zu Ende ist. *Was Gott zusammengefügt, soll der Mensch nicht scheiden.* Eine kleine Feier schließt sich an. Die Eltern sind zufrieden. Nun sind wir auch vor Gott verbunden.

Die II. Parteikonferenz der SED kann feststellen, dass die politischen und ökonomischen Bedingungen sowie das Bewusstsein der Arbeiterklasse und der Mehrheit der Werktätigen so entwickelt worden seien, um nunmehr den planmäßigen Aufbau der Grundlagen des Sozialismus ausbauen und fortführen zu können. Die Richtlinien entsprechen dem Leninschen Plan des sozialistischen Aufbaus in der Sowjetunion. Diesem Ziel untergeordnet ist eine territorialadministrative Gliederung, die das schöne Thüringen in drei Bezirke zerreißt. So ist es besser möglich, die sozialistische Entwicklung zu steuern und Einfluss zu nehmen, sagt der von der Kreisleitung für das Dorf abgestellte Funktionär. Kreisleitungen der Partei und Räte der Kreise arbeiteten nun parallel nebeneinander. Eine Vielzahl von Organisationen und Kommissionen wird neu gegründet und ausgebaut. Der umfassende Aufbau des Sozialismus auf breiter Basis ist eine der vordringlichsten Aufgaben. Der Sozialismus nach dem Vorbild der großen Sowjetunion. Nein, kein Abklatsch, weil die SU mit ihren großen praktischen Erfahrungen uns als Grundmodell dienen soll. Wir gehen einen eigenen Weg zum Sozialismus unter den spezifischen Bedingungen wie sie in der DDR herrschen gemeinsam mit der großen Völkerfamilie, die ein gutes Stück weiter gekommen sei, sich zu einem Weltsystem zu entwickeln. Mit der völkerrechtlichen Anerkennung der Oder-Neiße-Grenze wird die Rückkehr der Vertriebenen ein für alle Mal ausgeschlossen. Wo hätten sie auch hin sollen, da ihre Häuser und Wohnungen, ihr Land und all ihr Besitz in polnische und russische Hände übergegangen. Aus Resignation über den Verlust der Heimat entspringt nach und nach Integration und aktive Mitarbeit beim sozialistischen Aufbau. Die Vertriebenen, halt die *Evakuierten* – das Wort Vertriebene war in der DDR tabu, es durfte nicht gebraucht werden – werden einbezogen in die Gemeinderäte und Kommissionen. Sie entwickeln sich zu Leitungskadern und Parteimitarbeitern. Aus Vertriebenen werden gleichberechtigte Partner, deren Erfahrungen der neuen Entwicklung zugute kommen. Beruft sich aber einer auf die Gepflogenheiten, auf die Art und Weise der Tätigkeit *zu Hause*, wird gleich abgeblockt:

Hier ist nicht Schlesien und nicht Ostpreußen, hier sind wir in Thüringen und Thüringen ist ein Bestandteil der DDR. Vertriebener zu sein, als Evakuierter oder Umsiedler bezeichnet zu werden, sind heikle Worte, die man nicht gerne betont und die mehr und mehr in den Hintergrund treten.

Auch im Schulwesen entwickelt sich die sozialistische Umgestaltung mit rasanten Schritten. Das Einheitliche Sozialistische Bildungssystem mit seinem Hauptinhalt, die Kinder und Jugendlichen zu allseitig gebildeten sozialistischen Persönlichkeiten zu erziehen, erfordert planmäßiges Vorgehen und Gestalten. In Schwerpunktgebieten von Industrie und Landwirtschaft entstehen Zehnklassenschulen.

In Gedichten, Liedern, Erzählungen und zum Teil in Romanen suchten Johannes R. Becher, Willi Bredel, Anna Seghers und andere Schriftsteller die neue sozialistische Wirklichkeit zu erfassen. Eduard Claudius gestaltet zum ersten Mal in der Geschichte der deutschen Literatur die *befreite Arbeit* des Menschen in dem Roman *Menschen an unserer Seite*. Und auch Erwin Strittmatter meldet sich zu Wort mit seinem *Ochsenkutscher*. Mir gefällt der Roman sehr gut, das schwere Leben des Lope Kleinermann, von dem er so viel erwartet, dem er immer wieder hinterher rennt, das ihn einholt und überholt und dem er auf seine Art widersteht. Nur von den Dichtern und Autoren im westlichen Teil Deutschlands hören wir nichts. Von denen sind und bleiben wir isoliert und abgeschnitten. Kein Wort von Lenz, von Böll und Grass, viel weniger ein Buch. So können wir nicht vergleichen und uns kein realistisches Bild machen. Erst später nach der großen Wende erfahre ich schmerzlich, was mir an Literatur entgangen ist. Eine bedeutende Aufgabe bei der gesellschaftspolitischen Erziehung kommt der Pionierorganisation Ernst Thälmann zu. Der Schulrat bestellt mich zu einer Aussprache und erteilt mir einen wichtigen Auftrag; nämlich als Freundschaftspionierleiter an einer Schule zu arbeiten. Bisher war ich mehr oder weniger ein Springer, der dort als Erzieher eingesetzt wurde, wo wieder einmal einer den Weg auf die andere Seite gegangen war. Eine *Freundschaft*, das ist eine die Schule oder eine andere Institution betreffende große Gemeinschaft von Kindern, die der Pionierorganisation Ernst Thälmann angehören. Besonders wichtig wäre dabei, dass ich als Kandidat der SED diese Aufgabe verwirkliche, denn in dieser Schule seien von 300 Schülern nur 29 Mitglied der Organisation. Insofern ist er human und drängt mich nicht so sehr, aber ich solle mir das schon mal überlegen, wo ich stünde. Und überhaupt gebe es nur eine Alternative als sozialistischer Erzieher: nämlich in den Reihen der Genossen zu stehen und nicht abseits. Da ist er wieder, der Pferdefuß. Ganz offen schaut er aus der Agitation hervor. Im Kinderheim habe ich mich nicht entschließen können, und auch jetzt bin ich noch nicht so weit. Ich bitte mir Bedenkzeit aus, um etwas Zeit zu gewinnen. Aber sie werden mich nicht in Ruhe lassen, das zeichnet sich bereits deutlich ab. Mir fehlt auch das nötige Rüstzeug für die Verwirklichung der Aufgabe, als hauptamtlicher Pionierleiter zu arbeiten. Eine Aspirantur in einer Stadtschule wird mir für sechs Wochen angetragen. Dort arbeitet die hauptamtliche Pionierleiterin Angela bereits seit einigen Jahren überaus erfolgreich. Bei ihr soll ich lernen wie man die Sache anpackt. Angela kann alles, was nötig ist, die Kinder im sozialistischen Sinn zu bilden und erziehen zu können: Sie spielt Gitarre, kann ein Lied aus Noten zum Singen und Klingen bringen, zeichnet, malt und werkelt, hat ein humorvolles und freundliches Wesen und natürlich den entsprechenden Klassenstandpunkt. Bei den Kindern ist sie sehr beliebt. In jeder Pause ist sie von einem Schwarm blauer Halstuchträger umringt. Am nächsten Pioniernachmittag musizieren wir schon gemeinsam mit Akkordeon und Gitarre: *Dem Morgenrot entgegen, ihr Kampfgenossen all ...* Das Lied kenne ich natürlich. Es klappt auf Anhieb. Angela mag viel lieber englische Lieder, spanische, italienische und amerikanische Songs. Wir versuchen uns mit *We shall overcome* in D-Dur: *We shall over come some day for deep in my heart. I do believe: We shall over come some day … we'll walk hand in hand,* mit *My Bonnie, Spaniens Himmel breitet seine Sterne über uns're Schützengräben aus,* mit *Bella Tschau* und *Avanti Popolo Bandiera Rossa*… Überhaupt spüren wir, dass solche Lieder den Kindern genauso liegen wie Pionierlieder, vielleicht noch besser. Schon bald sammelt sich um uns eine kleine Singegruppe. Mit Angela macht alles Spaß. Sie kann die Kinder begeistern und mitreißen. Von Angela lerne ich, dass man erst selber brennen muss, um andere entflammen zu können. Mit einer großen Portion Enthusiasmus gehe ich nach sechs Wochen an meinen neuen Wirkungsplatz zurück. Ich will so arbeiten, wie ich es bei Angela gelernt habe. Der Empfang beim Direktor ist freundlich, ich werde schon sehnlichst erwartet. Herr Stelzer weist mich ein und erwartet selbstständige Arbeit. Auf dem Tisch im Lehrerzimmer liegt eingerahmt die Erinnerung an die letzte Pionierleiterin – ein Urlaubsantrag. Danach wurde sie nicht mehr gesehen. Stelzer lächelt mit breitem Gesicht und glaubt nicht recht, mit mir einen besseren Griff getan zu haben. Das Nachbardorf, die Schule in Bernsrode, ist nun mein neuer Wirkungskreis. Die Schulpionierorganisation steckt noch in den Kinderschuhen, keine gewählte Leitung, weder Ausweise noch Gruppenpionierleiter, die mit den Kindern arbeiten. Das blaue Halstuch mit den drei Zipfeln, die die Einheit von Schule, Pionierverband und Elternhaus symbolisieren, ist noch im Hintertreffen. Das Elternhaus hinkt der Einheit weit hinterher, ja, es steht dieser vorerst noch entgegen. Walter Hanke, der Vorsitzende der Pionierkreisleitung, gibt mir zu verstehen, dass ich ganz von vorn anfangen müsse. Ich müsse beispielhaft vorangehen, die Kinder durch Sport und Spiel begeistern und für die Organisation gewinnen. Mit dem Erwartungsdruck werde ich fertig, aber ich lasse mir nicht alles vorschreiben. Nur mit eigenen Ideen, dem, was ich selbst entwickelt habe, kann ich am besten arbeiten. Ich muss Verbündete finden, Lehrer als Gruppenpionierleiter gewinnen, die Selbsttätigkeit der Kinder entwickeln und stärken, selbst mit dem katholischen Pfarrer reden, um voranzukommen. Manchmal frage ich mich, ob die Kinder erst in der Organisation sein müssen, um aus ihrer Uninteressiertheit herausgeholt zu werden. Noch ist mir der politische Hintergrund nicht ganz klar, aber was kann man bei den Kindern schon verderben, wenn man ihre Freizeit organisiert und gestaltet. Noch sind die Appelle nicht einseitig politisch ausgerichtet, noch gibt es genügend Freiraum und ein weites Betätigungsfeld. An willigen und initiativreichen Mitstreitern ist bald kein Mangel. Aus Nordhausen kommt ein Lehrerehepaar. Herr Stelzer geht zur Abteilung, übernimmt die Fachkommission Unterstufe. Herr Eberhard wird neuer Direktor, seine Frau ist für den Musikunterricht zuständig. Eine Volkstanzgruppe entsteht unter ihrer Leitung. Wir können die Kinder, die mitmachen wollen, gar nicht alle fassen. Oben unterm Dach richten wir ein Pionierzimmer ein. Ich schreibe ein kleines Theaterstück, von der giftigen Hexe, die alle Kinder anhält, nicht zu lernen und sie dumm machen will. Der Saal in der Bahnhofsgaststätte ist übervoll. Helmut, das kleine Schauspielertalent, spielt die Hexe so echt und überzeugend, dass er Beifall auf offener Szene erhält. Derselbe Helmut, der später auf tragische Weise bei der Volksarmee ums Leben kommt. Eines Abends hat er den Ausgang überschritten. Einige munkeln; er hätte den Stress und die Gängelei in seiner Einheit nicht länger ausgehalten und sich absetzen wollen. Große Aussprache vor dem Bataillonskommandeur. Eine Bestrafung droht. Sie versuchen ihn zu erpressen. Wenn er unterschreiben würde, länger zu dienen, könne von einer Bestrafung absehen werden. Helmut fühlt sich in die Enge getrieben, weiß nicht mehr ein noch aus. Bei der nächsten Gelegenheit schießt er sich fast alle Kugeln des Magazins der Kalaschnikow in den Kopf. Ein junges Leben – was zählt es in einer Zeit der Auseinandersetzung zwischen Hüben und Drüben, in einer Zeit, in der der Kalte Krieg eskaliert. Helmut sitzt als Hexe verkleidet vor dem Spinnrad und krächzt: *Rädchen, Rädchen, summ, summ, summ, mache alle Kinder dumm...!* Riesenapplaus. Die Eltern sind begeistert. Als die kleine Hildegard die Moritat von der Jule Julischkat, die nicht mehr zur Schule gehen wollte, mit ihrer hellen und schönen Stimme vorträgt, gibt es Sonderapplaus. Ein Mitarbeiter der Kreisleitung ist anwesend, bestätigt mir, dass ich auf dem richtigen Wege sei. Ich fühle mich etwas geschmeichelt und gehöre bald zu den Avantgardisten unter den Pionierleitern.

Fußball nach der WM 1954 ist die große Leidenschaft. Der Sieg der bundesdeutschen Nationalmannschaft unter Sepp Herberger und mit Fritz Walter ist auch unser Sieg. Wir identifizieren uns voll und ganz mit den elf Sternen, die hell am Fußballhimmel Deutschlands strahlen, ein wenig zum Unwillen der Funktionäre. Unsere Schüler-Fußballmannschaft, die ich aufgebaut habe, wird in Erfurt beim großen Pioniertreffen Bezirkspokal-Sieger. Sie besiegt Turbine Erfurt im Endspiel klar.

Günter Jahn, Torwart der Erfurter Oberligamannschaft und Trainer der Erfurter Schülerstare, ist völlig geschlagen. Als Manfred, unserer Libero, das 3:0 von der Mittellinie erzielt, flippt er ganz aus und verlässt den Innenraum. Der Fanfarenzug unserer Schule unterstützte die Mannschaft mit ohrenbetäubendem Lärm. Er ist auch aus dem dörflichen Leben nicht mehr wegzudenken. Noch hapert es etwas am Takt, weil die kleinen Füße etwas zu schnell sind, aber bald haben wir uns eingespielt. Das ganze Dorf steht Kopf nach unserem großen Erfolg.

Wir sammeln Altpapier und Schrott, pflanzen Bäume und Sträucher, organisieren die Timurhilfe (Gesellschaftsnützliche Arbeit, u. a. Hilfe für alte Leute), fahren nach Buchenwald und ins Ferienlager. Im Wald des Lindei schlagen wir ein großes Zelt auf. Acht Tage wollen wir uns selbst versorgen, nicht nach Hause gehen, ein Abenteuer in zivilisierter *Wildnis* erleben. Nachts streifen wir durchs Gelände, spielen Gespenster, erzählen uns Räubergeschichten im Zelt. Romantik pur und Zerstreuung im zweiten Jahrzehnt nach dem Krieg. Es versteht sich, dass wir auch an Appellen teilnehmen und an Agit-Prop-Einsätzen.

Unser Fanfarenzug

Wir sind die jüngsten Helfer der Partei – Für Frieden und Sozialismus, seid bereit! – heißen zwei der wichtigsten Losungen. Die letztere ist zum Gruß der Jungen Pioniere auserkoren worden. Für Frieden und Sozialismus ist mit vielen Verpflichtungen verbunden, doch der Gruß wird zu einer allgemeinen Floskel wie *Guten Tag* oder *Auf Wiedersehen*.

Über die Partei machen wir uns nicht allzu viel Gedanken, doch die Partei mehr um uns. Denn *die Partei, die Partei, die hat immer Recht...* Ihr müsst mit eurer Agitation öffentlichkeitswirksamer werden, fordert uns der Ortsparteisekretär auf. Und wir werden es, bilden eine Agit-Prop-Gruppe, gehen mit Sprechchören von Haus zu Haus:

Hab'n se nich noch Altpapier, liebe Oma, lieber Opa, klinge-ling, ein Pionier steht hier, klinge-ling ein roter... Die alten Leute freuen sich über unseren lustigen Spruch, stellen Altpapier, Flaschen und Gläser schon vor dem Haus bereit. Und diese Dinge sind wichtig für die Verbesserung der Rohstoffversorgung der Volkswirtschaft. Höhepunkt aber ist die jährliche große Schrottsammlung. Was da zusammenkommt, gleicht dem Bombardement einer Eisenfabrik. Die Knirpse freuen sich, wenn der Haufen wächst und wächst, nur manchmal kommt ein Vater und holt wieder etwas weg, weil es noch zu gebrauchen ist.

Die Einbeziehung einiger größerer Bauern in die LPG macht noch immer Schwierigkeiten. Wir ziehen vor die säumigen Gehöfte. Das Komsomolzenlied haben wir etwas umgedichtet: *Landwirtschaft und Industrie, produzieren wie noch nie. Bauer, der so lange schlief, schafft jetzt mit dem Kollektiv. Jeder Bauer ist ein Schlauer, heja, heja hej, komm, tritt ein in die LPG!* ... Nachdem das Lied verklungen, tritt der säumige Bauer mit bösem Gesicht aus der Pfortentür. Er hat einen wütenden, riesigen Schäferhund am Halsband und kann ihn nur mühsam zurückhalten. Wir stehen noch da und wollen unser sinniges Lied noch einmal zum Besten geben.

»Wenn ihr das Lied vor meiner Tür noch einmal singt«, sagt er, »hetze ich den Hund auf euch!« Das macht uns nun doch Angst. Wir verziehen uns zum nächsten Bauernhof. Dort werden wir nur ausgelacht. Wenig später bleibt auch dem letzten Bauer nichts anderes übrig, als der LPG beizutreten.

Ein Bauernsohn aus Kulischno, in der Nähe von Smolensk, startet im April 1961 zum ersten bemannten Weltraumflug mit dem Raumschiff *Wostok I*. Zwei Kosmonauten kamen für den Flug infrage: German Titow und Jurij Gagarin. German Titow ist ein Lehrersohn. Jurij Gagarin aber verkörpert das kommunistische Ideal. Er kommt aus dem Volk und widmet seine Tat dem Volk. Das Neue Deutschland schreibt von einer beispiellosen Tat für den Frieden und die Menschheit. Jurij schwelgt aus dem Orbit: *Die Erde, wie schön!* Er löst eine unbeschreibliche Begeisterung aus. Die ganze Republik und besonders die Kinder und Jugendlichen sprechen nur noch vom Kosmos. Jurij Gagarin wird zum uneingeschränkten Vorbild und Idol, zum Held der Sowjetunion und des ganzen sozialistischen Weltsystems. Sieben Jahre später ist er tot. Bei einem Testflug mit einer neuen Mig abgestürzt. Die Sowjetmenschen können seinen Tod nicht begreifen, können nicht fassen, dass ihr Held nicht mehr lebt. Seine Urne wird an der Kremlmauer verewigt.

Die USA sind bei der Weltraumfahrt ins Hintertreffen geraten. Zuerst Sputnik I, der die Erde umkreist und seine Signale zur Erde sendet, dann Sputnik II mit der Hündin Laika, bei deren Tod die ganze Welt aufschreit, und schließlich er erste Mensch und Russe im All. Die Presse feiert diese Tatsache als Überlegenheit des Kommunismus über den Kapitalismus. Eine unbeschreibliche Euphorie bricht los.

Jurij Alexejewitsch Gagarin
✴1934 †1968

»Wir könnten ein Raumschiff bauen, was sagen Sie dazu?«,

tritt einer der Zwölfjährigen mit dieser ausgefallenen Idee an mich heran. »Na, dann los!«, sage ich, »fangen wir an.« Tagelang sitzen wir nachmittags in der Schule, bis das Raumschiff fertig ist. Es gibt fast nichts: Keinen Klebstoff, kaum Papier, keine Schrauben – die Jungs zwacken alles von Zuhause ab, teils aus alten Beständen. Beim großen Pionierfest ziehen wir mit unserer Wostok-Rakete voller Stolz durchs Dorf. Für uns ist das weniger ein Politikum, als die Freude am eigenen Geschaffenen. Bei uns darf jeder mitmachen, ob Jungpionier oder nicht. Das gefällt nicht jedem. Die Pionierkreisleitung will Zahlen sehen. Nun sind es schon Fünfzig, die zum Verband gehören, aber immer noch lange nicht genug. Das Haupthindernis ist die katholische Kirche und der Pfarrer. Er gibt den Eltern von der Kanzel den Rat, ihre Kinder von dem Pionierverband fernzuhalten. Noch nie hatte ich etwas mit einem katholischen Pfarrer zu tun. Warum nicht einmal mit ihm reden? Nur beim miteinander Reden können Missverständnisse beseitigt werden.

Pfarrer Claus empfängt mich reserviert, aber höflich. Wir trinken Kaffee zusammen. Er hat welchen aus dem Westen. Seine Pfarrei ist mit alten Möbeln ausgestattet. Bilder von Heiligen und ein großes Kruzifix hängen an der Wand. Eine friedliche und übersinnliche Stille umfängt mich, lässt mich erschauern. Ich schaue dem Mann in die Augen. Sie sind gütig und voll innerem Frieden. Eben väterliche Augen, aber ohne Strenge. So habe ich mir einen katholischen Geistlichen nicht vorgestellt.

Er hat schon viel von unserer Initiative gehört. »Es ist gut für die Kinder, wenn sie beschäftigt werden«, sagt er. »Ich aber stehe für ihr Seelenheil ein, das dürfen Sie nicht vergessen.« »Wir tun nichts dagegen«, erwidere ich. »Bitte tun Sie auch nichts dagegen, was wir tun. Ihre Kirche sagt: *Lasset die Kindlein zu mir kommen und wehret ihnen nicht.* Wir wollen auch, dass die Kinder zu *uns* kommen. Ich verspreche Ihnen, dass ich nichts tun werde, was ihrem Glauben entgegensteht.« »Das ist ein gutes Wort, sagt er. Sie scheinen ein Christenmensch zu sein.«

«Ja«, sage ich. »Ich bin getauft, konfirmiert und kirchlich getraut.« Das stellt ihn zufrieden. Pfarrer Claus spricht nicht mehr gegen die Pionierorganisation. In weniger als einem Jahr sind die meisten Kinder Mitglied unserer Organisation, bis auf einige wenige. Noch viele Jahre später, wenn ich dem Pfarrer begegne, zieht er seinen Hut vor mir – ich nicht, weil ich keinen trage. Aber wenn ich einen tragen würde, wäre es mir eine Ehre dies zu tun. Wir bleiben stehen, wechseln ein paar freundliche Worte. Er wünscht mir Gottes Segen.

Ich sprach von den Mitstreitern, die ich gefunden. Wenn ich hier einige Namen nenne, werden sich viele erinnern. Neben dem Ehepaar Eberhardt waren das Frau Hasse, die Russischlehrerin, Siegfried Wedekind, der kleine Mann mit dem großen Herzen für die Kinder und mit seinem großen Wissen und Können. Und auch der alte Herr Max Konratzki, ein Lehrer alter Schule, darf nicht vergessen werden. Nach anfänglicher Reserviertheit engagierte sich auch er. Allein mit seiner unumschränkten Autorität tat er der Schule gut. Wenn er auftrat, kam sofort Ruhe und Aufmerksamkeit ins Spiel. Und sein Rat war Gold wert. Hinzu kamen Fräulein Pörschke und die vielen tollen Kinder:

Herfried Jeschke, einer der besten Schüler und erster Freundschaftsratsvorsitzender. Hildegard Bley, die Moritatensängerin. Sie sang das Couplet von der Jule Julischkat: *Sieben Jahr alt war die Jule und drei Wochen ungefähr, als sie glaubte, dass die Schule nicht mehr nötig für sie wär...* Uschi Druselmann, Vroni Leibeling, Ursel Gunkel, die mit Begeisterung in der Tanzgruppe mitmachten. Manfred Senke, der im Endspiel in Erfurt von fünfzig Metern ein Tor erzielte. Hermann Bader, der die Idee mit dem Raumschiff hatte. Gisela Laufer, die mit ihrem Akkordeon dabei war. Rosemarie Wand, Christa Gaßmann, Annelie Kohl, Dieter Höch, Willibald Böck, der spätere Innenminister von Thüringen, Egon Hebestreit, Walter Liebergesell, Leonhard Hebestreit, der den Schlagball über achtzig Meter weit warf und der spätere Pionierleiter Georg Seeland, der alle mit seinem Gesang verzauberte:

Klassentreffen nach 25 Jahren mit den Pionieren von einst

Was kann schöner sein, viel schöner als Ruhm und Geld, für mich gibt's auf dieser Welt, doch nur dich allein... Sie waren immer um mich herum – möge mir einer verzeihen, den ich hier vergessen habe –, kamen mit neuen Ideen und Vorstellungen. Sie legten so viel Freude und Initiative an den Tag, dass ich sie manches Mal bremsen musste. Jeder Tag war ein Tag mit neuen Höhepunkten, mit neuen Initiativen. Jeder Tag war ein Tag voller Freude und Überraschungen. Es war einfach etwas los bei uns. Fast immer kam die Frage: Was machen wir morgen, wir könnten doch dies oder jenes tun. Langeweile war uns ein Fremdwort. Es gab kein Fernsehen und keine separaten Diskos nur für Jugendliche.

Alt und Jung waren aufeinander angewiesen. Wenn zum Tanz aufgespielt wurde, dann für alle. Kein Lehrer war sich zu Schade, mit den Kindern etwas zu unternehmen. Wenn wir untereinander – Lehrer und Schüler gemischt – auf dem Schulhof Fußball spielten, kam es manchmal vor, dass so ein Steppke einem Lehrer vor die Knochen trat, dass der die Englein singen hörte. Verschwitzt, mit hochrotem Gesicht trat der betreffende Kollege vor die Klasse, und schon ging er über zu Mathematik, Bio oder Chemie. Die Schule mit ihrem Pionierverband war eine einzige große Gemeinschaft. Noch nach 25 Jahren werde ich zum Klassentreffen eingeladen.

Die Pionierorganisation stellte vor allem das fleißige Lernen in den Mittelpunkt ihrer Arbeit. Dem Faulenzertum wurde der Kampf angesagt. Lenins Ausspruch: *Lernen, lernen und nochmals lernen* wurde zum allgemeinen Wahlspruch. Patenschaften über lernschwache Schüler wurden gern übernommen, immer weniger Schüler blieben sitzen. Das Pionieraktiv kümmerte sich um jeden, ließ keinen fallen. Selbst der aussichtsloseste Fall spornte an. Da wurde so lange nachgeholfen, kontrolliert und gedrängelt, bis Erfolge sichtbar wurden. Nicht einer, der diese Zeit missen möchte. Sie alle sind ihren Weg gegangen, manch einer einen sehr mühevollen und dornenreichen Weg, der nicht immer zum erhofften Ziel führte. Viele Hürden und Beschwernisse versperrten den Weg, aber meist wurden sie überwunden. Manch einer ist auf die andere Seite gegangen, in das andere Deutschland, aber keiner, der sich an diese Zeit nicht erinnern möchte.

Und schon fällt mir eine Episode ein aus dieser Zeit, die ich unbedingt einflechten muss. Trotz aller Mühen um das Versetztwerden und hin und wieder auch einmal einem ungerechtfertigen Durchschleppen eines notorischen Faulpelzes, der es dann doch nicht schaffte, kam die Anordnung des Schulrats, einen solchen Schüler nach Zeugnisausgabe nach Hause zu begleiten, um ein Ausrasten der Eltern zu verhindern oder eine andere Dummheit des sitzen gebliebenen Schülers.

Der besagte Schüler erhielt das Zeugnis mit dem Vermerk: *nicht versetzt*. Die leidige Mathematik war das Zünglein an der Waage, die eine Versetzung trotz aller Hilfen nicht möglich machte. Der Lehrer machte sich auch sogleich auf, um die Eltern zu beschwichtigen, aber als er das Elternhaus erreicht hatte, war der Schüler samt Zeugnis nicht da. Was war geschehen? Es wurde später Nachmittag und Abend, aber immer noch keine Spur des besagten Schülers. Der Lehrer und die Schüler machten sich schon Vorwürfe. Eine polizeiliche Suchaktion begann, die endlich Aufschluss brachte. Dieser in der Mathematik unbedarfte Vierzehnjährige hatte heimlich aus dem Schuppen sein Fahrrad herausgeholt und sich auf den Weg an die Grenze gemacht. Am Schlagbaum heulte er den Grenzern etwas vor, dass er sich verirrt habe und nun wieder heim in sein Dorf jenseits der Grenze wolle. Seine Eltern würden ihn schon vermissen. Einem der Grenzer tat der Junge leid. Er fragte nach der Telefonnummer der Eltern. Der *beklagenswerte* Bursche, in der Mathematik zwar nicht sehr bewandert, aber trotzdem mit einer Portion Schläue ausgestattet, nannte schnell die Telefonnummer seiner Patentante im Westen. Diese wurde angerufen, roch aber sogleich den Braten und bestätigte die Angaben. Da öffnete sich der Schlagbaum, und der Bursche gelangte ganz legal in den Westen. Den Eltern wurde nahegelegt, ihn zurückzuholen, doch der Vater sagte kategorisch: Der Junge ist alt genug das selbst zu entscheiden! Und so verblieb er im Westen und hat es trotz Mathematikschwächen zu etwas gebracht. Nur die Grenzer bekamen zu spüren, was Vertrauensseligkeit für Folgen haben kann. Sie wurden bestraft und strafversetzt.

Schon gleich, nachdem ich nach Hause gekommen war, hatte ich mich meinem alten Verein *Rot-Weiß* angeschlossen. Ich hatte zuletzt auf Rügen in der ersten Mannschaft der Bezirksliga ein paar Spiele gemacht, dann während meiner Tätigkeit im Kinderheim in Wahlskrug. Nun hatte ich geglaubt, gleich in die erste Mannschaft übernommen zu werden, aber weit gefehlt. »Du warst lange weg«, sagt der Sektionsleiter. »Bewähre dich erst einmal in der zweiten, dann werden wir sehen.« Ich bewähre mich, mache zwei, drei Spiele in der zweiten Mannschaft. Dann endlich, darf ich mich in der Ersten etablieren. Noch im selben Jahr werden wir Kreismeister. Wir fahren im offenen LKW nach Weimar zum Aufstiegsspiel. Zehn Zentimeter Schnee und sechs Grad unter Null.
Was sind das für Hinterwäldler, spotten die Weimaraner vom SV Empor. Als wir 5:1 gewinnen, spotten sie nicht mehr. Auf der Heimfahrt frieren uns fast die Füße an. Mit Gesang halten wir uns warm: *Auf grünem Rasen spielen wir, die Meisterschaft die holen wir. Wie hat's der Herr so schön gemacht, dass er das Fußballspiel erdacht.*

Das Fußballspiel steht so im Vordergrund, als ob es nichts Wichtigeres gäbe. Das Fernsehen stand noch am Anfang und nur wenig andere Sportarten waren zur Auswahl vorhanden, da war das Fußballspielen so bedeutend und einmalig, dass die Braut des Torhüters Schorsch mit Brautkleid und Schleier hinter dem Fußballtor stand. Und die Hochzeitsgäste ließen es sich nicht nehmen, bei dem Spiel zuzuschauen. Immer wieder stimmt Erwin ein neues Lied an. Erwin, eines der größten Originale, die das Dorf je hatte. Einfach ein außergewöhnlicher Mensch dieser

Zeit, immer hilfsbereit, für jeden ein freundliches Wort parat. Ein unermüdlicher Arbeiter, der sich für sein Kaliwerk und die Familie geschunden hat wie kaum ein Anderer. Und noch vor der Nachtschicht plagte er sich bei der Arbeit in der LPG.

Unsere Meistermannschaft. Der Autor fünfter von rechts

Mit weißem Stirntaschentuch stürzt er sich in die Schlacht. Kopfball fast unter der Grasnarbe, das ist sein Spiel. Erwin reißt alle mit. Siegen oder Untergehen ist seine Devise. Im Sommer 1970 stirbt er den Tod auf der F 80 Fernverkehrsstraße. Erwin, der Bergmann und verdiente Aktivist. Die Bergmannskapelle spielt für ihn zum letzten Mal das *Glück Auf, der Steiger kommt*. Das Licht, das Erwin vorantrug, mit dem er das Dorfleben erhellte, wird lange noch nachscheinen, bis der helle Schein vor den jüngeren Generationen einmal verblassen wird. Sie werden nie ermessen können, was die vor ihnen geleistet haben. Die Älteren standen noch im Krieg, lagen im Dreck an der Front und haben das Grauen selbst erlebt. Jetzt engagierten sie sich für das Neue mit ganzer Seele und vollem Herzen. Große Feier nach der Erringung des Kreismeistertitels in der Gemeindegaststätte. Diese hat inzwischen Norweger-Albert übernommen. Rechts oben neben der Theke hängt das große, eingerahmte Fußballbild mit den bundesdeutschen Weltmeistern von 1954. Darunter der Spruch:

Ewig strahlen diese elf Sterne am Fußballhimmel Deutschlands. Über Jahre hinweg ist dieses Bild so manchem strammen Funktionär ein Dorn im Auge gewesen, aber Albert hat es ihnen zum Trotz nicht abgenommen. Erst als ein neuer Wirt die Kneipe übernahm, war es zeitweise in der Versenkung verschwunden. Wir Ostdeutschen – Bürger der DDR –, die wir nun einmal waren, identifizieren uns noch bis in die achtziger Jahre mit dem bundesdeutschen Fußball. Wenn eine Mannschaft von *Drüben* gegen eine von *Uns* spielt, geht der bezeichnende Spruch: Heute spielen *Unsere* gegen *Diese* hier.

In fortgeschrittener Stimmung kramt der *Hamburger* sein Lied hervor. Hamburger nennen wir ihn, weil Alwin in der deutschen Kriegsmarine gedient hat und in Hamburg stationiert war: *Was nützet dem Kaiser die Krone, was nützet dem Seemann sein Geld, denn es kann doch nichts Schöneres geben, als in Hamburg ein Mädel für's Geld.* Der Hamburger mit der frohen Lache, die jeden ansteckt, hat noch Glück gehabt. Er kommt unbeschadet aus dem Krieg zurück. Ein Stück seiner Jugend hat man ihm genommen. Jetzt versucht er das Versäumte nachzuholen.

An der Theke steht das Mädel *Nicht-Doch* und schunkelt kräftig mit. Den Namen hat es von den zwei Worten, die es immer ausspricht, wenn ein Bursche etwas von ihm will. Das erste Wort heißt *nicht* und das zweite *doch*. Das zweite Wort hebt das erste auf, so kommen immer beide, Bursche und Mädchen, zu ihrem Recht.

Nachdem die Pionierorganisation in der Schule nicht mehr in den Kinderschuhen steckt, rückt mir die FDJ-Kreisleitung auf den Pelz mit neuen Forderungen. Im Dorf existiert noch keine Grundorganisation der FDJ. Das müsse sich schleunigst ändern. Ich rufe die Jugendfreunde zusammen. Es ist nicht schwer, sie zum Mittun in der Organisation zu bewegen. Sie sind ausgehungert nach kultureller Betätigung, nach Geselligkeit, nach Spiel und Tanz. Das, was sich unter der Hitlerdiktatur zugetragen hat, ist vergessen. *Freie Deutsche Jugend!* Was ist Verwerfliches daran? Wer hinterfragt schon in dieser Zeit, ob hinter den Bemühungen, die Jugend zu gewinnen, politisches Machwerk steckt. Die Jugend ist auch damals schon unkritisch, wenn sie nur ihren Spaß hat. Laienspiele, Heimabende und eine Tanzkapelle aufzubauen, ist unser nächstes Ziel. Unsere kleine FDJ-Grundorganisation hat aber keine Mittel. Um eine Tanzkapelle aufzubauen, bräuchten wir Instrumente. Die Gemeinde und LPG stellt uns einen Morgen Land zur Verfügung. Tabak bringt das große Geld. Abends tummeln wir uns auf dem Feld – die Pflanzen hat uns die kleine LPG gegeben.

Die Pflanzen setzen, behacken, die Blätter abnehmen, auffädeln und trocknen – eine Heidenarbeit. Über zweitausend Mark kommen so zusammen. Wir kaufen uns eine Trompete und ein Saxophon. Helfried, eng mit mir befreundet und Pionierleiter im Nachbarort, bekommt das Saxophon, ich mühe mich mit der Trompete, bis es den Nachbarn zu bunt wird. Hoch über dem Berg, verziehe ich mich in den Wald und verscheuche das Wild. Und abends üben wir in der Schule, bis wir das erste Mal auftreten können.

Ende 1952 strahlte der Deutsche Fernsehfunk in Berlin-Adlershof sein erstes Versuchsprogramm aus. Mitte der fünfziger Jahre bietet der Handel das Fernsehgerät *Leningrad* aus der Sowjetunion an. Von Angebot kann keine Rede sein, denn das Gerät mit dem Minibild und Riesenlautsprecher gibt es nur unter dem Ladentisch. Zudem kostet es über 2000 Mark. Eigentlich müsste die Ware hinter den Kunden herrennen, bei uns ist es umgekehrt. Ende der fünfziger Jahre gab es dann Fernsehgeräte auch aus eigener Produktion. Unter anderem das Gerät *Patriot*. Langsam werden die Geräte mehr, hier und da steht einer auf dem Dach und richtet seine Antenne aus. Unten am Bildschirm steht meist jemand, der zum Fenster hinaus nach oben schreit:

Besser, nein schlechter! Besser, wieder schlechter! Besser geht's nicht, kommt die Antwort ärgerlich von oben. Unten gehen überzeugte Funktionäre vorbei und recken ihre Hälse hinauf. Sie wissen genau, wohin die Antenne zeigt. Wieder so ein *Ochsenkopf-* oder ein *Meißner-Gucker.* In der Schule werden die Kinder gefragt: Hat eure Fernsehuhr Punkte oder Striche? Hatte sie Punkte, war es der Deutsche Fernsehfunk der DDR, den die Familie empfing, hatte sie Punkte, war es der verwerfliche Westsender, der Ochsenkopf oder der Hohenmeißner. Wer den Ochsenkopf einschaltet, ist selbst ein Ochse, lautet der Kommentar der Agitatoren. Also wird die Aktion *Ochsenkopf* einberufen. So einfach ist das: Das Fernsehprogramm, das du zu sehen hast, wird dir vorgeschrieben. Oftmals geht es klick, wenn jemand an der Tür klingelt. Schnell den *richtigen* Sender eingeschaltet, um nicht in Misskredit zu kommen. Oft kann man das Klick schon vor der Tür hören.

Auf der FDJ-Delegiertenkonferenz in der Kreisstadt geht es neben der Verwerflichkeit des Westfernsehens, der allgemeinen Dekadenz in der Bundesrepublik, dem Kampf gegen Nietenhosen und Ringelsocken, auch um die Republikflucht einiger Jugendfreunde. Die FDJ-Kreisleitung ist misstrauisch und unsicher. Es wird niemandem mehr vertraut. Überläufer und Verräter werden sie genannt, die den Arbeiter- und Bauernstaat verlassen und so den westdeutschen Imperialisten in die Hände arbeiten. Die Jugendlichen müssten wachsam sein. Ein bekannter FDJ-Funktionär aus dem Ort ist nach dem Westen gegangen. Der blonde Hans spricht von Verrat an der Arbeiterklasse und am Sozialismus.

»Wir haben an unserem Busen eine Schlange genährt, jetzt beißt sie uns in den Hals. Der Jugendfreund hat uns schmählich im Stich gelassen.« Eine Riesenkampagne wird entfacht, um die Antennen in die richtige Richtung zu bringen. Einige weichen aus unters Dach, aber dadurch wird der Empfang noch schlechter. Jetzt muss die Jugend wieder ran: *Vorwärts, Freie Deutsche Jugend, preist des Volkes Schöpferkraft, uns're Zeit greift nach den Sternen, Ehr' und Ruhm der Wissenschaft... Lernt im Geiste Thälmanns siegen, leiht den Feinden nicht das Ohr, aus den Trümmern wir entstiegen, Freie Deutsche Jugend, vor!*

»Das Westfernsehen ist schuld«, agitiert der 1. Kreissekretär. »Es verdirbt die Jugendlichen, macht sie zum willfährigen Werkzeug des Kapitalismus. Das dürfen wir nicht dulden. Die Jugendlichen und nicht nur die sollen sich an unseren Medien orientieren. Wer dem Feind sein Ohr und Auge leiht, wird leicht selbst zum Feind und lähmt die Schöpferkraft des Volkes. Die imperialistische Hetze ist doch nur dazu angetan, uns von unserem friedlichen, sozialistischen Aufbauwerk abzuhalten...« Störsender im Rundfunk gibt es schon, aber wie kann man die Fernsehbilder über Funk aufhalten? Sie arbeiten daran, hören wir hinten herum. Überall betretene Gesichter nach den Worten des Kreissekretärs. Diejenigen, die ein Fernsehgerät besitzen, schauen wie in Hitlers Zeiten, beim Radio-London-Hören, nur heimlich in die Weströhre. Die Konferenz ist zu Ende, die FDJ-Kreisleitung hat einen Bus zur Verfügung gestellt. Hinaus in die Grenzdörfer geht die Fahrt. Dort sind fast alle Antennen nach dem Westen ausgerichtet. Sie zeigen in einheitlicher Geschlossenheit in die Richtung, die bei uns so sehr verpönt ist. Die Partei ist auf die Idee gekommen, dass man die Westkanäle ausbauen und abgeben könne. Ja, wer ein fortschrittlicher DDR-Bürger ist, pfeift auf den Westkanal. In einem Grenzort laufen wir von Haus zu Haus, wollen die Leute bewegen, ihre schwarzen Kanäle auszubauen und im Gemeindeamt zu hinterlegen. In einem der kleinen Häuschen ist nur ein altes Mütterlein.

»Liebe Frau, Sie sind doch auch dafür, dass die schwarzen Kanäle ausgebaut werden«, agitiert ein FDJ-Sekretär.

»Ja, ja«, sagt das alte Mütterchen. »Den mit dem Bart, der immer so hetzt, den könnt ihr gleich ausbauen!« Der mit dem Bart, den das Mütterchen meint, ist Karl Eduard von *Schnitz*..., denn noch vor Ende des Aussprechens seines Namens *Schnitzler*, haben die meisten schon umgeschaltet. Später erhält er den Namen *Sudel-Ede*. Sein Gegenüber im Westfernsehen ist Hans Löwenthal. Sie liefern sich erbitterte Wortgefechte, ohne sich direkt gegenseitig anzugreifen. Der aufgeschlossene und beidseitig informierte DDR-Bürger schaut sich beide an und macht sich sein Bild.

Die Jugend soll nicht nur kulturell und politisch gewonnen werden, sondern auch auf dem Gebiet der Ideologie. Die Welt ist das Abbild der Materiellität, Religion ist Opium für das Volk. Aus der Tradition der Arbeiterklasse heraus soll die Jugendweihe zur Aneignung eines sozialistischen Weltbildes beitragen. Eine Kampagne jagt die andere. Die penetrante Werbung trifft besonders bei den katholischen Familien auf Widerstand. In den evangelischen Orten kommt man etwas besser voran. Meine Schwester will gehen, weil die Anderen das auch tun. Aber der Vater ist strikt dagegen. »Du wirst konfirmiert und basta!« »Ja, das will ich auch«, sagt sie. »Beides gibt es nicht. Du bist christlich erzogen worden, wir brauchen keine Weihe von staatlicher Seite.« Ich muss vermitteln, werde furchtbar ausgeschimpft:

»Du gehörst doch schon zu den Kommunisten!« Für den Vater ist der Kommunismus ein rotes Tuch. Er verabscheut ihn, wo immer er auf seine

Auswüchse trifft, wie er sich ausdrückt. Irgendwie höre ich aus seinen Worten Überbleibsel der NS-Propaganda heraus. Ich höre in mich hinein. Sollte das stimmen, was mein Vater sagt? Ich rechne mich noch nicht zu den Kommunisten, bin aber auf dem besten Wege dazu. Die Schwester quengelt solange, bis sie endlich gehen darf. Ein Jahr später geht sie auch zur Konfirmation. Da ist die katholische Kirche doch konsequenter. Zwischen Staat und evangelischer Kirche entwickelt sich eine Art *Friedliche Koexistenz*. Keiner von beiden will seine Schäfchen an den anderen verlieren.

Man sagt: *Alt und Jung verträgt sich nicht.* Zu Hause kriselt es zwischen dem Vater und meiner Frau. Sie lässt sich nichts sagen. Ein sturer Ostpreuße, sagt der Vater. Das Verhältnis eskaliert. Ich gebe zu: Ich weiß nicht so recht, wessen Partei ich ergreifen soll. Eigentlich müsste ich auf der Seite meiner Frau stehen, aber ich habe viel zu viel Respekt vor meinem Vater. Mir will nicht in den Kopf, dass sie wegen Lappalien aneinander geraten. Eine Lösung scheint nicht in Sicht. Ich bin in den Ferien nicht zu Hause, muss ein Ferienlager am Kyffhäuser leiten. Wir wollten im Urlaub in die Schorfheide. Das wäre erst nach den Sommerferien gegangen. Heimlich holt sich meine Frau einen Interzonenpass und fährt zu ihrer Schwester nach Goslar. Sie will nie mehr in die Ostzone zu mir und zu meinen Eltern zurückkehren. Unseren Sohn weiß sie in der Obhut meiner Mutter. Sie beabsichtigt, ihn später nachzuholen.

Was tue ich? Ich denke an das Versprechen, das ich Fräulein Puppel, der Heimleiterin, gegeben habe. Und richtig – ich fahre ihr hinterher. Zunächst zu meiner Schwester nach Düsseldorf. Drei Wochen Urlaub liegen vor mir. Ich gehe arbeiten, arbeite für Westgeld auf dem Bau als Zimmermann. Mir kommt der Gedanke, von dem Geld ein Motorrad zu kaufen und mit dem Fahrzeug und meiner Frau nach Hause zurückzukehren. Täglich zehn Stunden Arbeit. Der Polier schickt mich in den zwölften Stock, von oben ein Fanggerüst aufzunageln. Ich hänge in vierzig Metern Höhe zwischen Himmel und Erde und nagele die Streben und Bretter fest. Von den Bauarbeitern werde ich schief angesehen. Sie fürchten, ich könne ihren Tariflohn gefährden. Erst als ich ihnen sage, dass ich hier nicht zu bleiben gedenke, blicken sie etwas freundlicher drein. Mit meinem Schwager durchstreife ich die Gebrauchtmärkte, staune über Motorräder aller Marken. Von Honda bis Meika, BMW, NSU und DKW ist alles zu haben. Ich entscheide mich für eine Zweihunderter DKW, nur ein paar Tausend Kilometer gefahren. Der Schwager legt noch 500 D-Mark drauf. Wir fahren zur Landesregierung Nordrhein-Westfalen und holen uns einen Ausfuhrschein.

»Von mir aus«, sagt der Beamte, »können Sie von den Dingern noch ein paar mitnehmen. Doch es ist zweifelhaft, ob die da Drüben sie damit hereinlassen. Aber warum bleiben Sie nicht hier, da könnten Sie sich doch bald ein Auto leisten.« Die Aussicht ist verlockend, doch ich entgegne, dass ich mitten im Studium sei. Aber das könne ich doch auch hier fortsetzen. Einen Augenblick denke ich daran, das Angebot anzunehmen, aber dann siegt meine Sesshaftigkeit und Eingebundenheit in der neuen Heimat Thüringen. Vor der Abreise am nächsten Tag mache ich mit meinem Schwager noch einen Bummel über die Königsallee und durch ein paar Düsseldorfer Altstadtkneipen. Das musst du einfach gesehen haben, sagt er. In einer der letzten finden wir einen Platz in der hintersten Ecke. Dort sitzt eine grell geschminkte Frau in den mittleren Jahren. Sie raucht unablässig und trinkt Düsseldorfer Alt dazu. Mich betrachtet sie misstrauisch und neugierig. Mein reines Hochdeutsch scheint ihr zu missfallen.

»Kleiner, du bist nicht von hier«, spricht sie mich an mit abschätzenden Blicken.

»Nein«, sage ich, » ich bin von Drüben.«

»Hab ich mir gleich gedacht«, erwidert sie und beginnt mich gleich zu beschimpfen: »Die Zonis sind doch alle gleich. Was ihr nur alle hier wollt? Denkt wohl, die gebratenen Tauben fliegen euch hier im Westen gleich ins Maul, was?« Ich erwidere nichts, weil mein Schwager mir zublinkert. Die Frau nimmt noch einen tüchtigen Schluck aus ihrem Glas und beginnt zu weinen:

»So eine Zonenschlampe, so'n junges Ding hat mir meinen Mann weggeschnappt. Jetzt sitze ich allein da mit den Kindern und ohne Mann.« Sie schluchzt herzerweichend und tut mir leid. Wir verlassen die Kneipe. Ich bin sehr nachdenklich geworden. Die Familientragödie dieser Frau bestärkt mich in der Absicht, wieder heimzureisen. Schwager Josef kauft mir noch einen Motorradhelm, und ich mache mich auf den Weg. In Goslar überrede ich meine Frau, verspreche ihr, dass ich mich um Wohnung bemühen werde und dass wir bei den Eltern ausziehen. Sie kommt mit. Wir wollen neu anfangen. An der Grenze in Wartha, bei Eisenach, schauen mich die Grenzer an, als wäre ich von einem anderen Stern gekommen.

»Sehe ich das richtig, Sie wollen das Motorrad von Drüben nach Hier mitnehmen?«

»Ja«, sage ich, »ich habe eine Einfuhrgenehmigung.« Der Grenzer liest den Schein einmal und noch ein zweites Mal und sagt dann ganz erstaunt:

»Aber das ist doch eine Genehmigung von Drüben, Sie aber bräuchten eine Einfuhrgenehmigung von unserem Handelsministerium.« Er behält den Schein ein und will mir das Motorrad wegnehmen. Ich soll schon mal das Gepäck abschnallen. Die anderen Grenzer lächeln amüsiert. Mir kommt ein blitzartiger Gedanke. Ich sage: »Das Motorrad habe ich von meinem Schwager geschenkt bekommen. Ich wusste nicht, dass man dafür eine Einfuhrgenehmigung braucht. Stellen Sie sich vor, wenn ich dafür Westgeld bekommen und es 6:1 eingetauscht hätte. Zwangsläufig wäre der Staat der DDR doch dadurch betrogen worden, oder sehen Sie das anders?« Der Grenzer sieht das genauso. Er ist noch einer von der weniger scharfen Sorte. »Moment mal«, sagt er. »Ich werde mal beim Grenzkommando nachfragen.« Er telefoniert lebhaft und lange. Endlich kommt er auf mich zu, schwenkt die amtliche Bescheinigung und sagt: »Sie dürfen fahren, aber zu Hause müssen sie sofort die Einfuhrgenehmigung vom Ministerium beantragen, sonst wird das Motorrad umgehend eingezogen.« So schnell ich kann, schnalle ich das Gepäck wieder fest und mache mich aus dem Staub. Hinter mir höre ich einen Grenzer sagen: Da sind noch tatsächlich zwei junge Leute, die freiwillig in die DDR zurückkehren. Gelächter folgt. Zu Hause angekommen, schreibe ich ans Ministerium um die begehrte Genehmigung. Prompt kommt die Ablehnung. Das Motorrad soll eingezogen werden. Ich versuche es noch einmal mit der gleichen Masche wie bei den Grenzern. Nach acht Tagen erhalte ich die Genehmigung zur Zulassung. Mit der Einschränkung, es nicht verkaufen zu dürfen, sondern dann dem staatlichen Materialhandel zur Verfügung zu stellen. Ich fahre das Motorrad 130.000 Kilometer, bis es fast auseinander fällt.

Mit meiner DKW im Ferienlager

Zu Hause angekommen, erlebe ich eine weitere Überraschung. Laut Interzonenpass war ich nicht fristgerecht zurückgekehrt. Eine Fahrt nach Köln wollte ich mir nicht entgehen lassen. Den Kölner Dom wollte ich wenigstens sehen, wenn ich schon einmal hier war. Ich war so pflichtbewusst und teilte der Kreisstelle für Passwesen per Telegramm mit, dass ich zwei Tage später kommen würde. Mein Jahresurlaub ging noch über drei Tage. Der beantragte Aufenthalt im Westen war kaum zwei Tage überschritten, da melden sich zwei Herren in Zivil an der Schule und durchwühlen mein Zimmer. Die Herren sind von der sagenumwobenen Stelle des MfS. Damals noch wenig bekannt und eine geheimnisvolle Institution. Ich weiß bis heute nicht, wonach sie suchten. Enttäuschung macht sich breit. Sie scheinen mir nicht zu vertrauen.

»Das ist doch nur Routine«, sagt der Direktor. Aber ich bin doch kein Agent oder Staatsfeind. Wieso durchsuchen sie dann mein Zimmer? Damals maß ich dieser Tatsache noch keine Bedeutung bei. Ich tue meine Arbeit, identifiziere mich mit meinem Beruf und dem Staat, leite jahrelang die Ferienlager des Kreises in den Zentralen Pionierlagern. Zwölf

Mark für drei Wochen unbeschwerte Ferien zahlen die Familien pro Kind. Noch sind es Zeltlager, deren Träger die Großbetriebe – VEB-Motoren-Werke Nordhausen und Wartburgwerk Eisenach sind. Wir treffen uns mit Kindern aus aller Welt: sowjetischen, polnischen, französischen, ungarischen, finnischen, englischen Kindern und Kindern aus der Bundesrepublik. Annäherung und Verständigung bei Sport und Spiel, Austauschen von Gedanken auch politischen Inhalts. Doch viel mehr steht die Freundschaft unter der Jugend im Vordergrund. Die Jugend, die FDJ, fühlt sich nicht als Kampfreserve der Partei, wofür sie auserkoren wurde. Der Kampf für den Sozialismus, für eine bessere Welt, hat noch weniger Priorität. Vielmehr steht die Versorgung im Mittelpunkt. Sie ist trotz der angespannten Wirtschaftslage gut. Das Essen ist reichlich. Sogar Apfelsinen hat es hin und wieder gegeben. Für die Kinder wird alles getan. Sie sind unser höchstes Gut, höre ich einen höheren FDJ-Funktionär sagen. Irgendwo habe ich das schon einmal gehört...

Beim großen Pflichtprogramm auf dem Ettersberg bei Weimar gedenken wir der 56.000 Buchenwald-Opfer aus achtzehn Nationen voller Andacht und Mitgefühl. Leise gehen wir unter den Klängen der Musik *Unsterbliche Opfer* an der Mordstätte Ernst Thälmanns vorüber, legen unsere Blumensträuße nieder. Ergriffen singen wir gemeinsam das Lied der Moorsoldaten. Noch wissen wir nichts von den Häftlingen, die nach dem Krieg dort gefangen gehalten wurden.

Der Schulrat mahnt mich noch einmal: Ich solle mich nicht allzu lange besinnen und Kandidat der SED werden. »Nun müsstest du langsam wissen, wo dein Platz ist. Hier hast du die Formulare.« Vielleicht könnte ich mit dem Vater darüber reden, aber ich weiß wie der eingestellt ist. Drei Tage später, ohne lange zu überlegen, gebe ich die Anträge ab und werde nach der Kandidatenzeit in die SED aufgenommen. Der Vater erfährt davon und über mich ergeht ein furchtbares Donnerwetter. Immer mehr tut sich zwischen dem Vater und mir eine Kluft auf. Zwischen seinen Anschauungen und den meinen liegen Welten.

Inzwischen habe ich mein erstes Lehrer- und Erzieherexamen erfolgreich abgelegt. Aber auf den Lorbeeren ausruhen kommt nicht infrage. Ich will Sportlehrer werden. Der Kreisturnrat unterstützt mich dabei. Drei Jahre Direkt- oder vier Jahre Fernstudium. Das Erstere würde mich mehr ansprechen, aber meine Frau erwartet das zweite Kind. Und die Hochschule Zwickau ist weit entfernt. Darum noch einmal vier Jahre Fernstudium mit allen Schwierigkeiten, den langen Abenden über den Büchern, den wöchentlichen Konsultationen in Erfurt, den Lehrgängen im winterlichen Schneckenstein im Vogtland, den Sommerlagern in Karl-Marx-Stadt und Zwickau, den Klausuren und Prüfungen in Theorie und Praxis.

Das zweite Kind soll ein Mädchen sein. Ich verfalle in die große Erwartung auf ein Mädchen. Als diese nicht erfüllt wird, bin ich etwas enttäuscht. Mit meiner Schwester auf dem Sozius fahre ich ins Krankenhaus. »Das Kind ist gesund, das ist die Hauptsache«, meint die Schwester. Schließlich denke ich das Gleiche.

Auf der Heimfahrt erstehen wir nach langem vergeblichen Suchen ein Ofenrohr. Es ragt aus dem Rucksack meiner Schwester heraus. Wir verlieren es, weil ich auf die Schlaglöcher keine Rücksicht nehme. Es ist etwas verbeult, als wir es wieder aufsammeln. Ich biege es wieder zurecht und schließe es an. Nun qualmt der alte Ofen nicht mehr.

In Bernsrode werden vier Mietshäuser gebaut. Meist Wohnungen mit zwei Zimmern, aber mit Bad und kleiner Küche. »Du kriegst eine Wohnung«, sagt der fußballbegeisterte Bürgermeister. Aber du musst dich bei uns anmelden.« Ich melde mich an und werde gleich in die erste Mannschaft integriert. Schon im nächsten Jahr erringen wir den Kreismeistertitel.

Das ganze Dorf ist aus dem Häuschen. Die Kinder fassen in der Schule nach meinen Händen, haben kleine Blumensträuße mitgebracht. Die Leute winken mir auf der Straße zu. Sie spendieren so viel, dass wir gar nicht alles trinken können.

Wir fühlen uns, als ob wir den Weltmeistertitel errungen hätten. Der Ansporn ist so groß, dass wir auch den Aufstieg in die Bezirksklasse schaffen. Das erste Mal spielt eine Mannschaft des kleinen Dorfes auf Bezirksebene – ein großer Erfolg, den niemand schmälern kann.

Die Meistermannschaft

Wir ziehen weg von den Eltern. Eine Wohnung für uns allein, niemand mehr, der uns bevormundet. Noch ist unser Wohnzimmer fast leer. Nach und nach kaufen wir uns die Möbel zusammen. Einen Wohnzimmerschrank, eine Anrichte, eine Couch, ein paar kleine Sessel. Auf die Anrichte gehört endlich ein Fernsehgerät. Eine Bestellung geht dem Gerät voraus. Bis zur Lieferung versammeln wir uns mit den anderen Nichtfernseherbesitzern oben bei Rudolfs in der Wohnstube. Ich glaube, *Rubens* hieß der kleine Apparat, um den sich die Nachbarn fast jeden Samstag scharten und manchmal auch mitten in der Woche, wenn etwas Interessantes im Programm lief: *Richard Kimble auf der Flucht,* Krimis von *Durbridge, Hitchcook* oder Fußball.

Und endlich kommt der Bescheid von der Handelsorganisations-Verkaufsstelle (HO) – wir können unseren Apparat abholen. Ich leihe mir ein Motorrad mit Beiwagen und hole das Gerät heim. *Patriot* ist der sinnige Name, und die Produzenten scheinen auch DDR-Patrioten zu sein. Denn mit diesem Apparat sind die Westsender nicht zu empfangen. Schalten und Drehen der Antennen hilft da nicht. DFF der DDR, damit müssen wir uns begnügen. Nach sechs Wochen ist der Apparat das erste Mal kaputt. Vier Häuser weiter wohnt Herr Jeschke, ein geschickter Bastler, der vom Bügeleisen, Radio bis Fernseher alles repariert. Er schraubt die Rückwand ab, schaltet die Kanäle durch und sagt ganz erstaunt:
»Ihr habt ja gar keinen Westsender, wollt ihr denn keinen?«
»Wir kriegen ihn nicht rein«, sagt meine Frau. »Die haben doch tatsächlich die Westkanäle verlötet«, sagt Herr Jeschke und amüsiert sich köstlich. »Das werden wir gleich haben.« Er greift zum Seitenschneider und knipst die Lötdrähte durch.
»Ihr müsst nur die Antenne etwas drehen, dann habt ihr einen einwandfreien Empfang.« Ich drehe die Antenne unterm Dach, und schon flimmern die Mainzelmännchen durchs Bild. Herrn Jeschke haben wir es zu verdanken, dass wir nicht zu denjenigen zählen, die im Tal der Ahnungslosen leben.
Wo ich hinkomme, errege ich mit meinem Westmotorrad Aufsehen. Der Parteisekretär mokiert sich darüber: »Der Pionierleiter und Genosse fährt auf einem Westmotorrad, das passt nicht zusammen.« »Ich kann mir hier keines kaufen«, entgegne ich, »und könnte es auch nicht bezahlen.« Das Motorrad tut mir gute Dienste. Ich bin mobil und kann überall hin. Sogar vom Ferienlager komme ich Sonntags zurück, um am Fußballspiel meiner neuen Mannschaft teilzunehmen.

Tante Jenny ist weggezogen. In der Nähe von Gotha hat sie eine Schwester. Dort ist in einem kleinen Haus eine Wohnung mit zwei Zimmern, die sie beziehen kann. Der Vater hatte sich weiter um Onkel Hanfried, seinen Bruder, bemüht, versuchte ihm endlich zur Freiheit zu verhelfen. Ein Schreiben nach dem anderen ging an die Behörden in Polen und auch an die Regierung der DDR, an den Präsidenten Wilhelm Pieck. Vom Letzteren nie eine Antwort. Aber dann erreicht uns völlig unerwartet ein Telegramm. Ein Telegramm aus Polen: Der Onkel ist frei. Wegen guter Führung drei Jahre früher entlassen. Zwölf Jahre hatte er gesessen und viele Torturen ertragen müssen.

Onkel Hanfried kommt mit Tante Jenny zu Besuch. Tränen der Freude. Die Brüder liegen sich in den Armen. Der Onkel ist abgemagert, seine Augen sind trübe, und er ist wortkarg. Damals schon wusste ich, dass er über seine Haft nicht sprechen durfte. Das war eine der Voraussetzungen für seine frühere Entlassung. Doch ich habe ihm vieles entlocken können, besonders über die Juden in unserer Stadt, ihre Deportationen und ihre Fahrt in das Vernichtungslager Treblinka. Ein Gestapomann aus der Stadt war als Begleiter eingesetzt worden und hatte darüber einen Bericht verfasst. Ich musste dem Onkel versprechen, solange er lebte darüber nichts verlauten zu lassen. Werner, mein Cousin, kommt auch, um seinen Vater zu sehen. Er trägt schon zwei Sterne auf den Schulterstücken seiner Uniform. Viele Jahre hat er sich um seinen Vater nicht gekümmert und seine Haft verheimlicht. Er befürchtete Nachteile in der NVA als Berufsoffizier. Wäre mein Vater nicht gewesen, wer weiß wie lange er noch hätte sitzen müssen. Am Abend, nach der langen Trennung und ein paar Gläschen, wieder Gesang. Der Onkel singt sein Lied aus der Gefangenschaft:
Hast du da droben vergessen auf mich... – das Wolgalied, das ihn zwölf Jahre begleitet hat. Immer wieder haben es die Gefangenen in Gedanken an die Familie gesungen. Bei der unsagbar schweren Arbeit im Steinbruch, im Bergwerk.

Die Stimme des Onkels klingt hell und rein wie einst. Sein Gesicht ist voller Tränen. *Dass ich diesen Tag noch erleben durfte. Gott hat mich nicht vergessen!* Möge er auch nicht vergessen haben, was die Opfer unter ihnen zu leiden hatten.

In Radom verurteilte Gestapoleute

Die Entwicklung schreitet voran, auch in der DDR. Während im Westen der dreimillionste VW-Käfer vom Band rollt, kommt der erste *Trabant 500* ins Dorf. Ein Ereignis von besonderem Ausmaß. Zwei Bewohner des Dorfes hatten sich gestritten, wer wohl der 1. Trabantbesitzer sein würde. Der *Hamburger* war fest überzeugt, er käme als Erster in Betracht. Und nun steht das kleine Papp-Vehikel ausgerechnet neben unserem Nachbarhaus. Bullenbesitzer August steht stolz davor und nimmt die kleine

Pappe in Augenschein. Er setzt sich in die Polster und fühlt sich wie ein kleiner König. Aber er kann nicht fahren, denn er besitzt nicht die dafür notwendigen Fleppen, wie der Volksmund sagt. Doch das tut seinem Stolz und seiner Genugtuung keinen Abbruch. Er lässt sich einfach von seinem einzigen Sohn chauffieren. Und der tut das willig, wohin August auch immer fahren mag. Heinrich Bumke lacht darüber und fährt weiter mit seinem Hühnerschreck. Er hat sich einen Maria-Hilf-Motor angeschafft und an sein Fahrrad montiert. So fährt er stolz den Berg hinauf, trämpelt ein bisschen mit, wenn das kleine Motörchen den Geist aufzugeben scheint. In seinem Jackett hat er die Schnapspulle versteckt und dem starken Getränk schon sehr zugesprochen. Der Berg ist steil, und diesmal versagt das Motörchen seinen Dienst. Er kommt einfach nicht hinauf trotz leichten Trämpelns.

Aber Heinrich gibt nicht auf. Er kehrt einfach um, rollt den Berg im Polizeigang hinunter und nimmt von neuem Anlauf. Beim dritten Mal wird er oben vom ABV (Abschnittsbevollmächtigten der Volkspolizei) empfangen. Der hat die Vollmacht über einen bestimmten Abschnitt, ist eben zuständig für das Dorf, in dem er wohnt und das Dorf oder den Abschnitt nebenan. Die meisten waren beliebt, man kannte sie, jeder versuchte mit ihnen gut auszukommen. Nicht selten nannte man sie spaßhaft – *Dorfsheriff*. Er stellte sich oft leutselig und umgänglich, aber er vertrat die Staatsmacht meist unerbittlich und unnachgiebig. War einer aber gut mit ihm befreundet, wischte er auch schon mal eine Ordnungswidrigkeit vom oder unter den Tisch.

Der zuständige ABV-Vopo, dein Freund und Helfer, riecht also die Fahne und findet die fast leere Pulle. Das Fahrzeug in den Straßengraben geschoben und Heinrich mit einem deftigen Bußgeld belegt, ist seine sofortige Reaktion.

»Ich kann es doch nicht hier liegen lassen«, meint Heinrich und wankt beträchtlich hin und her, sich krampfhaft an seinem Töff-Töff festhaltend.

»Aber fahren kannst du auch nicht, so besoffen wie du bist.«

»Ich bin doch nicht besoffen«, widerspricht Heinrich und will sich auf seinen Hühnerschreck schwingen. Aber da dreht ihm der ABV einfach die Kerze heraus. Lass ihn nur, denkt Heinrich, schiebt seinen Hühnerschreck ein paar hundert Meter weiter, bis der ABV außer Sichtweite ist und schraubt eine Ersatzkerze ein, die er in seiner Tasche trägt. Triumphierend fährt er davon.

Aus der Kasernierten Volkspolizei ist die Nationale Volksarmee – die NVA – hervorgegangen. Am 1. März 1956 nimmt das Ministerium für Nationale Verteidigung seine Arbeit auf. Willi Stoph wird zum Minister für Nationale Verteidigung berufen.

Die Funktionäre versuchen nun allen glaubhaft zu machen, dass der

Friede und die friedliche Aufbauarbeit in der DDR gefährdet seien. Dem entsprechend muss ein Funktionär des Staates und der Partei auch gedient haben. Wenn schon keinen zweijährigen Dienst in der NVA, keine Mitarbeit in der Kampfgruppe, dann wenigstens eine Ausbildung als Reservist. Gemeinsam mit Helfrich werde ich einberufen. Einberufen für sechs Wochen, dem Vaterland der DDR treu zu dienen. Helfrich ist schon einmal eingezogen, aber zurückgeschickt worden, weil er als katholischer Christ während der Dienstzeit die Messe besuchen wollte. Er stellte den Antrag auf Kirchgang einmal und dann zum zweiten Mal, und immer wurde er abschlägig beschieden. Schließlich war es dem Bataillonskommandeur zu viel. Ein schwarzes Schaf steckt oft die ganze Herde an, war sein Kommentar. Und so kam Helfrich um den zweijährigen Dienst herum.

Nun waren wir zusammen und fügten uns dem Kommiss und Drill in dem Städtchen Eilenburg.

In der NVA als Gegengewicht zur Bundesarmee und entgegen der Absicht, die DDR gewaltsam in den Staat der BRD einzugliedern. Unterstützt wurde sie durch die Kampfgruppen der staatlichen Betriebe der Arbeiterklasse als Bollwerk für den Frieden.

Kampfgruppenappell im Kaliwerk Sollstedt

Schon in der Kaserne geht's los. Der Spieß, Hase mit Namen, saut uns schon beim Einkleiden voll. Meine Knobelbecher drücken. »Passt!«, knallt er mir die Stiefel hin. Die nächsten, die ich probiere, auch. »Wenn se scheuern, musste reinpissen.« Unsere Bude besteht aus sechs Stockbetten. Zwei Soldaten teilen sich einen Spind. Er schmeißt meine eingeräumten Klamotten wieder heraus. »Auf Kante übereinander legen!«, schnauzt er mich an. Um sechs Uhr Wecken, Frühsport, Ausbildung auf dem Kasernenhof oder im Feld. Donnerstags ist den ganzen Tag Gastag. Wir laufen ständig mit der Gasmaske herum. Bei Gasalarm, während des Politunterrichts, ziehen wir die Gasmasken über. Der Politoffizier schnorchelt weiter in seiner Unterweisung. Helfrich atmet schwer, sein Gesicht pumpt sich auf. Plötzlich reißt er die Maske herunter. Hochroten Gesichts schreit er los:

»Ich kriege keine Luft!« Der Polit kommt auf ihn zu, kontrolliert die Maske.

»Sie haben noch den Stöpsel drin, Sie Gasexperte!« Der Vortrag reißt keinen vom Hocker. Vor mir nickt einer ständig zur Seite. Einer legt ihm eine Reißzwecke unter seinen Hintern, tippt ihn an. Er setzt sich gerade

hin und springt auf, wie von der Tarantel gestochen.
»Genosse, wollten Sie etwas sagen?«
»N..., nein!« »Also, Genossen, der Weg nach Bonn ist nicht gepflastert. Da liegt noch ein schwerer Weg vor uns.« Der Politoffizier sagt diese lapidaren Worte, obgleich er genau weiß, dass nach Bonn schon asphaltierte Straßen und auch mehrspurige Autobahnen führen. Meine Hand geht hoch.
»Aber Genosse Politoffizier. Wollen wir denn nach Bonn marschieren? Unsere Armee ist doch eine Armee des Friedens.« Der Polituntweiser stellt sich in Positur. Hier ergibt sich ein Anlass, seine verdrehten Theorien preiszugeben:
»Das müssen Sie doch verstehen. Die Bundeswehr untersteht der NATO. Die NATO will den Sozialismus vernichten, die Bundeswehr unseren Staat kassieren. Da versteht sich doch von selbst, dass wir gewappnet sein müssen. Und gewappnet sein, heißt auch, wenn es nicht anders geht, einen Präventivschlag zu führen. Haben Sie das jetzt verstanden?« Ich habe ihn schon begriffen, bin damit aber nicht einverstanden und andere auch nicht, doch keiner stellt eine weitere Frage.

Fast jeden Tag Marschübungen im Gelände mit Vorbereitung auf das scharfe Schießen. Als LMG-Schütze Eins trage ich eine große Verantwortung. Der Uffz. scheucht mich von einer Bodensenke zur anderen. Eingraben, Tarnen und das mitten im Winter. Auf dem Heimmarsch naht ein Fluss.

»Die Brücke ist gesprengt!«, schreit er. Wir waten durch den Fluss. Einige hundert Meter vor der Kaserne brüllt er: Ein Lied! Der Gruppenführer stimmt an: *Spaniens Himmel!* Wir singen: *Spaniens Himmel breitet seine Sterne, über uns're Schützengräben aus. Und der Morgen leuchtet in der Ferne, bald ziehn wir zu neuem Kampf hinaus...*

Gut, dass es die Spanienkämpfer gab, sonst könnten wir das Lied nicht singen: *Bald geht s zu neuem Kampf hinaus.* Kampf für Frieden und Sozialismus...? Unsere Ausbildung richtet sich auf die große Abschlussübung und den Dreißig-Kilometer-Eilmarsch aus. Wir gehören zu den Mot-Schützen, buckeln zumeist die ganze Marschausrüstung, aber kein einziges Mal werden wir mit dem LKW G5 transportiert. In Abwandlung von Goethes Erlkönig, verfasse ich eine paar bezeichnende Verse: *Wer schleicht so leichtfüßig durch Nacht und Wind? Es ist der Landser mit seinem Spind. Erreicht die Kaserne mit Mühe und Not, Spind steht – Landser tot!* Obgleich wir nie mit dem G5 transportiert werden, nehmen wir in der Ausbildung den Motor des Fahrzeugs durch. Der Ausbilder ist ein kesser, waschechter Berliner.

»Wenn wat kaputt is, müsst ihr euch selber helfen könn'«, sagt er. Viel weiß er selber nicht. Er deutet mit dem Zeigestock auf die wichtigsten Teile und erläutert das Kühlsystem: »Also, Jenossen, dat Wasser siedet bei neunzig Jrad, und wenn et hier zu kochen bejinnt, müsst ihr halt kaltet Wasser druffjießen.« Fast überall erstaunte Gesichter. Ich denke an einen Scherz, den er sich erlaubt hat. Und schon meldet sich ein hellhöriges Bürschchen:

»Genosse, das Wasser siedet doch nicht bei 90 Grad, sondern bei hundert.« Der Ausbilder blickt verärgert auf. Wer wagt es, ihn so ungebührlich zu korrigieren.

»Nichts da, 100 Jrad. Wenn ick sage, dat Wasser siedet bei 90 Jrad, dann siedet et ooch bei 90 Jrad!« Kein Einspruch mehr, nur leichtes Gelächter. Der Uffz. beendet die Ausbildung, geht in seine Stube und kommt über seine Aussage in Zweifel. Er liest nach, und tatsächlich hat er einen kapitalen Bock geschossen. Doch, was soll's. Er bleibt gelassen und unbekümmert. Am nächsten Tag, sagt er vor versammelter Mannschaft:

»Also, Jenossen, jestern hab ick mir jeirrt! Dat mit 90 Jrad war rechter Winkel.« Jetzt gibt es wirklich was zu lachen, doch der Unteroffizier lässt sich nicht irritieren und lacht selber mit. Am Nachmittag lässt er uns wenigstens das Auf- und Absitzen üben, und das umso öfter, als einer scherzhaft sagt: »Ihr müsst 90 Jrad um die Ecke springen, da jeht dat schneller.« Auf dem Weg zur Kaserne sind wir geschafft. Wir schleichen nur so dahin. Und wieder gibt der Ausbilder einen seiner Sprüche zum Besten:

Vorwärts, Kameraden, es geht zurück!

In unserem Zug befinden sich drei Mitarbeiter des Zentralrats der FDJ. Das kriegen wir nur durch Zufall und hinten herum heraus. Sie drängen sich nicht in den Vordergrund, sind aber eifrig bei der Sache. Im Auftrag des Zentralrats sollen die Edelreservisten zum Unteroffizier der Reserve und bei einem zweiten Lehrgang zum Leutnant befördert werden. Keiner traut sich mehr etwas zu sagen, seit man weiß, wohin die Leute gehören. Sie sind keine Anstrengungen gewöhnt, werden von uns Sesselfurzer genannt, bleiben beim Ausdauerlauf hinter den anderen weit zurück und laufen sich beim Marschieren den Wolf. Innendienst ist die Folge. Nun laufen einige mit Besen und Handfeger umher, andere werden in die Schreibstube abkommandiert, spitzeln herum und notieren unliebsame Bemerkungen der Kameraden in ein kleines Notizbuch. Zum Schluss werden sie trotz Innendienst oder gerade des Letzterem wegen zum Unteroffizier befördert. Nach drei Wochen der erste Ausgang.

Gruppenweise lässt uns der Spieß antreten. Sauberer Kamm, weißes Taschentuch, saubere Fingernägel? »Ihr könnt überall hingehen, Genossen, nur nicht in den Roten Hirsch!« Wir fragen nicht, warum. Nun aber erst recht in die fragliche Kneipe. Und wer sitzt dort in einer separaten Ecke? Unser Spieß mit einer grell geschminkten Schickse. Nun wissen wir auch, warum wir dort nicht hingehen sollten.

Der Spieß kriegt mit, dass Helfrich und ich in der kurz bemessenen Freizeit im Kulturraum musizieren. »Eine Trompete bräuchten wir«, sagt er. »Ich hab eine zu Hause«, erkläre ich etwas vorschnell. Zwei Tage Sonderurlaub gibt er mir, um das Instrument zu holen. Da hab ich mir aber was eingebrockt. Jeden Morgen muss ich nun noch früher aufstehen, das Wecksignal blasen und abends den Zapfenstreich. Das bringt mir ein paar Pluspunkte ein, aber bald habe ich durch eine vertrackte Sache alles wieder verspielt.

Der Marsch der Bewährung steht an. Beim Dreitausend-Meter-Geländelauf werde ich Bataillonsdritter. Das ist ein Grund, um mich zum Melder zu bestimmen. Unser Zug ist die Vorhut des Bataillons. Die Straße ist für uns tabu. Kilometer um Kilometer auf gepflügtem Acker laufen. Ich, mal nach vorne über drei Kilometer, die Meldung überbringen, wieder zurück und nochmals nach vorn. Das passiert etwa dreimal. Musst du mal aus der Hose, dann lauf nur noch etwas weiter voraus.

Am Abend, nach Erreichen des Marschziels, werde ich vor der Front belobigt. Meine Antwort muss heißen: *Ich diene der Deutschen Demokratischen Republik!* Klamotten säubern, Stiefel putzen und dann ins Bett. Die Schuhkreme ist mir ausgegangen, deshalb kommt die Brücke der Stiefel zu kurz. Der Spieß macht Stubenkontrolle, inspiziert meine Stiefel. Er rüttelt mich wach.

»Stiefelbrücken putzen!«

»Lass mich schlafen«, murmele ich vor mich hin. Er weckt mich ein zweites und ein drittes Mal. Die Stiefelbrücken bleiben ungeputzt. Meldung an den Zugführer – Disziplinarverfahren wegen Befehlsverweigerung, Antanzen vor der Disziplinarkommission. Befehlsverweigerung ist ein schweres Delikt. Die Herren Edelreservisten vom Zentralrat wollen an mir ein Exempel statuieren. Sie wollen *Heiligen Geist* spielen, überwältigen mich in der Nacht und wollen dem *Befehlsverweigerer* den Hintern mit schwarzer Schuhkreme einschmieren. Ich wehre mich mit ganzer Kraft, stoße mit den Füßen. Sie fliegen gegen die Bettgestelle, holen sich Beulen und blaue Flecke, schaffen es aber nicht. Meldung an meine Dienststelle. Gefreiter sollte ich wenigstens werden. Die Beförderung wird gestrichen. Als Schütze A… kehre ich heim. *Befehlsverweigerung* ohne entsprechende Begründung kommt in meine Akten. Der Reservistenlehrgang hängt mir noch lange nach. Ein ungeputzter Stiefelsteg kann über Sieg oder Niederlage entscheiden.

Drei Tage Sonderurlaub nach dem Reservistendienst sind vorbei. Ich nutze die Zeit, um Studienunterlagen aufzuarbeiten. In der damaligen Zeit ging alles: Arbeit, Studium nebenbei und sogar Reservistendienst. Der Staat und die Volksbildung haben dich fest im Griff. Sie lassen dich nicht los, zeigen den Weg und die Richtung auf, die du zu gehen hast. Helfrich wird belobigt, weil er diesmal ein braver Soldat war und keinen Antrag auf Kirchgang gestellt hat. Und doch kommt er in seiner Schule und mit seiner Aufgabe nicht klar. Der Direktor schikaniert ihn, wo er nur kann, verlangt Unmögliches. Schließlich will er ihn rausschmeißen. Ich spreche mit dem Vorsitzenden der Kreisleitung, setze mich für ihn ein. Helfrich kommt einige Wochen unter meine Fittiche. Sein Spezialgebiet ist die Musik. Das allein reicht aber nicht aus. Nach mehrfacher Fürsprache erreiche ich, dass man ihn in einem Kinderheim als Erzieher einstellt. Jahre später erfüllt sich das Schicksal von Helfrich. Eine Fahrt mit seinem klapprigen Motorrad wird ihm zum Verhängnis. Er stürzt schwer, liegt wochenlang im Koma, bis er stirbt. Die Tanzkapelle hat einen hervorragenden Musiker verloren. Ich weiß nicht einmal, was mit dem Saxophon geschehen ist.

Die Internationale Fernfahrt *Warschau–Prag–Berlin* oder umgekehrt ist ein weiteres herausragendes Ereignis in unserem DDR-eigenen Leben. Als *Friedensfahrt* geht sie 1952 erstmals durch das Gebiet der DDR. Gustav Adolf Schur wird zum populärsten Sportler für lange Zeit. Als zweifacher Weltmeister und zweimaliger Einzelsieger der Friedensfahrt ist er das Idol, dem alle Herzen zufliegen. Mit einer Gruppe von Kindern machen wir uns auf zum Kyffhäuser, um unserem Täve zuzujubeln. Als er im Pulk vorbeikommt, ist kaum einer zu bremsen. *Täve, Täve!*, erschallen die Anfeuerungsrufe, und selbst der Letzte wird noch mit einem Schlachtruf zum Ziel getragen. Im Dorf fährt ein alter Mann langsam auf seinem Fahrrad vorbei. *Täve, Täve, schneller!*, kommt die spaßige Bemerkung, und der Alte macht den Spaß mit, lacht und tritt kräftig in die Pedale.

Danach gehe ich mit den Pionieren vom Kreis auf den Friedensmarsch nach Erfurt. In Erfurt findet erneut ein großes Treffen der Pioniere statt. Aus allen Richtungen ziehen wir im Sternmarsch auf Erfurt zu, campieren in Schulen und Dorfsälen, erleben Abenteuer und Gemeinschaft. In der Thüringenhalle der große Festakt. Walter Ulbricht hat sich angekündigt. Warten auf den großen Vorsitzenden, ein Spalier von Volksarmisten und Pionieren vom Eingang bis zur Tribüne mit dem Rednerpult. Lautes Klatschen und Gesang, um die Spannung zu überspielen. Endlich schreitet das Staatsoberhaupt, von einigen Bewachern eskortiert, herein. Der Genosse Ulbricht ist korpulent, geht aber mit forschen und energischen Schritten auf die Bühne zu. Brausender Beifall, von FDJ-Funktionären herausgefordert, rauscht durch den Saal. Dann die Ansprache:

Er spricht von der großen Bedeutung des Friedens für die Welt, von dem Fortschritt in Wissenschaft und Technik, hebt besonders sein Steckenpferd, die Kybernetik, als bedeutende Errungenschaft hervor und würdigt die großen Leistungen der Pioniere beim Friedensmarsch. Dann senkt er seine Stimme und redet von den Reserven, die noch in der kulturellen Arbeit schlummern:

»Da haben wir eine gute Musikinstrumenten-Produktion in Klingenthal, doch abends ist das klingende Tal stumm.« Verhaltener Beifall. In der Zeitung steht am nächsten Tag: *Klingendes Tal, abends stumm*. Eine umfassende Kampagne wird entfacht. In Klingenthal entstehen über Nacht neue Musikgruppen. Überall entstehen Tanz- und Spielgruppen, die ganze

DDR scheint ein klingendes und singendes Tal geworden zu sein.

Da muss erst der Genosse Ulbricht kommen und die Jugendfunktionäre darauf aufmerksam machen, dass mit Musik, Spiel und Tanz der sozialistische Alltag besser zu bewältigen sei. Wir an unserer Schule brauchen diese Lehren nicht annehmen, wir sind von Anfang an auf der richtigen Linie. Wir singen die richtigen Lieder: *Heimatland reck deine Glieder, kühn und beflaggt ist das Jahr, breit in den Schultern steht wieder, Thälmann vor uns wie er war..., Kleine weiße Friedenstaube, fliege übers Land, allen Menschen groß und kleinen bist du wohlbekannt...* Das letztere Lied, von der Kindergärtnerin Erika Schirmer aus Nordhausen komponiert und von einer Erstklässlerin gesungen, findet besonders viel Beifall. Und um die politische Linie herauszukehren, singen wir: *Die Partei, die Partei, die hat immer Recht...* Manch andere Lieder sind weniger auf die Partei als auf die Heimat ausgerichtet: *Uns're Heimat, das sind nicht nur die Städte und Dörfer... un'sre Heimat ist das Gras auf der Wiese, sind die Fische im Fluss, und wir lieben die Heimat, die Schöne, und wir schützen sie, weil sie dem Volke gehört...*

Irgendwie gehört allen alles, aber nichts ist greifbar. Von niemandes Besitz sind wir die Herren. Des Volkes Eigen ist unantastbar. Im Hintergrund lauert das Böse, das uns unser Eigentum nicht gönnt. Das mystifizierte Böse, der Kapitalismus und Imperialismus, das es zu bekämpfen gilt. Dieses Kapital steht uns im Wege, obgleich wir es nur über die Medien wahrnehmen. Bei zehn Prozent Profit wird es kühn, bei fünfzig Prozent geht es über Leichen und bei hundert Prozent schreckt es auch vor Mord nicht zurück. Und doch ist dieses Schreckhafte, dieses Gespenst in Europa und in der Welt *faulender, parasitärer und sterbender Kapitalismus*. Wovor müssen wir uns also fürchten, wenn er sowieso zum Untergang verurteilt ist? Etwas später singen wir: *Wir sind überall auf der Erde, auf der Erde leuchtet ein Stern.* Der Stern des Sozialismus. *Leuchte, mein Stern und gib mir Mut!* Diesen Mut werden wir auch brauchen, um weiterhin zu bestehen. Nebenbei singen wir auch Lieder mit gänzlich unpolitischem Text wie das Lied der Jungen Naturforscher: *Die Heimat hat sich schön gemacht und Tau blitzt ihr im Haar. Die Wellen spiegeln ihre Pracht wie blaue Augen klar. Die Biene summt, die Tanne rauscht, sie tun geheimnisvoll. Frisch das Geheimnis abgelauscht, das uns beglücken soll. Der Wind streift auch durch Feld und Wald, er raunt uns Grüße zu, mit Fuchs und Dachs und Vogelwelt stehn wir auf Du und Du. Der Heimat Pflanzen und Getier behütet unsre Hand und reichlich ernten werden wir, wo heut noch Sumpf und Sand.* Mit dem Ernten, wo heut noch Sumpf und Sand, stehen wir noch entgegen der Ökologie und dem biotopen Leben, aber in dieser Zeit steht die Aufgabe von Saat und Ernte an vorderster Stelle.

Die sechziger Jahre sind Schicksalsjahre des Staates. Wir bluten aus, sagen die Funktionäre. Der Pfahl in unserem Fleische – Westberlin – sitzt fest und dringt immer tiefer ein. Milliarden gehen uns verloren. Von 120 Milliarden Verlusten ist die Rede, die der Staat der DDR unter den offenen Bedingungen der Grenze erlitten hat. Tausende Facharbeiter, Ärzte und Wissenschaftler, bei uns ausgebildet, gehen auf die andere Seite und der Volkswirtschaft verloren.

Das kann kein Staat der Welt auf Dauer verkraften. Und ich denke im Nachhinein, dass der Staat der DDR ohne striktes Grenzregime, ohne Mauer und Stacheldraht, keinen so langen Bestand gehabt hätte. Doch von einem Mauerbau ist nicht die Rede. Genosse Ulbricht betont noch kurz zuvor:

Niemand hat die Absicht eine Mauer zu errichten. Wir haben für unsere Bauarbeiter eine bessere Verwendung. Wir benötigen sie für den Wohnungsbau der Werktätigen. Dann werden die Bauarbeiter doch zweckentfremdet. Über Nacht ist die Grenze zu Westberlin abgesperrt. Stacheldraht wird gezogen, aus der Frontstadt wird ein Frontwall. Amerikanische und sowjetische Panzer stehen sich Kanone gegen Kanone gegenüber.

Der Friede ist aufs Äußerste gefährdet. Besonnenheit ist gefragt, damit es nicht zur Eskalation kommt. Die Menschen sehen hilflos und voller Erschrecken zu. Maurer und Betonarbeiter heben die Fundamente aus, und dann entsteht das größte Schandwerk der Geschichte auf dem Boden der DDR.

Menschen versuchen verzweifelt, eine letzte Lücke zu nutzen, um hinüberzukommen. Sie stürzen aus den Fenstern, überwinden Stacheldrähte. Ihr Heil scheint im Westen Deutschlands zu liegen.

Die Mauer schließt Westberlin von der Außenwelt ab oder doch nicht? Vielleicht haben wir uns auch selbst eingemauert? *Bis hierher und nicht weiter!* Plakate und Extrablätter informieren die Bevölkerung am Morgen des 14. August über die Maßnahmen zum Schutz der Staatsgrenze:

Unseren Staat vor den Imperialisten bewahrt. Das Bollwerk für den Sozialismus errichtet. Den Frieden gerettet. Sicherheit für uns alle. Wir lassen uns nicht in die Suppe spucken. Klare Endscheidung – Goldrichtig!

In der Presse, im Fernsehen – überall Zustimmung aus allen Schichten der Bevölkerung. Ich aber bin tief erschüttert. Meine Überzeugung, die vielleicht auf nicht ganz starken Füßen steht, bekommt einen Knacks. In mir zerspringt eine Saite, die in hässlichen Misstönen nachklingt.

Ich befinde mich zu dieser Zeit gerade im Ferienlager. Sie

13. August 1961

rufen uns zusammen, alle Pionierleiter, Lehrer, Helfer und FDL-ler. Große und breite Erläuterung dessen, was in der Zeitung steht. Ein Schreiben geht um. Wir sollen unterschreiben, dass wir bereit sind, wenn es nötig sein sollte, unser Land, unseren Staat mit der Waffe in der Hand zu verteidigen. Die Reservisten müssten es ohnehin tun, da sie auf die DDR vereidigt worden seien. In der Runde der Versammelten macht sich Unbehagen breit. Die Funktionäre von der Betriebsparteileitung unterschreiben als Erste. Die Liste geht reihum wie ein heißes Stück Eisen. Der Erste stutzt, zögert einen Moment, schaut den Nachbarn an, aber von dort kommt kein Signal. Er unterschreibt. Keiner wagt es, seine Unterschrift zu verweigern. Ich gehe mit den anderen konform und unterschreibe mit zitternden Fingern. »Jetzt fehlte noch, dass ein Krieg ausbräche«, sagt einer. Am Abend vor dem Schlafengehen Tanz- und Neckspiele in der Lagerfreundschaft. Zum wiederholten Mal das Laurentia-Spiel: *Laurentia, liebe Laurentia mein, wann werden wie wieder beisammen sein – am Sonntag, Montag* und so weiter. Mit in die Knie gehen bei jedem Wochentag, bis die Beine nicht mehr können. Das Arim-schim-schim-Spiel schließt sich an. Herumgehen und Schwenken eines Tüchleins im Kreis, Aussuchen eines Partners, vor ihm stehen bleiben, ein scheues Küsschen auf die Wange.

Danach großes Lagerfeuer. Wir Erzieher versuchen unsere trotz der lustigen Spiele gedrückte Stimmung zu überspielen. Helfrich hat seine Gitarre dabei. Er begleitet mich zum Schifferklavier. *Das Lied vom kleinen Trompeter*, das Lieblingslied Erich Honeckers, unseres späteren Staatsratsvorsitzenden, ist gerade verklungen. Es folgen *Bella Tschau* und die *Partisanen vom Amur*. Aber irgendwie muss uns der Teufel geritten haben. Ich stimme ein bekanntes Lied an, und Helfrich singt einen völlig anderen Text dazu: *Es war in einem Russendorf, am Rande des Ural, da saßen vierzig Russen, ihre Köpfe waren kahl. Der Kolchos, der war abgebrannt, der Traktor explodiert, Maruscha saß am Waldesrand, man hatte sie verführt. Jippi, ajo, jippi, aje!* ... Das Jippi-Ajo klingt hinüber bis zum Waldrand, an dem die Baracke des Wachschutzes steht.

Wir singen und lachen und denken uns nichts dabei. Am nächsten Tag große Aufregung. Die Parteileitung hat von dem ungebührlichen Lied erfahren: Verunglimpfung des großen Brudervolkes, Boykotthetze gegen die Sowjetunion, unwürdiges Benehmen angesichts der brisanten Zeit, wo sich Krieg und Frieden gegenüberstehen. Wir werden vorgeladen. Der Parteisekretär des Trägerbetriebes eröffnet das Verfahren gegen Helfrich und mich. Es endet mit einer strengen Rüge und mit einer Information an die übergeordnete Dienststelle – die Abteilung Volksbildung. Der Lagerleiter wird beauftragt, das Schreiben zu formulieren und abzuschicken. Das ist das Ende unserer Kariere, denke ich. Helfrich meint: »Jetzt schmeißen sie mich endgültig raus.« Am Morgen kommt der Lagerleiter auf mich zu, bittet mich zu sich herein.

»Du«, sagt er, »ich habe das Schreiben nicht abgeschickt. Ich kann es nicht verantworten, auch dass so etwas bei mir im Lager passiert ist. Vielleicht geht alles gut.« Ich sage: »Danke, du bist ein prima Kerl.« Das Glück ist dieses Mal auf unserer Seite in Gestalt eines weniger scharfen Funktionärs, eines sachlichen und nüchternen Menschen, der nicht gleich zum Denunzianten geworden ist.

Meine Überzeugung ist in eine Sackgasse geraten. In meinem Kopf beginnt es zu dämmern. Ich weiß nicht mehr, was ich glauben soll: Der Weg nach Bonn ist nicht gepflastert, Berlin haben sie eingemauert, und ein harmloses Lied über ein Russendorf bringt uns beinahe um Kopf und Kragen. Wie muss es um einen Staat bestellt sein, der Witzeerzähler für zwei Jahre wegsperrt, der sich abschottet, jede Kritik im Keim erstickt und jeden misstrauisch beobachtet, der nicht auf der vorgegebenen Linie einherschreitet? Ich bin in die Partei gegangen, um mitreden, um vielleicht etwas verändern zu können; jetzt merke ich, dass ich zum Duckmäuser geworden bin. Ich muss den Funktionären entgegenheulen, ihnen nach dem Munde reden, *aber das will sich mir nicht*. Auf der nächsten Versammlung der Pionierleiter, werde ich beauftragt, eine Resolution zu verfassen und darin den Maßnahmen vom 13. August zuzustimmen. Ich wehre mich dagegen, entgegne, dass ich ja schon unterschrieben habe. Was solle ich denn noch tun. Der Vorsitzende agitiert:

»Denk an die Worte Otto Grotewohls. Du musst Amboss oder Hammer sein. Ich glaube, du bist weder Amboss noch Hammer. Wer nicht für uns ist, ist gegen uns. Wer – Wen ist hier die Frage – Sozialismus oder Kapitalismus, ein Dazwischen gibt es nicht. Es kann unmöglich ein bisschen Sozialismus und nebenher ein wenig Kapitalismus geben. Ich möchte dich mal an ein Gleichnis erinnern. An ein Gleichnis aus den Tagen der Oktoberrevolution. Vielleicht hast du auch schon davon gehört.«

»Nein, davon habe ich noch nicht gehört. Ich kenne nur Gleichnisse aus der Bibel«, sage ich. »Da sieht man, wie weit du hinter der Entwicklung zurück bist. Ich will es dir mal erzählen. Also, da geht ein Bäuerlein mit seiner Sense auf die Wiese. Ein Reitertrupp kommt vorbei. Sie fragen das Bäuerlein: ›Für wen bist du, für die Weißen oder die Roten?‹ Das Bäuerlein schaut auf, kann aber nicht erkennen, was das für Reiter sind. Auf gut Glück, sagt es: ›Für die Roten‹. Die Reiter sind aber Weiße. Sie ziehen dem Bäuerlein die Hosen herunter und verabreichen ihm eine Tracht Prügel. Wenig später kommt erneut ein Reitertrupp vorbei. Wieder die gleiche Frage. Doch das Bäuerlein denkt: Dieses Mal bin ich schlauer. Noch einmal will es sich nicht verprügeln lassen. ›Ich bin für die Weißen‹, sagt es in weiser Voraussicht. Dieses Mal sind es aber Rote. Wieder Hose runter und die Schläge in Kauf nehmen. Beim nächsten Mal, als wieder ein Reitertrupp vorbeikommt und die gleiche Frage stellt, sagt das Bäuerlein gleich gar nichts, sondern lässt seine Hose von allein herunter. So wird es auch dir ergehen, wenn du nicht eindeutig Partei ergreifst und eine richtige Position beziehst. Du wirst von allen Seiten

Schläge beziehen, das lass dir mal gesagt sein.«

Noch lange geht mir das Gleichnis des Vorsitzenden im Kopf herum, aber ich kann mich nicht entschließen, mich voll und ganz auf die mir vorgeschlagene Position zu begeben. Ich lebe in der Hoffnung, meine Hose nicht herunterlassen zu müssen, aber um Schläge werde ich nicht herumkommen.

»Du könntest schon viel weiter sein«, sagt mein Freund Helfrich. »Schau dir mal diejenigen an, die bei der Kreisleitung der Partei sind. Du musst nur päpstlicher sein als der Papst.« Ich will weder bei der Kreisleitung sein, noch päpstlicher sein als der Papst. Zunächst will ich mein Sportlehrerexamen bestehen und so bald wie möglich als Lehrer arbeiten. Vier Jahre Studium habe ich hinter mich gebracht, mich tierisch beim Rettungsschwimmen gequält und täglich trainiert, um bei der Leichtathletik die Normpunkte für die Note Zwei zu schaffen. In der letzten Disziplin, dem 1500 Meter-Lauf, fehlen mir noch 236 Punkte. Ich müsste eine Zeit von 4:36 Minuten laufen. Ein Kumpel aus Karl-Marx-Stadt hat schon vor dem abschließenden Lauf die Punkte für die Zwei zusammen. Rudi, der Mann mit der gedrungenen und untersetzten Gestalt, will mich ins Schlepptau nehmen. Er läuft die einhundert Meter in 11 Sekunden und die vierhundert Meter unter einer Minute. Ansonsten ist er stets auf Frauenjagd.

Nach vielen Versuchen und ausgelebten und -geliebten Beziehungen hat er endlich eine gefunden, bei der verweilen kann. Sie schenkt ihm auch bald das erste Kind und ein Jahr danach das zweite, bis von Rudi der alte Jagdtrieb wieder Besitz ergreift. Und schon bald wird er von einer jungen Frau aus Zwickau der Vaterschaft bezichtigt. Das will er aber nicht wahrhaben und lässt die Sache untersuchen. Beim Test in der Uniklinik stellt man fest, dass er gar nicht zeugungsfähig ist. Bei der Flucht aus Ostpreußen hatte ihn ein Granatsplitter in der Leistengegend getroffen und den Samenleiter durchtrennt. Seine Frau hat ihm also zwei Kuckuckskinder ins Nest gelegt. Kurzerhand lässt er sich scheiden. Ledig und unbeweibt geht er nun wieder, diesmal aber völlig unbeschwert, seiner Lieblingsbeschäftigung nach.

Ich laufe also, als ob es um mein Leben ginge. »Du musst dicht hinter mir bleiben«, ruft mir mein Tempomacher zu. Die Sonne brennt vom Himmel. Es sind dreißig Grad im Schatten. Ein paar Kommilitoninnen haben sich mit einer Gießkanne auf Hocker gestellt, begießen uns Läufer mit kaltem Wasser. Das Ziel verschwimmt vor meinen Augen. Meine erste Frage: Die Zeit? 4:35,06 sagt das Zielgericht. Geschafft! Wozu eigentlich? Hätte eine Drei nicht auch genügt? Aber so bin ich eben.

Aus Karl-Marx-Stadt zurückgekehrt, erfahre ich über Flüsterpropaganda: *Sie machen die Grenze dicht.* Das Grenzgebiet soll zum Sperrgebiet werden. Eine Fünfkilometer- und Fünfhundertmeter-Sperrzone wird die lückenlose Überwachung ermöglichen. In Teistungen liegen schon

Betonpfosten bereit. Zäune werden gezogen. Bald kommt keiner mehr durch. Aber damit noch nicht genug. Die Grenzdörfer müssen bereinigt werden, bereinigt von unliebsamen und politisch unzuverlässigen Personen. Diese Leute stehen dem Frieden und Sozialismus im Wege. Es sind Fremdkörper im Staat der Arbeiter und Bauern, und solche müssen entfernt werden.

Was tun mit den Menschen, die hier eine Heimat, die ein Leben lang auf ihrem Grund und Boden gewohnt und gearbeitet haben? Doch es ist schon beschlossen. Die Lösung lässt auch nicht lange auf sich warten. Aussiedlung heißt die Parole! Ausgesiedelt müssen solche Leute werden, die der sozialistischen Entwicklung im Wege stehen. Und einer dieser sozialistischen Wege ist die LPG.

Da gibt es doch einige solcher Querköpfe, insgesamt zu viele davon, die partout nicht wollen. Sie wollen ihr Land einfach nicht hergeben. Wer gegen die Kollektivierung der Landwirtschaft ist, steht dem Sozialismus eben nicht freundlich gegenüber. Und mit dem wird ebenfalls nicht freundlich verfahren. Drei Wochen nach dem Mauerbau stehen sie auf der schwarzen Liste.

Lastwagen stehen schon zur Aussiedlung bereit. Die Aktion läuft zwar im Geheimen, aber auch das Volk hat hellhörige Ohren und mitteilungsbedürftige Zungen. Und so erfahren die betreffenden Leute von dem Plan. Es sind fast ausnahmslos Bauern, die so geschockt sind, dass sie nun ebenfalls mit einem eigenen Plan auf die Maßnahme reagieren. Sie wollen nicht abwarten, bis man sie wie Vieh abtransportiert. Heimlich treffen sie sich in den Abendstunden und beschließen, dem Staat der Arbeiter und Bauern den Rücken zu kehren. Anfang Oktober ist es so weit. Im Nachbardorf Neuendorf ist Kirmes. Da wird vermutet: Die Grenzpolizisten könnten sich dort aufhalten und vergnügen. Die Nacht ist dunkel. Gespenstisch liegen die Felder der nahen Ortslage Immingerode vor den Flüchtenden. Es ist nur ein Katzensprung, doch ein Sprung in die vermeintliche Freiheit. Der Wind frischt auf, ein merkwürdiger Wind, der die welken Blätter von den Bäumen fegt, als sie aufbrechen, aufbrechen mit klopfenden Herzen und wehmütiger Seele. Müssen sie doch alles zurücklassen, was ihnen lieb und teuer ist. Doch nicht daran denken, die Kinder an ihrer Seite müssen beruhigt werden. Sie dürfen keinen Laut von sich geben.

Mit dem Gepäck, was sie tragen können, stolpern sie voran. Einiges haben sie auf dem einzigen Pferdewagen verstaut. Sie gehen westwärts, trotz aller Hoffnungen ins Ungewisse, in den anderen Teil Deutschlands, wo sie im Aussiedlerlager freundlich aufgenommen werden. Dreiundfünfzig Menschen, davon über die Hälfte Kinder, haben ihre Heimat verlassen. Das sind ein Sechstel des Dorfes. Ein Gerücht geht um:
Ein ganzes Dorf sei abgehauen, Böseckendorf sei der Name. Böseckendorf wird zum Inbegriff für Entschlossenheit und Courage. Aber in unseren

Zeitungen steht nur eine lapidare Notiz von einigen Verrätern, die in den kapitalistischen Westen geflüchtet seien.

Zwei Jahre später machen sich noch einmal dreizehn Personen aus dem Ort auf und gehen hinüber. Dieses Mal müssen sie schon ein Loch in den Zaun schneiden. In Angerstein, in der Nähe von Göttingen, finden die Flüchtlinge ein neues Zuhause. Die Straße, in der sie sich ansiedeln, wird bald *Neu-Böseckendorf* genannt.

Eine mörderische Grenze von 1370 Kilometern durchzieht Deutschland, davon verlaufen 55 Kilometer durchs Eichsfeld. Alles erdenklich Mögliche wird unternommen, um den Menschen die Flucht zu verwehren. Bald trennt ein zweireihiger Metallgitterzaun das Eichsfeld vom Eichsfeld. Es folgen die ersten SM-70, perfide, Menschen verstümmelnde und tötende Selbstschussanlagen. Ein breiter Spurensicherungs- und Schutzstreifen, der ständig kontrolliert wird, Signalzäune und Beobachtungstürme, und das letzte, Menschen verachtende Instrument sind die Minen.

Armeegeneral Heinz Hoffmann überzeugt sich Anfang der 80-er Jahre persönlich von der undurchlässigen Grenze und ist befriedigt. Und doch versuchen es Einzelne immer wieder, die Grenze zu überwinden und in den Westen zu gelangen. Wir erfahren es durchs Westfernsehen. Ein hoher Funktionär meint dazu, als er damit konfrontiert wird: *Wer sich in Gefahr begibt, kommt darin um.* Trotz der Massenflucht wird die Aussiedlung aus dem Grenzgebiet fortgesetzt.

Bei Nacht und Nebel fahren die Lastwagen vor. Den betreffenden Personen wird eine Verfügung vorgelesen, laut derer sie ihr Haus und den Ort verlassen müssen. Die Begründung dieser Maßnahme beruft sich auf die Notwendigkeit der Sicherung des Friedens und des Sozialismus. Diesem hohen Ziel stehen die Menschen im Wege. Sie sind *Fremdkörper, ja nahezu gefährlich für diese selbstlose Sache.* Das Gesamtinteresse der Gesellschaft geht vor, begründet es der Vorsitzende des Rates des Kreises. Schwarz und weiß steht es als Antwort auf eine zaghafte Anfrage.

Die Menschen sind geschockt. Ihr Hab und Gut wird verladen, vielfach wird es eingezogen. Niemand weiß, wohin es geht. Nur weit genug weg von der Grenze und dem Sperrgebiet. Vertreibung mitten im Frieden, nicht von irgendwem, sondern von dem Staat, in dem du lebst und arbeitest. Was kann es noch Schlimmeres geben? Nur wer einmal in seinem Leben aus seiner Heimat vertrieben wurde, weiß, was das bedeutet. Niemand anderer kann das so recht ermessen. Wer kann einmal dafür zur Verantwortung gezogen werden? Kann es für ein derartiges Verbrechen überhaupt Rechtfertigung und Sühne geben?

Schau auf deinen Staat und dein Leben darin. Für den Staat bist du ein Stück Inventar, das man beliebig von Ort und Stelle bewegen kann. Alles für den Frieden und für die neue, bessere Gesellschaft des Sozialismus. Der Agit-Prop-Sekretär bedauert diese Tatsache, als notwendige

Maßnahme im Interesse des Ganzen. Da dürfe man nicht zimperlich sein, müsse auch einmal bestimmte unpopuläre Maßnahmen durchzusetzen. Und diese Leute würden ja großzügig entschädigt.

12 LEHRER UND FUNKTIONÄR IM SOZIALISTISCHEN ALLTAG

Der Tag des Abschieds von Bernsrode und von meinem Pionierleiter-Dasein kommt heran. Sechs Jahre habe ich mit den Kindern in diesem Dorf zugebracht. Nicht einen einzigen Tag davon möchte ich missen. Sie stehen im Karree um den Fahnenmast herum. Verabschiedung mit Tränen – das schönste Geschenk für mich. Der Freundschaftsratsvorsitzende drückt mir noch ein dickes Buch in die Hand: *Die Junge Garde* von Alexander Fadejew. Gute Wünsche für die Tätigkeit als Lehrer. Der Direktor sagt: »Sie haben sich ihre Sporen redlich verdient. Wir lassen Sie nicht gerne gehen.« Der Abschied fällt mir unsagbar schwer. Aber eine neue Aufgabe kommt auf mich zu, und ich habe mir vorgenommen sie gut zu erfüllen.

Die neue Schule in Hohenrode nimmt mich mit Freuden auf. Endlich ein ausgebildeter Sportlehrer. Das Fach Sport liegt schon lange im Argen. Jetzt könne es nur noch vorangehen. Aber die Bedingungen sind katastrophal. Keinerlei Anlagen für eine sportliche Betätigung, außer einem Fußballfeld neben der Schule. Die Schule besteht aus zwei Gebäuden, fast einen Kilometer voneinander getrennt.

Wenn die Lehrer wechseln, müssen sie ganz schön flitzen. Ich schaffe mir ein klappriges Rad an, bin so schneller zur Stelle. Am Nachmittag stehe ich mit den Kindern im NAW (Nationalen-Aufbau-Werk), baue eine Sprunggrube und eine Laufbahn. Im Winter benutzen wir den alten Gemeindesaal für das Turnen. Ringsum auf den Seitenpodesten ist Getreide der LPG gelagert. Oben durch das fehlende Stück Giebel stieben Wind und Schnee herein. Am Reck turnen wir mit Handschuhen. Und trotzdem ist keine einzige Unterrichtsstunde ausgefallen. An beiden Enden bringe ich zwei Basketballkörbe an. Weil der Saal zu klein ist, spielen wir im Winter Basketball. Ich kümmere mich um die Leichtathletik, baue eine Fußballmannschaft und zwei Handballmannschaften auf, bin kaum noch zu Hause.

Wir werden mehrfach Kreismeister bei den Mädchen, fahren vom Ferienlager Wilhelmsthal aus zu der Bezirksspartakiade nach Erfurt und nehmen am Basketball-Turnier teil. Dort erringen wir zwei Goldmedaillen. Als wir im Kreislager ankommen, werden wir verlacht. Der Kreisturnrat, der uns Sportlehrer stets gerügt hatte, dass wir nicht genügend Vorarbeit für die NVA leisteten, derselbe Kreisturnrat und heutige stellvertretende Vorsitzende des Kreissportbundes, der uns beim Westfernsehen der Übertragung des Länderspiels Schweden–Deutschland überraschte und uns dieses *Vergehen* übel nahm, weil vor allem der Schulrat anwesend war, verspottet uns: *Jetzt kommen die verdienten Basketballer des Volkes*. Danach erfährt er von unseren Erfolgen und spottet nicht mehr. Die Basketballmädchen, die sich gegen härteste Konkurrenz aus Gotha und Erfurt durchsetzen konnten, sind tief gekränkt, sie haben Tränen in den Augen. Maßlos enttäuscht fahren wir ins Ferienlager zurück und dann nach Hause.

Parteitage und Fünfjahrespläne sind Meilensteine der Entwicklung im Sozialismus. Sie werden zur Sache aller gemacht. Für jeden ist der Parteitag das tägliche Brot. Und die Losungen sind im ›NEUEN DEUTSCHLAND‹ vorgeschrieben. So um die sechzig an der Zahl. Da gibt es Verpflichtungen für neue Arbeitsleistungen, Transparente, die auf dieses Ereignis hinweisen, umfangreiche Kampagnen in der Presse, in Betrieben von Industrie und Landwirtschaft, in Schulen und Verwaltungsapparaten. Der VI. Parteitag hat eingeschätzt, dass die sozialistischen Produktionsverhältnisse gesiegt hätten und die Grundlagen des Sozialismus im Wesentlichen errichtet worden seien. Damit seien die Ziele verwirklicht worden, für die die revolutionäre Arbeiterbewegung über ein Jahrhundert gekämpft habe. Natürlich sei der Aufbau des Sozialismus keinesfalls vollendet, vielmehr müsse eine Strategie zur weiteren Gestaltung der sozialistischen Gesellschaft ausgearbeitet und durchgesetzt werden. Dazu müssten alle Vorzüge und Triebkräfte des Sozialismus entsprechend den Bedürfnissen und Interessen des Volkes voll entwickelt und genutzt werden.

Vorzüge, Triebkräfte, welche sind das? Das gesellschaftliche Eigentum an den Produktionsmitteln, die von Ausbeutung und Unterdrückung befreite Arbeit, die führende Rolle durch die marxistisch-leninistische Partei, die Freundschaft zur Sowjetunion – alles *Vorzüge und Triebkräfte* im Interesse der Menschen, nur die Menschen verstehen sie noch nicht zu ihrem allgemeinen Vorteil zu nutzen. Durch den Parteitag werde sich das ändern. Die Partei zeigt den Weg auf und erklärt den umfassenden Aufbau des Sozialismus zur strategischen Aufgabe der SED im Parteiprogramm, dass die erstrangige Aufgabe der DDR darin bestehe, ihren Beitrag zur Festigung und Entwicklung des sozialistischen Weltsystems und zur Vertiefung der Freundschaft mit der Sowjetunion zu leisten.

Dieser Sprachjargon der Partei lässt den Leser schnell abschalten. Wer es nicht lesen muss, geht darüber hinweg und erfreut sich an Sportnachrichten. Ich überlege noch einmal, welches die Vorzüge und Triebkräfte sind, die für das Volk wirksam werden sollen: Sind die Genossenschaften, die Volkseigenen Betriebe in der Lage, das Volk ausreichend zu versorgen? Kann die sozialistische Nationalkultur – Musik, Literatur, Malerei, vor allem Kreativität entfalten, wenn zensiert und reglementiert wird?

Kann eine Partei führen, die nicht durch freie Wahlen legitimiert ist? Und welche Rolle kann eine verordnete Freundschaft spielen, wenn das Herz nicht dahintersteht? Ich kann keine schlüssige Antwort darauf finden und verfalle in große Zweifel. Ich weiß nur, dass Abschottung des Staates und einseitige Ausrichtung auf eine Linie einer Weiterentwicklung niemals förderlich sein können.

Die kleine DDR will und muss einen Beitrag für das Sozialistische Weltsystem leisten! Gerät dadurch ihre eigene Entwicklung nicht in Verzug? Die Grenzen sind zu, aber die Kanäle der Medien sind offen und immer mehr Menschen zugänglich. Sie sehen und hören täglich von der anderen Seite, wie es in der westlichen und östlichen Welt zugeht, was *die da drüben* haben und wir nicht.

Seit die Grenzen nicht mehr von Ost nach West passierbar sind, werden wieder mehr Pakete geschickt. Ein Lehrer wettert gegen die Sendungen von drüben, auch über die Schundliteratur, die oft dabei sei und den Charakter der Kinder verderbe. Man dürfe die Dinge vom Klassenfeind nicht annehmen, wenn man ein guter Pionier sein wolle. Und er müsse mal wieder Ranzenkontrollen durchführen. Am nächsten Tag verspätet sich einer der Knirpse. Der Lehrer will aufbrausen und den Schüler zurechtweisen, doch der wehrt sich mit anzüglichen Worten:

»Also, Herr Lehrer, dass ich zu spät komme, hat auch mit Ihnen zu tun. Post-Anna hat mir nämlich das Paket übergeben, das für Sie bestimmt ist. Es ist aus dem Westen und liegt im Flur. Aber Sie wissen doch – Sie dürfen es nicht annehmen.« Der Lehrer wird ganz still. Schnell schleicht er sich hinaus und bringt das ominöse Paket aus der Sichtweite der unbefugten Betrachter. Er hat nie mehr etwas gegen die Annahme von Westpaketen gesagt.

Im Vorfeld von großen Parteitagen finden die Parteitage im kleineren Kreis statt – Kreisdelegierten-Konferenzen. Erstmalig werde ich delegiert. Das sei eine hohe Ehre, die ich zu würdigen habe, meint der Schulparteiorganisator. Ich erhalte eine rote Delegiertenkarte, die ich zuweilen hochheben und wieder sinken lassen muss. Hochheben als Zustimmung, herunternehmen, bereithalten und wiederum emporheben. Dazwischen die langatmigen Zeremonien, die vorbereiteten und zustimmenden Diskussionsbeiträge, bis zur Wahl der neuen Kreisleitung. Da ich ein kritischer Mensch bin, nehme ich mir die Freiheit heraus eine Diskussionsmeldung abzugeben. Ich will mich in die Diskussion einmischen mit positiven und auch kritischen Bemerkungen. Mir geht es vor allem um die besseren materiellen Verhältnisse an unserer Schule. In der Pause kommt einer der Instrukteure auf mich zu und fordert mir meinen schriftlichen Diskussionsbeitrag ab.

»Wieso muss ich den abgeben«, frage ich ziemlich erstaunt. »Na, meinst du, wir lassen dich hier unkontrolliert reden«, antwortet der und tippt sich an den Kopf.

»Ich habe nur einen Stichpunktzettel«, sage ich entschuldigend, »und den kann keiner lesen.« Der Instrukteur sagt im Weitergehen:

»Dann kommst du eben erst gar nicht dran.« So komme ich um meine erste öffentliche Wortmeldung herum. Für mich ist die ganze Sache sehr grotesk. Ich komme mir vor wie eine Marionette, die dann funktioniert, wenn an der Strippe gezogen wird. Vor der Hauptaktion dieses Tages, dem Einwerfen der Wahlzettel in die Urne, bin ich verschwunden. Jeder ist registriert, das habe ich nicht bedacht. Sie kriegen diese Verfehlung mit, da mein Name bei Einwurf nicht abgehakt wird. Große Empörung: Verstoß gegen die Parteidisziplin. Antanzen vor dem 1. Kreissekretär, dem höchsten Repräsentanten des Kreises. Noch habe ich die Wertigkeit dieses Mannes nicht erkannt, seine Kompetenzen, seine Machtfülle und seine grenzenlose Überheblichkeit. Er ist nicht unfreundlich, will zunächst die Gründe wissen, die mich dazu bewogen hätten, die Konferenz in ihrer wichtigsten Phase zu verlassen. Nun ja, ich sei ja noch sehr jung, und vielleicht hätte ich die Bedeutung einer solchen Konferenz der Partei der Arbeiterklasse noch nicht richtig erkannt und auch unterschätzt. Daher wolle er vor allem Aufschluss haben und mich aufklären.

Was soll ich ihm sagen? Mir fällt nichts ein, womit ich mich rechtfertigen kann. Schließlich sage ich: Ich hätte weggemusst, da ich mit den Jugendfreunden der FDJ etwas vorgehabt hätte. Aber da wird der Sekretär ungemütlich. Die FDJ sei doch die Kampfreserve der Partei, und wenn schon jemand delegiert sei zu so einem hohen Gremium, dann sei es seine verdammte Pflicht und Schuldigkeit, auch bis zum Schluss teilzunehmen. Er macht sich ein paar Notizen und eröffnet mir, dass ich mich vor der Parteigruppe zu verantworten hätte. Schließlich wird mir eine Rüge ausgesprochen, die in meine Kaderakte eingetragen wird. Das war das zweite, ziemlich dicke Fettnäpfchen, in das ich getreten bin, und es sollen noch einige sich in meinen Weg stellen. Ich bin eigentlich sehr prädestiniert, um in irgendwelche Fettnäpfchen zu treten. Warum? Nun, weil ich meinen Mund nicht im Zaum und mit meiner Meinung nicht hinter dem Berg halten kann.

Der Parteitag wird im Kollektiv der Pädagogen ausgewertet. Schlussfolgerungen für die weitere politisch-ideologische Arbeit sollen gezogen werden. Der Kollege Mathe-Lehrer macht einen sonderbaren Vorschlag. Man müsse das Für und Wider kontrovers diskutieren. Zum Beispiel solle einer den westlichen Standpunkt einnehmen und ein anderer die Politik aus unserer Sicht vertreten. Da könne doch in Rede und Gegenrede eine vernünftige Meinung herauskommen. Und übrigens könne sich dann jeder seine eigene Meinung bilden. Der Direktor hört sich diesen wundersamen Vorschlag an, schaut in die Runde, doch niemand spricht dagegen. Alle sind von dem Vorschlag völlig überrascht worden. Der Direktor fordert die Kollegen und vor allem die paar Genossen heraus, doch noch immer keine Stellungnahme. Da ergreift er selbst das Wort und sagt: »So ein Vorschlag kann nur von einem politisch schieffliegenden Mathe-Lehrer kommen. So wird bei uns nicht diskutiert. Wir vertreten offen und parteilich unsere Politik. Da braucht es kein Drumherumgerede, kein Abwägen des Für und Wider.« Er schüttelt den Kopf und ist aufgebracht ob so viel Sektierertum und unsozialistischem Standpunkt.

Ich denke über den Vorschlag nach und finde ihn gar nicht schlecht, doch ich wage es nicht, mich dafür einzusetzen. Im Hintergrund spüre ich, was schon beinahe zur Gewohnheit geworden ist, nämlich das Anpassen und Unterordnen und den Respekt, einem Vorgesetzten nicht zu widersprechen. Ich möchte das abstellen, aber ich begreife nach und nach, dass es nicht möglich ist. Hier gibt es nur eine Linie, nämlich die von der Partei vorgegebene. Und in diese Partei bin ich selbst ja eingetreten. Was kann ich tun, wie will ich etwas mit meinem Beitritt verändern, wenn es überhaupt keinen Freiraum gibt? Alles, was nicht mit der Parteidoktrin übereinstimmt, ist gegen den Staat und gegen den Sozialismus gerichtet. Ich beginne weiter nachzudenken. Habe ich mich in eine Sackgasse hineinmanövriert?

Mutter ruft an – der Vater liegt im Krankenhaus. Es geht ihm schlecht. Keine hundert Schritte konnte er mehr, ohne stehenzubleiben, gehen. Ich muss den Vater besuchen. Im Krankenhaus sehe ich mit Besorgnis, wie schlecht es um ihn bestellt ist. Die Krankheit von Oberschlema hat ihn ganz zerfressen. Ich umarme meinen Vater und spreche ihm Mut zu, aber ich denke noch an nichts Schlimmes. Schnee ist gefallen, die verrückten Tage des Karnevals sind vorüber. Am Morgen schnalle ich meine Langlaufski an und mache mich auf zu meinem Dienst, quer Feld über annähernd vier Kilometer, gleite dahin auf der weißen Pracht über Wiesen und Hänge. Über dem Forsthaus am Waldrand liegt dicker Nebel. Ich muss durch den Wald, um den Weg abzukürzen. Im Wald ein lautes Klagen, Töne, die ich noch nie vorher vernommen. Oben am Berg steht ein Rudel Rehe, ihr Klagen klingt weit durch das Tal, dazwischen ein leises Fiepen in Todesangst. Es ist ganz nahe, kommt aus dem aufgeschichteten Holzhaufen. Ich fahre näher heran. Ein Kitz steckt mit dem Kopf eingeklemmt zwischen zwei Astgabeln. Es wollte an das Grün heran, das unter dem Holzhaufen hervorschimmert. Vorsichtig ziehe ich die Astgabel auseinander, die Rehe klagen lauter. Das Kitz ist frei, noch torkelt es etwas staksig herum, dann läuft es auf die Herde zu. Das Klagen hört auf. In der Schule erreicht mich ein Anruf: Der Vater ist tot. Er ist genau zu dem Zeitpunkt gestorben, als ich das Kitz frei gelassen habe. Vielleicht war es Zufall, vielleicht ein Zeichen, wer vermag es zu sagen. Zuletzt hat der Vater immer wieder davon gesprochen, einmal die alte Heimat wiedersehen zu dürfen, doch seine Sehnsucht hat sich nicht erfüllt. Er stirbt mit der Sehnsucht im Herzen, weit ab von dem, was ihm einmal Heimat war, obgleich er für seine Familie eine neue Heimat bereitet hat.

Mitte der sechziger Jahre beschließt die Volkskammer das Gesetz über das Einheitliche Sozialistische Bildungssystem. Der wichtigste Beschluss darin ist die generelle Einführung der Zehnklassigen Polytechnischen Oberschule. Das sozialistische Bildungssystem beruht auf dem Prinzip der Einheit von Bildung und Erziehung, von Wissenschaftlichkeit und Parteilichkeit, was auch immer das Letztere bedeuten soll. Im Vordergrund der Arbeit steht die allseitig gebildete sozialistische Persönlichkeit

– ein wahrhaft hehres und zu würdigendes Ziel. Denn mit diesem Ziel ist der Schwerpunkt *sozialistisch* verbunden. Und alles Sozialistische hatte in der Geschichte einen guten Klang. Allseitig gebildet bedeutet auch den Bruch mit den Bildungsprivilegien, welchen auch schon die Arbeiterbewegung in früheren Jahren verfolgte.

Nach der Sicherung der Staatsgrenze stellt die Regierung fest: dass sich Wirtschaft und Gesellschaft besser entwickeln, da die Möglichkeiten der direkten Störung des sozialistischen Aufbaus durch den Imperialismus eingeschränkt seien. Die Menschen leben *sicherer, ruhiger* und *zufriedener*. Ihr Lebensstandard verbessert sich. In der Tat gibt es vorübergehend mehr zu kaufen. Die zunächst eingeführte 5-Tage Arbeitswoche alle vierzehn Tage, die Verfügung über die ausgebildeten Facharbeiter, Ärzte und Wissenschaftler, ihnen jegliche Unterstützung zu geben, und die Einführung der Jahresendprämie führen zu einem besseren Verhältnis zwischen den Menschen und dem Staat. Mit der Sowjetunion entwickelt sich ein sicherer und zu jeder Zeit belieferbarer Markt, der teils zum Vorteil der Volkswirtschaft wird, aber dann wieder zur Mangelwirtschaft führt. Der VII. Parteitag beschließt, alle Bereiche des gesellschaftlichen Lebens wie Politik, Ökonomie, Kultur und Ideologie, Wissenschaft und Landesverteidigung proportional zueinander zu entwickeln. Die Landwirtschaft entwickelt sich umfassend zu Genossenschaften vom Typ III, zu Koordinativen Abteilungen und trägt weiter zur Vollbeschäftigung der Landarbeiter bei. Kurzum – die Menschen beginnen sich in ihrem Staat zu arrangieren, wenn nur die Bevormundung nicht wäre und die eingeschränkte Freizügigkeit. Und noch ein Sektor führt zur besseren Identifikation der Gesellschaft mit ihrem Staat: Die Förderung des Sports auf fast allen Gebieten, die Erfolge bei Weltmeisterschaften, Olympiaden und anderen Wettkämpfen. Solche Namen wie Karin Balzer, Margitta Gummel, Ingrid Krämer, Helmut Recknagel, Gustav Adolf Schur, Helmut Behrend und andere erhalten in der Welt einen guten Klang.

Der Gemeindediener hat seinen letzten Rundgang mit der Bimmel durch das Dorf beendet. Das Dorf braucht ihn nicht mehr als Ausrufer. Im Amtszimmer wird die Messingglocke als nostalgisches Relikt hinterlegt. Ein weiteres Kapitel anheimelnder und dörflicher Idylle ist vergangen. Das Vergangene scheint dem Menschen stets das Bessere gewesen zu sein, weil er sich immer mit der Gegenwart herumschlagen muss und die Zukunft ihm immer ungewiss bleiben wird. Jetzt bricht sich das Neue und Fortschrittliche Bahn. In der Gemeinde sind Masten gesetzt worden, über Drähte von Mast zu Mast fliegen nun die Nachrichten.

Der Dorffunk wird zum Kommunikationszentrum. Forsche Marschmusik der einschlägigen sozialistischen Lieder kündet die Durchsagen an, besonders vor Wahlen und Abstimmungen: *Auf, Auf zum Kampf, zum Kampf sind wir geboren ... Wann wir schreiten Seit an Seit ...*, ab und an kommt auch das *Köhlerliesel* dazwischen. Achtung, Achtung, eine Durchsage – klingt es ganz nüchtern über den Äther.

Abstimmung über die neue sozialistische Verfassung. Die Menschen gehen den Weg zum Wahllokal. Jede Stimme ist gefragt, keiner darf sich verweigern. Breit ist darüber diskutiert worden, in der Volkskammer, in den Parteien, in den Betrieben und Organisationen. Über 6000 Vorschläge zur Abänderung sind angenommen worden. Neue Qualität des Sozialismus und alte Verfassung passen nicht zusammen. Absegnung durch die Bevölkerung. Mit der *Zustimmung von 94,4 %* zur neuen sozialistischen Verfassung beruft sich die Staatsführung auf das Vertrauen und die Verbundenheit der Bevölkerung zu ihrem Staat. Aber hier soll sich noch ein Ansatzpunkt zur besseren Wahrnehmung der demokratischen Rechte der Menschen ergeben, die zu Kontroversen zwischen Staat und Bürgern führen wird.

Mitten in diesem allgemeinen Aufschwung kommt ein Signal aus Prag, das die Menschen aus ihrem sozialistischen Alltag herausreißt. Der Prager Frühling, mit dem Ziel einen eigenen Weg des Sozialismus zu beschreiten, führt zum Einmarsch der Truppen der Sowjetunion. Die NVA stand mit Panzerverbänden an der tschechischen Grenze. Letztendlich kamen aber die NVA-Soldaten durch ein Signal aus Moskau um die Kampfhandlungen herum. Die Bestrebungen des kommunistischen Reformers Dubček werden brutal niedergeschlagen. Der Student Jan Pallach verbrennt sich auf dem Wenzelsplatz und setzt damit ein Fanal besonderer Art, das zur Umbenennung des Platzes in *Jan-Pallach-Platz* führt. Nach der Zerschlagung des Prager Aufstandes wird der Platz zum *Platz der Rotarmisten*, doch die Straßenbahnfahrer rufen bei der Haltestation weiter den Namen: Jan-Pallach-Platz! Wer geglaubt hat, das nach dem Arbeiteraufstand von 1953, dem Ungarn-Aufstand von 1956 und dem Prager-Aufstand von 1968 ein weiterer Ausbruch aus dem sozialistischen Lager möglich sei, hat sich getäuscht. Die Doktrin des Sozialistischen Weltsystems unter Generalsekretär Leonid Iljitsch Breschnew duldet keinen Alleingang.

Ende der sechziger Jahre schart die Partei ihre Schafe auch in den Wohnparteiorganisationen (WPO) um sich. Keiner darf verloren gehen, jeder muss einbezogen werden, besonders, wenn eine politische Kampagne angesagt ist. Die Amerikaner haben in der Raumfahrt aufgeholt. Nun machen sie Anstalten, mit der Apollo-11-Mission als Erste den Mond zu erobern. In den fünfziger Jahren war die Rede vom blonden Hans, der zum FDJ-Funktionär im Kreis aufgestiegen war. Inzwischen ist er zum Abteilungsleiter bei der Kreisleitung der SED avanciert.

Wie immer bei solchen Veranstaltungen hält er das grundlegende Referat über die Politik der SED. Am Ende geht er auch auf die Raumfahrtbestrebungen der Amerikaner ein und betont den Vorsprung der sowjetischen bemannten Raumfahrt. Und so wahr ich hier stehe, spricht er mit selbstverständlicher Überzeugung: »Noch bevor die Amerikaner den Mond auch nur betreten, werden sie von sowjetischen Kosmonauten dort oben schon empfangen. Wie beim Wettlauf zwischen Hase und Igel werden sie sagen: ›Wir sind schon da‹, werden die rote Fahne mit Hammer und Sichel ausrollen und einpflanzen. Das lasst euch gesagt sein!« Donnerwetter, denke ich. Du hast von der Luna-15-Mission gehört und gelesen. Luna-15 nähert sich dem Erdtrabanten. Jetzt wird es perfekt. Die Russen werden den Amerikanern auf dem Mond zuvorkommen. Sollte das eintreffen, wäre dies eine Riesensensation, eine Überrumpelung der Weltöffentlichkeit. Die ganze Nacht schlafe ich nicht, höre Nachrichten, doch nichts ereignet sich, außer dass der amerikanische Mondflug planmäßig verläuft. Am nächsten Tag, dem 20. Juli 1969, sehe ich die Bilder und bin aufs Äußerste gespannt. Die US-Amerikaner sind mit Saturn 5 auf dem Mond gelandet. Neil Armstrong schwebt mit langen und hüpfenden Schritten auf dem Mondboden dahin, sein Kollege Ewdin Aldrin folgt ihm. Unter ihren Füßen wirbelt Mondstaub auf. Jetzt müsste ein sowjetischer Kosmonaut aus dem Hintergrund auf sie zukommen und ihnen wie der Igel im Wettlauf mit dem Hasen zurufen: *Ich bin schon da!* Aber nichts dergleichen geschieht. Armstrong bleibt der erste Mensch, der seinen Fuß auf den Mond gesetzt. Seine Worte: ›*Nur ein kleiner Schritt für einen Menschen, aber ein gewaltiger Sprung für die Menschheit*‹ werden in die Geschichte der Raumfahrt eingehen. Und dreißig Jahre später ist er noch einmal in den Weltraum geflogen. Ich erkundige mich, ob der Funktionär Hans wirklich Instruktionen solcher Art gehabt habe. Nein, hat er nicht, wird mir geantwortet. Was soll man davon halten? Wie glaubwürdig kann jemand sein, der mit Fantastereien Menschen verdummen will? Wenn Neil Armstrong auch der erste Mensch war, der den Mond betreten hatte, so muss hier auch unser Sigmund Jähn erwähnt werden, dieser bescheidene und zurückhaltende Kosmonaut aus dem vogtländischen Morgenröthe-Rautenkranz, der als erster Deutscher (DDR-Bürger) zehn Jahre später mit dem Russen Waleri Bykowski und dem Raumschiff Sojus 31 im All war. Zugegeben – ein großes Politikum der Staatsführung, aber auch eine großartige Leistung des *Fliegenden Vogtländers*.

Jahrzehnte später, aus dem unbedarften DDR-Bürger und *Staatsgetreuen* ist ein allseitig informierter Internet-Surfer geworden. Der Run nach einem Computer hat aufgehört. Die Fragen nach der Notwendigkeit der Nutzung. Immer wieder Absagen und Vertröstungen waren der Horror. Endlich steht das Gerät im Zimmer. Die Beschreibung macht Kopfschmerzen, bevor es losgehen kann. Nach und nach eigne ich mir die wichtigsten Bedienelemente an. Wieder einmal ein Ausflug auf der Datenautobahn.

Mondlandung.de erweckt meine Aufmerksamkeit. Auf der Webseite erfahre ich Ungeheuerliches: Die Mondlandung soll ein einzigartiger Bluff, eine trügerische Inszenierung der NASA gewesen sein. Immer mehr Merkwürdigkeiten verstärken die Zweifel mir.

Der Kalte Krieg war Ende der sechziger Jahre in seine entscheidende Phase getreten. Die Frage Wer – Wen musste vor allem auf dem Gebiet der Weltraumfahrt mitentschieden werden. Das Apolloprogramm der NASA war darauf gerichtet, durch die einzigartige Mondlandung dem russischen Vorsprung in der Weltraumtechnik einen entscheidenden Stoß zu versetzen. Dafür schienen alle Mittel recht zu sein.

Als Neil Armstrong den weltbewegenden Satz auf dem Erdtrabanten ausgerufen hatte: ›*Ein kleiner Schritt für einen Menschen, aber ein gewaltiger Sprung für die Menschheit*‹, soll er dies angeblich in der Wüste Nevada getan haben. Natürlich war die Saturn 5-Rakete am 16.07.1969 in den Weltraum gestartet, aber sie sei nie auf den Mond gelangt. So die Zweifler. Armstrongs hüpfende Schritte wirbelten den Mondstaub auf, das haben wir alle gesehen, aber die Raumfähre, die mit ihrem starken Triebwerk aufsetzte, verursachte nicht den kleinsten Staubwirbel, viel weniger einen Krater. Und als die amerikanische Flagge aufgesetzt wurde, flatterte sie im Wind, aber auf dem Mond ist absolute Windstille. Ein weiteres sind die seltsamen Schatten, von der Raumfähre und den Astronauten verursacht. Sie zeigen in alle möglichen Richtungen, kreuzen sich sogar. Solche und weitere Merkwürdigkeiten und Ungereimtheiten verstärken die Skepsis der Berichterstatter, dass das 40 Milliarden-Mondlande-Programm auf der Erde manipuliert worden sei. Die Reise über 380.000 Kilometer zum Mond wäre bei der Ausstattung der Saturn 5-Rakete mit ihrem relativ dünnen Alumantel nie möglich gewesen. Die fürchterliche Strahlung über der Erdatmosphäre bei einer verstärkten Sonneneruption in dieser Phase hätte einen sechs Meter dicken Bleimantel erfordert. Und auch die Raumanzüge der Astronauten hätten mit ihrer Schutzhülle niemals 250 °C Hitze auf der der Sonne zugewandten Seite und 250 °C Minus auf der der Sonne abgewandten Schattenseite des Mondes ausgehalten. Hinzu kommen die mysteriösen Todesfälle von US-Astronauten und ranghohen Mitarbeitern der NASA.

Sie alle – insgesamt 10 an der Zahl – starben einen unnatürlichen Tod. Da erübrigt sich auch die Frage, warum die Russen es mit ihrem relativ erfahreneren und erfolgreicheren Weltraumfahrt-Programm nie versucht haben, eine Mondlandung zu unternehmen. Vielleicht wussten sie von der Unmöglichkeit der Durchführung zu diesem Zeitpunkt. Und auch diese Frage muss sich die NASA an diesem Punkt stellen lassen: Warum sie es bis heute nie wieder versucht hat? Sind wir alle einem nicht einmal geschickt inszenierten Schwindel aufgesessen? Die Animationskunst war auch damals schon groß. Meine Mondeuphorie von damals ist jedenfalls einer großen und vielleicht berechtigten Skepsis gewichen. Letztlich aber bin ich doch von der Echtheit dieses Ereignisses überzeugt.

Mond und Weltenraum liegen für uns in unerreichbarer Ferne, nicht einmal Catarina Valentes lockenden Tönen: *Komm ein bisschen mit nach*

Italien, komm ein bisschen mit ans blaue Meer, können wir folgen. Wir sitzen in unserem Land fest, schmoren im eigenen Saft und können uns nicht rühren. Unsere Ostsee ist übervölkert, auf Rügen privat ein Zimmer zu bekommen ist aussichtslos. Ein FDGB-Urlaubsplatz bleibt einigen Wenigen vorbehalten. Italien, Spanien, die dortige Sonne und das blaue Meer, liegen für uns in unerreichbarer Ferne, Bulgarien und die Krim stehen nur Privilegierten und höheren Funktionären offen.

Du geduldiges Volk der DDR: *Warum denn in die Ferne schweifen, denn sieh, das Gute liegt so nah!* Das Gute liegt im Harz, im Thüringer Wald am Rennsteig, im Elbsandstein-Gebirge und im Spreewald. Mein Herz, was willst du mehr? Eine Tagesreise oder zwei genügen schon, denn länger kannst du nicht unterkommen. Und wenn du eine Gaststätte betrittst, wirst du platziert. Der Ober ist der unumschränkte König, er schaut dich an, als seist du ein Fremdkörper. Zuletzt bist du froh, wenn die Heimat dich wieder hat.

Das letzte Drittel des 20. Jahrhunderts ist angebrochen. Die DDR setzt auf Friedliche Koexistenz. Bundeskanzler Willi Brandt kommt auf Einladung nach Erfurt. Absperrungen, Abdrängen der Menschenmassen. Sie wollen Willi Brandt sehen. Die Parteischule am Roten Berg, wo selbst das Wasser des Springbrunnens rot gefärbt ist, hat höchste Einsatzbereitschaft. In der Fußgängerzone vor dem Erfurter Hof skandieren die Erfurter:
Willy Brandt ans Fenster! Der andere Willi, Stoph, der DDR-Ministerpräsident ist peinlich berührt. Immer wieder Willy-Brandt-Rufe: *Willy Brandt, Willy Brandt!* Die Parteischüler, dort hindelegiert, kontern, rufen auftragsgemäß und zielgerichtet dazwischen: *Willi Stoph, Willi Stoph! Mit und ohne Willy Brandt, die DDR wird anerkannt.* Aber bald übertönen die Massen diese Rufe. Pädagogikstudenten aus Erfurt und sogar Weimar sind aufgeboten worden, die DDR-Staatsführung jubelnd zu begrüßen, aber bald schwenken sie um und stimmen in die Willy-Brandt-Rufe ein. Endlich kommt der Bundeskanzler ans Fenster, auch er ist peinlich berührt. Er winkt dem Volk zu. Aber auch Willy Brandt und die Rufe nach ihm konnten die DDR nicht verändern.

Die Schwestern sind aus dem Haus – verheiratet, die Mutter ist allein. Sie kann gesundheitlich nicht mehr so wie früher. Ihr Herz macht ihr sehr zu schaffen. Die geliebte Gartenarbeit muss ruhen. Und am Haus gibt es ständig etwas zu tun. »Komm wieder nach Haus!«, ist ihre Bitte. Kann man die Bitte einer Mutter abschlagen? Ich bemühe mich um eine Versetzung. Sie wird positiv beschieden. Ein erneuter Umzug steht an. Die Mutter zieht nach oben, wir bekommen die untere Wohnung. Wieder alles renovieren, neue Elektroleitung und vieles mehr. Das Haus, vom Vater erbaut, soll meines werden. *Was du ererbt von deinen Vätern, erwirb es, um es zu besitzen,* fällt mir Goethes Wahlspruch ein.

Ein neuer Arbeitsplatz in der Nähe unseres Ortes. Ich muss wieder mobil sein, brauche einen fahrbaren Untersatz. Eine Trabantbestellung läuft seit mehreren Jahren. Da heißt es warten und sparen, vor allem warten. Über Genex geht es schneller. Das bedeutet – die Bezahlung eines DDR-Fahrzeugs von Verwandten oder Bekannten in DM. Aber so weit gehen meine Beziehungen nicht. Ein Motorroller wäre vorübergehend das Richtige, aber die ständige Geldknappheit! Die Mutter borgt mir einen Teil des notwendigen Geldes. So etwas wie Kredit bei der Bank für die Anschaffung eines Motorrades gibt es nicht. Ich kaufe mir einen *Troll* in beige. Da muss man aufpassen, dass die Lenkung nicht ins Schlingern kommt. Vorn am Lenker ist eine Feststellschraube, die man etwas anziehen muss, wenn die Lenkung ins Flattern kommt. Aber sonst ist der *Troll* ein gutes Fahrzeug, vor allem kriegt man keinen Dreck von unten ab.

In der neuen Schule knüpfe ich dort an, wo ich in der alten aufgehört habe. Aber mit Sport allein ist es nicht getan. Sie brauchen einen Parteigruppenorganisator. Es sind einschließlich meiner Person nur drei Genossen an der Schule, aber wo drei im Namen der Partei versammelt sind… Sie wissen schon. »Du bist der Jüngste unter uns, du musst es machen!«, fordert der Direktor. Ich bin neu hier, möchte meine Kollegialität nicht infrage stellen, also lasse ich mich überreden. Aber das ist noch nicht alles. Sie haben auch keinen Pionierleiter. Du hast das ja schon einmal, sogar hauptamtlich, gemacht. Hier könntest du es nebenamtlich tun. Da gibt's auch vierzig Mark Zulage im Monat. »Gut, ich übernehme auch das.« Und noch immer nicht genug. Sie haben auch keinen kompetenten Staatsbürgerkunde-Lehrer. »Du bist nun Leiter der Parteigruppe, da versteht es sich doch von selbst, dass du den Stabü-Unterricht übernimmst. Und vielleicht könntest du dich auch in diesem außerordentlich wichtigen Fach qualifizieren?« Die Partei gibt ihre Zustimmung, ich auch. Überhaupt tue ich vieles, was man von mir verlangt, oftmals ohne zu wissen, warum. Unter Staatsbürgerkunde stelle ich mir nichts Außergewöhnliches vor – ein Fach wie jedes andere. Und endlich gelingt es mir mit der neuen Schülermannschaft, den Kreisspartakiade-Sieg im Fußball zu erringen. Das ist ein großer Erfolg nach stets vorderen Plätzen in der Vergangenheit. Ich bin extrem eingespannt und mehr als ausgelastet, gehe voll auf in meinem Beruf und der Arbeit nebenbei, die doch eigentlich ehrenamtliche Arbeit ist.

Eines Tages schlägt mein Herz völlig außer Takt. Herzrhythmusstörungen, Extrasystolen, die mir schwer zu schaffen machen. Krankenhausaufenthalt, gründliche Untersuchungen, doch mein Herz scheint gesund zu sein. »Psychosomatische Ursachen«, sagt der Oberarzt. »Sie müssen kürzer treten, sich ein dickeres Fell anschaffen.« Aber wie soll mir das gelingen? Ich bin viel zu sensibel, nicht dafür geschaffen, alles Unangenehme und Belastbare so einfach von mir abzuschütteln, nehme vieles allzu ernst. Ich erhole mich langsam und bin bald wieder im alten Trott.

Während ich im Krankenhaus lag, starb der Großvater. Seine Lebensuhr war abgelaufen. 89 Jahre war er geworden. Sein Lebensziel hatte sich nicht erfüllt. Auch er hat die Heimat nie wiedergesehen. Ich konnte nicht einmal zu seiner Beerdigung fahren. Das tut mir in der Seele weh. Wochen später stehe ich an seinem Grab mit wehmütigen Erinnerungen. Der Alltag hatte mich so in Anspruch genommen, dass ich ihn fast vergessen hatte. Nun ist der Großvater nicht mehr, und ich mache mir Vorwürfe, dass ich ihn nicht noch einmal vor seinem Tod besucht habe. Vielleicht hat er auf mich gewartet.

Der Tod geht auch im Dorf mit seiner Sense um und hält reiche Ernte. Frau Wisotzky stirbt, Vetter Kluse und kurz danach seine Frau. Wagners Willi erkrankt schwer an Krebs und nimmt sich das Leben. Wer will den Stab darüber brechen, wenn ein Mensch in seiner Einsamkeit und Krankheit, in seinem Schmerz keinen Ausweg mehr weiß? Niemand weiß, wie es einem mal selbst ergehen wird. Das ganze Leben erscheint so bedeutungslos in der schweren Krankheit, die über dich kommt, der du hilflos ausgeliefert bist, die an deiner Substanz nagt, die dich zerfrisst und dir die nahende Endlichkeit mit grausamer Wirklichkeit aufzeigt.

Viele Menschen, die sich das Leben nehmen, sind außergewöhnlich sensibel. Ihr Leben ist gewöhnlich und gleichförmig geworden. Sie sind einsam und werden nicht mehr gebraucht, sie können nichts Einzigartiges mehr tun, alles ist schon getan worden.

Selbstmord, besonders junger Menschen, wird zu einem Phänomen in der DDR und zu einer einzigen Frage nach dem Warum. Nur derjenige kann keine Antwort mehr darauf geben. Er hat seinen Ab- und Weggang selbst bestimmt. Das ist das Einzigartige daran. Die Lücke, die er oft reißt, wird nach und nach geschlossen. Ja, die Freunde, die Angehörigen werden sich an ihn erinnern, doch die Erinnerung wird mit den Jahren verblassen. Bald wird es so sein, als wärst du nie da gewesen. Und schließlich werden alle zusammengeführt durch die Endlichkeit, die alle gleich macht, die die einzige Gerechtigkeit auf Erden darstellt.

Erneut kündet sich in unserer Familie neues Leben an. Ich hoffe mit allen Fasern meines Herzens, dass es ein Mädchen wird. Und der Nachzügler wird eines. Dunkler Haarflaum auf dem Köpfchen, über sechs Pfund schwer, gesund und munter. Zehn Tage später ist Jugendweihe von unserem Ältesten. Wer sich nicht erinnert, was das zu dieser Zeit für eine Lauferei bedeutete, der möge nur mal mit heute vergleichen, wo man nur loszugehen braucht, um alles Notwendige einzukaufen.

Überall, wo man gerade ist, in größeren Städten oder gar in Berlin, schaut man sich um und kauft ein, da man nicht weiß, ob es zu Hause zu bekommen ist. Ein anstehendes Fest bereitet einem schon Wochen vorher Kopfschmerzen. Und manchem DDR-Bürger geht es so wie dem, der Kränze in Vorrat gekauft hat, weil es gerade welche gab. Aber wie immer hat die Partei eine Lösung. Neue Läden werden eingerichtet, Läden mit dem hochtrabenden Namen – *Intershop*. Dort gibt es alles, was das Herz begehrt. Nur, die Sache hat einen Haken. Die begehrlichen Dinge bekommst du nur für Westgeld – DM oder Dollar. Ich gehe an dem neu eingerichteten Intershop-Laden in Mühlhausen vorbei. Das Schaufenster lädt nicht gerade dazu ein, hineinzugehen. Es zeigt nichts von dem, was darin zu haben ist. Ich bräuchte einen Steinbohrer, aber wozu einen Steinbohrer, wenn ich keine Bohrmaschine habe. Aber ich hab auch kein Westgeld. Das haben andere, und einige hohen Funktionäre bekommen welches vom Staat, wird gemunkelt, schon mehrfach seien einige bekannte beobachtet worden, wie sie aus dem ominösen Laden herauskamen.

Ein älteres Mütterlein aus einem Dorf in der Nähe der Thüringer Hauptstadt sei auch einmal zufällig ebenfalls in den Laden gegangen und habe ganz forsch darin eingekauft. Waren für dreiundsechzig Mark und fünfzig Pfennige. Als es an die Kasse gekommen, reichte es der Kassiererin einen Hundertmarkschein. Die Kassiererin blickte erstaunt auf.

Aber das kostet doch D-Mark – Devisen!

Ja, ja, sagte das Mütterlein, das Land han se uns genummen, aber de Weesen han se uns noch gelooßen. Doch mit Devisen konnte das Mütterchen nicht dienen. So musste die Frau alle Waren wieder auspacken: Kaffee, Kakao, Apfelsinen, ein paar Bananen, mit denen sie ihren Enkeln etwas Freude bereiten wollte.

Jugendweihe: *Du hast ja ein Ziel vor den Augen..., Je stärker der Sozialismus, umso sicherer der Friede..., Der Kommunismus – unser Ziel.* Jugendstunden mit Einschwören auf den Staat, die Arbeiterklasse und ihre Partei, die Freundschaft zur Sowjetunion und den Frieden. *Ich gelobe...* Ist damit die Frage nach dem Sinn des Lebens beantwortet? Ist sie beantwortet mit der Materiellität der Welt, mit der Einsicht in die Ursachen von Krieg und Frieden, mit der schrittweisen Erkennbarkeit des Kosmos? Was nützt es, wenn man die ganze Welt gewönne und doch Schaden an seiner Seele nähme? Schau dich nur um in dieser Welt, und du wirst erkennen, dass du nichts erkannt hast. Noch bleiben die wesentlichen Dinge verschlüsselt und verborgen.

Der Kalte Krieg frisst an der Substanz der Systeme, wird zu heißen Stellvertreterkriegen. Kriege um Kriege nach dem letzten großen Morden: Korea-Krieg, Vietnam-Krieg mit Napalmbomben und Entlaubungsaktionen, Menschen-Erschießungen um des Systems Willen. Terror in Spanien und Irland, unzählige Auseinandersetzungen in Afrika, Krieg am Golf, in Aserbaidshan, Krieg in Afghanistan und Tschetschenien, und während ich diese Zeilen niederschreibe – Krieg auf dem Balkan und im Irak. Bomben gezielt am Radarstrahl und sauber kalkuliert auf Stellungen und Militärdepots, manche auch daneben. Kollateralschäden! Sie treffen Brücken, Produktionsstätten, einen Zug, unbeteiligte Zivilisten und Kinder. Bomben auch aus deutschen Flugzeugen auf dem Balkan. Nie wieder sollte ein Krieg von deutschem Boden ausgehen. Bomben, um die Vertreibung und den Genozid aufzuhalten, aber das Gegenteil tritt ein. Sollte man zusehen wie dazumal, als die Juden in den Tod getrieben wurden? Ich weiß es nicht, meine Meinung ist zwiespältig. Ich weiß nur, dass Vertreibung und ethnische Säuberung Verbrechen darstellen, Verbrechen, die niemals wieder gutzumachen sind. Und Rache und Vergeltung fordern weiter Hass und Gewalt heraus. An der Schwelle des 21. Jahrhunderts sollte man annehmen, dass die Menschen aus der unseligen Geschichte gelernt hätten, aber weit gefehlt. Kriege als Naturgesetz, Kriege als unabänderliches Schicksal der Menschen? Kriege zwischen Andersgläubigen, Kriege nach Claudius als Fortsetzung der Politik mit anderen Mitteln – *das will sich mir nicht.*

Einen Krieg zu beginnen, ist oft leicht, aber zu beenden unendlich schwer, so zu beenden, dass das Gesicht gewahrt bleibt. Ist der Mensch nicht ein vernunftbegabtes Wesen? Kann er nicht begreifen, dass Frieden und friedliches Zusammenleben die Menschheit erst auszeichnet?

Das Leben stellt der Republik Knüppel in den Weg. Wir sind ein rohstoffarmes Land. Braunkohle ist unsere einzige Reserve, wenn auch das Land in eine Umweltkatastrophe zu geraten scheint. Hunderttausende Schlote blasen ihre Umweltgifte in die Atmosphäre. An einem Wintermorgen gehe ich den Weg durch das Tal und atme die Abgase ein, die im Nebel nicht aufsteigen können. Die technische Entwicklung bleibt zurück. Wir sind dem Westen so weit hinterher, dass wir nur mit den größten Schwierigkeiten vorankommen. Da kommt dem weisen Staatsmann mit dem einschlägigen Bart eine geniale Idee: *Überholen ohne einzuholen!* Das ist der Weg, der zu beschreiten ist. Nein, wir werden die Bundesrepublik in ihrer Entwicklung nicht nur erreichen, sondern überflügeln. Der Volksmund macht daraus gleich ein drastisches Beispiel:

Untertauchen, ohne einzutauchen. Oder: *Die Bundesrepublik steht am Abgrund, aber wir werden sie überholen.* Die 16. Tagung des ZK der SED entspricht der *Bitte* Walter Ulbrichts, ihn aus Altersgründen von seiner Funktion als Ersten Sekretär des ZK zu entbinden und wählt Erich Honecker zum seinem Nachfolger. Auf dem VIII. Parteitag stellt Erich Honecker die Strategie und Taktik der SED zur Gestaltung der entwickelten sozialistischen Gesellschaft in den Vordergrund der Arbeit: *Alles für das Wohl des Volkes. Erhöhung des materiellen und kulturellen Lebensniveaus des Volkes auf der Grundlage eines hohen Entwicklungstempos der Produktion und des wissenschaftlich-technischen Fortschritts. Sozialistische Rationalisierung und Intensivierung der Produktion.* Und bald wird ein Programm entwickelt, ein Programm zur Förderung der Jugend und Familie. Einführung des Kindergelds, wenn auch in bescheidenem Rahmen, Kredite für junge Ehen von 5000 Mark, Geburtenbeihilfe von 1000 Mark und der beschleunigte Bau von Wohnungen. Das Programm steht und fällt mit dem Engagement der Jugend, die im Staat der Arbeiter und Bauern eine Sonderrolle einnimmt. Alle Funktionäre kommen selbst aus der FDJ- und Jugendbewegung. Sie wissen um ihre Probleme und wollen sie für den Staat mit Haut und Haaren gewinnen. Doch wenig später macht Walter Ulbricht einen Strich durch diese Rechnung. Er erkrankt und stirbt, geht den Weg allen Fleisches oder auch nicht.

Während seiner Krankheit jubelt die Jugend bei den Weltfestspielen dem neuen Machthaber zu. Ulbricht richtet kurz vor seinem Tod *ein Grußschreiben* an die Jugend, in ihren Lustbarkeiten, in Spiel und Tanz fortzufahren. Nichts deutet auf die große Persönlichkeit, die er einmal gewesen. Ein einsamer Pensionär schreibt aus dem Jenseits – aus welchem ist nicht ganz klar – an Lotte, seine hinterbliebene Frau: *Liebe Lotte, schicke mir bitte Messer und Gabel, ich muss zur Strafe hier mit Hammer und Sichel essen.*

Parteitage sind Rituale der Selbstdarstellung, der Profilierung, der Beeindruckung der Massen. Immer wieder Begrüßungsovationen, Einmärsche, Grußadressen, Verpflichtungserklärungen, für mich kurz gesagt: Schaumschlägerei. Gab es das nicht schon einmal? Parteitage sollen Impulse auslösen, die Massen mobilisieren und mitreißen, doch wofür und wohin? Der große Bruder Breschnew hat seinen bedeutsamen Auftritt, Bruderküsse – Lippe auf Lippe – zwischen Erich und Leonid. Das Volk wendet sich ab, reißt seine Witze: Erdrücken durch Umarmung, Küsse stellvertretend für die Völker. Wohl hat die Partei schon über zwei Millionen Mitglieder, wie auch immer sie gewonnen wurden, aber die Foren der Parteitage können die Masse der Bürger nie erreichen, viel weniger mitreißen. Sie können sich nur schwer identifizieren mit denen da oben. Die Beschwörungen der Einheit von Partei und Volk gehen mit der Wahrheit nicht konform, sie differieren sogar. Etwas, das ständig von neuem auf einen einstürmt, wird, je mehr es komprimiert, langweilig und fad.

Und der Höhepunkt der politischen Vergewaltigung kommt zum Ausdruck, als die Blockparteien, die so genannten Blockflöten, die Parteitage der Führungspartei zu ihrer eigenen Sache machen, in ihren Versammlungen auswerten und mit eigenen Beschlüssen unterstützen. Einfach widersinnig und der Demokratie abträglich, denn Demokratie lebt und wird ausschließlich belebt durch Opposition. Wo Einheitlichkeit zur Schau gestellt und das eigene Ziel zum selbstverständlichen Ziel aller erhoben wird, kommt Demokratie nicht zum Tragen, sondern geht verloren, zumal die Menschen im Osten schon seit fünfzig Jahren in den Grundbegriffen der handelnden Demokratie ungeübt sind.

Das Ziel des Parteitags ist klar umrissen, nur kommt es jetzt darauf an die Strategie durchzusetzen. Das ist leichter gesagt als getan. Sicher ist viel getan worden: Die Baumwollspinnerei in Leinefelde hat annähernd 4000 Beschäftigte, das Eichsfelder Zementwerk in Deuna, einmal als sauberstes Zementwerk Europas gedacht, geht in die Produktion und bietet 1800 Arbeitern einen sicheren Arbeitsplatz.

Doch mit der Sauberkeit ist es nicht weit her. Weithin graue und mit Kalk bestaubte Wälder und Felder. Die Kühe fressen den Staub mit dem Gras, und die Hausfrauen in der Umgebung müssen sich mit der Wäsche nach dem Wind richten. Kein Filter aus der SU, der funktioniert. Die Menschen in der Umgebung sind nicht nur beunruhigt, sondern auch empört. Eine Einwohnerversammlung wird einberufen, aber es geht nicht um den Dreck, der die Menschen zu ersticken droht, sondern um Aktivitäten für den nächsten Parteitag. Vor allem die Häuslebauer bringen ihre Klagen vor. Alles ist im Plan, wird vertröstet, und die Häuslebauer sollten froh sein, dass sie so billig an Kehrzement kämen.

Der Plan ist geduldig, die Menschen aber nicht. Ich melde mich als Einziger und kritisiere die Zerstörung der Natur durch die Staubwolken und falle wieder einmal unangenehm auf. Produktivität geht vor Umweltschutz, wird erklärt und der Kalkstaub sei nicht schädlich, sogar nützlich für die Landwirtschaft. Und man müsse überlegen, ob man die Kalkung der Felder der LPG nicht in Rechnung stellen müsse. Lautes Gemurmel in der Menge, das war's. Der Staub geht weiter über die belastete Natur nieder. Der Neuschnee ist in weniger als zwei Stunden grau. An Skilaufen ist nicht zu denken. Wenn das die Segnungen des Fortschritts sein sollen, dann ist vielleicht lieber darauf zu verzichten, sagen Naturschützer. Untersuchungen einer Abiturklasse über die Belastungen durch Kalkstaub bleiben unter Verschluss.

Wer die Natur zerstört, zerstört auch den Lebensraum für die Enkel und Urenkel. Oben über den Dünfelsen fliegt der Staub auf unter den Schuhen. Die einst roten Ziegeldächer, die mit ihrem Rot heraufblinkten, sind in düsteres Grau getaucht. Das Rondell ist kein beliebtes Ausflugsziel mehr. Du Mensch, wann wirst du verstehen, was Flora und Fauna dir sagen wollen? Was geht in deiner imaginären Welt vor? Wirst du dich erst besinnen, wenn es zu spät ist?

Polytechnische Oberschule bedeutet allseitige Bildung und Erziehung. Eine wichtige und richtige Forderung. Die Schüler sollen die Bindung zur sozialistischen Produktion nicht verlieren. Deshalb Polytechnischer Unterricht – Unterrichtstage in der Produktion – einmal wöchentlich. Kennen lernen der sozialistischen Produktion in Theorie und Praxis und dabei noch Nützliches produzieren. Z. B.: Scharniere für die Volkswirtschaft und andere notwendige Dinge des täglichen Bedarfs. Eine willkommene Abwechslung im eintönigen Schulalltag.

Konsumgüterproduktion heißt auch das neue Schlagwort der Betriebe, da allgemeiner Mangel an derselben vorherrscht. Bessere Befriedigung der materiellen und kulturellen Bedürfnisse des Volkes, wie die Partei es fordert. Denn die tausend kleinen Dinge sind außerordentlich notwendig für das Leben. 5 % des Produktionsvolumens im Plan sind vorgegeben. Das ist ein schöner Batzen, verbunden mit vielen Schwierigkeiten: Kurzfristige Investitionen, zusätzliche Beschaffung von Material, Einarbeitung und Umsetzung von Arbeitskräften und und und. Und was leistet das Zementwerk dafür? Es produziert Märchenwürfel. Nicht etwa dringend benötigte Betonsteine oder Betonelemente, sondern tatsächlich Spielzeug-Kästen, Märchenklötze aus Holz von Hänsel und Gretel oder Schneewittchen.

Zahlreiche Frauen sind damit beschäftigt, die gesägten Klötze zu schleifen und mit den einschlägigen Bildern zu bekleben. Hinzu kommt noch eine Gewächshausanlage, um die Gemüseproduktion, mit der es so schlecht wie nie bestellt ist, anzukurbeln. Der erste Schnittsalat aus eigener Produktion in der Werkskantine ist ein besonderer Höhepunkt. Da ist die Verschmutzung der Glasscheiben mit grauem Kalkstaub nur eine Nebensache, denn ein pfiffiger Neuerer hat auch schon die Lösung parat: Kunstdünger in Wasser aufgelöst ist ein gutes Mittel, um die verschmutzten Scheiben zu reinigen. Und zugleich könne man ja damit auch die verdreckten Dächer in den umgebenden Dörfern reinigen. Doch dazu bräuchte man einen Kärcher, dieser ist aber leider nicht zu bekommen. Und so bleiben die Dächer grau wie der triste Alltag

Im Staatsbürgerkunde-Unterricht erfahre ich, worauf ich mich eingelassen habe. Lehrplan, Lehrbücher, Unterrichtsmittel – alles vorgeschrieben, kein Freiraum, um kreativ oder wenigstens objektiv sein zu können. Fachberater kommen und verweisen auf das Prinzip der Parteilichkeit und auf die Grundlage des Marxismus-Leninismus. Das sei der einzige und richtige Kompass. Ich bemerke, dass die Nadel des Kompasses immer nur nach Norden zeigt. Ja, das ist richtig, aber wo Norden ist, ist auch Sozialismus. Staatsbürgerkunde ist der Kampf um die Herzen und Hirne der jungen Menschen, vor allem um die Hirne. Wir wollen nur ihr Bestes, aber das wollen die Kinder uns scheinbar nicht geben. Der Einfluss der westlichen Medien, die täglichen Widersprüche in Wirtschaft, Schule und Politik sind angesichts des zunehmenden Konsumdenkens wie das einsame Rufen in der Wüste, das in der Ferne ungehört verhallt.

Und übrigens, wie wäre es mit einem Jahr Zusatzstudium in Leipzig? Dort an der Hochschule, dem Karl-Heine-Institut, könne ich mich qualifizieren, das notwendige Rüstzeug erwerben. Ich überlege nicht lange, will hier raus. Ein Jahr weg von dem Trott der Schule, raus aus dem Dorf, mitten in eine Großstadt hinein, einmal Anderes sehen und erfahren.

Bei Frau Neumann, zweimal klingeln, beziehe ich ein möbliertes Zimmer. Vier Treppen hoch, der Kachelofen qualmt und aufräumen muss ich selber. Radikale Umstellung: Hörsaal, Seminar, Einspannung in die wissenschaftliche Betrachtung des Kommunismus, des Dialektischen und Historischen Materialismus, der Marxistischen Philosophie, der Politischen Ökonomie und der Methodik des Staatsbürgerkunde-Unterrichts als Besonderheit und herausragendem Fach im Sozialistischen Bildungssystem.

Alles, was ich bisher gelernt habe, ist nichts gegen die Aufmachung dieser Kategorien auf der Basis einer Durchdringung in der Phase des Entwickelten Sozialismus und des Sozialistischen Weltsystems. Und die marxistisch-leninistischen Klassiker haben eine Ausdrucksweise in ihren Schriften, die einen fast zur Verzweiflung treiben können. Lesen und Interpretieren möglichst mit eigenen Worten, darauf legen die Doktoren und Seminarlehrer großen Wert.

In einem Seminar erhalte ich die Aufgabe, über das Ökonomische System des Kommunismus zu referieren. Ich lese Auszüge aus Marx' Kapital und aus Lenins Ökonomik und Politik in der Epoche der Diktatur des Proletariats. Lese und lese, halte inne, überlege, lese weiter. Schließlich klappe ich die Bücher zu, mache mir meine eigenen Gedanken und interpretiere sie mit eigenen Worten. Viel Beifall kommt mir zuteil, die Seminarlehrerin kreidet mir das mit einem dicken Lob an. Besonders das eine Zitat hat ihr gefallen.

»Ist das von Lenin?«, fragt sie. »Nein, von mir«, antworte ich. Die Seminarteilnehmer schmunzeln, die Genossin Dr. verzieht leicht das Gesicht. Die Eins, die sie mir schon eingetragen hatte, umschnörkelt sie mit einem Bogen oben und unten. Eine dicke Zwei ist aber auch nicht zu verachten. Wie kann ich auch eigenmächtig Zitate verfassen. Und ich lege noch einmal nach. In der Politischen Ökonomie stelle ich die Frage des Marktes in den Mittelpunkt. Ich nehme mir die Freiheit heraus zu betonen, dass es der sozialistischen Planwirtschaft gut anstünde, die Frage des Marktes, Angebot und Nachfrage, besser zu beachten.

Und schon wird mir unterstellt; ich wolle die sozialistische Planwirtschaft mit der kapitalistischen Marktwirtschaft untergraben. Das sei ganz und gar unmöglich und der sozialistischen Entwicklung abträglich. Der Parteigruppe wird empfohlen, sich mit meinen falschen Auffassungen gründlich auseinanderzusetzen, was auch umgehend geschieht. Sie diskutieren so lange mit mir, bis ich selbstkritisch zugeben muss, dass ich falsche Äußerungen getan habe. Sie wissen schon, ein weiteres Fettnäpfchen, in das ich nicht nur hineintrete, sondern das ich sogar auslöffeln muss.

April, der 22. – ein geschichtsträchtiges Datum. Lenins 100. Geburtstag. Die Singegruppe der FDJ-Studenten-Organisation gestaltet ein Festprogramm: *Der an den Schlaf der Welt rührte. Er rührte an den Schlaf der Welt, mit Worten, die wurden Maschinen...* Im nächsten Lied erinnert ein Solosänger an die Flucht Uljanows über den Baikalsee: *Herrlicher Baikal, du heiliges Meer. Auf einer Lachstonne will ich dich zwingen. Spann meinen Mantel als Segel verquer, Rettung sie muss mir gelingen...*

Herrlicher Baikal, dich würde ich von Herzen gern einmal aus der Nähe bestaunen. Du tiefster und noch sauberster See der Welt. Auf deinen Wellenschwingen möchte ich einmal dahingleiten, die russische Seele des fernsten Ostens ergründen. Unerfüllte Sehnsucht wirst du bleiben wie so vieles in meinem Leben. Auch wir beteiligen uns an dem Kulturprogramm. Ich darf Wladimir Majakowski zitieren, den bedeutenden Dichter der Revolution, der sich schließlich das Leben genommen. Gespräch mit dem Genossen Lenin: *Haufen von Dingen, Geschäfte wie immer, langsam der Tag in der Dämmerung schwand. Ich und Lenin, wir zwei im Zimmer – er als Bildnis auf weißer Wand…* Und noch einmal stimmt der Studentenchor an:

Wir sind überall auf der Erde, auf der Erde leuchtet ein Stern. Und ganz zuletzt kommt ein Song des Oktoberklubs der FDJ auf den Plan: *Sag mir, wo du stehst und welchen Weg du gehst…* Dieser Song hat es in sich, er appelliert an die Jugend, ist gedacht als Mahnung und Besinnung, gegen die Amerikanisierung und gegen jegliche Dekadenz gerichtet, und vor allem verfolgen der Text und die eingängige Melodie das Hauptziel, nämlich die Jugend auf den Weg des Sozialismus einzuschwören, die Abweichler eindringlich festzulegen: *… du musst dich entscheiden.* Und es gibt nur den einen Weg der Entscheidung, einen anderen gibt es nicht. Das bekomme ich dann noch einmal deutlich zu spüren.

Die Parteileitung des Studienjahres hat beschlossen von unserem so schon knapp bemessenen Stipendium 50 Mark pro Monat für das heroisch kämpfende Vietnamesische Volk zu spenden. Das Geld soll gleich am Monatsanfang mit den Parteibeiträgen kassiert werden. Großes Gemurmel dagegen, aber nur hintenherum. Ich sage offen meine Meinung dazu; das Geld trüge nur weiter zur Kriegsverlängerung bei, weigere mich diesem Beschluss Folge zu leisten. Auch aus finanziellen Gründen der Versorgung meiner Familie mit immerhin drei Kindern.

Und schon gibt es einen Anhaltspunkt, gegen mich vorzugehen: Es wird auf das Lied angespielt: *Sag mir, wo du stehst, auf welcher Seite. Auf der Seite der Vietnamesen oder der der Amerikaner.* Ich bin natürlich gegen den Krieg, sage ich, gegen jeglichen Krieg. Eine solche pazifistische Haltung ist genauso verwerflich. Unendliche Diskussion bis zur unvermeidlichen Einsicht. Ich fühle mich vergewaltigt, gedemütigt, aber ich lerne daraus. Überhaupt lerne ich viel in diesem einen Jahr. Dort hat sich eine Elite festgesetzt, die mit den Schriften der Klassiker leben oder untergehen wird. Sie ist so fest mit der Materie verwurzelt, schmort so intensiv im eigenen Saft, dass sie sich kaum noch davon lösen kann. Und taucht irgendwo in einer Schrift eines Genossen Kollegen eine abweichende Meinung oder gar Idee auf, stürzen sie sich darauf wie die Geier. Da wird so lange interpretiert, dagegen diskutiert und interveniert, bis der Kollege klein beigibt und seinen Irrtum eingesteht. Ich hab es selbst erfahren und erlebt in der Philosophie-Zeitschrift, wie eine Schrift nach der anderen gegen die abweichenden Kategorien des Genossen Kling erschien, bis er in einer Stellungnahme seinen Irrtum selbstkritisch und unterwürfig zugab.

Zugegeben, ein Streitdisput, aber einer, der nur eine Auslegung zuließ. Eigentlich schade, dass Ansätze einer fruchtbaren Meinungsverschiedenheit so ausgehen. Dabei sind diese Leute hochintelligent, lassen auch Kritisches anklingen, aber nur so weit diese Kritik nicht an die Grundfesten der Lehre stößt. Ich bin froh, als die Zeit vorüber ist und ich mein Diplom in der Hand habe.

Auf der Heimfahrt von Leipzig, Hauptbahnhof, ist noch etwas Zeit. Der Zug am Sackbahnhof in Richtung Halle ist schon eingefahren, aber der Tumult auf dem Bahnsteig macht ein Einsteigen unmöglich. Bahnpolizei in schwarzen Uniformen hat sich eingefunden, ein ganzer Trupp Bereitschaftspolizei. Sie umstellen die Wagen, in denen sanges- und schreifreudige, nach eineinhalbjähriger Dienstzeit entlassene Volksarmisten mit eindeutigen Slogans ihren *ehrenvollen* Abgang von der Fahne feiern. Sie hängen zu den Abteilfenstern hinaus, schwenken ihre halbleeren Bierflaschen und schreien immer wieder den gleichen Vers:

Eins, zwei drei – die Scheiße ist vorbei. Eins, zwei drei – die Scheiße ist vorbei! Die Einsatztruppe von Bahn- und Bereitschaftspolizei macht kurzen Prozess: Unter Gummiknüppelschlägen und Polizeigriffen werden die größten Schreier abgeführt. Wenig später ist es erschreckend still auf dem Bahnsteig.

Wieder im Schulalltag, werde ich zum Kaderleiter bestellt. Gratulation zur mit *gut* bestandenen Prüfung, eine Prämie von neunzig Mark und die Eröffnung, nun mit dem Rückhalt des Diploms als Direktor eingesetzt werden zu können. Zunächst an meiner Schule, denn unser Chef ist nicht mehr der Jüngste. Ich wehre mich vehement dagegen:

Ich könne doch als langjähriger Kollege unter Kollegen nicht plötzlich den Vorgesetzten herauskehren. Da käme ich mir doch lächerlich vor. Als Prophet im eigenen Lande, wer würde mich da ernst nehmen? Na, dann an einer anderen Schule. Aber das ist mir auch zuwider. Nein, ich kann so eine Funktion nicht ausüben.

»Nun, dann könnten Sie wenigstens die Funktion des stellvertretenden Direktors für außerunterrichtliche Tätigkeit übernehmen?« »Das vielleicht«, sage ich. Nun gut, ich entschließe mich nach kurzer Überlegung den Posten anzunehmen. Ein paar Tage später werde ich in einem amtlichen Schreiben zum stellvertretenden Direktor für AT berufen. Schließlich setzen sie uns einen anderen Direktor vor, einen sympathischen Mann, der sich nur noch profilieren muss. Mir auch recht.

Der Fachberater meldet sich mal wieder an im Stabü-Unterricht. Schon am Vorabend komme ich ins Grübeln, kann nicht einschlafen, mache mir Gedanken, wie ich das Thema anpacken kann. Schließlich komme ich zu einer ungewöhnlichen Methode. Ich lasse die Kinder der 7. Klasse fast die ganze Stunde allein arbeiten. Das Thema *Vom schweren Anfang* ist auch interessant. Ich lasse Lebensmittelrationen abwiegen, wie sie nach 1945 auf Lebensmittelkarten ausgegeben wurden: 200 Gramm Brot, 40 Gramm Fett, 10 Gramm Zucker, zeige meine Igelittschuhe vor, die ich auf Bezugschein erhalten und aufbewahrt habe. Die Kinder zeigen Bilder der zertrümmerten Städte von Berlin und Dresden. Das kommt an, auch beim Fachberater. Schließlich muss herauskommen, wie die Aktivisten der ersten Stunde den antifaschistisch-demokratischen Aufbau voranbrachten. Diese Stunde hat dem Fachberater gefallen. Er bestärkt mich in meiner Arbeit und stellt eine Belohnung in Aussicht.

»Wir wollen die Stabü-Lehrer für ihre schwere Arbeit belohnen«, sagt er in einer Weiterbildungsveranstaltung. In den Winterferien steht eine Flugreise nach Leningrad und Moskau an. Ich sei auch dafür vorgesehen. »Eine Reise in Freundesland, das Land des großen Lenin kennen lernen, unmittelbar vor Ort sein, wo die Revolution des Großen Oktober ihren Ausgang genommen, das sei doch mal was«, sagt der Oberstabü-Mann.

Der Fachberater blickt auf unser Kollektiv und ist ein wenig enttäuscht, da unsere Begeisterung sich in Grenzen hält. Ich möchte den Reiseverkündiger nicht noch mehr verdrießen. Wann bekommt man schon eine kostenlose Reise, zumal ins Land der ruhmreichen Sowjetunion.

»Das ist großartig«, sage ich, und freue mich, dass ich dabei sein kann. Bevor wir jedoch auf die große Reise gehen dürfen, stehen uns noch einige wichtige Instruktionen bevor. Schließlich müssen wir ja für solch eine Reise vorbereitet werden. Die Verhaltensanweisungen tun dennoch unserer Euphorie keinen Abbruch. Und einige Tage später, noch rechtzeitig vor dem Abflug, erhält der Direktor Besuch. Zwei Herren in Zivil sondieren das Feld des in Freundesland Reisenden. Die Herren sind von Horch und Guck, aber das erfahre ich erst später. Niemand darf in Freundesland reisen, der nicht eine *weiße Weste* vorweisen kann. Alles muss seine Ordnung haben. Vertrauen ist gut, Kontrolle ist besser, um mit dem großen Lenin zu sprechen. Es muss Vorsorge getroffen werden, denn ein schwarzes Schaf unter den Reisenden könnte die mächtige Sowjetunion *gefährden*.

Endlich steht der Reise nichts mehr im Wege. Treffpunkt zum Abflug ist Berlin-Schönefeld. Ein schöner Wintertag mit klarer Luft und langsam untergehender Sonne überflutet den Flughafen der Deutschen Demokratischen Republik. Ein Tag wie geschaffen für einen Flug in das geschichtsträchtige Land des Sieges über den Hitlerfaschismus. Über der Stadt Berlin gehen die Lichter an. Auf dem Rollfeld starten und landen Maschinen aus aller Herren Länder. Flugpassagiere kommen von der *Frontstadt*, dem westlichen Teil Berlins, von Tempelhof herüber, da von dort aus keine Flieger in die SU abgehen. Mit großen Erwartungen sind wir angereist, um das Land Lenins kennen zu lernen. Die viermotorige IL-Propellermaschine steht bereit, um unsere Delegation von zwanzig ausgewählten Leuten nach Leningrad, der Stadt an der Newa, zu bringen. Für viele ist es der erste Flug, auch für mich. Ohrenbetäubender Lärm, als die Propeller zu rotieren beginnen. Der Vogel hebt ab. Ich habe mich zu einem Fensterplatz gedrängt. Wir überfliegen die Masuren – ein herrlicher Blick über Hunderte von Seen und Flüssen des wunderbaren Gebietes, des Freundeslandes Polen. Die Maschine steigt höher und höher, sackt gefährlich durch tiefe Luftlöcher – der erste in Freundesland Reisende wird ganz blass, greift zur Tüte. Ich komme mit einer Dame von der anderen Seite des großen Teichs ins Gespräch. Sie kommt aus Atlanta, der Hauptstadt Georgias und mokiert sich über den geringen Luxus dieses Fliegers, der doch in keiner Weise mit einer Boeing mithalten könne. Vorwurfsvoll schaut sie mich dabei an, als ob ich etwas dafür könnte. So schön schaurig spüre ich den Duft der großen weiten Welt, von der wir, wie es bisher schien, ausgeschlossen waren. Doch schließlich landen wir alle glücklich auf dem Flughafen von Leningrad.

Leningrad, du Uneinnehmbare, du fast tausend Tage Belagerte, du Stadt der Kriegsgeschundenen, der verhungerten Kinder, aber auch du Stadt der Unbeugsamen, die der Hitlertyrannei mit ihrem Leben trotzten. Du altes Petersburg, Stadt der wunderbaren Kunstschätze; jetzt werden wir dich sehen und in uns aufsaugen mit ganzer und freundschaftlicher Seele.

Wir fahren mit dem Bus durch die Stadt, vorbei am Kosmonautendenkmal und dem Monument des Ostankino, des Sowjetischen Film- und Fernsehens. Breite Straßen liegen zwischen den drei- bis vierstöckigen Häusern im Zentrum, die meisten von ihnen in zartes Rosa oder in lichtes Blau getüncht. Die Stadt ist am Abend nur schwach belebt, die wenigen Menschen hasten zu den Metroschächten und Bushaltestellen. Unterkunft im Hotel Astoria, dort, wo der große Zerstörer seine Siegesfeier abzuhalten gedachte. Das Menü für den Schnurrbärtigen und seine Konsorten war schon ausgewählt worden. Schwarzer, russischer Kaviar sollte dabei sein, so hat man es uns erzählt. Das Hotel ist eines ohne Sterne, aber wir stellen keine großen Ansprüche. Das Essen ist ungewohnt, Fisch und nochmals Fisch, einmal ist sogar Kaviar dabei – roter.

Mit uns sind auch Ungarn und Rumänen einquartiert, eine illustre Gesellschaft. Im großen Flur-Foyer auf unserer Etage stehen ein paar Sessel vor einem Fernseher. Die Etagenbedienstete, eine drallige Mittdreißigerin mit aufgedrehter Zopfschnecke, sitzt in einem der Sessel und schaut sich die Übertragung des Skispringens an, das Hans Georg Aschenbach, einer unserer DDR-Springer, gewinnt. Ein schwarzhaariger, strubbeliger Rumäne in dunkelweißem Unterhemd und ebensolchen Unterhosen, setzt sich daneben, und es entspinnt sich eine angeregte Unterhaltung. Schon bald geht sie zum Privaten über, und hast du nicht gesehen, verschwinden die beiden in dem Zimmer, das an unseres grenzt. Nun sind wir doch neugierig, was die beiden dort drinnen treiben. Vielleicht will er sich was anziehen, aber nein. Die Wände sind dünn, wir brauchen

unser Gehör nicht anzustrengen. Eindeutige Laute geben uns bald Aufschluss über die Sache, die dort abläuft. Beide kommen bald heraus, und der Gast in Freundesland hat immer noch die Unterhosen an. Er fläzt sich in einen Sessel, lacht und radebrecht:
Zenn D-Mark, albo dwacet Rubly. Das schockt uns ganz gehörig. So etwas in einem renommierten Hotel in Freundesland? Unfassbar!
»Das gibt's auch bei uns«, sagt ein Kollege. »Nein, doch nicht bei uns, bei uns gibt es so etwas nicht«, bestreitet es ein anderer. »Doch, doch, das gibt es. Komm mal nach Leipzig zur Messe, da kannst du's erleben. Da kommen die Frauen aus dem Rotlicht-Milieu direkt auf die Zimmer der Messegäste. Aber nur bei den Leuten aus dem Westen. Es gab auch schon Anfragen aus der SU, weil es dort mit diesem Milieu nicht so recht klappt. Sozusagen einen Erfahrungsaustausch.«
»Nein, im Ernst?« »Ja, wenn ich es euch doch sage. Die Leipziger Experten meinten, das liege an der Kapelle. Nein, daran könne es nicht liegen, verneinte der Kollege aus Moskau. Es seien alles hochbegabte und studierte Musiker. Dann könne es vielleicht an der Beleuchtung liegen, zieht der Berater in Erwägung. Nein, auch das bestreitet der Betreiber aus Moskau. Die Beleuchtung sei perfekt und jedem einzelnen Zimmer angepasst. Dann könne es nur noch an den Damen liegen, meinte der Kollege aus Leipzig. Aber da läge er ganz falsch, mokiert sich der Genosse aus Freundesland. Schließlich hätten die Damen ja vierzig Jahre Parteierfahrung.«
Am Abend vor dem Schlafengehen möchten wir noch etwas trinken. Unten im Foyer steht über dem Tresen: *Shop.* Wir achten nicht auf die Reklame, die der unseren im Intershop sehr ähnlich sieht. Eine Cola ist unser Begehr. Die Bardame reicht uns eine Coca-Cola. Oh, denken wir. Da gibt es sogar Coca-Cola für Rubel. Doch gleich verlangt sie Dollar oder D-Mark. Wir verstehen nicht. *Njet..., Devisen!,* sagt sie, doch wir haben weder Dollar noch D-Mark. Der DDR-Bürger Krause reicht der Dame 20,– Mark der DDR. Sie reißt ihm das Geld aus den Händen und winkt uns hinaus: *dawei, dawei!* Das ist unsere zweite Enttäuschung. Wir dachten, dass es in der SU keine Art Intershops gäbe. Es soll nicht die letzte gewesen sein.
Der nächste Tag ist voller neuer und wunderschöner Eindrücke. Nina, unsere Dolmetscherin und Stadtführerin, zeigt uns die Kulturstätten des Venedigs des Nordens. Die Eremitage, die Isaaks-Kathedrale mit dem großen Pendel darin, das die Drehung der Erde veranschaulicht, die Peter- und Paulsfestung, in der Gorki gesessen, das Winterpalais, das die revolutionären Matrosen und Soldaten erstürmten und natürlich den Panzerkreuzer Aurora, von dem die legendären Schüsse ausgegangen und die Revolution einleiteten.
Überall, wo Lenin einen Fuß hingesetzt hat, steht ein Denkmal. Eine einsame Heuhütte, bezeichnet den Platz, wo er einmal genächtigt hat.

Einer sagt scherzhaft: Hat er nicht einmal hier hingepinkelt? Es ist so nass, aber kein Denkmal. Wir fragen Nina provokativ nach Stalin. Kein Stalin-Denkmal? Doch, in der Iskra-Gedenkstätte.

Wir entdecken ein paar Zeilen über den Helden des Großen Vaterländischen Krieges, finden dass es ziemlich wenig sei. »Es gab Lenin, und es gab Stalin«, sagt Nina, »aber Lenin war der bedeutendere Revolutionär und Theoretiker.« »Und was ist mit dem Gulag?« »Davon weiß ich nichts«, erwidert Nina. »Ich hab schon alles gesagt. Es gab Lenin, und es gab Stalin.« »Gebt doch endlich Ruhe«, mahnt uns der Delegationsleiter. »Ihr könnt Stalins Grabplatte in Moskau an der Kremlmauer sehen, das genügt!« Am Abend gehen wir in die Tanzbar des Astoria, trinken russischen Champanskoje. Ein Kollege und ich tanzen mit zwei jungen Mädchen. »Wo kommt ihr her?«, wollen sie wissen. Mein Kollege sagt: »Aus Köln?« »Acha Köln«, sagt die schwarzhaarige Grusinierin. Die Blonde, mit der ich getanzt habe, fragt mich nach meiner Herkunftsstadt: »Düsseldorf«, sage ich überrascht. »Ah, Dorf, nix gutt«, sagt sie. Ich kläre sie auf, dass Düsseldorf eine große Stadt im Rheinland sei. Und plötzlich leuchten ihre Augen wieder. Hinterher finde ich es unwürdig, dass wir uns als Westdeutsche ausgegeben haben. Aber DDR-Bürger gelten nichts im Freundesland. Sie stehen weit unter denen, die aus Köln kommen. Die Russen tanzen mit komischen Verrenkungen, setzen sich hin, essen, trinken Wodka dazu und dicken roten Wein aus Karaffen. Und dann wieder Tanzen. Zwei Damen in knapp bemessenen Kleidchen tanzen zusammen in Ermangelung von tanzlustigen Herren. Die eine hat ihre braunen Zöpfe zu lustigen Hörnern aufgedreht. *Kurowa* (Kuh), spottet ein fein gekleideter, älterer Herr, der mit einer sehr jungen und grell geschminkten Frau an unserem Tisch sitzt. Unten vor der Toilette erwischt ein Milizionär eine der käuflichen Damen in Flagranti. Sie war gerade mit einem Finnen handelseinig geworden. Der Finne kommt ungeschoren davon, die bekannte Dame nicht. Sie erhält ihren Pelzmantel übergeworfen, wird in den Polizei-Lada hineingestoßen und ihrer Dokumente beraubt. Als sie auf der anderen Seite wieder hinaus will, erhält sie einen Schlag mitten ins Gesicht und ab geht die Fahrt. Der Tanz geht so bis gegen Elf. Dann beginnt eine beschürzte Frau, schon zwischen den Tischen zu fegen. Die letzte Tour holt mich die Schwarzhaarige und den Kollegen die Blonde. »Du mit meine Freundin schlaffen?«, fragt sie mich. Ich bin so verblüfft, dass ich nicht weiß, was ich antworten soll. Ich möchte das Mädchen nicht vor den Kopf stoßen. »Muss den Freund fragen«, versuche ich mich herauszureden. »Gutt, kommen und bringen Präsent.« »Präsent?«, stelle ich mich dumm. »No da, Präsent, Strümpf, Chose«, sagt sie. »Charaschow, ich verstehe. Präsent oben in Hotel. Wir holen und kommen nach unten.« Mein Freund erhielt die gleiche Frage gestellt. Die beiden Damen geben sich zufrieden. Für ein kleines Präsent dürfen wir mit ihnen kommen. Warum haben wir uns nur als westliche Kapitalisten ausgegeben. Von oben aus dem Hotelzimmer schauen wir auf die Straße. Die zwei Studentinnen, die auf das Präsent warten, haben den Mantelkragen hochgeschlagen, trampeln mit den Füßen hin und her, schlagen sie aneinander, um sich zu erwärmen. Es sind achtzehn Grad unter null. Und wenn sie nicht gegangen sind, warten sie noch heute auf das Präsent, das wir ihnen nicht geben konnten. Wir, die *armen* Ostler, konnten ihnen nicht einmal ein paar Strümpfe oder eine Hose geben, wofür sie uns mit ihrer Liebe belohnen wollten. Der letzte Tag in Leningrad steht bevor. Wir haben Karten für das Marinski-Theater am Nachmittag. Vor dem Säulenportal drängeln sich die Besucher. Mit der Kleidung nehmen sie es nicht so genau. Theater, zumal am Nachmittag, ist etwas Gewöhnliches. Lange Stiefel an den Füßen bei vielen Damen, und ein Herr erscheint sogar in Reithosen und Reitstiefeln, lediglich die Sporen hat er abgelegt. Einige geben nicht einmal ihre Garderobe ab. Sie hängen sie einfach über die Stuhllehne. Die Vorstellung beginnt. Das Schauspiel *Was ihr wollt* von dem begnadeten William Shakespeare nimmt seinen Lauf. Das Publikum geht begeistert mit, es hat Mühe den Beifall auf offener Szene zu unterdrücken. Dann klingt plötzlich fröhliches Gelächter durch das Theater: Eine ziemlich dicke Elfe hüpft im Reigen über die Bühne. Das Gelächter wird lauter. Die besagte Elfe kriecht und windet sich wie eine Robbe über den Bühnenboden. Der Intendant wollte gemäß dem Autor provozieren, hat das Gelächter erwartet. Die Groteske ist beabsichtigt. Der erste Vorhang fällt, Applaus brandet auf. Das Publikum schaut sich um, bemustert uns Fremdländische. Mein Kollege schäkert mit einer bestiefelten, blondhaarigen Schönen. Ich schaue mich um, sehe auf dem dritten oder vierten Rang verschieden uniformierte Marinesoldaten sitzen. Auf dem linken Flügel russische und auf dem rechten polnische. Sie sind hier stationiert in gemeinsamer Wacht für den Frieden, verbunden durch den Warschauer Vertrag. Mir fällt auf, dass nur die polnischen Marins in der ersten Pause das Theater verlassen, während die russischen brav sitzen bleiben. Ich gehe hinaus und verwickle einen polnischen Matrosen ins Gespräch: Nein, gemeinsam rausgehen, das dürfen wir nicht. Das gäbe dann bald schöne Raufereien. Die Russen sind erst in der zweiten Pause dran. Ich wundere mich über die *Freundschaft* zwischen den in gemeinsamer Sache Dienenden im Warschauer Pakt. Nach aufschlussreichem Gespräch zurückgekehrt, berichtet mein Kollege über seine erfolglosen Versuche der Annäherung. »Sie will sich nicht mit mir treffen«, sagt er. *Za rano, za rano!,* sagt sie. »Wann wolltest du dich denn mit ihr treffen?« »Um sieben, hier vor dem Theater.« »Na, dann ist doch alles klar. *Za rano* heißt zu früh. Verstehst du, es ist ihr zu früh.« Mein Kollege fasst sich an den Kopf. Die Verabredung fällt ins Wasser aufgrund von Sprachschwierigkeiten. Am fünften Tag Flug in die Hauptstadt nach Moskau. 25 Rubel kostet so ein Kurzflug, erkundigen wir uns. Das sei billiger als mit der Bahn. Der Nachthimmel über Moskau ist hell erleuchtet. Ein weit gefächertes Programm wartet auf uns. Unbeschreiblich die Pracht der Moskauer Metro. Einige erhalten Karten für das Ballett im Bolschoj-Theater. Das Ballett ist seit Tagen ausverkauft. Dort tritt eine bekannte russische Ballerina auf. Ihr Name ist mir leider entfallen. Nach dem Besuch der Basilius-Kathedrale – der Höhepunkt: Das Lenin-Mausoleum im Kreml. Eine riesige Menschenschlange in Viererreihen steht geduldig in der Kälte. Sogar aus dem fernen Sibirien und der Mongolei sind sie gekommen. Wir als Gäste dürfen vorgehen. Ein Spaßvogel erzählt den Witz von den Mausefallen: Ein von Mäusen geplagtes Bäuerlein will Mausefallen kaufen. Es geht gleich dort hinein, wo Mausoleum dransteht. Und als es endlich an der Reihe ist, da ist doch der Mausefallen-Verkäufer tot? Großes Gelächter, missbilligende Blicke auf die respektlosen Gäste. Ein Milizionär kommt auf uns zu. Wir verstummen, nur der Schalk blitzt noch in unseren Augen. Endlich kommen wir in die Vorhalle. Mit zügigen Schritten geht es vorbei, ein Verweilen ist nicht möglich. Der große Lenin liegt im Sarkophag, klein und unscheinbar im schwarzen Anzug, die durchgeistigten und zarten Hände neben dem Körper ausgestreckt. Es sei nicht der echte, wird gemunkelt. Was soll's, echt oder unecht, besser wär's, sie gäben ihm die ewige Ruhe. Vor dem Kreml und der Basilius-Kathedrale betteln uns Moskauer Bengels um Kaugummis an. Doch nicht einmal die können wir ihnen geben. Wir jagen die Straße entlang nach Matrjoschkas, doch vergebens. Endlich, an einem Pamiatnik-Kiosk, gibt es welche. Aber denkste, wieder nur für Devisen. Armes DDR-Deutschland. Wir begeben uns in eine Seitenstraße. Mal sehen wie es dort aussieht. Es beginnt zu regnen. Das Wasser rinnt in einer breiten Lache aus den Dachrinnen direkt aufs Pflaster des Trottoirs in den Rinnstein. Du musst springen, um nicht nass zu werden. An einer Ecke erregt ein seltsamer Tankwagen ohne Aufschrift unsere Aufmerksamkeit. Neugierig gehen wir heran. An seinem Ende befindet sich ein Zapfhahn. Und schon steht eine Schlange mit Kannen und Kanistern davor. Die Flüssigkeit, die aus dem Zapfhahn herauskommt, ist bräunlich und schäumt. Es ist Bier, tatsächlich Bier. *Wohl bekomm's!* Weiter geht's die nächste Seitenstraße hinein. Außen vor den Fenstern hängen Leinen voller Wäsche, Kohlköpfe, Büchsen und Gläser zur Kühlung stehen innen davor. Vor einem freien Platz hat sich ein Kioskwagen aufgepflanzt. Ein Verkäufer in blutbefleckter, speckiger Schürze klatscht mit einem Holzspat Gehacktes in Zeitungspapier. In weniger als einer halben Stunde ist es ausverkauft. Der Verkäufer klappt seine Laden zu. Aufspringen auf eine Straßenbahn. Eine Wolke Knoblauchduft fliegt uns entgegen. Das ist das wahre Moskauer Leben, urwüchsig und deftig. Andere Länder, andere Sitten. Am letzten Tag einkaufen im *Gum*. Die Perlen der Rechenmaschinen fliegen hin und her. Schallplatten russischer Folklore, DDR-Amiga-Platten der Klassiker von Bach bis Beethoven, die bei uns kaum zu haben sind, gehen über den Ladentisch. Ich erstehe noch einen Riesenteddy. Die Rumänen reisen mit dem Zug ab. Ihre Abteile sind vollgepackt bis zu den Fenstern: Spielzeugkästen, Roller, Fahrräder und sogar Federbetten finden dort nur mit Mühe Platz. Im Begriff heimzufliegen, sitzen wir schon seit einer Stunde in der Tupolew. Dann heißt es plötzlich: umsteigen! Die Besatzung ist wieder einmal besoffen, äußert ein mitreisender Vielflieger seine Vermutung. Glaubt's mir, ohne Schnaps können die gar nicht fliegen. Uns wird ganz mulmig zu Mute. Aber trotzdem kehren wir glücklich und mit unvergesslichen Eindrücken aus Freundesland zurück. Wenn jemand fragt, wie es war, einfach antworten: Es war schön. So instruiert uns der Delegationsleiter. Und das war es auch. Wir werden doch das Freundesland und den Staat, der uns diese Reise ermöglichte, nicht in Misskredit bringen.

13 DDR – AUFSTIEG UND FALL

Die alte Schule ist ein unhaltbarer Zustand. Ein Schulneubau mit Turnhalle ist dringend nötig. Endlich sind wir damit im Plan. Das geplante oberste Stockwerk wird dabei gestrichen. Nach der Wende und Neustrukturierung der Schulen wäre es ohnehin überflüssig gewesen. Ein Jahr wird der Direktor für den Neubau abgestellt. Wie ein Bauingenieur hat er den Fortschritt des Bauunternehmens zu überwachen und alles zu tun, dass er planmäßig abgeschlossen wird. Nach einem Jahr ist es tatsächlich so weit. Umzug, großer Pomp mit der Namensgebung. *Erich-Weinert-Oberschule soll der Name sein,* benannt nach dem Dichter und Präsidenten des NKfD (Nationalkomitee freies Deutschland). An der Front vor Stalingrad versuchte Weinert durch Propagandatätigkeit, die deutschen Soldaten zum Überlaufen zu bewegen und den sinnlosen Krieg zu beenden. Der Namensträger wird zu unserem Vorbild. Über dem Treppenaufgang zum Sekretariat prangt einer seiner Sprüche:

Schon hat der Menschheit neuer Tag begonnen, der Erdenschätze ungeahnt verheißt, erfülle ihn mit neuem Schaffensgeist. Wenn ich das Sekretariat betrete, examiniere ich die Sekretärin, sage den ersten Teil des Spruches auf, und sie muss ihn vervollständigen. Damit ist die Kommunikation eingeleitet. Das Sekretariat ist Zentrum der Kommunikation. Dort ist das Telefon, dort kochen wir Kaffee, blättern in den Zeitungen und tauschen unsere Meinungen aus, erfahren die neuesten Witze und Tageslosungen. Z. B: *Besser arm dran, als Arm ab.* Dort verabschieden wir uns nach einem unterrichtsreichen Sonnabend mit besten Wünschen für ein sozialistisches Wochenende: *Mar(k)x in den Knochen und Engels im Bett.*

Hilde, die Sekretärin, ist eine umgängliche und lustige Witwe. Ihre Zigarette geht fast nie aus. Ich versuche, ihr einen Mann zu beschaffen. In der Zeitung sucht Boleslaw, ein polnischer Bauer, eine deutsche Frau. Wir machen uns lustig über Boleslaw*: Suche Frau mit Traktor, Bild erwünscht, aber nur von Traktor.* Ein bisschen Spaß im tristen Schulalltag macht die Arbeit erträglicher.

In mühevoller Arbeit betonierten Eltern, Lehrer und Mitglieder der Patenbrigaden den neuen Schulhof, bevor der feierliche Einweihungsappell gestartet werden kann. Nun sollen aber die regelmäßigen Montagsappelle wegfallen. Sie sollen nicht zur Routine und allwöchentlichen Gewohnheit werden. Ein Fahnenappell muss Höhepunkt sein und würdig gestaltet werden. Kaum einer der Pioniere und FDJ-ler verhält sich entsprechend den Anweisungen und trägt das rote Halstuch oder das Blauhemd, ausgenommen die Pioniere der ersten und zweiten Klasse. Hunderte von Ordnungsstrichen verunzieren die Klassenbücher.

So treten die Schüler nur noch zu besonderen Höhepunkten im mit weißer Farbe aufgemalten Karree an. Jede Klasse hat ihren festen Platz. Vorn vor dem Treppenaufgang thronen die beiden Fahnenmasten – einer für die FDJ-Fahne und einer für das Staatswappen. Sie haben hernach so manches Lob und manchen Tadel erlebt, unzählige von festlichen Höhepunkten, bis sie nach der Wende leer und verlassen auf den Pausenhof herabblicken.

Festlicher Fahnenappell zum *Internationalen Frauentag*. Teilnahme einiger Frauen von den Patenbrigaden, Blumen für sie, die Lehrerinnen und die technischen Kräfte. Ein rührendes Gedicht: *Wenn Mutti früh zur Arbeit geht, dann bleibe ich zu Haus ...*, denn Mutti muss doch arbeiten. Sie ist ein wichtiges Glied in der Kette der Produktion und Planerfüllung. Ansprache, Auszeichnungen, großes Lob für die Frauen. Strahlende Gesichter der Kinder und vor allem der Weiblichkeit. Ich habe ein Gedicht verfasst zu Ehren des *schwachen* Geschlechts. Das kam oft vor, dass ich einige Verse zu besonderen Höhepunkten reimte, denn an Höhepunkten war kein Mangel. Wenn einer der Schüler sie vortrug, stand kein Name des Autors darunter oder darüber. Manch einer der Lehrer und Schüler fragte nach dem Verfasser, ich wich ihnen aus.

Zum Internationalen Frauentag

Die Republik hat Abertausend Frauen, in Fabriken, auf den Feldern,
in Polikliniken und Schulen.
Frauen, die am Steuerpult den Pulsschlag uns'rer Zeit bestimmen,
deren Wort Gewicht hat in der Runde Rat.
Frauen, die des Friedens hohes Wort ermessen und den Krieg verdammen
so wie Not und Leid.
Die Welt hat Abermillionen Frauen, deren einzig Streben gilt
dem Menschenglück. Möge es das Erdenrund umspannen,
auf allen Kontinenten finden einen sich'ren Hort.
Bei den gequälten Frauen Vietnams, Chiles und den hungernden
im schwarzen Afrika.

Heute bestimmen die Frauen vorwiegend den Pulsschlag unserer Zeit in Haushalt und Küche. Man braucht sie nicht mehr. Hin und wieder sind sie gut genug, besonders die Älteren, um bei ABM den Dreck wegzuräumen. Und dort, wo sie noch Arbeit haben, erhalten sie weniger Geld als die Männer.

Der Fahnenappell ist beendet. Manches Halstuch, besonders der älteren Pioniere, vor allem der angehenden Damen und Herren der 7. und 8. Klasse verschwindet, wenn sie registriert sind, in den Schultaschen. Und selbst einige der blauen Blusen und Hemden finden dort Platz.

Über dem Thüringer Land kehrt ein neuer Frühling ein. Ein Frühling drängend und fordernd. Die Unzufriedenheit kriecht durch das Volk, zehrt an der Substanz, macht die Menschen missmutig und ungeduldig.

Entweder du bist dabei, lässt dich mitschubsen, oder du wirst an den Rand gedrängt und ausgeschlossen. Einen Schritt vorwärts, zwei zurück. Viele sehen es, doch keiner gibt es zu. Das war schon bei Lenin so. Die Einheit von Staat und Volk klafft weiter auseinander denn je. Umso mehr sie beschworen wird, umso weniger wird sie glaubwürdig. Wo auf der Welt gibt es schon ein Volk, das mit seiner Regierung nahezu einhundert Prozent konform geht. Sollte das ausgerechnet im Sozialismus der Fall sein? Der Staat sorgt sich um dich. Er will dich mit Haut und Haar. *Plane mit, arbeite mit, regiere mit* ist die große Losung. Im Volksmund macht man daraus eine Posse:

Leg mal drei Finger einer Hand gestreckt auf den Tisch, die Handfläche etwas abgehoben. Den kleinen, den Ring- und den Zeigefinger, die anderen in die Faust eingezogen. Nun heb mal den Zeigefinger etwas an – das bedeutet *plane mit*. Nun den kleinen Finger anheben zum *arbeite mit*. Auch das geht mühelos. Und nun versuch mal unabhängig von den anderen, den Ringfinger anzuheben. Siehste woll, das *Regiere mit* gelingt nicht.

Volk, Partei und Staat sind eins. Du darfst dem Staat deine Gefolgschaft nicht versagen. Irgendwie mitgehen und doch nicht dabei sein. Du bist schon zu sehr verwurzelt mit dem, was sich Sozialismus nennt, hast eine gewisse Treue dem System gegenüber. Der sozialistische Alltag oder das, was dafür ausgegeben wird, ist zur Gewohnheit geworden. Du willst aber leben und nicht gelebt werden!

Wer nicht dafür ist, ist dagegen –, das ist eine zu einfache Formel. Ich bin nicht grundsätzlich dagegen, aber vieles möchte ich anders. Vor allem mehr Freiheit und Freizügigkeit und einen Sozialismus, der den Menschen wahrhaftig in den Mittelpunkt seines Bestrebens stellt. Ich frage mich aber, wie viel Freiheit und Freizügigkeit braucht der Mensch?

Ist Freiheit die Einsicht in die Notwendigkeit, wie oft durch die Politologen betont wird? Und bedeutet Freiheit nur Pflichterfüllung, weniger seine Rechte einzufordern? Kann Freiheit nicht auch bedeuten, das Rechte oder das Unrechte zu tun? Ich gebe zu bedenken, dass Freiheit sowohl ja als auch nein sagen zu dürfen bedeutet. Sehr oft würde ich gerne nein sagen, einen anderen Standpunkt einnehmen, doch es ist mir nicht möglich. Ich meine, wer die Möglichkeit hat nein zu sagen, hat auch viel mehr Freude für gesellschaftliche Vorgänge ohne Vorbehalte und Bedingungen seine klare Zustimmung zu geben. Bei uns aber herrschen die Jasager vor, die Gehorcher, die *Freiheitsdenker*, die sich unterordnen können. Ich frage mich aber auch, ob unumschränkte Freiheit nicht ins Gegenteil verkehrt werden kann? *Der Mensch ist so frei, insofern er es versteht, die Freiheit nicht gegen andere anzuwenden und auszunutzen.* Das berauschende Gefühl der Freiheit besteht auch in der Freizügigkeit, doch diese ist bei uns eingeschränkt – du bist gefangen wie ein Vogel im Käfig.

Ich wünsche mir einen besseren Sozialismus, einen Sozialismus mit

Toleranz in den Fragen der Weltanschauung, ohne Doktrine dieser oder jener Art. Keine Diktatur irgendeiner Klasse, auch nicht die des *Proletariats*. Ich wünsche mir einen Sozialismus mit mehr Möglichkeiten der Kreativität der Menschen, ohne Gängelei und vorgeschriebene Richtlinien. Wer kreativ ist, ist auch unzufrieden, oftmals mit sich selbst. Ich wünsche mir einen Sozialismus mit starker Wirtschaft, wo uneingeschränkt alles Erwirtschaftete den arbeitenden Menschen zugute kommt. Ich wünsche mir einen Sozialismus ohne Lüge und Heuchelei, ohne Einengung und vorgeschriebene Beschränkungen.

Die Partei drängt auf Kirchenaustritt, ich kann mich nicht dazu entschließen. Meine christliche Erziehung steht dem im Wege, wenn ich auch schon ein Stück von Gott und der Kirche abgerückt bin. Es urkundlich zu machen, ist ein endgültiger Schluss-Strich, ich aber möchte keine endgültige Abkehr von Gott. In meinem Inneren bin ich trotz allem gläubig geblieben.

Dein Vater würde sich im Grabe herumdrehen, wenn du das tätest, meint die Mutter. Ich tue es nicht. Die Kinder wachsen heran. Daran erkennt man sein Altern. Die Partei verfolgt mich misstrauisch. Ich habe kirchlich geheiratet, meine Kinder getauft, und beide Söhne sind zur Konfirmation gegangen. Aber heute sehe ich ein, dass es allein mit christlichen Handlungen wie Taufe und Konfirmation nicht getan ist. Um seine Kinder christlich zu erziehen, gehört mehr dazu: vor allem den Glauben vorzuleben.

Unser Ältester will auf die Erweiterte-Oberschule (EOS) und hat noch nicht einmal eine Verpflichtung abgegeben, drei Jahre in der Armee zu dienen. Er hat zwar ein gutes Zeugnis, aber genügt das denn? Ist nicht gerade ein Längerdienen von Lehrerkindern und Kindern von Genossen Pflicht? Warten auf die Zusage entsprechend der Bewerbung, doch sie kommt und kommt nicht. Dafür kommt eine Lawine auf mich zugerollt, die mein jüngerer Sohn mit anderen Schülern losgetreten. Eines schönen Morgens werde ich mitten aus dem Unterricht herausgeholt.

»Du sollst mal in die Schule deines Sohnes kommen.« »Was ist passiert?« Keine Antwort. Ich erbleiche vor Schreck, denke an ein Unglück oder daran, dass der Bengel vielleicht einen Grenzdurchbruch mit anderen versucht haben könnte. In der Vergangenheit sind schon solche Versuche von Schülern vorgekommen. Ich stürme die Treppe hoch, klopfe an im Sekretariat. Die Sekretärin erkundigt sich, ob ich eintreten darf. Ich darf etwas warten und werde dann hereingebeten. Im Direktorenzimmer sitzen neben dem Schuldirektor zwei Herren in Zivil. Es ist unschwer zu erkennen, wo sie herkommen. Keine Begrüßung, kein Handschlag, nur ernste, undurchdringliche Gesichter. Ein regelrechtes Verhör beginnt:

»Sie wissen, worum es geht?«

»Nein, weiß ich nicht.«

»Sie können es sich auch nicht denken?« Ich denke an die Sache mit dem Grenzdurchbruch und bin so verängstigt, dass ich die Frage anklingen lasse. Aber da habe ich etwas gesagt, was die Leute noch misstrauischer macht.

»Wieso, hat Ihr Sohn so etwas vorgehabt? Wie kommen Sie darauf?« Ich bin unsagbar erleichtert – also kein Grenzdurchbruch.

»Nein«, sage ich. »Nun sagen Sie mir schon, was passiert ist?« Ich sage es etwas zu laut und ernte einen missbilligenden Blick.

»Nun mäßigen Sie sich mal«, maßregelt mich der Beamte des MfS. Und dann sagt er mir, was passiert ist: Die Jungen der 9. Klasse haben einen Brief an den Deutschlandfunk geschrieben und sich einen Poptitel gewünscht. Alle Schüler haben unterschrieben und einer hat darunter gesetzt: *Bitte entschuldigen Sie das schlechte Papier, aber das ist eben Sozialismus.* Dieser Brief, die Unterschriften der Schüler und besonders der letzte Satz waren das Verbrechen, das diesen ungebührlichen DDR-Bürgern so arg angekreidet worden war. Ein besonders eifriger Lehrer hatte ihnen den Brief weggenommen und dem Direktor übergeben. Und so nahm die Sache ihren Lauf.

»Was sagen Sie dazu, Ihr Sohn hat doch auch unterschrieben?« Ich bin erleichtert. Ein riesiger Stein ist mir von der Seele geplumpst. Kein Grenzdurchbruch, die Familie ist nicht in Gefahr, kein Verkehrsunfall, kein anderes Unglück.

»Wenn's weiter nichts ist«, sage ich, »als diese Lappalie.« Aber da habe ich mich gründlich verrechnet.

»Sie nennen das eine Lappalie. Ich nenne so etwas *In den Schmutz treten des Sozialismus und des Staates.* Was sind Sie denn für ein Genosse!« Ich bin so eingeschüchtert, dass ich nicht zu antworten wage.

»Darf ich jetzt gehen?«, frage ich trotzdem erleichtert. »Gehen Sie, aber die Sache hat noch ein Nachspiel.« Und das lässt nicht lange auf sich warten. Sie wollen meinen Sohn für drei Jahre werben. Als das nicht gelingt, lassen sie ihn in Physik durchfallen und die Prüfung wiederholen. Und schon einige Tage später kommt die Ablehnung der EOS-Bewerbung meines älteren Sohnes. Doch damit noch nicht genug. Ich bin zur Beförderung als Oberlehrer vorgeschlagen worden. Das wurde abgelehnt mit der Begründung, die schon der Heimleiter im Kinderheim erfahren musste. Wie die Bilder sich gleichen, wie sich Parallelen auftun, wenn auch eine größere Zeitspanne dazwischenliegt.

Vor dem IX. Parteitag macht sich die Partei noch einmal Luft. Der Liedermacher Wolf Biermann ist ihr zu unbequem geworden. Er ist im Westen aufgetreten, hat angeblich dort das eigene Nest beschmutzt. Die Lösung des Problems – Verbot der Rückreise, Abschiebung in den Westen. Mit ihm werden auch noch einige andere unbequeme Autoren und Liedermacher abgeschoben. Der Vorsitzende des Schriftstellerverbandes Hermann Kant spricht sogar von ein paar kaputten Typen, die der Staat als Schlange an seinem Busen genährt. In der Beratung der Parteisekretäre heißt es:

Wer die DDR verunglimpft, wer den Feinden nach dem Munde redet und singt, wer ungebührliche Kritik laut äußert, muss mit der Härte des Gesetzes rechnen. Aber für Ausweisung gibt es überhaupt kein Gesetz. Ich melde mich und lehne mich dagegen auf:
»Man könne doch nicht jeden ausweisen, der öffentlich Kritik äußert. Wo kämen wir da hin, wenn das zur Regel würde?« Keine Antwort. Ein Kollege ist ebenfalls sehr erbost. Nicht nur über die Ausweisung, sondern auch über die Misere der Mangelwirtschaft... »Ich sehe überhaupt keinen Fortschritt«, sagt er. »Wo man hinschaut, der tägliche Kampf um etwas Baumaterial, um dieses und jenes, das ist doch zum Verzweifeln.« Doch diese Kritik ist einfach des Guten zu viel. Sie bestellen den Genossen in die Abteilung und reden Klartext mit ihm. Seit dieser Zeit gehört er zu der Gruppe der großen Schweiger.

Ausgewiesen werden – eine neue Variante regressiver Staatspolitik. Raus aus dem Staat der Arbeiter und Bauern! Für manche sehnlichste Erfüllung, für andere die schlimmste Strafe, die einem zugemutet werden kann. Du verlässt die Freunde, deine vertraute Umgebung, sie reißen dir deine Wurzeln unter den Füßen weg, beschädigen deine Seele. Sie wissen genau wie sie die unliebsamen Menschen an ihrer empfindlichsten Stelle treffen können. Ich stelle es auf eine Stufe mit dem Vertriebenwerden von einst. Traurig, traurig, würde Theo Lingen sagen. In meinem politischen Inneren zerspringt eine weitere Saite. Sie klingt nach in mir in großer Enttäuschung und Ratlosigkeit.

Ich habe mein erstes Buch eingereicht. Eine Kindergeschichte: *Der Delfin und das Mädchen.* Beschreibe darin das schwere Leben der Tauchermädchen in der Karibik und die Freundschaft zu einem Delfin. Der Kinderbuch-Verlag gibt mir die Geschichte zurück. Eine vierseitige Kritik nimmt mir allen Mut: *Anlehnung an Hollywoodsche Tierfilm-Produktionen* oder Bonsels *Biene-Maja-Geschichten.* Meinem Delfin wird sogar eine fantastisch-klassenkämpferische Haltung unterstellt. Pseudobürgerliche Romantik, Tiere als sprechende und denkende Wesen, eben ein spätbürgerlicher Versuch, den Klassenkampf abzuschwächen. Damit ist meinem schriftstellerischen Schaffensprozess ein erheblicher Dämpfer aufgesetzt worden. Lange Zeit wage ich nicht, etwas Neues zu schreiben.

Es geht auf den IX. Parteitag zu. Neue Initiativen auf dem Weg des umfassenden Aufbaus des Sozialismus unter erschwerten wirtschaftlichen Bedingungen. Entscheidung für die Weiterführung der Hauptaufgabe: *Alles zu tun für das Wohl des Volkes, für die Einheit von Wirtschafts- und Sozialpolitik.* Verkürzung der wöchentlichen Arbeitszeit für vollbeschäftigte Mütter mit zwei Kindern auf 40 Stunden. Erhöhung des Urlaubs für Werktätige um drei Tage, für Schichtarbeiter, Jugendliche und Lehrlinge um vier bis sechs Tage. Verwirklichung des Wohnungsbauprogramms,

Lösung des Wohnungsproblems als soziales Problem, obgleich die Altstädte verfallen und wertvolle Wohnsubstanz verloren geht. Dafür fehlt das Geld, fehlen die Arbeitskräfte und das Material.

In Berlin Marzahn wird die millionste Wohnung übergeben. Erich Honecker persönlich besucht eine Arbeiterfamilie in einer solchen. Und auch in Thüringen, besonders in der Leinestadt, entsteht ein Wohnblock nach dem anderen. Zehn Jahre nach der Wende werden einige wieder abgerissen. Kann man trotz aller Fragen um den Preis des Erreichten, diese Erfolge schmälern? Ich denke, der Arbeiter, der eine Dreizimmer-Wohnung bezieht und 86 Mark Miete bezahlt, fragt nicht nach dem Wie und Warum, sondern ist froh eine zu bekommen. Mit der Verkündigung der Einheit von Wirtschafts- und Sozialpolitik hat der Staat das Mittel gefunden, einerseits die Menschen auf ein besseres Leben zu vertrösten und andererseits seine Macht zu erhalten und durchzusetzen. In der weiteren Entwicklung kann diese Politik nie richtig funktionieren. Schon allein aus Wirtschaft und Sozialpolitik eine herbeigeredete Einheit zu konstruieren, was an sich selbstverständlich erscheint, ist nichts anderes als jemandem Sand in die Augen zu streuen.

In diesem Zusammenhang wird ein grundlegendes Menschenrecht, das Recht auf Arbeit, aus den gegebenen Verhältnissen des Produktionsprozesses garantiert, gefestigt und ausgebaut. Und der Kampf um die Erhaltung und Sicherung des Friedens, als wichtigste Komponente, wird in den Mittelpunkt aller Bestrebungen gestellt. Da platzt der NATO-Doppelbeschluss wie eine Bombe hinein. Der NATO-Rat beschließt neue Abschussrampen für Pershing-II Raketen und 464 Marschflugkörper in Westeuropa, die Mehrzahl davon in der BRD, zu stationieren, wenn die SU der Forderung, alle ihre Mittelstreckenraketen in Europa zu vernichten, nicht Folge leistet. Der Kalte Krieg eskaliert und droht, sich zu einem heißen Krieg zu entwickeln, wenn das atomare Gleichgewicht der Kräfte nicht bestünde. Hinzu kommt auch noch die *internationalistische Hilfe* der Sowjetunion für die *Volksrevolution* in Afghanistan, die den Boykott der olympischen Sommerspiele durch die NATO-Staaten und einige andere auslöst.

Nein, es ist nicht recht, gegen ein Volk Krieg zu führen, aus welchen Motiven auch immer. Alle Kriege müssten gleichermaßen infrage gestellt werden – der Korea-Krieg genauso wie der furchtbare Krieg in Vietnam. Vietnam – die blutende Wunde in Südostasien. Dreißig Jahre Krieg sind zu Beginn des letzten Vierteljahrhunderts zu Ende gegangen. Krieg gegen die Chinesen, gegen die Japaner, die Franzosen und schließlich gegen die USA. Der Eintritt der USA in den Krieg, ausgelöst durch eine Fehlinformation über den Beschuss eines US-Kreuzers im Golf von Tonking durch die Vietnamesen, war ebenso eine Lüge und Rechtfertigung wie der angebliche *Überfall und die Schüsse regulärer Truppen der polnischen Armee* auf Hitlerdeutschland. Was wollten die Amerikaner in Vietnam?

Das korrupte Regime im Süden Vietnams stützen? Das Abendland vor dem Kommunismus retten? Den Vormarsch des Kommunismus in Asien stoppen? Sich nach dem Eingreifen in Korea erneut als Weltgendarm aufspielen? Die Freiheit Westberlins auf asiatischem Kontinent verteidigen? Der Verteidigungsminister der BRD, Georg Leber, beabsichtigte sogar zur Unterstützung der USA ein Pionierbataillon hinzuschicken.

Die Dominostein-Theorie diente der USA als Vorwand. Wenn ein Stein fällt, reißt er die anderen mit. China war schon zum Sozialismus übergegangen, in der Schweinebucht vor Kuba hat die USA eine Niederlage erlitten, in Kambodscha rebellierten und mordeten die Roten Khmer. Ein weiterer Einbruch in Asien war nicht zu ertragen. Wären die USA auch in den Krieg eingetreten, wenn Nordvietnam ein reiches Land gewesen wäre, wenn es Abfangjäger und Fliegerabwehrraketen besessen hätte? Der Krieg gegen ein Volk von Bauern, gegen die *wogs* (Asiaten) war ein einziges Fiasko. Für die Amerikaner waren die Vietnamesen keine Menschen. Sie nannten sie *pygmys* (Zwergwüchsige) und *Schlitzaugen*. Zunächst zogen die amerikanischen Soldaten, im Durchschnitt nicht älter als 19 Jahre, mit hohen patriotischen Gefühlen in den Krieg. Der Krieg sollte aus der Luft gewonnen werden. Der *rolling thunder* (rollender Donner) der B-52 Bomber würde die Zwergenmenschen schon zermürben. Das Beispiel Deutschland im II. Weltkrieg hatte schon einmal zum Erfolg geführt. Aber die Bomben, sechs Millionen Tonnen, dreimal mehr als im zweiten Weltkrieg über Deutschland abgeworfen, trafen kaum ihr Ziel. Industrieanlagen waren Fehlanzeige. Sie fielen in den Dschungel, rissen riesige Krater auf Reisfeldern, töteten Wasserbüffel und Reis pflanzende Frauen. Auf hundert Tonnen Bomben kam nur ein getöteter Vietnamese. Schließlich wollten die USA mit ihrem *bomb back* den abtrünnigen kommunistischen Norden in die Steinzeit zurückbomben. Als das nicht half, versuchten sie es mit *age und orange*, den Entlaubungsaktionen. Mehr als 80 Millionen Liter des flüssigen Gifts, das Dioxin enthielt, wurde über dem Dschungel versprüht, um freie Schussbahn auf die Vietcongs zu erhalten. Worin besteht der Unterschied zwischen der Herstellung der Entlaubungsgifte durch die US-Konzerne und der Produktion von Zyklon B der IG-Farben, mit dem die Juden vergast wurden...? Die Juden mussten nicht so lange leiden, während die betroffenen Vietnamesen noch nach Jahren mit Missbildungen auf die Welt kamen. Ein ausgedehntes Tunnelsystem über 200 Kilometer, mit Krankenstationen, Vorratslagern, Werkstätten, von wo aus die Vietcongs ihre Guerillaangriffe starteten, machte den Verteidigern des Abendlandes schwer zu schaffen. Wurde ein Tunneleingang entdeckt, warf man einfach eine Nervengasgranate hinein. Auch sonst waren die GIs nicht zimperlich. Das Massaker von My Ley, wo ein ganzes Dorf ausgelöscht, mehr als 400 Männer, Frauen und Kinder hingemordet wurden, ist ein beredtes Zeugnis. Was ist der Unterschied zwischen den Mordbrennern von My Ley und denen von Oradour in

Frankreich oder Lidice in der Tschechoslowakei? Und niemals werde ich das Bild vergessen, da der Polizeichef von Saigon auf einem öffentlichen Platz einen Vietkong exekutiert. Und das von Napalm verbrannte Mädchen Son My, das schreiend und nackt die Straße entlangrennt. Während die von Bomben zerfetzten und von Napalm verbrannten Vietnamesen mit unsäglichen Schmerzen in Bunkern und Tunnelgängen lagen und nicht einmal die tägliche Hand voll Reis hatten, walzten die US-Boys ihre Reisfelder nieder, machten sie Jagd mit pfeilschnellen Luftkissenbooten in den vietnamesischen Everglades, dem Mekongdelta, auf dorthin geflüchtete Kämpfer. Sie schossen die Wehrlosen nieder, und wo sich noch einer regte fuhren sie über ihn hinweg. Und zum Weihnachtsfest labten sich die GIs beim Truthahnessen. Gegenüber 58.000 getöteten US-Soldaten verzeichnete Vietnam drei Millionen gefallene Nord- und Südvietnamesen. Nach neun Jahren Krieg zogen die US-Boys schließlich ergebnislos ab. Südvietnam wurde eingenommen, Saigon musste kapitulieren. In Saigon ist heute ein Museum der Kriegsgräuel der USA eingerichtet. 300.000 Menschen besuchen es jährlich, davon 10.000 US-Amerikaner. Viele bitten das vietnamesische Volk um Verzeihung. Die Weltmacht USA konnte das kleine Vietnam nicht besiegen, weil die anspruchslosen und leidensfähigen Vietnamesen von ungeheurem Kampfgeist beseelt waren und weil sie gegen einen vermeintlichen Aggressor um ihre Unabhängigkeit und um ihr ihnen damals erstrebenswertes Ziel des Sozialismus kämpften.

Wenn wir im September des Jahres 2001 die schrecklichen Bilder des Terrors auf die Türme des World Trade Centers und auf das Pentagon in Washington sehen, die entsetzlichen Zerstörungen, von den Tausenden Toten erfahren, die Schreie der Verwundeten hören und die patriotischen Rufe nach Rache und Vergeltung, dann dürfen wir auch diese Bilder und die Bilder von Hiroshima und Nagasaki nicht vergessen, wo im Inferno der sinnlos abgeworfenen Atombomben die Menschen wie Strohpuppen verglühten und noch nach Jahrzehnten einen siechenden Tod sterben. Und während des Terrors und der ersten Rettungsarbeiten in New York starben mehr als 50.000 Kinder in den Krisenregionen vor Hunger. Nein, Terrorismus ist durch nichts, aber auch gar nichts zu rechtfertigen, man sollte aber auch die Ursachen benennen, sich fragen, woher die Entrechteten, ihres Landes beraubten, die in beispielloser Armut Lebenden, ihren Hass nehmen. Wir müssen uns auch fragen, wodurch der Hass so groß geworden, um solche heimtückischen Selbstmordanschläge zu planen und durchzuführen. Muss die Welt nicht eine gerechtere werden, muss die unsagbare Armut nicht wirksam bekämpft werden. Nur weil es so viel unbeschreiblichen Reichtum gibt, gibt so ungeheuer große und unsagbare Armut. Bei der Globalisierung müsste es vor allem um eine gerechtere Welt gehen, eine Welt ohne Ab- und Ausgrenzungen von Arm und Reich, eine Welt ohne Kampf der Religionen, eine Welt ohne

Rassenhass, eine Welt von Frieden und Versöhnung.

In der DDR wird eine große Solidaritätsaktion entfacht. Dokumentarfilme berichten über den grausamen Krieg in Vietnam. Die Menschen empfinden Hochachtung vor dem unbeugsamen und tapferen Volk. Aber zwanzig Jahre später werden die Gastarbeiter durch die Straßen gehetzt. In der Schule sammeln wir für Vietnam, basteln Geschenke für die leidgeplagten Kinder. Im Schulhort werden kleine Püppchen angefertigt. Ob sie wohl jemals ein vietnamesisches Kind erreicht haben? Nein, nie und nimmer ist es gerechtfertigt, um eines Systems Willen einen Krieg zu führen, oder eine abtrünnige Volksgruppe mit Gewalt von ihrem Vorhaben der Unabhängigkeit abzubringen.

Ich ziehe eine Parallele zur Auslösung des II. Weltkrieges. Zwei Tage nach dem Überfall Hitlerdeutschlands auf Polen haben Frankreich und England Deutschland den Krieg erklärt. Der Sowjetunion, dem stalinistisch-kommunistischen Regime, das mit dem Nichtangriffspakt mit Deutschland im Rücken gleichzeitig in Ostpolen eingefallen ist, hat niemand den Krieg erklärt. Die Welt hat es einfach toleriert. Und nach Kriegsende, als die sieg- und ruhmreiche SU finnische und japanische Gebiete, Estland, Lettland, Litauen, Ostpreußen annektierte, Gebiete Westpreußens, Pommerns, Schlesiens den Polen überantwortete und die Ostgrenze Deutschlands im Einvernehmen mit den Alliierten an die Oder und Neiße verlegte, hat auch niemand aufgeschrien und dagegen protestiert. Krieg gewonnen – Territorium gewonnen, so einfach ist es das Völkerrecht mit Füßen zu treten. Während der Kommunismus mit mehr oder weniger Billigung der Weltöffentlichkeit den Osten überrollte, verteidigten die USA das Abendland gegen den Kommunismus in Korea, Vietnam und dann entsprechend kläglich in der Schweinebucht vor Kuba. Natürlich stehe ich nicht dafür, verlorenes Territorium, dem die verbrecherische Auslösung des II. Weltkrieges durch Hitlerdeutschland zuvorstand, zurückzugewinnen. Jeglicher Revanchismus ist mir fremd. Aber wieso kann eine Invasion und Annektierung fremden Territoriums einerseits rechtens, aber andererseits deutsches Gebiet für immer verloren sein und die Vertreibung daraus legitimiert werden?

Wie immer, wenn politische Entscheidungen von weittragender Bedeutung fallen, diskutieren wir in Staatsbürgerkunde darüber. Was soll ich zu Afghanistan anderes sagen, als in der Zeitung steht. Ich rede drum herum und stelle den Vietnamkrieg der USA dagegen.

»Aber ein Unrecht wird durch ein anderes nicht getilgt«, sagt eine Schülerin, eine Pastorentochter der 9. Klasse. »Sagen Sie doch einmal, das ist falsch, was da gemacht wird und unmenschlich!« Dagegen gibt es vom gesunden Menschenverstand aus nichts zu entgegnen.

»Jeder Krieg ist unmenschlich«, sage ich. Da kommt Kritik auf gegen den NATO-Doppelbeschluss sowie gegen die Aufstellung der SS-20 Raketen, besonders auf dem Gebiet der DDR. In Jena sind Friedensbewegungen mit der Losung aufgetreten: *Frieden schaffen ohne Waffen – Schwerter zu Pflugscharen*. Die Schüler haben davon erfahren, auch im Religionsunterricht ist darüber gesprochen worden. In den Bänken wird getuschelt, es geht etwas vor. Ein Zettel geht um. Ich lasse die Schüler gewähren. »Darf ich mal sehen.« Sie reichen mir den Zettel, ganz freiwillig. Es ist eine Petition mit zwölf Unterschriften, unter ihnen die fünf EOS-Bewerber: *Schwerter zu Pflugscharen!* Ich versuche zu erklären, warum das nicht geht. »Die Großmächte sind nicht bereit dazu, weder hüben noch drüben. Was soll ich mit dem Zettel machen?«

»Sie möchten ihn abgeben. Das ist unsere Meinung.«

»Wo abgeben?«

»Alle sollen es erfahren.«

»Wisst ihr eigentlich, was dann auf euch zukommt?« Keine Antwort. Es ist ihnen egal. Ich halte den Zettel in den Händen, wie ein brennendes Stück Papier, bin unschlüssig. Ich möchte ihn am liebsten in den Papierkorb werfen. Schließlich falte ich ihn zusammen und übergebe ihn dem Direktor. Er liest die Losung einmal und ein zweites Mal, ist völlig überrascht.

»Was denken die sich eigentlich!«

»Das, was sie schreiben«, sage ich. »Die Oberschulbewerber sind auch dabei. Das geht doch ins Auge. Gerade bei denen. Einfach übergehen, wegwerfen?« Er zögert. Schließlich einigen wir uns und zerreißen den Zettel in kleine Schnipsel. Wenn das nur gut geht? Und es geht nicht gut. Ich habe nichts verlauten lassen, der Direktor auch nicht, sonst hätte er den Zettel nicht zerrissen. Aber einer aus der Klasse muss es zu Hause erzählt haben und der hat es weiter berichtet. Drei Tage später, ich stehe auf der Treppenempore, da kommt ein Auto vorgefahren. Zwei Herren steigen aus. Ich kenne die Typen, die aufgesetzten wichtigen Mienen, die so ausschauen, als hielten sie das Schicksal des Staates in ihren Händen. Die Herren waren schon einmal hier. Ich werde wieder aus dem Unterricht geholt. Der Direktor hat schon sein Fett weg: Verletzung der Meldepflicht von politischen Vorkommnissen. Und das war ein ernstes politisches Vorkommnis, gar eine Provokation. Jetzt bin ich dran: Wie so etwas in Staatsbürgerkunde vorkommen könne, wer die Unterschreiber seien, die Namen möchte der Herr wissen.

»Ich weiß keine Namen, wir haben den Zettel gleich vernichtet.«

»Sie müssen doch wissen, wer unterschrieben hat.«

»Ich weiß es nicht«, beteuere ich. Die Herren berufen eine Klassenversammlung ein. Darauf folgt eine Elternversammlung, in der zwei Vertreter von der Abteilung Volksbildung auf die Sache eingehen. In der Rede kommt die Verwerflichkeit einer solchen Handlung zum Ausdruck. Sie reden und reden, bauschen die Sache auf, aber die Eltern sagen kein einziges Wort dazu. Als sie sehen, dass die Eltern stur sind und sich nicht äußern wollen, beenden sie die Versammlung und behalten sich Maßnahmen vor. Maßnahmen gegen Schwerter, die zu Pflugscharen werden sollten. Was für ein Widersinn. Wir bangen um die fünf Jungen, die sich für die EOS beworben haben. Als endlich die schriftliche Zusage kommt, sind wir erleichtert.

Und sogleich werden wir auch gerügt wegen des FDJ-Studienjahres. Die Klassenleiter haben es noch nicht gewissenhaft und pünktlich durchgeführt. Noch sind keine *Abzeichen für Gutes Wissen* abgenommen worden. Ich kümmere mich darum, lasse die Schüler in Gruppen zu verschiedenen Themen Arbeiten schreiben. Eine Schülergruppe sucht sich ein besonders brisantes Thema heraus:

Der Marxismus Leninismus – die Weltanschauung der Arbeiterklasse. Die Themen sind von oben vorgegeben. Mit einem weiteren Verantwortlichen muss ich die Arbeiten durchsehen und mit den Arbeitsgruppen das Prüfungsgespräch führen. In der Arbeit der Schülergruppe mit dem oben genannten Thema sind interessante Formulierungen enthalten. Unter anderem: *Unsere Eltern sind zwar Arbeiter, aber für uns kommt die Weltanschauung des Marxismus-Leninismus nicht infrage. Wir sind christlich erzogen worden und christlich eingestellt. Wir glauben an Gott.* Wie sollen wir das bewerten? Der Kollege schlägt vor, ihnen ein anderes Thema zu geben und die Arbeit noch einmal schreiben zu lassen. Ich sage: »Das ist deren ehrliche Meinung, sollen sie dafür bestraft werden?« Wir bitten die Schüler zum Gespräch. Sie sollen ihre schriftliche Arbeit verteidigen. Und sie tun es, so wie sie es geschrieben haben. Ich lasse sie noch mal hinausgehen. »Sie sollen das Abzeichen haben«, sage ich, »und zwar in Silber. Das silberne Abzeichen der FDJ für Mut und Vertretung des eigenen Standpunkts. Freie Deutsche Jugend darf sich auch frei äußern, auch wenn es manchen unbequem sein mag.« »Du bist der Hauptverantwortliche«, sagt der Kollege. Die Schüler dürfen wieder herein. Ich gratuliere ihnen zur bestandenen Prüfung und überreiche ihnen das Abzeichen in Silber mit der dazugehörigen Urkunde. Die Schüler zeigen wenig Freude. »Was, wir kriegen es doch«, sagt eine der Schülerinnen. »Damit haben wir nicht gerechnet.« Vielleicht haben sie es auch nicht gewollt.

»Umso besser«, sage ich. »Lasst euch das ins Klassenbuch eintragen.«

Die Lage der Bevölkerung verschlechtert sich. Überall Engpässe in der Versorgung. Vorübergehend ist sogar Fleisch und Wurst knapp. Die Leute fahren viele Kilometer, um für das Wochenende Fleisch einzukaufen. Schlechte Stimmung macht die Menschen missmutig. Bückware ist nur über Beziehung zu haben. Zur Bückware gehören Dinge, nach denen sich die Verkäuferin unter den Ladentisch bücken muss. An Gemüse gibt es fast nur Rot- und Weißkohl. Tiefkühltruhen, Gasherde, Farbfernseher werden von Berlin mitgebracht. Berlin, die DDR-Metropole, ist das Warenlager der gesamten DDR. Dort schleppen sie alles hin, meinen die erbosten Menschen. Doch die Partei hat alles im Griff. Nur keine Versorgungsdiskussion führen. Alles nur regionale Probleme und Probleme der richtigen Verteilung.

Witze und geflügelte Worte gehen um, die die aktuelle Lage bezeichnen: *Wo wir sind klappt nichts, aber wir können nicht überall sein. Und wenn doch etwas klappt, dann sind es die Türen.* Es gibt die Ost- und Westhölle. Wo möchtest du lieber hin? Natürlich in die Westhölle, sagt der DDR-Bürger. Die Osthölle hab ich ja schon hier auf Erden. Na, dann hast du schlecht gewählt. Wieso schlecht gewählt? Ganz einfach: In der Westhölle kommst du auf ein Brett mit Nägeln, und eine Dampfwalze fährt über dich hinweg. Und in der Osthölle? Dort geht's dir genauso, nur wenn sie Bretter haben, haben sie keine Nägel, und haben sie mal zufällig beides, ist bestimmt die Dampfwalze kaputt.

Eine japanische Wirtschaftsdelegation kommt ins Land. Einer der DDR-Journalisten fragt sie, was ihnen im Staat der Arbeiter und Bauern am besten gefallen habe? Am besten gefallen? Der japanische Leiter der Delegation denkt nach. Ah, ja, am besten haben uns die Museen gefallen.

Und welche?

Na das Pergamon und das Robotron. Wer es nicht wissen sollte: Das Robotron war das Chip- und Computerwerk in Sömmerda. Honecker hält auf der Leipziger Messe einen 1-Mega-Bit Chip in der Hand. Er wiegt diese grandiose Errungenschaft hin und her und spricht von Welthöchststand. Dabei sind uns die Amerikaner, Japaner und auch die Westdeutschen schon wieder weit voraus.

Trotz aller Schwierigkeiten geht es auch im Dorf voran. Endlich werden Wasserleitungen gelegt. Die Rohre sind zwar aus Asbest, aber damals hat noch keiner daran gedacht, dass Asbest schädlich sei. Wir bauen eine Klärgrube, richten uns ein Bad ein. Nach einer Anmeldung von zwei Jahren bin ich endlich mit der Fahrschule dran. Ich komme nach Hause und freue mich über die bestandene Prüfung, da trifft mich eine schmerzliche Nachricht: Die Mutter ist gestorben. Sie haben sie noch ins Krankenhaus gebracht, aber es war schon zu spät. Ihr Rheuma und das Herz, es hat einfach nicht mehr mitgemacht. Wir wollten, wenn ich das Auto habe, einmal in unsere Heimatstadt fahren. Aber auch diese Hoffnung der Mutter hat sich nicht erfüllt. Onkel Hanfried, Tante Edith und Onkel Theo kommen zur Beerdigung. Die Mutter ist gerade 64 Jahre alt geworden. Sie machte sich Sorgen, wer das, was sie als Eltern geschaffen haben, erhalten würde. Ich vermisse die Mutter sehr – ihre wehmütigen polnischen Lieder, die sie an der Nähmaschine sitzend gesungen – von Liebe und Schmerz, von dem *Górali*, (Bergbewohner) der aus Liebe in den Tod gesprungen. Von der Räubermutter, die das blutgetränkte Taschentuch *(Chusteczka)* ihres ermordeten Sohnes gewaschen und dabei weinte: *Ona prała i płakała.* Der Mittelpunkt der Familie ist nicht mehr, der Halt der Familie nicht mehr so fest wie er war. Nach und nach beginnt er sich zu lösen.

Leipziger Messe. Das Foto des Generalsekretärs ist 36 mal in der Zeitung *Das Volk* und 41 mal im *Neuen Deutschland* abgebildet. Na, ja – er war doch überall an den Ständen, das gehört doch in die Zeitung. Na eben. Er war aber auch in Griechenland, in Kuba, in Nikaragua, auf der Krim und in Bulgarien sowieso. Na, das sind doch Reisen für den Frieden und dort fährt er stellvertretend für sein Volk hin, sozusagen im Auftrag des souveränen Volkes. Die Deutsche Demokrat'sche Republik, das Volk der Arbeiter und Bauern, ist bodenständig und sesshaft. Zu Hause ist es am besten aufgehoben.

Stellvertretend für das Volk besucht der Staatsratsvorsitzende auch den schwarzen Kontinent. In Addis Abeba trifft er sich mit dem Generalsekretär des ZK der Arbeiterpartei Mengistu Haile Mariam und weiht das großzügig gestiftete Karl-Marx-Denkmal ein. Das erste Karl-Marx-Denkmal auf afrikanischem Boden, auf dem Boden Äthiopiens. Was für ein herausragendes historisches Ereignis! Den Platz des Denkmals umstehen ausgesuchte Staatsgetreue, gut genährt, während sieben Kilometer weiter die Menschen wie die Fliegen vor Hunger umfallen. Das Denkmal ist aus Stein, man kann es nicht essen. Und Honecker verspricht die Waffen zu liefern, mit denen das Brudervolk von Eritrea bekämpft wird.

Ein paar Wochen später kommt der lang erwartete Brief vom Staatlichen Fahrzeughandel: Ihr *Trabant* ist abzuholen. Datum, Uhrzeit – alles ist vorgegeben. Du brauchst einen Tag frei. Den gibt man dir gern, denn zwölf Jahre hast du darauf gewartet. Eine Farbe möchte ich mir aussuchen.

»Seien Sie froh, dass sie überhaupt einen kriegen!« Ich bekomme den Karton in Weiß. Die Freude ist unbeschreiblich trotz der Betrübnis, dass die Mutter nicht mehr ist. Aber das Leben muss weitergehen, so oder so, wie lapidar das auch klingen mag. In den Sommerferien – unsere erste Ferienfahrt mit dem Automobil. Unsere Jüngste sitzt im Wagenfond und singt, wenn eine Schranke kommt: *Kommt ein langer Güterzug…* Hinaus in die Schorfheide, in eines der uns gut bekannten, schönsten Fleckchen unseres Landes. Groß-Schönebeck – dort wohnt Wanda, die Schwester meiner Frau auf der Ponde-Rosa, so nennen wir ihr Anwesen, das einer Ranch ähnelt. Einen Kilometer von ihrem Haus entfernt liegt das Jagdhaus des Staatsratsvorsitzenden am Pinnowsee. Lutz, mein Neffe, der Spezialist im Krebsefangen und Aalfischen, einige Jahre später einen tragischen Unfalltod bei der NVA gestorben, zeigt mir, wie man die Aale in Reusen und Krebse mit den Händen fängt.

Drüben auf der anderen Seite des Sees sitzt am Bootssteg ein Mann mit weißem Strohhut auf dem Kopf, lässt die Beine ins Wasser baumeln und angelt. Wir schauen einmal hin und ein zweites Mal. Der Mann winkt uns zu. Zwei bärbeißige Bewacher nähern sich vom Bootssteg her.

»Der Staatsratsvorsitzende möchte nicht gestört werden. Gehen Sie nicht weiter!« Noch einen Blick auf das Staatsoberhaupt und sogleich respektvolles Entfernen. Wir fahren die altbekannten Wege auf der Straße nach Groß Dölln, dort wo ich am Flugplatzbau mitgewirkt habe. Jetzt donnern *Mig 17* und *Mig 19* über unsere Köpfe. Sie fliegen noch die gleichen Routen. Die Nebenwege zu den Dörfern sind noch frei, aber seitwärts der mit Kopfstein gepflasterten Straßen sind schon Heger dabei, die Jagdreviere mit zwei Meter hohen Drahtzäunen zu umgeben. Die Jagdschlösser und Villen, die Reviere ihrer Vorgänger, sind schon fest im Besitz der großen Jäger. In den endlosen Wäldern erhalten die Hirsche ein gutes Futter, damit sie fett genug sind, wenn sie erlegt werden, und zum Jagdhaus des Generalsekretärs wird eine separate Straße gebaut.

Die Schorfheide steht in Schmelz des Sommers. Es riecht nach Kiefernharz und Humus. Ein blaues Band von Blaubeeren durchzieht die kleinen Waldlichtungen. Unser Violchen hat sich ihr Plappermäulchen beschmiert. Hier kann einem so richtig das Herz aufgehen in dieser wundervollen Natur, die noch allen gehört. Doch wie lange noch?

Ab September wieder Schulungen für Kraftfahrer. Ich bin jetzt auch einer mit dem Sachsenring-Untersatz. Der ABV, im Nachbardorf stationiert, kommt mit dem Moped über den Berg, schiebt das Fahrzeug im Wald in eine Schonung hinein und trudelt zu Fuß in der Gaststätte ein. Die Schulungen sind auch politisch sehr relevant. Der ABV redet und redet. Ist die Diskussion dann vorbei, greift er kräftig zu den hochprozentigen Sachen, bevor er dann schwankend die Kneipe verlässt, einen Kilometer weiter seine Schwalbe besteigt und im Polizeigang den Berg herunterrollt. Wir sitzen noch etwas länger am Biertisch.
»Er hat das Wichtigste in seiner Schulung vergessen«, bemerkt ein Kumpel.
»Was vergessen?« »Nämlich die richtige Anwendung der ersten Hilfe, wenn ein Trabant mit vier Personen auf dem Dach landet. Was man da zuerst machen soll.« »Und was muss man als Erstes machen?« »Als Erstes schraubst du den Auspuff ab und bringst ihn in Sicherheit.« Gelächter. »Vier Leute der Stasi sind bei einer Spitzelfahrt auf dem Dach gelandet«, berichtet ein anderer. »Es ist ihnen nichts weiter passiert, aber als Erstes haben sie die Nummernschilder abgeschraubt.«
»Warum denn das?« »Du stellst aber dumme Fragen. Natürlich wollten sie nicht erkannt werden.«
Ein neues Schuljahr steht an, täglich neuer Kampf an der *ideologischen Front*. Ihr seid die *Chefideologen*, will uns die Partei einreden. Deshalb bestimmt sie auch Jahr für Jahr aufs Neue, wer dieses ideologierelevante Fach unterrichten darf und wer nicht. Manche der Stabü-Lehrer fühlen sich auch als Chefideologen und möchten das in sie gesetzte Vertrauen nicht enttäuschen. Ich aber fühle mich eher belastet, sitze vor den Unterrichtsvorbereitungen und weiß manchmal nicht weiter.

Der Kommunismus – unser Ziel steht als Überschrift der neuen Stoffeinheit. Die Schüler der 9. Klasse sind geschafft, so wie ich auch. Fünf Stunden haben wir hinter uns, drei noch vor uns, einschließlich der zwei Sportstunden am Nachmittag. Sie sind geschafft, besonders durch die 5. Stunde in Chemie. Der Kollege, der dieses Fach erteilt, ist einer, der wie ein Dompteur auf Aufmerksamkeit, Mitarbeit und intensives Lernen achtet. Niemand darf sich irgendein Abweichen von der allgemeinen Linie erlauben. Dazu ist der Lehrer viel zu autoritär. Und dieser Mann im weißen Kittel als Markenzeichen besitzt die absolute Autorität, die manchen anderen Kollegen abgeht. Die folgenden Stunden nach ihm brauchen die Schüler, um sich abzureagieren. Welche Autorität dieser Lehrer besitzt, wird an einem kuriosen Beispiel mehr als deutlich.

Im Speiseraum geht es meist ziemlich laut zu. Ich streife mir seinen weißen Kittel über, der manchmal im Lehrerzimmer hängt, nähere mich rücklings der offenen Eingangstür und stelle mich so in den Türrahmen, dass ich von drinnen gesehen werde. Die Lautstärke nimmt sofort ab, nur ein Wispern und Raunen ist noch zu vernehmen. Ich drehe mich um, gebe mich zu erkennen, und sofort klingt fröhliches Lachen durch den Raum.

Die Einführungsstunde *Der Kommunismus – unser Ziel* steht also auf dem Programm. Schon die Begrüßung mit dem Gruß *Freundschaft* wird kaum erwidert. Ich merke schon, dass ich es heute besonders schwer haben werde. Einzelne lümmeln sich in der Bank, stützen ihren Kopf in die Hände. Sie haben nicht einmal das ominöse Buch und das dazugehörige Arbeitsheft ausgepackt. Wie soll ich ihnen das Thema nahebringen. Ich gehe nach der Unterrichtshilfe vor, die eine breite Erklärung gibt, was Kommunismus eigentlich bedeutet, weiche etwas ab und führe an, was Bertold Brecht Helene Weigel dazu sagen lässt:

Lob des Kommunismus: …er ist vernünftig, jeder versteht ihn. Er ist das Einfache, was schwer zu machen ist. Nun versuche ich die Schüler herauszufordern, frage sie, warum dieses Kommunismusmachen, dieses Einfache, so schwer zu realisieren ist: »Na, weil das sowieso Quatsch ist. Kommunismus und so, wo einem die gebratenen Tauben nur so in den Hals fliegen werden.« Gelächter ringsum. Ich setze entgegen: »Das ganz sicher nicht. Kommunismus ist ein Kampfziel und jede Errungenschaft, auch im Kommunismus, muss erkämpft werden.«

»Na, dann kämpfen Sie mal«, kommt die nun nicht mehr so gelangweilte Stimme. Und eine andere fügt hinzu:

»Das wird sowieso niemals wahr, weil diesem Ziel ein übermächtiger Weltkapitalismus entgegensteht.« Wie recht diese Stimme haben soll, wird sich erst später herausstellen. Aber nun ist etwas Interesse geweckt worden. Weitere Stimmen melden sich:

»Wie soll das denn gehen, wenn jedem seine Bedürfnisse erfüllt werden. Kriege ich dann mein Moped gleich, ohne jahrelang darauf zu warten?« Wiederum Gelächter. Ich schränke ein:

»Jedem nach seinen Bedürfnissen und seinen Leistungen.« Da wirft einer dazwischen, ziemlich ironisch, aber durchaus treffend:

»Wenn's danach geht, wirst du nie eins bekommen.« Das Gelächter wird stärker. Ich lasse Helene Weigel weiter von der Platte sprechen. Nach dem Lob des Kommunismus, die Passage über den Klassenfeind:

Der Regen fließt niemals von unten nach oben, und du bist mein Klassenfeind. Dann tönt es weiter in bezeichnender Manier ... von den ach so armen, ausgebeuteten Walzwerkern in Duisburg: *In Duisburg steht ein Walzwerk, das geht dort Tag und Nacht, da haben die Walzer gestreikt und mit der Arbeit Schluss gemacht ... Wir wollen nicht gewalzt werden, wir wollen Walzer sein!* Die Melodie der revolutionären Sänger aus dem Westen ist eingängig, regt ein wenig zum Zuhören an, weniger zum Nachdenken. Die Stunde ist um. Ich glaube nicht, dass sie etwas gebracht hat. Der Kommunismus bleibt schleierverhangen, eine Utopie, die wohl niemals zu erreichen sein wird. Die Stahlkocher und -walzer in Duisburg wollen nicht gewalzt werden, aber wir werden täglich überwalzt und plattgedrückt. Die kapitalistischen und imperialistischen Feinde stehen im Westen. Abgrundtiefer Hass ist das, was ihnen von Staats wegen gebührt! Ich aber kann niemanden hassen, selbst das personifiziert Schlechteste hat in meinen Augen immer noch einen Funken Gutes. Solche Passagen in den Büchern übergehe ich einfach, weiche vom Lehrplan erheblich ab. In weiteren Stunden werde ich konfrontiert mit dem ständigen Mangel trotz Intensivierung, Rationalisierung und Steigerung der Produktion. Warum gibt es dieses nicht und jenes? Ich versuche diese Tatsache als Mangel am Sozialismus abzutun, den es nach und nach zu beseitigen gelte. Die Antwort der Schüler:

»Wenn ein Loch gestopft ist, reißen viele andere Mangellöcher wieder auf. Das wird sich nie ändern!« Was kann man da noch entgegnen. Wieder und immer wieder kommt es zu Hospitationen übergeordneter Leute. Ich habe keine gute Lobby, sicher aufgrund meiner Kritikfähigkeit. Sie suchen nach einem Anhaltspunkt, um mir irgendetwas anhängen zu können, was mit der offiziellen Linie nicht vereinbar ist. Eine großflächige Inspektion dieses hochpolitischen Faches ist vorgesehen. Da kommt es gelegen, meinen Unterricht speziell unter die Lupe zu nehmen. Die Hospitanten, ihres Zeichens Fachberater und stellvertretende Kreisschulrätin, blicken sich in dem Geschichts- und Stabü-Raum interessiert um. Die Wände sind kahl wie sie meinen. Die politische Weltkarte mit dem rot eingezeichneten Sozialistischen Weltsystem zählt da nicht. Die bunt bemalten Fenster fallen auch nicht weiter auf.

»Da fehlen die Bilder unserer Staatsrepräsentanten«, meint der Fachberater. »Honecker und Stoph. Das ist einfach zwingend notwendig und schleunigst zu realisieren.« Er schaut mich mit vorwurfsvollen Blicken an. Die stellvertretende Schulrätin nickt zustimmend. Nun bin ich verunsichert, noch bevor mein Unterricht begonnen hat. Ich fasse mich und versuche meine Linie, die ich mir zurechtgelegt habe, einzuhalten. Spreche von der Gesellschaft in dieser oder jener Form, die nach Marx im Kapitalismus immer eine Klassengesellschaft sei. »Es muss aber Gesellschaftsformation heißen«, berichtigt mich die stellvertretende Schulrätin.

»Ob Gesellschaftsform oder Gesellschaftsformation, ist doch wohl egal«, sage ich. »Eine Formation ist doch eher eine bewaffnete und marschierende Truppe.« Aber Widerspruch duldet die Dame nicht. Im Protokoll steht, dass ich die Exaktheit und Unumstößlichkeit der Marxschen Lehre nicht genügend beachte. Und überhaupt wird mir angekreidet, dass ich diese Unumstößlichkeit infrage stelle, indem ich über die zu lehrende Stoffeinheit das Fragezeichen setze. Z. B. heißt es bei mir nicht als fest stehende These:

Die Arbeiterklasse wird weltweit den Kapitalismus stürzen und den Sozialismus errichten!, sondern: *Wird die Arbeiterklasse den Kapitalismus stürzen und den Sozialismus errichten?* Das Fragezeichen, das ich eigenmächtig an dieser Stelle zu setzen wage, ist der eigentliche Stein des Anstoßes. Es ist geradezu ein Stolperstein, der ganz deutlich meine wankelmütige Einstellung herauskehrt. Es ist den Hospitatoren unverständlich, wie ich an dieser Stelle ein Fragezeichen setzen kann. Wolle ich damit die Sieghaftigkeit des Kommunismus infrage stellen? Die Diskussion geht darauf hinaus, dass ich mich zu korrigieren habe. Aber wie gesagt, *das will sich mir nicht!* Mein Fragezeichen bleibt auch in Zukunft bestehen.

Der Direktor wird auch gleich angemahnt wegen der Fotos, die den Stabü-Raum zu schmücken haben. Er beschafft sie unverzüglich und gibt mir den Auftrag, sie an der entsprechenden Stelle an der Wand anzubringen. Ich hänge die Bilder gleich an die Türseite über die erste Bank. Die Schüler der 9. Klasse sind aber gar nicht erbaut davon. Der eine stört sich daran, dass direkt über ihm der Staatsratsvorsitzende mit einem süffisanten Lächeln thront.

»Ich kann hier nicht sitzen«, mokiert er sich. »Vielleicht fällt er mir noch auf den Kopf. Nein, nein, geben Sie mir einen anderen Platz.« Und schon schnappt er seine Tasche und geht auf die letzte Bank, seinen Banknachbarn mit sich ziehend. Klassenbelustigung. Es wird laut gelacht. Was bleibt mir anderes übrig. Ich hänge die Bilder um. An die andere Seite neben den Lehrertisch. »Nun sind sie besser sichtbar und fallen sofort auf«, sage ich. »Möchtet ihr euren alten Platz wieder einnehmen?« Die Schüler zeigen sich einsichtig und nehmen ihre angestammten Plätze wieder ein. Der wacklige Friede ist wieder hergestellt.

Eine neue Kampagne wird gestartet. Eine Kampagne gegen den NATO-Doppelbeschluss. Eine Kampagne jagt ständig die andere. In der Leinestadt, vor der Baumwollspinnerei, wird alles zusammengerufen, was politisches Gewicht hat und laufen kann: Arbeiterbrigaden, Kampfgruppen, FDJ- und Pioniergruppen aus allen Schulen und Einheiten der Grenztruppen. Eine Großdemonstration ist anberaumt. Alles ist genau geplant – wer mit welchen Transparenten und Losungen aus welcher Seitenstraße auf den großen Platz zumarschieren soll. Die Transparente sollen wir in den Schulen selber anfertigen: *Weg mit den Cruise-Missiles und den Pershing-II Raketen. Weg mit dem NATO-Raketenbeschluss!*

Die Schüler der 9. Klasse sind mit der einseitigen Forderung nicht einverstanden. »Alle Raketen in West und Ost müssten weg«, sagen sie. »Na dann macht mal ein entsprechendes Plakat«, sage ich. »Aber ihr werdet nicht weit damit kommen. Noch bevor ihr aus der Seitenstraße heraus seid, wird es euch schon abgenommen. Ihr scheint aus *Schwertern zu Pflugscharen* nichts gelernt zu haben. Wir sind doch eben erst mit einem blauen Auge davongekommen.« Nach längerer Diskussion lassen die Schüler von ihrem Vorhaben ab. Es ist mir zutiefst zuwider, gegen meine eigene Überzeugung aufzutreten, aber was soll ich machen. Selbstzerstörerisch gegen mich und andere aufzutreten, ist mir nicht gegeben. Ich bin kein Held, kein Widerstandskämpfer. Mehr als einmal wurde mir bedeutet, dass ich gerade so am Rande des Abgrunds dahinbalanciere. Ich möchte nicht abstürzen, deshalb steht auf unserem Plakat:
Weg mit dem NATO-Raketenbeschluss!

Der Höhepunkt der Demonstration ist fast erreicht. Alle marschieren auf dem schönen Rasen auf. Eine Tribüne ist aufgebaut worden. Dort stehen die Politgrößen der zwei Eichsfeldgrenzkreise, daneben hohe

Offiziere der Grenztruppen. Auf einem Lautsprecherwagen macht sich ein Einpeitscher lautstark bemerkbar.

Er begrüßt die Delegationen, die Abordnungen und natürlich die Prominenten auf der Tribüne. Eine Kapelle spielt Marschmusik, Kampflieder der Arbeiterklasse und des Sozialismus. Bevor einer der Kreissekretäre zum Rednerpult schreitet, schreit der Agitierer die vorgeschriebenen Losungen ins Mikrophon:

Weg mit dem NATO-Raketenbeschluss, Frieden schaffen gegen Natowaffen! Doch dann wird er kühner. Auf den Ruf: *Die Sozialistische Einheitspartei Deutschlands, sie lebe...*, kommt ein kaum vernehmbares *Hoch* aus berufenen Kehlen, von einigen Funktionären. Ein makabres Hoch auf ihre eigene Person. Nicht einmal die Grenzsoldaten stimmen in den Ruf ein. Sie schäkern lieber mit den Mädchen in den blauen Blusen, die neben ihnen aufmarschiert sind. Nach den letzten Worten der scharfen Rede zerstreut sich der ganze Pulk in wilder Hast. Achtlos werden einige Transparente weggeworfen. Die Demo ist vorbei, die Raketen aber bleiben. Schließlich ist es doch egal, von was für einer Rakete man getötet wird. Von einer SS-20 oder einer Cruise-Missiles. Wer zuerst schießt, stirbt als Zweiter. Und meinst du wirklich, das russische Volk will Krieg? Die Russen, die die größten Opfer des letzten Krieges gebracht haben? Die Russen als die größten Leidenserdulder in der Geschichte der Menschheit. Sicher, sie haben Atomraketen, atomare Kriegsschiffe und schnelle Mig 29 Flugzeuge, aber sie haben auch über dreihundert Pferde in der Roten Armee. Was ist, wenn russische Kosaken auf Pferden daherkommen und säbelschwingend die Weltrevolution vollenden wollen? Werden ihnen amerikanische Cowboys auch auf Mustangs entgegenreiten und statt Colts auch Säbel ziehen, um die Frage Wer – Wen auszufechten? Eine lustige Vorstellung!

Überhaupt ist die Polemik von Staat und Partei auf die Friedensproblematik reduziert. Friedenskampf ist und bleibt vorrangige Aufgabe in allen Bereichen des gesellschaftlichen Lebens, bei allen Tagungen der Parteien, Gewerkschaften, in Betrieben, in Presse und Fernsehen. Es scheint, als wolle man von den Problemen und Engpässen in der Wirtschaft und Versorgung der Bevölkerung ablenken.

Mein Arbeitsplatz der Kampfplatz für den Frieden! Liegt im Friedenskampf nicht schon wieder Unfriede begründet? Kampf für den Frieden ist wie Geschlechtsverkehr für die Unschuld. Ich störe mich an der Vokabel *Kampf*. Vielmehr denke ich mir den Frieden als Ziel menschlicher Vernunft nach Immanuel Kant. Und ich begreife den Frieden nach Mahatma Ghandi, der mit dem Mittel von Gewaltfreiheit das britische Empire in die Knie zwang.

»Frieden ist das Hauptziel und Hauptbestreben unserer Außenpolitik!«, betont der Staatsratsvorsitzende. Doch was ist mit dem inneren

Frieden? Kann ein Staat Frieden nach außen dokumentieren, wenn das Land im Inneren zerrissen ist? Kann ein Land die Bewahrung des Friedens an die erste Stelle setzen und gefährlich mit dem Säbel rasseln?

Ich mache mir Gedanken um dieses wichtige Anliegen, verfasse ein kleines Gedicht und stelle es in den Mittelpunkt einer Unterrichtsstunde:

Die Sprache des Friedens

Die Sprache des Friedens ist leis', nur wer ihn will kann sie hören.
Der Friede braucht weder Raketen noch Bosse mit vielen Moneten.
Denn Friede heißt Brot und Friede heißt Reis und kommt nicht von and'ren Planeten.

Die Sprache des Friedens ist leis', benötigt kein Säbelgerassel, und falsche Propheten sind auch nicht vonnöten. Denn Friede heißt Liebe und Friede ist Lust, dass du ein Leben lang dich nicht abrackern musst!

Die Sprache des Friedens ist leis' und selbstlos ihr Geflüster,
und wer am lautesten nach Frieden schreit, ist nicht mehr als ein Philister.
Denn Friede ist saubere Luft, klarer Fluss und Gedanke an den, der noch hungern muss!

Zunächst wissen die Schüler mit dem Gedicht nichts anzufangen, aber dann kommt eine lebhafte Diskussion in Gang: »Ja, die NVA muss nicht immer im Stechschritt marschieren, ihre Kampfkraft demonstrieren und die Raketen vorführen. Das kostet uns doch viel Geld und macht unsere Friedenspolitik nicht glaubwürdiger.« Immer neue Hände gehen hoch, ich kann die Geister, die ich rief, kaum bändigen. Und schon kommt ein neues Thema ins Spiel:

Häftlingsfreikauf! Wie ist das mit Menschlichkeit zu vereinbaren, wenn politische Häftlinge auf der Glienicker Brücke gegen Westgeld abgeschoben und ausgetauscht werden. Wir haben es doch im Fernsehen gesehen! Ich habe es auch gehört, aber das verschweige ich. »Ich werde mich erkundigen«, versuche ich die Schüler zu beschwichtigen. Meine Partei stellt mir so viele Fallen, dass ich immer wieder hineintappe. Immer neue Ereignisse und Widersprüche. Mir fehlen die Argumente.

In einer Beratung der Parteisekretäre stelle ich eine Frage in diesem Zusammenhang, doch der Sekretär, zuständig für Agit-Prop, geht einfach darüber hinweg. Die anderen Kollegen schauen mich seltsam an. Am Ende der Beratung gibt mir einer zu verstehen, dass ich noch zu bleiben habe. Der Genosse von der Kreisleitung wolle noch mit mir sprechen. Schon bedauere ich meine Vorwitzigkeit. Der Genosse ist auch sehr verärgert. Er herrscht mich auch gleich an:

»Dass du auch immer solche Fragen stellst. Es gibt Fragen, die sind einfach tabu. Die kann man in der Öffentlichkeit nicht stellen. Wann wirst du das endlich begreifen!« Ich versuche mich zu rechtfertigen, doch mir wird das Wort einfach abgeschnitten. Die Diskussion ist beendet. Wieder einmal bin ich in das ominöse Näpfchen getreten. Was soll ich nun meinen Schülern sagen? Ich bin froh, dass sie auf diese Frage nicht zurückkommen.

Dann, zur großen Freude der Jugend, kommt Udo Lindenberg in unser Land. *Mit dem Sonderzug nach Pankow.* Kein geringerer als Erich Honecker hat ihn eingeladen. Der populäre Rocker lässt dem Staatsratsvorsitzenden eine Rocker-Lederjacke zukommen und erhält dafür eine Schalmeie. Die Jugendfreunde jubeln ihm zu, doch die Funktionäre schauen etwas verkniffen drein, als Udo in den Friedrich-Stadt-Palast hineinruft: *Gitarren statt Knarren! Weg mit dem ganzen Raketenschrott. Wir wollen keine Cruise-Missels und keine SS-20.* Schön wär's, aber Udo ist kein bestimmender Weltpolitiker. Vorerst spielt die Musik noch im Takt des Wettrüstens.

Wieder einmal innerer Parteitag, wie die monatlichen Schulungen der haupt- und nebenamtlichen Parteisekretäre genannt werden. Wie üblich der Bericht des 1. Kreissekretärs. Er umreißt ein breites Spektrum des gesellschaftlichen Lebens, der Politik und Wirtschaft, und beschwört wiederholt die Einheit von Partei und Volk. Das ist wie das Pfeifen im Wald. Was immer wieder beschworen wird, gelangt deswegen noch lange nicht zur Realität. Das Volk, der Lümmel, hat sich von der Partei noch weiter entfernt, nur sie tun als wüssten sie es nicht. Aber das Volk kann man nicht austauschen wie einige Funktionäre, die gefehlt haben und untragbar wurden.

Einige Parteigenossen haben Mühe, die Augen offen zu halten. Ihre Köpfe nicken in schläfriger und gelangweilter Ermüdung herunter. Der Erste geht auf die Milchleistung der LPG-Kühe ein. In einem separaten Stall werden schon durchschnittlich sechstausend Liter pro Jahr erreicht. Seine Rede gipfelt in der Feststellung: *Die Kühe hörten schon auf die Partei.* Nun gelte es auch, in weiteren Bereichen der Volkswirtschaft größere Erfolge zu erzielen. Einer bemerkt: »Nur einige Ochsen schlügen noch die Wort der Partei in den Wind.« Zum Schluss Auszeichnungen, die Schläfer werden wach. Ich bin wieder einmal nicht dabei. Ein Kollege meint scherzhaft: »Du bist doch schon Träger der Roten Mainelke und freiwilliger Teilnehmer am Schulessen, was willst du noch mehr...« In separaten Seminaren wird mit den Frauen diskutiert. Frauen, die in verantwortungsvollen Funktionen stehen. Der Erste unterstreicht die Wichtigkeit durch seine Teilnahme. Eine hitzige Diskussion entbrennt. Die Frauen beklagen, dass es immer weniger zu kaufen gäbe. Sogar Bettwäsche und Schlüpfer seien jetzt knapp. Doch der oberste Kreissekretär hat eine verblüffende Antwort darauf:

Na, so schlimm könne es ja wohl nicht sein. Und die Frauen, die im

Inlett schlafen und keine Schlüpfer anhätten, sollten mal aufstehen. Die Frauen stehen zwar nicht auf, aber sie schauen doch ziemlich betroffen drein, gleichwohl sie ganz sicher nicht ohne Schlüpfer und mit blanken Hintern auf den Stühlen sitzen. Sie sind zudem beschämt und ziemlich aufgebracht. »Eine Unverschämtheit!«, regt sich eine der Frauen auf, »hat der Mann denn seinen Verstand verloren?« »Es scheint so«, sagt die andere.

Ein neuer Abschnitt in der Schulgeschichte: Einführung des Wehrkunde-Unterrichts in der 9. Klasse. Der Sozialismus muss wirksam geschützt und verteidigt werden. Ein neuer Kollege kommt an die Schule. Er war noch Thälmannpionier bei mir, in meiner Tätigkeit als Pionierleiter in Bernsrode. Wir kennen uns gut. Er ist ein lustiger Typ, Fachlehrer für Deutsch und Kunsterziehung und übernimmt die 9. Klasse. Nach der Wende steigt er bis zum Innenminister von Thüringen auf. Willy Böck startete eine wahrhaft beispiellose Karriere, wenn auch nur von kurzer Dauer.

Auf die Klassenleiter kommt eine verantwortungsvolle Aufgabe zu. Sie müssen den Wehrunterricht mit organisieren und unterstützen. Er wird von oben eingeführt und festgelegt – alles schon beschlossene Sache. Nicht einer der Lehrer äußert seine Bedenken. Jeden Freitag kommt der Genosse Major vom Wehrkreis-Kommando, präsentiert sich Achtung gebietend, lametta- und sternenbestückt vor der Klasse. Was eine Uniform in höherem Dienstgrad doch ausmacht. Er bietet sich großzügig an, mir tatkräftig in Stabü helfen zu wollen, wenn ich mit dem einen oder anderen politischen Problem nicht klarkomme. »Das kommt mir gelegen«, sage ich. Und schon ergibt sich eine Gelegenheit. An der Grenze haben zwei versucht, mit einer Leiter den Grenzzaun zu überwinden. Diese beiden Männer hatten auch noch die Unverfrorenheit, die klappbare Leiter während der Arbeitszeit in ihrem VEB eigenhändig zu montieren. Das eine ist so schwerwiegend und verwerflich wie das andere. Natürlich wurden sie gefasst, aber es ist ihnen nichts weiter passiert, wenn man von einer langjährigen Gefängnisstrafe absieht. Bei einem nächsten Grenzdurchbruch wurde aber geschossen. Die von Drüben haben es im Fernsehen berichtet. Ein Toter. Und erst vor kurzem wurde ein Ehepaar durch eine Splittermine schwer verletzt.

»Was ist mit dem Schießbefehl und wieso gibt es Minen an der Grenze? Ist das denn nicht unmenschlich?« Ich verweise auf den Wehrkunde-Unterricht.

»Euer Genosse Major hat sich erboten, alle kniffligen Fragen zu klären.« Die Schüler lassen nicht locker, fragen den Genossen Ziegler, den Oberagitator und Wehrexperten:

»Nein, einen Schießbefehl gibt es nicht an unserer Grenze. Und übrigens ist das die Grenze, die das Sozialistische Weltsystem und den

Kapitalismus voneinander scheidet. Das Grenzsystem ist überall an den Grenzen gleich geregelt. Überall gibt es genaue Gesetze gegen Grenzdurchbrüche.«

»Ja, aber gegen Grenzdurchbrüche, wenn welche von außen rein wollen. Bei uns will aber keiner herein, sondern viele wollen aus dem Staat heraus«, bemerkt ein Schüler. Ein anderer setzt hinzu: »Wie kann ein Staat, der seine Bürger nicht halten kann, auf diese schießen lassen!« Der Major fühlt sich in die Enge getrieben. Einen Moment hat es ihm die Sprache verschlagen ob soviel ungebührlicher Kritik, die schon an Aufruhr grenzt. Auf die letzte Bemerkung geht er erst gar nicht ein.

»Heraus oder herein, Grenzdurchbruch ist Grenzdurchbruch. Jeder bei uns weiß, dass die Grenze gesichert ist wie auch immer. Wer sich in Gefahr begibt, kommt darin um.« Die nächste Hand eines Schülers geht hoch. Sie wollen den kleinen Mann von seiner Unterrichtslinie abbringen, ihn provozieren. Ein regelrechter *Klassenkampf* scheint sich anzubahnen und auszuufern. Das geht dem Genossen Major dann doch zu weit. Verärgert macht er der Diskussion ein Ende.

»Jetzt ist es aber genug! Wir wollen doch nicht zu weit vom Thema abschweifen.« Das Thema, das die Schüler brennend interessiert, wird abgebrochen. Der Genosse Major zeigt dafür einen Film über den hohen Gefechtsstand der Nationalen Volksarmee.

Die Lage an der Grenze ist schwer zu erklären. Nicht nur an der Westgrenze, denn jetzt machen die Polen auch noch Spirenzchen mit der Solidarność-Bewegung. Der Elektriker Wałęsa hat sich an die Spitze gesetzt und das ganze Land rebellisch gemacht. In der Beratung der Parteisekretäre, die alle vier Wochen montags stattfindet, wird versucht die antisozialistischen Bestrebungen zu verteufeln. Und im Seminar geht das noch weiter. Der Agit-Prop-Sekretär bezeichnet die Erhebungen als Konterrevolution. Wie immer folgt die Diskussion und die Erwartung einer breiten Zustimmung. Und einer hat sogleich begriffen, worin das Übel des Sozialismus liegt und meint: »Was dort in Danzig geschieht, kann doch keiner nachvollziehen noch gutheißen. Die Polen sollen doch erst einmal richtig arbeiten!« Wieder die alten Klischees über die faulen Polen. Man sollte meinen, das wäre Vergangenheit. Zum Letzteren gibt es nichts zu sagen, aber über die deutsche Bezeichnung Danzig regt sich der Funktionär furchtbar auf:

»Also, wer *Danzig* und *Breslau* sagt, ist ein unverbesserlicher Revanchist. Jeder weiß, wie die Städte mit polnischen Namen heißen. Und wer es nicht weiß, sollte sich schnellstens in der einschlägigen Geographie kundig machen.« Die Zurechtweisung schluckt der vorwitzige Kritiker, dabei hat er es gar nicht so gemeint.

Ich möchte zwar nicht als Revanchist gelten, aber mit der Formulierung, die Streiks als Konterrevolution zu bezeichnen, bin ich nicht einverstanden. Meine Bemerkung, dass dann zehn Millionen Mitglieder dieser

Bewegung Konterrevolutionäre sein müssten, erregt Unmut, aber keinen entschiedenen Widerspruch. Das wäre nun wohl doch ein zu schwerer Schlag gegen den Sozialismus, wenn dem so wäre. Deshalb folgt auch keine Entkräftung des Arguments, sondern ein Schuss gegen den, der sich erkühnt gegen die Beurteilung der Sache von oben aufzubegehren. Und zum Glück gibt es noch linientreue Genossen, die genau wissen, wann sie ihre Linientreue herauskehren müssen. Sofort ist auch einer bereit, in die Bresche zu springen und die Sache in die richtige Richtung zu bringen:

»Der Genosse, der die Solidarnosć-Bewegung positiv beurteilt, schlägt sich auf ihre Seite und solidarisiert sich mit ihr. Und das ist äußerst bedenklich. Man müsse sich fragen, wo der Genosse eigentlich steht.«

Ja, wo stehe ich denn. Ich stamme doch aus dem Land, in dem die Menschen genug haben von der Bevormundung. Sechs Jahre unter der deutschen, 35 Jahre unter der sowjetischen und kommunistischen Herrschaft. Ich kann das Volk der Polen gut verstehen und bin entsetzt, als der Sekretär uns darauf aufmerksam macht, dass jetzt gehandelt werden müsse. Wir sollten mal die Nachrichten verfolgen. Was immer er damit meint, es kann für mich nur eines heißen; nämlich die Lösung dieser Frage wie in Ungarn und in der ČSSR. In mir ist der letzte Rest von sozialistischer Überzeugung weggebrochen. Ich muss etwas tun. Das kann doch nicht sein, dass die sowjetischen Truppen erneut in ein Land einmarschieren und ihre Vorherrschaft dadurch behaupten. Die Welt muss doch aufgerüttelt werden, vor allem die westliche. Kann man das zulassen?

Ich schreibe einen Brief ans ZDF, berichte darin, was der Sekretär angekündigt hat. Aber den Brief kann ich nicht einfach in den Postkasten werfen. Ich fahre mit meinem Trabant abends an die Bahnschranke. Dort müssen die Westbesucher des kleinen Grenzverkehrs vorbei, die bis Mitternacht wieder ausreisen müssen. Die Schranke geht herunter, eine Schlange, vornehmlich von Westwagen, bildet sich davor. Ich gehe auf einen Wagen zu. Eine Frau öffnet das Fenster. »Bitte«, sage ich, »bitte werfen Sie den Brief drüben ein.« Die Frau blickt mich entgeistert an, schaut auf die Anschrift und steckt den Brief unter ihren Pullover. Damals war mir nicht klar, in welche Gefahr ich mich begeben habe. Oftmals wurden solche Stellen überwacht. Abends verfolge ich die Nachrichten. Dann das Zuvorkommen des Generals Jaruzelski. Ich bin voller Überzeugung, dass dies das kleinere Übel war. Denn die Truppen des Warschauer Pakts standen schon in einem Manöver dicht an der polnischen Grenze. Jaruzelski hat ihnen die Arbeit abgenommen, aber die Polen lassen nicht locker. Sie haben viel mehr Courage als die Deutschen.

Noch vor Abschluss des Wehrkundeunterrichts am Ende des Schuljahres erfolgt die verstärkte Werbung von Längerdienenden für die NVA. Wir gehören nach wie vor zu den Schlusslichtern. Andere Schulen, z. B.

in Leinefelde, sind da schon viel weiter. Die Direktorin einer solchen vorbildlichen Einrichtung kommt zu einer Beratung und berichtet diesbezüglich von ihrer Arbeit und ihren Erfolgen. Sieben oder acht langjährige Verpflichtungen gab es dort in kurzer Zeit. Und zumeist waren es leistungsstarke Schüler. Dass es fast ausnahmslos Söhne von Funktionären, staatlich nahestehenden Kadern waren, verschweigt die Frau. Das Resümee dieser Beratung läuft darauf hinaus, das wir mehr tun, uns mehr anstrengen, müssen. Der Genosse Wehrkundelehrer und der Direktor besinnen sich eines ehemaligen vorbildlichen Schülers, eines Unterleutnants der Reserve, aus dem Kaliwerk. Er soll durch sein Beispiel wirken. Hinzu kommt noch ein Vertreter aus der Patenbrigade des Zementwerkes, der geradeheraus und zielorientiert auf dieser Linie fährt.

Und so sitzen sie da vor dem Tisch am Sofa. Der Direktor, der Unterleutnant, der Vertreter der Patenbrigade, der Wehrkundemann und Major Ziegler. Ich habe Glück, habe es mir abgewimmelt, weil ich die Klasse beim Sport nicht allein lassen kann und kein Vertreter gefunden wurde.

Die Schülerakte des infrage kommenden Schülers ist aufgeschlagen. Sie haben den kleinen Böhm zur Bearbeitung aus dem Unterricht herausgeholt, einen mir sehr sympathischen, gutmütigen Jungen, einen guten Sportler, aber mit einigen Schwächen in den naturwissenschaftlichen Fächern. Es ist gerade Pause. Er geht an mir im Flur vorbei mit hochrotem Kopf und mit gemischten Gefühlen.

Er hat einfach ein ungutes Gefühl und Angst. Angst vor den Rattenfängern da drin. Niemals könnte dieser Junge Unteroffizier oder Offizier werden, nie einen Scharfmacher und Befehlshaber herauskehren. Ich blicke in sein betretenes Gesicht, fasse ihn kurz entschlossen am Arm und sage:

»Lass dich nur nicht breitschlagen und einfangen. Sag einfach, das ist nichts für dich. Du bist einfach dazu nicht in der Lage!« Ich weiß nicht, was mich dazu getrieben hat, so zu handeln. Ich weiß aber, dass es für mich gefährlich ist, aber ich kann nicht anders. Dieses makabre Spiel ist mir zutiefst zuwider. Und Böhmi hat meinen Rat befolgt. Sie konnten ihn nicht einfangen. Er kam auf mich zu und sagte lachend:

»Jetzt haben sie den Nico am Wickel.«

Der Abschluss des Wehrkundeunterrichts ist das Wehrlager, an dem alle Jungen der 9. Klassen 14 Tage vor den Sommerferien teilnehmen sollen. Jeder soll seine Bereitschaft bekunden. Daraus kann man ersehen, wie die Schulen die Politik des Staates umsetzen und erfüllen. Kaum einer wagt es, nicht daran teilzunehmen. Man fürchtet gewisse Nachteile bei der EOS-Bewerbung oder in dem auserkorenen Beruf. Außerdem gibt es in den 14 Tagen keinen Schulunterricht. Das Wehrlager wird von Offiziersschülern durchgeführt und von den Genossen Wehrkunde-Lehrern geleitet. Geländespiele, Schießausbildungen und wehrpolitische Schulungen stehen auf dem Programm. Erinnerungen werden wach, Erinnerungen an die Kriegsspiele in der HJ. Es ist noch nicht sehr lange her, als das gewesen. Willy Böck als Klassenleiter unterstützt die Ausbilder im Gelände. Er macht sich einen Jux daraus: »Tiefflieger über dem Zementwerk!«, kommt sein Kommando. Die Schüler schmeißen sich auf den Boden und lachen. Willy lacht mit.

Wer seine Teilnahme trotzdem verweigert, am Wehrlager teilzunehmen, kommt in die Mädchengruppe, mit der ich mich vierzehn Tage abmühen muss. GST-Ausbildung: Keulen werfen, Hindernisläufe und als Höhepunkt der 1500 Meter-Lauf in hohen Schuhen und GST-Tarnanzug. Es ist ein heißer Tag, als der Abschlusslauf ansteht, etwa 25 Grad. »Lassen Sie uns wenigstens die Turnschuhe anziehen«, bitten die Mädchen. Es ist gegen die Vorschrift, aber ich setze mich darüber hinweg. Der Lauf wird zu einer Gaudi, weil ihn niemand ernst nimmt.

Die paar Wehrlager-Verweigerer fassen die Mädchen bei den Händen, ziehen sie mit. Zum Abschluss spielen wir Handball. »Erzählt nicht weiter, dass ihr in Turnschuhen laufen durftet«, mahne ich. Schelmisches Gelächter zum Schluss. Und natürlich kommt es heraus, dass ich die Vorschriften nicht beachtet habe. Aber der Direktor nimmt die Sache nicht so tragisch. Es bleibt unter uns.

So wie der Prager Frühling wurde auch der polnische zerschlagen. Zerschlagen von der eigenen Armee. Die sowjetische stand schon Gewehr bei Fuß. In unserer Deutschen Demokratischen Republik ist weit und breit kein politischer Frühling zu erkennen. Umso mehr zieht der jahreszeitliche Frühling ein. In unserem Garten habe ich einen kleinen Hain angelegt – die kleine Schorfheide meiner Frau. Ein Teich mit Zierfischen kommt hinzu.

Elfie mit unseren Kätzchen in unserer kleinen Schorfheide

Edeltannen, Kiefern und Birken haben sich prächtig entwickelt. In den Ästen tummeln sich Meisen und Grünfinken, Stare und Amseln, und sogar ein Rotkehlchen hat sich im Winter am Futterhaus eingefunden. Zwei der Meisenkästen, die ich angebracht habe, werden schon beflogen und mit Nistmaterial ausgepolstert. Auf dem höchsten Ast der Birke flötet das Amselmännchen sein Lied. Und hier muss ich noch etwas über meine Angetraute sagen: Sie ist ein Edelstein von einer Frau – ihr Garten mit schnurgeraden Gemüsebeeten und einem Meer von Blumen ist unkrautfrei und ein Schmuckstück. Neben der Arbeit im Betrieb hält sie alles in bester Ordnung. Die Wohnung immer aufgeräumt, die Wäsche immer sauber – nur manchmal weiß ich diese Vorzüge nicht zu schätzen, nehme sie gewohnheitsmäßig als selbstverständlich hin. Ein paar kümmerliche Blumen zum Frauentag sind eben zu wenig, eine solche Frau zu belohnen.

Immer, wenn der Frühling kommt, überfällt mich eine unerklärliche Unrast und Erwartung. Irgendetwas müsste sich verändern, das Leben müsste fröhlicher, erträglicher und lebenswerter werden. Man müsste mit Freude und Tatendrang täglich an die Arbeit gehen. Aber der ewige Kampf in der Gesellschaft, gegen den *Klassenfeind* und im täglichen Leben um ein Stückchen Fortschritt, der Kampf um jedes Stückchen Material, um dieses oder jenes zu reparieren, Kampf um die Herzen und Hirne der Menschen, vor allem um die Hirne, macht den Alltag zur Plage. *Die Gedanken sind frei, wer kann sie erraten,* und das Herz zu erreichen ist eine unergründliche Geschichte. Aus dem Hirn entspringt das hingesagte Wort. Es kann verstellt, nach dem Munde gesprochen sein. Tief drin im Herzen kann man nicht heucheln. Es geht so viel verloren, von dem ich geglaubt habe, dass es eine bessere Gesellschaft werden könnte, eine gerechtere, eine freie, in der jeder sagen kann, was er denkt. Doch das darfst du nicht. Du darfst dich nicht äußern wie dir der Schnabel gewachsen. Hinter jeder abweichenden Meinung schaut der Pferdefuß des Staatsfeindes hervor. Und gerade du, der zum staatstragenden Subjekt gehört, hast dich gefälligst so zu verhalten, wie man es von dir erwartet. Wäre da nicht der Eine oder der Andere, mit dem man offen über alles sprechen kann, wäre es schlecht bestellt.

Eine neue Variante kommt ins Spiel der Gesellschaft: *Die Verantwortung um das Mittun der parteilosen Kommunisten.* Ein Parteiloser, der einigermaßen aktiv in der Gesellschaft mitarbeitet, ist immer noch höher einzuschätzen als ein wankelmütiger Genosse. Lieber prinzipienfeste Parteilose als Kommunisten auf Abwegen. Ich bekomme das zu hören, da ich oft eine andere Meinung vertrete.

Einmal im Monat läuft in der Schule das Parteilehrjahr. Alle müssen daran teilnehmen. Wir wandeln den Namen etwas unpolitischer ab und nennen es *Das Theoretische Seminar.* Seit der Major daran teilnimmt, halten fast alle mit kritischen Äußerungen hinterm Berg. »Mit dir muss ich mal reden«, sagt er, als ich zu den Atomraketen und Atomkraftwerken Kritisches bemerke: Neben vielen Atomkraftwerken, die meines Erachtens niemals vollends sicher sein können, stehen in Europa wohl mehr als dreißig hoch brisante Chemiebetriebe. Selbst die seien bei einem Supergau eine große Gefahr für die Menschen, abgesehen von den stationierten Atomraketen. Als Panikmache bezeichnet er meine Kritik und als eines Genossen Parteisekretärs unwürdig. Er will sich auch mit dem Physiklehrer auseinandersetzen, der meine Meinung unterstützt, aber der will nicht mit ihm reden.

»Ich bin kein Genosse«, sagt er. »Sprechen Sie mal lieber mit denen.« Wir konfrontieren ihn mit dem Wirtschaftsplan und Jahresetat des Staates. In der Zeitung ist noch aufgeschlüsselt, wie viel für das einzelne Ressort ausgegeben wird. Bei der Bereitstellung der vielen Milliarden für die NVA und Grenzsicherung kommen wir auf einen Durchschnitt von 1016,- Mark pro DDR-Bürger. Das ist hinter der USA der zweite Platz in der Welt. Eine erstaunliche Sache.

»Das ist doch nur Nebensache«, sagt der Major. »Es ist doch zu bedenken, dass wir damit den Frieden sichern.« Sechzehn Milliarden für die NVA und die Grenzsicherung zum anderen deutschen Staat – eine Nebensache? Aber wie ist das mit dem Ziel der USA zu vereinbaren, die Sowjetunion vernichten zu wollen, wenn sie mehr als 12 Millionen Tonnen Weizen für die SU liefert? Und wieder eine plausible Antwort:

»Das ist eben Geschäft. Damit verdienen doch die Handelskonzerne und der Staat der USA.« Auf jede Frage eine Antwort und mag sie noch so sehr die Schieflage verdeutlichen. Und dann geht es um die Zivilverteidigung, den Schutz der Bevölkerung vor atomaren Schlägen und kriegsähnlichen Zuständen. In regelmäßigen Abständen sollen zusätzlich Nachmittage für das Pädagogenkollektiv anberaumt werden. In den Betrieben der Volkwirtschaft sei man schon viel weiter, wird angeführt. Das gilt es bei der Volksbildung auf- und nachzuholen.

Die Schulleitung hat schon einen Schutzraum eingerichtet, und ein Kriechtunnel wurde schon in weiser Voraussicht beim Schulneubau konzipiert und auch gebaut. In regelmäßigen Abständen treffen wir uns nun zu pflichtgemäßen Veranstaltungen der Zivilverteidigung. Übungen der Ersten Hilfe an Verletzten, z.B. die stabile Seitenlage, Hilfe bei Vergiftungen, das Anlegen von Gasmasken, das Aufsuchen des Schutzraumes, das richtige Abdichten desselben usw. Im Großen und Ganzen die Theorie und Praxis des Überlebens im Kriegszustand und angesichts von atomaren Schlägen. Damals haben wir diese Übungen belächelt, heute, angesichts der Terroranschläge, könnten sie zur allgemeinen Aufgabe werden.

Der 30. April – Vorabend des Internationalen Kampftages der Arbeiterklasse – Walpurgisnacht auf dem Hexentanzplatz. Die Jugend rüstet sich auf den bevorstehenden ewig jungen 1. Mai. Maientag – ein erster Kuss des Himmels an die grünende Erde, wahrgewordene Frühlingszeit und Vorahnung kommenden Glücks. Naht der Mai, schmilzt die eisige Kruste der Menschenseele, und im Gemüt dämmert zukunftsfroh die Frühlingszeit. Besonders auf dem Land, in der freien Natur, lacht sie den Menschen entgegen mit immer wieder neuem und jungfräulichem Zauber.

Geh aus mein Herz und suche Freud. Auch Viola, unsere Jüngste, will ins Nachbardorf, um am nächsten Morgen mit Freunden hinauszuwandern in die erwachende Natur. Sie hat sich einen älteren Jungen angelacht. Vier Jahre älter ist sicher kein Problem, wenn sie nicht erst fünfzehn wäre.

»Du kommst aber am Abend mit dem Bus nach Hause«, bestimme ich. Sie will nicht, will dort mit den Freunden in einer Gartenlaube übernachten, denn schon ganz in der Frühe wollen sie aufbrechen. Ich bin damit nicht einverstanden. »Du kommst nach Hause und damit basta!« Ich hab schon den Schlüssel in der Hand, um die Tür abzuschließen. Meine Tochter, die über alles geliebte Tochter, gehorcht schließlich ihrem Vater, wenn auch widerwillig. Sie will um elf zu Hause sein. Ich schaue ihr hinterher wie sie in ihrem Jeans-Anzug das Haus verlässt. Am Abend das übliche bange Warten. Ein unheilvolles Gewitter kommt auf. Die Straßen verdunkeln sich. Es ist schon elf vorbei. Der Schachtbus mit den Schichtarbeitern ist eingetroffen, unser Kind aber ist nicht dabei. Stunde um Stunde verrinnt. Es geht schon auf halb zwei. Plötzlich tönt die Klingel. Freudiges Erschrecken – das könnte sie sein, aber sie ist es nicht. Zwei Männer stehen vor der Tür, der Bürgermeister und der ABV. Sie wollen reinkommen. Ich bitte sie herein.

»Eure Tochter war doch in S.«

»Ja«, sage ich. »Was heißt war?«

»Sie ist tot! Verkehrsunfall.« Elfie steht neben mir. Ich kann mich kaum auf den Beinen halten. Wir können es nicht glauben, können nicht einmal schreien. Wie ist das passiert und wieso? Schulterzucken. Wir haben kein Telefon. Die Männer sind aus dem Haus, lassen uns in unserem Schmerz allein. Ich gehe zum Bürgermeister, telefoniere mit der Polizeiinspektion Nordhausen. Ja, das ist richtig. Der Polizist liest mir den Namen und das Geburtsdatum aus ihrem Ausweis vor. Die Tatsache ist endgültig. In meinem Kopf dreht sich alles. Eine durchweinte Nacht, unsagbare Trauer, Verzweiflung, Schuldgefühle. Warum hab ich sie weggelassen. Ich sehe sie noch stehen, in der Ecke, im großen Wohnzimmer mit bittendem Gesicht. Warum habe ich auf dem Heimkommen am Abend bestanden, warum? Am frühen Morgen setze ich mich mit dem Nachbarn ins Auto, fahre zur Polizeistation. Sie ist von vorn überfahren worden, kurz vor den Schrebergärten, schon um dreiviertel neun. Genaueres über den Unfallhergang kann mir der VP-Mann noch nicht sagen.

Er reicht mir ihr Kettchen mit dem Kreuz, ein paar Geldstücke. Das ist alles, was von unserem Kind geblieben, außer der schmerzlichen Erinnerung. Ich fahre zu dem angeblichen Freund. Er ist ganz konfus. Ein Wartburg hat sie von vorn überfahren, fünfzehn Meter mitgeschleift. Der unglückselige Fahrer hat das Auto zurückgesetzt, als sie noch darunterlag. Was für ein folgenschwerer Leichtsinn. Der Genickbruch ist ganz sicher darauf zurückzuführen. Außer dieser tödlichen Verletzung hatte sie nur Prellungen und Abschürfungen wie in der Pathologie festgestellt wurde. Sie waren auf der linken, richtigen Seite gegangen. Viola außen zur Straße hin. Die Straße ist aber mehr als acht Meter breit. Wie kann jemand überfahren werden, wenn so viel Platz zum Ausweichen ist? Wieso lässt ein junger Mann die Freundin neben sich auf der Straßenseite gehen? Mir kommt ein furchtbarer Gedanke: Sie haben sich gestritten. Der *Freund* wollte sie zum Übernachten in der Laube überreden. Er hatte getrunken. Was dann passiert ist, kann ich nur vermuten. Was soll das Grübeln. Unser Kind ist tot, es kommt nicht wieder. Oben über uns ist ihr Zimmer, sind ihre Bücher – ihr Lachen werden wir nie mehr hören. Dort oben hat sie ihre Kassetten gespielt, traumverloren im Sessel gesessen und ihre Bücher gelesen. Sie war sieben, hatte sich so sehnlichst einen Hund gewünscht. Als sie von der Schule heimkam, lag das kleine Dalmatinerbündel vor dem Ofen. Mit einem Freudenschrei hat sie das kleine Wesen begrüßt.

Die Sonne scheint an diesem ersten Mai wie zum Hohn. In meinem Kopf ist ein Dröhnen und Rauschen wie aus anderen Sphären, doch ich muss mich um die Beerdigung kümmern. Ich suche den Pastor in R. auf.

»Ach du lieber Gott, dann hab ich ja nur noch zwei Konfirmanden.« In drei Wochen sollte ihre Konfirmation sein. Es war ihr Wunsch. Die Zeremonie der Beisetzung soll nicht so lange ausgedehnt werden. Wir wissen nicht wie wir es verkraften können. Die Schüler ihrer Klasse und die Lehrer, auch aus meiner Schule, sind zur Beerdigung gekommen. Fast das ganze Dorf nimmt daran teil: *Das Leben ist wie eine Blume, es blüht auf und vergeht.* Ich kenne diese Worte,

Viola

sie können mir kein Trost sein. Vom Leben zum Tode ist nur ein Schritt. *Um den eigenen Tod ist mir nicht bang, doch mit dem Tod des Liebsten muss man leben.* Der Pfarrer kommt ins Haus, betet mit uns. Er kommt öfter und gibt uns Trost. Ich finde einen Freund, den einzigen, mit dem man reden kann. Hinterher erfahre ich, dass der Schulrat die Grabrede halten wollte, aber nur, wenn es keine kirchliche Beerdigung gegeben hätte. So aber kommt nicht einmal ein Beileidsschreiben. Da ist sogar die Partei taktvoller. Nicht ein einziger Vorwurf, sondern aufrichtige Anteilnahme durch Teilnahme eines Instrukteurs.

Vor der Beerdigung waren schwarzgekleidete Verwandte auf dem Hof. Der Hund verkroch sich in der Hütte. Ein seltsames Jaulen drang bis zur Pforte. Um die Biegung kam der graue Wagen mit dem schwarzen Farn. Unser Kind kehrte noch einmal heim, noch einmal vor das Elternhaus. Der Bestatter hatte noch keinen Totenschein. Wir wollten unser Kind nicht sehen, es in Erinnerung behalten, wie es gelebt hatte. Der Hund begann zu heulen. Fünf Tage rührte er kein Fressen an. Beim Spazierengehen wollte er auf jedes Mädchen, das er sah, zulaufen. Eine Welt stürzt für uns zusammen, ich werfe mich auf die Knie, beginne zu beten, mit Gott zu hadern. Lieber Gott, warum…, warum wir? Warum, lieber Gott, bist du deiner Liebe nicht gerecht geworden? Warum musste gerade uns das Schreckliche passieren? Ich denke an Hiob, der alles verloren hatte; sein Vieh, seine Knechte, die Kinder und zuletzt noch von einer qualvollen Krankheit geplagt wurde. Und dennoch hielt er an Gott fest:

Der Herr hat's gegeben, der Herr hat's genommen! In kurzem Schlaf ein quälender Traum. Ich halte Zwiesprache mit Gott: Ich bin Gott, sagt die Stimme. Meiner sind Woge und Wind, Segel und Steuer sind euer. Für den Kurs seid ihr selber verantwortlich. Ich rufe den Zufall nicht herbei, beuge ihm aber auch nicht vor, und ich werfe nicht das Los über den einen oder den anderen Menschen, denn ich habe euch Menschen die Freiheit gegeben. Die Freiheit und das Schicksal, das immer mit dem Zufall in Zusammenhang steht. Und Glück und Unglück sind so nahe beieinander wie Tag und Nacht. Fordert ihr Menschen das Unglück nicht oftmals geradezu heraus? Warum sollte das Schicksal nicht gerade bei dir zuschlagen?

Hast du mich gesucht, als es dir gut ging? Hast du mich nicht verleugnet, als du den Kindern sagtest; du könnest dir nur schwer vorstellen, dass Christus als Wundertäter gelebt, der Lahme gehend und Blinde sehend gemacht hat? Nein, du hast dich nicht vollends losgesagt von mir, aber dein Glaube war lau wie abgestandenes Wasser. Und niemand weiß, außer mir, ob vielleicht deinem Kind nicht viel Schlimmeres erspart geblieben? Du beklagst den Verkehrstod eures Kindes. Ihr Menschen baut doch immer schnellere Autos. Da wundert ihr euch, dass einige an Bäumen zerschellen und Menschen in den Tod reißen?

Es reichte euch nicht, mit Pferdefuhrwerken von Stadt zu Stadt und von Land zu Land zu fahren. Es genügte euch nicht, mit Segelbooten über die Meere zu schippern, es mussten Dampfer, riesige Dieseltanker und Atomschiffe sein. Und da beschwert ihr euch, dass Schiffe im Meer versinken, dass Öltanker zerbrechen, die Meere und Strände verseuchen und meine Kreaturen elendiglich umkommen. Und wehe euch, wenn einer der Atomkreuzer explodieren sollte!

Aber, versuche ich einzuwenden, du, lieber Gott, gabst uns Menschen doch die Sinne, den Intellekt und den Verstand. Schon in biblischen Zeiten versuchten die Menschen beim Turmbau zu Babel bis in den Himmel vorzustoßen.

Aber du weißt auch, unterbricht mich Gott, dass ich den Turm zerstörte, eure Sprache verwirrte und euch in alle Winde zerstreute. Aber ihr habt eine neue Sprache gefunden, die Sprache der Wissenschaft. Ihr baut Raketen und greift nach den Sternen, züchtet Menschlein in der Retorte, entwickelt die Gentechnik und versucht Gott zu spielen. Aber die letzten Erkenntnisse werdet ihr nicht ergründen, die letzten Geheimnisse werden euch verborgen bleiben. Mögen eure Computer, eure Autos und Flieger noch so vollkommen sein, ihr werdet es nie. Und wenn ihr das Ende erreicht habt, werdet ihr wieder am Anfang sein.

Ich möchte Gott widersprechen, etwas entgegnen, da zieht er sich zurück, verbirgt sich hinter einer Wolke. Der Traum ist zu Ende, doch ich kann mich mit dem Gegebenen nicht abfinden. Ich denke an den Spruch meines Vaters: *Wen Gott liebt, den züchtigt er*. Ich kann mir nicht vorstellen, dass ich seiner Liebe so teilhaftig bin, dass ich so grausam dafür bestraft werde.

Das Leben hat sich mit einem einzigen Schlag verändert. Nichts ist mehr so wie es war, und es wird auch nie mehr so werden. Es kommen die Geburtstage in der Familie, die Jahresfeste mit dem Weihnachtsfest am Ende. Ein Platz bleibt immer leer, nur in unserem Herzen bleibt er reserviert. Ich denke an die kleinen Episoden aus unserem gemeinsamen Leben: Vor kurzem noch, an Ostern, saß sie vor dem Fernseher, sah sich die Kreuzigungs- und Auferstehungsgeschichte von Jesus an. Ich sehe noch ihre mitleidigen Tränen, als der Vorhang im Tempel zerriss und die Dunkelheit sich über die Golgatha-Stätte senkte, ihre Freude, als der Stein vor dem Grab weggewälzt worden war und der Auferstandene vor seinen Jüngern einherwandelte. Wie das Kind gebangt hat, als wir noch einmal nach Leningrad geflogen waren. Ich hatte einen Literaturpreis gewonnen. Sie schloss uns weinend in die Arme, weil sie fürchtete, wir hätten abstürzen können. Nun war unser Kind abgestürzt, gefallen in die Ewigkeit. Ich denke an die Verse des Rainer Maria Rilke: *...und doch ist einer, welcher dieses Fallen unendlich sanft in seinen Armen hält*. War da einer, der ihre Seele aufnahm, sie sanft umfing und vielleicht die Schmerzen ihres Körpers in ihrer schwersten Stunde abwendete? Denn wir, ihre Eltern, konnten nicht bei ihr sein. Zu all unserem Leid kommt auch noch die Verhandlung auf uns zu. Die Verhandlung um die *Verunfallte*.

Eine makabre Farce. Eineinhalb Minuten dauert die Anklageverlesung gegen den Familienvater, der den Wartburg gesteuert. Er hatte unser Kind fünfzehn Meter mitgeschleift, dann den Wagen zurückgesetzt, obwohl es noch darunter gelegen hatte. Ich möchte Einspruch dagegen einlegen, die Sache zur Sprache bringen, denn unser Kind hatte kaum ernsthafte körperliche Verletzungen aufzuweisen, außer dem Genickbruch. Doch einen Nebenkläger gibt es nicht. Vielmehr macht der Richter der *Verunfallten* zum Vorwurf, dass sie nicht rechtzeitig in den Graben gesprungen sei. Es sei doch ein breiter Graben neben der Straße gewesen. Ich bin erschüttert. Die Strafe für den Fahrzeugführer fällt auch demnach aus. Sieben Monate Gefängnis, zwei Jahre zur Bewährung ausgesetzt. Eine zaudernd vorgetragene Entschuldigung des Angeklagten, strafmildernd die Tatsache, dass er als Chorleiter im Dorfchor tätig sei und nicht vorbestraft war. Damit ist die Akte über die Verunfallte zugeschlagen.

Die Blumen haben keine Farben mehr, das Grün der Bäume ist grau, für das Rotschwänzchen, dass unter unserem Hausvorbau alljährlich sein Nest baut, habe ich keinen Blick mehr, der Sommer hat seinen Reiz verloren. Wir sind in ein tiefes dunkles Loch gefallen. Sogar die Nachbarn und Freunde nehmen etwas Abstand. Trauer und Leid sind ein unangenehmer Zustand, mit dem viele nichts zu tun haben wollen. Im Grunde ist man froh, nicht selbst betroffen zu sein. Man möchte auch niemanden ansprechen, um die Betroffenen nicht noch mehr zu betrüben, dabei wäre es tröstend darüber zu reden. Woran kann man sich noch erfreuen, wenn einem das Liebste genommen? Ich falle in tiefe Depressionen, könnte mich krankschreiben lassen, doch was könnte mir das nutzen.

Am Ewigkeitssonntag sitzen wir in der Kirche. Die Namen der Verstorbenen werden abgelesen. Wir hören den Namen unseres Kindes wie aus weiter Ferne. Adventszeit, Weihnachten – Baumschmücken – wozu? Tränen, immer des Einen, gemeinsam können wir nicht weinen. Nachdenken über das Wieso. Ein furchtbarer Verdacht drängt sich auf. Sie war so vorsichtig, so ängstlich. Nie ist sie unvorsichtig über die Straße gelaufen, stand immer neben ihrer Mutter, auch noch, als lange schon die Straße frei war. Was ist an dieser Stelle der Straße genau geschehen? Es wird wohl nie zu ermitteln sein. Doch was sollte das an der vollendeten Tatsache ändern?

Pastor Henselmann kommt mit seinem blauen Trabant mit der braunen, ausgetauschten Motorhaube. Inzwischen hatte er einen Ausreiseantrag für die Familie gestellt. Jetzt wird er überwacht. Kaum steht er mit dem auffälligen Fahrzeug vor unserem Haus, geht ein Telefonspruch ein bei der Kreisstelle des MfS. Sie sind informiert. Auch ich werde überwacht. Eine Verbindung zu einem Antragsteller auf Ausreise ist sehr suspekt. Da muss die Firma Horch und Guck über alles informiert sein. Nichts darf ihr entgehen. Ich möchte nicht mehr das Fach Staatsbürgerkunde unterrichten, kann mich einfach nicht mehr überwinden, mein Inneres zu vergewaltigen. Ich berate mich mit dem Pastor.

»Was würde das an der Sache ändern«, sagt er. »Es käme doch nur ein anderer an Ihre Stelle.« Ob es dadurch besser wäre, vor allem für die Schüler, stellt er in Zweifel. Ich sehe ein, dass da was dran ist, mache weiter. Aber die Funktion als Parteisekretär, die kann ich nicht mehr ausüben, das geht über meine Kraft. Bei der nächsten Wahl wird der Genosse Major für diese Funktion vorgeschlagen und gewählt. Endlich ein hundertprozentiger Scharfmacher an der Stelle, der die politischen

Geschicke der Einrichtung bestimmt. Er kritisiert auch gleich meinen Rechenschaftsbericht, der die große politische Linie vermissen lasse und ihm viel zu kurz geraten erscheint. Er will, dass ich einen neuen anfertige, aber da kann er lange warten. Schließlich gleicht er das Versäumnis durch ein entsprechendes Arbeitsprogramm, das von allgemeinen Phrasen nur so strotzt, wieder aus. Ein Arbeitsprogamm der Partei ist oft das Papier nicht wert, worauf es gedruckt wird.

Allmonatlich werden die Lehrer in Weiterbildungsveranstaltungen und Fachkommissionen zusammengerufen, um auf den neuesten Stand eingeschworen zu werden, denn in Kürze steht der VII. Pädagogische Kongress auf dem Programm. Delegierte aus dem Kreis sind benannt worden, die zu den Privilegierten gehören, auch später nach der Wende. Einer der Teilnehmer wird sogar Europaabgeordneter. An einem Pädagogischen Kongress teilzunehmen, ist eine hohe Ehre, die nur verdienstvollen Pädagogen sowohl auf fachlichem als auch politischem Gebiet zukommt. Ihre Auswahl erfolgt aber ausnahmslos durch die Funktionäre der Abteilung Volkbildung. Wer von ihnen für diese Tagung vorgesehen ist, wird in der Presse vorgestellt und hat entscheidend dazu beizutragen, die Beschlüsse des hohen Gremiums in den Schulen mit neuem Schwung und neuer Qualität umzusetzen.

Dort soll u. a. auch beschlossen werden, dass die Lehrer nun an einen Gott glauben dürfen, vielmehr an eine Göttin – an Margot. Die Göttin hat lila Haare und ist ihres Zeichens die Gattin-Göttin des Staatsratsvorsitzenden und Generalsekretärs der SED.

Die Lehrpläne sind in Überarbeitung, werden so ausgerichtet, dass die staatsbürgerliche Erziehung flächendeckend durchgesetzt wird. Nicht nur politisch relevante Fächer wie Staatsbürgerkunde und Geschichte stehen da im Vordergrund, sondern auch Mathematik und andere naturwissenschaftliche Fächer. Jeder einzelne Lehrer hat die Pflicht und Schuldigkeit, ob Mitglied der SED oder nicht, die Entwicklung des Sozialismus durch seine Arbeit voranzubringen. Jeder muss sich mit dem Staat identifizieren.

Da ist der Unterstufenlehrer. Er verherrlicht im Heimatkunde-Unterricht die NVA, stellt den Dienst als Panzerkommandant in der Armee als erstrebenswertes Ziel und Beispiel dar. Der Kunsterzieher malt die einschlägigen Plakate der SED und des Staates. Da ist der Deutschlehrer, der die Werke des sozialistischen Realismus behandelt.

Der Biologielehrer, der mit der Evolutionstheorie den Beweis des materiellen Seins erbringen soll und nicht zuletzt der Mathe-Lehrer, der die maximale Schussentfernung einer 122 mm-Haubitze zu errechnen hat. Alle haben sie eine große Verantwortung für das große Werk des Sozialismus, dass es gelingen möge.

In der Weiterbildungs-Veranstaltung der Staatsbürgerkunde-Lehrer kann ich wieder einmal meinen Mund nicht halten: Unser Staat hat die

Grenzen zu Polen dichtgemacht, während die Polen weiterhin bei uns ungehindert einreisen dürfen. Und der Dreck, den das Zementwerk produziert, ist kaum auszuhalten.« »Ja«, meint ein Kollege, »die Polen kaufen uns alles weg. In den großen Kaufhäusern sieht man nur noch Polen. Auch da müsse man einen Riegel vorschieben.« Heute ist es umgekehrt. Wir tanken Benzin bei den Polen und kaufen ihre Märkte leer.

Wir werden verpflichtet, nach Erfurt zu fahren, um dort an der Parteischule die jährliche zentrale Weiterbildungs-Veranstaltung zu absolvieren. Ein Genosse Direktor meint, dass er mit mir dort nicht hinfahren könne, denn wenn er mir so zuhöre, könne er in Versuchung kommen zu den Grünen überzutreten. »Selbst, wenn du das ernstlich wolltest, könntest du es nicht, denn bei uns gibt es keine Grüne Partei«, entgegne ich. Er ist ernstlich aufgebracht wegen meiner Diskussion.

Als ich in Erfurt auf dem Bahnhof ankomme, bietet sich mir ein besonderes Schauspiel. An einem Tisch in der fast leeren Mitropa sitzt eine schwarze Studentin, die auf ihren Zug nach Leipzig wartet. Ein junger Mann setzt sich zu ihr und belästigt das Mädchen. Er hat schon zu viel getrunken und wird aufdringlich. Zwei andere, ganz normale junge Männer, beobachten die plumpe Anmache. Das Mädchen hat mit dem Mann nichts im Sinn, es weist ihn eindeutig ab. Ich höre das Wort *Negerschlampe!*, stehe auf, nähere mich dem Tisch, um den Mann zurechtzuweisen. Doch bevor ich einschreiten kann, haben die Männer den Kerl schon an den Armen gepackt und hinausgeworfen. Scheinbar zu Bewusstsein gekommen, trollt er sich davon. Ein bezeichnendes Bild im Vergleich zu heute.

Die große Einleitungsvorlesung an der Parteischule hält der Genosse Friedrich – Bezirkssekretär für Agitation und Propaganda. Er berührt das breite Spektrum der großen Politik sowie der Wirtschafts- und Sozialpolitik. Genscher hat sich über die Politik der DDR-Staatsführung nicht gerade freundlich ausgelassen. Nun versucht der maßgebliche Agitator, diesem Herrn einmal gründlich die Meinung zu sagen:

»Es gibt drei Sorten von halleschen Bürgern – die Halloren, die Hallenser und die Halunken. Und Genscher ist einer der letzteren.« Er lacht breit, aber keiner lacht mit. Im Seminar wage ich, diesen Ausspruch zu kritisieren. Man könne doch nicht, wenn man mit der BRD in friedlicher Koexistenz leben wolle, so den Außenminister titulieren. Das sei doch ganz und gar undiplomatisch. Die Antwort etwas verhalten, aber klar und deutlich: Ein Halunke, bleibt ein Halunke. Einige Jahre später sollte der *Halunke* Genscher dem DDR-Staat und der Regierung in der Prager Botschaft noch gehörig zusetzen.

Im Seminar geht es unter anderem um die Historische Mission der Arbeiterklasse. Die Genossin Seminarleiterin stellt dieses Ziel als eine globale Sache dar, die vielleicht in 300 oder 500 Jahren erfüllt sein wird. Man könne sich aber nicht festlegen und sagen: Also im Jahr 2050 oder

2100 habe der Sozialismus weltweit gesiegt. Aber der Tag ist sicher, – er wird kommen, auch wenn wir dann nicht mehr sind.

Anschließende Diskussion. Zwei gestandene Genossen, so in den Endfünfzigern, reißen die Diskussion an sich. Der eine, seines Zeichens Fachberater in diesem relevanten Fach und der andere Schuldirektor an einer Dorfschule. Sie lassen kaum jemanden zu Wort kommen und den Rest des Seminars kleinmütig verstummen. Der Stabü-Fachberater ist in seinem Element. Er diskutiert wie ein Berserker, will unzweifelhaft seine einhundertprozentige Gesinnung herauskehren. Er ist der Aussagekräftigste, Parteisekretär des Lehrgangs und die rechte Hand des Seminarleiters. Sein Outfit ist stets durch exakte managerhafte Kleidung, einen ein- oder zweireihigen Anzug, durch weiße oder gestreifte modische Hemden mit der dazugehörigen passenden Krawatte, gekennzeichnet. Hinzu kommt seine gemütliche Geselligkeit, hin und wieder verträgt er auch mal einen politischen Witz und macht gute Miene dazu. Und ab und zu schaut er ziemlich tief ins Glas. Das spürt man besonders dann, wenn er in der Diskussion vom Leder zieht.

Der genannte Andere läuft eher schlampig daher, in zerknitterten Hosen mit Umschlag, der längst aus der Mode gekommen, unansehnlichen Hemden ohne den einschlägigen Kulturstrick oder ausgewaschenen Pullovern und trinkt im Gegensatz zu dem Ersten so gut wie keinen Tropfen Alkohol, wohl weil seine Lehrergattin ihn ziemlich kurz hält. Beiden gemeinsam ist ihr körperlicher Schaden, eine Kriegsverletzung, der Verlust eines Beines. Einheitlich in der ideologischen Anschauung, dem körperlichen Nachteil, unterschieden nur dadurch, dass der eine die Prothese links trägt und der andere rechts. Ausgeglichen aber durch den Gehstock, den beide, wenn sie nebeneinander gehen, an der Außenseite abstützen. Zwei verwandte Seelen, die auch zusammen ein Zimmer im obersten Stockwerk der Parteischule belegen. Nachdem die beiden Genossen ihre konsequente Linie dargelegt haben, breite Zustimmung wie üblich. Alles scheint geklärt, nur ich Querkopf kann wieder einmal nicht an mich halten und melde mich zu Wort.

»Machen Sie das den Schülern mal klar«, sage ich. »Sagen Sie ihnen, in drei- oder fünfhundert Jahren wird es besser sein auf der Welt, vorausgesetzt, dass die Arbeiter überall gesiegt haben. Das ist so ähnlich wie das Eiapopeia vom Himmel, das Heine so vehement kritisiert hat. Niemand gibt sich damit zufrieden, wenn er auf eine entferntes Ziel vertröstet wird. Vielmehr muss man die Frage stellen, ob dieses Ziel noch real ist. Den Arbeiter im eigentlichen Sinne wird es in einigen Jahrzehnten nicht mehr geben, somit auch nicht die Arbeiterklasse und schon gar keine Führung durch sie.

Schon heute treten an die Stelle der manuellen Arbeit Roboter und hoch automatisierte Maschinen. Wir beschwören doch selbst Tag für Tag den rasanten Fortschritt von Wissenschaft und Technik, entwickeln

Computer und immer kleinere und schnellere Mikrochips. Der *Arbeiter* als solcher wird in Zukunft nur noch Tastaturen und Knöpfe bedienen. Schon heute tritt der Arbeiter, wenn er sich qualifiziert und eine höhere Position erklimmt, aus seiner Klasse heraus. Welche Bedeutung kann dann noch die Arbeiterklasse haben? Die Antwort darauf kann nur die künftige Entwicklung geben.«

Die Seminarleiterin ist zunächst so verblüfft, dass sie sich erst einmal sammeln muss, um zu antworten. Aber sachlich kann sie es nicht. Zu einem echten Disput ist sie nicht fähig. Sie ist völlig außer sich, spricht von Sektierertum, von Diffamierung der reinen Lehre des Marxismus-Leninismus und empfiehlt mir, Lenins Imperialismus-Analyse gründlich zu studieren. Dort bekäme ich eine entsprechende Antwort auf meine Frage. Sofort springen auch die beiden Genossen in die Bresche. Der Fachberater meint:

»Nun ja, das ist doch wohl egal, wann und wie die Arbeiterklasse zu ihrem Ziel kommt. Wichtig ist, dass dieses Ziel am Ende so sicher ist wie das Amen in der Kirche.« Und der Schuldirektor setzt hinzu, als ob er mit Lenin auf der gleichen Schulbank gesessen habe: »Ich kann eine solche Diskussion nicht verstehen. Sie zeigt doch wie wenig der Genosse in der Materie steht, wie kleinmütig seine Ansichten sind und wie viel er noch an seiner Überzeugung arbeiten muss.«

Da habe ich es wieder mal bekommen. Es gibt viele Amen in der Kirche und Amen ist nicht immer das letzte Wort, aber manchmal glaube ich, dass ich doch auf einer ganz anderen und falschen Linie liege. Ein guter Kollege meint: »Du musst deine Worte besser abwägen. Was nützt dir eine abweichende Linie, sie bringt nur Scherereien und Nachteile.«

Und die Seminarlehrerin belässt es nicht bei der Kritik, sondern gibt meine ungebührlichen und *gefährlichen* Äußerungen an die Abteilung Volksbildung weiter. Das hätte sie nicht zu tun brauchen, denn eine meiner Mitgenossinnen hat die Sache schon brühwarm berichtet.

Seit diesem Tag werde ich noch misstrauischer beobachtet als bisher. Von einem Freund und ehemaligen Kollegen, der zur Stasi übergewechselt, erfahre ich, dass ich vorsichtiger mit meinen Äußerungen sein müsse. Doch ein Funktionär der Kreisleitung meint, dass ich weniger gefährlich sei, weil meine Meinung stets offen und impulsiv zu Tage komme. Man müsse mich nur eben mal etwas bremsen.

Am Abend im Zimmer geraten die beiden überzeugten Kommunisten aneinander. Der Schuldirektor rügt das Tragen der Westhemden des Fachberaters. Als eines davon auf dem Stuhl hing, fiel ihm das Etikett auf. Dort stand das einschlägige Beweismittel schwarz auf weiß: C&A. Dem Herrn verschlägt es fast die Sprache, bis er seiner Enttäuschung durch beleidigende Worte Luft macht: Mangel in der Einheit von Wort und Tat. Parteireden schwingen, aber Westhemden tragen. So etwas vereinbare sich nie und nimmer. Der Streit droht zu eskalieren und ist bis auf dem

Flur zu hören.

»Ich kann doch tragen, was ich will und was geht denn dich das an!« Der Träger von C&A-Hemden verlässt wutentbrannt das Zimmer und begibt sich ins Kasino, wo er sich beim Bier abzukühlen versucht. Er muss dem kühlen Nass doch wohl ein wenig zu viel zugesprochen haben, denn als er aufsteht und sich auf seinen Stock stützt, schlägt er lang hin und bricht sich den Oberschenkelhals. Am nächsten Tag ist es im Seminar erschreckend still. In der Pause die peinliche Frage: »Ist dein Hemd auch von C&A?« »Nein, von A&V«, (An- und Verkauf) antworte ich.

Große Ereignisse von besonderer Bedeutung für unser kleines Land sind Staatsbesuche und Besuche von Partei- und Wirtschaftsdelegationen aus befreundeten Ländern. Ein solches Land ist die VDRJ (Volksdemokratische Republik Jemen). Die Geschichte dieses Landes, an der Südspitze des Roten Meeres und am Indischen Ozean gelegen, ist wenig bekannt. Der Sage nach soll Sanaa, die alte und neue Hauptstadt des Landes, von Noahs ältestem Sohn Sem gegründet worden sein. Und Noah, der legendäre Erbauer der Arche, soll in den Bergen der Stadt seine letzte Ruhe gefunden haben. Östlich von Sanaa liegt Marbit, vom 2. bis 7. Jahrhundert vor Christus mit über 100.000 Einwohnern Hauptstadt des Königreiches der Sabäer. Von hier trat der biblischen Überlieferung nach die sagenumwobene Königin von Saba vor 3000 Jahren ihre Reise zum Hof König Salomos an.

Im Altertum war der von der berühmten Weihrauchstraße durchzogene Jemen ein reiches Land. Seiner fruchtbaren Landstriche wegen wurde er *Arabia felix* – glückliches Arabien – genannt. Eine erste Blütezeit erlebte das Land im ersten Jahrtausend vor Christus unter den Sabäern und später, bis zur Eroberung durch die Äthiopier, unter den Himjariten, wie die Südaraber genannt wurden. Seit dem Jahre 630 gehört das Land zur islamischen Welt. Seine Teilung begann früh. Während der Norden von 1517 bis zum Beginn dieses Jahrhunderts zum Osmanischen Reich gehörte und den Türken im I. Weltkrieg die Treue hielt, schlossen die Herrscher der Sultanate und Scheichtümer Verträge mit den Briten ab, die seit 1839 den strategisch wichtigen Hafen von Aden am Zugang zum Roten Meer besetzt hielten. Das war der Beginn der Teilung des Landes in den Nord- und Südjemen. Mit dem Zerfall des Osmanischen Reiches wurde der Nordjemen 1918 unabhängiges Königreich. In den sechziger Jahren verschärften sich die Gegensätze, die in dem Bürgerkrieg zwischen Royalisten und Republikanern 1962 ihren Niederschlag fanden. Im Süden übernahm, nach dem durch Aufstände erzwungenen Rückzug der Briten, der marxistische Flügel der Nationalen Befreiungsbewegung (NLF, später UNFPO) die Macht.

Ende der siebziger Jahre setzte sich Ali Nasser Mohamed an die Spitze des OVR (Oberster Volksrat), wurde Staatsoberhaupt, Generalsekretär der JSP (Jemenitischen Sozialistischen Partei) und Ministerpräsident der VDR Jemens. Die neu geschaffene Einheitspartei enteignete die Scheichs, verteilte den Boden an das Volk, verstaatlichte den Reichtum des Landes an Bodenschätzen. Parallelen, die im Wesentlichen mit der Entwicklung in der DDR vieles gemeinsam hatten. Ein willkommener Anlass, die sozialistische Entwicklung des Landes zu unterstützen. Also Einladung des Freundes aus der Arabischen Welt, nachdem zuvor der Genosse Erich Honecker das Land besucht hatte. Die DDR verspricht sich Vorteile im Außenhandel, u. a. den Import von Baumwolle, Kaffee und Rohöl und den Export von Maschinen und Ausrüstungen in Kompensation.

Ali Nasser Mohamed kommt mit einer Staats- und Regierungsdelegation auch ins Zementwerk Deuna. Man munkelt, die DDR wolle ein solches in der dortigen Volkdemokratischen Republik bauen. Die Betriebsleitung des EZW ist aufgescheucht worden. Sie will den Staatsmann mit der Delegation würdig empfangen, ihm das *sauberste* Zementwerk Europas präsentieren. Hunderte Arbeiter und sogar sowjetische Soldaten sind aufgeboten, die Straßen zu säubern, Hallen und Bauten auf Hochglanz zu bringen. Büsche und sogar Rosensträucher werden gepflanzt. Der hohe Gast soll aber nicht nur von der Sauberkeit des Zementwerks überzeugt werden, sondern vor allem bei der Besichtigung vom wissenschaftlich-technischen Fortschritt erfahren.

Einige Straßen sind gesperrt worden. An den Wegen und zu passierenden Straßen patrouilliert Polizei, und MfS-Leute liegen versteckt hinter Straßengräben und in den Wäldern, an denen die Delegation vorbeikommt. Aber die Kripo geht noch einen entscheidenden Schritt weiter: Sie holt einen *Dissidenten* aus dem Ort mit ihrem Dienstwagen ab und bringt ihn in Gewahrsam. *Schutzhaft* ist die Begründung. Nur, wer dadurch geschützt werden soll, ist nicht ganz klar. Dieser *Dissident* und *Querkopf* hat einen Ausreiseantrag gestellt, aber er will nicht in den dekadenten und hochkapitalistischen Staat – die Bundesrepublik, sondern nach Österreich. Als er sich gegen die Festnahme auflehnt, schlagen sie ihm einfach ins Gesicht, damit er Ruhe gibt. Später weisen sie ihn aus, aber nicht in sein Wunschland. Laut hupend und erhobenen Hauptes braust er mit seinem Skoda durchs Dorf, Frau und Kinder zwangsläufig zurücklassend.

Der mutmaßliche Ruhestörer ist in Gewahrsam, aber niemandem kommt es in den Sinn, diesen Besuch zu stören oder anderweitig zu beeinflussen. Er läuft ab im Sinne der umfangreichen Vorbereitungen. Als die Delegation im Reifensteiner Hotel zum opulenten Mahl Platz genommen hat, sitzen die Bodyguards trotzdem mit entsicherten Maschinenpistolen auf ihrem Schoß an der Seite ihres Staatsoberhauptes.

Nur, das Zementwerk im Jemen ist nie gebaut worden. Im Jahre 1990 wird die Grenze vom Nord- zum Südjemen geöffnet. Wieder eine Parallele zur DDR, nur mit dem Unterschied, dass Ali Nasser Mohamed seinen Kopf verliert. Wenig später ist im Zementwerk alles wieder grau in grau, und die Rosenbüsche sind nie zum Blühen gekommen.

Unter den Jugendlichen ist ein Moped-Boom ausgebrochen, zumal es jetzt mehr S-50 Mopeds zu kaufen gibt. Nur das Problem ist die dazugehörige Fahrerlaubnis. Als Stellvertreter für außerunterrichtliche Tätigkeit habe ich die Möglichkeit, über die GST (Gesellschaft für Sport und Technik) Fahrschul-Lehrgänge zu organisieren. Die GST ist die vormilitärische Organisation mit einer Fülle von Möglichkeiten, die Junge Generation auf den Militärdienst und die Wehrtüchtigkeit vorzubereiten: Junge Nachrichtentechniker, Segelflieger, Junge Matrosen, Sportschützen und die wohl am meisten begehrte Sektion der Motorsportler stehen in vorderster Front auf Wacht für den Frieden. Ich ziehe eine Parallele zu Baldur von Schirachs Hitlerjugend. Dort Vorbereitung für den Krieg und den Drang gen Osten – hier Vereinnahmung der Jugend für den Sozialismus und die Verwirklichung seiner welthistorischen Mission.

Jeder, der Mitglied dieser Organisation wird, kann an diesem Lehrgang teilnehmen. Im Vordergrund steht zwar die Mitgliedhascherei, die Teilnahme an irgendwelchen wehrsportlichen Übungen wie Geländeläufen, Keule werfen und Schießen, aber diese Übungen nehmen die Jugendlichen gern in Kauf, wenn sie nur rasch an ihre Fleppen kommen. So ein Lehrgang bedarf viel Lauferei und Organisation, bis er anlaufen kann. Ich komme kaum nach, die Mitgliedsbücher auszuschreiben. Auch Margarete, die Pastorentochter, möchte die Fahrerlaubnis erwerben, aber sie ist weder Pionier gewesen noch in der FDJ. »Da müsstest du Mitglied der GST werden«, sage ich. Was für ein Ansinnen. Das Mädchen hat seine Prinzipien, die einem Einsicht abnötigen, und ich möchte sie drängen, so einen Schritt zu tun.

»In diesen militaristischen Verein gehe ich nicht hinein«, sagt sie offen und ein wenig provokatorisch. Ich möchte ihr trotzdem helfen, weiß aber nicht wie.

»Vielleicht merkt es der Fahrlehrer nicht«, sage ich. »Ich schreibe dich auf die Liste« Doch der merkt es bei der Ausweiskontrolle. Und auch die anderen Schüler wissen es. »Weißt du was? Du gehst einfach rein«, sage ich. »Wenn du die Papiere hast, kannst du ja wieder austreten.«

Und so machen wir es. Unter den GST-Leuten sitzt ein ganz und gar *schwarzes Schaf*, das aber nicht schwärzer ist als die anderen, die auch nicht aus Selbstzweck eingetreten sind. Ich reiche den Ausweis nach. So erhält auch Margarete, die Pastorentochter, ihren Mopedschein, auf den sie sonst vorerst hätte verzichten müssen.

In meinem Heimatdorf sind zehnjährige Schüler, die sich zu einer Fußballmannschaft zusammengefunden haben. Keiner trainiert sie, keiner kümmert sich um sie, da sie in eine andere Schule gehen. Sie spielen gegen meine Truppe und gewinnen 3:1. Ich gewinne drei der Besten für meine Kindermannschaft und stelle ihnen Spielerpässe aus. Wir trainieren fleißig, spielen bei der Kreisspartakiade um die Medaillen und gewinnen das Endspiel mit 4:2. Wir sind Goldmedaillengewinner.

Aber nun ist die Schule der Jungs auf die Spieler aufmerksam geworden. Sie wollen sie haben, versuchen sie einzuschüchtern, drohen sogar mit Sitzenbleiben, wenn sie nicht für ihre Schule spielen. Ich berufe mich auf das Recht, denn ich habe die Kinder von der Straße geholt, schreibe an den Fußball-Bezirksverband. Doch ich bin so vermessen, dass ich die Anschrift an den *DFB* Erfurt richte. Das Schreiben geht an den Kreisturnrat zurück. Der kommt mit einem Funktionär von der Abteilung und zwei Kollegen von der entsprechenden Schule zu uns und stellt mich zur Rede. Die Anschrift *DFB* ist auf dem Kuvert rot eingekreist. Er hält mir den Brief unter die Nase. Die Kritik ist massiv. Was ich getan habe, gleicht einem Staatsverbrechen. Wie kann man Deutscher-Fußball-Bund schreiben, wo doch unser Verband DFV (Deutscher Fußball-Verband der DDR) heißt. Schließlich müsse ja ein Unterschied sein zwischen hier und drüben. Und ab sofort hätten die Schüler dort zu spielen, wo man nicht solche Briefe schreibt. Basta. Die Politik hat wieder einmal wie so oft über den Sport gesiegt. Ich bin so niedergeschlagen über das infame Urteil, dass ich nächtelang nicht schlafen kann. Eine himmelschreiende Ungerechtigkeit. Mir vergeht die Lust, mich noch anderweitig zu arrangieren.

Es geht auf das Schuljahresende zu. Prüfungen in der 10. Klasse. Die Prüfungskommission in Stabü besteht aus mir, als Vorsitzendem, dem Direktor und einer weiteren Kollegin. Ich mache es den Schülern leicht. Gebe ihnen die Stoffgebiete vor und sogar zwei Fragen, in denen sie drankommen. Sie sollen nicht für den Unsinn büßen, der von oben verzapft wird.

Alle sind durchgekommen, teilweise mit guten Noten, bis auf einen. Er hat die Vorzensur vier und muss wenigstens eine Vier erreichen. Er weiß die Frage, hat sich aber trotzdem nicht vorbereitet. Sinnloses Gestammel – ich stelle ihm zwischendurch Suggestivfragen, um ihn auf einen erfolgreichen Weg zu bringen, aber mit wenig Erfolg. Schließlich fragt ihn der Direktor nach einigen sozialistischen Ländern in Mittelamerika, legt ihm eine Weltkarte vor, doch von dem Kampf des nikaraguanischen Volkes weiß er nichts. Ich plädiere für eine Vier. Gerade so das Prüfungsziel erreicht, meine ich. Doch ich werde überstimmt. 2:1 Stimmen für Nichtbestehen.

Wer nicht einmal Nikaragua auf der Karte zeigen kann, darf auch nicht in Staatsbürgerkunde bestehen. Das sei doch wohl eher Sache des Geographie-Unterrichts, meine ich. Doch es bleibt dabei. Ich darf mich nach ein paar Wochen in den Ferien mit dem Jungen hinsetzen, einen Plan erarbeiten und ihn auf die Wiederholungsprüfung vorbereiten, die er dann endlich besteht.

Pädagogischer Rat zum Schuljahresende – verschiedene Höhepunkte und das Resümee der pädagogisch-politisch-ideologischen Arbeit stehen auf der Tagesordnung. Schon beim letzten Wort kommt Unbehagen auf, aber es ist der wahre Sprachjargon und lässt das Ausmaß und die tiefere Bedeutung der pädagogisch-erzieherischen Richtlinie erkennen.

Stand der Jugendweihewerbung und der Werbung von SAZ (Soldaten auf Zeit, Offiziere und Unteroffiziere für die NVA). Und gleich wird uns ein weiteres Beispiel einer Schule vorgesetzt. Denn dort ist das vorgegebene Ziel mehr als erfüllt worden, im Gegensatz zu unserer Einrichtung. Auch bei der Gewinnung für die Jugendweihe gibt es Probleme besonderer Art. Einige Kinder von Lehrern und Funktionären haben sich nicht angemeldet. Die Kinder des LPG-Vorsitzenden gehen nicht und die Tochter vom Kreisturnrat ebenfalls nicht. Auch die Tochter einer Grundschullehrerin unserer Schule sträubt sich entschieden dagegen und meldet ihre Tochter nicht an. Die von Oben wollen mit ihr reden, holen sie ins Büro des Direktors, doch die Kollegin bleibt standhaft. Sie hat ihre Prinzipien, wird von mir in ihrer Haltung noch bestärkt und lässt die Herren abblitzen.

Das sind *schlechte* Beispiele und für Arbeiter und einfache Leute Anlass, ihre Kinder ebenfalls nicht anzumelden. So kommen wir nur schleppend voran. Aber schließlich ist es doch Aufgabe der staatlichen Leiter, in ihren Betrieben diese Fragen zu klären. Da wird die Partei eingreifen müssen, was immer das auch heißen mag. Erst dann kommen die Probleme der Lernarbeit, die Sekundärrohstofferfassung und die Vorbereitung der Sommerferien. Ganz zum Schluss kommt Kritik auf wegen der nicht fristgerechten Beitragskassierung für die DSF. Die Deutsch-Sowjetische-Freundschaft könne doch wohl nicht ein lästiges Anhängsel sein, sondern Herzensbedürfnis. Deshalb müsse der Beitrag auch pünktlich und in der richtigen Höhe bezahlt werden. Wir gehören zu den Säumigen.

Wieso für die uneigennützige Sache der DSF bezahlen? Na, so eine Frage überhaupt zu stellen, ist schon ein Zeichen von ungenügender politischer Reife, meinen die Herren von der Abteilung und Partei. Dann geht es wieder um die Vorbereitung der Höhepunkte des neuen Schuljahres. Überhaupt besteht die Republik aus lauter Höhepunkten: Der Geburtstag von Thälmann und Pieck, von Lenin, die Jahrestage der Großen Sozialistischen Oktoberrevolution, die Jahrestage der Befreiung, die DDR-Geburtstage, die MMM – Messe der Meister von Morgen an den Schulen und die verschiedenen Ehrentage der Werktätigen. Kindertag, Frauentag, Tag des Lehrers, Eisenbahners, Tag des Volkspolizisten usw. Und jeder dieser Tage ist ein Tag der Auszeichnungen und des Feierns. Und sie sind nicht nur lästig, sondern auch willkommen.

Den Kollegen und Genossen ist wie immer, wenn ein *Auswärtiger* kommt, beklommen und etwas mulmig zu Mute. Sie sitzen mit angespannten und erwartungsvollen Gesichtern um die große Tischtafel herum und hoffen auf eine nicht zu lange Ausdehnung der Tagung. Mit einem Bein sind sie schon in den Ferien. Möge nur schnell alles vorbei sein, wo man endlich die Schultür zuschlagen, der ersehnte Tag anbricht, da man endlich einmal ausspannen und relaxen kann. Nur nicht noch einmal anecken, keinen Anhaltspunkt zu eingehender und kontroverser Diskussion geben. Und so plätschert das Referat des Direktors dahin, zeigt die erreichten guten Ergebnisse auf allen Gebieten auf, deutet hier und dort leicht kritisch auf einen wunden Punkt, bis auch alle statistischen Punkte abgehakt sind. Friede, Freude, alles in bester Ordnung; wieder einen Schritt weiter auf dem Wege des Fortschritts und Sozialismus. Doch dann ergreift der Pasek (Parteisekretär) zu einem politisch-ideologischen Rundumschlag das Wort.

Er beschwört die Linie und Politik der Staatsführung, verteufelt die Auswüchse antisozialistischer und friedensfeindlicher Politik der Imperialisten und auch der Abweichler im Osten, geißelt die Nachlässigkeit und das Versäumnis einiger Genossen und Pädagogen auf dem Gebiet der parteilichen und staatsbürgerlichen Erziehung. Ja, einige seien schon angesteckt von dem Bazillus, der da um sich greift wie eine Seuche, dem wahren Sozialismus abträglich sei und entgegenstehe wie Feuer und Wasser. Und schließlich macht er Front gegen das Tragen imperialistischer Symbole der Schüler, schwarz-rot-goldener Flaggenzeichen und sogar von Adidas-Schuhen.

Da könne man mal die Verblendung sehen, wenn ein nicht mal mittelmäßiger Schüler auf seiner Jacke die Aufschrift *Harvard-Universität* trage. Wie lange wollen wir da noch zusehen! Der Genosse Major ist sehr aufgebracht und hoch gerötet. Als er geendet hat, wischt er sich den Ärgerschweiß von der Stirn und fordert die Pädagogen zur Stellungnahme heraus. Ich schaue betreten an meinen Adidas-Schuhen herunter, bleibe still wie die Kollegen. Wir nehmen die Kritik widerspruchslos entgegen. Schließlich geht der Direktor darauf ein und verspricht, energisch dagegen vorzugehen. Nun folgen die restlichen vorbereiteten Diskussionsbeiträge fachbezogener Art, einschließlich eingeflochtenen, kleinen politischen I-Tüpfelchen. Die Diskussionsbeiträge zum Pädagogischen Rat sind am Schuljahresende erteilt worden, u.a. an den Blockfreund der CDU, den Kollegen Böck.

Er soll herausstellen, wie die Kunsterziehung an der POS zur Überzeugungsarbeit und staatsbürgerlichen Erziehung beitragen soll. Er macht das mit großer Akribie und erhält viel Zustimmung und Lob von dem Vertreter der Abteilung. Darauf hin wird seinem Antrag, als CDU-Bürgermeister in seinem Heimatort eingesetzt zu werden, entsprochen. Er wird CDU-Ortsbürgermeister von Staates Gnaden, erhält das Mandat seiner Partei und den Auftrag von der führenden Partei, die Politik der SED und des Staates durchzusetzen. So bringt es der hohe Gast von der

Abteilung Volksbildung in einer separaten Beratung zum Ausdruck, der an der Seite des Direktors Platz genommen hat. Dieser hat sich eifrig Notizen gemacht, ein freundliches, aber Achtung gebietendes Gesicht aufgesetzt und mit seiner abschließenden Rede endlich das Wort ergriffen.

Er stimmt zunächst dem Direktor zu, greift die Kritik des Parteisekretärs auf und erweitert sie noch, aber seinen Worten fehlt die Schärfe. Es sind eher leise Töne, die ringsum zu einem befreiten Aufatmen führen. Ende gut, alles gut. Aber am nächsten Tag schlägt ein unfassbares Vorkommnis wie eine Bombe ein.

Die Prüfungen sind zufriedenstellend verlaufen. Jeder Absolvent der 10. Klasse hat seinen Lehrvertrag in der Tasche oder die Zulassung zur EOS. Kein geregelter Unterricht mehr. Kreisspiele auf dem Schulhof, kleine Wanderungen in die nähere Umgebung, gute Stimmung, denn die Ferien stehen vor der Tür. Letzter Schultag für die Schulabgänger der 10. Klasse. Sie haben sich als Hexen und Geister verkleidet, als Babys mit Schnullern, toben auf dem Schulhof herum, freuen sich einfach, dass sie es geschafft haben. Einer hat sein Akkordeon mitgebracht. Sie ziehen ins Dorf, singen die einschlägigen Lieder, die ihnen im Musikunterricht beigebracht wurden. Aber dann stimmt einer das Deutschlandlied an. Sie singen wahrhaftig die Nationalhymne der Bundesrepublik und dazu die erste Strophe: *Deutschland, Deutschland über alles...* Einigkeit und Recht und Freiheit haben sie ja nicht gelernt, ebenso wenig wie den Text der DDR-Hymne: *Auferstanden aus Ruinen und der Zukunft zugewandt, lass uns dir zum Guten dienen, Deutschland einig Vaterland...* So oft haben sie die Hymne der anderen Seite gehört, zuletzt bei der Fußball-Weltmeisterschaft, aber ohne richtig zuzuhören, da sie den alten Text singen. Und bei dem alten Text wurden sie noch bestärkt, von wem auch immer und waren der Auffassung, dass es der richtige sei. Das schlägt ein wie eine Bombe mit ungeheurer Splitterwirkung. Da ist doch etwas faul im Staate. Da kommt eine Lawine auf das Pädagogenkollektiv zugerollt, die alles bisher Dagewesene und Vorgekommene überrollt. Das fällt sofort auf die Lehrer und natürlich zuerst auf die entsprechenden Fächer und den Direktor zurück. Klassen- und Elternversammlung, Verzögerung der feierlichen Zeugnisausgabe, Sitzungen im Lehrerkollegium mit dem Schulrat und der Partei. Anklagen, Selbstbezichtigungen, bis zu Tränenausbruch des Klassenlehrers. Ziehen der entsprechenden Lehren aus der Geschichte, politisch noch besser zu arbeiten. Drei der Hymnesänger werden mit einer strengen Rüge bestraft. Ich gehe mit einem mir vertrauten Kollegen aus der Versammlung mit einem lachenden und einem weinenden Auge. »Wenn die Sache nicht so aufgebauscht würde«, sage ich, »könnte man darüber lachen.« Die Abteilung Volksbildung und die Partei können nicht darüber lachen. Unser Kollektiv sollte mit dem Titel *Kollektiv der Sozialistischen Arbeit* ausgezeichnet werden. Die Auszeichnung wird aus diesen spezifischen Gründen abgelehnt und die Prämie natürlich auch.

Das hohe Wellen schlagende Vorkommnis ist vorüber. Ich gehe mit einer Klasse auf Wanderfahrt in die Thomas-Müntzer-Stadt Mühlhausen. In Bahnhofsnähe laden sowjetische Soldaten Kohlen aus. Mit bloßen Händen. Unsere Schüler stehen davor, können es nicht fassen. Strafarbeit, sagt einer auf Russisch in einem unbewachten Augenblick. Am selben Tag ist einer der Soldaten verschwunden. Er wollte sich nach dem Westen absetzen. Unsagbare Qualen musste er erleiden. Mit neunzehn Jahren war er der Muschkote, den sie drangsalierten bis aufs Blut. Irgendwo gen Westen musste die Grenze sein. Nur weg von hier. Endlich ein Ende der Qualen, in Freiheit leben. In einem Dorf, nahe der Grenze, trifft er auf zwei Jungen. Sie praktizieren die Deutsch-Sowjetische Freundschaft und bringen ihm etwas zu essen. Dann weisen sie ihm den Weg hinüber. Inzwischen ist die Polizei alarmiert worden.

Ein Gangster habe in einer Sowjetkaserne mehrere Pistolen und eine MP an sich gebracht und befinde sich auf der Flucht. Sie fahnden nach dem Milchgesicht, das keine einzige Waffe besitzt und keiner Fliege je etwas zu Leide getan. Die Deutsche Volkspolizei – dein Freund und Helfer – ist auch dabei. Sie verfolgen die Fährte des Flüchtigen. In einem Schrebergarten kreisen sie ihn ein. Er soll sich ergeben. Der verschüchterte Soldat sieht die aussichtslose Lage, erhebt sich und macht eine unbedachte Bewegung, da schießt einer der Volkspolizisten und trifft ihn mitten in den Kopf. Der Mutter schicken sie die Nachricht:

In treuer Pflichterfüllung bei einem Unfall ums Leben gekommen. Ein junges Leben aus der großen Sowjetunion – hier ist es nichts wert, weil hinter diesem Leben der Wunsch nach Menschlichkeit und Freiheit steht. Wie viele dieser jungen Leben sind sinnlos geopfert und ausgelöscht worden? Die Zahlen gehen in die Tausende.

Wie immer Sommerurlaub in der Schorfheide, zu Gefallen meiner Frau. Aber auch ich bin gern dort. Dieser Landstrich in der Uckermark ist Erholung pur. Man kann die Seele baumeln lassen, einmal abschalten, die herrliche Natur genießen.

Der Trabant ist keiner der schnellsten auf der Autobahn, aber zuverlässig. Hinter Berlin Abfahrt auf die 109, Richtung Wandlitz und Klosterfelde. Kurz vor Klosterfelde rauscht ein Konvoi von drei Luxusfahrzeugen an uns vorüber. Der Staatsratsvorsitzende macht sich auf den Weg von der Wandlitzer Siedlung nach Dölln-See, in das exklusive Erholungsheim zu einer Staatspirsch. Den eingefriedeten Hirschen ist das zusätzliche Futter gut bekommen. Sie strotzen vor Gesundheit und Übermut. In der Nähe von Groß Dölln hat ein Angestellter der Staatlichen Forstwirtschaft herrliche Forellen und Aale aus der volkseigenen Fischzucht exklusiv für die Jagdgesellschaft gefangen, geräuchert und zur Verfügung gestellt. Schließlich geben sich die Herren nicht nur mit Wildbret zufrieden.

Als Geleitschutz brausen die Volvos in hohem Tempo auf der 109 dahin, vier an der Zahl, in ihrer Mitte der gepanzerte Dienstwagen des

Staatsratsvorsitzenden. Ein mäßig warmer Sommertag überflutet die Schorfheide. Durch die blassen Wolken hat sich die Sonne hindurchgeschmuggelt. Sie scheint dem Staatsratsvorsitzenden ins Gesicht, er lässt an seiner Seite das Sonnenrollo herunter. Am Eingang des Dorfes Klosterfelde lauert der Ofensetzer-Meister E. auf den großen Jäger. Wochenlang hat er die Gepflogenheiten des passionierten Jägers ausgekundschaftet. Fast immer fährt er den gleichen Weg – von der Politbüro-Siedlung auf der 109 Richtung Prenzlau. Manches Mal fährt den gleichen Weg auch seine lila Gattin mit einem weit jüngeren Herrn in grünem Tuch an ihrer Seite. Damit es nicht zu offensichtlich und auffällig ist, sitzen sie in einem grünen *Lada* oder *Wartburg*.

Der Ofenbauer will den großen Jäger zur Strecke bringen. Die Freundin hat ihn verlassen, er ist in großem Stress und Frust. Der Staatsrat und die Herren der Regierung sind seine exklusiven Arbeitgeber. Herrliche Kachelöfen und Kamine hat er ihnen in ihre Villen und Schlösser gesetzt und nicht schlecht dabei verdient. Er hat ihre Salons gesehen, die luxuriösen Einrichtungen, ist verärgert über die Herren, die im Luxus schwelgen und will ein Zeichen setzen. In seinem Trommelrevolver sind sechs Schuss. Als der Konvoi den Ortseingang von Klosterfelde erreicht hat, stürmt er auf die Straße und feuert auf den mittleren Wagen, in dem er den Staatsratsvorsitzenden vermutet. Doch er hat nicht bedacht, dass der Wagen gepanzert und mit kugelsicherem Glas versehen ist. Die beiden ersten Wagen rasen weiter, als ob nichts geschehen wäre, der hintere bremst mit quietschenden Reifen. Zwei Bodyguards reißen die Tür auf und schießen auf den Attentäter.

Wir fahren heran und werden aufgehalten – die Strecke ist gesperrt. Über die Umleitung kommen wir endlich an. Erst später erfahren wir aus sicherer Quelle, was am Eingang von Klosterfelde wirklich geschehen ist. In der Zeitung steht etwas von einem geistig Verwirrten, der sich selbst in den Kopf geschossen habe. Dem großen Jäger zittern an diesem Tag die Hände und Knie. Er ist nicht mehr in der Lage, auf Jagd zu gehen. Die vorgemästeten Hirsche können aufatmen.

Die Grenze zu Polen ist zu, doch die Beziehungen zu unserem Nachbarland sollen nicht ganz abgebrochen werden. Die Abteilung Volksbildung startet eine Hilfsaktion für die Volksrepublik Polen. *Erst unterwerfen, dann helfen* heißt es in kritischer Bemerkung. Pioniere und FDJ-ler stehen solidarisch zu den Kindern und Jugendlichen im *sozialistischen* Nachbarland. Sie schicken Päckchen zu Weihnachten:

Gebäck, Zucker, Rosinen, Spielsachen und anderes. Auch wir schicken ein Paket an meine Cousins. Alles, was in unserer Republik zu haben ist und erübrigt werden kann, ist willkommen. Der Sozialismus, der in Polen auf schwankenden Füßen steht, soll dadurch gestützt werden. Auch durch Begegnungen zwischen Kindern und Jugendlichen. Im Rahmen des Schüleraustauschs geht es um die *Lager der Erholung und Arbeit*. Um eine gute Sache wie ich meine. FDJ-ler der Schulen sollen das polnische Nachbarland kennen lernen und dort arbeiten. Auch von unserer Schule ist eine Gruppe, was ich kaum zu hoffen gewagt habe, dabei. Ich kann Polnisch, vielleicht hat das den Ausschlag gegeben. Mit dem Sonderzug geht es nach Danzig. Wir fahren in die ehemalige freie Hansestadt und Hauptstadt der Provinz Westpreußen. Entlang der Bahnanlagen und Werften sind die Losungen der Solidarnosć-Bewegung, der ersten unabhängigen Gewerkschaft, übertüncht und ausgelöscht worden, doch man kann sie noch entziffern. Der Gewerkschaftsführer Wałęsa ist mundtot gemacht worden und steht unter Arrest. In der Altstadt sind die Bauten, der im zweiten Weltkrieg zerstörten und ausgeplünderten Stadt, neu erstanden: Das Zeughaus, das Krantor, die Marienkirche mit den anderen wundervollen historischen Hansehäusern. Wir verstehen uns gut mit den polnischen Jugendfreunden, den polnischen und ungarischen Pfadfindern.

In den Grünanlagen der Stadtparks säubern wir die Blumenbeete und Blumenrabatten von kniehohen Brennnesseln, anderem Unkraut und Hundescheiße. Irina, unsere Betreuerin, gibt uns das tägliche Soll vor. Etwa fünf Stunden sollen wir täglich arbeiten. Doch meistens schaffen wir die erteilte Aufgabe schon in dreieinhalb oder vier Stunden. Die Passanten kommen vorbei und staunen über unsere fleißige Arbeit. Deutsche Jugendliche, eigentlich *Schwobbis*, arbeiten in Polen. Auch ein Stück Wiedergutmachung. Sie schauen uns freundlich zu, suchen das Gespräch. Ich unterhalte mich mit ihnen. Die Stadt lässt alles verwahrlosen. Kein Geld für die Pflegearbeiten. Ich werde eingeladen zu einem Kraftfahrer der Stadtverwaltung. Er hat ein schönes Häuschen am Rande der Stadt. Nebenan arbeitet ein Bernsteinschleifer und Schmuckhersteller. Ich werde reich beschenkt mit einer Kette und einem Armband.

In der Freizeit Tischtennis-Vergleichskämpfe, Fußball und Disko mit den Freunden, Stadtbummel und Hafenrundfahrt. Vor der Westerplatte, die von den Hitlerfaschisten tagelang belagert, beschossen und in heldenhaftem Kampf von den polnischen Widerstandskämpfern verteidigt wurde, legen wir einen Kranz nieder. In der Straßenbahn beschimpft uns ein alter Mann als *Nazischweine*. Ich spreche ihn an und bitte ihn, nicht solche Worte zu gebrauchen. Doch mit Tränen in den Augen spricht er von dem Leid, das ihm widerfahren.

Er war einer der KZ-Insassen von Stutthof und kann nicht vergessen, was ihm die Deutschen angetan haben. Dazu hat er noch seine Frau und die Kinder bei Bombenangriffen verloren, ist immer noch sehr verzweifelt und auf Deutsche nicht gut zu sprechen. Ich erkläre den Jugendlichen, was der Mann unter den Deutschen erlitten hat. Sie versuchen zu verstehen. Mit unvergesslichen Eindrücken fahren wir nach Hause zurück. So weh mir das tut, es bleibt keine Zeit meine Heimatstadt aufzusuchen.

Aber hier greife ich es vorweg. Mitte der 90er Jahre lasse ich mich nicht mehr aufhalten. Und seither bin ich jedes Jahr in meiner Geburtsstadt. Ich fahre durch das Land, in dem ich meine Kindheit verbracht habe. Mehr als fünfzig Jahre sind vergangen, seit wir flüchten mussten. Je näher ich dem Städtchen komme, desto vertrauter wird mir die Landschaft: Die endlosen Wälder und Wiesen, kleine kornhaufenbestandene Felder, weidende Kühe, träge dahinfließende Bäche. Die Wolbórka schlängelt sich wie eh und je durch die Auenlandschaft, in der ich das Schwimmen erlernte.

Ich stehe vor der Tür meines ältesten Cousins. Umarmungen und Tränen der Freude. Ein Wiedersehen nach so vielen Jahren. Tante Zofia liegt gealtert und krank im Bett. Mit einem einzigen Blick hat sie mich gleich erkannt. Tränen laufen über ihr verhärmtes Gesicht. *Der kleine Bobusch*, sagt sie und drückt mich an ihr Herz. Ich nehme meine alte Heimat mit allen Fasern meines Herzens auf. Alte Erinnerungen, die wie Schleier vor meinen Augen waren, werden wieder wach.

Die alten Wege tauchen vor mir auf, als wäre ich sie schon immer gegangen. Hier sind die Wurzeln meiner Eltern, der Großeltern, meiner Vorväter, auch meine Wurzeln. Ich stehe vor dem Haus auf dem Michałówek. Die eichene Tür an meinem Fahrradschuppen ist noch dieselbe, nur mit Teer überpinselt, und das Hufeisen vom Großvater fehlt. Vom verwilderten Garten her, den die Mutter so fleißig bearbeitet hatte, schaue ich zum Fenster meines Zimmers hinauf. Es ist dasselbe, nur braun gestrichen. Vor dem Fenster die Jasminbüsche – sie sind breit ausgewuchert – erblicke ich ein Rotkehlchen mit aufgeplustertem Gefieder. Wehmütige Erinnerungen überkommen mich. Ich möchte zu gern einmal in das Haus hinein. Ein Mann mit weißem Unterhemd kommt aus dem Haus. Ich frage ihn, ob ich einmal hinein dürfte, ich hätte vor vierzig Jahren darin gewohnt.

Ty Nemec?, entgegnet er. »Du bist Deutscher?« »Ja«, sage ich. *Nie*, sagt er. Ich soll mich nach Deutschland verziehen. Ich fahre bangenden und zitternden Herzens mit dem Taxi hinaus zum Hof des Großvaters. Das Wohnhaus ist abgerissen, ein neues ist daneben errichtet worden. Doch die Stallungen und die Scheune stehen noch. Auf dem Holzpodest vor dem Hühnerstall steht eine Störchin auf einem Bein. Und rechts vor der Scheune ist noch die gleiche Kellertreppe. Vielleicht stehen dort noch die Schmandtöpfe meiner Großmutter. Zwei Jungen beäugen mich misstrauisch. Sie bieten mir Pilze an. Ein älterer Mann in zerschlissenem Arbeitsanzug, aufmerksam und neugierig geworden, kommt an mich heran. Ich spreche mit ihm über das längst Vergangene, will mich vergewissern, dass dies der Hof meines Großvaters war.

Tak tak, sagt er, *tutaj mieszkał Seehagel*. (Hier hat Seehagel gewohnt) Seehagen, berichtige ich. Er hat alle meine Verwandten gekannt: Den Großvater, Onkel Arthur, meine Mutter. Er schaut mich so seltsam an und sagt schließlich: »Ich bin Janek, wohne gleich hier nebenan.«

»Du bist Janek? Ich bin Bobusch, dein deutscher Freund, kannst du dich nicht erinnern?« Wir fallen uns in die Arme, haben uns unendlich viel zu erzählen. Im Sommer 1945 ist er aus Deutschland heimgekehrt. In einer Fabrik im Rheinland musste er schwer arbeiten. Die Schwester ist bei der Zwangsarbeit gestorben. Auch die Eltern leben nicht mehr. Eine lange und schwere Zeit liegt zwischen dem Geschehenen.

Er fragt mich, wo ich wohne, in der DDR oder drüben. Ich sage, im Osten Deutschlands. *Nie dobre*, nicht gut, sagt er darauf. Ich möchte den Hof des Großvaters betreten. Der Hofbesitzer ist erstaunt und misstrauisch, aber nicht unfreundlich. Als ich ihm eröffne, das ich hier als Kind auf dem Hof meines Großvaters oft gewesen sei und ein Buch schreiben würde, eine Autobiografie und er darin auch vorkäme, wird er neugierig und verlegen. Ich möchte den Stall sehen.

Er geht voran. Im Pferdestall müsste mir sich gleich der edle Kopf des Rappen zuwenden, so weit in die Zeit zurückversetzt fühle ich mich. Ich vermeine hinter mir die Schritte des Großvaters zu vernehmen. Ein dürres Fohlen beäugt mich aus der Box. Die zwei Kühe des Bauern im Nebenjob sind auf der Weide. Hinter der Scheune vermisse ich das sorgsam bearbeitete Feld des Großvaters. Schon nach ein paar hundert Metern ist es von Wald und Büschen überwuchert. Der Besitzer des Hofes baut nur so viel an, wie er auf dem Markt verkaufen kann. Er will wissen, wie es dem Großvater ergangen sei. Er ist noch einmal Bauer geworden, sage ich, hat ein Haus gebaut und mit seinem Sohn das Feld bearbeitet und bebaut, bis sie es in die LPG geben mussten.

Ich schaue in sein besorgtes Gesicht und spüre, dass er befürchtet, ich wolle auf den alten Besitz und mein Erbe pochen. »Da brauchen Sie nichts zu befürchten«, sage ich. »Die Enkel haben alle ihr eigenes Leben eingerichtet. Niemand wolle hier her und ihm was wegnehmen.« Er lacht verlegen, bittet mich in sein Haus.

Die Ehefrau bietet mir Kaffee und Kuchen an. Die zwei Kinder, die das Gymnasium besuchen, kommen hinzu. Sie wollen wenigstens die Bilder in meinem Skript sehen. Ich zeige ihnen den Großvater mit seiner Familie. Sie wollen noch mehr wissen. Der Bauer fragt mich aus. Wenn das Buch fertig sei, möchte er eines haben.

»Aber Sie können doch gar kein Deutsch«, wende ich ein. »Aber meine Kinder lernen die Sprache auf dem Gymnasium.« Ich verspreche, ihm ein Buch bei meinem nächsten Besuch zu überbringen. Die polnische Familie ist ein wenig beruhigt. Hier ist keiner, der ihnen was wegnehmen will, keiner, der auf irgendwelche alten Rechte pocht. Langsam hellen sich ihre Gesichter auf. Der junge Bauer beginnt zu erzählen: Ihnen, besonders seinen Eltern, sei es trotz der Hofübernahme nicht gut gegangen. Die Bedingungen für die Landwirtschaft in Polen seien schlecht gewesen und auch heute nicht gut. Kaum Dünger, keine Maschinen, niedrige Preise, es sei schwer gewesen zu überleben. In der DDR war es sicher besser.

Er will wissen, wie es den LPGs ergangen sei. Ich erzähle ihm, was ich weiß. *No tak, lepie jak unas,* meint er. (Na ja, besser als bei uns).

Krzysztof Grabowski – jetziger Bauer auf dem Hof meines Großvaters. Er hat Ende der Neunziger alles neu gebaut unter schwierigsten Bedingungen: Wohnhaus, Stallungen und Scheune

Ich fahre zurück in die Stadt. Mein nächster Gang auf den deutschen evangelischen Friedhof. Das Grab meiner Großmutter ist nicht mehr. Es war direkt an der Friedhofsmauer, damals als alle überstürzt flüchten mussten, erzählte meine Mutter. Danach gab es keinen mehr, der sich darum kümmern konnte. Aber unter den deutschen Gräbern entdecke ich das Familiengrab der Eltern meines Vaters. Blumen darauf von meinen Cousins, einige Minuten stillen Gedenkens.

Es treibt mich weiter auf den jüdischen Friedhof. Ich kann nicht anders. Das Schicksal dieser Menschen lässt mich auch nach so vielen Jahren nicht los. Der Jude Benjamin Yaari aus Holon bei Tel Aviv – seine Eltern hatten ein Fuhrgeschäft in der Warschauer Straße – kam in die Stadt seiner Väter und sah mit Erschrecken und Bedauern die Verwilderung auf dem jüdischen Friedhof. Und nicht nur in dieser Stadt. Die Zustände auf jüdischen Friedhöfen in Polen waren fast überall gleich. In einer Dokumentation beschrieb Yaari die jüdischen Friedhöfe und forderte ihren historischen Erhalt. Das war man vor allem den Opfern der Nazidiktatur schuldig. Um diesem desolaten Zustand in Tomaszów abzuhelfen, brachte er ihn zur Sprache auf einer allgemeinen Versammlung der Tomaszówer Juden in Israel. Und so fassten die Israelis den Entschluss, etwas dagegen zu tun. Sie entwarfen einen Plan der Renovation, der auch in der Jüdischen Gemeinde New York vorgestellt wurde und Zustimmung erfuhr.

15.000 Tomaschower Juden hatten in der Stadt maßloses Unrecht erlitten, wurden im Ghetto zusamengepfercht, fanden schließlich einen grausamen Tod in Treblinka, das durfte nicht im Vergessen untergehen. Die Versammlung sandte ein Schreiben an den Rat der Stadt und stellte darin ihren Plan vor. Mehr als vier Monate wartete die Kommission auf Antwort – vergebens.

Daher wandte sie sich an die Polnische Gesandtschaft in Tel Aviv, von der sie bald eine Antwort bekam. Einer der Punkte des Planes war, den Kirkut mit Wasser zu versehen, aber dafür erhielten sie eine Absage, weil im Finanzplan der Stadt dafür kein Geld vorgesehen war. Doch die Israeliten ließen nicht locker, sondern baten die katholische Pfarrgemeinde der Stadt um Hilfe, von dem daneben liegenden katholischen Friedhof Wasser zu bekommen. In Tomaszów angekommen, baten sie um Unterstützung der Stadtverwaltung, deren Stadtsekretär Dębiec sehr aufgeschlossen war, Material und einige Arbeitskräfte bereitstellte.

Diese schlossen die Lücken in der Begrenzungsmauer und hoben die Fundamente für das Mahnmal aus. *(Doch heute ist die Mauer zum Friedhof wieder aufgerissen, die Grabmale, wie schon berichtet zerstört. Auf der Friedhofwiese lungern Kinder und Jugendliche herum und spielen Fußball. In dem Wärterhäuschen wohnt eine polnische Familie mit Kindern in tiefstem Elend. Ihr Hund streunt auf dem Gelände herum)* Unterdessen beschafften Benjamin Yaari und sein Onkel Szlomo Birenszok, die diese Arbeiten leiteten, 90 Meter Rohr, das verlegt und an die Leitung auf dem katholischen Friedhof angeschlossen wurde. Bei all diesen Arbeiten fanden die beiden Initiatoren Hilfe und Unterstützung durch Frau Urszula Trocha, eine aufgeschlossene, überaus interessierte und freundliche Polin der Stadt, durch Frau Beate Kosmala, Historikerin und wissenschaftliche Mitarbeiterin am Zentrum für Antisemitismusforschung in Berlin, die das bedeutende Buch *Juden und Deutsche im polnischen Haus* geschrieben hat, und Jerzy Wojniłovicz – Lehrer und Stadthistoriker. Auch Dr. I. B. Burnett, alias Ignacy Bierżinski, schon im Rollstuhl sitzend und aus dem fernen Australien gekommen, war bei den Arbeiten dabei. Er erstellte vor

Am jüdischen Mahnmal

allem das Grabmal für seine unter den Deutschen umgekommenen Eltern. Bald darauf erschien ein junger Mann Namens Michał Rzeźnik, der hebräisch und jiddisch lernte. Die Tomaszówer Presse wurde aufmerksam, was da auf dem jüdischen Friedhof geschah und berichtete darüber. Von der katholischen Kirche aufgerufen, fanden sich interessierte Helfer aus der Stadt ein. Es entstanden das Denkmal an der Friedhofsmauer, der Gedenkstein für die ermordeten 15.000 Juden in Treblinka und für die 21 auf dem Friedhof erschossenen Juden. Vor einigen Jahren entdeckte Roman Kijewski, ein Tomaszówer Arzt, auf seinem jüngst erworbenen Grundstück die ausgelegten jüdischen Grabsteine auf seinem Hof. Er informierte die Jüdische Gemeinde in Łódź. Jerzy Wojniłovicz, Benjamin Yaari und sein Onkel erfuhren davon. Sie retteten die Grabsteine und ließen sie an der Mauer aufstellen. Nach Frau Urszula Trocha gehörte das von dem polnischen Arzt erworbene Grundstück früher dem Judenmörder Georg Boettig. So erhielten die hingemordeten Juden meiner Stadt ein würdiges Denkmal. Was kann ich anderes tun, als ein paar Blumen niederzulegen.

Mit nachhaltigen Eindrücken der alten Heimat verabschiede ich mich und verspreche wiederzukommen. Ganz bestimmt komme wieder hier her. Ich bin von den Eindrücken fasziniert. Die Polen sind mir vertraut, meine Cousins nie fremd geworden. Es ist als ob ich einen alten Traum in der Wirklichkeit neu erlebe.

Und ich will es hier gleich berichten: Dieser Traum, meine Stadt in friedlicher Eintracht von Polen und Deutschen versammelt zu sehen, wurde Wirklichkeit. Herr Waldemar Schultz aus Kaarst und Stefan Balzer aus Dresden, in Verbindung mit dem polnischen evangelischen Pfarrer Roman Pawlas, haben es möglich gemacht. Sie haben einen Bus organisiert und die Feierlichkeiten mit gestaltet. Herr Schultz diente freundlicherweise auch als Dolmetscher. Ihnen ist es auch zu verdanken, dass wir uns jährlich unser Stadttreffen durchführen können.

Im ersten Kapitel dieses Buches schrieb ich: *Mit großem Stolz und Genugtuung nahmen sie ihre Kirche in Beschlag* (die evangelischen Deutschen im Jahre 1902). *Bis im Jahre 1944, am 1. Weihnachtstag, die Glocken für die noch vollständig versammelte evangelische Gemeinde zum letzten Mal erklangen. Danach wurde sie in alle Winde verstreut. Mögen die Glocken zum 100. Jubiläum im Jahre 2002 ebenfalls mit reinen hellen Ton erklingen und von Frieden und Versöhnung zwischen Polen und Deutschen künden.* Und noch etwas ist ausgesprochen wichtig, erwähnt zu werden: Als die Russen einmarschierten, haben polnische Soldaten die Kirche beschützt – die Russen wollten ihren Tross und ihre Pferde darin unterbringen.

Der Kreis schließt sich. Dieser Tag ist gekommen. Die kleine evangelische polnische Gemeinde hat über Jahrzehnte an ihrem evangelischen Glauben festgehalten. Die imposante Kirche ist nicht verfallen. In mühevoller Arbeit wurde sie auf Hochglanz gebracht und im Jahre 2005 noch einmal innen frisch gestrichen. Die noch lebenden Deutschen der ehemals großen Gemeinde wurden freundlichst eingeladen und empfangen. Sie kamen aus vielen Ländern der Erde: Vor allem aus Deutschland, aber auch aus England, Frankreich, Finnland, Holland, Ungarn, der USA und Kanada.

Hinzu die Vertretungen der Partnergemeinden aus Saarbrücken-Jägersfreude, Guben, der Partnergemeinde Nieuwegein, Vreeswijk (Holland), der Partnergemeinde Bystrzyey und Havirov-Sucha (Tschechien), der evangelischen Kirchengemeinde in Bonyhád (Ungarn), der Partnergemeinde Sainte-Marie-aux-Mines (Frankreich), der Partnergemeinde Svicie (Slowakai) und der Partnergemeinde Ähtäri (Finnand).

Sie alle waren der freundlichen Einladung der kleinen evangelischen polnischen Gemeinde dieser Stadt und ihres Pfarrers Roman Pawlas nachgekommen.

Ehemalige Deutsche Bewohner der Stadt vor der Erlöserkirche zum 100-jährigen Kirchenjubiläum im September 2002

Fünf unvergessliche Tage in Gemeinschaft im Glauben, vereint in Gottesdiensten, bei den wunderschönen Konzerten der Chöre, Musikgruppen und Solisten aus Tomaszów, der Gospelsänger aus Bełchatów, des Gubener Posaunenchors und des exzellenten Orgelspiels von Frau Ewa Pawlas, der rührigen und vielseitigen Ehefrau des Pastors Roman Pawlas. Sie haben uns unvergessliche und herrliche Stunden in unserer alten Heimat beschert. In Anwesenheit der Stadträte, der ökomenischen

Vertreter beider großen Kirchen, des Bischofs Mieczław Cieślar und vielen anderen, erfuhren wir die Wertschätzung und Achtung dessen, was einst von den evangelischen Deutschen, unseren Vorfahren, begonnen wurde. Wir fuhren zurück mit der Gewissheit, zur Freundschaft und Versöhnung ein entscheidendes Stück beigetragen zu haben, für ein neues friedliches und vereintes Europa ohne Fremden- und Ausländerhass.

Und gleichzeitig hatte ich die Ehre, in meiner ehemaligen Oberschule, dem heutigen Lyzeum *J. Dąmbrowski*, über dieses Buch eine Lesung zu halten. Etwa 60 polnische Schüler, zweier Deutschklassen, lauschten meinem Vortrag. Halb in polnischer, halb in deutscher Sprache versuchte ich sie zu sensibilisieren, ihnen aufzuzeigen, was von beiden Seiten aus geschah und warum es geschah. Solch interessierte Zuhörer hatte ich selten. Viele Fragen waren zu beantworten. Sie möchten das Buch in polnischer Sprache übersetzt sehen. Schließlich stellten wir uns zu einem gemeinsamen Foto auf.

Der Autor mit polnischen Jugendlichen vor der ehemaligen deutschen Oberschule

Ein Foto vor dem Schulportal, durch das ich einst gegangen war. Mit der Einladung in der Tasche, zu dem 100-jährigen Jubiläum ihrer Schule im nächsten Jahr wiederzukommen, fahre ich nach Hause zurück. Was ich von dieser Reise mitnehme, ist nicht mit Gold aufzuwiegen: aufgeschlossene, bescheidene Menschen mit einem großen Herzen und der Sehnsucht nach einem reicheren Leben.

Sie haben verziehen, was ihnen die Umstände und der Krieg der Deutschen angetan. Und sie leben in banger Ungewissheit, vor einem vereinigten Europa, der Europäischen Gemeinschaft, der sie nun bald angehören werden, in seinem östlichen Teil hintenan zu stehen.

Nachdem ich meine alte Heimat wiedergesehen habe, spüre ich Jahr für Jahr diese diffuse Sehnsucht nach der echten Heimat in mir. Je älter ich werde und je mehr ich darüber nachdenke, desto stärker wird mir bewusst, wie sehr mich das Fehlen dieser unvergesslichen Heimat bedrückt. Der Verlust der Wurzeln, der Freunde, der vertrauten Umgebung, die sich unauslöschlich in mir festgesetzt hat, der Landschaft und die Vielfalt der damaligen Bewohner mit ihrer Mentalität und Eigenart. Und ich spüre schmerzlich, dass die nicht mehr am Leben sind, die diese Heimat mit ihrem Schweiß und ihrer Kraft geprägt haben: meine Eltern und Großeltern, die Unterdrückten und Hingemordeten Polen und Juden, die dem Stetl das zu geben vermochten, was es unverwechselbar machte.

In die Schule zurückgekehrt, gibt es viel zu erzählen. Der Genosse Major ist nicht gut auf die Polen zu sprechen. Sie sind auf dem besten Wege, das sozialistische Lager zu schwächen. Na ja, sie sind ja noch nie ein verlässlicher Partner gewesen.

Seit Gorbatschow, nach Andropow und Tschernenko an die Macht gekommen sei, gehe es auch in unserem Bruderland nicht auf der richtigen Linie voran. Perestroika und so, das bringe doch nichts. Da müsse man aufpassen, dass die Leute in der DDR nicht von dem Bazillus angesteckt würden, sagt er und holt seine Pillen aus der Tasche. Die roten seien für das Herz, die blassgrünen gegen hohen Blutdruck und die weißen zur Vorbeugung gegen Schlaganfall.

»Da kann ja nichts mehr passieren«, sage ich. Er lacht. Und gleich macht er mich wegen der Passbilder an, die ich noch nicht abgegeben habe, die doch nötig seien für den Umtausch der Mitgliedsbücher. Vor dem XII. Parteitag beabsichtigt die Partei nämlich, ihren Bestand zu sondieren, sozusagen zu überprüfen.

Ich aber möchte die Partei verlassen, darum habe ich auch die Passbilder nicht abgegeben. Ich will einfach nicht mehr, kann mit der Politik nicht mehr konform gehen. Die Tagesordnungspunkte für den Parteitag trotz der hintergründigen Parole, des zweiten Treffens – Honecker – Strauß, stehen schon fest:

Punkt 1: Hereintragen des Präsidiums.
Punkt 2: Einschalten der Herzschrittmacher.
Punkt 3: Singen des Liedes – *Wir sind die junge Garde des Proletariats ...* und so weiter.

Die Tagesordnungspunkte bleiben aber auf dem Papier. Der XII. Parteitag ist im Trubel der Wendebewegung untergegangen. Doch nun geht es auf das DDR-Jubiläum zu, den 40. Jahrestag. Dafür müssen alle Kräfte mobilisiert werden, aber ich habe keine Kraft mehr.

Immer mehr DDR-Bürger erhalten die Möglichkeit die Bundesrepublik zu bereisen. Auch Lehrer sind schon zu besonderen Anlässen gefahren. Die DDR-Staatsführung lockert den Reiseverkehr in die BRD. Lockerung ist eigentlich nicht der treffende Ausdruck, denn die Zahl der Personen, die nun reisen dürfen, bleibt weiter eingeschränkt.

Neben Altersrentern sind es diejenigen, die Verwandte im Goldenen Westen aufweisen können. Doch nun sind die Anlässe erweitert worden. Nicht mehr nur bei Todesfällen, sondern auch zu runden Geburtstagen im höheren Alter, zum 60., 65. oder 70., Silberne und Goldene Hochzeiten, Konfirmationen usw. Ich wittere eine Chance. Meine Schwester wird 60. Zaghaft frage ich beim Schulrat nach.

»Das wird nichts«, sagt der. »Den Antrag kannst du dir sparen. Ja, wenn sie gestorben wäre, dann vielleicht.« Ich bin entsetzt. Der Schulrat beharrt auf der alten Regelung und setzt den Tod eines Menschen voraus. Aber meine Frau und ihre Schwester Lisa dürfen zum 60. Geburtstag ihres Schwagers nach Reinbek fahren.

Ein frohes Wiedersehen mit der Schwester im Westen, eine tolle Feier mit einem Ständchen des ortsansässigen Blasorchesters. Schließlich die Heimfahrt mit neuen freudigen Eindrücken. Die ominöse Grenze naht. In Bebra keine Passkontrolle, umso ausgiebiger in Wartha. Der Grenzer nimmt Elfies Pass, schaut auf das Foto, dann auf die Passinhaberin. Er zieht die Brauen hoch und sagt:

Das sind doch nicht Sie! Sie sind doch nicht Elisabeth! Elfie erschrickt, wird rot und blass. Ein Gedanke schießt durch ihren Kopf: Die Pässe sind beim Abholen des Begrüßungsgeldes vertauscht worden. Was nun? Zaghafte Erklärungsversuche. Elfie beißt sich fast auf die Zunge. Beinahe wäre ihr herausgerutscht, bei welcher Gelegenheit es zur Verwechslung der Pässe gekommen ist.

»So so, sagt der Grenzer. Das auf dem Foto ist also Ihre Schwester, und die hat Ihren Pass, während Sie ... Das müssen wir überprüfen. Nehmen Sie Ihr Gepäck und kommen mal mit!«

Er lässt sie vorausgehen, behängt mit Koffer und Tasche, schiebt sie in einen Barackenraum, geht hinaus, um sich mit seinem Vorgesetzten zu konsultieren. Im Raum sitzt schon ein Mann in den mittleren Jahren mit betretenem Gesicht. Sie haben ihn eingehend gefilzt. Ein Pornoheft war der Stein des Anstoßes. Der Mann zuckt mit der Schulter:

»Geldstrafe? Einsperren werden sie mich ja wohl nicht.« Ein zaghaft sauertöpfisches Lächeln umspielt sein Gesicht. Doch schon kehrt der Posten zurück.

»Haben Sie etwas, womit Sie sich ausweisen können – Fahrerlaubnis, SV-Ausweis?« Gott sei dank, den Versicherungsausweis hat Elfie dabei. Nun muss sie die Anschrift ihrer Schwester angeben, dann darf sie weiterfahren. Doch der Interzonenzug ist weg, langes Warten auf den nächsten. Endlich zu Hause, muss sie zur VP-Meldestelle und Passwesen. Ein dicker Vopo empfängt sie missmutig:

»Da haben Sie noch einmal Glück gehabt.« Er übereicht Elfie ihren Personalausweis der Deutschen Demokratischen Republik mit einer hochmütigen Geste. Glücklicher Ausgang einer missglückten Rückreise.

Wer noch nicht drüben war, zählt beinahe schon zu den Asozialen. Doch der Schulrat erklärt auf einer Beratung der stellvertretenden Direktoren: *Die BRD ist kein Reiseland für Pädagogen.* Sie sollen doch gefälligst Abstand nehmen von einem Antrag.

Er wolle auch nur in Ausnahmefällen seine Zustimmung geben. Ich melde mich in der Diskussion und erkläre, dass ich wenigstens noch die Alpen sehen möchte, bevor ich das Zeitliche segne. Leichtes Schmunzeln unter den Kollegen. Der Schulrat entgegnet nichts darauf. Danach gebe ich ihm mein Schreiben, in dem ich ihn bitte, mich von der Funktion des stellvertretender Direktors zu entbinden.

In unserem Staat brodelt es. Gorbatschow hat mit seiner Perestroika eine Lawine losgetreten. Ich verschlinge die Zeitschriften: Sozialismus – Theorie und Praxis. (STP) *Demokratisierung und Menschenrechte* lautet ein Artikel. Es geht um die verstärkte Fortführung der Reformen. Nur wir haben das nicht nötig. Der oberste Chefideologe, Kurt Hager, erklärt: *Wenn andere tapezieren, müsse man das selber noch lange nicht tun.* Auch dann nicht, wenn die Tapeten in Fetzen herunterhängen? Doch dann setzt der Staat noch eins drauf. In Berlin, zur offiziellen Demonstration zum 69. Jahrestag der Ermordung von Rosa Luxemburg und Karl Liebknecht, hat sich auch eine andere Art von Demonstranten eingefunden. Sie tragen ein Transparent mit dem bedeutsamen Satz von Rosa Luxemburg:

Die Freiheit ist immer die Freiheit des Andersdenkenden. Das ist aber nicht im Sinne der Staatsführung. Sie bestimmt, was die Menschen zu denken haben. Stasi und Volkspolizei reißen die unliebsamen Transparente herunter, 120 Personen werden verhaftet. In mir bricht der letzte Rest von Staatsräson zusammen. Der Staat hat seinen Kredit bei mir verspielt. Ich kann mich nicht länger mit diesem Staat identifizieren.

Wieder einmal Schuljahresende – Aufenthalt im Wehrlager der Jungen der 9. Klassen. Es sind schon mehr, die sich entschlossen haben, nicht daran teilzunehmen. Der Genosse Ziegler ist darüber sehr verärgert. Auch sonst klappt es im Wehrlager nicht so, wie er es sich vorgestellt hat. Es gibt Streit mit dem Vorgesetzten. Das ist zu viel. Der Genosse Major fällt einfach um. Schlaganfall, wenig später ist er tot. Die verschiedenen Pillen haben nichts genützt. Der Tod ist ein unbarmherziger Schnitter ohne Ansehen der Person und lässt sich auch durch die Einnahme von Pillen nicht verhindern. Beerdigung unter der Roten Fahne. Eine Delegation unserer Schule nimmt daran teil, erweist dem Genossen die letzte Ehre. Er hat gekämpft bis zum Letzten. Einige Stimmen orakeln später nach der Wende: Für ihn nur zum Besten, denn das, was nun geschieht, hätte ihn schier um den Verstand gebracht.

Ein neuer Parteisekretär muss her. Er kommt von der Abteilung, ein Sicherheitsinspektor. Er fordert meine Passbilder, sonst könne er für nichts garantieren. Da ist sie, die Drohung. Was werden sie mit mir machen, wenn ich aus der Partei austrete?

Meine Frau ist schon zu Besuch in den Westen gefahren, nun steht der 60. Geburtstag der Schwägerin in Salzgitter an. Beim Antrag auf Grund von besonderen Anlässen – zur Silberhochzeit und später auch zum 60. Geburtstag meiner älteren Schwester – habe ich schon nicht fahren dürfen. Noch liegen mir die Worte des Schulrats schwer im Magen:
Ja, wenn sie gestorben wäre... Da musste erst jemand aus der Familie tot sein, um fahren zu dürfen. Doch dieses Mal lasse ich nicht locker und stelle den Antrag gemeinsam mit meiner Frau. Aber allgemein war es nicht üblich, dass Ehepaare gemeinsam fahren konnten. In der Schule wird geäußert, dass man keinem, der nach Drüben fahre, trauen könne. Auch mir nicht. Meine Frau darf ihren Pass abholen, ich nicht. Ich rechne schon nicht mehr damit, da kommt ein Tag vor dem Reisetermin ein Anruf vom Volkspolizei-Kreisamt – ich könne meinen Pass abholen. Wie es zu der Genehmigung kam, weiß ich bis heute nicht.

Wir fahren mit dem Grenzbus nach Duderstadt. Vierundvierzig Jahre ist es jetzt her, seit ich dort war. Die Stadt ist natürlich nicht wiederzuerkennen. Wir werden mit dem Auto abgeholt. Was ich in den Dörfern und Städten sehe, nötigt mir ungemein Achtung ab. Da müssen wir noch viel aufholen, um dort hin zu kommen. Erstmals lese ich Zeitungen, die so ganz anders sind. Natürlich habe ich viel im Fernsehen gesehen und gehört, aber nun kann man es schwarz auf weiß lesen. Honecker tönt:
Den Sozialismus in seinem Lauf, hält weder Ochs noch Esel auf! Wer da glaubt, der Spruch stamme von ihm, der irrt. Der Spruch ist ein trotziges Spottwort, das die Sozialisten im Kampf gegen Bismarck prägten. Damals glaubten sie noch, dass sich der Spruch einmal bestätigen würde.
Die Mauer wird auch in fünfzig und hundert Jahren noch stehen, solange die Bedingungen dafür vorhanden sind. Die Menschen aber hoffen, dass sie endlich wegkommt, doch kaum einer glaubt daran, dass es so bald geschieht. Und die Sprüche des Staatsratsvorsitzenden sind auch nicht angetan, die Hoffnungen in absehbarer Zeit erfüllt zu sehen.

Jeder normale Mensch, der die Sprüche hört oder liest, spürt nicht nur, wie dumm diese Worte eines senilen Mannes sind, sondern dass darin auch die Rundumschläge eines desolaten und abgewirtschafteten Systems zum Ausdruck kommen.

In der obligatorischen Weiterbildung der Staatsbürgerkunde-Lehrer, in der wir eigentlich etwas grundlegend Neues erwarten, werden wir arg enttäuscht. Die Fachberaterin geht auf die sozialistischen Staaten des Ostblocks ein und vertritt die Meinung, dass der Sozialismus in Polen, Ungarn, in der ČSSR und auch in der Sowjetunion gescheitert sei. Das sei kein Sozialismus mehr, was dort praktiziert werde.

Wir, die DDR, müssten jetzt unseren eigenen Weg des Sozialismus unbeirrt beschreiten und den Staatsbürgerkunde-Unterricht darauf ausrichten. Reformen bräuchten wir ebenso wenig wie einen neuen Kurs. Der XI. Parteitag habe den Weg gewiesen, den es fortzusetzen gelte. Wir sind auf dem richtigen Kurs für Frieden, Fortschritt und Wohlstand. Die Worte dröhnen in meinem Kopf. Diese Überheblichkeit, dieser Starrsinn und diese Borniertheit können einem die Sprache verschlagen. Die Diskussion kommt nur schwer in Gang, weil ich mich zurückhalte. Ein Kollege meint: »Da haben wir nun gelernt *Von der Sowjetunion lernen, heißt siegen lernen* und nun sind die mit ihrem Latein am Ende.« Keine Antwort darauf, nur Hilflosigkeit und betretenes Schweigen.

Ich raffe mich auf und sage: »Wenn der Sozialismus in Polen, Ungarn und in der SU gescheitert ist, dann muss er in der DDR, in Rumänien und vor allem in China geglückt sein. Sollte das der Fall sein, dann müsste man den Sozialismus, so wie er auf dem Platz des Himmlischen Friedens in Peking durchgesetzt worden ist, als den wahren Sozialismus bezeichnen.« Ich hege die Hoffnung, von irgendeiner Seite Zustimmung zu erhalten, aber vergebens. Der Versammlungsleiter zieht ein miesepetriges Gesicht und erwidert:

»Nun, deine Diskussion hat mir gar nicht gefallen.« Ich bin empört und rufe dazwischen: »Es ist doch nicht der Sinn zu diskutieren, dass es jemandem gefalle!« Alle schauen ratlos drein, bis der Versammlungsleiter von der Abteilung Volksbildung schlussfolgernd sagt: »Betrachten wir unsere Aufgabe als Auftrag des real existierenden Sozialismus in unsrem Land, den es weiter zu verfolgen gilt ...«

Eine schöne Linie, die uns da vorgegeben, den real existierenden Sozialismus fortzuführen. Hat das noch etwas mit wahrem Sozialismus zu tun? Ist der real existierende Sozialismus in unserem Land nicht die unumschränkte Herrschaft einiger tausend Funktionäre und ihrer eifrigen Vasallen bis hinunter in die Kreise und Betriebe, die dünkelhaft und gemäß den vorgegebenen Zwängen, ihre Macht rigoros ausüben und den Staat zu Grunde richten?

Es gibt so viele junge begabte Leute in Staat und Wirtschaft, mit neuen, kreativen Ideen und Tatendrang, die einen neuen Aufbruch wagen würden, aber sie kommen gar nicht erst zum Zuge, weil die Staatsoberen misstrauisch darauf achten, dass sie nicht nach oben kommen. Und kommt es doch einmal vor, dann sind sie schon bald mitten drin in der Tretmühle und haben sich angepasst oder, was noch schlimmer ist – sie gebärden sich päpstlicher als der Papst.

Kommunalwahlen folgen auf die turbulenten Tage und Ereignisse. Wieder die Einheitsliste. Über Nacht beschließt die Volkskammer, den ausländischen Bürgern, die schon ein halbes Jahr in der DDR weilen, die Wahl zu ermöglichen. Die Schüler können das nicht verstehen, dass diese

Maßnahme über die Köpfe der Bevölkerung hinweg beschlossen worden ist.

»Ist das denn richtig«, fragt einer, »dass die *Fidschis* wählen dürfen?« Gelächter. Ich versuche zu erklären, dass Fidschis eine abfällige Bemerkung und unangebracht sei. Außerdem kämen die Leute nicht von den Fidschis, sondern aus Vietnam. Und übrigens sei es doch egal, ob ein Zettel mehr oder weniger in die Urne geworfen werde. Die Wahl verläuft wie die anderen zuvor: Reingehen, Zettel falten, in die Urne werfen, wieder rausgehen. Doch das Ergebnis kann nicht darüber hinwegtäuschen, dass die Bevölkerung ein anderes Demokratieverständnis hat. Erstmals gehen auch in den Dörfern einige Bürger nicht zur Wahl, und eine größere Anzahl sucht die Kabinen auf. Die meisten aber gehen schon deswegen, weil sie befürchten, sonst nicht mehr in den Westen reisen zu dürfen. Pastor Henselmann ist demonstrativ nicht zur Wahl gegangen. Er erklärt der Gemeinde von der Kanzel, warum: »Sie werden wissen, dass ich einen Ausreiseantrag gestellt habe. Ich möchte in den Missionsdienst, doch von hier aus kann ich das nicht. Mit Wahl in eigentlichem Sinne hat das wohl nichts zu tun. Was oder wen sollte man auch auswählen können, wenn es einem schon vorgeschrieben ist. Diese Wahl ist wie der Tanz ums goldene Kalb, aber ich habe nicht die Absicht um das goldenen Kalb herumzutanzen. Diejenigen, die das Recht mit Füßen treten, die Allgewaltigen, wird der Herr vom Thron stürzen und die Niedrigen erhöhen, liebe Gemeinde.« Zum Schluss schließt er die verblendeten Oberen doch noch in seine Gebete ein und bittet um ihre Erleuchtung.

Wenige Wochen danach weisen sie den Pfarrer aus. Sie hatten ihn zum Rat des Kreises bestellt, ihm anfangs gut zugeredet, schließlich gedroht, doch er ließ sich von seinem Vorhaben nicht abbringen. Als der Pfarrer keine Einsicht zeigt, verfahren sie mit ihm wie mit vielen anderen. In ein paar Stunden muss er den Staat der Arbeiter und Bauern mit der ganzen Familie verlassen. Das jüngste Kind ist erst ein paar Wochen alt.

Zum neuen Schuljahr habe ich darum gebeten, mich von der Funktion des stellvertretenden Direktors zu entbinden. Dem wird ohne weiteres stattgegeben. Nun bin ich bar jeder Funktion, nur der Staatsbürgerkunde-Unterricht hängt mir noch wie ein Mühlstein am Hals. Der Direktor ruft mich in sein Büro. Er fragt mich, ob ich irgendetwas gesagt habe. Die Kreisleitung habe sich noch nicht festgelegt wegen der Zustimmung, in Stabü unterrichten zu dürfen. Er müsse sonst den Einsatzplan ändern und ich solle doch einmal anrufen, damit er und ich im Bilde seien.

Ich rufe an und frage, ob das seine Richtigkeit habe. »Ja, das sei richtig«, erhalte ich Bescheid von der SED-Kreisleitung. »Nun gut«, antworte ich. »Dann werde ich jetzt in der 10. Klasse erklären, dass ich nicht mehr in Staatsbürgerkunde unterrichten darf.« Ich lege den Hörer auf und sage dem Direktor Bescheid. Der ist nicht sehr erbaut davon. Wen soll er in dem Fach einsetzen? Vielleicht müsse er dann selber einspringen.

Das will sich ihm ganz und gar nicht. Nach einer halben Stunde kommt ein Anruf von der kompetenten Stelle der Partei, die über dein Wohl und Wehe entscheidet: Die Erlaubnis wird befristet und bis auf Widerruf gegeben. Eigentlich hatte ich mich schon damit abgefunden. Aber nun muss es weitergehen bis zum bitteren Ende. Der Parteisekretär mahnt mich noch einmal wegen der Passbilder. Er droht mir, dass ich als Lehrer nicht mehr tragbar sei, wenn ich aus der Partei austrete. Doch diese Drohung ist mir egal. Ich fürchte mich nicht mehr, meinen geliebten Beruf aufgeben zu müssen.

Das Land ist in Aufruhr. Der Generalsekretär ist von seiner Krankheit noch nicht richtig genesen. Er hüpft auf dem Flughafen Schönefeld herum, in Erwartung des hohen Gastes aus der Sowjetunion und eröffnet den Reportern: *Totgesagte leben lange!* Gorbatschow kommt – die obligatorischen Küsse Mund auf Mund –, er wird von fragenden Reportern umringt und sagt den bedeutungsvollen Satz: *Wer zu spät kommt, den bestraft das Leben …* Das Leben hat die Menschen schon viel zu lange bestraft. Es hat sie gedemütigt, ausgegrenzt, ausgesiedelt, eingesperrt, an der Grenze gemeuchelt und dem wertvollsten Gut der Menschheit beraubt – der Freiheit und Freizügigkeit. Insgesamt Menschenrechtsverletzungen, die man als Bankrotterklärung eines Staates auffassen muss.

Viele Menschen ziehen ihre Konsequenzen, verlassen die DDR über Ungarn in Massen und belagern die Botschaft in Prag. *Der Letzte macht das Licht aus* ist ein geflügeltes Wort. Die Untätigkeit macht mich rastlos, ich halte es nicht mehr aus, muss etwas tun. Mit dickem Filzstift male ich Losungen auf weißen Karton. Es sind die gleichen Losungen, die auch in Leipzig bei den Montagsdemos gezeigt werden. Noch ist die Gefahr groß, doch es bekümmert mich nicht.

»Was machst du denn da?«, mahnt meine Frau. »Wenn die dich kriegen!« Ich schleiche hinaus in die Nacht, hefte die Losungen an Zäune und Weidedrähte an der Straße. Die Handschuhe verbrenne ich im Ofen. In Leipzig skandieren die Menschen: »Keine Gewalt, Stasi raus, Stasi in die Volkswirtschaft!« Später hat die Volkswirtschaft auch keinen Platz für die Leute von der Stasi. Der Hallore Genscher verkündet die Möglichkeit der Ausreise. Unbeschreiblicher Jubel. Der vom schwarzen Kanal verkündet:

Keiner weint ihnen eine Träne nach. Eine Lehrerin setzt noch eins drauf und erklärt den Kindern: *Das sind alles Verbrecher, die unseren Staat verlassen.* Am 9. November verkündet Schabowski die Öffnung der Mauer und der gesamten Grenzübergänge. Der eiserne Vorhang ist gefallen.

Zuvor, im September noch, Aufnahme von Schülern der 1. Klasse in die Pionierorganisation. Sie sind stolz auf das rote Halstuch, nehmen gern am ersten Pioniernachmittag teil. Es hat ihnen gefallen. Dann ist plötzlich Schluss mit den Pioniernachmittagen, mit allen Veranstaltungen dieser oder jener Art. Die Lehrer und Schüler reihen sich ein in die große Schlange westwärts der Grenze. Kein geregelter Unterricht mehr.

Der Direktor der Schule, die Volksbildung und die Leitungen der Betriebe haben ihre Macht verloren, noch bevor daran richtig gerüttelt worden ist. Eine kleine Halstuchträgerin bedauert diese Tatsache der nun nicht mehr stattfindenden Pionierveranstaltungen und fragt mit kindlichem Gemüt:

»Frau Lehrerin, warum ist denn kein Pioniernachmittag mehr?«

»Pioniernachmittage gab es nur in der DDR«, sagt die Lehrerin mit Bedauern. »Jetzt gibt es die DDR eigentlich nicht mehr. Sie haben sie verkauft!« »Ja, ich weiß«, sagt das Mädchen. »Wir waren auch in Duderstadt und haben uns die hundert Mark geholt!« Tage später raffe auch ich mich auf und fahre mit meiner Frau hinüber. Meine Angetraute bedrängt mich, sich ebenfalls anzustellen. Es kostet mich einige Überwindung, bis ich nachgebe.

Und dann stehen wir vor der Eichsfeldhalle (*Geldhalle*) am Schützenplatz in Duderstadt, dieser herrlichen Eichsfeldstadt mit dem einzigartigen Rathaus und den schmucken Fachwerkhäusern, betrachten die lange Schlange der um Geld Anstehenden. Einige mir bekannte höhere Funktionäre schleichen an mir vorüber, den Blick zur Erde gesenkt. Es widerstrebt mir, mich wie ein Bettler anzustellen. Meine Frau sagt:

»Wenn *Die* das können, kannst du das auch.« Es geht alles sehr schnell. Unsere Namen werden registriert, 200 DM sind in unserem Portmonee. Ich fühle mich beschämt wie ein bemittelter Bettler, der trotzdem ein Almosen empfängt. Bei E & R kaufe ich mir eine Jeans und im Baumarkt, wo ich aus dem Staunen nicht herauskomme, einen Steinbohrer, denn inzwischen hatte ich durch Zufall eine Mini-Multimax (Bohrmaschine aus Schmalkalden) bekommen. Eine sehr kinderreiche Familie mit den verzeichneten Kindern im Ausweis stellt sich doppelt an – Vater und Mutter – sie erhalten das Geld auch doppelt. Die schon im Westen waren und dort Begrüßungsgeld erhalten haben, befürchten es zurückzahlen zu müssen, doch das bleibt aus. »Wie sollen die wohl mit der Kontrolle nachkommen?«, hinterfragen nüchterne Stimmen.

Einer der höheren Funktionäre der Abteilung Volksbildung, noch Stellvertretender Schulrat des Kreises Worbis, hat sich schnell mit der neuen Lage abgefunden. In heiterer Sorglosigkeit betritt er die Kantine der SED-Kreisleitung, in der eine hitzige Diskussion entbrannt ist. Die Genossen haben sich anscheinend schon mit dem Untergang der DDR abgefunden. Einige sehen den Sündenbock in Gorbatschow und verfluchen seine Politik der Perestroika, sogar von Verrat an der Sache des Sozialismus ist die Rede. Aber der Mann von der Volksbildung ist unbekümmert. Offensichtlich tut er so nach außen hin.

»Jedenfalls habe ich den Kapitalismus noch einmal geschädigt«, meint er. Als die anderen ihn ungläubig anblicken, sagt er sarkastisch:

»Na ja, ich hab mir doch auch die einhundert Mark geholt.«

In Berlin auf dem Alexanderplatz findet eine Massendemonstration statt. Von einem LKW herunter treten mancherlei *Widerstandskämpfer* auf. Unter ihnen ein Wolf im Schafspelz und eine Wölfin. Der Erstere, seines Zeichens ehemaliger ranghoher Mitarbeiter in der Abteilung Aufklärung, beschwört den Aufbruch zu neuen Ufern.

Mich schauderts. Die Zweite, ihres Zeichens Dichterin, vom Staat gefördert mit Preisen, Reisen und allerlei Vergünstigungen bedacht, zieht zu Felde gegen diejenigen, denen sie gewisse Dienste geleistet hat. Dienste als IM Margarete. 12 Jahre hatte sie sich eingelassen. Dreißig Jahre war sie alt, als sie unterschrieben hatte. Mit 30 müsste man eigentlich wissen, worauf man sich einlässt. Ihr Resümee: *Stell dir vor, es ist Sozialismus und keiner geht weg.* Dabei trug sie sich ernsthaft mit dem Gedanken, selbst wegzugehen. Was sind ihre Bücher noch wert, angesichts des schlimmsten Tuns, nämlich Menschen auszuhorchen und zu bespitzeln? Nur einer der autorisierten Schriftsteller trifft den Nagel auf den Kopf. Stefan Heym spricht von der Sprachlosigkeit, die das Volk überwunden habe und von dem aufrechten Gang, den es nun zu lernen gelte. Und Stefan Reich vom Neuen Forum stellt fest, dass die Menschen in der DDR die Sprache wiedergefunden hätten. Er hätte das Wörtchen *öffentlich* davor setzen müssen, denn die Sprache haben die Menschen nicht verloren. Sie durften nur nicht öffentlich sagen, wie und was sie dachten.

Die DDR fällt zusammen wie ein Kartenhaus. Sie verabschiedet sich mit den Worten des großen Ober-Horchs: *Ich liebe doch alle, alle Menschen.* Er hatte die DDR-Menschen so lieb, dass er über ihre Leichen gegangen. Die marxistisch-leninistischen Gesetzmäßigkeiten der gesellschaftlichen Entwicklung zum Sozialismus und Kommunismus sind außer Kraft gesetzt worden. Honecker hat vor Jahren getönt: *Vorwärts immer, rückwärts nimmer. Eines Tages klopft der Sozialismus auch an eure Tür und wie wir uns da entscheiden werden, ist jetzt schon klar.* Er sprach auch von jähen Wendungen und Rückschlägen, die die Entwicklung nur bremsen, aber nicht aufhalten könnten, doch ich glaube, dass diese Wendung nicht nur ein Rückschlag ist, sondern zum Untergang führen wird.

Nun ist es umgekehrt gekommen. An die Tür klopft der Kapitalismus nicht nur, sondern er fährt mitten hinein in ein Land, das dafür nicht geschaffen ist. Eine Alternative zwischen Sozialismus und Kapitalismus gibt es nicht. Eines wird dem anderen übergestülpt. Die Menschen haben die Tapeten, die verschlissen waren und in Fetzen herunterhingen, endgültig abgerissen. Aber die neuen Tapeten passen noch nicht ins Haus. Die Vorgänge im Einzelnen sind hinlänglich bekannt und beschrieben worden. Nun fragt keiner mehr: *Hast du schon deine Kartoffeln und deine Kohlen?* Die alles entscheidende Frage, die bald gestellt werden wird, lautet:

Hast du noch deine Arbeit? Ich denke nach über die Zeit, in der ich in diesem Staat gelebt und den ich durch meine Arbeit und Eingebundenheit mehr oder weniger gestützt habe. An die Anfangszeit und darüber hinaus, an das hohe Ziel des Sozialismus. Damit konnte ich mich noch voll identifizieren. An die Begeisterung in der FDJ, mit der ich an der Entwicklung des Staates gearbeitet habe und dann Jahr um Jahr um eine Hoffnung ärmer an der gerechten Sache des Sozialismus geworden bin. So viele Entbehrungen, so viele Kämpfe und Opfer, so viele Enttäuschungen.

Das Trugbild des Sozialismus, das zu erreichen Lebensinhalt so vieler Menschen war und das einige wenige auf Kosten der anderen schon erreicht hatten und darin schwelgten, zerplatzt wie eine Seifenblase. Musste denn erst das Kind aus dem Andersen-Märchen kommen und den Menschen sagen: *Aber seht doch, der Kaiser hat gar keine Kleider an!* War diese Zeit nicht eine verlorene Zeit? Ist man danach noch fähig, sich für neue Lebensinhalte zu engagieren? Und wie muss ein Staat beschaffen sein, der sich anschickt einen Unrechtsstaat mit all seinen Gebrechen aufzusaugen und in sein Staats- und Rechtswesen einzugliedern? Muss dieser Staat sich nicht besonders für die sozial Schwachen einsetzen und diejenigen bremsen, die allzu sehr ihre starken Ellenbogen gebrauchen? Darf es in diesem Staat Menschen geben, die unter Brücken schlafen und bei Suppenküchen anstehen? Und muss dieser Staat nicht besonders der Jugend eine Perspektive geben, gegen Verrohung der Sitten und gegen Gewalt in jeder Form angehen? Ist dieser Staat nicht verpflichtet, den Kuchen, den alle gemeinsam backen, gerechter zu verteilen? Und muss dieser Staat nicht den Irregeleiteten dieses Volkes neue Hoffnung geben? Wie lange wird es dauern, bis aus *Wessis* und *Ossis* einfach Deutsche werden, die keine Mauern mehr trennen können, weder die, die noch in den Köpfen sind, noch die täglich in der Welt aufgetürmt werden. Mauern zwischen Arm und Reich, zwischen Satten und Hungrigen, zwischen Versöhnung und Hass. Das Phantom des Sozialismus und Kommunismus habe ich gejagt wie viele andere und nie einholen können.

Letztes Foto der DDR-Nomenklatura

Wir sind überall auf der Erde klingt nach wie Hohn. Wie es ausgegangen, ist schmerzliche Erfahrung. *Auf der Erde leuchtet ein Stern*, der Stern des Kommunismus. Aber wie weit ist ein Stern von der Erde entfernt und wie schnell verglüht er oder fällt in ein schwarzes Loch. Und ist das Licht des Sterns, wenn es die Erde erreicht, nicht vielleicht schon erloschen? War es für das Phantom des Kommunismus noch zu früh oder schon zu spät? Und vielleicht werden es die Menschen erneut jagen, wenn die große Masse im atomaren Inferno untergehen sollte. Sie werden die Fußspuren der Übriggebliebenen küssen und dann nach Jahrhunderten des Fortschritts wiederholt dem schnöden Mammon nachjagen. Wer trägt eigentlich die Verantwortung für die Sackgasse, in die wir geraten sind?

Tragen sie nur die Herren, die sich in Wandlitz vom Volk abschotteten und sich in ihren Luxusdatschen mit den auserlesenen und begehrten Waren des NSW (Nichtsozialistischen Wirtschafts-System) versorgten? Die großen Jäger, die ihre Jagdreviere besaßen und sogar in der Schonzeit Hasenjagden veranstalteten?

Was ist die Ursache dafür, dass dieser *Unrechtsstaat*, dieses *Staatsunwesen* so lange Bestand hatte? Waren es nur die oberen Zehntausend, die Schuld auf sich geladen hatten? Sicher nicht. Da war im Hintergrund der große Bruder, der die Geschicke so lange bestimmt hatte. Da gab es die Politiker aus dem anderen Teil Deutschlands, die anfangs die Chance verpasst hatten, zu einem einheitlichen Deutschland zu gelangen und dem Regime später hofierten, die Politbüro-Funktionäre empfingen, sie besuchten, sich fast die Klinke in die Hand gaben und mit ihren Krediten aufpäppelten. Sicher war da die gute Absicht, nämlich das Leben der Familien im Osten erträglicher zu machen, aber indirekt wurde dadurch auch das Staatswesen gestützt und verlängert.

Da gab es natürlich die verdorbenen Greise, von denen Biermann sprach, die Machtarroganz, die eingebildete Größe und Unfehlbarkeit. Und waren wir alle – ehrlich gesagt – nicht auch ein wenig verdorben? Nichts gegen eine gesunde Verdorbenheit, die richtig eingesetzt zu einem gewissen Fortschritt führen kann, aber unsere *Verdorbenheit* lag in der Gleichgültigkeit, in der widerspruchslosen Anpassung, im Gleichmut und in einer gewissen Apathie. Haben wir die Vergünstigungen, die es zweifellos gab, wie niedrige Mieten, Arbeit und Ausbildung für alle, kostenlose soziale Einrichtungen und vieles mehr, nicht ganz selbstverständlich in Anspruch genommen? Haben wir hinterfragt, ob diese immer durch ehrliche und gewissenhafte Arbeit belegt worden waren? Manch einer möchte die Vorzüge der DDR auf die billige Bockwurst und den Grünen Pfeil reduzieren. Ich aber meine, dass es trotz aller Missstände unbezahlbare Vorzüge gab, die in dem Umgang der Menschen untereinander lagen. In ihrer Solidarität und Hilfsbereitschaft, ihrer Kollegialität und Anspruchslosigkeit. Und möge trotzdem niemand rufen:

Haltet den Dieb, der war Genosse und Funktionär, der hat die Schuld. Denn wer ohne Schuld ist, der werfe den ersten Stein. Es gab genug, teils willige und teils weniger willige Vollstrecker, aber immerhin Vollstrecker des Systems. Ich erinnere mich an den Slogan der Thälmannpioniere: *Ich leb so gern in meinem Land.* Trotz aller widriger Umstände hab ich gern in diesem Land gelebt. Deshalb bin ich auch nie weggegangen. Und trotz der langen Getrenntheit für ein Volk mit gemeinsamer Geschichte, einheitlicher Sprache und verbindender Kultur ist ein geeinter Staat ein erstrebenswertes Ziel im Leben.

Doch ich bin in Sorge um dieses uns nun gemeinsam gehörende Land, um die innere Einheit, mit der es noch immer nicht zum Besten steht. Wie weit haben wir es gebracht, wenn eine Pop-Band in bezeichnender Weise singt: *Du musst ein Schwein sein in dieser Welt, ein Schwein sein..., du musst gemein sein...* und fast jeder diese makabren Verse für selbstverständlich hinnimmt?

Ein kleines und unbedeutendes Land wollte sich aufschwingen, zu den sieben bedeutendsten Ländern der Erde zu gehören, zu den politisch führenden Staaten des sozialistischen Weltsystems, neben der Sowjetunion. Während es sich noch am Strohhalm des untergehenden Systems festhielt, war die ruhmreiche SU bereits im Strudel der Zeit abgedriftet. Eine Parallele zum *Himmlischen Frieden* in Peking tat sich auf, ist aber aus vielschichtigen Gründen nicht eingetreten.

Es war aus, das sozialistische Scheingebilde *DDR* war am Ende. Der Untergang eines totalitären Regimes ist ohnehin immer nur eine Frage der Zeit. Der Epochebegriff, der uns ständig eingehämmert wurde: *Wir befinden uns in der Zeit des weltweiten Übergangs vom Kapitalismus zum Sozialismus,* hat sich selbst ad absurdum geführt. *Deutsche Demokratische Republik* – nichts, aber auch gar nichts daran war demokratisch. Der real existierende Sozialismus in seiner qualitativ höheren Lebensweise war nur existent für die Schicht der höheren Funktionäre.

Ich erinnere mich an Stalins Ausspruch: *Die Hitler kommen und gehen, das deutsche Volk aber bleibt.* Die Funktionäre haben abgewirtschaftet, das Volk der DDR bleibt und steht vor einem politisch-ideologischen und ökonomischen Scherbenhaufen. Einige tausend Ungarn- und ČSSR-Reisende, ein paar Hunderttausende Demonstranten haben den letzten Anstoß gegeben und dem System auf tönernen Füßen den Todesstoß versetzt. Ungarn, das die Grenze zu Österreich öffnete, und die Perestroika Gorbatschows taten ein Übriges.

Uu..., u..., unsere Deutsche Demokratische Republik war abgestürzt, denn Hochmut kommt vor dem Fall. Sie ist abgestürzt, weil Machtarroganz den Untergang zur Folge hat, weil Lüge nicht über Wahrheit triumphieren kann – das gilt für jede Gesellschaftsordnung – und weil sie einem erbarmungslosen Weltkapital gegenüberstand und ihre Führer die kommunistischen Ideale in den Schmutz traten.

Die achtziger Jahre waren die Jahre des Triumphes des Kapitalismus über den Sozialismus. Der Kapitalismus hat sich als die stärkere, die überlegenere Gesellschaftsordnung erwiesen aufgrund seiner wirtschaftlichen, wissenschaftlich-technischen und militärischen Übermacht, aber ob er die bessere Gesellschaftsordnung ist, muss sich noch erweisen. Einen unbezahlbaren Vorteil aber hat diese Gesellschaftsordnung: nämlich, dass man all das hier schreiben darf. Doch in der Zeit der Digitalisierung hat der Kapitalismus meines Erachtens fast das Ende der Fahnenstange erreicht. Und er muss aufpassen, dass nicht immer mehr Menschen ins soziale Abseits geraten, dass nicht eines Tages die verarmten und vom Reichtum Ausgeschlossenen eine Zahl erreichen, die gesellschaftliche Friedfertigkeit in offene Aggression versetzt und immer mehr Menschen über ökonomische und politische Alternativen nachdenken lässt.

Die Konzernleitungen und Aufsichtsräte, die Großverdiener, von den Sportlern und Managern bis zu einigen Politikern, die großen Parteien, haben oftmals den Bezug zur Realität, zu den sozial Schwachen, den Ausgegrenzten, verloren. Sie ersticken im Sumpf der Spendenskandale, in Überheblichkeit und Korruption. Sie können nicht zu mehr Arbeit beitragen, weil sie selbst auf der Seite des Kapitals sind. Immer weniger Arbeit ist auf die Menschen zu verteilen. Arbeit für alle ist ein Traum, der sich mit fortschreitender technischer Entwicklung nie erfüllen wird. Diesen Traum wird auch keine Regierung erfüllen können, denn welche Regierung auch immer wird im hoch entwickelten Kapitalismus zur Marionette der Konzerne und Großunternehmer. Sie bestimmen die wirtschaftliche Entwicklung, die Einstellungen und den Abbau von Arbeitskräften, da helfen auch keine gemeinsamen Treffen und Gespräche. Höhere Gewinne und Abbau von Arbeitsplätzen passen für diese Leute offensichtlich zusammen.

Die zunehmende Automatisierung, Elektronisierung und die damit verbundene Steigerung der Produktion um jeden Preis darf nicht zu noch mehr Verlust von Arbeitsplätzen führen. Dadurch wird die Kluft zwischen Kapital und Arbeit, zwischen Arbeitgeber und Arbeitnehmer auf Dauer noch größer werden. Das freie Spiel der Kräfte der Marktwirtschaft, die Fusionen von führenden Konzernen, der damit unweigerliche Abbau von Arbeitsplätzen führen zu einer verhängnisvollen Entwicklung. Der Kapitalismus entwickelt sich zum Turbo-Kapitalismus, in dem nur ein einziges Gesetz Priorität besitzt – das Gesetz des Profits. Alles ist dem Profit untergeordnet. Bei allem geht es ums Geld: Geld im Showgeschäft bei Rundfunk und Fernsehen. Geld in Politik und Wirtschaft. Geld im Sport, der Mode und sogar im Klerikat der Kirche. Geld, Geld, Geld – noch einmal lapidar herausgestellt – schnöder Mammon, der die Geschicke der Welt bestimmt. Ich erinnere mich, als uns im Studium des Wissenschaftlichen Kommunismus vorgegaukelt worden war: Auf einer hoher Entwicklungsstufe des Kommunismus würde das Geld abgeschafft. Welch eine Illusion und was für ein frommer Wunsch!

Heute rennen diejenigen, die diese Utopie verkündigten, an erster Stelle dem Geld hinterher. Jeder Versuch, so viel wie möglich davon herauszuschlagen, sich zu bereichern um jeden Preis, ist legal in der Gesellschaft des Kapitalismus. Sogar gefährliche Verbrecher, die unzählige Menschen in Gefahr brachten, Betrüger und Blender, die Banken prellten und Handwerker um ihren verdienten Lohn brachten, können Karriere machen; sie brauchen nur ein Buch zu schreiben. Halbe Analphabeten, die trotz Maschendrahtzaun mit Nachbarn nicht in Frieden leben können, werden zum Kultstar erkoren. Der Mann, der aus dem Container kam – ein dicklicher Big Brother-Bewohner des TV-Knasts, der stolz darauf ist und dem es sch...egal ist, einen Shakespeare nicht zu kennen, avanciert zum Prototyp eines verherrlichten Sängers. Und Verona kehrt heim in ihre Welt – in den Container, wo sie exklusiv das Dixi-Klo benutzt, welches dann vermarktet wird und bei der Versteigerung 24.000 DM erbringt. Die ganze Republik wird zu nach vorn drängenden Pop-Superstars, zur herausragenden Stimme Deutschlands. Dieter Bohlen wird der Kultgott. Seinem Buch folgt das von Verona, anschließend das von Naddel und wieder das von Bohlen:

Nichts als die Wahrheit, Ungelogen, Hinter den Kulissen usw!

Trash-TV In Vollendung. Auftritte von Promis, Prügelprinzen, Erbprinzessinnen und anderen Blaublütern, der Reichen und Schönen, unter anderem beim Tratsch-TV Exclusiv, von der Klatschreporterin Frauke Ludewig kreiert, sind von außerordentlichem Interesse. Und Sportler, die nicht nur durch Leistungen überzeugen können, aber auch andere Erfolgreiche, die sich nackt ausziehen und die Titelseiten schmücken, erregen Aufsehen, und schon ist weiterer Aufstieg vorprogrammiert. Die Selbstdarstellungen, Trivialitäten und Plattheiten als bezeichnendes Abbild der Dekadenz in der Gesellschaft sind kaum noch zu überbieten. Oh, arme reiche Republik mit ihren geistig armen Menschen, die kein Maß und keine Ethik mehr kennen! Wenigstens hier gab es in der sozialistischen Ideologie ein Quantum Wahrheit über den Kapitalismus, aber dass diese Wahrheit sich so bald und so radikal herausstellen würde, war nicht abzusehen. Davon abgesehen – eine gerechte Gesellschaft mit sozialem Frieden für alle Menschen – wird es auf dieser Erde niemals geben. Der trotz aller Rezensionen vorhandene große Reichtum der Gesellschaft müsste besser verteilt und nutzbar gemacht werden, dann werden Ellbogenmentalität, soziale Kälte und steigende Kriminalität zurückgehen.

Und Ellbogenmentalität fängt immer bei jedem Einzelnen an. Sie ist keine Verordnung von oben, also kann jeder etwas dazu beitragen, dass sie nicht um sich greift. Die Gesellschaft der kapitalistischen Moderne ist erfolgsorientiert. Sie ist in Sieger und Verlierer eingeteilt. Jeder will im täglichen Lebenskampf zu den Siegern aufschließen. Doch das gelingt immer weniger Menschen. Und je weniger zu den Siegern und Gewinnern gehören, umso mehr steigt die Anzahl der Verlierer. Die Masse der Menschen kann mit dem rasanten Tempo des wissenschaftlich-technischen Fortschritts nicht Schritt halten. Sie funktionieren nur noch in der automatisierten Gesellschaft wie Maschinen. Der Mensch der kapitalistischen Moderne muss willensstark sein, lernfreudig, risikobereit, wagemutig und belastbar. Er muss aus seinem Leben etwas machen. Dabei bleiben jedoch immer mehr Menschen auf der Strecke, besonders die Alten und Schwachen, geraten Fairness und Moral in den Hintergrund. Und wenn du zum Schwein in der Gesellschaft wirst, wird der Mensch neben dir zum *armen* Schwein. Nicht zuletzt durch Hartz IV. Die weitere Entwicklung wird sich langsam dem *Erfolgsmodell USA* annähern: Jedes 6. Kind wächst dort in Armut auf. Wer seinen Job verliert, erhält zwar bald einen neuen, aber er muss erhebliche Lohneinbußen hinnehmen, viel härter arbeiten und mehr Steuern zahlen, während die Kapitalbesitzer zu Steuerschmarotzern werden. Und bald werden die Renten durch Selbstversicherungen gedeckt werden müssen, und das Bafög wird abgeschafft. An dieser Stelle muss sich der Staat, die Gesellschaft von der *Sozialen Marktwirtschaft* verabschieden. Sie ist nicht mehr zeitgemäß. Sicher, der Staat wird keinen verhungern lassen, aber diese Menschen werden nur in den allerseltensten Fällen aus eigener Kraft wieder hochkommen.

Und sofort machen auch wir Bekanntschaft mit den *Vorteilen* des kapitalistischen Systems. Mit dem ewigen Mangel der sozialistischen Planwirtschaft ist es ein für alle mal vorbei. Es gibt jetzt alles. Die Bundesrepublik bräuchte nicht einen einzigen Betrieb im Osten, um die Bevölkerung mit allen Waren des täglichen Bedarfs zu versorgen, nicht eine einzige LPG. Ihre Wirtschaft ist so stark, dass sie diese Aufgabe mit einem Lächeln bewältigen könnte. Prospekte aller Art aus den westlichen Gefilden mit den begehrten und lang ersehnten Waren flattern ins Haus, als wir die ersten Scheine der DM in den Händen halten.

Wir bestellen eine Kuckucksuhr für 53,– DM per Nachnahme. *Erfreuen Sie sich an dem stündlichen Ruf des Kuckucks,* heißt es in dem Prospekt. Wir packen das große Paket erwartungsvoll aus. Zum Vorschein kommt eine Handvoll Plastikuhr *Made in Taiwan.* Auch ein Türchen ist daran, nur kein Kuckuck dahinter. Wir ziehen die Miniuhr auf mit den winzigen Zapfengewichten, doch der Kuckuck bleibt stumm. Langsam dämmert es in unseren gelackmeierten Gesichtern. So betrügerisch wir auch gelinkt worden sind, können wir uns ein makabres Lächeln nicht verkneifen. So ähnlich und noch auf vielfach gröbere Weise ist es dann auch anderen zahlreichen gelernten DDR-Bürgern gegangen, nur das Lachen blieb ihnen dabei im Halse stecken.

Die DDR ist untergegangen, doch ich träume noch immer den beklemmenden Traum: Nachts klingelt es an der Tür; ich soll verhaftet werden, weil ich wieder einmal etwas gesagt habe, was der Politik entgegensteht. Oder, es klingelt, und ich muss den DDR-Fernsehfunk einstellen. Manchmal wache ich auch schweißgebadet auf und denke: Gott sei Dank – nur ein Traum.

Die Republik im Osten ist untergegangen, weil trotz aller Bevormundung die Masse der Menschen das alles mit sich geschehen ließ, oft ohne Widerspruch, mit resignierenden Gedanken: *Wir können ohnehin nichts ändern.* Und die Wenigen, die dem Regime die Stirn boten, dafür bestraft und eingesperrt wurden, bestaunte man. Gewiss, man befand dies als Zivilcourage, aber zu einer breiten Unterstützung kam es nicht. Was Wunder, wenn es dem Staat ein Leichtes war, den Anfängen zu wehren und sie zu unterdrücken mit allen gegebenen Mitteln. Nichts kann so bedrückend und ausgrenzend sein wie Intoleranz, Unfreiheit und Unterdrückung. Einigkeit und Recht und Freiheit sind ein weites und unbestelltes Feld. Sie müssen das Denken, Fühlen und Handeln der Menschen erfassen und täglich aufs Neue sich bewähren. Du geschichtsträchtiges ausgehendes Jahrtausend stehst an der Schwelle einer neuen Zeit, mit alten Gebrechen behaftet, aber mit der Hoffnung auf eine bessere Zukunft. Ich horche in mich hinein, denke noch einmal zurück, prüfe die Zeit, in der ich gelebt habe und frage mich: War denn der Weg so schwer, nur schwer? Gewiss, die Pfade waren schmal und gratig. Und nebenhin an den Wegen, die gegangen, gähnte der Abgrund. Nur ein kleiner Schritt, und ich wäre abgestürzt. Was hätte es mir genutzt, später in dieser Wendezeit als Märtyrer dazustehen. Zugestanden, der Weg war schwer, war er aber nicht auch schön? Der Weg der Jugend, des Vergangenen scheint immer schön trotz aller Schwere und aller Nöte. Da der neue Weg dem Ende zugeht, erscheint alles davor in einem hellen Licht. Das Neue des künftigen Weges muss dem Licht erst eine Bresche schlagen, um am Ende rückblickend wiederum hell zu erstrahlen. Hättest du oder du einen besseren Weg gewusst und gefunden? Solange ein Traum besteht, besteht auch die Aussicht auf einen besseren und schöneren Weg.

Aber der Traum ist nicht immerwährend. Er verblasst nach und nach und wird von einem anderen abgelöst. Und auch der versinkt schließlich im Nichts. Der Traum von einer besseren Gesellschaft bleibt solange ein Traum, solange die Menschen nicht besser werden. Solange sie in Egoismus und Selbstsucht verharren, in Habsucht und Machtgier, solange die Werte der Menschlichkeit immer weiter absinken, bleibt dieser Traum ein Traum. Und wenn die Menschen dann von diesem Traum erwachen, wird es furchtbar sein und vielleicht zu spät einen besseren Weg zu finden. Was bleibt einem da noch, woran man sich aufzurichten vermag?

Die marxistisch leninistische Ideologie, als letztes erstrebenswertes Ideal und Ziel, die in eine bessere Gesellschaft münden sollte, ist zerstoben und steht nur noch in den Büchern, die keiner mehr liest. Niemand hat mehr irgendeine Vorstellung von einem Bild: *So wollen wir einmal leben.* Wo sind die Vorbilder und Ideale, wenn immer weniger Achtung und Toleranz das Leben der Menschen bestimmen? Ich suche das Stückchen wertvollen Lebensziels und Lebensglücks und wenn es nur ein Strohhalm ist, an dem ich mich im reißenden Strom des Lebens festhalten kann. Und ich habe das Suchen nicht aufgegeben. Möge der Suchenden es immer mehr und aus ihnen Findende werden. Die geschundenen Völker des Ostens – vor allem Juden, Sinti und Roma, Polen und Russen, aber auch Deutsche trugen das Kreuz des letzten Jahrhunderts: Sie gingen und erlebten unzählige Kreuzwege. Das Kreuz der beispiellosen Vernichtung, das Kreuz der Unterdrückung und Zwangsarbeit, das Kreuz von Krieg, Flucht und Vertreibung. Selbst die Menschen der ehemaligen DDR sind dabei eingeschlossen. Sie trugen nach dem Zusammenbruch weiter eine große Last auf ihren Schultern: Die Last der Unfreiheit, der Entbehrungen, der Eingeschränktheit und Bevormundung, der Abschottung und nicht zuletzt die große Last der Reparationen. Von der Nazi-Diktatur in eine neue Diktatur gekommen, weiß ich eines nicht, nämlich ob der Umschwung der Wende zu einer besseren Gesellschaft führen wird. Die Geschichte wird darüber entscheiden. Doch trotz aller Globalisierung und Digitalisierung in Wirtschaft und Wissenschaft bleibt die vage Hoffnung bestehen – der Mensch möge sich schnell besinnen und alles zum Guten wenden. Die Uhr ist neun Minuten vor zwölf. Der Zeiger geht unaufhaltsam auf die ominöse Zahl zu. Die Menschen haben es noch in der Hand, dafür zu sorgen, dass man *kein Schwein* sein muss in dieser Welt.

Nachwort

Für die Informationen zur Bearbeitung, Überarbeitung und Ergänzung in diesem Buch bin ich folgenden Personen zu besonderem Dank verpflichtet:

- Meinem Großvater = **Eduard Seehagen** †, der mir besonders zu der Besiedlung der Deutschen in Polen und über die Juden in der Stadt Unverzichtbares erzählt hat.

- Meinem Vater = **Oswald Kunkel** †, der mir aus seinem Tagebuch und aus der Erinnerung heraus so vieles berichten konnte.

- Desgleichen meiner Mutter = **Klara Else Kunkel** †, geborene Seehagen, die mir in skurriler Weise und durch ihren Humor so unendlich viel gegeben.

- Meinem Onkel *Hanfried*, = **Alfred Kunkel** †– einst Gestapomitglied in meiner Heimatstadt, wofür er 12 Jahre in polnischen Gefängnissen gebüßt hat. Für seine in der DDR-Zeit unter Vorbehalt aus erster Hand gegebenen, unersetzlichen Berichte speziell über das Ghetto und die Deportationen der Ghettobewohner.

- Meinem Cousin *Theodor* **Tadeusz Kunkel**, der in Polen geblieben war und die polnische Staatsangehörigkeit angenommen hatte.

- Herrn **Stefan Balzer** – Dresden – Landsmann aus meiner Heimatstadt, der mir mit seinem historischen und einschlägigen Wissen wertvolle Informationen gegeben.

- Herrn **Fred Hassert** aus Dresden, der mir vieles über die historische Entwicklung unsrer Heimatstadt und über seine schwere Zeit im polnischen Lager berichtete.

- Frau **Rita Scheele** † (geb. Rättig) aus Nordhorn und Frau **Eugenie Schnepfe** (geb. Hermann) aus Holzthalleben, die in der Kreishauptmannschaft gearbeitet hatten und mir darüber Wichtiges erzählt haben. Ebenfalls über das Lager Wilanów, in dem sie gefangen gehalten wurden.

- Desgleichen meinem Schulkameraden **Heinrich Treutz**, der nach dem Krieg 4 Jahre in Polen verblieben und dessen Mutter dort 4 Jahre festgehalten wurde.

- Ebenfalls meinem Landsmann und Freund **Georg Tonn** aus Kladow bei Berlin sowie unserer gemeinsamen polnischen Freundin und Einwohnerin unserer Heimatstadt Tomaszów Mazowiecki, Frau **Urszula Trocha**.

- Frau **Thea Kusel** † aus Berlin, die mir wertvolle Hinweise und Informationen geben konnte.

- Meinem Großonkel **Otto Kriese,** 95 Jahre alt, der vieles aus der Erinnerung bewahren und mir mitteilen konnte.
- Und schließlich Herrn **Dr. I. B. Burnett** † (Alias Ignacy Bierszynski) Australien – jüdischer Landsmann und Ghettobewohner, mit dem ich jahrelang in Briefwechsel stand und der mir besonders über den Kriegsverlauf beim Einzug der Deutschen in die Stadt und über das Ghettoleben berichtete.

Quellen und Einsicht in verwendete Literatur:

KAYSERLING UND DR. DOCTOR: Lehrbuch der jüdischen Geschichte und Literatur.

EUGEN KOSSMANN: Deutsche mitten in Polen. Unsere Vorfahren am Webstuhl der Geschichte.

EUGEN KOSSMANN: Deutsche in Polen. Siedlungsurkunden 16. bis 19. Jahrhundert.

OTTO HEIKE: 150 Jahre Schwabensiedlungen in Polen 1795 bis 1945.

EDUARD KNEIFEL: Geschichte der Evangelisch-Augsburgischen Kirche in Polen.

BUNDESARCHIV LUDWIGSBURG: Einsicht in Prozessakten.

Bildnachweis:

Aus Familienbesitz, aus Archiven, aus Agitations- und Propagandamaterial der ehemaligen SED-Bezirks- und Kreisleitungen, eigene Fotos.

Nachweis im Detail:

Aus Familienbesitz – Eigene Fotos:

Nr. 2/S. 16	Nr. 3/S. 19	Nr. 6/S. 28	Nr. 7/S. 33
Nr. 8/S. 44	Nr. 9/S. 50	Nr. 11/S. 67	Nr. 14/S. 85
Nr. 15/S. 86	Nr. 18/S. 102	Nr. 19/S. 107	Nr. 20/S. 110
Nr. 21/S. 112	Nr. 22/S. 116	Nr. 24/S. 132	Nr. 25/S. 138
Nr. 26/S. 142	Nr. 27/S. 144	Nr. 28/S. 150	Nr. 29/S. 155
Nr. 31/S. 169	Nr. 32/S. 189	Nr. 37/S. 232	Nr. 38/S. 242
Nr. 39/S. 243	Nr. 40/S. 245	Nr. 41/S. 253	Nr. 43/S. 261
Nr. 44/S. 264	Nr. 51/S. 294	Nr. 52/S. 297	Nr. 53/S. 301
Nr. 57/S. 322	Nr. 58/S. 324	Nr. 59/S. 327	Nr. 60/S. 334
Nr. 61/S. 348	Nr. 62/S. 354	Nr. 64/S. 386	Nr. 65/S. 391
Nr. 67/S. 394	Nr. 68/S. 397	Nr. 69/S. 403	Nr. 70/S. 405
Nr. 71/S. 407	Nr. 74/S. 467	Nr. 75/S. 475	Nr. 76/S. 479
Nr. 77/S. 499	Nr. 78/S. 500	Nr. 79/S. 502	

Aus Archiven:

Nr. 5/S. 24	Nr. 10/S. 62	Nr. 12/S. 69	Nr. 13/S. 83
Nr. 16/S. 88	Nr. 17/S. 93	Nr. 23/S. 124	Nr. 33/S. 202
Nr. 49/S. 280			

Alte Postkarten

| Nr. 1/S. 15 | Nr. 4/S. 21 | Nr. 30/S. 158 |

Aus Agitations- und Propagandamaterial der ehemaligen SED-Bezirksleitung Erfurt und der SED-Kreisleitung Worbis:

Nr. 34/S. 204	Nr. 35/S. 206	Nr. 36/S. 225	Nr. 42/S. 262
Nr. 45/S. 274	Nr. 46/S. 276	Nr. 47/S. 277	Nr. 48/S. 278
Nr. 50/S. 289	Nr. 54/S. 303	Nr. 55/S. 315	Nr. 56/S. 318
Nr. 63/S. 357	Nr. 66/S. 392	Nr. 72/S. 409	Nr. 73/S. 415
Nr. 80/S. 503	Nr. 81/S. 513		

Vom Autor sind bisher erschienen:

Essay:

Wie ich nach einer Fußballverletzung ein schönes und nützliches Hobby fand
(1977) Literaturpreis)

Kurzgeschichte:

Der Pflug im Ackerfeld
(1983) Literaturpreis)

Roman:

Wendezeiten im Eichsfeld
(1993) Mecke Druck und Verlag Duderstadt

Eichsfeldgeschichten:

Eichsfelder mit Kisten und Kasten Teil 1
(1996) Mecke Druck und Verlag Duderstadt

Eichsfelder mit Kisten und Kasten Teil 2
(1997) Mecke Druck und Verlag Duderstadt

Kinder und Jugendbuch:

Janek der Junge aus dem Osten
(1997) Verlag Jasmim Eichner Offenburg

Skript:

Kreuz des Ostens
(2000) Kunstpreis für Literatur des BdV Thüringen 2000.

Zeitzeugen

Die Reihe aus dem amicus-Verlag

Bisher sind erschienen:

Erika Schneider
In Schlesien geboren ...
autobiografischer Roman, 140 S. Softcover, zahlr. Originalfotos
ISBN 978-3-935660-42-1   12,90 €

Die Erinnerung ist ein Paradies, aus dem uns niemand vertreiben kann.

Herausgegeben von I. E. Wolf
unschuldig ... überlebt
272 S., Hardcover, zahl. Dokumente und Fotos.
ISBN 978-3-935660-02-2   14,90 €

Gewidmet den Opfern des Stalinismus – vier Überlebende erzählen.

Wolfgang Hempel
Verlorene Jahre – Verlorenes Glück
Roman, 159 S., kart., zahlr. Originalfotografien
ISBN 978-3-935660-56-1   12,90 €

Der erschütternde Tatsachenbericht eines Zeitzeugen, der als 19-jähriger in den Krieg zog. In russischer Gefangenschaft ums Überleben kämpfend, kehrte er spät aber unversehrt und voller Hoffnung heim, doch da war sein Glück schon längst verloren ...
Erinnerung und Mahnung, aber auch die Gewährung eines atemberaubenden Blickes durch das Fenster der Geschichte – das ist das Anliegen dieses Buches.

Einfach bestellen

Zu beziehen über jede Buchhandlung oder am schnellsten direkt über den Verlag.
amicus-Verlag • Lindenstraße 41 • 96524 Föritz-Weidhausen
Tel.: 03675/744582 • Fax: 03675/7581008 • E-Mail: amicus-verlag@t-online.de
Internet: www.amicus-mdlv.de

Irene Ripperger
Rückblicke – von der Seele geschrieben
Roman, 440 S., kart., mit Originalfotografien

ISBN 978-3-935660-58-8 18,90 €

Irene Ripperger wurde am 14. Dezember 1928 in Springen/Thüringen geboren. Als im September 1939 der 2. Weltkrieg ausbrach, war sie gerade 10 Jahre alt.
63 Jahre danach ist dieses Buch der erste Versuch, schicksalshafte Erlebnisse und Erinnerungen aufzuarbeiten. Es ist aber auch das Geschenk einer großartigen Mutter, Schwester, Oma und Ur-Oma an ihre Familie.

Herausgegeben von E. & W. Steiner
Die Grenze war unser Schicksal
284 S., zahlr. Fotos, Hardcover

ISBN 978-3-935660-60-X 16,90 €

Nach 40-jähriger Trennung endlich wieder ein Klassentreffen. Ende Oktober 1990 der noch lebenden Abiturienten aus beiden Teilen Deutschlands. 23 Klassenkameraden ziehen eine Bilanz.

Adelheid Werner/Anne Krahl
Glaube an das Leben
Eine Großmutter erzählt
168 S., zahlreiche Fotos, kart.

ISBN 978-3-935660-85-5 12,90 €

… Großmutter lässt sich in den schweren Fernsehsessel zurückfallen und beginnt zu erzählen.
Auf diese Weise entstand ein ergreifendes Buch über die Geschichte einer einfachen Frau, die das Herz an der richtigen Stelle hat und ein nicht ganz alltägliches Leben führte und noch führt. Interessante, amüsante und oft auch dramatische Rückblicke auf 85 Jahre voller Lebenskraft und -weisheit.

Einfach bestellen

Zu beziehen über jede Buchhandlung oder am schnellsten direkt über den Verlag.
amicus-Verlag • Lindenstraße 41 • 96524 Föritz-Weidhausen
Tel.: 03675/744582 • Fax: 03675/7581008 • E-Mail: amicus-verlag@t-online.de
Internet: www.amicus-mdlv.de

Karl Thränhardt
Hamann, Mönchshof!
230 S., kart., zahlr. Abb., Dokumente

ISBN 978-3-939465-00-3 18,90 €

Eine deutsche Odyssee. Eine Geschichte von der Vertreibung aus der Heimat und der Wiederkehr in der zweiten Generation auf den „Mönchshof" im Grabfeld – in die neue alte Mitte Deutschlands.
Das ist auch eine Geschichte von ungeheuerem Willen, Schicksalsschläge als Herausforderungen zu begreifen, ist gelebte Toleranz und Versöhnung, die jedoch nichts vergessen machen will.
Dr. Hamann wird nach dem Krieg Vorsitzender der LDP(D) und 1949, mit Gründung der DDR erster Minister für Handel und Versorgung im Kabinett Grotewohl. 1952 wird er wegen Verdacht der Spionage verhaftet. 1954 gibt es einen Hochverratsprozess mit „lebenslang Zuchthaus". Eineinhalb Jahre Einzelhaft im Keller des Stasiuntersuchungsgefängnis Berlin-Hohenschönhausen.
Nach fünf Jahren wird er freigelassen, auch nach Bemühungen von Dr. Thomas Dehler (später FDP-Vorsitzender und dann Justizminister der BRD). Die Flucht in die BRD gelingt der gesamten Familie auf teils abenteuerlichen Wegen.
Der Sohn Knut Hamann fängt, wie viele, bei Null an, kann sein Studium fortsetzen, wird Geschäftsführer einer Hamburger Firma. Krankheit und Wende 1989, neue Herausforderungen: Kampf um die Rehabilitierung des Vaters und um das Erbe, Aufbau des total heruntergewirtschafteten Besitzes – sieben Jahre Bauen, sieben Jahre Wohnen auf dem Mönchshof, Wirken für das Gelingen der deutschen Einheit. Am 4. Februar 2005 stirbt Knut Hamann.

Gerhard R. Lehmann
... allzeit treu zu dienen
230 S., kart., zahlr. Abb., Dokumente und Tabellen

ISBN 978-3-939465-00-3 14,90 €

Als junger Mann trat Gerhard R. Lehmann in die Deutsche Grenzpolizei der DDR ein und diente als Offizier bis zur Wende 1990.
Ein Buch für zeitgeschichtlich Interessierte, die mehr darüber erfahren wollen, was in den unteren und mittleren Strukturen der Grenzsicherungsorgane der DDR vorging. Eingefügt sind gut recherchierte Fakten in Tabellenform und eine Zeittafel.

Einfach bestellen

Zu beziehen über jede Buchhandlung oder am schnellsten direkt über den Verlag.
amicus-Verlag • Lindenstraße 41 • 96524 Föritz-Weidhausen
Tel.: 03675/744582 • Fax: 03675/7581008 • E-Mail: amicus-verlag@t-online.de
Internet: www.amicus-mdlv.de